Verwandelte Blicke

Campus Historische Studien
Band 60

Herausgegeben von Rebekka Habermas, Heinz-Gerhard Haupt,
Stefan Rebenich, Frank Rexroth und Michael Wildt

Wissenschaftlicher Beirat
Ludolf Kuchenbuch, Jochen Martin, Heide Wunder

Benjamin Städter, Dr. phil., Studienrat i.E. am St. Ursula Gymnasium in Dorsten, promovierte am Historischen Institut der Universität Gießen.

Benjamin Städter

Verwandelte Blicke

Eine Visual History von Kirche und Religion
in der Bundesrepublik 1945–1980

Campus Verlag
Frankfurt/New York

Gedruckt mit Unterstützung der Research School der Ruhr-Universität Bochum sowie der DFG-Forschergruppe 621 »Transformation der Religion in der Moderne«

Bibliografische Information der Deutschen Bibliothek:
Die Deutsche Bibliothek verzeichnet diese Publikation in der Deutschen Nationalbibliografie.
Detaillierte bibliografische Daten sind im Internet über http://dnb.ddb.de abrufbar.
ISBN 978-3-593-39487-9

Das Werk einschließlich aller seiner Teile ist urheberrechtlich geschützt. Jede Verwertung ist ohne Zustimmung des Verlags unzulässig. Das gilt insbesondere für Vervielfältigungen, Übersetzungen, Mikroverfilmungen und die Einspeicherung und Verarbeitung in elektronischen Systemen.
Copyright © 2011 Campus Verlag GmbH, Frankfurt am Main
Umschlaggestaltung: Guido Klütsch, Köln
Umschlagmotiv: II. Vatikanisches Konzil vom 11. Oktober 1962
bis zum 8. Dezember 1965. © KNA-Bild
Druck und Bindung: Beltz Druckpartner, Hemsbach
Gedruckt auf Papier aus zertifizierten Rohstoffen (FSC/PEFC).
Printed in Germany

Dieses Buch ist auch als E-Book erhältlich.
www.campus.de

Inhalt

1. Einleitung 7
   1.1 Bilder und Zeitgeschichte 7
   1.2 Bilder und die Transformation von Religion und Kirche in der
       frühen Bundesrepublik 12
   1.3 Ansatz, Methoden und Quellen 20
   1.4 Aufbau der Arbeit 26

2. Traditionelle Kirchlichkeit als Fixpunkt: Christliche Religion
   in den Bildern des Nachkriegsjahrzehnts 30
   2.1 Trümmerfotografien zwischen religiöser Rückbesinnung und
       gesellschaftlicher Selbstvergewisserung 30
   2.2 Der Papst als Protagonist: Fotografische und filmische
       Darstellungen Pius XII. 55
   2.3 Zweifler – Sakramentsverwalter – traditionelle Autoritätsperson:
       Das Bild des Geistlichen in den fünfziger Jahren 85
   2.4 Bildliche Darstellungen religiöser Mythen zwischen visueller
       Evidenz und historischer Beglaubigung 105
   2.5 Der Blick auf das Fremde: Außereuropäische Religion zwischen
       Faszination und Kolonialismus 147

3. Die visuelle Diskussion um die Vereinbarkeit von kirchlicher
   Religiosität und einer sich liberalisierenden Gesellschaft 164
   3.1 Geschäftlicher Erfolg und generationeller Wandel:
       Bundesdeutscher Bildjournalismus auf dem Weg in die
       sechziger Jahre 164

3.2 »Gott in Deutschland« – Die visuelle Vermessung des religiösen
    Spektrums in der Illustriertenpresse 171

3.3 Der fotoästhetische Gegenentwurf: Spuren des Religiösen im
    Fotomagazin *magnum* 198

3.4 Religion als anthropologische Konstante: Die Darstellung
    religiöser Sujets in den großen Fotoausstellungen 217

3.5 Kirche als Gegenort der modernen Gesellschaft: Kirche und
    Religion als Thema im *Neuen Deutschen Film* 243

3.6 Bruch oder Kontinuität? Die Bilder von Johannes XXIII.
    und dem Zweiten Vatikanischen Konzil 264

3.7 Vom austauschbaren Verwalter kirchlicher Sakramente zum
    entformalisierten Individuum: Visuelle Fremd- und
    Selbstinszenierungen des Geistlichen in den sechziger Jahren 296

4. Auf der Suche nach der Alternative zur traditionellen
   Kirchlichkeit 316

   4.1 Paul VI. als Persiflage: Die satirische Desavouierung des
       Kirchenoberhaupts 316

   4.2 Die Pluralisierung von Gottes- und Religionsbildern in den
       sechziger Jahren 347

   4.3 Charismatische Religiosität als Alternative zur traditionellen
       Kirchlichkeit 368

5. Fazit 385

   5.1 Felder des visuellen Wandels 385

   5.2 Öffentliche Bilder von Kirche und Religion im Spannungsfeld
       von religiöser Transformation und den Veränderungen in der
       bundesdeutschen Medienlandschaft 390

Dank 393

Literatur und Quellen 395

Abbildungen 421

Personen- und Sachregister 425

1. Einleitung

1.1 Bilder und Zeitgeschichte

Die konsequente Hinwendung der Geschichtswissenschaft zu Bildern, die unter dem Begriff der *Visual History* zusammengeführt wird[1], lässt sich in einem doppelten Sinne verstehen. Zum einen geht es um den Wandel der Themen und Quellenkorpora historischer Forschung. Darüber hinaus beinhaltet die Idee einer *Visual History* aber auch einen Wandel in den Arbeits- und Präsentationsformen, derer sich Historiker bedienen, um ihre Fragestellungen, Thesen und Erkenntnisse der Öffentlichkeit vorzustellen.[2] Historiker entdecken Bilder somit vermehrt auch als Medium, um an ihnen die kulturhistorische Forschung zu exemplifizieren und geschichtswissenschaftliche Erkenntnisse einem breiteren als dem universitärakademischen Publikum zu präsentieren. Gerade im Bereich der Zeitgeschichte kamen in den letzten Jahren zahlreiche sich an eine breite Leserschaft richtende Publikationen auf den Markt, die Bildanalysen als Vehikel nutzen, um an ihnen Vergangenheit zu analysieren. Neu an diesen visuellen Geschichtsschreibungen ist im Gegensatz zu den klassischen Katalogen zeithistorischer Ausstellungen die Emanzipation des Bildes von seinem vormaligen Status als reines Illustrationsobjekt. Fotografien, Plakate und Flugblätter illustrieren in einzelnen Beiträgen keine Geschichte, an ihnen entspannt sich vielmehr eine Kulturgeschichtsschreibung, die über die kunstgeschichtlich geprägte bildimmanente Analyse hinausgeht und die Bilder auf der Grundlage ihrer Verwendungszusammenhänge und historischen Bedingtheiten analysiert.[3] Dabei greifen die Autoren zumeist auf ein kleines Spekt-

---

1 Paul, *Visual History*.
2 Paul, Von der Historischen Bildkunde, S. 7.
3 Beispielhaft hierfür etwa: Paul, *Jahrhundert Band 1*; ders.: *Jahrhundert Band 2*; Haus der Geschichte Bonn, *Bilder*; Derix, *Politik*. Weniger analytisch im Umgang mit Fotografien: Wolfrum, *50er Jahre*; ders., *60er Jahre*; ders., *70er Jahre*; ders., *80er Jahre*; Veiel/Koenen,

rum von Bildern zurück, das einer breiten Öffentlichkeit ikonenhaft für ganz konkrete historischer Formationen bekannt ist.[4] Angestoßen wurde dieser Umgang mit Bildern als Kommunikationsvehikel wissenschaftlicher Erkenntnisse in den öffentlichen Raum nicht zuletzt durch die Einsicht, dass gerade visuelle Quellen der Vergangenheit in der Öffentlichkeit eine durchschlagende Wirkmacht entfalten können. Als Paradebeispiel kann hierfür die so genannte Wehrmachtsaustellung gelten, die in zwei Versionen zwischen 1995 und 2004 als Wanderausstellung in der Bundesrepublik eine emotionsgeladene Debatte über die Rolle der Wehrmacht bei den Kriegsverbrechen und Genoziden des Zweiten Weltkriegs auslösen konnte.[5] Die Wehrmachtsaustellung verdeutlichte zum einen die Notwendigkeit einer vermehrten und methodisch geschärften Auseinandersetzung der Geschichtswissenschaft mit Bildern. Zum anderen konnte sie zeigen, wie kontrovers visuelle Quellen in einer breiten öffentlichen Debatte diskutiert wurden. Historikern wurde es von der massenmedialen Öffentlichkeit abverlangt, zu einer den universitären Bereich überschreitenden Kontroverse Stellung zu nehmen.

Die Diskussion um die Wehrmachtsaustellung fiel parallel zu den ersten programmatischen Entwürfen einer *Visual History* die, wie bereits erwähnt, sich nicht nur der Präsentation historischer Forschung durch Visualia widmet, sondern zuallererst einen spezifisch geschichtswissenschaftlichen (und dabei zumeist zeithistorischen) Umgang mit der Quellengruppe Bilder zu umreißen sucht.

Der Umgang mit visuellen Quellen lässt sich traditionell dem Terrain der Kunstgeschichte zuordnen. Deren klassischer Zugang unterscheidet sich von den Fragestellungen der Kulturwissenschaften wie auch der zeithistorischen Forschung am augenscheinlichsten in der Gewichtung bildimmanenter Analysen. Die mit den Namen Gottfried Boehm[6], Horst

---

1968. Ganz auf die illustrative Kraft der Bilder setzt die Reihe von James Lescott: Lescott, *40er Jahre*; ders., *50er Jahre*; ders., *60er Jahre*; ders., *70er Jahre*. Auch in der Fotogeschichte ist die Vorgehensweise, an einzelnen Fotografien größere fotografische Trends populär aufzuarbeiten, festzustellen; siehe etwa: Koetzle: *Photo-Icons 1*; ders: *Photo-Icons 2*.

4 Zu nennen wären hier etwa die Fotografien von Willy Brandts Kniefall in Warschau als Ikone für eine neue Ostpolitik oder das Bild des entführten Hanns-Martin Schleyer als Symbol für den RAF-Terror der siebziger Jahre.

5 Thamer, »Tabubruch«.

6 Boehm, »Wiederkehr«; Boehms Überlegungen zum *iconic turn* und der ikonischen Differenz können für die Genese der kulturwissenschaftlichen Bildwissenschaft als konstitutiv gelten. Boehm nimmt die Bildhaftigkeit der Sprache als Ausgangspunkt, um eine Rückkehr der Bilder zu konstatieren, die er in Anlehnung an den *linguistic turn* als *iconic turn*

Bredekamp und Hans Belting[7] verbundene Erweiterung kunsthistorischer Forschung hin zu einer kulturwissenschaftlich geprägten Bildwissenschaft konnte in den vergangenen zehn Jahren entscheidenden Einfluss auch auf die zeithistorische Analyse visueller Quellen nehmen. Wesentlicher Fixpunkt der Bildwissenschaften ist ihre Anlehnung an die angloamerikanischen *Visual Studies* als Subdisziplin der *Cultural Studies*. Ausgehend von den Arbeiten des US-amerikanischen Anglisten und Kulturwissenschaftlers William J. T. Mitchell gehen sowohl die *Visual Studies* als auch die Bildwissenschaften von der Prämisse aus, dass kulturelle Entwicklungen zunehmend von Viusalia konstituiert, beeinflusst und geordnet werden und somit auch an ihnen ablesbar sind.[8] Nach Mitchell, der mit seinen Arbeiten zur Bildtheorie die theoretischen Überlegungen eines *pictorial turn* oder später *iconic turn* anstieß, dominieren in modernen Kulturen kommunikative Konventionen und Codes, die einem nichtlinguistischen, also einem bildlichen Zeichensystem unterliegen. Dem *linguistic turn* müsse in den Kulturwissenschaften demzufolge ein *pictorial turn* folgen, um einerseits eine global gültige Kritik und andererseits maßgebliche Methoden zur Analyse dieser visuellen Kultur zu entwickeln.[9] In ihren Arbeiten zu solch einer Kritik der modernen visuellen Kultur untersuchen die Bildwissenschaften und *Visual Studies* Bilder nicht nur als trägergebundene Quellen. Sie nutzen diese vielmehr auch als Ausgangspunkte für ein breiteres Untersuchungsfeld, das etwa kulturell formierte Gewohnheiten des Sehens oder die Bedeutung des Visuellen zur Herausbildung von Identitäten einschließt.[10]

Auch wenn die interdisziplinäre Bildwissenschaft gerade innerhalb der Mentalitätsgeschichte zu einem wichtigen Referenzpunkt der *Visual History*

---

umreißt. Die »Bildpotenz der Sprache« habe letztendlich den *linguistic turn* in einen *iconic turn* überleiten lassen. Für die genuine Logik der Bilder entwirft er das Theorem einer ikonischen Differenz, einer Differenz zwischen dem Sinn, der einem Gegenstand durch dessen Abbildung verliehen wird, und dem Sinn, den das Abgebildete in realiter besitzt. Somit konstruieren Bilder eine eigene Logik aus genuin bildnerischen Mitteln. Für die Rezeption der Entwürfe Boehms in der Geschichtswissenschaft siehe etwa: Heßler, »Bilder«.

7 Belting, *Bild-Anthropologie*; ders., *Bildfragen*.
8 Mitchell, »Pictorial Turn«; siehe auch: Sturken/Cartwright, *Practices*, S. 1: »The world we inhabit is full of visual images. They are central to how we represent, make meaning, and communicate in the world around us. In many ways, our culture is an increasingly visual one. Over the course of the last two centuries, Western culture has come to be dominated by visual rather than oral or textual media.«
9 Mitchell, *Essays*, insbesondere S. 11–34.
10 Als Beispiel hierfür kann etwa gelten Cameron, »America«.

wurde und Zeithistoriker den Theoriestreit um die Gretchenfrage »Was ist ein Bild?« mit Interesse verfolgten und rezipierten, trugen sie kaum Ansätze zu dieser (kunstgeschichtlichen) Theoriedebatte bei.[11] Neben der Rezeption der Bildwissenschaft lässt sich gerade in den Einführungswerken, die einen explizit geschichtswissenschaftlichen Umgang mit visuellen Quellen vorstellen und diskutieren, ein gezielter Rückgriff auf die Traditionen innerhalb der eigenen Disziplin beobachten.[12] Geschichtswissenschaftliche Fragestellungen an Bilder waren hier ursprünglich Fragen an Bilder als trägergebundene Quellen. Gerade in den Subdisziplinen, denen es an schriftlichen Quellen mangelt (neben der Geschichte des Altertums können hier auch die Mediävistik und die Frühe Neuzeit genannt werden), kann die Analyse von Bildern als realienkundliche Untersuchung auf eine lange Tradition verweisen. Diese historische Bildkunde wurde in den achtziger und neunziger Jahren um Methoden erweitert, die zumeist auf die Arbeitstechniken der Kunstgeschichte, und hier insbesondere die von Erwin Panofsky entworfene ikonologische Analyse, zurückgreifen.[13] Als »Historische Bildforschung« bezeichnete Jens Jäger den geschichtswissenschaftlichen Umgang mit visuellen Quellen, der die bereits bestehenden Ansätze um diejenigen der Kulturgeschichte erweiterte.[14] Zum entscheidenden Gegenstand für eine geschichtswissenschaftliche Analyse von Bildern gerieten nun die Diskurse, die sich auf der Folie bildlicher Darstellungen entspannten. Grundlegend hierfür ist die auch für spätere Arbeiten der *Visual History* wesentliche Annahme, dass sich die Bedeutung der Bilder vornehmlich in deren diskursiver Rahmung (also dem öffentli-

---

11 Vielmehr stellen gerade zeitgeschichtliche Arbeiten in ihren Einleitungen oftmals fest, dass die aufreibenden Diskussionen um das Grundsätzliche und die »fortdauernde Verwirrung um den Bildbegriff in der heutigen Diskussion« (Belting: »Plädoyer«, S. 15) den Blick auf ihren genuinen Forschungsgegenstand, die Bilder in der Geschichte, allzu oft verstellen. Paradigmatisch hierzu sagt etwa Jörn Glasenapp in seiner Studie über die bundesdeutsche Nachkriegsfotografie in Rückgriff auf den Amerikanisten Christoph Ribbat, dass aufgrund der grassierenden »Theorie-Hypertrophie«, die das Wesen der Fotografie immer neu theoretisch zu fundieren sucht, die »fotografischen Werke selbst oft ungelesen« bleiben. Glasenapp, *Nachkriegsfotografie*, S. 41f.
12 Wohlfeil, »Bild«; Jäger, »Photographie«; Jäger und Knauer geben in ihrem jüngst erschienenen Sammelband einen systematischen, historiografisch-genealogischen Überblick über Themenschwerpunkte und Denkformen innerhalb der geschichts-wissenschaftlichen Beschäftigung mit visuellen Quellen; siehe: Jäger/Knauer, »Problemaufriss«; Jäger, »Bildkunde«; Knauer, »Drei Einzelgänge(r)«.
13 Zur ikonologischen Analyse siehe: Panofsky, »Ikonographie«; zu deren Rezeption in der Geschichtswissenschaft siehe etwa: Wohlfeil, »Reflexionen«; Wohlfeil, »Bild«.
14 Jäger, »Photographie«.

chen Sprechen und Schreiben über die Bilder) konstituiert. Diese sich in der diskursiven Rahmung etablierenden Lesarten der Bilder sind wiederum einem historischen Wandel unterworfen. In verschiedenen geschichtlichen und kulturellen Formationen kann ein und dasselbe Bild gänzlich unterschiedlich gedeutet, verstanden und genutzt werden.[15] Glasenapp folgerte daraus, dass es bei der Beschäftigung mit Bildern immer um eine »kontextsensitive Annäherung« gehen müsse, welche die »Bedeutung eines Fotos allererst in seinem Gebrauch« ausmache.[16]

Noch einmal erweitert wurden diese ersten Ansätze einer kultur-historischen Annäherung an visuelle Quellen durch mentalitätsgeschichtliche Arbeiten, welche die Reduzierung visueller Quellen auf trägergebundene Bilder aufgaben.[17] In seinem Plädoyer für eine historische Bildwissenschaft als Repräsentationsgeschichte forderte etwa Habbo Knoch 2005 eine Erweiterung des Bildbegriffes auch für die historische Analyse um »sinnesgebundene Bilder« (also etwa Träume und Vorstellungen) und »kontextgebundene Bilder«, worunter er etwa sprachlich gefasste Bilder verstand.[18] Materielle Bilder sollten hier also nur Ausgangspunkte für Untersuchungen bilden, die sich in ihrer Analyse an die Arbeiten der kulturwissenschaftlichen *Visual Studies* anlehnten. Gerade im Zuge zahlreicher Forschungen, die sich an den von Aleida und Jan Assman entwickelten Themenkomplexen eines »kulturellen Gedächtnisses« und der »Erinnerungskulturen« orientierten[19], konnte dieser Ansatz von Knoch und anderen einen gewichtigen Beitrag für die geschichts-wissenschaftliche Debatte leisten. Am Beispiel der visuellen Erinnerung an den Nationalsozialismus konnte etwa gezeigt werden, dass Bilder als »Traditionsmotoren«[20] einen entscheidenden Beitrag innerhalb des öffentlichen und auch privaten Umgangs mit der deutschen Vergangenheit leisteten.[21] »Für kollektive wie individuelle Geschichte gilt [...]«, resümierte Harald Welzer bereits 1995 in seiner Studie

---

15 Roeck, »Visual Turn?«.
16 Glasenapp, *Nachkriegsfotografie*, S. 41–46, Zitat S. 42f.
17 Hierzu: Haas, »Schreiben«; Haas sieht die mentalitäts- und alltagsgeschichtlichen Arbeiten der achtziger und neunziger Jahre als treibende Kraft in der Ausweitung des visuellen Quellenbegriffs.
18 Knoch, »Renaissance«, insbesondere S. 56–59, Zitate S. 57.
19 Siehe etwa: J. Assmann, »Kollektives Gedächtnis«; ders., *Das kulturelle Gedächtnis*; A. Assmann, *Erinnerungsräume*; dies., *Schatten*.
20 Paul, »Bildkunde«, S. 13.
21 Knoch selbst legte mit seiner Dissertation über das öffentliche Erinnern an den Holocaust wohl die nicht nur quantitativ gewichtigste Einzeluntersuchung in diesem Feld vor. Knoch, *Tat*; siehe auch: Welzer, *Gedächtnis*; Brink, *Ikonen*; dies., *Auschwitz*.

über die prägende Kraft nationalsozialistischer Ästhetik, »daß eine Erinnerung ohne Anschauung konturenlos und abstrakt bleibt [...]. Das Gedächtnis braucht Bilder, an die sich die Geschichte als eine erinnernde und erzählbare knüpft.«[22] Wiederum angestoßen von Überlegungen aus der Kunstgeschichte plädierte Gerhard Paul jüngst dafür, eine *Visual History* auf die Analyse von *Bildakten* zu erweitern. In den Vordergrund stellt der Flensburger Historiker unter Rückgriff auf Horst Bredekamp[23], dabei die Analyse der gesellschaftlichen Prägekräfte visueller Quellen. Bilder können, so die Hypothese, Geschichte selbst generieren, indem sie bei ihrem Betrachter emotionale und auch körperliche Reaktionen hervorrufen.[24] Als sinnfällige Beispiele nennt Paul etwa die Exekutionen während des Irak-Kriegs, die weniger die Tötung eines feindlichen Kombattanten bezweckten als vielmehr die Produktion eines Bildaktes, der mittels moderner Medien eine weltweite Öffentlichkeit erreichen kann. Pauls Plädoyer für eine historiografische Bildakt-Forschung fokussiert den Blick des Historikers also verstärkt auf die Verwendungs- und Rezeptionszusammenhänge visueller Quellen, um an ihrer Analyse die genuine Wirkmacht von Bildern ablesen zu können.

1.2 Bilder und die Transformation von Religion und Kirche in der frühen Bundesrepublik

Wie aber, so soll im Folgenden gefragt werden, sieht eine zeitgeschichtliche *Visual History* aus, die jene Bilder zum Gegenstand wählt, welche die Transformationsprozesse von Kirche und Religion in der frühen Bundesrepublik visuell begleiteten, ausdeuteten oder anstießen? Grundlegende Prämisse für solch eine Untersuchung ist die in den methodisch-theoretischen Überlegungen zu einer *Visual History* immer wieder betonte Annahme, öffentlich kursierende Visualia seien kein Spiegel der Wirklichkeit.[25] Bilder bilden historische Ereignisse und Entwicklungen nicht objektiv ab, sondern verbinden das Abgebildete – ganz im Sinne von Boehms

---

22 Welzer *Gedächtnis*, S. 8.
23 Bredekamp, »Bildakte«.
24 Paul, »Bildforschung«, S. 134f.
25 Paul, »Bildkunde«, S. 19.

ikonischer Differenz[26] – mit einer eigenen Realität, das heißt mit ganz bestimmten Lesarten, mit denen die Produzenten der Bilder das Dargestellte belegen. In diesem Sinne können Bilder Vorstellungen, Erkenntnisse und Wissen über das Abgebildete konstruieren.[27] Von der Vorstellung, Bilder und insbesondere Fotografien würden eine objektive Realität darstellen, hat sich gerade die theoretische Diskussion über das Wesen der Fotografie sehr früh, weit vor der zunehmenden kulturwissenschaftlichen Beschäftigung mit dem Visuellen verabschiedet. Zu grundlegenden Anknüpfungspunkten der weiteren Theoriediskussion entwickelten sich die Überlegungen des französischen Strukturalisten Roland Barthes, welcher der fotografischen Darstellung zwar zugestand, ein »perfektes Analogon« der Wirklichkeit zu sein, nicht aber deren objektive Abbildung. Dieses Spannungsverhältnis zwischen einer scheinbar perfekten, nicht codierten Abbildung der Natur einerseits und dem konnotativen Charakter der Fotografie andererseits gerät bei Barthes zum eigentlichen Wesen des fotografischen Bildes, zum »fotografischen Paradox«.[28] Hier konstituiert sich der Charakter der Fotografie als »Evidenzmaschine«, Fotografien erzielen bei ihren Rezipienten ein hohes Maß an Glaubwürdigkeit, Authentizität und Überprüfbarkeit, das gemeinhin über dem schriftlicher Quellen steht.[29] Diese Qualität lässt sich nicht nur für Fotografien veranschlagen. Auch anderen Visualisierungstechniken wie Grafiken, Karten oder Tabellen muss im Zuge ihrer oftmals nicht hinterfragten medialen Verwendung und Rezeption diese hohe Evidenzkraft zugestanden werden.[30]

Folgt man diesem Argument, so kommt man unweigerlich zu der Erkenntnis, dass eine *Visual History* von Kirche und Religion über den sozialgeschichtlichen Wandel der kirchlichen Institutionen ebenso wenig aussagen kann wie über die theologische oder soziologische Transformation religiöser Glaubenshorizonte. Sozialgeschichtlich belastbare Zahlen über schwindende Kirchbesucher können hier ebenso wenig erwartet werden wie quantitative oder auch qualitative Aussagen über die Popularität alternativreligiöser Bewegungen. Denn die visuelle Darstellung religiöser Ausdrucksformen präsentiert sich dem Betrachter immer durch die Linse einer

---

26 Siehe Fußnote 6.
27 Etwa: Heßler, »Bilder«, S. 283.
28 Barthes, »Fotografie«, S. 12–16.
29 Hierzu: Jäger/Knauer, »Bilder«, S. 16.
30 Hierzu: Gugerli/Orland, »Einleitung«, insbesondere S. 12.

Vielzahl medialer Akteure, angefangen beim Fotografen der Illustrierten über Kuratoren von Bildausstellungen hin zu Regisseuren oder Filmproduzenten.

Eine *Visual History* der Transformationsprozesse von Religion und Kirche betrachtet somit den von medialen Akteuren gelenkten öffentlichen Blick auf kirchliche Institutionen und religiöse Entwicklungen. Sie geht damit von der Annahme aus, dass in der frühen Bundesrepublik medial verbreitete Bilder eine so große Wirkmacht entfalten konnten, dass sich der Wandel der Religion für breite Bevölkerungsschichten nicht über die Anschauung des Gegenstandes selbst vollzog, sondern eben über den Blick auf diese medial vermittelten Bilder, die gesellschaftliche Prozesse scheinbar abbildeten, in Wahrheit aber ordneten, konnotierten und ausdeuteten.[31] Die Medien übernahmen als Teil der Öffentlichkeit Aufgaben der »Selbstbeobachtung der Gesellschaft«[32], das heißt, sie verfolgten und kommentierten die Entwicklungsprozesse, denen religiöse Glaubenshorizonte und kirchliche Institutionen unterlagen.

Der Erkenntnisgewinn einer solchen Studie muss daher in der Frage nach der Sichtbarkeit der Transformationsprozesse im öffentlichen Diskurs verortet werden. Es geht also explizit nicht um die Erforschung einer privaten Religiosität, sondern vielmehr um die öffentlichen Visualisierungen christlicher und nichtchristlicher Glaubenshorizonte, kirchlicher Institutionen und deren Vertreter.

Dabei gilt es, die visuellen Deutungen religiöser Transformationsprozesse nicht mit deren Rezeption durch ihre Betrachter in eins zu setzen. Zwar mögen Medien im Sinne eines *Agenda Settings* gerade im Hinblick auf ihre Selektionsleistung als bedeutender Faktor im öffentlichen Diskurs gelten, die Lenkung ihrer Rezeption verschließt sich jedoch den medialen Akteuren. »The coding of a message«, so der britische Soziologe und Kulturwissenschaftler Stuart Hall im Bezug auf mediale Vermittlung und deren schwer zu kalkulierende Rezeption »does not control its reception.«[33] Gerade Bilder können hier als in einem hohen Maße bedeutungsoffen gelten, so dass deren Rezeption noch viel weniger unter der Kontrolle ihrer Pro-

---

31 Über die sich im 19. Jahrhundert etablierende Bedeutung der medialen Akteure für gesellschaftliche Transformationsprozesse insgesamt siehe: Requate, »Medien«. Für den Zusammenhang von Medien und Demokratisierung siehe: Bösch/Frei, »Medialisierung«.
32 Bösch/Frei, »Medialisierung«, S. 12.
33 Hall, *Encoding*, S. 91. Für die Mediengeschichte siehe etwa: Bösch/Frei, »Medialisierung«, S. 12.

duzenten und Distributoren liegt als dies bei schriftlichen Medienprodukten der Fall sein mag. Nicht um diese gerade von der Kommunikationswissenschaft vielfach konstatierte Diskrepanz zwischen medialen Deutungen und deren Rezeption zu beseitigen, sondern vielmehr um die Polysemie der Bilder einzuschränken, gilt es, die Bilder in ihrer zeitgenössischen Lesart zu betrachten, die sich etwa in deren Umrahmung durch Texte oder (gerade bei Filmen) in den Reaktionen auf sie rekonstruieren lässt.[34] Gerade die in Bildunterschriften oder erklärenden Kommentaren den Bildern anheim gestellten verbalen Deutungen vermögen als »parasitäre Botschaft«[35] dem Betrachter eine Lesart der Bilder vorzugeben. Die erläuternden Texte partizipieren hier an dem hohen Grad an Glaubwürdigkeit, den die Rezipienten Bildern gemeinhin zugestehen. Dabei geht Roland Barthes davon aus, dass sich der Konnotationseffekt der Bilder durch den Text je nach Präsentationsmodus des Textes unterscheidet: Je näher der Text am Bild steht, umso geringer scheint dem Betrachter die Konnotation. Die verbale Botschaft partizipiert hier an der scheinbaren Objektivität der visuellen Botschaft.[36] Für die Betrachtung der Bilder im Sinne einer *Visual History* ist es daher unabdingbar, nicht nur die visuelle Abbildung (also etwa eine Fotografie) an sich zu betrachten, sondern auch deren vorgegebene Deutung gerade durch die direkt unter den Bildern stehenden Bildunterschriften mit in deren Analyse einzubeziehen.[37] Dies schließt die grundlegende Annahme ein, dass ein und dasselbe Bild in unterschiedlichen Zusammenhängen mit immer unterschiedlichen Konnotationen präsentiert wird.[38]

Die Bildunterschriften bzw. die verbalen und visuellen Kontexte, in denen ein Bild veröffentlicht wurde, sollen darüber hinaus als Ausschlusskriterien herangezogen werden, um zu bestimmen, ob ein medial vertriebenes Bild als ein religiöses Bild zu verstehen ist und damit für die Studie relevant wird oder nicht. Indem so darauf verzichtet wird, ex post festzulegen, welche Motive oder ästhetische Qualitäten ein Bild haben muss, um als religiös zu gelten, wird die Idee eines religiösen Bildes somit selbst historisiert: Nicht in der historischen Analyse derselben erfolgt die definitori-

---

34 Glasenapp, *Nachkriegsfotografie*, S. 31f.
35 Barthes, »Fotografie«, S. 21.
36 Ebd., S. 21–23.
37 Dies unterstreichen auch Jäger und Knauer, wenn sie betonen, »dass die Frage nach Wirkung, Evidenz und Autorität (des Bildes) sich ausschließlich in der gemeinsamen Analyse von Bild und Text erschließen lässt.« Jäger/Knauer, »Bilde«, S. 17.
38 Sontag, *Fotografie*, S. 104.

sche Eingrenzung, vielmehr gibt der zeitgenössische Umgang mit Visualia den Quellenkorpus vor. Erst wenn ein Bild in den Medien als religiöses Bild umschrieben, mit der Institution Kirche oder deren Vertretern in Verbindung gebracht wird, wird es für die historische Analyse relevant.[39] Bereits in dieser Quellenauswahl können sich erste Hinweise auf die Transformation visueller Darstellungen und Ausdeutungen von Religion und Kirche erkennen lassen. Denn während manche Motivgruppen konstant als religiöse Bilder präsentiert wurden (hierzu gehören zweifelsohne die fotografischen Darstellungen der kirchlichen Protagonisten wie Papst, Bischöfe, Pfarrer, aber auch traditionelle christliche Symbole und Riten), werden andere Motive erst mit dem sich in den sechziger Jahren zunehmend etablierenden Verständnis einer individualisierten Religiosität als religiöse Bilder gedeutet.

Dass öffentliche Vorstellungen von Religion auch in der Bundesrepublik in den Jahren nach deren Gründung einem eklatanten Wandel unterlagen, lässt sich schon an dieser recht allgemeinen Beobachtung ablesen. Über das Wesen religiösen Wandels in westlichen Gesellschaften hat sich in den letzten Jahren auch in der Bundesrepublik eine rege Debatte entwickelt. Nachdem seit den sechziger Jahren das soziologische Konzept einer Säkularisierung westlicher Gesellschaften die Debatte dominierte, steht diese Idee eines stetigen Niedergangs religiösen Lebens und religiöser Weltdeutungen zunehmend in der Kritik.[40] Aufrechterhalten wird das Paradigma einer Säkularisierung vor allem von den Soziologen, die sich vornehmlich empirisch dem Problemfeld nähern und etwa die Zahl der Kirchenaustritte oder die Teilnahme an kirchlichen Riten in einer historischen Perspektive betrachten. Als Vertreter dieser Schule kann zum einen Detlef Pollack gelten, der die These einer Säkularisierung der bundesdeutschen Gesellschaft aus empirisch-soziologischer Perspektive vertritt. Für

---

39 Hier folgt die Analyse den grundlegenden Überlegungen einer historiografischen Untersuchung religiöser Semantik. Auch diese folgt nicht der Diskussion, ob bestimmte Sachverhalte der Vergangenheit ex post als religiös zu deklarieren sind oder nicht. Vielmehr werden religiöse Begriffe, deren Gebrauch und zeitgenössische Ausdeutung untersucht; siehe etwa: Hölscher: »Semantic Structures«.

40 Das Konzept der Säkularisierung zur Beschreibung gesellschaftlicher Transformationsprozesse lässt sich weit vor 1945 finden. Siehe hierzu die begriffsgeschichtliche Studie von Hermann Lübbe: Lübbe, *Säkularisierung*. Zum Säkularisierungsparadigma im zeitgenössischen wissenschaftlichen Diskurs um die Transformation von Religion und Gesellschaft siehe: Lehmann, *Säkularisierung*. Für die zeitgenössische Ausdeutung des Säkularisierungsparadigmas siehe etwa: Bruce, *God*.

Pollack verläuft der Niedergang von Kirchlichkeit parallel zum Niedergang des Religiösen insgesamt, da seiner Ansicht nach auch die oftmals unter dem Label *New Age* gefassten neureligiösen Bewegungen und neue christliche Gemeinschaften den massiven Einbruch der Kirchlichkeit in der Bundesrepublik nicht auffangen können.[41] Ähnlich wie Pollack für die Bundesrepublik konstatiert Callum Brown auch für Großbritannien einen kontinuierlichen Niedergang der Religion im 20. Jahrhundert, dessen Höhepunkt er in den sechziger Jahren verortet.[42] Neben der fortschreitenden Entkirchlichung erkennt Brown einen breiter gefassten »decline of popular religious faith, behaviour and identity«.[43] Nicht nur kirchliche Riten verzeichneten also gerade in den sechziger Jahren schwindende Teilnehmerzahlen, religiöse Deutungsmuster verloren im täglichen Leben breiter Bevölkerungsschichten generell an Relevanz. Auch Brown stützt seine Analyse auf »numerical indicators of popular religiosity«, also eine quantitative Auszählung messbarer Parameter.[44]

Sehr früh sah sich das Interpretament einer Säkularisierung, verstanden als konstanter Niedergang jeglicher Religiosität, einer harschen Kritik ausgesetzt. So warf der Soziologe Thomas Luckmann bereits 1967 seiner Zunft vor, eine reine »Pfarrsoziologie« zu betreiben und in der Vermessung religiöser Ausdrucksformen in westlichen Gesellschaften die »unsichtbare Religion«, die sich in den individualisierten Formen einer religiösen Welt- und Selbstdeutung äußere, außen vor zu lassen.[45] Die Arbeiten Luckmanns können als Startschuss einer Religionssoziologie gelten, die sich in ihrer Analyse eben nicht auf die kirchlichen Institutionen beschränkt, sondern darüber hinaus alternativreligiöse Bewegungen in den Blick nimmt. Dabei konnte sie die enge These einer Säkularisierung westlicher Gesellschaften erheblich schärfen.[46] In der neueren Forschung wird die Idee einer Säkularisierung nun zunehmend selbst historisiert und in ihre

---

41 Pollack, *Säkularisierung*, insbesondere S. 77–94.
42 Brown, »Secularisation« (2003), S. 29f.
43 Brown, »Secularisation« (2007), S. 495.
44 Brown, »Secularisation« (2003), S. 29.
45 Luckmann, *Religion*.
46 Gerade innerhalb der Soziologie, so der Pastoraltheologe James Sweeney, fällt diese Neuausrichtung schwer und wird zu einem auch emotionalen Ringen, da sie nicht nur ihrer »teleologischen Koordinaten beraubt« wird, sondern als »Kind der Moderne mit dem Paradigma der Säkularisierung groß geworden ist.«; siehe: Sweeney, »Ende«, S. 38.

verschiedenen Bedeutungsebenen differenziert.[47] So versteht die Soziologie unter dem Begriff Säkularisierung heute vornehmlich drei von einander getrennt zu betrachtende Prozesse: die Abnahme von Religion, die Ausdifferenzierung von Religion und die Privatisierung von Religion. Während dabei die Entkirchlichungstendenzen breiter Gesellschaftsschichten gerade in Europa weitestgehend außer Frage stehen[48], können vor allem kulturgeschichtliche Arbeiten zeigen, dass religiöse Institutionen, vor allem aber religiöse Weltdeutungsangebote und Semantiken auch in der zweiten Hälfte des 20. Jahrhunderts als bedeutsamer Faktor innerhalb gesellschaftlicher Entwicklungsprozesse gesehen werden müssen.[49]

Diese Bedeutsamkeit konnte inzwischen ansatzweise auch für visuelle Entwürfe des Religiösen gezeigt werden. Gerade für das Massenmedium Film konnten bisherige (zumeist theologische) Forschungen nachweisen, dass die Prägekraft der Religion auf die Kultur moderner Gesellschaften durchaus evident ist. Nicht nur über die oftmals unter dem Label des *religiösen Films* zusammengefassten Filmstoffe, welche die Transzendenzerfahrungen und Glaubenskonflikte ihrer Protagonisten in den Mittelpunkt ihrer Erzählung rücken[50], gelangten eine Vielzahl religiöser Narrative wie auch religiöser Bildwelten in den Raum der Populärkultur. Neuere theologische Studien konnten darüber hinaus verdeutlichen, wie religiöse Deutungen und Bilder eine Vielzahl von populären Spielfilmen prägen, die keine explizit religiöse Geschichte erzählen.[51] Ferner zeigten Forschungen auf einer hauptsächlich organisationsgeschichtlichen Ebene, dass gerade die Kirchen

---

47 Siehe hierzu v.a. Casanova, *Public Religions*; Graf, »Dechristianisierung«; kaum ein Autor, der die Veränderungen der religiösen Landschaft in der zweiten Hälfte des 20. Jahrhunderts untersucht, kommt darum herum, sich zur Säkularisierungsthese zu positionieren bzw. diese selbst auszudeuten; siehe etwa: McLeod, »Crisis«, S. 207–210; Hellemans, »Transformation«, S. 12–14. Zur Historisierung des Säkularisierungs-konzeptes siehe auch: Hölscher, »Semantic Structures«; ders., »Historische Semantik«, insbesondere S. 195–197.

48 Davie, »Europe«; Davie beschreibt die europäische Situation im Gegensatz zu der der USA mit dem Signum eines »believing without belonging«. Im Gegensatz zu den frühen Säkularisierungsvertretern geht sie zwar von einer »unchurched population« aus, die aber keineswegs säkular sei; ebd., S. 68.

49 Friedrich Wilhelm Graf etwa geht davon aus, dass auch am Beginn des 21. Jahrhunderts »die meisten Deutschen durch ihre je besonderen konfessionskulturellen Herkunfts-geschichten geprägt (sind).«; Graf, »Letzthorizonte«, S. 208.

50 Zum religiösen Film siehe: Bamberger/Escherschor, *Religion*, insbesondere S. 30ff.

51 Hasenberg, *Spuren*; Herrmann, *Sinnmaschine*; Wright, *Religion*; Bohrmann u.a., *Handbuch Band 1*; dies., *Handbuch Band 2*; Schramm, *Gott*; Zwick, »Provokation«.

durch ihre konfessionelle Filmarbeit das Medium Film und dessen Rezeption in der Bundesrepublik entscheidend beeinflussen konnten.[52] Vor allem kulturwissenschaftliche Arbeiten aus den USA legten ergänzend dar, wie neben den religiösen Sujets auch religiöse Motive über die verschiedensten Bildträger in die Populärkultur gelangten. Dabei konnten die zahlreichen kulturwissenschaftlichen Arbeiten an eine reiche Tradition von Forschungen anknüpfen, die mittelalterliche und frühneuzeitliche Bildkorpora vor dem Hintergrund ihrer Bedeutung für die Ausbildung und Transformation kollektiver Glaubensvorstellungen untersucht hatten.[53] In ihrer Analyse der engen Verbindung von religiösen Praktiken und Populärkultur hatten diese Untersuchungen zeigen können, wie Bilder etwa als Mittel religiöser Indoktrination, Gegenstände kultischer Verehrung oder auch als Begleiter der persönlichen religiösen Andacht genutzt worden waren. Hierin waren sie zumeist stark an die historisch gewachsenen institutionellen Strukturen der Kirchen gebunden. Auch für die Gegenwart gehen etwa David Morgan und Sally M. Promey davon aus, dass religiöse Bildkorpora in den USA eine elementare Rolle sowohl bei der Ausformung gesellschaftlicher Riten als auch bei der Herausbildung einer nationalen Identität innerhalb der US-amerikanischen Populärkultur übernehmen. Gerade vor dem Hintergrund der stetigen, die moderne amerikanische Kultur prägenden Transformationen religiöser Vorstellungen und Bewegungen könne der visuellen Kultur ein entscheidender Anteil in der gesellschaftlichen Konstruktion von religiösen Normen, Riten und Vergemeinschaftsformen zugestanden werden.[54] Am Beispiel populärer US-Fernsehserien konnte Stewart Hoover zudem zeigen, dass sich religiöse Vorstellungen und Bilder nicht zuletzt aufgrund der zunehmenden Abkopplung zeitgenössischer Religion von deren vormaligen institutionellen Trägern mittlerweile vor allem über die Massenmedien verbreiten. Innerhalb dieser Massenmedien ist in den letzten Jahrzehnten ein explosionsartiger Anstieg von Programmen zu beobachten, die sich sowohl explizit als auch implizit religiösen Themen, Fragestellungen und Bildern bedienen.[55]

Eine Säkularisierung öffentlicher Bildwelten, verstanden als ein Verschwinden religiöser Szenerien und Symbole aus den öffentlich kursieren-

---

52 Schatten, *filmdienst*; Helmke, *Kirche*; Kuchler, *Kirche*; Quaas, *Filmpublizistik*; Kniep, »Kirchen«.
53 Hierzu: Burke, *Augenzeugenschaft*, S. 53–66.
54 Morgan/Promey, »Introduction«, S. 17.
55 Hoover, »Religion«, insbesondere S. 152–154.

den Visualia, lässt sich in der zweiten Hälfte des 20. Jahrhunderts also nicht feststellen. Gerade im Hinblick auf den von den angeführten Studien untersuchten kirchlichen Einfluss auf die Produktion und Rezeption von Kinofilmen oder auch die Relevanz religiös konnotierter Bilder und Filmnarrative in den Massenmedien lässt sich die These eines Relevanzverlusts religiöser Vorstellungswelten im öffentlichen Raum nicht halten. Vielmehr zeigen bisherige Studien, dass eine »populäre Religion« wesentlicher Bestandteil der Populärkultur auch in der Bundesrepublik ist.[56] Hubert Knoblauch spricht hier von einer »Entgrenzung der Religion«, die nun auch außerhalb religiöser Institutionen wie den Kirchen in einem hohen Maß kommuniziert wird. Die Entgrenzung religiöser Kommunikation geht unweigerlich mit einer Rekomposition religiöser Inhalte und Bilder einher. So finden nicht nur die Kirchen als traditionelle Vermittler religiöser Glaubenshorizonte neue Kommunikationswege und Bilder für ihre Botschaft, auch die Medien treten in den Prozess der Vermittlung ein und prägen ihrerseits teils konträr zu den Kirchen verlaufende religiöse Vorstellungs- und Bildwelten. Eingedenk dieser Prämissen nehmen jüngste historische Arbeiten zur Geschichte der Religion sowohl inner- als auch außerkirchliche Transformationsprozesse in den Blick.[57]

1.3 Ansatz, Methoden und Quellen

Die westdeutsche Nachkriegskultur durchzog ein differenziertes Geflecht von Teilöffentlichkeiten, die – nicht selten miteinander verbunden – ganz unterschiedliche Vorstellungen über die Bedeutung der Religion in der Nachkriegsgesellschaft und dem rechten Ort der Kirchen in der Bundesrepublik artikulierten. Dies zeigt bereits ein vordergründiger Blick auf die Protagonisten der bundesdeutschen Elite, die gemeinhin mit der Diskussion um die Verbindung von Kirche und Staat bzw. einer scharfen Auseinandersetzung mit den Kirchen als herausragenden Institutionen im öffentlichen Leben in Verbindung gebracht werden. Während gerade im ersten Jahrzehnt des neu konstituierten Staats herausragende Persönlichkeiten wie Konrad Adenauer oder Martin Niemöller die breite Spanne der

---

56 Knoblauch, *Populäre Religion*, insbesondere S. 193–264.
57 Siehe hierzu exemplarisch die Forschungen der DFG–Forschergruppe 621 »Transformation der Religion in der Moderne«; etwa: Damberg, *Soziale Strukturen*.

Diskussionslandschaft um die Stellung der Kirchen in der Bundesrepublik anzeigen mögen, betraten mit den sechziger Jahren zum einen medial präsente Intellektuelle wie Heinrich Böll und Carl Amery die öffentliche Arena, um dort den Milieukatholizismus und dessen tradierte Strukturen heftig zu kritisieren. Andererseits lassen sich etwa zur selben Zeit in beiden Kirchen diverse von der Euphorie kirchlicher Erneuerung getragene Gruppen erkennen, die auf eine Reform kirchlicher Strukturen und die Modernisierung der Pastoral pochten, um so die Kirchen als gestalterische Kraft für eine solidarisch gerechte Gesellschaft etablieren zu können.

Die hier zu untersuchenden visuellen Deutungen von Kirche und Religion lassen sich also auf ganz verschiedene Akteure zurückverfolgen, die zwischen die Kirchen und breite Teile der Bevölkerung getreten waren und ihre Deutungen von Religion und auch deren Institutionen verbreiteten. Aufgrund der vielstimmigen Debatten in der Bundesrepublik unterscheiden sich auch die visuellen Ausdeutungen der religiösen Landschaft nicht nur aufgrund ihrer öffentlichen Teilkultur, die sich für die Produktion bzw. die Verbreitung der Bilder verantwortlich zeigte. Sie unterschieden sich darüber hinaus je nach Art des Bildträgers und der historischen Rahmung der Publikation. Daher wäre es verkürzt, eine Analyse öffentlicher Bilder vorzunehmen, ohne auch deren Trägern Aufmerksamkeit zu schenken. Die hier zu betrachtenden Bilder stehen in ihrer Analyse daher nicht allein, sondern werden immer im Kontext der sie umrahmenden Texte und der Bedeutung ihrer Träger (also Filme, Zeitschriften oder Buchpublikationen) diskutiert. Diese »kontextsensitive Annäherung« an die Bildquellen soll zum einen die Einbettung der fotografisch-hermeneutischen Bilddiskussion in den Produktions- und Verwendungszusammenhang der Visualia betonen, zum anderen deren Verortung innerhalb des größeren Zusammenhangs der Transformation der Religion in der Moderne nachvollziehen.[58]

Diese Einbeziehung der Kontexte, in denen die Bilder veröffentlicht wurden, gibt unweigerlich den »eklektizistischen Methodenmix«[59] vor, der sich für die zeitgeschichtliche Analyse von Bildern trotz teils scharfer Kritik seitens der Kunstgeschichte[60] derzeit etabliert.[61] Ein rein kunstge-

---

58 Glasenapp, *Nachkriegsfotografie*, S. 42; dazu auch Sontag, *Fotografie*, S. 104. Sontag stellt zurecht fest, dass sich die Botschaft einer Fotografie je nach Verwendungszusammenhang des Fotos grundlegend verändern kann.
59 Hartewig, *Fotografien*. Siehe auch: Paul, »Einleitung«, S. 25.
60 Etwa: Arani, »Rezension zu Paul«.

schichtlicher Ansatz scheint deswegen nicht angebracht, da er einerseits für den großen Bildkorpus der Untersuchung ungeeignet ist, andererseits den Fokus weniger auf die diskursive Rahmung der Fotografien als vielmehr auf das Einzelbild richtet. Zu dem angestrebten flexiblen und pragmatischen Umgang mit Methoden gehört es nichtsdestotrotz, einzelne Bilder oder Bildstrecken, die in ihrer Darstellung für eine ganze Reihe von Visualia stehen, exemplarisch genauer zu betrachten, um an ihnen Traditionen, Innovationen und Argumentationsstrategien in der visuellen Darstellung religiöser Transformation aufzeigen zu können. Dies geschieht teils mit Hilfe einer Bildbeschreibung, teils mittels einer tiefer gehenden Diskussion der ikonografischen Muster und historischen Vorbilder der jeweiligen Bilder.

Anhand solcher exemplarischen Bildbetrachtungen gilt es, die Bildberichte prägenden Visiotypen genauer zu untersuchen und diese nach ihrer Funktion und visuellen Argumentation hin zu befragen. Unter Visiotypen verstehe ich dabei wiederkehrende Motive, die einen hohen Wiedererkennungswert haben, gleichzeitig die Komplexität des Abgebildeten reduzieren und damit generalisierend wirken.[62] Diese »sich rasch standardisierende Veranschaulichung«[63] von Personen, Gegenständen und auch komplexen Ideengebäuden gilt es in verschiedenen Medientypen aufzuspüren und sie auf ihre Genese, Entwicklung und auch Veränderungen zu befragen. Anders als es etwa der Begriff der Ikone nahelegt, geht die Idee von Visiotypen nicht von einer einheitlichen quasi kanonisierten Lesart der Bilder aus. Vielmehr trägt die Untersuchung der grundsätzlichen Polysemie bildlicher Darstellungen gerade im Begriff des Visiotyps Rechnung, indem auch für diesen gilt, nach den verschiedenen konkurrierenden Deutungszuschreibungen zu fragen und diese zu kontextualisieren.

Ausgeschlossen wurde für die Untersuchung ein rein quantitativer Zugriff auf den Quellenkorpus. Eine statistische Auswertung erschien nicht zuletzt deswegen wenig sinnvoll, da sie über die Kontextualisierung und Ausdeutung bestimmter Bilder keine Hinweise geben kann und auch über die Verbreitung einzelner Motive nur wenig aussagt.[64]

---

61 Jäger/Knauer, »Einleitung«, S. 15.
62 Habbo Knoch spricht in seiner Untersuchung zu den Fotografien des Holocaust von »Symbolbildern«, deren semiotische Offenheit sich von den kanonisierten Ikonen unterscheidet; Knoch, *Tat*, S. 32–34.
63 Pörksen, *Weltmarkt*, S. 27.
64 Wie oft ein Motiv in einer Zeitschrift abgedruckt wird, sagt weder etwas über dessen allgemeine Verbreitung aus noch über dessen Wirkmacht. Für ersteres müssten etwa die

Den Quellenkorpus der Untersuchung bilden zunächst die Religions- und Kirchenbildberichterstattungen der auflagenstarken Zeitschriften *Stern*, *Spiegel*, *Quick*, *Kristall* und *Neue Revue*, die in ihrer Verbreitung eine massenmediale Öffentlichkeit erreichten. Die fünf Magazine erlebten in den fünfziger und sechziger Jahren einen rasanten Anstieg ihrer Auflagen- und Verbreitungszahlen, der sich nicht zuletzt in immer breiteren und aufwändigeren Bildreportagen niederschlug.[65] Mitte der fünfziger Jahre pendelten die Auflagen von *Revue*, *Quick* und *Stern* zwischen 500.000 und 650.000 Exemplaren.[66] Nicht einmal fünf Jahre später hatten *Quick* und *Stern* die Millionengrenze bereits überschritten, die inzwischen zur *Neuen Revue* verschmolzenen *Neue Illustrierte* und *Revue* zogen 1961 nach. Während der Marktführer *Stern* seinen Auflagenhöhepunkt 1968 mit etwas über 1,7 Millionen Exemplaren erreichte, erzielte die *Quick* bereits 1966, als sie vom Münchener Verlag Thomas Martens an den Hamburger Bauer-Verlag verkauft wurde, ihre weiteste Verbreitung mit einer Auflage von gut 1,5 Millionen Exemplaren.[67] Neben den hohen Auflagenzahlen spricht vor allem die Reichweite der Magazine für deren Relevanz innerhalb der bundesdeutschen Öffentlichkeit: Während der *Stern* laut einer Leserumfrage von 1970 fast ein Drittel der Bundesbürger erreichte, brachten es *Quick* und *Neue Revue* immerhin noch auf ein knappes Fünftel.[68] Erst Mitte der siebziger Jahre wurden die Auflagenzahlen der großen bundesdeutschen Illustrierten und Magazine von einer scharfen Regression erfasst. Mit neuen Konzepten versuchte etwa das ab 1976 monatlich erscheinende GEO-Magazin als Ableger des STERN, eine bildaffine Leserschaft mit ebenso ausladenden wie kostspieligen Bildstrecken für sich zu gewinnen und konzentrierten sich mehr als andere Magazine auf den Abonnementverkauf.[69]

Neben den auflagenstärksten Magazinen werden für einzelne Aspekte der medialen Visualisierungen von Kirche und Religion auch Zeitschriften herangezogen, die sich an eine kleinere Teilöffentlichkeit wandten, wie

---

genauen Auflagenzahlen bzw. Leserzahlen einzelner Zeitschriftentitel oder die Besucherzahlen von Kinofilmen, die für die frühe Bundesrepublik in den seltensten Fällen vorliegen, miteinbezogen werden.

65 Die Auflagenzahlen von *Quick*, *Stern* und *Neue Revue* fasst Jörn Glasenapp zusammen: Glasenapp, »Titelschwund«, S. 132.
66 Auflagenzahlen für 1954 in: Pawek, »Boulevardblätter«, S. 152.
67 Glasenapp, »Titelschwund«, S. 132.
68 Ebd.
69 Brüne, »30 Jahre Geo«.

etwa das Satiremagazin *Pardon*, die Jugendillustrierte *Twen* oder auch das Fotomagazin *magnum*. Ergänzt wird dieser massenmediale Quellenkorpus durch eine Vielzahl von bilderreichen Publikationen, die in ihrer Mehrheit mit kirchlicher Unterstützung publiziert wurden und vornehmlich eine kirchlich gebundene Leserschaft ansprachen. Gerade für katholische Verlage, Autoren und Fotografen boomte der Markt für visuell aufwändig gestalteten Papstbiografien, Berichtbänden über Konklaven oder auch das Zweite Vatikanische Konzil zu boomen. An ihnen gilt es zum einen nachzuzeichnen, wie sich die an eine massenmediale Öffentlichkeit richtenden Bildzusammenstellungen der Magazine und Illustrierten von denen der katholischen Teilöffentlichkeit unterschieden. Zum anderen soll untersucht werden, wo sie sich überlagerten und ob kirchliche Teilöffentlichkeiten in bestimmten Fällen (wie etwa spezifisch kirchlichen Ereignissen) als Taktgeber für die Aufnahme bestimmter Visiotypen in die Massenmedien gelten können.

Daneben wird in Einzelfällen auch auf Bildberichte der auflagenstarken Zeitschriften zurückgegriffen, die vor 1945 das populäre Bild von Religion, den Kirchen und deren Vertretern prägten. Gerade in den breiten Bildberichten über die jeweiligen Päpste können Zeitschriften wie die *Berliner Illustrirte Zeitung* oder die *Illustrirte Zeitung* aus Leipzig aber auch das Satiremagazin *Simplicissimus* Aufschluss darüber geben, in welchen Traditionen die Bildberichte standen.

Daneben werden exemplarisch einige bedeutsame Fotoausstellungen für die Analyse herangezogen. Diese können weniger wegen ihrer Besucherzahlen als vielmehr aufgrund ihrer Prägekraft für ein professionelles Publikum von Fotografen, Verlegern und Grafikern als besonders bedeutsam für die visuelle Kultur in der frühen Bundesrepublik gelten. Darüber hinaus wirkten sie als Foren eines Kulturtransfers, der Impulse aus den USA in die Medienlandschaft der Bundesrepublik einbringen konnte. Gerade eine junge Garde von Bildjournalisten, die im Laufe der fünfziger Jahre in die Redaktionen der großen Zeitschriften eintraten, zeigte sich vom Stil der Bildreportagen begeistert. Sie prägten spätestens seit Mitte der sechziger Jahre die Bildstrecken der großen Illustrierten und Magazine.

Die Anzahl der hier herangezogenen populären Bildträger lässt eine Auswertung sämtlicher religiöser und kirchlicher Motive zu einem unmöglichen Unterfangen werden. Folglich wird es in der Analyse darum gehen, thematische Schwerpunkte zu finden, nach Konjunkturen bestimmter Motivgruppen zu fragen und die sich verschiebenden Deutungen von

Bildern nachzuzeichnen. Ein Auswahlprozess der Materialfülle lag nicht nur der Analyse von fotografischen Bildern der Zeitschriften, Magazine und Bildbiografien zugrunde, sondern auch bei der Betrachtung der herangezogenen Filme. Eine Sichtung und Auswertung aller Filme, die in ihren Themensträngen und Bildwelten religiöse und kirchliche Themen präsentierten, ließ sich ebenso wenig realisieren wie eine komplette, gerade in den Film- und Medienwissenschaften übliche Analyse der hier herangezogenen Filme.[70] Anstelle einer Kompletterfassung der Filme soll es daher um exemplarische Einzelanalysen von Filmen gehen, die in ihrer Thematik, Ästhetik oder Produktionsbedingungen stellvertretend für eine ganze Reihe von Filmen stehen bzw. in ihrer expliziten Verwendung religiöser Bilder als besonders bedeutsam erscheinen.

Es interessieren an dieser Stelle aber nicht nur die Filmnarrative und die in den Filmen entworfenen Bilder, sondern auch deren Rezeption in den Medien und die Reaktionen der konfessionellen Filmarbeit. Hier öffnet sich ein weites Feld von Ausdeutungen und Diskussionen um den filmischen Umgang mit den Themen Kirche und Religion. Denn anders als bei den von den Printmedien in die Öffentlichkeit gebrachten Bildern entspannten sich um die Filmproduktionen eine Vielzahl öffentlich ausgetragener Auseinandersetzungen und Aushandlungsprozessen um die gesellschaftlich akzeptierten Grenzen des Darstellbaren. Diese Aushandlungsprozesse und deren Prägekraft auf die Wahrnehmung von Kirche und Religion innerhalb der bundesrepublikanischen Öffentlichkeit sollen durch die Einbeziehung allgemeiner wie auch konfessioneller Filmkritiken der ausgewählten Filme erschlossen werden.[71] Gerade die emotionale Wirkung von Filmen lässt sich in der retrospektiven Sichtung nur schwer rekonstruieren, da sich das suggestive Panorama von audiovisuellen Eindrücken dem zeitgenössischen Betrachter in einer ganz anderen Weise präsentierte als dem Historiker heute.[72] Dieser Differenz zwischen zeitgenössischer und retrospektiver Wirkung soll die Einbeziehung der Diskussionen über diverse Filmprojekte Rechnung tragen.

---

70 Die katholische Arbeitsgruppe »Religion im Film« listet in einer Aufstellung von Kinofilmen der Zeit zwischen Kriegsende und Wiedervereinigung, in denen eine »Thematisierung und Abbildung von Religion« zu finden ist, 1.200 Filme auf; Katholisches Institut für Medieninformation, *Religion* (Zitat S. 10). Als Beispiel für filmwissenschaftliche Analysen von Kinofilmen siehe etwa die Studien in der fünfbändige Filmgeschichte des 20. Jahrhunderts von Faulstich und Korte: Faulstich/Korte, *Filmgeschichte*.
71 Riederer, »Bilderschatz«, S. 19–24.
72 Für die emotionale Wirkmacht von Kinofilmen siehe Hediger, »Distanz«.

Zudem lassen sich für viele Filme die Produktionsbedingungen rekonstruieren. Hier gilt es zu fragen, inwieweit die kirchliche Filmarbeit bestimmte Projekte unterstützte, da mit ihnen wirkmächtige Bilder in eine breite Öffentlichkeit kommuniziert werden konnten. Andererseits gibt es viele Beispiele gerade aus der frühen Bundesrepublik, in denen sich kirchliche Filmkritiker und teils sogar hohe kirchliche Amtsträger zumeist mit dem Argument der Verletzung religiöser Gefühle vehement gegen Filmproduktionen engagierten.[73] Die Wirkmacht der Bilder auf öffentliche Vorstellungen wurde also bereits erkannt und gerade von den Kirchen in ihrer Medienarbeit genutzt.

1.4 Aufbau der Arbeit

Die Arbeit geht zum einen chronologisch vor und teilt sich in drei große Kapitel. Zum anderen gliedert sie sich in thematische Schwerpunkte, die sich aus der Komplettdurchsicht der Bildberichterstattung der oben genannten Illustrierten und den einschlägigen Filmzusammenstellungen zum Thema Religion ergaben.[74] Hieraus kristallisierten sich vier Themenfelder, die für die visuelle Darstellung von Kirche und Religion in der frühen Bundesrepublik besonders bedeutsam waren.

Gerade in den fünfziger Jahren schenkten eine Vielzahl unterschiedlicher Medien der visuellen Ausdeutung religiöser Ursprungsnarrative und Mythen großes Interesse. Diese Bildberichte und Filme wurden häufig mit der Frage nach der historischen Wahrhaftigkeit solcher Geschichten verknüpft. Daneben implizierte die Hinwendung zu den Ursprüngen der Weltreligionen immer auch die Frage, was Religion den Menschen in der Gegenwart bedeuten kann und trug zudem gerade im ersten Nachkriegsjahrzehnt und in den Zeiten des Kalten Krieges zur kollektiven Selbstvergewisserung der Grundlagen abendländischer Kultur bei.

---

73 Für die bisherigen Untersuchungen um das Engagement der Kirchen im Hinblick auf die Filmlandschaft der Bundesrepublik siehe Fußnote 51. Gerade in diesen Rekonstruktionen von Produktionsbedingungen und den öffentlichen Debatten, welche die Filme anstießen, erkennt Günter Riederer den genuin geschichtswissenschaftlichen Beitrag zu einer Analyse von Kinofilmen; Riederer, »Film«, S. 102–105.

74 Hasenberg, *Spuren*; Katholisches Institut für Medieninformation, *Religion*. Für die fünfziger Jahre wurden zudem die Filmhefte der Katholischen Filmkommission für Deutschland herangezogen.

Ein zweiter thematischer Schwerpunkt bildet die Frage nach der Verortung der kirchlich geprägten Religiosität in der bundesrepublikanischen Gesellschaft. Dieser Diskussion anheimgestellt ist die Frage nach der Wandlungsfähigkeit von Religion und vor allem der Kirchen, die in den sechziger Jahren an Bedeutung gewinnen sollte. Diese Frage wird nicht zuletzt in der Visualisierung kirchlicher Amtsträger und Repräsentanten offenbar, die während des gesamten Untersuchungszeitraums einen allein quantitativ bedeutsamen Aspekt darstellt und somit einen dritten thematischen Schwerpunkt der Arbeit bildet. Hier lassen sich die medialen Eigenlogiken erkennen, die einen breiten Raum für die konsequente Personalisierung der Bildberichterstattung schufen. Neben der scheinbar omnipräsenten Figur des Papstes, dessen mediale Präsenz kein protestantischer Kirchenvertreter auch nur annähernd erreichte, gerät in diesem thematischen Schwerpunkt etwa auch die visuelle Skizzierung von Geistlichen beider Konfessionen in den Fokus der Analyse.

Eine Untersuchung massenmedialer Visualisierungen von Kirche und Religion wäre zudem verkürzt, würde sie nicht sowohl nichtchristliche als auch außereuropäische Religiosität in den Blick nehmen. Diese bildet den vierten thematischen Schwerpunkt. Gerade in der Zeit vor dem Massentourismus erschlossen sich nichtchristliche Religionen den bundesdeutschen Medienrezipienten zumeist nicht über eigene Erfahrungen, sondern vielmehr über die Bilder, die ihnen die Medien präsentierten. Zudem stellt sich die Frage, ob mit der zunehmenden Abkehr breiter Bevölkerungsschichten von den Kirchen in den sechziger Jahren alternativreligiöse Strömungen gerade in ihrer visuellen Zeichnung von den Medien als moderne Alternative zu den traditionellen religiösen Institutionen präsentiert wurden.[75] Zweifelsohne nimmt die Diskussion über die Visualisierung der christlichen Religion den größten Raum ein. Die recht starke Fokussierung auf das europäisch geprägte Christentum gibt das Quellenmaterial vor. So zeigt die Durchsicht der ausgewählten bundesdeutschen Zeitschriften und Magazine, dass etwa das Judentum eine sehr geringe visuelle Aufmerksamkeit erhielt.[76]

Diese vier thematischen Schwerpunkte betten sich in den dreigliedrigen chronologischen Aufbau der Arbeit ein. Hierbei wurde bewusst auf die Postulierung von starren Wendemarken in der Visualisierung von Kirche

---

75 Hierzu etwa: Knoblauch, *Religion*.
76 Als Ausnahme mag hier die aufwändige, 20-teilige *Stern*-Serie »Juden in Deutschland« von 1977 gelten; *Stern* Ausgaben 8–28/1977.

und Religion verzichtet; die Übergänge zwischen Themenkonjunkturen und die oftmals diffizilen Veränderungen in der visuellen Darstellung bestimmter Topoi, respektive deren Sinnzuschreibungen verstehen sich als fließend. Einzig die personalisierten Bildberichte etwa über die Päpste können hier ganz konzise Zeiträume abstecken, da mit jedem neuen Pontifex immer auch ein neu justierter Blick auf das Papstamt entworfen wurde, der seinerseits auch die öffentliche Rezeption der katholischen Kirche insgesamt prägen konnte. Als chronologische Anhaltspunkte können zudem die Erscheinungstermine bestimmter Bildberichte oder auch die Kinostarts bedeutender Filme gelten, ohne dass mit ihnen Wendemarken gesetzt werden sollen. Denn Visiotypen etablierten sich nicht mit der erstmaligen Veröffentlichung eines Bildes oder gar der Produktion einer Fotografie, sondern durch ihre stetige Wiederaufnahme in den öffentlich rezipierten Medienformaten.

So verstehen sich die drei aufeinanderfolgenden Kapitel nicht als streng voneinander getrennte Blöcke, die Übergänge geraten vielmehr fließend. Das erste Kapitel diskutiert die Zeit nach dem Zweiten Weltkrieg bis etwa 1960, während die anderen beiden dann jeweils einen Zeitraum von etwa zehn Jahren abdecken.

Dabei setzt der erste Abschnitt ganz bewusst nicht mit der Staatsgründung der Bundesrepublik ein, sondern diskutiert zu Beginn die Trümmerfotografie als prägendes Fotogenre der Besatzungszeit. Neben einer genaueren Betrachtung der visuellen Darstellung Papst Pius XII. als medialen Protagonisten kirchlicher Religiosität nimmt die Arbeit in diesem Kapitel vor allem die verschiedenen Visualisierungen religiöser Mythen in den Blick, die sich in den fünfziger Jahren einer herausragenden Beliebtheit nicht nur in den Illustrierten, sondern auch im Kinofilm erfreuen.

Ein zweiter großer Abschnitt diskutiert die verschiedenen Formen von kirchlicher Krise und religiösem Wandel der sechziger Jahre, die in der Retrospektive zumeist in den diversen, von Medien und auch von den Kirchen selbst in Auftrag gegebenen Umfragen, vor allem aber in Kirchenaustrittszahlen und sinkenden Gottesdienstbesuchen offenbar wurden.[77] Das zunehmende Auseinanderdriften von kirchlichen Normvorstellungen und gesellschaftlicher Wirklichkeit präsentierte sich vielen Zeitgenossen nicht zuletzt durch die breiten Kirchenbildberichterstattungen der Medien als ein fortwährender Trend in der sich liberalisierenden westdeutschen

---

77 Hierzu etwa: Ziemann, »Meinungsumfragen«.

Gesellschaft. Die visuellen Deutungen dieses Phänomens präsentierten dabei sowohl den Wandel der Religiosität in weiten Teilen der bundesrepublikanischen Bevölkerung als auch die prominenten Foren kirchlichen Wandels wie etwa das Zweite Vatikanische Konzil oder alternative Gottesdienstformen. Große Aufmerksamkeit erfuhren zudem die Protagonisten kirchlichen Wandels wie etwa Papst Johannes XXIII. oder auch die den gesellschaftlichen Protestbewegungen affinen Geistlichen. In ihrer Darstellung als innerkirchliche Ankläger einer mangelnden Bereitschaft für religiöse und institutionelle Erneuerung wurden diese selbst zu Boten einer zutiefst kritischen Auseinandersetzung mit den vormalig akzeptierten kirchlichen Normvorstellungen. Quasi bereits als Überleitung zu einem dritten großen Kapitel, das sich chronologisch in den siebziger Jahren ansiedelt, wird der augenfällige Wandel in der visuellen Zeichnung Papst Pauls VI. ausführlich diskutiert. Hier lässt sich als Wendepunkt recht genau das Jahr 1968 ansetzen, in dem die für den bundesdeutschen Katholizismus äußerst bedeutsame Diskussion um die päpstliche Enzyklika »Humanae Vitae« ihren Anfang nahm. Das Bild des scheiternden Papstes, der die katholische Amtskirche gegen die Mehrheit der Laien und einen Teil des Klerus zu lenken versucht, wurde schnell zum Sinnbild einer überholten Kirchlichkeit, die vornehmlich auf hierarchische Entscheidungsprozesse baute und die Masse der Gläubigen in scheinbarer Ignoranz der Anstöße des Konzils paternalistisch zu bevormunden versuchte.

Ein dritter großer Abschnitt schließlich fragt nach den medial gezeichneten Alternativen einer gescheiterten kirchlich gebundenen Religiosität in den siebziger Jahren. Er setzt mit den ausführlichen Berichten ein, die einen Abschied breiter Bevölkerungsschichten von der kirchlichen Religiosität als vollzogen konstatierten. Es folgt ein Abschnitt über alternativreligiöse Angebote, die in ihrer Visualisierung teils bekannte religiöse Motive aufnahmen, diese aber um eine Vielzahl von zeitgenössischen Symbolen, wie sie sich etwa in der Hippiekultur der späten sechziger Jahre fanden, ergänzten.

2. Traditionelle Kirchlichkeit als Fixpunkt: Christliche Religion in den Bildern des Nachkriegsjahrzehnts

2.1 Trümmerfotografien zwischen religiöser Rückbesinnung und gesellschaftlicher Selbstvergewisserung

Die ersten Fotografien, die in Deutschland nach der Weltkriegsniederlage produziert wurden, waren Bilder der Zerstörung. Als visueller Ausdruck des im Bombenkrieg Durchlittenen fingen professionelle Fotografen und Amateurknipser die surreal anmutenden Szenerien der Trümmerlandschaften für die Nachwelt ein. Diese Bilder der Zerstörung konnten die Erinnerung an das vielerorts als Stunde Null wahrgenommene Ende des Zweiten Weltkriegs und die Zeit der Besatzung entscheidend prägen. Sie stifteten ähnlich wie die Währungsreform den Glauben an gleiche Startbedingungen für alle; die sozialen Unterschiede der westdeutschen Gesellschaft schienen durch die in Trümmern liegenden Städte nivelliert.

Doch der Blick auf die Verwüstung ganzer Städte beinhaltete nicht nur das Motiv der Destruktion, sondern thematisierte darüber hinaus die Frage nach dem »Wie geht es weiter?«. Häufig wurde diese Frage nach der Zukunft mit einer Rückbesinnung auf die Religion beantwortet. Gerade die zukünftigen konservativen Eliten der Bundesrepublik sahen in der Wiederkehr eines auf der christlichen Religion fußenden Wertehorizonts das geeignete Fundament für den Aufbau einer demokratischen Gesellschaft. Als Bewahrer und Vermittler dieses Wertehorizonts wurden die Kirchen zu den »Siegerinnen in Trümmern«, die aus den Ruinen der zerstörten deutschen Großstädte erstrahlten. Diese populäre Verbindung von Verwüstung und der Renaissance von Kirche und Religion prägt die gängige Sicht auf die Rolle der Kirchen im Wiederaufbau der (west-) deutschen Zivilgesellschaft. Scheinbar unbelastet von den Verbrechen des nationalsozialistischen Terrors bestanden die beiden großen Kirchen in ihren über Jahrhunderte etablierten institutionellen Formen fort und wirkten an dem Aufbau einer neuen Zivilgesellschaft in Westdeutschland entscheidend mit.¹ Die Trümmerfotografien und ihre Appelle an eine Rückbesinnung auf die Werte christlicher Religiosität gaben diesem Engagement der Kirchen ihren visuellen Ausdruck, der bis in die Gegenwart fortbesteht. Noch 1998 leiteten Joachim Köhler und Damian van Melis ihren Sammelband, der den Mythos einer Renaissance der katholischen Kirche in der direkten Nachkriegszeit einer kritischen Lektüre unterzieht, mit einer Anspielung auf die geläufigen Motive der Trümmerfotografen ein: »Stolze Prozessionen durch kriegszerstörte Städte: Siegerin in Trümmern. Wer kennt nicht die Fotos von den großen katholischen Umzügen in Westdeutschland nach 1945?«[2]

Weit über die vierziger Jahre hinaus konnten diese Bilder in der Bundesrepublik die Erinnerung an die Zeit der letzten Kriegsjahre und der Besatzung prägen. Die ungebrochene Popularität der Aufnahmen bestätigt sich in ihrer stetigen Wiederkehr in den medialen Bildhaushalt unter den unterschiedlichsten Rahmenbedingungen.[3] Ihre Wiederaufnahme in den späten fünfziger, sechziger und siebziger Jahren, in denen die Trümmer in den deutschen Städten den Neubauten des Wiederaufbaus bereits gewichen waren, machte sie zum visuellen Konnex zwischen der Gegenwart der prosperierenden Bundesrepublik und der Vergangenheit der Kriegs- und Besatzungszeit. Nun beschworen die Bilder der in Trümmern liegenden Städte die Aufbauleistung der bundesrepublikanischen Gesellschaft und den Mythos des Wirtschaftswunders. Somit lag die Funktion der Trümmerfotografie bei weitem nicht nur in der fotografischen Dokumentation der Zerstörungen des Weltkriegs. Schon in der Zeit der alliierten Besatzung waren die Fotos mit der ihnen inhärenten Forderung nach einer christlich-religiösen Erneuerung der Gesellschaft weit mehr als reine Dokumentation.

---

1 Der prägende Einfluss, den die Kirchen bei der Ausbildung der bundesrepublikanischen Gesellschaft ausüben konnten, ist ein gängiges Narrativ in der Geschichtsschreibung der Bundesrepublik; siehe etwa: Dietrich, *Geschichte*, S. 45f. Edgar Wolfrum betont vor allem das Gewicht des westdeutschen Katholizismus (Wolfrum, *Demokratie*, S. 69–75). Auch Hans-Ulrich Wehler sieht den gesellschaftlichen Einfluss der Kirchen vor allem innerhalb des Katholizismus, gesteht dem westdeutschen Protestantismus aber gerade in gesellschaftlichen Konfliktfeldern wie der Wiederbewaffnung oder später der von der SPD angeschobenen neuen Ostpolitik durchaus eine bedeutsame Prägekraft zu. (Wehler, *Gesellschaftsgeschichte*, S. 363–373). Eine tief gehende Untersuchung über den bedeutsamen Einfluss der katholischen Kirche in der Bundesrepublik gibt in politik-historischer Perspektive Thomas Gauly (Gauly, *Katholiken*).
2 Köhler/van Melis, »Einleitung«, S. 11.
3 Derenthal, »Reste«, S. 11, S. 14f.

Im Folgenden sollen diese religiösen Deutungsmuster der Trümmerfotografie diskutiert werden. Dabei geht es zum einen um die fotografischen Inszenierungen kirchlicher Bauten und Kunstwerke, die in den Bildern als wiederkehrendes Motiv hervorstechen. Zum anderen geht es um die christliche Ausdeutung der Fotografien in den ihnen zur Seite gestellten Texten, die vor allem die populären Bildbände und Ausstellungen der frühen Nachkriegszeit dominierten.

Zunächst aber soll nach dem Motiv der in Trümmern liegenden Städte in der Kriegsfotografie vor dem Zweiten Weltkrieg gefragt werden. Es gilt zu zeigen, dass das Genre der Trümmerfotografie zwar im Zweiten Weltkrieg keineswegs neu war, dass aber dessen religiöse Auflandung ein Phänomen der vierziger Jahre ist, das in enger Verbindung mit den Forderungen christlich konservativer Kreise nach einer Renaissance der Religion in der Gesellschaft der Bundesrepublik zu betrachten ist.

2.1.1 Trümmerfotografien vor dem Zweiten Weltkrieg

Fotografien der vom Krieg zerstörten Städte reihen sich in die verschiedenen Formen der fotografischen Inszenierungen des Krieges ein, die seit Mitte des 19. Jahrhunderts, also seit der Etablierung der Fotografie als Massenmedium, als gängige Art der Visualisierung von schriftlichen Nachrichten die Zeitungen und Magazine füllen.[4] Sie griffen dabei auf das bereits im vor-fotografischen Zeitalter verbreitete Bild der Ruine zurück, das als Symbol der Vergänglichkeit die Endlichkeit des von der menschlichen Hand Geschaffenen entweder bedauerte oder begrüßte.[5] Als erste fotografisch festgehaltene militärische Auseinandersetzung auf dem europäischen Kontinent fanden die Bilder des Krimkriegs eine massenmediale Verbreitung, ohne dass die Fotografien des militärischen Konflikts eine entscheidende Bedeutung für die mediale Erfahrbarkeit des Krieges in Europa hätten spielen können.[6] Dabei zeichnen sich diese frühen fotografischen Zeugnisse des Krieges nach Gerhard Paul durch eine »merkwürdige Tendenz […] des Verschwindens der Realität« aus, welche die tödlichen Schrecken des

---

4 Dazu grundlegend: Paul, *Bilder*.
5 Hoffmann, »Ruinenfotos«, S. 26.
6 Gerhard Paul schätzt die Anzahl der auf der Krim anwesenden Fotografen, die Bilder vom Kriegsgeschehen produzierten, mit etwa 15 eher gering ein. Siehe: Paul, *Bilder*, S. 61–65, hier S. 62.; Daniel, »Krimkrieg«.

Waffengangs ausblendete.⁷ Bilder des zerstörten Sewastopol blieben in der fotografischen Darstellung des Krimkriegs ebenso die Ausnahme wie in den preußischen Einigungskriegen der sechziger Jahre und 1870/71, dessen Kriegsberichterstatter zwar einige wenige Bilder zerstörter Städte produzierten, mit diesen jedoch keineswegs das populäre Bild des Krieges prägen konnten.⁸ Erst in den Bildberichterstattungen des Ersten Weltkriegs als »ersten mediatisierten Krieg der Geschichte«⁹ konnte das Motiv der in Trümmern liegenden Stadt und damit auch Bilder zerstörter Kirchen das medial transportierte Bild des Krieges mit beeinflussen. Nicht zuletzt durch die Entwicklung kleinerer Kameratypen und der Erfindung des Rollfilms erfuhr die mediale Darstellung des Krieges nun eine umfassende fotografische Illustration.¹⁰

Auch wenn die Anzahl der Bilder der Trümmerstadt quantitativ noch immer weit hinter den Bildern des soldatischen Lebens abseits des Kriegsgeschehens zurückblieb¹¹, wurden sie doch zum visuellen Symbol einer modernen industriellen Kriegstechnik, welche die deutschen Illustrierten mit imperialistischem Stolz und fortschrittsgläubiger Zuversicht inszenierten.¹² Als Chiffre für »technische Faszination […] und damit eine bis in die Bilder der Gegenwart erkennbare Utopie einer technisch-organisatorischen Beherrschbarkeit des Krieges« betonte die mit Bildunterschriften gezielt verbreitete gängige Lesart der Ruinenfotos die innovative Leistung der Kriegsindustrie, welche die Feldzüge der Moderne von ihren Vorgängern des 19. Jahrhunderts abzusetzen schien.¹³ Bezeichnenderweise gerieten die Bilder der in Trümmern liegenden Stadt gerade zu Beginn des Krieges zu »isoliert abgelichteten Dingfotos (mit einer) damit einhergehenden Poeti-

---

7 Paul, *Bilder*, S. 63.
8 Als Beispiel für eine Trümmerfotografie des Deutsch-Französischen Kriegs kann etwa das vom Tübinger Fotografien Paul Sinne ganz im Stile der klassischen Schlachtenmalerei inszenierte Foto des zerstörten Straßburg gelten. Sinners Fotografie fand bezeichnenderweise keinen Eingang in die mediale Berichterstattung, sondern in ein Privatalbum. Siehe: Paul, *Bilder*, S. 100.
9 Ebd., S. 105.
10 Eisermann, »Wahrheit«, S. 147–149.
11 Thilo Eisermann kommt bei seiner Auszählung von 4.123 Illustrationen in den »Zeitbildern« der illustrierten Beilage der *Vossischen Zeitung* auf insgesamt 38 Fotografien (also 2,3 Prozent), welche die Zerstörungen von Städten und Gebäuden durch moderne Waffen zeigen; siehe: Eisermann, »Wahrheit«, S. 159.
12 Paul, *Bilder*, S. 119.
13 Ebd., S. 121.

sierung des Objekts.«[14] Ohne sie in den Kontext der Leiden der Zivilbevölkerung zu stellen, demonstrierten sie die Zerstörungsmacht der Kriegsindustrie. Auf der Grundlage der Trümmerfotografie wurde eine scheinbar plan- und berechenbare und somit humane Kriegsführung des Deutschen Heeres in die deutsche Öffentlichkeit kommuniziert. Hierbei verkehrte sie (ganz anders als die nach 1945 veröffentlichten Trümmerfotografien aus Deutschland) die ihr inhärente Botschaft der Zerstörung in ihr Gegenteil: Nicht das Ausmaß der Zerstörungskraft der Kriegsmaschinerie sollte mit ihr aufgezeigt werden, sondern die Verschonung der kulturellen Güter des Feindeslandes, um somit einen vermeintlich humanen Krieg zu inszenieren.

2.1.2 Trümmerfotografien des Zweiten Weltkriegs

Auch während des Zweiten Weltkriegs lässt sich die mediale Verbreitung von Trümmerfotografien zuallererst im Rahmen der deutschen Kriegspropaganda beobachten. Wie in keinem Krieg zuvor maßen Reichspropagandaministerium und Wehrmacht der Produktion visueller Zeugnisse bereits bei der Planung der Feldzüge einen entscheidenden Anteil an der propagandistischen Berichterstattung über den Krieg zu.[15] Durch die Einrichtung der Propagandakompanien, die den Kampf der deutschen Wehrmacht für die Medien der Heimatfront, aber auch für die Auslandspropaganda in Szene setzten, schuf das Reichspropagandaministerium ein neuartiges und wirkmächtiges Instrument der Kriegspropaganda, das bis zum Ende des Krieges etwa 3,5 Millionen Fotos vom Kriegsgeschehen produzierte, von denen etwa die Hälfte überliefert ist.[16]

Ähnlich wie in den Fotografien zerstörter Städte, die während des Ersten Weltkriegs produziert wurden, ging es in den von den Propagandakompanien in besetzten Gebieten aufgenommenen Trümmerfotografien nicht allein um die Illustration der Zerstörungskraft der deutschen Kriegsmaschinerie, sondern oftmals um die perfide Darstellung einer generösen

---

14 Eisermann, »Wahrheit«, S. 168f.
15 Paul, *Bilder*, S. 230; hier findet sich auch eine Aufstellung der umfangreichen Literatur, die sich mit der Produktion und Popularisierung der Kriegsfotografien zwischen 1939 und 1945 beschäftigt.
16 Ein Großteil von ihnen wurde im Bildarchiv des Bundesarchivs in Koblenz archiviert; zur Überlieferung siehe: Hollmann, »Bildarchiv«, S. 19.

Humanität, mit der die deutschen Besatzer zivile Gebäude schonten und die besetzten Gebiete neu planten und strukturierten.

Mit ähnlichen Motiven, jedoch mit einer gänzlich anderen diskursiven Rahmung, präsentierten sich die zu einem großen Teil bereits vor 1945 produzierten Aufnahmen der durch die alliierten Luftangriffe zerstörten deutschen Städte ihrem Betrachter. Hierbei bildet zum einen ein Konvolut von Privatfotografien einen großen Teil der vor dem Ende des Krieges aufgenommenen Trümmerfotografien. Oftmals aus persönlicher Betroffenheit heraus dokumentierten Amateurknipser, aber auch renommierte Fotografen wie August Sander, Herbert List oder Richard Peter die selbst erlittenen Verluste und verstießen damit in den letzten Kriegsjahren gegen das von den Behörden erlassene Verbot der privaten fotografischen Dokumentation der Zerstörung.[17] Zum anderen wurden professionelle Fotografen in den frühen vierziger Jahren oftmals von städtischen und staatlichen Stellen mit gerade dieser Dokumentation des Bombenkriegs beauftragt: So arbeitete der Kölner Fotograf Hermann Claasen im Frühsommer 1943 für das durch einen Führererlass ins Leben gerufene Fotodokumentationsprojekt über die Zerstörung der Rheinmetropole.[18] Diese Arbeit erlaubte ihm, neben den Fotografien für die offiziellen Bildbände und Fotozusammenstellungen, die es bereits zu dieser Zeit gab[19], auch nach eigenen Motiven zu suchen, die er nach Ende des Krieges veröffentlichte. Diese fotografischen Dokumentationen der Zerstörung sind bei weitem nicht nur in Köln zu finden. So konnte etwa Thießen zeigen, dass in Hamburg ab Mitte 1943 Fotografien von zerstörten Kirchen von der NS-Propaganda dazu genutzt wurden, den Bombenkrieg der Alliierten als »Kulturbarbarei« zu brandmarken. In der Lesart der nationalsozialistischen

---

17 Für die im März 1943 verschärften Fotografieverbote und Bestimmungen in Köln siehe: Rüther, »Fotografieren«, S. 66–81. Rüther relativiert die gesetzlichen Verbote, wenn er feststellt, dass das Ablichten von zerstörten Häusern zwar in den von ihm herangezogenen Einzelfällen von der Gestapo als Straftat beurteilt wurde, diese Einschätzung jedoch einer rechtlichen Grundlage entbehrte. Wenn überhaupt, dann wurden Fotografen verurteilt, die nicht nur beschädigte Wohnhäuser, sondern auch Transportwege, wie zerstörte Autobahnen oder Industrieanlagen, dokumentierten. Die von Rüther herangezogenen Fotografen waren dennoch alle in dem Glauben, ihre Fotografien von zerstörten Häusern verstießen gegen ein allgemeines Fotografieverbot der von den durch die Bombenangriffe verursachten Zerstörungen.
18 Sachsse, »Erinnerung«, S. 28. Sachsse vermutet, dass jeder professionelle Fotograf in den ersten Kriegsjahren noch einen Sonderausweis erwerben konnte, der ihm das Fotografieren der Trümmer auch offiziell erlaubte; siehe: Ebd., S. 24.
19 Etwa: Winkelkemper, *Großangriff.*

Machthaber offenbarten diese Szenerien der zerstörten und ausgebrannten Gotteshäuser einen »Verrat (an) christlichen(n) Werten« durch Briten und Amerikaner.[20] Die später in der Bundesrepublik in Bildbänden oder Fotoausstellungen zusammengestellten Trümmerfotografien speisten sich also aus den verschiedensten Quellen: Teils waren es Auftragsarbeiten städtischer Stellen, teils waren es heimlich fotografierte Aufnahmen von Profis, aber auch von Amateuren.

Eine »Stunde Null«, welche die fotografische Erfassung von Kriegsschäden in den deutschen Städten vor dem Kriegsende von derjenigen nach dem Beginn der Alliierten Besatzung scheidet, lässt sich nicht erkennen. Vielmehr fuhren die professionellen und Hobbyfotografen auch nach der bedingungslosen Kapitulation mit ihrer Dokumentation der Kriegsschäden in den deutschen Großstädten fort. Die Furcht vor der Konfiskation ihrer Ausrüstung war aber auch nach der Befreiung vom Nationalsozialismus nicht gewichen. Angewiesen auf die Toleranz und auch die Laune der alliierten Soldaten begleitete die Fotografen, die ohne einen offiziellen Auftrag arbeiteten, nun die Angst, ihre Kameraausrüstung an die Besatzer zu verlieren.[21] Ein offizieller Auftrag einer deutschen Behörde konnte dies verhindern, doch erreichten gerade diese für eine öffentliche Behörde entstandenen Fotografien in den vierziger Jahren selten ein größeres Publikum. Zumeist wanderten die Negative in die städtischen Archive und wurden vereinzelt erst später für die Vielzahl der stadtgeschichtlichen Buchpublikationen genutzt und ab den späten fünfziger Jahren einer breiteren Öffentlichkeit präsentiert.[22]

Im Gegensatz zu diesen späteren Publikationen standen die Bildbände der späten vierziger Jahre, die einzelne Fotografen zumeist auf eigene Initiative von ihrer Heimatstadt publizierten, noch ganz im Zeichen des Infernos der letzten Kriegsjahre. In ihnen wurde für einen Großteil der Bevölkerung, der die Schrecken des Bombenkriegs in den Großstädten nicht selbst miterlebt hatte, die Brutalität des Kriegs an der Heimatfront erst jetzt sicht- und erfahrbar. Während die vor 1945 spärlich publizierten

---

20 Thießen, *Gedächtnis*, S. 55–59, Zitate S. 56 und S. 58.
21 Recht anschaulich berichtet dies Rolf Sachsse für die Verhältnisse im besetzten Köln; Sachsse, »Erinnerung«, S. 35f.
22 Derenthal, »Bilder«, S. 45, Fußnote 6. Der Rückgang von Trümmerfotografien zwischen den fünfziger und siebziger Jahren beschränkte sich – anders als Jens Jäger dies formuliert – ausschließlich auf die Publikation von Privatfotografien; vgl.: Jäger, »Trümmeraufnahmen«, S. 293, Fußnote 13; dazu auch: Ders, »Umgang«, S. 124.

Fotografien das Elend der Zivilbevölkerung und den Tod von Soldaten und Zivilisten zumeist ausgespart hatten, wurde dies nach dem Ende der NS-Herrschaft nun nachgeholt.[23] Die gängigen Lesarten der Fotografien folgten dabei zwei wesentlichen Motiven, die grundlegend zur Ausbildung eines neuen Selbstverständnisses in Deutschland beitrugen.[24]
Zum einen zeichnen die Fotografien die deutsche Zivilbevölkerung als Opfer. Als Respons auf die Fotografien aus den befreiten Konzentrationslagern, die im hohen Maße eine grundsätzliche Anklage aller Deutschen ob des verbrecherischen Genozids an den europäischen Juden auslösten, drehten die Fotografien der teils vollständig zerstörten Landstriche die Schuldfrage um und rückten die für die alliierten Luftangriffe Verantwortlichen in die Rolle der sich an der deutschen Zivilbevölkerung schuldig gemachten Kriegsverbrecher. Diese bereits in den ersten Nachkriegsjahren beginnende Propagierung eines Opferstatus der deutschen Bevölkerung ließ wenig Raum für eine kritische Beschäftigung mit der eigenen Schuld an der Entfesselung des Krieges oder den Verbrechen der nationalsozialistischen Kriegsführung. Erst die ab den späten fünfziger Jahren aufgenommenen spektakulären Gerichtsprozesse wie der Ulmer Einsatzgruppen-Prozess 1958 oder die Frankfurter Auschwitz-Prozesse in den späten sechziger Jahren können als Beginn einer nachdrücklichen Auseinandersetzung mit der Schuldfrage gesehen werden, die nicht zuletzt von der starken Medialisierung der Thematik getragen wurde.[25]

Als zweite gängige Interpretation der Trümmerfotografien konnte sich diejenige durchsetzen, die den Bombenkrieg als Fanal apokalyptischen Ausmaßes religiös ausdeutete. Dabei begriffen Fotografen und Redakteure die Bilder der zerstörten Städte als Zeichen der Vergänglichkeit allen menschlichen Strebens. Dem wurden zumeist von der Zerstörungskraft unberührte göttliche Ewigkeitswerte entgegengestellt, auf die es sich nach der Katastrophe zurückzubesinnen galt. Auch diese Lesart der Trümmerbilder kann für die Bundesrepublik als äußerst wirkmächtig gelten, ist sie doch Ausdruck der konservativen Neugründung der demokratischen Gesellschaft in der Bundesrepublik, welche die Eliten auf den Grundwerten des christlichen Abendlandes zu konstituieren suchten. In ihnen fand die Katastrophe des Nationalsozialismus einen religiösen Sinn, gab sie den Überlebenden doch die Chance zur Umkehr, zur Rückbesinnung auf Gott

---

23 Jäger, »Trümmeraufnahmen«, S. 290–292.
24 Ebd., S. 293–296.
25 Schildt, »Umgang«.

und die Kirchen.[26] Um diese Ausdeutung der Trümmer wird es im Folgenden an erster Stelle gehen. Anhand eines Fotobands des Kölner Fotografen Hermann Claasen soll gezeigt werden, inwiefern es durch die Argumentationsweisen einzelner Fotografien, deren Zusammenstellung und diskursiven Rahmung der Bilder gelang, der in Trümmern liegenden Domstadt gleichsam einen Sinn zu geben, der in die Zukunft einer »christlich- katholischen renovatio«[27] wies.

2.1.3 Hermann Claasen – Gesang im Feuerofen

Der Kölner Fotograf Hermann Claasen sticht mit seiner Vielzahl an Veröffentlichungen und Ausstellungen auch weit über die vierziger Jahre unter den Fotografen, die sich der Dokumentation und fotografischen Ausdeutung der Ruinen ihrer Heimatstädte zuwandten, als einer der prominentesten in Westdeutschland hervor.[28] Zudem artikulieren Claasens Bildbände am deutlichsten den Gründungsmythos eines an den Werten des christlichen Abendlandes verwurzelten und strikt antikommunistischen westdeutschen Staats.

Claasen begann mit seiner Arbeit zu den Trümmerfotografien bereits in den frühen vierziger Jahren, als er 1943 offiziell mit der Dokumentation der Schäden durch die alliierten Fliegerangriffe in Köln beauftragt wurde. Insgesamt lassen sich in seinem Nachlass etwa 500 Fotografien nachweisen, die vor 1945 produziert wurden.[29] Neben den Aufnahmen der Kölner Innenstadt entstanden 1946 diverse Fotoserien über die zum Teil mehr als 90 Prozent zerstörten Städte Düren und Jülich und den Hürtgenwald als Auftragsarbeiten des Dürener Landrats Armin Renker, die in einer Auswahl 1949 unter dem Titel »Verbrannte Erde« publiziert wurden.[30] Die Fotografien des zerstörten Köln, deren größten Teil Claasen nach der Besetzung der Stadt durch die US-Armee ohne offiziellen Auftrag anfer-

---

26 Zur Forderung einer christlichen Renaissance nach der in der Moderne eingetretenen »Säkularisierung« siehe: Lenk, »Konservatismus«, insb. S. 638.
27 Glasenapp, »Brand«, S. 49.
28 Zur Biografie Claasens und seinem beruflichen Werdegang vor dem Zweiten Weltkrieg siehe: Kampe, »Moralist«.
29 Eine detaillierte Rekonstruktion der verschiedenen Aufträge Claasens und seiner Arbeit in den letzten Kriegsjahren und den späten vierziger Jahre gibt: Sachsse, »Erinnerung«. Für seine Arbeit während des Zweiten Weltkriegs siehe: Ebd., S. 23ff.
30 Kampe, »Moralist«, S. 179.

tigte, wurden zum ersten Mal im November 1947 in der Kölner Eigelsteintorburg unter dem Titel »Köln – Tragödie einer Stadt« ausgestellt. Das große Publikumsinteresse ließ Claasens erste Ausstellung zu einem ungeahnten Erfolg werden, der dazu führte, dass die ursprünglich auf zwei Wochen angesetzte Fotoschau um sieben Tage verlängert wurde.[31] Anlass der Ausstellung bildete die Erstveröffentlichung der wohl bekanntesten Bildzusammenstellung Claasens. Der Bildband »Gesang im Feuerofen. Köln: Überreste einer alten deutschen Stadt« war im selben Jahr erschienen.[32] Schon der Titel verweist in seinem apokalyptischen Duktus und seiner alttestamentarischen Metaphorik auf die religiöse Fundierung des Fotobands, die darüber hinaus in Franz Hoyers Vorwort und auch in der Motivauswahl Claasens deutlich wird. So bildet die fotografische Inszenierung von Symbolformen der christlichen Kunst, die Claasen seit Beginn seiner fotografischen Arbeit im zerstörten Köln in den Vordergrund stellte, auch in seinem Kölner Bildband den Schwerpunkt der Fotos. Von den insgesamt 75 Fotografien zeigen 60 Kirchen bzw. Kirchenstatuen.

Claasen verzichtete ganz auf erläuternde Beschreibungen seiner Bilder, lediglich ein loses Einlageblatt, das in der ersten Auflage von 1947 in englischer und deutscher Sprache über die einzelnen Motive informiert, und das sechsseitige Vorwort vermitteln dem Betrachter eine fassbare diskursive Rahmung. Franz Hoyer betont in seinem Vorwort einerseits die Repräsentativität der Fotografien, die für das Schicksal vieler deutscher Städte stünden. Noch deutlicher arbeitet der Autor die religiöse Deutung heraus, die der Zerstörung Kölns einen Sinn verleihen. So deutet er den Bombenkrieg als Sintflut, mit der Gott den »Abfall vom Geist der Wahrheit und der ihr zugewandten Ordnung«, der sich (nicht nur in Deutschland) im Laufe von Jahrhunderten vollzog, strafte.[33] Mit dieser quasi metaphysischen Ausdeutung der Grauen blendet Hoyer den historischen Kontext der Zerstörungen mit dem vom Deutschen Reich ausgegangenen Zweiten Weltkrieg konsequent aus. Die apokalyptischen Zerstörungen und das Leiden der Kölner Bevölkerung werden vielmehr mit der in konservativen Kreisen in den späten vierziger Jahren überaus populären Säkularisie-

---

31 Sachsse, »Erinnerung«, S. 59.
32 Claasens Bildband erschien in einer der Papierknappheit geschuldeten kleinen Erstauflage und zwei Jahre später in einer unveränderten zweiten Auflage; siehe: Sachsse, »Erinnerung«, S. 58. 1979 erschien eine neu bearbeitete dritte Auflage. 1980 wurde diese dann unverändert in einer vierten Auflage neu publiziert.
33 Claasen, *Gesang*, S. XI.

rungsthese verbunden, die das Erlittene nicht mit den Verbrechen des nationalsozialistischen Deutschlands in Zusammenhang bringt, sondern mit einem in ganz Europa vermuteten Glaubensabfall der Moderne.[34] Die fotografisch dargestellte Zerstörung ist in den Worten Hoyers eben nicht die Folge des von Deutschland entfesselten Kriegs, der in seinen Ausführungen keine Erwähnung findet, sondern ein »Spiel des Dämons«, der als »furchtbarer Gegenspieler im mysterium iniquitatis« auf Deutschland herabkam.[35] Bezeichnend für diese gänzlich unkritische Auseinandersetzung mit den Ursachen der Bombardierung Kölns streitet der Autor jegliches aktive Mittun eines kollektiven »Wirs« an der hereingebrochenen Katastrophe ab, attestiert der deutschen Bevölkerung vielmehr, passives Opfer des Zerstörungstriebs einer anderen Macht geworden zu sein, indem er davon ausgeht, dass Deutschland in einen Abgrund »hinabgeschleudert wurde.«[36] Hoyers Analyse der Gegenwart impliziert indes zugleich einen Ausweg für die Zukunft: Als Reaktion auf den Abfall der modernen Gesellschaft von Gott biete nur eine konsequente Re-Christianisierung der Gesellschaft die Chance zum Neuaufbau. Die durchweg lobenden Rezensionen, die Claasens Publikation erfuhr, hoben oftmals gerade diese Aussagen Hoyers hervor, die, so etwa der Rezensent des *Foto-Spiegels*, »vorbildlich in der zusammenfassenden Ausdeutung des bildlichen Inhalts« sind.[37]

Die von Hoyer artikulierte, jegliche deutsche Schuld nivellierende Interpretation der zerstörten deutschen Großstädte findet ihren religiös-metaphorischen Höhepunkt in dem im Titel des Bildbands angelegten Verweischarakter. »Gesang im Feuerofen« bringt die Not der Kölner in einen Zusammenhang mit den drei israelitischen Jünglingen, die im alttestamentarischen Buch Daniel aus dem Feuerofen des babylonischen Königs Nebukadnezar durch ihren Glauben an Gott gerettet werden. Diese von Jörn Glasenapp als »revanchistisches Deutungsmuster der Verwüstung«[38] bezeichnete Parallelisierung der devoten Jünglinge mit der Bevölkerung Kölns weist in aller Deutlichkeit den Deutschen die Rolle der Opfer zu, die sich scheinbar ohne eigenes Verschulden der alliierten Übermacht schutzlos ausgeliefert sahen. Somit stellen die Herausgeber die Schuldfrage quasi

---

34 Glasenapp, »Brand«, S. 49f; zur Entstehung und Genese des Säkularisierungsbegriffs siehe: Lübbe, »Säkularisierung«.
35 Claasen, *Gesang*, S. XIV.
36 Ebd.
37 Rezension zu Hermann Claasen, »Gesang im Feuerofen«, in: *Foto-Spiegel* Heft 7/8, Jg. 3 (1948), S. 38f.
38 Glasenapp, »Brand«, S. 50.

auf den Kopf, die angloamerikanischen Kampfflieger werden in die Rolle des babylonischen Herrschers Nebukadnezar gepresst, während die wieder Gott zugewandte Bevölkerung Kölns, welche die Bombenangriffe im Feuerofen ihrer Heimatstadt überlebt hat, wie die drei Jünglinge »unterwegs ist zur Heimkehr in die großen Ordnungen der Schöpfung Gottes.«[39] Dass genau diese Lesart von den Herausgebern in ihrer Konzeption des Bands intendiert war, zeigen die einleitenden Worte des Mitherausgebers Josef Rick, in denen er für die dritte Auflage des Bildbands von 1979 die Entstehung des Titels und der Fotozusammenstellung rekapituliert:

»Wie es zu dem Titel kam? Als Jüngling selbst gerade noch dem Feuerofen des Krieges entronnen, erscheinen mir die Bilder als Hoffnungsschimmer für die Zukunft. In der Kirche St. Kolumba hatte eine Sprengbombe das schützende Mauerwerk um eine Madonnenfigur weggefegt. Auch das Jesuskind in den Armen Mariens war zerstückelt, doch die Muttergottes, fortan von den Kölnern ›Trümmermadonna‹ genannt, schaut in überirdischer Reinheit und Zuversicht über Tag und Jahr und Jahrhunderte hinweg.«[40]

Diese vorangestellte Einbettung der Bilder in eine jüdisch-christlich geprägte Sinnwelt gibt dem Betrachter eine Deutung der Fotografien vor, die in den scheinbar ewigen Werten der christlichen Tradition die Antwort auf die erlebte Katastrophe sieht.

Die von Hermann Claasen in Zusammenarbeit mit Josef Rick vorgenommene Zusammenstellung der Bilder teilt sich in zwei Themenstränge. Ein erster Teil widmet sich den Panoramaaufnahmen der zerstörten Stadt, ein zweiter Abschnitt richtet dann den Blick ins Detail. Inmitten der zerstörten Gotteshäuser inszeniert Claasen teils erhaltene, teils schwer beschädigte Relikte christlicher Kunst.

Am Anfang des Bands stehen zwei Fotografien, die Hermann Claasen während zweier Bombennächte 1942 und 1943 aufnahm. Die erste von ihnen zeigt eine durch die Dunkelheit der Aufnahme nicht weiter zu spezifizierende Funkenwand, die vor einem angedeuteten brennenden Gebäude niederprasselt. In ihrer Unspezifität lässt sich die Eingangsfotografie abermals als Versuch der Herausgeber lesen, weniger eine Dokumentation der Zerstörungen in Köln zu präsentieren, als vielmehr diese ihrem historischen Kontext zu entreißen und sie stattdessen der im Vorwort dargelegten religiösen Deutung zuzuführen. Das Bild des Feuerregens, so Jörn

---

39 Claasen, *Gesang*, S. XIV.
40 Claasen/Rick, *Gesang* (1979), S. VI.

Glasenapp, verweist in seiner Offenheit und der Unmöglichkeit einer sicheren Identifikation des Abgebildeten auf einen apokalyptischen Feuerofen und visualisiert somit das biblische Bild des Titels.[41] Die in ihrer Absolutheit überzogen wirkende Analyse, die in Hoyers Vorwort artikulierte Intention der Herausgeber lasse sich somit bereits in der Eingangsfotografie Claasens »deutlich erkennen«, mag Glasenapps deutlicher Kritik an eben dieser Konzentration der Herausgeber auf den religiösen Deutungsversuch geschuldet sein.[42] Glasenapps Argumentation fußt auf der Annahme, dass der Betrachter nach der Lektüre des Vorworts den Feuerregen auf Claasens erstem Bild unweigerlich als eben die Glut erkennen muss, in der sich sowohl die drei Jünglinge aus dem Buch Daniel als auch die Kölner Bevölkerung auf Gott besannen und den Glauben an ihn nicht verloren. Diese Interpretation mag nach der harschen Kritik Glasenapps an Hoyers Vorwort zwar durchaus schlüssig erscheinen, ob sie von Fotograf und Autor jedoch intendiert war, bleibt Spekulation. Da das Einlageblatt des Bands für die beiden Fotografien zwar nicht den Ort, aber dennoch das Aufnahmedatum nennt (31. Mai 1942 bzw. 29. Juni 1943), liegt die Vermutung nahe, dass zumindest die Rezipienten aus Köln in den Fotografien nicht nur unspezifische Sinnbilder eines biblischen Feuerofens, sondern ihre ganz konkreten Erfahrungen während der Bombennächte verbildlicht sahen.

Betrachtet man die immer wiederkehrenden Motive im ersten Teil des Bildbands, so ist es vor allem der Kölner Dom, der die Fotografien als Orientierung gebender Markstein dominiert.[43] Gerade in den Panoramafotografien stechen die beiden von außen scheinbar unbeschädigten gotischen Türme hervor.[44]

---

41 Glasenapp, »Brand«, S. 52.
42 Glasenapp schließt etwa seine Ausführungen über Titel und Vorwort des Bildbands mit der Feststellung, dass dieser »nicht nur mit einem unsäglichen Titel, sondern zudem mit einem Geleitwort aufwartet, das eine kaum positivere Charakterisierung verdient.« (Glasenapp, »Brand«, S. 50)
43 Claasen, *Gesang*, S. 4, 7, 9, 12, 15, 16, 17, 20.
44 Hier insbesondere: Ebd., S. 9, 12.

Abb. 1: Hermann Claasen, *Gesang im Feuerofen*, Düsseldorf 1947, S. 12

In diesen Aufnahmen, die aufgrund der von ihnen präsentierten Übersicht über die Zerstörungen der Silhouette von Kölns Altstadt wohl noch am ehesten als Dokumentation gelten können, ragt die Kathedrale wie ein Relikt aus vergangener Zeit heraus. Der christliche Glaube, der sich in dem Sakralbau manifestiert, zeigt sich in den Fotografien Claasens als das verbindende und Ordnung schaffende Element zwischen der Vergangenheit und der Gegenwart der Trümmerwüste. Dies wird vor allem in dem strengen Bildaufbau einer Fotografie deutlich, die den Dom mittig im Schnittpunkt von vertikaler und horizontaler Achse des Bilds positioniert.[45] Inmitten der zerstörten Altstadt thront das der Feuersglut trotzende Gotteshaus und unterstreicht somit die Aussage der Zerstörung des Profanen und des Überlebens christlicher Religion.

Im zweiten Abschnitt des Bildbands dominieren dann Aufnahmen der christlichen Sakralkunst, die als »basso continuo« das gesamte Werk Claasens in den vierziger Jahren prägten.[46] Einen besonderen Platz in der Reihe von kirchlichen Statuen nimmt die steinerne Madonna der Pfarrkirche St. Kolumba ein. Während das Kirchengebäude in der Bombennacht am

---

45 Ebd., S. 12.
46 Sachsse, »Erinnerung«, S. 34.

2. März 1945 vollständig zerstört wurde, blieb eine Marienstatue beinahe unversehrt. Erneut liegt es auch hier nahe, in Claasens Bildkomposition die christlichen Werte über das Inferno obsiegen zu sehen: Während Köln in Schutt liegt, trotzten die Zeugen christlicher Identität dem Bombenhagel und blieben intakt. Die Bilder der in den Trümmern stehenden Madonna wurden zu Claasens erfolgreichsten und meist publizierten Fotografien, so dass die Marienstatue der St. Kolumba bereits in den vierziger Jahren als Ikone »für das Überleben in dieser Stadt« gelten konnte.[47] 1950 integrierte der Kölner Architekt Gottfried Böhm die Statue als Mittelpunkt in die auf den Trümmern der romanischen Kirche erbauten Marienkapelle, und konnte damit die außerordentliche Popularität der Madonna innerhalb des Kölner Katholizismus quasi institutionalisieren.

In seiner strikten Hinwendung zu der von ihm inszenierten religiösen Dimension der Trümmerwüsten klammert Claasen das individuelle Schicksal in der zerstörten Stadt aus. Dies offenbart sich in der Auslassung von Bildern der in Köln lebenden Menschen. Als einzige Bilder, in denen die Überlebenden einen zentralen Platz einnehmen, stechen zwei geschickt miteinander verbundene Aufnahmen einer Fronleichnamsprozession aus dem Jahr 1946 heraus, die quasi den Übergang zwischen den Panoramaaufnahmen zu Beginn und den Detailblicken in das Chaos der Trümmer bilden.

Abb. 2: Hermann Claasen, Gesang im Feuerofen, Düsseldorf 1947, S. 30f.

Die in dem Buchfalz liegende Schnittstelle der Bilder ist für den Betrachter nicht sichtbar, so dass ihm zunächst der Eindruck eines langen Zugs von Nonnen in schwarzem Habit begegnet, der auf der von Trümmern leer

---

47 Ebd., S. 42.

geräumten Straße an den im Hintergrund erkennbaren Schuttbergen und Ruinen vorbeischreitet. Erst ein genauerer Blick offenbart Claasens Montage: Die Ruinen im Bildhintergrund doppeln sich; die zerstörte Stadtkirche Groß St. Martin etwa lässt sich aus verschiedenen Perspektiven aufgenommen in beiden Bildhälften deutlich erkennen. Seine apokalyptische Wirkung erhält das Bild zum einen durch eben diese zerstörten Häuserfassaden der Kölner Altstadt, zum anderen durch die einem Trauerzug ähnelnden Prozession der uniform in Schwarz gekleideten Schwestern. Um seine Aufnahme zu einem Bild des endzeitlichen Fanals und der reumütigen Rückkehr zur Religion zu stilisieren und nicht zu einem Bild des Wiederaufbaus, retuschierte Claasen alle auf der Originalfotografie enthaltenen Anzeichen des wiedererwachenden öffentlichen Lebens in der Rheinmetropole, wie etwa die Werbetafel eines Fischhändlers oder ein Stromkabel.[48] So präsentieren auch diese beiden Fotografien nicht die beginnende Aufbauarbeit, sondern die Rückbesinnung auf die alte Religiosität.[49] Hierin unterscheidet sich Claasens Kölner Bildband deutlich von der neben dem »Gesang im Feuerofen« wohl populärsten Fotosammlung, des 1949 veröffentlichten Bandes »Dresden – eine Kamera klagt an« von Richard Peter senior und zeigt zudem den Unterschied der Trümmerfotografien zwischen Ost und West auf.[50] Denn während Claasen in den 1947 und 1957 publizierten Auflagen seines Bandes gänzlich auf Motive der auch in Köln begonnenen Trümmerbeseitigung verzichtet, bildet der anlaufende Wiederaufbau in Peters Bildern als zentrales Element den Abschluss seines Buches. Wie der Fotograf in seiner Autobiografie betont, wollte er dem Destruktiven der Zerstörung seiner Heimatstadt etwas Konstruktives ent-

---

48 Derenthal, »Bilder«, S. 49.
49 Ganz anders konzipiert Josef Rick die Neuauflage des Bildbands 1979. Er integriert Bilder, welche die Kölner Bevölkerung bei Kohlenklau und Trümmerbeseitigung zeigen. Lapidar merkt er in seinen einleitenden Worten an, dass 1947 »die Bilder von Personen oder Personengruppen nicht so wichtig für das Buch erschienen, weil wir alle damals mehr oder weniger so oder so ähnlich herumliefen. […] Doch heute, zu Beginn der 80er Jahre, haben Claasen's Personen-Aufnahmen im Kontext zur schauerlichen Umgebung einen neuen Sinn erhalten.« Ohne diesen neuen Sinn explizit zu nennen, bleibt zu vermuten, dass dieser in der Darstellung der von den Kölnern vollbrachten Aufbau-leistung liegt. Die Neuauflage von Claasens Trümmerfotos gerät quasi zum »Dank an die große Schar der Namenlosen und Namhaften, die am Aufbau mitgewirkt haben, an die Bürger, Räte, Verwaltungen und Regierenden.«; Claasen/Rick, *Gesang* (1979), S. VIf.
50 Peter, *Dresden*; Peters Bildband aus Dresden war trotz einer hohen Auflage von 50.000 Exemplaren sehr bald vergriffen; vgl.: Glasenapp, »Brand«, S. 56.

gegensetzen[51] und inszenierte so im letzten Drittel seines Bands den Wiederaufbau im Arbeiterkollektiv, dessen Darstellung nach der zu diesem Zeitpunkt bereits vollzogenen Teilung Deutschlands wohl nicht zuletzt der Ideenwelt des Sozialismus geschuldet war. Somit werden vor allem in den Fotografien, welche die Menschen der Trümmerstädte in den Mittelpunkt rücken, die unterschiedlichen Konzeptionen und Aussagen der zwei populärsten Bildbände der späten vierziger Jahre deutlich: Während Peters Bilder als »visuelle Apotheose des Arbeiterkollektivs«[52] den sozialistischen Ausweg aus der Trümmerwüste der zerstörten Elbstadt propagieren, findet Claasen in der christlich-katholischen Renaissance der (westdeutschen) Gesellschaft die Antwort auf die scheinbare Sinnlosigkeit der Zerstörungen.[53] Dass Peter mit der Stoßrichtung seines Bildbands durchaus das sich in der massenmedialen Bildwelt der DDR konstituierende Stereotyp des Wiederaufbaus bediente bzw. dieses im ersten Jahr der Existenz des ostdeutschen Staats mitprägte, zeigen zahlreiche massenmedial vertriebene Fotografien vom kirchlichen Wiederaufbau in Ostdeutschland. Hier war es nicht die sich in ihnen konstituierende Religiosität, über deren Wiederaufrichtung in den Massenmedien der DDR berichtet wurde. Die fotografische Inszenierung der Kirchen fokussierte sich vielmehr auf den Aufbau der Kirchengebäude im Kollektiv und ließ die Darstellung religiöser Symbolik oder religiöser Praktiken gänzlich außen vor. So illustrierte die *Neue Berliner Illustrierte* 1952 einen Bericht über den Wiederaufbau des Berliner Doms mit acht Fotografien, von denen sechs die Arbeit verschiedener Bautrupps zeigen.[54] Dominiert wird die Fotozusammenstellung durch das

---

51 Ebd. S. 60.
52 Ebd., S. 56.
53 Peters deutlich zum Vorschein kommende Intention der Darstellung des kollektiven Trümmeraufbaus und der Umkehrung der Täterschaft (die Anklage im Titel zielt auf die anglo-amerikanische Bombardierung der Stadt) soll nicht darüber hinwegtäuschen, dass auch er eine Vielzahl religiös konnotierter Fotografien in seinem Band versammelte. Das bekannteste unter ihnen zeigt den Blick auf die Dresdner Trümmer vom Rathausturm, der im Bildvordergrund die Skulptur der personifizierten Bonitas integriert. Peters Bildikone lässt sich dabei in eine ganze Reihe von Trümmerfotografien einordnen, die ihren Blick mit einer steinernen Figur im Bildvordergrund auf die Trümmerwüsten der zerstörten Städte richten. Zur Fotografie Peters siehe: Koetzle, »View«, S. 58–63; für die Motivgruppe siehe: Derenthal, *Trümmerbilder*, S. 231f.
54 *Neue Berliner Illustrierte* 42/1952. Die Neue Berliner Illustrierte verstand sich als Nachfolger der bis April 1945 erschienenen Berliner Illustrirten Zeitung. In ihrer politischen Ausrichtung hatte sie im Vergleich zu anderen Publikumszeitschriften der DDR einen stärkeren Propagandacharakter. Ihre Auflage belief sich in den achtziger Jahren auf 732.000 und rangierte damit hinter der Fernsehillustrierten *FF Dabei* (1,4 Millionen), der

größte der acht Bilder, das sich durch den Falz zieht und die Stahlkonstruktion der neuen Kuppel im Innenraum des Doms zeigt. An dieses Foto postierten die Redakteure eine Fotografie, welche die Zerstörungen des Doms zeigen, die laut Bildunterschrift den »angloamerikanischen Terrorfliegern« geschuldet waren. Die anderen sechs Bilder zeigen Bauarbeiter des VEB Stahlbau Berlin, die an der neuen Kuppelkonstruktion des Berliner Doms bauen. Somit entwickelt die Bildauswahl der *Neuen Berliner Illustrierten* einen ganz ähnlichen Schwerpunkt wie die Bilder der Trümmerfotografien Richard Peters: Neben der in der *Neuen Berliner Illustrierten* offen formulierten, in Peters Dresdner Bildern implizit im Titel angelegten Anklage gegen die englisch-amerikanischen Luftangriffe ist es vor allem die repetitive Darstellung des Wiederaufbaus im Kollektiv, die an die Stelle der Forderung nach der Renaissance christlicher Religiosität tritt. Die Arbeit der Bauarbeiter und die industrielle Produktion, die in dem dominierenden Foto mit der stählernen Kuppelkonstruktion dargestellt wird, präsentieren die vermeintlichen Errungenschaften der sozialistischen Wirtschaftsordnung.

Eingedenk der Situation der Presse in der DDR lässt sich für den massenmedialen Bildhaushalt der DDR berechtigterweise vermuten, dass die Zusammenstellungen der Trümmerfotografien in den bildträchtigen Illustrierten und Bildbänden weitaus weniger plurale Deutungsmuster aufzeigten als in Westdeutschland, sondern sich vielmehr auf die beiden Interpretamente des sozialistischen Wiederaufbaus und der Anschuldigung der westlichen Alliierten beschränkten. Denn »für die veröffentlichten Fotografien galten in der DDR [...] fest gefügte, wenn auch nicht in Form eines Zensurgesetzes verankerte Regeln und Normen.«[55] Zwar gab es gerade im Bereich der Fotografie in der stark schriftorientierten ideologischen Arbeit der SED durchaus einige Schlupflöcher. Diese waren jedoch zumeist mit einem Verzicht auf Öffentlichkeit verbunden, da den Fotografen die Möglichkeiten einer freien Presselandschaft, wie sie sich in Westdeutschland entwickeln konnte, fehlten.[56]

Familienillustrierten *Wochenpost* (1,2 Millionen) und der Zeitschrift des Demokratischen Frauenbundes Deutschland *Für Dich* (930.000) auf Rang vier der Publikumszeitschriften in Ostdeutschland; vgl.: Scharf, »Publikumszeitschriften«. Für die Auflagenzahlen siehe: Geißler, »Massenmedien«, S. 21.
55 Lindner, »Fotografie«, S. 190.
56 Ebd.

In der Bundesrepublik hingegen können die Deutungsmuster, welche die Trümmerfotografien zu der Katastrophe des Bombenkriegs anbieten, durchaus als plural angesehen werden, auch wenn im Laufe der ersten Nachkriegsjahrzehnte diverse Lesarten überwogen: So tritt vor allem in den ersten Nachkriegsjahren vermehrt noch eine religiöse Dimension vieler Bildbände zutage, die wie bei Claasen die erlebte Katastrophe in einen biblisch-apokalyptischen Rahmen spannt, bevor diese dann von der Darstellung der geleisteten Aufbauleistung in den fünfziger Jahren abgelöst wird.[57]

2.1.4 Kirchenbauten und die Religion als Siegerin in Trümmern

Das Bild der »Siegerin in Trümmern« steht in vielen Bildzusammenstellungen der direkten Nachkriegszeit an zentraler Stelle. Hierzu diente oftmals das Motiv einer hoch aufragenden Kirche, welche die Bombenangriffe mit leichten Schäden inmitten einer verwüsteten Ruinenlandschaft überstehen konnte. Neben dem auch von Claasen abgelichteten Kölner Dom bot etwa die Fassade der Hamburger Hauptkirche St. Michaelis ein solches Motiv. Der protestantische Barockbau konnte trotz teils schwerer Schäden im Gewölbe die Bombenangriffe über-. Der vom Hamburger Amt für Denkmalschutz publizierte Bildband »Hamburgs Baudenkmale« von 1951 inszeniert genau diesen Blick auf das inmitten ihrer zerstörten Umgebung thronende Gotteshaus.[58]

---

57 Das wohl prägendste religiöse Bild, das sich wie ein roter Faden durch eine Vielzahl der Trümmerbände zieht, ist das des Jüngsten Gerichts. Eine Anspielung auf die Apokalypse des Johannes lässt sich etwa in der Figur des Posaunenengels finden, der in der bekannten Fotografie von Walter Frentz aus dem März 1945 über der zerstörten Stadt Freiburg thront, in die, so lassen die Trümmer der Stadt im Breisgau vermuten, das Jüngste Gericht Einzug gehalten hat. Michael Naumann konstatiert, dass die Pose des auf die Trümmer herabblickenden Engels mit seinem klagenden und zugleich mahnenden Gestus für die deutsche Erinnerungskultur einen ikonischen Charakter und innerhalb der Trümmerfotografie eine herausragende Stellung einnehme; siehe: Naumann, *Genealogie*.
58 Grundmann/Klee Gobert, *Baudenkmäler*, Abbildungen 11 und 12.

TRADITIONELLE KIRCHLICHKEIT ALS FIXPUNKT 49

Abb. 3: Günther Grundmann/Renate Klee Gobert (Hg.), Hamburgs Baudenkmäler. Eine zerstörte Vergangenheit, Hamburg 1951, Abbildungen 11 und 12, Fotografen nicht genannt

Der Fotografie der Zerstörung entgegengestellt ist eine Vorkriegsaufnahme, die in gleicher Perspektive die Michaeliskirche umrandet von einer hoch aufgeschossenen Häuserflucht zeigt. Während letztere von den alliierten Angriffen vollends zerstört wurde, konnte das kirchliche Wahrzeichen der Hansestadt den Bomben trotzen und die moralische und materielle Katastrophe überdauern.

Eine ähnliche fotografische Gegenüberstellung des Zustandes christlicher Bauwerke vor und nach den Bombenangriffen publizierte 1948 der Kunsthistoriker Georg Lill für Bayern.[59] Auch seine Auswahl folgt zwei Intentionen: Zum einen sollen die Fotografien die apokalyptische Zerstörungswelle dokumentieren, welche die Kirchen erfasste. Diese Dokumentation der Zerstörung begreift der Herausgeber zugleich als Mahnung. Sein für 1948 beachtenswertes Bekenntnis zu deutschen Kriegsverbrechen und sein Appell zu Reue und Umkehr, den er den Fotosequenzen voranstellt, folgt dabei einer ganz ähnlichen religiösen Argumentation wie die zeitge-

---

59 Lill, *Kunst*; hierzu auch: Steiner, »Zerstörung«.

nössischen Ausdeutungen von Claasens Kölnbilder. Daneben lassen sich auch in vielen von Lills ausgewählten Bildern die noch stehenden Kirchenfassaden erkennen, die hoch über den Trümmerbergen thronend das Überleben der scheinbar ewigen christlichen Werte bezeugen sollen. Hier wie in Claasens Bildband steht zunächst einmal die christliche Religion und weniger die Kirche als institutionalisierte Körperschaft als »Siegerin in Trümmern«. Es sind nicht kirchliche Vertreter, die in den Trümmerstädten als moralische Sieger der Katastrophe gezeichnet werden, sondern die in Heiligenstatuen und Kirchenbauten dargestellten Traditionen und Werte des christlichen Abendlands. Ein Blick auf die Akteure, die Claasens Bilder zu einer breiten Öffentlichkeit verhalfen, zeigt, dass auch hier nicht die im Aufbau befindlichen institutionellen Stellen der Kirchen hervorstachen, sondern nichtkirchlich organisierte konservativ-christliche Politiker und Publizisten. Die Kirchen, so scheint es, begegneten den Bildern der in Trümmern liegenden Gotteshäuser zunächst noch recht disparat. Als Anton Kochs, Leiter der Katholischen Hauptstelle Bild und Film, 1946 von dem Düsseldorfer Fotografen Carl Heyden Fotografien von den Zerstörungen katholischer Kirchen aus dem Raum Düsseldorf und dem Niederrhein angeboten bekam, zeigte er zwar zunächst Interesse, wusste anscheinend aber letztendlich nichts mit ihnen anzufangen und verfolgte das Angebot nicht weiter.[60]

Zum Motor für den Vertrieb von Claasens Band wurden in den späten vierziger Jahren konservative Publizisten und Politiker, welche die Fotografien als Vehikel einer Rückbesinnung auf die konservativ-christlichen Ideengebäude einer abendländischen Tradition zu nutzen wussten und somit eine kulturelle Grundlage für die restaurative Neugründung der westdeutschen Gesellschaft schufen.[61]

So geht die Publikation des Bildbands Claasens auf eine Initiative des Erkelenzer Landrats Josef Rick zurück, der seit 1946 als Schriftleiter im Düsseldorfer Verlag L. Schwann arbeitete, also in dem Verlag, in dem »Gesang im Feuerofen« 1947 erstmals erschien. Rick zeichnete sich nicht allein für das Zustandekommen des Bands verantwortlich, laut Einband

---

60 Briefwechsel zwischen Carl Heyden und Anton Kochs über Bilddokumente zerstörter Kirchen im Juli bis August 1946, Archiv des Erzbistums Köln, Bestand der Deutschen Bischofskonferenz, KHBF (Teilbestand Kochs, Ordner 373).

61 Für die Verbindung konservativer Politik mit christlichen Wertehorizonten siehe zusammenfassend: Wolfrum, *Demokratie*, S. 69–75; für den Katholizismus und dessen Einbindung in die bundesrepublikanische Gesellschaft siehe: Förster, »Katholizismus«, insbesondere S. 497–500.

verantwortete er darüber hinaus gemeinsam mit dem Autoren (hier ist wohl Hermann Claasen und nicht der Autor des Geleitworts Franz A. Hoyer gemeint) die Bildredaktion, konnte also direkten Einfluss auf die Auswahl und die Art der Zusammenstellung der Bilder nehmen. Josef Rick kann in der frühen Bundesrepublik als ein konservativer Medienakteur der ersten Stunde gelten: Neben seiner Arbeit im Verlag L. Schwann, in dem er als Leiter der Abteilung Jugendbuch tätig war, saß er von 1947 bis 1956 für die CDU im Düsseldorfer Landtag. Von 1956 bis 1977 arbeitete er als Pressechef des Westdeutschen Rundfunks.

Einen noch prominenteren politischen Fürsprecher fanden Claasens Fotografien in dem Kölner Oberbürgermeister und späteren Bundeskanzler Konrad Adenauer. Auf Vermittlung von Adenauers Parteifreund Josef Rick kam es 1947 zu einem ersten Gespräch zwischen Claasen und Adenauer, der sich begeistert über die Fotografien gerade der christlichen Kunst zeigte und eine Ausstellung anregte.[62] Bis weit in die ersten Jahrzehnte der Bundesrepublik hinein präsentierte Adenauer Claasens Bilder zum einen als Mahnung für die Schrecken des Krieges, zum anderen zur Darstellung des in den fünfziger Jahren geleisteten Wiederaufbaus. Deutlich werden diese beiden Lesarten des Bildbands etwa in Adenauers Rundfunkansprache zum zehnjährigen Bestehen der Bundesrepublik:

»Im gleichen Jahr, in dem die Bundesrepublik ihr Leben begann, ist ein Bildwerk erschienen, ›Gesang im Feuerofen‹. Ich kenne kein Buch, das so erschütternd wiedergibt, was dieser Krieg über Deutschland – und lassen Sie mich das hinzusetzen – auch über andere Länder gebracht hat. Ich habe den Wunsch, daß recht viele ein solches Buch zur Hand nehmen möchten, damit ihnen klar wird, welch' unendliche Fülle harter und schwerer Arbeit des deutschen Volkes notwendig gewesen ist, um nach der Zerstörung das heutige Deutschland zu schaffen.«[63]

Adenauers Worte verdeutlichen gleichzeitig die unterschiedliche Rezeption der Trümmerfotos in der Zeit ihrer Entstehung und im folgenden Jahrzehnt, in dem sich der westdeutsche Staat konsolidieren und die Stadtkerne der Großstädte größtenteils wiederaufgebaut werden konnten: Immer häufiger stehen nun die Bilder der zerstörten Städte als Kontrastfolie zum Wiederaufbau, der somit visuell hervorgehoben wird. Flankiert wird die Gegenüberstellung von Trümmer- und Aufbaufotografien oftmals von eindringlichen Begleittexten, in denen Autoren wie Adenauer oder auch

---

62 Sachsse, »Erinnerung«, S. 50f.
63 Schwarz, *Reden*, S. 408.

Theodor Heuss den Stolz über das Geleistete propagieren. Die religiöse Ebene, die in Claasens Erst- und Zweitauflage noch an zentraler Stelle stand, verliert hier ganz an Bedeutung. Sie kann daher als direkte Reaktion auf die erlittene Katastrophe betrachtet werden, als visueller Versuch, das Erlebte zu verarbeiten und einen Ausweg aus der Trümmerwüste aufzuzeigen. Dieser Ausweg scheint dann Ende der fünfziger Jahre bereits im wirtschaftlichen Aufstieg gefunden und beschritten: Im Hinblick auf das Wohlstandsniveau und den Grad der Modernität der westdeutschen Wirtschaft konnte nach Axel Schildt bereits im Jahr der Gründung der Bundesrepublik der höchste Stand der Zwischenkriegszeit erreicht werden.[64] Auch Dank der hervorragenden weltwirtschaftlichen Rahmenbedingungen erlebte die westdeutsche Gesellschaft in den Folgejahren einen so bisher nicht gekannten Ausbau der Volkswirtschaft. Die Fotografien der Trümmer dienten nun der Bestätigung eben dieser Erfolgsgeschichte, die für die neu zu schaffende Identität der demokratischen Gesellschaft konstitutiv wurde. Adenauers Verweis auf Claasens Bildband aus dem Jahr 1959 stößt also nicht in die Richtung einer »christlich-katholischen renovatio« vor, die der Bildband aus den vierziger Jahren noch vermittelte, er versucht vielmehr, den Mythos des Wirtschaftswunders, das in harter Arbeit vollbracht wurde, zu schüren.

2.1.5 Die Bilder der Trümmer und ihre wandelnde Rezeption im kulturellen Gedächtnis der Bundesrepublik

Mit ganz unterschiedlichen Intentionen versuchten Fotografen, Redakteure und Politiker, mit den Bildern der zerstörten Städte Deutungen über die erlebte Katastrophe zu kommunizieren. Dabei erlebten die Fotos in den ersten Jahrzehnten der Bundesrepublik eine stetige Wiederaufnahme in ganz unterschiedlichen Verwendungskontexten. Nun standen nicht die Imagination einer deutschen Opfergemeinschaft oder die Forderung nach einer Renaissance christlicher Religion im Vordergrund. Die zahlreichen Fotoausstellungen und lokalen Buchpublikationen nutzten die Trümmerfotos vielmehr als Kontrastfolie zu den wiederaufgebauten Städten. Als eine visuelle Bestätigung der deutschen Aufbauleistung sollten sie ihren Betrachtern die Größe des Geleisteten vor Augen führen.

---

64 Schildt, *Sozialgeschichte*, S. 13.

So schließt etwa der Essener Oberstadtdirektor Hellmuth Greinert in einem frühen Beispiel einer solchen Bildersammlung sein Vorwort über den »Weg des Wiederaufbaus«:

»Wenn es gelungen ist, diese hoffnungslos erscheinende Aufgabe (des Wiederaufbaus der Stadt Essen) zu meistern [...], so ist dies der Tatsache – die man eine geschichtliche Tatsache nennen kann – zu verdanken, daß in einer wohl einmaligen Art alle aufbauenden Kräfte sich in einer gemeinsamen Anstrengung zusammenfanden: Bürgerschaft und Wirtschaft, Rat und Verwaltung.«[65]

Als einer der erfolgreichsten Pressefotografen der Bundesrepublik veröffentlichte der Vorsitzende der Bildjournalisten im Verband der deutschen Journalisten Emil Joseph Klinsky 1962 gemeinsam mit seinem Kollegen Hanns Reich den Fotoband »Bilder schreiben Geschichten. Deutschland 1945 bis heute«.[66] Klinskys populärer Band – er erschien 1964 bereits in der dritten Auflage – versammelt Bilder der erfolgreichsten Fotografen der frühen Bundesrepublik, die der Herausgeber chronologisch anordnet, um mit ihnen die ökonomische und gesellschaftliche Entwicklung der westdeutschen Demokratie als Erfolgsgeschichte zu erzählen: Auf die Bilder der Trümmer folgen die des wirtschaftlichen Aufstiegs und der außenpolitischen Anerkennung. Am offensichtlichsten gerät diese Intention der Herausgeber in der direkten Gegenüberstellung von Fotografien der zerstörten Anlagen der Shell-Raffinerie in Hamburg-Harburg 1945 und des neu errichteten Industriewerks in den frühen sechziger Jahren. Diesen quasi didaktischen Wert der Trümmerfotografien, die dem Betrachter die Leistung der bundesdeutschen Gesellschaft verdeutlichen sollen, bringt Theodor Heuss in seiner Vorbemerkung auf den Punkt, wenn er den Leser bei der Betrachtung der Bilderfolge auffordert »nicht darin zu blättern, sondern ganz systematisch vorne (zu) beginnen, weil dann der Rhythmus dieser letzten deutschen anderthalb Jahrzehnte unmittelbar gespürt wird [...]. Wo Ruinen standen, sind wieder Werkstätten, die Seehäfen sind keine Friedhöfe mehr für halbgesunkene Schiffe. Also, wir haben es ›sehr weit gebracht‹.«[67]

Die von Götz Grossklaus formulierte These, die Trümmerbilder ließen sich nicht in ein sinnhaftes Narrativ einbetten, da sie in ihrer Darstellung des von Menschenhand geschaffenen Abgrunds das »zivilisatorische Ur-

---

65 Greinert, *Weg*, S. 20; ähnliche Zusammenstellungen: Buekschmitt, *Essen*; d'Addario, *Nürnberg*.
66 Klinsky/Reich, *Bilder*.
67 Klinsky/Reich, *Bilder*, o. S.

vertrauen« der Betrachter bedrohten, lässt sich aufgrund dieser Vielzahl unterschiedlicher Narrative, die mit den Trümmerfotos popularisiert wurden, nicht bestätigen.[68] Grossklaus argumentiert auf Grundlage des von Aleida und Jan Assmann entwickelten Modells zum kulturellen Gedächtnis, das sie in ein Speichergedächtnis und ein Funktionsgedächtnis teilen. Während das Speichergedächtnis als Gesamtarchiv sämtlichen kulturellen Wissens, als »Totalhorizont angesammelter Texte, Bilder, Handlungsmuster«[69] existiert, rekonstruiert das Funktionsgedächtnis das Vergangene, indem es mit der Gegenwart in Bezug gesetzt wird: »Es bezieht sein Wissen immer auf eine aktuell gegenwärtige Situation.«[70] Somit kommt es zu einem ständigen Wandel der Deutungen, mit denen verbale und visuelle Dokumente das Vergangene mit der Gegenwart verknüpfen und somit strukturieren.[71]

Gerade dies scheint bei den Veröffentlichungen der Trümmerfotografien augenscheinlich: Jörn Glasenapp hat ihre funktionale Umdeutung mit Nachdruck aufgezeigt. Er orientiert sich dabei vor allem an der Publikation der Trümmerbilder als Antwort auf die anklagenden Bilder der befreiten Konzentrationslager. Hier inszenierten die Herausgeber der Bildbände die deutsche Zivilbevölkerung in der Rolle des Opfers, ohne auf die Täterschaft des nationalsozialistischen Deutschlands Bezug nehmen zu müssen.[72] Die hier nachgezeichnete Einordnung der Fotografien Claasens mag diese Funktionalität der Bilder zudem auch für deren Einordnung in den religiösen Kontext zeigen: Gerade die von Claasen, Hoyer und anderen kommunizierte religiöse Antwort, die der Katastrophe Sinn verleihen soll, sticht in den ersten beiden Auflagen von Claasens Bildband heraus. Der (auch zeitgenössisch artikulierte) Reiz liegt ja gerade nicht nur in der Dokumentation des Zerstörten, sondern in dem Ausweg, den Hoyer und Claasen in ihrer Forderung nach der Rückbesinnung auf die Werte des christlichen Abendlands aufzeigen. Ähnliches gilt für den Gebrauch der Trümmerfotos als Negativfolie für die Darstellung der wiederaufgebauten Städte ab den späten fünfziger Jahren. Gerade hier wird der funktionale

---

68 Grossklaus unterschätzt die Rolle der Trümmerfotografien in den Nachkriegsjahrzehnten, wenn er behauptet, dass »die Deutschen in einem Akt der Selbstzensur […] Bilder aus Hamburg, Dresden oder anderen deutschen Städten […] unterdrückten und ein Gedenken der Opfer verboten.«; Grossklaus, *Medien–Bilder*, S. 88f.
69 Assmann, *Gedächtnis*, S. 9–19, S. 13.
70 Ebd.
71 Assmann, *Schatten*, S. 54–61.
72 Glasenapp, *Nachkriegsfotografie*, S. 102–106.

Gebrauch der Fotografien deutlich, geht es doch um die Selbstvergewisserung, mit harter Arbeit aus der Notlage der späten Kriegsjahre und der Besatzungszeit heraus einen prosperierenden Staat geschaffen zu haben. Die religiöse Dimension verschwindet dabei, wie auch die späteren Auflagen von Claasens »Gesang im Feuerofen« zeigen, nahezu vollständig. Der nun inszenierte Rückblick weist keine Bezüge auf die Forderungen nach der Rückbesinnung auf die christlichen Traditionen auf, die Erfolgsgeschichte der Bundesrepublik offenbart sich als materielle Erfolgsgeschichte, nicht der geistige Wiederaufbau oder die Rückkehr in die Wertegemeinschaft westlicher Demokratien, sondern die Wiedererrichtung der westdeutschen Stadtkerne wird nun erzählt.

2.2 Der Papst als Protagonist: Fotografische und filmische Darstellungen Pius XII.

2.2.1 Die Anfänge der fotografischen und filmischen Visualisierung des Papstes in den Massenmedien

Mit der Ausbildung und Etablierung der Massenmedien in der deutschen Medienlandschaft des 19. Jahrhunderts konnte sich das Bild des Papstes als eines der prägenden Motive innerhalb der visuellen Darstellung von Kirche in Deutschland etablieren. Waren es in der Zeit der Reformation vor allem regionale Medien, die dank der technischen Errungenschaften des Buchdrucks die reformatorischen und gegenreformatorischen Ausdeutungen des Papsttums visuell popularisieren konnten[73], bildete sich nun mit den Massenmedien ein weitaus auflagenstärkerer und über die enger zu fassenden Grenzen einzelner Teilöffentlichkeiten hinausgehender Medientyp aus, der sowohl die Person als auch die Institution des Papstes in eine breite Öffentlichkeit hinein visuell kommunizieren konnte. Anlässe für eine vermehrte Bildberichterstattung über den Papst auch in den nichtkirchlichen, liberalen Printmedien boten in der zweiten Hälfte des 19. Jahrhunderts die mit den europäischen Kulturkämpfen forcierte thematische Verbindung von (katholischer) Kirche und nationalstaatlicher Politik.[74] Ferner boten

---

73 Hierzu etwa: Kohler, »Bildpropaganda«.
74 Für die Auseinandersetzungen zwischen Staat und katholischer Kirche während des Kulturkampfs in Deutschland siehe: Borutta, *Antikatholizismus*, S. 268–326.

die stetig wiederkehrenden Ereignisse von Papsttod und anschließender Neuwahl des Bischofs von Rom gerade den neuen bilderreichen Illustrierten die Gelegenheit, die Persönlichkeit des verstorbenen und neu gewählten Papstes und auch die Institution des Papsttums immer wieder neu visuell auszudeuten.[75]

Neben den Religions- und Kirchenberichterstattungen der aufkommenden säkularen Massenmedien erkannten auch kirchliche Stellen schnell die Möglichkeiten und den Nutzen der neuen massenmedialen Kommunikation für die Information und Unterweisung der Katholiken und nutzten diese für die Ausbildung eines auf den Papst in Rom fixierten ultramontanen katholischen Wertehorizonts. Somit wurde in der zweiten Hälfte des 19. Jahrhunderts das Bild des Papstes innerhalb des öffentlichen Bildhaushalts nicht nur von den nichtkirchlichen Medienformaten geprägt, vielmehr können für diese Zeit auch die kirchlichen Medien gerade in quantitativer Hinsicht als entscheidender Faktor für die Verbreitung der Papstbilder gelten. In deren Popularisierung der visuellen Ausdeutungen des Papstes lässt sich eine der grundlegenden Basen für die Genese und Etablierung der papsttreuen katholischen Milieus im 19. Jahrhundert erkennen. Zweifelsohne blickt die Verbreitung materieller Papstbilder (daneben können hier auch Büsten des Papstes genannt werden) durch die Kirche auf eine noch viel längere Tradition zurück: Gerade in der Auseinandersetzung mit weltlichen Herrschern stellt sie einen die abendländische Religion prägenden Teilaspekt der symbolischen Politik der Kurie dar, die in der visuellen Darstellung des Papstes die Institution seines Amtes mit Attributen und Stereotypen belegen und somit von weltlichen Herrschern abgrenzen konnte. Auf diese Weise konnte sie das Bild des Papstes zumindest innerhalb der herrschenden Oberschichten Europas mitprägen.[76]

Bereits während des Pontifikats Pius IX. (1846–1878) lassen sich kirchliche Versuche und Strategien erkennen, auf der Grundlage der neuen Medien eine Kommunikationsgemeinschaft zwischen Papst, Amtskirche

---

75 Die Aufnahme der Trauerzeremonien für Johannes Paul II. und die Wahl Joseph Ratzingers im April 2005 in die Massenmedien kann somit auf eine lange Tradition zurückbblicken: Papsttod und die Inthronisation seines Nachfolgers können bereits seit dem 19. Jahrhundert als Medienereignisse gelten, die den Produzenten säkularer Medien die Möglichkeit eröffneten, ihre Bilder und Vorstellungen von Tod, Papstamt und christlicher Religion in eine breite Öffentlichkeit hinein zu kommunizieren; siehe hierzu: Schlott, »Requiems«.

76 Siehe etwa zu den Papstbüsten Gian Lorenzo Berninis und deren propagandistischer Funktion und Verwendung im 17. Jahrhundert: Zitzlsperger, *Bernini*, S. 26–90.

und Gläubigen zu stiften. So konnte Jörg Sailer am Beispiel der Rottenburger Bistumszeitung aufzeigen, wie dort durch eine Inszenierung des päpstlichen Körpers der Versuch unternommen wurde, die Solidarität der im Bistum Rottenburg lebenden Katholiken nicht nur mit der Person Pius IX. zu gewährleisten, sondern im Zuge einer gezielten Kommunikation über dessen körperliche Verfasstheit auch eine verstärkte Bindung der Katholiken an die mit der Einnahme Roms durch die italienische Einheitsbewegung in Bedrängnis geratende Institution Kirche zu forcieren.[77] Auch wenn Sailer Visualia nur am Rande seiner Ausführungen untersucht (etwa in Form von Trauerbildern, die nach dem Tod Pius IX. die »somatische Nähe zwischen Papst und den Gläubigen« aufrechterhalten sollten[78]) wird in seinen Ausführungen deutlich, dass in den Medien systematisch Bilder (verstanden als in der katholischen Öffentlichkeit kursierende Stereotype) des Papstes bereits unter Pius IX. massenmedial entworfen und popularisiert wurden. So wurde das Oberhaupt der Kirche in dem Bistumsblatt nach der Veröffentlichung seiner antimodernistischen Enzyklika »Quanta cura« von 1864 als »Weltlehrer« stilisiert, welcher der oftmals als Bedrohung wahrgenommenen Modernisierung der europäischen Gesellschaften einen dezidiert antimodernistischen Weltentwurf entgegensetzte.[79] Als er nach der Einnahme Roms durch die italienischen Truppen anordnete, den militärischen Widerstand einzustellen, kam es in mehreren Artikeln in einer Parallelisierung von Christus und Papst zu einer Stilisierung der Person Pius als Friedensfürst.[80] Neu dabei waren weniger die christologischen Zuschreibungen für den Papst, als vielmehr deren Einbindung in den sich etablierenden Kommunikationsraum der Printmedien, dessen bildhafte Ausdeutungen der Person des Papstes auf lange Sicht gesehen auch den außerkatholischen Raum erreichen konnten.

1870, also während des Ersten Vatikanischen Konzils, publizierte der Münsteraner Adolf-Russels-Verlag eine Biografie Pius IX. mit dem Titel »Piusbuch. Papst Pius IX. in seinem Leben und Wirken«, die innerhalb von drei Jahren drei Auflagen erreichte.[81] Anspruch des Autors Franz Hülskamp war es, eine »anschauliche« Lebensgeschichte Pius vorzulegen, die aus einer »ehrerbietigsten Liebe zu Pius dem Neunten« heraus ge-

---

77 Seiler, »Solidarität«, S. 89.
78 Ebd.
79 Ebd., S. 99f.
80 Ebd., S. 100.
81 Hülskamp, *Piusbuch*.

schrieben wurde.[82] Die mit zahlreichen Zeichnungen illustrierte Lebensgeschichte des Papstes vermittelt ähnlich wie die Artikel der Rottenburger Bistumszeitung Pius als thronenden Herrscher, der religiöse und weltliche Autorität in seiner Person vereint. Gerade vor dem Hintergrund der Bedrohung Roms durch die italienische Nationalbewegung, der die weltliche Macht des Papstes grundsätzlich in Frage stellte und als Relikt einer voraufklärerischen Epoche erschienen ließ, muss der Anspruch des Autors als politisches Bekenntnis für ein auch weltlich herrschendes und politisch bedeutsames Papsttum gedeutet werden. Gleich die erste Zeichnung der Papstbiografie unterstreicht in ihrer Ikonografie den Anspruch des Papstes auf eben diese weltliche Macht und kann zudem als typisches Beispiel der Papstdarstellung in den kirchlichen als auch nichtkirchlichen Medien des ausgehenden 19. Jahrhunderts gelten.

Das Brustporträt zeigt Pius IX., dessen Blick leicht am Betrachter vorbeigeht. Er trägt einen Pileolus, eine weiße Soutane, darüber eine Mozetta und eine bestickte Stola, welche die Tiara und das Wappen Pius IX. zeigt. Die Darstellung des Papstes in Mozetta greift dabei die seit der Renaissance übliche Ikonografie traditioneller Papstdarstellungen auf, in welcher der Schulterkragen explizit als Zeichen der judikativen Macht des Kirchenführers ins Bild gesetzt und der Papst so als Herrscher mit höchster Jurisdiktionsgewalt inszeniert wird. Als »signum Iuristitionis« galt die Mozetta als das »konkrete Gewand der Tat der praktischen Politik und Rechtssprechung.«[83]

Dass diese die weltliche Macht des Papstes betonende Darstellung bewusst gewählt wurde, legen zum einen die Intention des Autors, zum anderen auch die Bildunterschrift »Papst und König. Pius IX.« nahe. Hierbei können die beiden Titel für Pius IX. durchaus als sich gegen den expandierenden italienischen Nationalstaat gerichtete politische Aussage verstanden werden.[84]

---

82 Ebd., S. IIIf.
83 Hierzu: Zitzlsperger, *Bernini* S. 49–55, Zitat S. 54. Zur Mozetta als liturgischem Kleidungsstück siehe auch: Braun, *Gewandung*, S. 357f. Braun verortet die Anfänge der Mozzetta als Papst- und Bischofskleidung in die Frührenaissance.
84 Dabei steht Hülskamp in seiner Titulierung Pius IX. keineswegs allein, sondern bedient sich der in der katholischen Publizistik gängigen Bezeichnung. Siehe etwa: Rütjes,□ *Leben*.

Abb. 4: »*Papst und König. Pius IX.*«, *Franz Hülskamp, Piusbuch, o. S.*

Nachdem materielle Bilder in den Papstberichterstattungen der Printmedien während des Pontifikats Pius IX. (1846–1878) noch als Ausnahme gelten müssen, traten sie in den Berichten über seinen Nachfolger Leo

XIII. vermehrt in den Vordergrund, zunehmend konnten Fotografien die traditionellen Zeichnungen und Holzschnitte ablösen. Voraussetzung hierzu war zunächst einmal die technische Entwicklung, die eine massenweise Vervielfältigung von Fotografien in den Printmedien ermöglichte. Nachdem 1880 im New Yorker *Daily Graphic* das erste mechanisch reproduzierte Foto in einer Zeitung erschienen war, etablierte sich die Fotografie in den folgenden Jahrzehnten sowohl in der amerikanischen Presse als auch auf dem europäischen Kontinent als gängige Illustrationsform. Bereits 1904 erschien der englische *Daily Mirror* als erste Zeitung, die ihre Artikel ausschließlich mit Fotografien illustrierte.[85]

Parallel mit dem Aufkommen der Fotografien in den Printmedien kann auch der Sprung der Papstbilder aus dem katholischen Kommunikationsraum hinaus in die massenmediale Öffentlichkeit zu Beginn des Pontifikats Leo XIII. (1878–1903) ausgemacht werden, in das unter anderem die Erfindung und Entwicklung der Autotypie als Grundlage für einen zeitnahen und ausgiebigen Einsatz von Bildern in den Printmedien fiel.[86] Auch lassen sich auf der Seite des Vatikans erste strategische Versuche des Aufbaus einer systematischen vatikanischen Pressepolitik beobachten, welche die Bilder des Papstes gezielt verbreitete, und mit ihnen die sich in den europäischen Staaten im Zuge der Kulturkämpfe konstituierenden katholischen Bewegungen zu kanalisieren suchte.[87] Der durchgreifende Wandel im Umgang auch mit nichtkirchlichen Journalisten ging dabei nicht zuletzt auf die Initiativen und persönlichen Interessen Leos XIII. zurück, der seine Arbeitstage mit der morgendlichen Lektüre italienischer und internationaler Zeitungen begann und früh deren Bedeutung sowohl für die Pastoral als auch für die politischen Bestrebungen der Kirche entdeckte.[88] Einen Grundzug, der sich in der sich formierenden vatikanischen Pressepolitik unter Leo XIII. herauskristallisierte, bildete die Tendenz der Verkirchlichung und Klerikalisierung: Das international arbeitende Pressenetzwerk publizistisch tätiger Laien wurde seit den achtziger Jahren des 19. Jahrhunderts zunehmend durch päpstliche Diplomaten und Kleriker gesteuert.[89] Hierbei sah der Vatikan die unter der Federführung des polnischen Kardinals Wladimir Czacki aufgebaute Pressepolitik als Mittel der Einflussnahme

---

85 Marcias, *Entwicklung*, S. 6.
86 Frizot, *Geschichte*, S. 364f.
87 Zambarbieri, »Forms«.
88 Vianae, »Introduction«.
89 Ebd., S. 327–346.

und Lenkung öffentlicher Meinung zugunsten päpstlicher Politik und somit als politisches Gegengewicht zu dem Einflussverlust, den die katholische Kirche mit dem Verlust des Kirchenstaats an den sich neu konstituierten italienischen Nationalstaat zu verkraften hatte.[90]

Der erste sichtbare Ausfluss gezielter vatikanischer Pressepolitik lässt sich in Deutschland in den Berichterstattungen über das Goldene Bischofsjubiläums Leos von 1893 ablesen. Die von den vatikanischen Stellen minutiös geplanten Pilgerfahrten und Veranstaltungen zu diesem Ereignis spiegeln einerseits Leos Intention wider, diese als Ausdruck der Verbindung und Nähe der Katholiken zu ihrem Oberhaupt zu inszenieren.[91] Andererseits illustriert ihre Aufnahme in die nichtkirchlichen Massenmedien, dass das Bild des Papstes nun auch über den innerkirchlichen Raum hinaus an Relevanz gewann. Der Vatikan verteilte eigens produzierte Informationsbroschüren über die Ereignisse an ausländische Pressevertreter und versuchte so die Presseberichterstattung über die Jubiläumsveranstaltung gezielt zu lenken.[92]

In den breiten Berichten des Bischofsjubiläums Leos lassen sich erste Erfolge der vom Vatikan eingeleiteten taktisch motivierten Öffnung des Vatikans gegenüber der Presse erkennen. So widmete die *Berliner Illustrirte Zeitung (BIZ)*[93] dem Papstjubiläum eine Titelseite[94]: Auf einem Profilbild sieht der Betrachter den sitzenden Papst, der ähnlich der Kleidung Pius IX. in Hülskamps Biografie von 1870 in Soutane, Mozzetta, Pileolus, und Stola visionär entrückt aus dem Bild hinausschaut. Die Zeichnung inszeniert Leo als nachdenkliche, gestrenge Autorität. Betrachtet man nun den Text, den die Papstdarstellung auf der Titelseite illustriert, so scheint die vormals durch die Mozzetta symbolisierte Rolle des Papstes als weltlicher Herrscher für den anonymen Autor ihre Bedeutung nicht verloren zu haben: Er kritisiert zwar implizit den weltlichen Machtanspruch des Papstes, indem er im Streit zwischen italienischem Nationalstaat und Vatikan klar Stellung für das Königreich Italien bezieht, ruft aber offen zu hochachtungsvollem

---

90 Viaene, »Czacki«.
91 Hierzu: Zambarbieri, »Forms«, S. 264–286.
92 Ebd., S. 273, Anmerkung 66.
93 Die *BIZ* gehörte zu einer der ersten und auch erfolgreichsten Illustrierten des Kaiserreichs, die das neue Medium Fotografie systematisch nicht nur als Illustration, sondern als ein auf Tagesereignisse bezogenes Informationsmittel nutze. Ihre ursprüng-liche Auflage von 14.000 konnte sich innerhalb kürzester Zeit vervierfachen und erreichte 1914 die Millionengrenze; Bollinger, *Pressegeschichte II*, S. 39f.
94 *Berliner Illustrirte Zeitung* 10 (1893).

Respekt vor der Person des Papstes auf: »Wie man sich auch immer zu dem Papst stellen mag [...], dem Menschen in ihm (Leo XIII.) darf auch der Nichtkatholik vollste Hochachtung nicht versagen.«[95] In dieser Kombination von Text und Bild, also in der Zurückweisung weltlicher Machtansprüche des Papstamtes im Text und der Beschränkung des Lobs auf die Person Leos, wird die aufschauende Darstellung einer gestrengen geistlichen Autorität im Bild auch für die nichtkatholischen Leser der im protestantisch dominierten Berlin verlegten Illustrierten akzeptabel. Die Trennung zwischen geistlicher Autorität, welche die geachtete Person Leo XIII. ausstrahlt, und der explizit zurückgewiesenen weltlichen Macht des Pontifex scheint dabei Grundlage für die Aufnahme der aufschauenden Darstellung Leo XIII. in den Bildhaushalt der säkularen Medien zu sein, die sich auch mit seinen Nachfolgern fortsetzt. Dass sich dabei die bildlichen Darstellungsmodi des Papstes kaum von denen der ultramontanen Bilder während der Hochphase des Kulturkampfes unterschieden, mag verdeutlichen, dass die liturgische Kleidung des Bischofs von Rom von den Produzenten und Rezipienten der Bilder weniger in ihrer vormaligen Machtsymbolik wahrgenommen wurde, sondern vielmehr als scheinbar natürliche Kleidung des Papstes. Die Illustrierten des Kaiserreichs übernahmen somit die ihnen von den vatikanischen Bildproduzenten vorgegebene Ikonografie, ohne auf deren symbolische Bedeutung Bezug zu nehmen.

Das Brustportrait des Papstes, das ihn in seinem Ornat zeigt, kann noch bis in das 20. Jahrhundert hinein als das dominierende Motiv innerhalb der Papstdarstellungen der Massenmedien gelten.[96] Dies mag nicht zuletzt an der den Redakteuren vorliegenden Auswahl von Papstdarstellungen liegen: Zumindest bei der Neuwahl eines Papstes ist davon auszugehen, dass sie zwangsläufig auf die ihnen angebotenen Fotografien des päpstlichen Hoffotografen Felici angewiesen waren. Somit konnte der traditionelle, von der Kirche geprägte Blick auf den römischen Pontifex

---

95 Ebd.
96 Bilder, die dem oben beschriebenen Motiv des Papstes im vollen päpstlichen Ornat zugeordnet werden können, etwa in: »Beilage über Leo XIII. kurz vor dessen Tod«, in: *Illustrierte Zeitung* vom 9. Juli 1903; »Zur Wahl Pius X.«, in: *Berliner Illustrirte Zeitung* vom 9. August 1903; »Zur Wahl Pius X«, in: *Illustrierte Zeitung* vom 9. August 1903; »Zur Wahl Pius X.«, in: *Die Woche* 32/1914; *Berliner Illustrirte Zeitung* 16/1913 (Bericht über eine schwere Erkrankung Pius X); »Zum Tode Pius X.«, in: *Illustrierte Zeitung* vom 27. August 1914; *Illustrierte Zeitung* vom 10. Dezember 1914 (Drei Monate nach der Wahl Benedikt XV.); »Zur Wahl Pius XI.«, in: *Berliner Illustrirte Zeitung* 8/1922; »Zur Wahl Pius XII.«, in: *Die Woche* 10/1939.

auch im beginnenden Zeitalter der Massenmedien überdauern. Der Einzug der Fotografie in die Printmedien bedeutete zumindest im ersten Drittel des 20. Jahrhunderts noch keinen qualitativen Wandel in der dominierenden Visualisierung des Papstes.

Ein deutlicher quantitativer Rückgang der Papstbilder in den Massenmedien lässt sich für die Zeit nach 1933 konstatieren. Im Zuge der Selbstzensur, die nach der Machtergreifung der Nationalsozialisten das gesamte deutsche Pressewesen erfasste, richteten die Massenillustrierten ihre Inhalte zunehmend auf die Prämissen der NS-Ideologie aus. Breite Bildstrecken über das Papsttum als Spitze des weltweiten Katholizismus waren hiermit nicht kompatibel. Mit Beginn des Krieges entwickelte sich dann zudem auch die vormals eher unpolitische illustrierte Massenpresse wie die *Berliner Illustrirte Zeitung* zum »grobschlächtigen Propagandainstrument« der nationalsozialistischen Kriegsführung.[97]

So beschränkte sich etwa die Berichterstattung zur Papstwahl Pius XII. im Jahr 1939, der in Deutschland immerhin von 1917 bis 1929 als Nuntius gewirkt hatte, in der in Leipzig verlegten *Illustrirten Zeitung* auf eine kurze Meldung mit zwei kleinen Fotos, die zum einen Pius XII. in päpstlichem Ornat mit Tiara auf der Loggia des Petersdoms, zum anderen einen Blick in die Vierung des gefüllten Petersdoms zeigen. Bezeichnend für die antikatholische Propaganda innerhalb der deutschen Massenmedien der späten dreißiger Jahre wird darin auf die »Entfaltung des gesamten Prunkes der katholischen Kirche«, unter der die Amtseinführung des neuen Papstes stattfand, verwiesen.[98] Diese negative Konnotation der Bilder der Papstkrönung steht ganz im Gegensatz zu der romantischen Verzückung der Bildbeschreibungen zur Jahrhundertwende, mit denen etwa die *Illustrirte Zeitung* Bilder der Inauguration Pius X. 1903 kommentiert hatte.[99] Durch die verschiedenen Bildunterschriften werden die liturgischen Ausdrucksformen der Papstinauguration, welche die Motive für die Visualisierung

---

97 Für die Entwicklung der Presse im Nationalsozialismus siehe: Frei/Schmitz, *Journalismus*, Zitat S. 78.

98 *Illustrierte Zeitung* vom 23. März 1939.

99 »Wer einmal in dem von der Kuppel Michelangelos überragten Tempel gewesen ist, kann sich eine schwache Vorstellung von dem Schauspiel machen, das sich darbietet, wenn sie im Festschmuck der rotdiamantenen, goldbordierten Gehänge, im Glanze des bunten Marmors, des Erzes und der Vergoldungen, in der Farbenpracht der Tafel- und Mosaikbilder, durchströmt von der römischen Sommersonne, die sich von den Vorhängen der großen Fenster nicht abhalten läßt, von der buntesten Menge erfüllt ist.«, *Illustrierte Zeitung* vom 20. August 1903.

beider Artikel boten, gänzlich entgegengesetzt konnotiert: Während sie zur Jahrhundertwende als beeindruckende Szenerie von höchstem kunsthistorischen Wert gilt, reduziert sie die Bildunterschrift aus dem Jahr 1939 zum »Prunk der katholischen Kirche«. Dies zeigt zudem, dass die visuellen Berichte über Päpste auf eine relativ kleine Auswahl an Motiven zurückgriffen und deren Konnotation dann mit unterschiedlichen Bildunterschriften verändert wurde.

2.2.2 Pius XII. im Bildhaushalt der frühen Bundesrepublik

Die Bedeutung der Inszenierung Pius XII. für die Erfahrbarkeit der katholischen Kirche über die Grenzen des Vatikans hinaus ist weithin unerforscht. Ein Blick in die unzähligen bisher erschienenen Arbeiten über das Leben und Wirken des Pacelli-Papstes lässt schnell erkennen, dass sich der überwiegende Teil der Studien zum Pontifikat Pius XII. mit dessen Politik während des Zweiten Weltkriegs beschäftigt.[100] Der noch heute in der Kirchengeschichtsschreibung heftig geführte Streit zwischen glühenden Verteidigern der Politik Pius XII. und den Anklägern des Papstes kann bis in die sechziger Jahre zurückverfolgt werden. Erste Anstöße für eine kritische Auseinandersetzung mit dem Pontifikat in historischer, aber auch literarischer Form gaben dabei eine Reihe von Veröffentlichungen zu denen zweifelsohne der 1961 im katholischen Kulturmagazin *Hochland* publizierte Artikel Ernst-Wilhelm Böckenfördes »Der deutsche Katholizismus im Jahr 1933«, Carl Amerys »Die Kapitula-tion – oder: Deutscher Katholizismus heute« (1962) und nicht zuletzt Rolf Hochhuts Drama »Der Stellvertreter« (1963) zu rechnen sind. Einerseits ging es diesen Autoren um die Verstrickungen des *deutschen* Katholizismus in den nationalsozialistischen Machtstaat, andererseits richtet etwa Hochhuth in seinem Skandaldrama seinen Blick ganz konkret auf die Person Pius XII. und dessen Stellung zum Holocaust.[101] Die Debatte der frühen sechziger Jahre muss jedoch deutlich von dem Bild des Papstes getrennt werden, das in den fünfziger

---

[100] Die Produktion der bereits in unzähligem Ausmaß vorliegenden Studien über die Außenpolitik des Vatikans während des Zweiten Weltkriegs scheint nicht zu erlahmen. Siehe jüngst: Hesemann, *Papst*; Klühmann, *Pius XII.*; des Weiteren: Blet, *Papst*; L. Braham, *Vatican*; Feldkamp, *Pius XII.*; Besier, *Pacelli*; Phayer, *Priority*. Einen Großteil der bis 1994 erschienenen Literatur zusammengefasst hat: Altmann, »Pius XII.«

[101] Siehe hierzu die Ausführungen über die Wiederkehr der Bilder Pius XII. in den sechziger Jahren, Kapitel 4.1.3.

Jahren vorherrschte. Dieses deutete das Verhältnis zwischen Papst und der nationalsozialistischen Herrschaft – wie zu zeigen sein wird – noch gänzlich anders. Erst posthum halten auch Bilder Einzug in den bundesdeutschen Bildhaushalt, die den Papst anklagend als Paktierer visualisieren, also etwa Pacelli als Kardinalsstaatssekretär während der Unterzeichnung des Konkordats 1933 zeigen.

Eine Diskussion über die Debatte um das Verhalten Pius XII. während des Zweiten Weltkriegs, wie sie die oben genannten Publikationen verfolgen, wird an dieser Stelle daher explizit nicht angestrebt. Vielmehr soll hier eines der bedeutendsten audiovisuellen Zeugnisse der Regentschaft Pius XII., der Spielfilm »Der veruntreute Himmel«, in dem Papst Pius XII. selbst mitwirkte, als Ausgangspunkt zur näheren Betrachtung der populären Papstbilder in den fünfziger Jahren dienen. In seiner einzigartigen Einbindung einer Papstaudienz in die filmische Handlung verdichtet der Film Ernst Marischkas die populärsten visuellen Ausdeutungen des Pacelli-Papstes, die in der bundesrepublikanischen Öffentlichkeit der fünfziger Jahre dominierten.

Gänzlich konträr zu der visuellen Abstinenz des Papstes im massenmedialen Bildhaushalt der Jahre 1933 bis 1945 etablierte sich das Bild Pius XII. in der visuellen Repräsentation von Kirche in der frühen Bundesrepublik zu einem der dominierenden Motive. Hierbei kann vor allem die rasante Entwicklung der Illustriertenpresse ab Mitte der fünfziger Jahre als Ausgangspunkt für eine verstärkte Bildberichterstattung ausgemacht werden, die sich nicht vornehmlich an konkreten politischen Ereignissen orientierte, sondern den Papst im Zuge der Klatschberichterstattung über Prominente losgelöst von der Tagespolitik ins Bild setzte. Neben der quantitativen Zunahme an bildlichen Darstellungen in den Printmedien der Bundesrepublik lässt sich im Pontifikat Pacellis zudem der Beginn einer verstärkten Aufnahme des Papstes im audiovisuellen Medium Film beobachten[102], die bereits auf eine gewisse Tradition zurückblicken konnte:

---

[102] Neben den hier genannten Filmen sind vor allem die Papst-Berichte in den Wochenschauen der Bundesrepublik zu nennen; etwa: »Papst Pius XII. segnet Kinder« (1946), *Welt im Film* 40, »Weihe der Kardinäle« (1946), *Welt im Film* 46, »Papst Pius XII. erteilt 20.000 Bauern den apostolischen Segen« (1953), *Neue Deutsche Wochenschau* 165, »Papst Pius XII. schwer erkrankt« (1954), *Welt im Bild* 128, »Papst Pius XII. stiftet das Fest Mariae Königtum« (1954), *Neue Deutsche Wochenschau* 250, »80. Geburtstag von Papst Pius XII.« (1956), *Neue Deutsche Wochenschau* 319, »Papst Pius XII. warnt vor Atomwaffen« (1956), *Neue Deutsche Wochenschau* 310, »Seligsprechung Papst Innozenz XI.« (1956),

1896 entstanden auf Initiative des schottischen Filmpioniers William Kennedy Laurie Dickson die ersten Filmaufnahmen eines Papstes: Drei kurze Filmsequenzen zeigen einen greisen, gebrechlichen Leo XIII., der mit unsicheren Handbewegungen die Kamera zu segnen scheint.[103] Anfang der vierziger Jahre produzierte dann das römische Centro Cattolico Cinematografico den 70-minütigen Dokumentarfilm »Pastor Angelicus«, der, hauptsächlich für das italienische Publikum bestimmt, Ausschnitte aus dem öffentlichen Leben des Papstes inszenierte, und dabei scheinbar private Momente aus dessen Alltag in die Dokumentation aufnahm.[104] Für ein Novum in der Filmgeschichte sorgte dann die Verfilmung des Romans »Der veruntreute Himmel« von Franz Werfel aus dem Jahr 1958, die für die visuelle Erfahrbarkeit des Papsttums von einschneidender Bedeutung war.[105]

2.2.3 Der Papst im Film »Der veruntreute Himmel«

Als der Münchner Filmproduzent Herbert Tischendorf für die Verfilmung des Franz Werfel Romans »Der veruntreute Himmel« die Erlaubnis bekam, für seinen Spielfilm eine Massenaudienz des Papstes zu filmen und in Werfels Story zu integrieren, sorgte dies für eine Rarität in der Filmgeschichte: Zum ersten und für die kommenden gut fünfzig Jahre einzigen Mal erlaubte es ein Papst, eine Massenaudienz zu filmen und Ausschnitte in einen Spielfilm einfließen zu lassen.[106] Die Einwilligung des Papstes für die Pro-

---

Neue Deutsche Wochenschau 350, »Pius XII. empfängt den liberianischen Staatspräsidenten William Tubman« (1956), *UFA Wochenschau* 10.

103 Die Filmsequenzen wurden 1903 in den USA in zwei kurzen Stummfilmen veröffentlicht: »Pope Leo XIII. Passing Through Upper Loggia« (USA 1903), »Pope Leo in His Carriage« (1903).
104 »Pastor Angelicus« (Italien 1942).
105 »Der veruntreute Himmel« (Bundesrepublik Deutschland 1958).
106 Nach Hugo Altmann beruht die Erlaubnis auf einem persönlichen Placet des Papstes. Bei der für den Film aufgenommenen Massenaudienz handelt es sich nach Altmann um die letzte vor dem Tod Pius, die Pfingsten 1958 stattfand; siehe: Altmann, *Pius XII*. Das Lexikon »Religion im Film« des Katholischen Instituts für Medieninformation spricht hingegen von »einer der letzten Massenaudienzen Pius XII.«; siehe: Katholisches Institut für Medieninformation, *Religion im Film*, S. 258. Auf das persönliche Placet lässt auch die zu Beginn des Films eingeblendete Erklärung schließen: »Durch das Wohlwollen seiner Heiligkeit Papst Pius XII. war es möglich eine Audienz in der Peterskirche und die apostolischen Gemächer des Vatikans aufzunehmen.« Einen späten Nachfolger findet

duktion der Rhombus Film GmbH lässt sich dabei im direkten Zusammenhang mit dem gerade in der zweiten Hälfte des Pontifikats Pius XII. unternommenen Versuch sehen, die audiovisuellen Massenmedien für die katholische Kirche nutzbar zu machen.[107] Die Tatsache, dass das päpstliche Staatssekretariat mit dem Leiter der katholischen Hauptstelle für Bild- und Filmarbeit, Anton Kochs, der Filmproduktion einen »kirchlichen Berater« zur Seite stellte[108], mag dabei verdeutlichen, dass der Film den Papst keineswegs ohne Einflussnahme des Vatikans inszenierte, sondern katholische Stellen sehr wohl an dessen Produktion (zumindest indirekt) mitwirkten. Der Film lässt sich in die von Georg Roeber in seiner Studie zu filmwirtschaftlichen Medienbereichen in Deutschland als »Mischform« bezeichnete Kategorie des konfessions-bezogenen Films einordnen. Kennzeichnend für diese ist nach der Definition Roebers eine Zusammenarbeit von kirchlichen und nichtkirchlichen Produktionsfirmen bzw. Filmstellen. Im Gegensatz zu den Filmen der konfessionellen Selbstdarstellung (die meist auf lokaler Ebene ein kirchliches Publikum ansprachen) zeichneten sich hier nichtkirchliche Produktionsgesellschaften für den Film verantwortlich und ließen sich von den kirchlichen Filmstellen in Fragen der Gesamtkonzeption des Filmes aber auch der Inszenierung einzelner Szenen beraten, auch um eine Ablehnung der kirchlichen Filmkritik, die in den fünfziger Jahren durchaus noch einen beachtlichen Rückgang der Zuschauerzahlen bedeuten konnte, zu verhindern.[109]

Franz Werfels Roman aus dem Jahr 1939 erzählt die Lebensgeschichte der böhmischen Magd Teta Linek, die in inniger Frömmigkeit in Einklang mit den Geboten der Kirche lebt. Um sich ihren Platz im Himmel zu sichern, finanziert sie ihrem Neffen ein Theologiestudium, auf dessen spätere priesterliche Fürbitte sie baut. Ihr Neffe stellt sich jedoch als Betrüger heraus, der das Geld seiner Tante mit einem ausschweifenden Lebensstil verprasst hat. Linek erkennt die Unredlichkeit ihres Vorhabens und tritt als

---

der Film in der 2011 uraufgeführten deutsch-französisch-italienischen Co-Produktion »Francesco und der Papst«, in der Benedikt XVI. sich selbst spielt.
107 Hierfür steht etwa die Enzyklika »Miranda Prorsus« von 1957, die unter Verweis auf die von Pius XI. bereits 1936 verkündete Enzyklika »Vigilanti cura«, die Grundzüge der neuen Medien aus katholischer Sicht umreißt. Explizit wird hier deren Nutzbarmachung für die Mission gefordert. Zum Verhältnis vom päpstlichen Lehramt zum Massenmedium Film aus katholischer Sicht siehe: von Gersdorff, *Einfluss*.
108 KNA Meldung Nr. 231, 4. Oktober 1958/B.
109 Roeber/Jacoby, *Handbuch*, S. 823.

Zeichen der Buße eine Pilgerfahrt nach Rom an. Noch während des Besuchs der Ewigen Stadt stirbt sie, nicht ohne den Segen des Papstes empfangen zu haben.[110]

Für die Filmproduktion verlegte der Regisseur Ernst Marischka die ursprüngliche Romanhandlung der dreißiger Jahre um etwa zwei Jahrzehnte und lässt in der Schlusssequenz Papst Pius XII. unter dem Jubel der Pilgerreisenden den Pontifikalsegen spenden. Die von der Filmkritik wegen ihrer Farbaufnahmen hoch gelobte etwa siebenminütigen Sequenz inszeniert die Papstaudienz als prunkvolles Spektakel.[111] Dabei gerieten die Dreharbeiten in St. Peter ob der damals als spektakulär geltenden Erlaubnis und des technischen Aufwands selbst zum Medienereignis, so dass bereits vor der Uraufführung am 2. Oktober 1958[112] der Film und seine Produktion einer massenmedialen Öffentlichkeit bekannt gemacht wurde.[113] Ziel Marischkas und seines Kameramanns Bruno Mondi war es, möglichst viele Bilder aus dem Petersdom in die für die Handlung eher minder bedeutsame Szene zu integrieren: In der etwa vierminütigen Darstellung des päpstlichen Einzugs in den Petersdom kommt es zu insgesamt 36 verschiedenen Einstellungen, die im stetigen Wechsel die religiösen Kunstwerke des Petersdoms, den einziehenden Papst inmitten der ihm zujubelnden Pilgermassen und die ergriffene Protagonistin in Szene setzen. In verdichteter Form nimmt Marischkas Inszenierung die dominierenden Aspekte der visuellen Darstellung Pius XII. im Deutschland der frühen fünfziger Jahre auf. Die Bilder der Massenaudienz sollen daher im Folgenden als Ausgangspunkt für die nähere Betrachtung der drei für die Bildberichte über Pius typischen Visiotypen dienen, die ihn als Friedenspapst, als geliebten Pontifex inmitten von Pilgern und als nahbaren Herrscher zeigen.

---

110 Zur Einordnung Werfels Romans in die zeitgenössische Literatur über das Papsttum siehe: Kuschel, *Papst*, S. 25–44.
111 Filmkritiken etwa in: *Westdeutsche Allgemeine Zeitung* vom 3. Oktober 1958, *Rheinische Post* vom 1. November 1958, *Süddeutsche Zeitung* vom 6. Oktober 1958, *Allgemeine Zeitung Mainz* vom 7. Oktober 1958.
112 Zur Uraufführung, bei der u.a. der Kölner Erzbischof Joseph Kardinal Frings und Franz König, Erzbischof von Wien anwesend waren, siehe: KNA Meldung Nr. 231, 4. Oktober 1958/B.
113 Über die Dreharbeiten im Vatikan berichteten etwa: *Quick* 24/1958; ausführlicher Bericht in: *Kristall* 18/1958. Speziell zu den Dreharbeiten in Rom veröffentlichte das katholische Filmwerk umfangreiche Presseinformationen, welche die Besonderheiten und den Ablauf der Dreharbeiten darstellten. Siehe: Katholisches Filmwerk e.V. (Hg.), »Der veruntreute Himmel«, in: Film der Auslese, Folge 2, Rottenburg am Neckar o.J. [1958].

2.2.4 Pius XII. als Vorkämpfer des Friedens

Marischkas filmische Inszenierung der Papstaudienz beginnt mit einem Blick auf das Alabasterfenster oberhalb von Berninis Kathedra Petri, das eine Taube als Symbol des Heiligen Geistes zeigt. Bereits in dieser ersten Einstellung greifen Regisseur Marischka und sein Kameramann Bruno Mondi[114] damit auf eine der populärsten Bildverbindungen in der visuellen Darstellung des Pacelli-Papstes zurück. Dabei bedienen sie sich eines grundlegenden Bilds der päpstlichen Selbstdarstellung Pius XII., zeigt doch sein Papstwappen, in Anlehnung an das Familienwappen der römischen Aristokratenfamilie Pacelli, eine nach links gewandte silberne Taube, die in ihrem Schnabel einen Ölzweig hält.[115] Darüber hinaus entwickelte sich die visuelle Verbindung von Pius mit Tauben auf seinen Händen zu einem der wohl populärsten und am häufigsten abgedruckten Motive[116] und geriet quasi zum visuellen Gegenstück des Titels »Friedenspapst«, der Pius gerade in der bundesrepublikanischen Öffentlichkeit der ersten Nachkriegsjahre zuteil wurde. Dessen affirmative Bestätigung durch die öffentlich kursierenden Visualia unterscheidet die visuelle Darstellung in den frühen fünfziger Jahren deutlich von der ihm posthum zuteil werdenden Aufmerksamkeit.

Die Repräsentation Pius XII. als Friedenspapst schließt in ihrer deutschen Ausprägung oftmals einen bezeichnenden Blick auf die Diplomatie des Pacelli-Papstes ein. Dieser Blick verweist auf eine strikte Neutralität des Vatikans während des Zweiten Weltkriegs und vereinnahmt Pius als Fürsprecher für die deutsche Bevölkerung auch nach der Katastrophe des Nationalsozialismus.[117] Mit seiner von Neutralität geprägten Außenpolitik während der Jahre 1939 bis 1945 galt Pius gerade im Rückblick der fünfziger vielen Katholiken als weltpolitische Instanz, welche die Situation der deutschen Katholiken im nationalsozialistischen Machtstaat vorurteilsfrei

---

114 Das Duo Marischka/Bruno produzierte in der Nachkriegszeit eine Vielzahl überaus populärer Filme, u.a. die Sissi-Trilogie (Deutschland 1955–1957). Brunos Karriere als Kameramann begann in der Weimarer Republik, während des Nationalsozialismus drehte er unter anderem die Propagandafilme »Fridericus« (1936), »Jud Süß« (1940), und »Bismarck« (1940); siehe: Art. »Bruno Mondi«, in: Bawdan/Tichy, *Filmlexikon*, S. 1210.
115 Zur Wahl des Wappens Pius XII. siehe: Altmann, *Pius XII*; zeitgenössisch wurde die Wahl des Wappens durch Pius durchaus auch als Zeichen seiner »unermüdlichen Sorge, die aufsteigenden dunklen Kriegswolken zu zerstreuen und den Frieden unter den Völkern zu sichern« gedeutet; siehe: Rathgeber, *Pastor Angelicus*, S. 128.
116 Etwa in: *Stern* 3/1953, *Stern* 49/1955, *Stern* 10/1957, *Stern* 43/1958, *Kristall* 21/1962.
117 Gauly, *Katholiken*, S. 49–56.

einschätzte und die These einer kollektiven Schuld des deutschen Volkes an den Verbrechen des Weltkriegs dezidiert verwarf. Während Mitte der sechziger Jahre im Zuge der politischen und medialen Debatte um nationalsozialistische Verbrechen auch die als allzu zögerlich gebrandmarkte Reaktion Pius XII. auf die Herrschaft der Nationalsozialisten und die Kriegsgräuel des Zweiten Weltkriegs kritisch hinterfragt wurde, galt der Versuch einer neutralen Politik des Vatikans gegenüber den Kriegsgegnern in den frühen fünfziger Jahren im Allgemeinen als Ausdruck der Friedensbemühungen des Papstes und vor allem der pastoralen Fürsorge gegenüber den deutschen Katholiken. Neben der strikten antikommunistischen Außenpolitik kann dies als der wohl offenkundigste Aspekt der Anschlussfähigkeit der vatikanischen Politik unter Pius an die politischen Überzeugungen breiter Bevölkerungsschichten in Westdeutschland gelten.[118]

Dies zeigt sich etwa in der Visualisierung eines Artikels der *Neuen Illustrierten*, die 1961 in einer Serie mit dem pathetischen Titel »Wie Deutschlands Städte starben« den Bombenkrieg der Alliierten thematisierte.[119] Unter dem Titel »Auch der Papst war dagegen« begegnet dem Leser ein Bild des Papstes, der in den vatikanischen Gärten auf einem Korbstuhl sitzt. Vor ihm sind zwei Lämmer zu sehen, zu denen sich der Pontifex hinunterbeugt, um eines der beiden mit seiner linken Hand zu streicheln. Die Szenerie vermittelt den Eindruck einer ungestörten Privatheit, der Korbstuhl scheint nicht der Repräsentation, sondern der Bequemlichkeit des Papstes zu dienen. Der Pontifex selbst lässt sich von der Anwesenheit des Fotografen nicht beirren und wendet sich ganz den beiden Tieren zu. Eingedenk der Symbolik des Lammes als christliches Symbol der Unschuld lassen sich die Tiere als Stellvertreter der vermeintlich unschuldigen, unter dem Bombenkrieg der Alliierten leidenden deutschen Bevölkerung lesen, denen sich der Papst in pastoraler Fürsorge zuwendet. Während der Text der Serie in der *Neuen Illustrierten* Pius also als Gegner des Luftkriegs präsentiert, erweitert die Fotografie in ihrer religiösen Metaphorik die Botschaft um die Idee der Unschuld. Pius wird hier gleichsam zum Hirten der Lämmer, der unschuldigen Zivilbevölkerung, die ohne eigene Schuld zur Schlachtbank, nämlich in die Feuerglut der »sterbenden deutschen Städte« geschickt wurden.

In ihrer Darstellung des Papstes, der die alliierte Kriegsführung gegen die deutsche Zivilbevölkerung nicht als Strafe für die deutschen Kriegsver-

---

118 Zur Ostpolitik des Vatikans siehe: Stehle, *Ostpolitik*.
119 »Wie Deutschlands Städte starben«, in: *Neue Illustrierte* 52/1961.

brechen versteht, sondern den Bombenkrieg verurteilt, rekurrieren Text und Bild auf die von den deutschen Katholiken als gerechte Fürsorge empfundene päpstliche Zurückweisung der Kollektivschuldthese. Pius hatte bereits im Dezember 1944 argumentiert, dass nicht ein Kollektiv, sondern nur Einzelpersonen für das von den Kriegsparteien ausgehende Leid verantwortlich gemacht werden könnten.[120] Seine Aufrufe nach dem Ende des Kriegs, mit Hilfsleistungen das Leid der Zivilbevölkerung in den Besatzungszonen zu lindern, gaben vor allem den Katholiken das Gefühl, dass Pius XII. »Deutschland und die Deutschen nicht fallen lassen werde.«[121] Dass diese oben skizzierte, die Unschuld der deutschen Zivilbevölkerung und den Bombenkrieg als unrechtmäßige Kriegsführung darstellende Text-Bild-Kombination zu Beginn der sechziger Jahre die Öffentlichkeit erreichte, kann durchaus als Respons auf die beginnende Auseinandersetzung mit der Schuld breiter Bevölkerungsteile innerhalb der bundesrepublikanischen Öffentlichkeit gesehen werden.[122] Die *Neue Illustrierte* präsentierte hier quasi ein Gegennarrativ zu dem in der Öffentlichkeit aufkommenden Diskurs um deutsche Schuld, in dem Pius die Rolle des Anwalts und Pastors der deutschen Zivilbevölkerung übernimmt.

Ein augenfälliger Unterschied der Darstellung des Papstes als Friedensbote zu den die vatikanische Politik anklagenden Bildern der sechziger Jahre liegt in der Frontstellung des Papstes gegenüber den nationalsozialistischen Machthabern. In seiner Verteidigung der deutschen Zivilbevölkerung wird der Papst in den fünfziger Jahren keineswegs als Sympathisant der antikommunistischen und autoritären Gesellschaftsordnung des NS-Regimes dargestellt. Vielmehr etablierte sich vor allem durch die zahlreichen Bildpublikationen katholischer Verlage das Stereotyp des Papstes als steten Warner, der als Antipode der Politiker einer säkularen Welt in vermeintlicher Antizipation der Schrecken des nahenden Weltkriegs die nationalsozialistische Führung (vergeblich) zum Frieden ermahnte.

So findet sich etwa in Paul Dahms Bildbiografie »Pius XII. Ein Leben für Gerechtigkeit und Frieden«, die 1952 im katholisch geprägten Mönchengladbacher Kühlen-Verlag[123] mit der Imprimatur des Bistums Münster

---

120 Siehe: Volk, »Der Heilige Stuhl«.
121 So das Fazit Thomas Gaulys zur Position des Papstes in der direkten Nachkriegszeit; siehe: Gauly, *Katholiken*, S. 49–55, Zitat S. 52.
122 Reichel, *Vergangenheitsbewältigung*, S. 19f., S. 182–198.
123 Laut Selbstbeschreibung des Verlags lag das Hauptanliegen der Verlagsgründung 1825 in der »Pflege und Verbreitung christlicher Kunst«. Noch heute bildet die Herausgabe religiöser Publikationen einen Schwerpunkt des Verlagsprogramms. Siehe die Profilbe-

erschien, in dem Kapitel »Der Friedenspapst im Zweiten Weltkrieg«, eine Bilderstrecke, die den letzten Friedensaufruf des Papstes Ende August 1939 und dessen Scheitern visualisiert.[124] In der Zusammenstellung eines Papstbilds, einer Fotografie Hitlers und Mussolinis und zweier Fotos, die deutsche Soldaten in Kampfhandlungen bzw. auf dem Vormarsch zeigen, deutet Dahm die Kriegsereignisse als Tat der beiden Diktatoren, die die Friedensaufrufe des Papstes ignorierten. Durch die Anordnung ihrer Bestandteile lässt sich die Doppelseite als ikonografische Ausdeutung der individuellen Kriegsschuld Hitlers und Mussolinis einerseits und den unermüdlichen Friedensbemühungen Pius XII. andererseits interpretieren. Die Doppelseite visualisiert die scheinbar nicht aufzuhaltende Folge der Kriegstreiberei zweier sich von der Kirche abgewandten Alleinherrscher, gegen die sich der Papst des Friedens zu stemmen versuchte, sie letztendlich aber nicht aufzuhalten vermochte.

Auf der rechten oberen Seitenhälfte sieht der Betrachter Papst Pius XII. im Profil, der mit erhobenen Armen vor einem Altar stehend in zwei Mikrofone spricht. Links neben dem Bild legt ein Zitat aus der Friedensrede dem Papst die zur Fotografie gehörenden Worte quasi in den Mund. Die Adressaten seiner Friedensbotschaften, denen sich Pius zuwendet, findet der Betrachter im linken unteren Bildrand: Benito Mussolini und Adolf Hitler schreiten mit Gefolge eine Treppe hinab. Um die beiden faschistischen Führer deutlich in eine Opposition zu Pius zu setzen, argumentiert die Bildunterschrift mit zwei verschiedenen Welten, aus denen die Macht des Papstes und die Macht der Staatsmännern entspringt. Während Pius seine Macht auf eine göttliche, jenseitige Welt zurückführen kann, werden Hitler und Mussolini in der diesseitigen Welt verortet.

Die Unterschrift »Aber die Machthaber dieser Welt gehen eigene Wege« greift die in der direkten Nachkriegszeit gerade in der kirchlichen Publizistik populäre Anklage gegen die säkulare Welt auf[125], die für die Gebote und Appelle der Kirche nicht mehr zugänglich ist, und so in der Absage an jegliche christliche Normvorstellungen den Weltkrieg entfesselte.

---

    schreibung im Internetauftritt des Verlags: http://www.kuehlen-verlag.de/Fr_Profil.htm (14.7.2009).
124 Dahm, *Pius XII.*, S. 52f.
125 Zur Säkularisierungsthese als Erklärungsmuster für die Gräuel des Weltkriegs und deren visuelle Ausdeutung siehe die Ausführungen über Trümmerfotografien, Kapitel 2.1.1.

Abb. 5: *Paul Dahm, Pius XII. Ein Leben für Gerechtigkeit und Frieden, S. 52f.*

Die rechte Doppelbildseite visualisiert das konsekutive Ergebnis der eigenen Wege, welche die Mächtigen »dieser Welt« einschlugen: Ein Bild, das drei Landser mit einem Feuerwerfer bewaffnet im Kampf vor einer Feuerwand abbildet und eine zweite Fotografie, die einen durch ein Dorf ziehenden Trupp Soldaten zeigt, symbolisieren die Schrecken des Kriegs, deren Ursprung in der Ignoranz Hitlers und Mussolinis verortet wird, mit der die Staatsmänner den Friedensaufrufen Pius begegneten. Der Papst erscheint hier als unermüdlicher Kämpfer für den Weltfrieden, der in der göttlichen Weitsicht des besorgten Hirten aller Menschen die Gräuel des Kriegs antizipieren konnte, letztendlich aber der diabolischen Politik der säkularisierten Welt nichts entgegen zu setzen hatte.

Neben den massenmedial verbreiteten Fotografien und den Darstellungen Pius in den Bildbiografien katholisch geprägter Verlage[126] lässt sich auch in den Medien der katholischen Kirche das Narrativ des Friedens-

---

126 Etwa: Vervoort: *Pius XII.*; Schmidt-Pauli, *Papst*; Prinz von Bayern, *Papst*; Pfister, *Rom*; Walter, *Pius XII.*; Sandfuchs, *Papst*; Rathgeber, *Pastor Angelicus*; Klausener, *Pius XII.*

papstes finden. Deutlich wird dies etwa in den Berichten des »Spiegel der Zeit«, dem katholischen Pendant der bundesrepublikanischen Wochenschau. Zwischen den Jahren 1953 und 1962 informierten die monatlichen Beiträge, die unter der Leitung des Geistlichen Eugen Semle in der Diözesanstelle Film in Rottenburg produziert wurden, vornehmlich in Aufführungen in Gemeindesälen vor allem ein katholisches Publikum über das Weltgeschehen und innerkirchliche Nachrichten.[127] Die Konzeption und der Aufbau des Formats in den frühen fünfziger Jahren standen ganz im Zeichen der katholischen Medienarbeit der direkten Nachkriegszeit und dem Bemühen, über das audiovisuelle Medium in die bundesrepublikanische Gesellschaft hineinwirken zu können. Als dritte Säule neben der katholischen Filmkritik (hierzu zählt etwa die Publikation des katholischen *Filmdienstes* seit 1947) und der Filmbildungsarbeit sollte die praktische Filmarbeit ausgebaut werden und unter dem Dach eines Katholischen Filmwerks eigene Filme produzieren. Da sich schnell herausstellte, dass die Produktion von Spielfilmen zu kostspielig für die kirchlichen Medienstellen war, konzentrierte man sich früh auf die monatlichen Nachrichtenüberblicke nach dem Vorbild der Wochenschau. Diese wurde dann im Vorprogramm zu Kinofilmen im Rahmen der katholischen Wanderkinos in den Gemeinden gezeigt. Somit richteten sich die Dokumentationen ausschließlich an ein in den Gemeinden gebundenes katholisches Publikum, zunächst im Bistum Rottenburg-Stuttgart, ab Mitte der fünfziger Jahre auch an die Katholiken in den Erzbistümern München und Paderborn und dem Bistum Augsburg.[128]

Der Beitrag aus dem Januar 1957 zeigt in typischer Weise, wie die »Spiegel der Zeit«-Redakteure unter Rückgriff auf die Bilder der Wochenschauen weltpolitische und kirchliche Nachrichten miteinander verknüpften: Eingebettet in vier Beiträge über die Suez-Krise im Nahen Osten berichtet ein etwa halbminütiger Ausschnitt über die Friedensappelle des Papstes an die »Politiker der Welt«[129]. Nachdem ein Blick auf die Kuppel des Petersdoms den Zuschauer in den Ort des Geschehens einführt, folgt eine Sequenz von 8 Sekunden, die den Pontifex an seinem Schreibtisch

---

127 Zu der Entstehung und Entwicklung des katholischen Nachrichtenformats »Spiegel der Zeit« siehe: Roeber/Jacoby, *Handbuch*, S. 826; des Weiteren: Bettecken, »Spiegel«.
128 Roeber/Jacoby, *Handbuch*, S. 834.
129 »Spiegel der Zeit«, Folge 41.2: »Rede Papst Pius XII«; ein gleicher Beitrag mit unterschiedlichen Kommentaren lief (bereits 1956) in der Wochenschau: *Neue Deutsche Wochenschau* 355 (1956), *UFA Wochenschau* 16 (1956).

zeigt. Die gestikulierenden Armbewegungen und der abwechselnde Blick zum Betrachter und in den Himmel verleihen den Worten des Papstes eine pathetisch anmutende Dringlichkeit. Die letzte und mit etwa 20 Sekunden auch längste Sequenz des Beitrags visualisiert die Verbreitung der Papstworte durch das Radio: Die Kamera zeigt zwei Radiotechniker in den Produktionsgebäuden von Radio Vatikan, dann zwei Sendemasten des päpstlichen Senders. Der Nachrichtenwert liegt also nicht nur in der Ansprache des Papstes, sondern darüber hinaus in deren medialer Verbreitung.

Dass die Friedensbotschaften in den fünfziger Jahren auch in der theologischen Diskussion durchaus als zentraler Eckpfeiler im Pontifikat Pacellis wahrgenommen wurden, zeigen die ganz auf sprachliche Vermittlung ausgelegten Lebensbeschreibungen, wie etwa ein Nachruf auf Pius, der in den *Herder Korrespondenzen* kurz nach dessen Tod erschien.[130] Innerhalb der »Dokumentation seines Pontifikats« nimmt das Kapitel »Sorge um den Frieden« den größten Raum ein. Unter Rückgriff auf seine Weihnachtsbotschaft von 1955 bilanziert der im Artikel nicht genannte Autor, dass Pius XII. es als »besondere Sendung seines Pontifikats angesehen (hat), in geduldiger und schier aufreibender Tätigkeit zur Rückführung der Menschheit auf die Pfade des Friedens beizutragen.«[131] Dabei kann die Beurteilung der Anstöße, die Pius XII. für eine katholische Friedenslehre gab, in der Zeit nach dessen Tod nicht nur in der Geschichtswissenschaft, sondern auch in der theologischen Debatte als durchaus umstritten gelten.[132]

---

130 »Papst Pius XII. (1939–1958). Eine Dokumentation seines Pontifikats«, in: *Herder Korrespondenzen* 13/1958, S. 57–71.
131 Ebd., S. 69.
132 Zur innertheologischen Diskussion über die Verlautbarungen Pius XII. und deren Einfluss auf die Friedenslehre vor allem im II. Vatikanum siehe: Nagel, *Pius XII*. Nagel wendet sich in seiner Verteidigung der Friedensethik und -politik des Papstes explizit gegen Hansjacob Stehles Ausführungen zur vatikanischen Ostpolitik, denen er »posthume Besserwisserei« vorwirft (Zitat: S. 77); zu Stehle siehe: Stehle, *Ostpolitik*. Des Weiteren verneint Nagel die These, die Lehren Pius XII. stünden in der Tradition der Lehre des gerechten Kriegs, die erst mit der Enzyklika »Pacem in Terris« von Johannes XXIII. (1963) und der Konzilskonstitution »Gaudium et Spes« (1965) beendet wurde; siehe: Nagel, *Pius XII.*, S. 86–91.

2.2.5 Der Papst als Kommunikator und Herrscher

Eines der quantitativ dominierenden Bilder in Marischkas filmischer Inszenierung des Papsteinzugs in den Petersdom ist das der jubelnden Pilgermassen, die der päpstlichen Audienz beiwohnen. Von den 36 Einstellungen der Sequenz zeigen allein 14 die über 25.000 euphorisch jubelnden Pilger.[133] So belässt es der Regisseur nicht bei der Inszenierung des Pilgerblicks auf den Papst, es dominiert vielmehr die auf die Pilger gerichtete Einstellung. Die Inszenierung des Papstes gerät in ihrer Umkehrung des Blicks zugleich zu einer Inszenierung der Pilgerscharen, welche die Ehrerbietung der Massen beglaubigt. Die in der Figur des einfachen Gläubigen inszenierte Glorifizierung Pius XII. findet sich neben der bildgewaltigen Sprache der Papstaudienz auch in deren Einbettung in das Filmskript: Die Protagonistin Teta Linnek tritt als Teil der pilgernden Masse ihre Romfahrt aus Reue für ihren als sündhaft empfundenen Versuch, sich einen Platz im Himmel zu erkaufen, an. Ihr primäres Reiseziel sind nicht (so beteuert sie immer wieder) die Apostelgräber, die noch in den Pilgerfahrten des frühen 19. Jahrhundert an erster Stelle der Pilgerfahrer standen, sondern die Audienz Pius XII., von dessen Segen sie sich eine Milderung der ihr zuteil werdenden göttlichen Strafe erhofft.

Diese auch in der Bildberichterstattung über Pius XII. zu beobachtende Fokussierung auf das Motiv des Rompilgers kann in der visuellen Darstellung des Papstes als ein qualitativ neues Phänomen gelten. Zweifelsohne arbeiteten bereits die Illustratoren des späten 19. Jahrhunderts mit dem Motiv der nach Rom pilgernden Gläubigen. Dieses Motiv kann jedoch in der Frühzeit der massenmedialen Visualisierung des Papstes weder als dominierend gelten[134], noch kann hier von einer Fokussierung auf den Pilger oder von einer expliziten Thematisierung der Person des Pilgers gesprochen werden. Auch wenn in literarischen Quellen die Bedeutung der Massenaudienzen hervorgehoben oder ein regelrechter Papsttourismus

---

133 Zahl der während der gefilmten Audienz anwesenden Pilger nach: Katholisches Filmwerk e.V. (Hg.), »Der veruntreute Himmel«, in: *Film der Auslese*, Folge 2, Rottenburg am Neckar o. J. [1958], S. 8.

134 Das Motiv bleibt etwa in der Papstberichterstattung der *Leipziger Illustrirten Zeitung* die Ausnahme. Lediglich in einem Bericht über die Wahl Leos XIII. im März 1878 findet sich eine Illustration des Zeichners C. Wünnenberg, die neben dem Papst, der auf der Loggia des Petersdoms den Segen spendet, auch die Menschenmassen vor der Basilika abbildet. Im Gegensatz zu Marischkas Inszenierung der Papstaudienz zeigt die Szenerie Wünnebergs die Menge der Gläubigen weniger elektrisiert, als vielmehr andächtig distanziert (*Illustrirte Zeitung* vom 16. März 1878).

beschrieben wurde[135], tritt dessen bildliche Inszenierung doch deutlich hinter die gängigen Darstellungsweisen der Päpste zurück. Diese visuelle Leerstelle in den medial verbreiteten Bildern von Pilgerfahrten findet sich nicht nur in der Darstellung der Pilgerreisen nach Rom, sondern durchaus auch in der Bildberichterstattung anderer Wallfahrten. Dabei bildet sie keineswegs einen realen Rückgang der Teilnehmer ab. Im Gegenteil: Nachdem die Wallfahrten in der Spätaufklärung bei dem reisenden Bürgertum als verpönt galten, wie etwa Dieter Richter in seinen Untersuchungen zur »säkularisierten Romreise« zeigen konnte[136], erlebten die religiös motivierten Pilgerreisen nach Rom und zu anderen als religiös wahrgenommenen Orten in der zweiten Hälfte des 19. Jahrhunderts geradezu eine Renaissance und etablierten sich gerade im Zuge der Konfessionalisierung breiter Bevölkerungsschichten in den sich konstituierenden katholischen Milieus in Deutschland als Massenphänomen.[137] Dies schlug sich in der medialen Berichterstattung jedoch vor allem in verbalen Zeugnissen nieder; das visuelle Motiv der Pilgermenge, das die Pilgerfahrt zum Papst als Massenphänomen darstellt, lässt sich erst in der frühen Bundesrepublik verorten und kann für die Berichte über Pilgerfahrten im 19. und frühen 20. Jahrhundert nicht festgestellt werden.[138]

Der Blick auf die anonyme Masse, die eben nicht nur zu den Gräbern der Apostel, sondern vornehmlich zu Papst Pius XII. nach Rom pilgert, gerät erst in der zweiten Hälfte des Pontifikats Pacellis zu einem wiederkehrenden Motiv in der Bildberichterstattung. In einer Kurznachricht über eine Massenaudienz Pius XII. zeigt der *Stern* etwa eine Fotografie, die den Blick des Betrachters vom Petersdom herab auf den von den Kolonnaden Berninis umrahmten Petersplatz fallen lässt. Auf diesem haben sich laut Bildunterschrift 150.000 Pilger versammelt, um den Segen des Papstes zu

---

135 Siehe etwa: Seiler, »Solidarität«, S. 90–96. Der Kirchenhistoriker Klaus Schatz sieht die anwachsenden Pilgerströme in Zusammenhang mit der steigenden Mobilität in Europa, die erst »das neue Phänomen der ›Papstdevotion‹« ermöglichten; siehe: Schatz, *Vaticanum I*, S. 22.
136 Richter, *Rompilger*.
137 Siehe etwa: Haggenmüller, *Pilger*; zur Popularität der Wallfahrt zum Trierer Rock im 19. Jahrhundert siehe: Aretz u.a, *Der Heilige Rock*.
138 So zeigt etwa die Auswertung von Postkarten aus den Jahren 1891 und 1933, die als Souvenirs der Heilig-Rock-Wallfahrten seit Ende des 19. Jahrhunderts in Trier produziert wurden, dass das Motiv der Masse von pilgernden Gläubigen keine Rolle spielt. Vielmehr dominieren Motive wie der Trierer Dom, der Heilige Rock selbst und die an Prozessionen teilnehmende hohe Geistlichkeit; siehe: Kann, »Heiligrock-Postkarten«.

empfangen.¹³⁹ Die Blickrichtung folgt der des Papstes, der, so die Bildunterschrift, vom Mittelbalkon des Petersdoms den Pilgern den Segen spenden wird. Der Blick auf den Papst, den die Pilger vollziehen, wird durch die Fotografie quasi in sein Gegenteil verkehrt. Ähnlich wie in Marischkas filmischer Darstellung der Papstaudienz stehen hier die Besuchenden und nicht der Besuchte im Fokus.¹⁴⁰

Das Motiv der Massen, die ihre akklamative Zustimmung für einen (hier kirchlichen) Herrscher zum Ausdruck bringen, kann für den massenmedial konstituierten Bildhaushalt in Deutschland sowohl in Anlehnung als auch in deutlicher Abgrenzung zu der bildlichen Darstellung von Massenveranstaltungen des nationalsozialistischen Machtstaats betrachtet werden. Diese können gerade in der Retrospektive als die prägendsten Bilder des Faschismus in Deutschland gelten, stellen sie doch in ihrer Visualisierung der Einheit einer Volksgemeinschaft ein grundlegendes Element nationalsozialistischer Propaganda deutlich heraus.¹⁴¹ Als eines der konstitutiven Elemente der fotografischen und filmischen Visualisierung nationalsozialistischer Massenveranstaltungen kann deren zunehmende Militarisierung gelten. So gehen etwa die Inszenierungen der Reichsparteitage nach der Machtergreifung 1933, also nachdem die entsprechenden Bilder durch die Massenpresse aber auch durch die Propagandafilme Leni Riefenstahls eine massenmediale Öffentlichkeit erreichen konnten, ganz im Visiotyp der Militärparade auf.¹⁴² Neben diesem stechen in Riefenstahls wohl bekanntester Inszenierung nationalsozialistischer Herrschaftspose, dem 1935 produzierten Propagandafilm »Triumph des Willens« über den Nürnberger Reichsparteitag von 1934, vor allem die festgelegten Rollenbilder heraus, denen die dargestellten Teilnehmer des Parteitags folgen. Während die Rolle in der Hitler zujubelnden Menge fast ausschließlich den weiblichen Statisten vorbehalten ist, zeichnet die Regisseurin als deren Gegenstück

---

139 *Stern* 14/1953.
140 Ähnliche Motive, die die Pilgermenge auf dem Petersplatz in den Blick nehmen, etwa in: »Aufgefahren in den Himmel« über die Verkündigung des Dogmas der Himmelfahrt Mariens, in: *Stern* 47/1950; »Der Papst rief Bravo« über eine Massenaudienz für Sportler, in: *Stern* 43/55; »Der Heilige Vater ist tot«, in: *Stern* 42/58; »Die Heimkehr«, in: *Quick* 43/58; »Der Abschied«, in: *Stern* 43/58.
141 Zu den Anfängen der nationalsozialistischen Masseninszenierungen und ihren Vorgängern in den Demonstrationen und Versammlungen der Arbeiterparteien siehe: Elfferding, *Massenaufmärsche*. Hier auch zahlreiche Bildbeispiele, u.a. aus der Bildberichterstattung des Sonderhefts der *Berliner Illustrirten Zeitung* zum 1. Mai 1933.
142 Lenssen, *Gefühle*, S. 199; Loiperdinger, *Parteitagsfilm*.

den (männlichen) Soldaten, der als »nationalsozialistischer Ideal-Mann« seine Individualität aufgibt und ganz in der kollektiven Masse der Volksgemeinschaft aufgeht.[143] Folgt man den Ausführungen der Religionswissenschaftlerin Yvonne Karow, so liegt in Riefenstahls pointierter Darstellung der Entindividualisierung der Massen die Hauptintention von »Triumph des Willens«. In Riefenstahls Werk findet der Betrachter so die neu zu schaffende nationalsozialistische Gesellschaftsordnung, die in ihrer soldatischen Prägung auf Tugenden wie Treue, Gehorsam, Disziplin und Kameradschaft aufgebaut werden sollte. In den Bildern des Nürnberger Parteitags, so Karow, suggeriere Riefenstahl im Hinblick auf die nationalsozialistische Gesellschaftsordnung »gleichsam das Abziehbild der zur Imagination vorgeschlagenen Realität.«[144]

Diese filmische Konzentration auf die Soldatengemeinschaft als Leitbild sozialer Ordnung lässt Riefenstahls Inszenierung deutlich von der Massenaudienzszene Marischkas und auch den Fotografien der Illustrierten unterscheiden, in der die Besucher nicht in militärischer Ordnung, sondern vielmehr in scheinbarer Spontaneität dem Pontifex zujubeln. Auch die die nationalsozialistische Propaganda prägenden Rollenstereotype lassen sich in den Bildern der Papstaudienzen nicht finden. Im Gegenteil: Hier scheint es auch für Männer zulässig, die Contenance zu verlieren, und ganz in den ekstatischen Jubel der Pilger einzustimmen. Ein Bild von einer Sonderaudienz, das der *Stern* im August 1954 publizierte, zeigt einen gütig lächelnden Papst, der in weißer Soutane mit einem Gefolge von zwei Klerikern an einer Menge jubelnder Pilger entlangschreitet.[145]

---

143 Zur Inszenierung der Volksgemeinschaft als »Heer des neuen Menschen« in Riefenstahls Reichsparteitagsfilm »Triumph des Willens« (1934) siehe: Karow, *Opfer*, S. 159–164, Zitat S. 159; zu den Überlegungen über den kampfbereiten Soldaten als nationalsozialistischen Ideal-Mann siehe: ebd., S. 161; zu den Rollenbildern siehe auch Rother, der die Bilder Riefenstahls pointiert zusammenfasst: »Frauen und Buben lieben den Führer, während Männer ihm folgen«. (Rother, *Riefenstahl*, S. 77–79, Zitat S. 79; des Weiteren: Kinkel, *Scheinwerferin*.
144 Karow, *Opfer*, S. 155, S. 160.
145 »Eine Sonderaudienz«, in: *Stern* 31/1954.

Abb. 6: »Eine Sonderaudienz«, in: Stern 31/1954, Fotograf nicht genannt

Aus der Menschenmenge sticht ein Mann in weißem Hemd mit weit geöffnetem Mund und seinem dem Papst entgegengestreckten Arm in der linken Bildhälfte heraus. Ähnlich wie auch in Marischkas filmischer Inszenierung der Generalaudienz zielt die hier abgebildete Szenerie auf den Wunsch der Berührung ab. Der Versuch, körperlichen Kontakt mit dem Pontifex herzustellen, ist auf den massenmedial vertriebenen Bildern also nicht auf weibliche Pilger beschränkt. Auch für männliche Wallfahrer sind ekstatischer Jubel und der Wunsch nach Berührung des Papstes legitime Ausdrucksform katholischer Frömmigkeit.

Eine gänzlich neue Form der Abbildung des Papstes während seiner Audienzen bilden bei Pius XII. die Empfänge für Schauspieler, Sportler und andere Stars, die ihn als aufgeschlossenen und interessierten Gastgeber inszenieren, der den Kontakt mit der nichtkirchlichen Welt sucht. Hier tritt er in Kontakt mit Menschen, die visuell nicht als religiös gezeichnet werden. Waren es in früheren Papstdarstellungen vor allem Politiker oder hohe Geistliche, die gemeinsam mit dem Oberhaupt der katholischen Kirche abgebildet wurden, so etablierte sich nun eine neue Form der Abbildung, welche die vermeintlich persönliche Begegnung des Papstes mit nichtkirchlichen Pilgern inszenierte. Im Gegensatz zu den Darstellungen des Papstes im späten 19. und der ersten Hälfte des 20. Jahrhunderts, die in der fotografischen Inszenierung von Audienzen zumeist deren (kirchen-)politischen Charakter aufzeigten[146], begegnet das Oberhaupt der Kirche dem Betrachter hier als Gastgeber der Vertreter einer weltlichen Starkultur. Der Nachrichtenwert der Fotografien liegt zum einen in der Bekanntheit

---

146 Etwa bei der Begegnung Papst Leos XIII. mit Kaiser Wilhelm II. in der *Illustrierten Zeitung* vom Mai 1903.

der Pilger, zum anderen verweisen die Bildunterschriften darauf, dass Papst Pius seine Gäste kennt und deren Arbeit schätzt.

Die Relevanz der Darstellung dieser Art von Begegnung für die visuelle Erfahrbarkeit des Papstes mag allein deren quantitative Bedeutung veranschaulichen: Teilt man die in den Illustrierten *Stern, Quick* und *Kristall* zwischen 1949 und 1958 publizierten 70 Papstfotografien in verschiedene Motivtypen auf, so bilden die Fotografien, auf denen der Papst einen scheinbar persönlichen Kontakt mit einem dem Betrachter unbekannten Laien aufnimmt neben den traditionellen Abbildungen, auf denen der Papst liturgische Handlungen vollzieht, die Mehrzahl. Sie machen immerhin über ein Viertel aller Papstfotografien aus, die in den drei genannten Illustrierten publiziert wurden.

Ein wiederkehrendes Motiv ist die Begegnung zwischen Papst und Sportlern: So illustriert der *Stern* 1952 eine kurze Nachricht über das Radrennen Giro d'Italia mit einer Fotografie, die den Empfang der Sportler im Vatikan zeigt.[147]

Abb. 7: »Der erste Tag«, in: Stern 24/1952; Fotoagentur: AP

Die Bildunterschrift nennt Pius XII. einen »begeisterten Anhänger des Radrennsports«, der die Teilnehmer der Italientour im Vatikan empfängt. Der Grund für diese Audienz, so legt die Bildunterschrift nahe, ist also weniger in einer pastoralen Absicht zu suchen, als vielmehr in der Sportbegeisterung des Pontifex. Die abgebildete Fotografie zeigt den Papst im Zentrum des Bildes inmitten einer etwa zwanzigköpfigen Menschen-

---

147 Stern 24/1952.

gruppe, die sich im Bildvorder- und Hintergrund um ihn versammelt. Neben dem Papst ist der Etappensieger der Italientour, der Belgier Desire Keteleer, zu sehen. Dieser scheint in seiner Körpergröße Pius XII. zu überragen, so dass es zu der untypischen Szene kommt, dass der Papst zu einem Gast aufblickt. Papst und Radsportler schauen sich lächelnd an, eine für traditionelle Darstellungen von Papstaudienzen typische Geste der Unterwerfung (wie etwa der Kuss des päpstlichen Bischofsrings) findet nicht statt. Die von der internationalen Agentur Associated Press vertriebene Fotografie kann als beispielhaft für eine neue Welle von Papstfotografien gelten, die den Papst bei seinen Audienzen zeigen. Augenfällig ist hierbei, dass es zumeist die Besucher sind, welche die Audienz zur Boulevardnachricht machen. Der Papst selbst tritt auch visuell aus dem Zentrum der Nachricht heraus. So richten sich die Blicke im Zentrum des oben genannten Bildes nicht auf Pius XII., sondern auf den belgischen Radprofi. Der herausstechende Mann mit Krawatte in der Bildmitte fixiert Keteleer und lenkt den ersten Blick des Betrachters auf den Sportler. Auch verliert die Darstellung eine deutliche religiöse Konnotation. Als einzige Requisiten, die auf die religiöse Zeichnung der Szenerie verweisen, lassen sich die päpstliche weiße Soutane, sein Pectorale, sein Pileolus und der Kollarkragen des Geistlichen, der hinter Pius steht, ausmachen. Die Fotografie stellt Pius somit in einen weltlichen Raum; sie inszeniert den Empfang für die Radsportler weniger als eine Pilgerfahrt der Radprofis zum hierarchischen Oberhaupt der Kirche, sondern eher als eine von Pius gewünschte Begegnung zwischen ihm und den Vertretern des Sports. Neben der Etablierung des Bildes der religiösen Wallfahrt, das Pius in das Zentrum des Pilgerstroms stellt, kann hier also ein zweites immer wiederkehrendes Bild festgemacht werden: der Papst als Kommunikator, der quasi auf Augenhöhe Gäste empfängt, deren Besuch in Rom keinen religiösen Hintergrund hat.

Eines der populärsten und in Illustrierten am häufigsten abgedruckten Papstbilder der fünfziger Jahre zeigt Pius mit dem Hollywoodschauspieler Gary Cooper und dessen Familie.[148] Wiederum wird der Papst von seinem Besucher überragt. Zwar lässt sich der Ehr erbietende Kuss des päpstlichen Bischofsring von Coopers Tochter im linken unteren Bildrand durchaus als traditionelle Geste der Unterwerfung oder als Wunsch nach der Berührung des Heiligen lesen, im Zentrum des Bildes dominiert jedoch die

---

148 »Der Papst erkannte ihn«, in: *Quick* 28/1953; »Da verstummten die Gerüchte«, in: *Stern* 28/1953; »Der Cowboy im Vatikan«, in: *Stern* 31/1957; »Segen für den Sheriff«, in: *Quick* 22/1961.

geradezu warmherzig lächelnde Hollywoodlegende. Auch die Bildunterschriften geben einen Hinweis darauf, dass der eigentliche Protagonist der Bilder Gary Cooper ist: »Der Cowboy im Vatikan«, »Da verstummten die Gerüchte über Gary Cooper«, »Der Papst erkannte ihn«, »Segen für den Sheriff«.

Bilder dieser Art lassen den Papst immer weniger als hierarchisches Oberhaupt des Weltkatholizismus wirken, Insignien seiner religiösen Macht fehlen völlig, einzig seine weiße Soutane und sein Pectorale lassen ihn als Papst erkennen. Vielmehr nimmt er hier die Rolle eines Gastgebers ein, der seine Gäste begrüßt. Zweifelsohne setzen die Fotografien ihn als Autorität ins Bild, zu dem bekannte Sportler und Stars pilgern, seine visuelle Darstellung wirkt jedoch neutral. Ein freundlich lächelnder Papst empfängt Gäste, die hier nicht in der Rolle als Katholiken, sondern als allbekannte Stars auftreten.

Abb. 8: »Der Papst erkannte ihn«, in: Quick 28/1953, Fotoagentur AP

Auch die jeweilige Perspektive der Fotografien verdeutlicht die neue Art der Visualisierung und den neuen Blick auf Kirche und Papst. Der Betrachter nimmt in ihr die Rolle des beobachtenden Zuschauers ein, der selbst an der Audienz teilnimmt. Dies wird besonders bei der Fotografie von Pius XII. und Gary Cooper deutlich. Der Betrachter gewinnt den Eindruck, als stünde er nur etwa einen Meter neben dem Papst und Cooper. Die Nähe zur Szenerie lässt ihn nicht zum fernen Späher eines entlegenen Schauspiels, sondern zum wahrhaftigen Zeugen einer intimen Begegnung werden, an der außer ihm nur der Papst und Coopers Familie teilnehmen. Durch den neugierig aufschauenden Mann im Bildhintergrund scheint dabei die Rolle des teilnehmenden Beobachters im Bild selbst reflektiert zu werden. Bei der Schaffung der Intimität spielt die Wahl des gezeigten Bildausschnittes eine entschiedene Rolle. Es wird eben nicht eine große Masse von Pilgern gezeigt, der Blick fokussiert sich ganz auf die Begegnung von Hollywoodstar und Papst. Der vertrauensvoll anmutende Blick, den Gary Cooper auf den Papst wirft, unterstreicht den Eindruck einer arglosen Privatheit.

Die Bilder Pius XII., die über die Illustrierten aber auch das Medium Film die bundesdeutsche Öffentlichkeit erreichten, weisen eine zuvor nicht gekannte Pluralität an Motiven und Szenerien auf. Das relativ feste Spektrum an Papstfotografien, die vor dem Zweiten Weltkrieg Einzug in die Printmedien erhielten, wurde um gänzlich neue Szenen erweitert, wie etwa dem päpstlichen Empfang von weltbekannten Laien, die eine Audienz zur Nachricht werden lassen. Dem vormals dominierenden Motiv des von seinem Thron aus herrschenden Papstes, das ursprünglich in katholischen Bildzeugnissen die weltliche Macht des Pontifex visuell ausdeuten sollten, dann aber auch von einer Vielzahl weltlicher Printmedien übernommen wurde, wurden nun zahlreiche neue Motive zur Seite gestellt. Ersteres konnte jedoch diese Pluralisierung der medialen Blicke auf den Papst überdauern und ist noch bei Paul VI. gerade bei dessen Inthronisation 1963 ein beliebtes Motiv.

In ihrer visuellen Argumentation dominieren zu Lebzeiten Pius XII. zweifelsohne die Motive und Bildzusammenstellungen, die zahlreich auch in den zumeist mit bischöflicher Imprimatur publizierten Bildbänden über den Pontifex versammelt sind. Das visuelle Narrativ des Friedenpapstes fand dabei Anknüpfungspunkte nicht nur bei dem katholischen Teil der bundesdeutschen Bevölkerung, sondern ob seiner Implikation der Zurückweisung einer Kollektivschuldthese darüber hinaus in weiten Teilen der restaurativen Bundesrepublik.

2.3 Zweifler – Sakramentsverwalter – traditionelle Autoritätsperson: Das Bild des Geistlichen in den fünfziger Jahren

Die visuelle massenmediale Darstellung von Religion und Kirche geriet in der frühen Bundesrepublik in einem hohen Maße zu personalisierten Bildberichten über einzelne Geistliche. Neben den öffentlich bekannten Vertretern der kirchlichen Hierarchie wie allen voran der Papst, aber auch katholische und evangelische Bischöfe gesellte sich der Typus des einfachen Geistlichen, der in der kirchlichen Gemeinde seine Arbeit verrichtete und den Rezipienten in Zeiten, in denen der Kirchenbesuch in einigen Regionen der Republik (zumindest unter Katholiken) noch über fünfzig Prozent erreichte, zumeist aus dem eigenen sozialen Umfeld bekannt war. Die massenmedialen Darstellungen des Geistlichen (hier verstanden als ein der breiten Öffentlichkeit zumeist unbekannter Pfarrer, Vikar oder Kaplan) lassen sich in zwei Gruppen teilen: Zum einen gab es Darstellungen, die den Geistlichen in den Mittelpunkt des Interesses stellten, um so nicht nur dessen Wirken in der Gemeinde, sondern auch dessen persönliche Lebens- und Glaubenskrisen in den Blick zu nehmen. Diese Darstellungen trafen im exemplarischen Schicksal eines Pfarrers oder Kaplans allgemeine Aussagen über den Wert, die Schwierigkeiten oder auch die Überzeugungskraft kirchlicher Religiosität in der Bundesrepublik. Daneben nutzte die Mehrzahl der visuellen Darstellungen kirchliche Vertreter als Staffage. In solchen Bildern reduzierten die Medien die Aufgaben des Geistlichen zur reinen Verwaltung kirchlicher Sakramente; Geistliche traten hier nicht als Individuen auf, sondern als austauschbare Vertreter kirchlicher Religiosität, denen es oblag, in der Ausführung von liturgischen Diensten in Gottesdiensten, Gebeten oder Segnungen einen Kontakt zwischen Gott und den Menschen herzustellen.

2.3.1 Der Geistliche als Suchender: Priester und Pfarrer im *religiösen Film*

Auch wenn die erste Gruppe von Geistlichendarstellungen quantitativ bei weitem unterlegen war, soll es zunächst darum gehen, sich diese qualitativ ergiebigen Geistlichendarstellungen genauer anzuschauen. Sie sind vor allem im Genre des *religiösen Films* zu finden, der zwar selten ein Massenpublikum erreichte, aber gerade von den Kirchen eine positive Resonanz erfuhr und teils auch finanziell unterstützt wurde. In Anlehnung an seine meist angloamerikanischen, französischen und italienischen Vorbilder der dreißiger, vierziger und frühen fünfziger Jahre[149] stellten die Produzenten und Regisseure des Genres grundlegende religiöse Fragen in den Mittelpunkt ihrer Arbeit. Als prägendes Beispiel kann hier die französische Filmproduktion »Tagebuch eines Landpfarrers« (Frankreich 1950, deutsche Erstaufführung im April 1952) gelten, die in eindringlichen Schwarz-Weiß-Bildern das Schicksal eines jungen, kränklichen Geistlichen in der nordfranzösischen Provinz in Szene setzte. Die Lebensgeschichte des von Krankheiten und schweren Schicksalsschlägen gezeichneten einfachen Landpfarrers, die der französische Autor Georges Bernano 1936 in seiner gleichnamigen Romanvorlage des Films entwarf, lässt sich vor dem Hintergrund der Heiligsprechung des von ähnlichen Schicksalsschlägen gebeutelten Pfarrers von Ars, Johannes Maria Vianney, lesen, die Papst Pius XI. gut zehn Jahre zuvor vorgenommen hatte.

In der konfessionellen Filmkritik galt Robert Bressons Literaturverfilmung lange Zeit als Paradebeispiel eines gelungenen *religiösen Films*. So lobte der katholische *Filmdienst* im März 1956 in Rückgriff auf einen Aufsatz des Kölner Theologen Wilhelm Mogge, dass Bressons Verfilmung seine religiöse Aussage nicht durch eine naive Darstellung von Wundern erhalte, wie dies etwa in der US-Produktion »Das Lied der Bernadette« (USA 1943) der Fall war. Seine »religiöse Substanz« gewänne Bressons

---

149 Hierzu zählte die konfessionelle Filmarbeit etwa: »Das Lied der Bernadette« (USA 1943), »Tagebuch eines Landpfarrers« (Frankreich 1950), »Gott braucht Menschen« (Frankreich 1950), »Der Abtrünnige« (Frankreich 1954). Die Monumentalproduktionen des *biblical epos*, die biblische Stoffe publikumswirksam in Szene setzten und gerade in den fünfziger Jahren eine hohe Popularität auch in der Bundesrepublik erreichten, gilt es meines Erachtens hiervon zu unterscheiden. Ihre Produktion beschränkte sich (im Gegensatz zum religiösen Film) ab den vierziger Jahren weitestgehend auf die USA, auch ihre Rezeption gerade auf Seiten der Kirchen unterscheidet sich doch deutlich vom Genre des religiösen Films; siehe hierzu etwa: Zwick, S. 152–161; zum *religiösen Film* siehe: Bamberger/Escherschor, *Religion*; Hasenberg, *Spuren*.

Film vielmehr »in den Gesichtern der Handelnden«.[150] Während »Das Lied der Bernadette« (eine Verfilmung des gleichnamigen Romans von Franz Werfel) Gottes Offenbarung in der wunderhaften Erscheinung der Gottesmutter in Lourdes darstelle, so die Argumentation in der *Filmkritik*, setze Bresson ganz auf eine dem filmischen Realismus nahestehende Fokussierung auf das individuelle Schicksal des kränkelnden Landpfarrers, durch den Gottes Wirken in der Welt offenbar werde. In den von Bresson entworfenen Szenarien wurde der Gottesmann zum Suchenden, der mit existentiellen Situationen wie Krankheit oder Tod konfrontiert wird und die Gegenwart Gottes, seine Berufung und sein Wirken in der Gesellschaft immer wieder neu sucht und hinterfragt.[151]

Als erste Filmproduktion der Bundesrepublik, die sich einem ganz ähnlichen Sujet zuwandte, soll im Folgenden Harald Brauns Produktion »Nachtwache« von 1949 im Hinblick auf das dort entworfene Geistlichenbild genauer betrachtet werden. Der Film wird zurecht als einer der ersten Kinoerfolge der Bundesrepublik bezeichnet. Er behandelt in einer suggestiven Melange von emotionalen Schwarz-Weiß-Bildern und einer zeitgenössisch als ergreifend empfundenen Handlung grundlegende religiöse Themen der Nachkriegszeit: Den Verlust eines näheren Verwandten durch die Bombenangriffe der Alliierten, die Frage nach der Sinnhaftigkeit des Lebens nach der Katastrophe des Kriegs und – als eine für die bundesrepublikanische Religionsgeschichte entscheidende Problemstellung – die Frage nach der ökumenischen Annäherung der Konfessionen und ihrer Vertreter. Zudem zeigt der Film »Nachtwache«, inwieweit es den kirchlichen Filmstellen in der frühen Bundesrepublik gelang, mit dem Einsatz von Fördergeldern die Darstellung von Geistlichen im Massenmedium Film zu steuern. Ziel war eine Darstellung, die sich von den Schwankdarstellungen ganz in Schwarz gekleideter Kapläne in den Heimatfilmen abgrenzte und existentiell-religiöse Fragen in eine breite Öffentlichkeit kommunizierte.

Den rückschauenden Betrachter mag es überraschen, dass 1950 ein Film über das Schicksal eines evangelischen Pfarrers einen ungeahnten

---

150 »Die christliche Aussage im Film«, in: *Filmdienst* 13/1956.
151 Neben der Figur des namenlosen Landpfarrers können hier auch der abgefallene Priester Maurice Morand in »Der Abtrünnige« (Frankreich 1954) und ansatzweise auch die Figur des Stephen Fermoyle in Otto Premingers Verfilmung des Romans »Der Kardinal« von Henry Morton Robinson (USA 1963) genannt werden; vgl.: Hasenberg, *Spuren*, S. 20.

Publikumserfolg in den westdeutschen Kinos feiern konnte.[152] Unerwartet geriet der Erfolg schon in zeitgenössischer Perspektive deshalb, weil »Nachtwache« nun gar nicht dem Muster der erfolgreichen Filme der frühen fünfziger Jahre entsprach, die entweder aus dem Ausland kamen oder den Genremustern des Heimatfilms folgten. Der unter den Fittichen des aufstrebenden evangelischen Produzenten Hans Abich gedrehte Film hingegen verstand sich selbst als *religiöser Film*. Mit diesem Genre betrat die von Abich gegründete Filmaufbau GmbH Göttingen für Deutschland Neuland, können die Anfänge des *religiösen Films* doch vornehmlich in Italien, Frankreich und vor allem den USA verortet werden.[153] An Brauns und Abichs Film entzündete sich in der Bundesrepublik eine breite Diskussion um das Wesen des Genres, die sowohl innerhalb der konfessionellen Filmarbeit als auch von der nichtkirchlichen Filmkritik geführt wurde.

Bereits in der zeitgenössischen Perspektive forderten Filmkritiker, das Label *religiöser Film* nicht zu weit zu fassen, das heißt kein thematisches Kriterium anzulegen, das bereits Filme, die ihre Geschichte lediglich um eine gottesfürchtige Figur (wie eine biblische Figur oder einen Pfarrer) entwickelten, als religiöse Filme versteht.[154] Harald Brauns »Nachtwache« erfüllte nun sowohl dieses weiter gefasste thematische Kriterium als auch (und dies wurde für die Diskussion um den Film weitaus bedeutsamer) ein Kriterium, das Religiosität in einem Film in dessen spiritueller Tiefe ausmacht, das heißt seine Charaktere auf einer spirituellen Sinnsuche zeigt, die diese zumeist in tiefen Krisenerfahrungen ihres Lebens durchlaufen. In Westdeutschland verdichtete sich bereits vor 1949 eine rege Diskussion

---

152 Genaue Angaben über Zuschauerzahlen sind für die Kinolandschaft der frühen Bundesrepublik nicht vorhanden. Stattdessen stützen sich Untersuchungen zum Publikumserfolg einzelner Filme zumeist auf Umfragen unter Kinobesitzern und die Laufzeiten einzelner Produktionen. Zur Problematik siehe: Sigl/Schneider/Tornow, *Kohle*, S.119–120. Für die kommerziellen Filmerfolge des Jahres 1950, unter denen die »Nachtwache« Rang 6 belegen konnte, siehe: ebd. S. 124. Der Filmhistoriker Rolf Aurich geht für »Nachtwache« von 9 Millionen Zuschauern in anderthalb Jahren aus; siehe: Aurich, »Nachtwache«. Der Film wurde überdies 1950 mit dem Bambi für den »künstlerisch besten deutschen Film 1949« und ein Jahr später mit dem Bambi für den »geschäftlich erfolgreichsten deutschen Film 1950« ausgezeichnet.
153 Zum religiösen Film vor 1945 siehe: Hasenberg, *Spuren*, S. 19–21.
154 Werner Hess: »Der Pfarrer auf der Leinwand«, in: *Christ und Welt* vom 13. Oktober 1949; Franz Everschor: »Darstellung religiöser Inhalte im Film«, in: *Stimmen der Zeit* (193) 1975, S. 388–396. Ähnlich argumentiert die heutige kirchliche Filmarbeit; siehe: Hasenberg, *Spuren*, S. 12.

um die Möglichkeiten eines solchen *religiösen Films* für die Kirchen, bei der vor allem die Frage im Vordergrund stand, ob und wie das Medium Film für die kirchliche Verkündigung nutzbar zu machen sei.[155] Auch Harald Brauns Engagement in der Filmwirtschaft und die Produktion der »Nachtwache« müssen vor dem Hintergrund dieser Diskussion betrachtet werden.[156] So erwuchs der Film aus den allgemeinen Überlegungen Brauns, die dieser zu den Grundlagen des *religiösen Films* entwarf: Da ihm der metaphysische Aspekt des Religiösen filmisch nicht darstellbar erschien und somit etwa auch eine Verfilmung des Lebens Jesu nicht als *religiöser Film* gelten könne, müsse es im Medium Film um die Darstellung »des Christen in einer unchristlichen Welt« gehen.[157] Somit könne der Film auch die exklusiven Grenzen der konfessionellen Milieus überwinden und ein breites Publikum zu erreichen versuchen.[158] Diese grundlegenden Gedanken führte Braun auf der im April 1948 vom Evangelischen Presseverband im niedersächsischen Salzdetfurth ausgerichteten Filmkonferenz aus.[159]

Unter den Anwesenden befand sich Hans Abich, der gemeinsam mit dem österreichischen Regisseur Rolf Thiele soeben die Göttinger Filmaufbau GmbH gegründet hatte.[160] Braun konnte Abich für seine bereits sehr konkreten Pläne einer religiösen Filmproduktion gewinnen; die beiden

---

155 Die Diskussion um den religiösen Film wurde auf protestantischer Seite in den evangelischen Filmzeitschriften *Evangelischer Beobachter* und *Kirche und Film* geführt. Bis in die sechziger Jahre dominierte innerhalb der innerprotestantischen Diskussion die Meinung, dass der Film nicht direkt zur Verkündigung einzusetzen sei, jedoch die Menschen für diese sensibilisieren könne, indem er grundlegende Fragen im Verhältnis von Gott und den Menschen aufwerfe; siehe: Quaas, *Filmpublizistik*, S.274–294.

156 Immer wieder wurde in den Besprechungen der »Nachtwache« auf die parallel zur Produktion verlaufende Diskussion innerhalb der Kirche zum Umgang mit dem Medium Film verwiesen; so etwa in: Werner Hess: »Der Pfarrer auf der Leinwand«, in: *Christ und Welt* vom 13. Oktober 1949. Auch wenn Quaas den wirtschaftlichen und künstlerischen Erfolg der »Nachtwache« als Hindernis für eine weitere intensive Auseinandersetzung mit dem Thema seitens der evangelischen Filmpublizistik ausmacht, muss doch konstatiert werden, dass es nach der »Nachtwache« (nicht zuletzt aufgrund des persönlichen Engagements des evangelischen Filmbeauftragten Werner Hess) zu einem ungezwungeren Umgang mit dem Medium Film kam; vgl. Quaas, *Filmpublizistik*, S. 274.

157 Quaas, *Filmpublizistik*, S. 277.

158 Helmke: *Kirche*, S. 82–84.

159 Werner Hess: »Zur Uraufführung von ›Nachtwache‹«, in: *Kirche und Film* 21/1949; siehe auch: Quaas, *Filmpublizistik*, S. 276.

160 Zur Biografie Abichs, der sich später unter anderem in verschiedenen Gremien der EKD engagierte, und auch Thieles sowie zur Gründungsgeschichte der Filmaufbau GmbH Göttingen siehe: Sobotka, *Filmwunderkinder*.

verständigten sich auf eine Co-Produktion von Brauns Münchner Neuen Deutschen Filmgesellschaft, die die Produktionsleitung übernahm, und der Göttinger Filmaufbau GmbH, die sich verantwortlich für Geschäftsführung und die Organisation der Ateliers zeichnete.[161] Da die für den Verleih vorgesehene Schorcht Film GmbH nicht die gesamten Produktionskosten von 800.000 Mark zu übernehmen bereit war, mussten die Produzenten notgedrungen nach weiteren Geldgebern suchen. Rolf Thiele vermutete ein Interesse der Kirchen an der Produktion und schlug daher vor, bei den evangelischen Landeskirchen um Ausfallbürgschaften für den Film zu bitten. Mit der Unterstützung des Filmbeauftragten der evangelischen Kirche Werner Hess gelang es ihm, die Landeskirchen zu überzeugen, so dass es erstmalig in Westdeutschland zu einer nichtkirchlichen Spielfilmproduktion kam, die von den evangelischen Landeskirchen finanziell unterstützt wurde.[162] Dies hatte die Folge, dass sowohl Hess als auch Anton Kochs, Leiter der katholischen Filmstelle in Köln, in den Produktionsprozess eingebunden wurden und dem Regisseur als kirchliche Berater zur Seite standen.[163] Hess wurde darüber hinaus auch für eine Mitarbeit bei der Ausarbeitung des Drehbuchs gewonnen.[164]

In seiner Thematik, aber auch in der Zusammenarbeit mit den Kirchen bei Produktion und Vertrieb lassen sich in der »Nachtwache« durchaus Parallelen zu den im Ausland produzierten *religiösen Filmen* wie eben »Das Tagebuch eines Landpfarrers« erkennen.[165] Geht es in Bressons filmischer Ausdeutung des Romans Georges Bernanos jedoch um das quasi zeitlose

---

161 Genaue Rekonstruktion der Filmproduktion bei: Sobotka, *Filmwunderkinder*, S. 110–117.
162 Dies belegen Planung und Kalkulation des Films durch die Filmaufbau GmbH. Diese rechnete mit Produktionskosten von 800.000 DM; siehe: »Planung und Kalkulation für ›Die Nachtwache‹«, Evangelisches Zentralarchiv 2/310. Kuchler irrt, wenn er behauptet, dass es sich bei der »Nachtwache« um eine reine Produktion der kirchlichen Filmarbeit handelt; Kuchler, *Kirche*, S. 85f.
163 »Wache im Dunkeln«, in: *Spiegel* 44/1949, Quaas, *Filmpublizistik*, S. 287.
164 Hess gelang es unter anderem, eine breite Darstellung des evangelischen Taufritus zu verhindern; siehe: Brief des Evangelischen Filmbeauftragten Werner Hess an die Neue Filmgesellschaft mbH vom 16. Februar 1949; Evangelisches Zentralarchiv 2/310.
165 Die Machart und die Einbindung der Kirchen in ausländische Produktionen galt den Filmemachern durchaus als Vorbild. So betonte Werner Hess bei der Frage nach den finanziellen Gewinnaussichten der »Nachtwache« den wirtschaftlichen Erfolg der Henry King Verfilmung des Franz Werfel Romans »Lied der Bernadette« (USA 1944), die »nicht zuletzt durch das Interesse der beiden christlichen Konfessionen zu einem großen Kassenerfolg geworden ist.«; siehe: Brief des Evangelischen Filmbeauftragten Werner Hess an die Neue Filmgesellschaft mbH vom 16. Februar 1949. Evangelisches Zentralarchiv 2/310.

Schicksal eines französischen Geistlichen, lässt sich die Handlung in Brauns Film ganz in der historischen Situation der frühen Nachkriegszeit in Deutschland verorten:
Der verwitwete evangelische Pfarrer Johannes Hegener kommt mit seiner Tochter Lotte in eine westdeutsche Kleinstadt, um dort seinen neuen Dienst als Gemeindeseelsorger anzutreten. In einer Diakonissenstation lernt er die Ärztin Cornelie Badenhausen kennen und schätzen, deren Tochter bei einem Bombenangriff gestorben war und die durch diesen Schicksalsschlag ihren Glauben an einen liebenden Gott verloren hatte. Einen Geistesverwandten findet Pfarrer Hegner in ökumenischer Verbundenheit in dem jungen katholischen Kaplan von Imhoff, der wie er unter dem Rückgang von kirchentreuer Religiosität und dem mangelnden Respekt vor dem Amt des Geistlichen leidet. Als eine Schauspielertruppe in der Kleinstadt Hugo von Hoffmannthals »Jedermann« aufführt, trifft Cornelie Badenhausen ihren früheren Lebensgefährten Stefan Gorgas wieder, der als Kampfpilot im Zweiten Weltkrieg jegliches Einfühlungsvermögen abgelegt hatte und zum defätistischen Zyniker geworden war. Auf einem Dorffest verunglückt auf tragische Weise die Pfarrerstochter Lotte beim gemeinsamen Spiel mit Gorgas auf einer Schiffsschaukel. Gemeinsam mit seinem katholischen Kollegen von Imhoff weilt Hegner am Sterbebett seiner Tochter. Trotz aller Schicksalsschläge verliert er seinen Glauben nicht, sondern schöpft aus ihm vielmehr neuen Lebensmut.

Abb. 9: »Nachtwache« (Deutschland 1949); Pfarrer Hegener und Kaplan von Imhoff

In seiner konkreten Anbindung an die historische Situation der späten vierziger Jahre in Deutschland, auf die die Zeichnung der Charaktere und die Handlung immer wieder Bezug nehmen, gerät der Film zu einer zeitgenössischen Ausdeutung der religiös-moralischen Situation, in der sich weite

Teile der deutschen Bevölkerung nach der Katastrophe des Nationalsozialismus befanden. So sprechen sich etwa die beiden Geistlichen in ihrem unverkrampften ökumenischen Austausch Mut für ihre Aufgabe zu, die sie metaphorisch als »Nachtwache« in einer gottlosen Zeit verstehen. In der trostlos wirkenden Kulisse eines dunklen Hausflurs diskutieren die beiden über die religiöse Landschaft in (West-)Deutschland, die sie als Trümmerlandschaft sehen, die es gilt wiederaufzurichten, um die Renaissance einer wahren Religiosität zu erwirken. Gerade hierin lagen für viele Rezensenten Aktualität und Wert des Films. So umriss der evangelische Pfarrer Wilhelm Müller-Debus in seiner Filmkritik die Frage der Aktualität eines *religiösen Films* mit der arg pathetischen Feststellung, dass »man einem Volk, das den Vorgeschmack der Hölle bereits hinter sich hat, nicht mehr zu sagen braucht, dass das religiöse Problem heutzutage sozusagen in der Luft liegt.«[166] Der Film, so Müller-Debus weiter, gebe nun Anstöße zur Reflexion über die geistige Trümmerlandschaft.[167] Eine der Antworten des Films zur Überwindung dieser Trümmerlandschaft ist die ökumenische Verbundenheit der beiden Geistlichen. In dem respektvollen, gegen Ende des Films freundschaftlichen Umgang, den die beiden Gottesmänner miteinander pflegen und den Gemeinsamkeiten, die sie in ihrer täglichen Arbeit als Pastoren erkennen, wurde Brauns Werk bereits zeitgenössisch als ein Plädoyer für eine ökumenische Annäherung der beiden Konfessionen gedeutet, die als Voraussetzung für eine Überwindung des deutschen *status quo* der geistigen und materiellen Trümmerlandschaften angesehen wurde.[168] So bilanzierte der katholische Filmkritiker Franz Everschor im Rückblick: »Die Bedeutung (der »Nachtwache«) liegt weniger in der künstlerischer Transposition, sondern vielmehr darin, dass er als erster Film die Frage des Verhältnisses der Konfessionen zueinander berührte.«[169]

---

166 Wilhelm Müller-Debus, »Nachtwache – ein Film des guten Willens«, in: *Weserkurier* vom 14. Januar 1950.
167 »Aufs Ganze gesehen muß man den Versuch, die chaotische Problematik unserer Gegenwart einer religiösen Beleuchtung vom Horizont her auszusetzen, als ebenso geglückt wie dankenswert bezeichnen, der auf jeden Fall den Zuschauer zum Nachdenken zwingt.«, ebd.
168 Zeitgenössisch etwa *Die Welt* vom 24. Oktober 1949: »Seine Bedeutung gewinnt der Film ›Nachtwache‹ durch die Erkenntnis der beiden Geistlichen, daß sie über die persönliche Zuneigung hinaus durch den gleichen Dienst verbunden sind, dass sie spüren, auf einsamem, wenngleich nicht verlorenem Posten zu stehen, daß die gemeinsame Idee des Christentums stärker ist als die konfessionellen Unterschiede.«
169 Bamberger/Everschor, *Religion*, S. 12.

Neben dieser Darstellung der konfessionsverbindenden Gemeinsamkeiten der beiden Geistlichen fokussiert das von Brauns Film entworfene Geistlichenbild vornehmlich auf die inneren Kämpfe und Krisen des evangelischen Pfarrers. An ihm zeigt der Film, wie der durch Krieg und persönliche Schicksalsschläge gebeutelte Familienvater durch seinen Glauben neue Kraft schöpft und sein Vertrauen auf einen liebenden Gott nicht verliert. Somit gerät er selbst zu einem Prototypen der in der Filmhandlung immer wieder eingeforderten neuen Hinwendung zum christlichen Glauben. Auch wenn viele Kritiker diese sentimentale Darstellung des Protagonisten als zu überzogen und der Qualität schadend ansahen[170], liegt in ihr die eigentliche religiöse Fundierung des Films. Denn über das Schicksal des evangelischen Stadtpfarrers entspinnt sich die filmische Narration, die den Glauben und die tiefe Hoffnung auf einen liebenden Gott in den Mittelpunkt des Films stellt.

Für diese religiöse Aussage fand Braun zweifelsohne zutiefst emotionalisierende Bilder. Deutlich wird dies etwa in den Szenen, die Pfarrer Hegener mit seiner Tochter im privaten Familienidyll zeigen. Wenige Tage nach der Ankunft des Pfarrers an seiner neuen Wirkungsstätte singt Hegener mit seiner kleinen Tochter, die sich in der neuen Umgebung noch wenig heimisch fühlt, zum Abendgebet die achte Strophe des Gerhardt-Liedes »Nun ruhen alle Wälder«: »Breit aus die Flügel beide, o Jesu, meine Freude, und nimm dein Küchlein ein! Will Satan mich verschlingen, so lass die Englein singen: Dies Kind soll unverletzet sein.«

Ihre emotionale Aufladung erhält diese stereotype Darstellung des evangelischen Pfarrhaushalts in ihrer Wiederaufnahme in der letzten Sequenz des Films. Hegener hat soeben von dem Tod seiner Tochter erfahren. Allein sitzt er am Klavier des Pfarrhauses und spielt in Gedanken versunken die Melodie des Gerhard-Liedes, während er auf das leere Bett seiner verstorbenen Tochter blickt. Als die Ärztin Badenhausen auf der Türschwelle den Pfarrer am Klavier sieht, wird ihr allzu deutlich, dass nicht sie es ist, die den trauernden Vater trösten kann, sondern dass dieser Trost allein in seinem Verhältnis zu Gott und in den ihm vertrauten Gebeten und Liedern findet.

Diese Einbindung existentieller Krisen in den Filmstoff, die ihren Ursprung teils in der spezifischen Situation der direkten Nachkriegszeit hatten, lassen sich als durchaus gängiges Sujet der Kinoerfolge der späten

---

170 Etwa: Karl Korn, »Noch einmal Nachtwache«, in: *FAZ* vom 14. Januar 1950.

vierziger und frühen fünfziger Jahre ausmachen. So greifen auch populäre Heimatfilme, wie etwa Hans Deppes Kinoerfolg »Grün ist die Heide« aus dem Jahr 1951, in der Darstellung einer sudetendeutschen Landsmannschaft die Thematik der Vertreibung deutscher Minderheiten aus den ehemaligen Ostgebieten des Deutschen Reichs unmittelbar auf.[171] Während diese zur Bewältigung der Kriegsfolgen jedoch einen schwärmerischen Rückzug in den nichtstädtischen Raum als Gegenentwurf zu den zerstörten Städten vorschlugen[172], schließen sich die Produzenten der »Nachtwache« dem Ruf nach der vielfach geforderten Re-Christianisierung an, indem sie den Geistlichen in seinem Glauben die Instanz finden lassen, die ihn seine Schicksalsschläge ertragen lässt. Die Produktion lässt sich somit in die nach dem Zweiten Weltkrieg in der Bundesrepublik unternommenen Versuche einer Stärkung der christlichen Religion verorten. Diese forderten einerseits die Wiederbelebung bürgerlich christlicher Moralvorstellung, andererseits aber auch eine Stärkung der Kirchen als Institutionen innerhalb der bundesrepublikanischen Nachkriegsgesellschaft.

Somit verfolgt der Film einen ähnlichen Ansatz wie die Trümmerfotografien Hermann Claasens. Beide sehen in der Renaissance christlicher Religiosität die Antwort auf die moralische und militärische Niederlage im Zweiten Weltkrieg. Die von ihnen massenmedial verbreiteten Bilder von Religion präsentieren sich auf ganz unterschiedliche Weise als Abgrenzung zu den Bildern des Nationalsozialismus; sie entwerfen Religion, die Kirche und deren Geistliche als zwar verletzliche, aber überlebende Instanzen, die dem Terror des Nationalsozialismus und dem Bombenhagel trotzen konnten. In zumeist hoch emotionalen Bildern werden sie als Antwort zu den in den Ruinenlandschaften bzw. in den Krisenerfahrungen der Protagonisten dargestellten Nöten der Zeit inszeniert.

2.3.2 Der Geistliche als Staffage: Geistlichendarstellungen in Illustriertenpresse und Heimatfilm

Einen ganz anderen Blick auf den Geistlichen verfolgte zum einen die große Mehrheit der Illustriertenpresse, zum anderen auch der bundesdeutsche Heimatfilm, der in den fünfziger Jahre seine Blütezeit erlebte.

---

171 Bliersbach, *Nachkriegsfilm*.
172 Ebd., S. 72f.

Die Bilder des Geistlichen in den großen Illustrierten erschöpften sich in ihrer Mehrheit in Einzelbildern, die ohne Nennung des Fotografen gemeinsam mit der Bildunterschrift eine scheinbar aktuelle Kurzmeldung präsentierten. Die Person des Geistlichen begegnete dem Betrachter dabei vornehmlich in seiner Funktion als Vermittler des Heiligen. Die in den Bildern dargestellten Aufgabenbereiche lagen zum einen darin, den Gläubigen als belehrende Autorität in Predigt oder Gesprächen zu unterweisen. Zum anderen geriet der Geistliche zum Protagonisten kultischer Handlungen, mit denen er einen zeichenhaften Kontakt zwischen Gott und den Menschen herstellte.

Ihren explizit religiösen Charakter erhielten die Fotografien der Geistlichen dabei in den traditionell religiös konnotierten Posen wie etwa gefaltete Hände oder die gebeugten Knie, darüber hinaus aber auch in Requisiten wie Messgewändern, Kruzifixen oder brennenden Kerzen in den Händen des Geistlichen.

Als eindringliches Beispiel für die zahllosen Bilder des einfachen Geistlichen mag eine Fotografie gelten, welche die *Neue Illustrierte* 1956 veröffentlichte.[173] Sie visualisiert die Folgen eines schweren Zugunglücks in den USA. Der Betrachter blickt auf einen zentral postierten, gebückten Priester, dessen breit geschnittene Soutane seinen Körper umhüllt. Unter seinen linken Arm hat er einen weißen Gegenstand geklemmt, vermutlich ein Buch. In der linken Hand hält er ebenfalls ein Buch, aus dem er rezitiert. Seine rechte Hand hat er zum Segen erhoben. Hinter dem Priester steht die bedrohlich wirkende Metallwand eines entgleisten Zugs, der eine Frau unter sich begraben hat. Ihr lebloser Körper liegt auf dem Bauch, auf der linken Bildseite ist schemenhaft ihr Schuh zu erkennen, der sich von ihrem Fuß gelöst hat.

Die pathetische Bildunterschrift »Wie klein ist der Mensch!« unterstreicht die religiöse Konnotation der Fotografie, verweist sie doch auf eine über dem Menschen stehende Instanz, die in der Person des Geistlichen ihren Agenten hat. Dieser, so die Bildunterschrift weiter, spricht für die sterbende Frau »ein letztes Gebet«.

Im Zentrum der Arbeit des Priesters, so suggeriert das von der *Neuen Illustrierten* abgedruckte Bild aus den USA, steht hier das Gebet für die sterbenden Menschen, die letztendliche Versöhnung zwischen Gott und den Menschen in der Stunde ihres Todes. Auch andere Bilder der Illust-

---

173 »Wie klein ist der Mensch!«, in: *Neue Illustrierte* 35/1956.

rierten fokussierten ihren Blick auf die Dienste von Predigt, Liturgie und Sakramentsverwaltung, in denen katholische Priester und evangelische Pfarrer einen metaphysischen Kontakt zwischen Gott und den Menschen herstellten. Die Visualisierungen der Illustrierten vermitteln somit den Eindruck, diese traditionellen Aufgabenfelder der Geistlichen setzten sich auch in der sich modernisierenden Gesellschaft der direkten Nachkriegszeit fort: Die grundlegenden Wegmarken im Leben der Christen (also Taufe, Eheschließung und Tod) werden von Geistlichen als Mittler zwischen Gott und den Menschen nicht nur begleitet, sondern aktiv mitgestaltet. Dabei geraten die Geistlichen zum rein kirchlichen Funktionsträger. Substantielle Fragestellungen um theologische oder kirchliche Konflikte werden an ihnen nicht aufgezeigt. Die Figur des Geistlichen in den Illustrierten zeigt in ihrer Mehrheit vielmehr affirmativ die tradierte Stellung der Kirchen und ihrer Vertreter in der bundesrepublikanischen Gesellschaft auf.

Eine ganz ähnliche Zeichnung des Geistlichen als Funktionsträger einer traditionellen Kirchlichkeit lässt sich in den bundesdeutschen Filmproduktionen der frühen Nachkriegszeit finden. Hier war es vor allem der Heimatfilm, der den Charakter des kirchlichen Würdenträgers in die ihn prägenden Themen, Motive und Bilder integrierte. Ähnlich wie in den Illustrierten ist auch im Genre Heimatfilm eine übermächtige Dominanz des katholischen Würdenträgers zu erkennen, was wohl nicht zuletzt mit dem Setting der Heimatfilme in Verbindung zu bringen ist: Die oftmals im bayerischen, respektive österreichischen Alpenraum angesiedelten Handlungen verlangten allein schon wegen dessen katholischer Prägung nach einem katholischen Pfarrer, um authentisch zu wirken.

Ausgehend von dem außerordentlichen Kassenerfolg des ersten bundesdeutschen Farbfilms »Schwarzwaldmädel« (Deutschland 1950) avancierte der Heimatfilm zum publikumswirksamsten und somit für die Filmwirtschaft profitabelsten Filmgenre der fünfziger Jahre in Westdeutschland und Österreich. Dies zeigt zum einen der Publikumszuspruch, der sich zwar nicht in absoluten Zahlen genauestens rekonstruieren lässt, durch zeitgenössische Umfragen unter Kinobesitzern zumindest aber auf einer vergleichenden Ebene nachvollzogen werden kann.[174] Zum anderen verdeutlichen die quantitative Dominanz des Heimatfilms innerhalb der

---

174 Zur Problematik der Erfassung von Besucherzahlen siehe: Sigl/Schneider/Tornow, *Kohle*, S. 119–121.

bundesdeutschen Filmproduktionen[175] wie auch die hohe, gerade von den Massenmedien stimulierte Popularität der Stars des Genres, wie Karl Böhm, Sonja Ziemann oder Rudolf Prack dessen enormen Erfolg. Mit seinen stereotyp angewandten konstitutiven Elementen, wie dem grundlegenden Narrativ der Heimat als utopischen Mikrokosmos, den leicht zu lösenden Scheinkonflikten, den immer wiederkehrenden Charakteren oder der Verklärung des ländlichen Lebens, reflektierte der Heimatfilm einerseits die Sehnsüchte, Hoffnungen und Ängste des Kinopublikums der frühen Nachkriegszeit, andererseits konnte er diese zu einem wesentlichen Maße auch ausformen und prägen.[176]

Gerade in der Früh- und Hochphase des Heimatfilms bis etwa 1958[177] gehörte die Figur des Gottesmanns zu dessen festem Inventar. Dies wurde auch von der konfessionellen Filmkritik wahrgenommen: Eine 1958 vorgenommene Zählung der Katholischen Filmliga ergab, dass von 1.500 aufgeführten Filmen in der Bundesrepublik cirka 200 mit der Figur des (meist katholischen) Geistlichen arbeiteten.[178] Mit unübersehbarem Unmut konstatierte der katholische Filmdienst 1970, dass die »Schwarze-Rock-Rolle« im Spielfilm der fünfziger Jahre »geradezu Hochkonjunktur« genoss, die den »wie in der Retorte gezüchteten Kaplansgeschichten« einen Boom verschaffte.[179] Auch im Vergleich zu anderen Charakteren des Heimatfilms erfreute sich die Person des Geistlichen sowohl bei den Produzenten als auch dem Publikum außerordentlicher Beliebtheit. Ein Pfarrer schien im heimeligen Setting des dörflichen Lebens unverzichtbar. Die Gruppe »Pfarrer, Priesterschüler, Mönche und Nonnen« rangiert in einer quantitativen Auszählung der dem heimischen Milieu zuzuordnenden Figuren des Heimatfilms auf Rang vier, noch vor Förstern oder Polizisten.[180] Innerhalb des Ensembles der immer wiederkehrenden Charaktere des Heimatfilms lässt sich der Geistliche in die Gruppe der nicht-staatlichen Autoritäten und Ordnungshüter einordnen, die als »unantastbare, unanzweifelbare

---

175 In seiner Blütezeit stellte der Heimatfilm über ein Drittel des gesamten Filmangebots an neuen Filmen. Zur Dominanz des Heimatfilms in der Kinolandschaft der fünfziger Jahre siehe: Strobel, »Schwarzwaldmädel«, S. 150.
176 Trimborn, *Heimatfilm*, S. 25.
177 Zur Periodisierung der Heimatfilmproduktionen siehe: ebd., S. 27.
178 Entwurf eines Briefs des Generalsekretärs der katholischen Filmliga an deutsche Filmproduzenten. Archiv des Erzbistums Köln, Aktenbestand der Deutschen Bischofskonferenz, KHBF (Teilbestand Kochs), Ordner 283.
179 »Zölibats-Filmwelle in Sicht«, in: *Filmdienst* vom 23. Juni 1970, S. 1.
180 Höfig, *Heimatfilm*, S. 319.

Helden und Autoritäten« über die ethisch-moralischen Werte und Normen wachten und diese in ihren Handlungen zugleich repräsentierten.[181] In der genretypischen Gegenüberstellung von natürlichem, menschlichem Leben auf dem Land und der Stadt als »Ort des Verdorbenen« personifizierte die Figur des Pfarrers als typischer Vertreter des traditionsbewussten Landlebens die dort geltenden althergebrachten Normen.[182] Ähnlich wie in den von den Pressefotografien entworfenen Bildwelten begegnete dem Zuschauer aber auch hier zumeist ein Geistlicher, der weniger als individuelle Persönlichkeit, sondern vielmehr als austauschbarer Vertreter einer barock anmutenden Religiosität inszeniert wurde.

Die Kritik der konfessionellen Filmarbeit ob der einfältigen und stereotypen Darstellungen des Geistlichen lässt sich in dem bereits angeführten Artikel des katholischen *Filmdienstes* erahnen. Hauptangriffspunkt der kirchlichen Filmkritiker war zum einen die staffagenartige Reduzierung der Person des Pfarrers oder Kaplans. So beanstandete der Generalsekretär der katholischen Filmliga Heinrich Berresheim in einem Brief an die führenden deutschen Filmproduzenten 1959 die rein »dekorative, requisitenhafte Verwendung von priesterlicher Tracht und Amtshandlungen«, die für gläubige Christen ein fortwährendes Ärgernis sei.[183]

In Berresheims Brief lässt sich auch bereits der zweite Angriffspunkt kirchlicher Filmkritik erkennen: die lapidar wirkende Inszenierung sakramentaler Handlungen. In der filmischen Repräsentation priesterlicher Ausführungen des religiösen Kults sahen die kirchlichen Filmstellen eine Sinnentleerung des Rituals, die äußerliche liturgische Handlung würde hier vollzogen, ohne dass die filmische Handlung auf deren religiöse Performanz Bezug nehme. Somit boten scheinbar unverfängliche Filme wie »Hochzeit auf Immenhof« (Deutschland 1956) der konfessionellen Filmkritik ob ihrer Repräsentation des Religiösen und dessen Vertreter eine im Rückblick irritierende Angriffsfläche: In der durch einen realen Pfarrer vorgenommenen Filmtrauung glaubte der Hamburger Theologe Helmuth Thielicke einen »Frevel im Hause Gottes« zu entdecken. Auch der katholi-

---

181 Vgl. Trimborn, *Heimatfilm*, S. 112–115, Zitat S. 115.
182 Zur Verklärung des ländlichen Raums als Chiffre für Ursprünglichkeit und Menschlichkeit im Heimatfilm der fünfziger Jahre siehe: Strobel, »Schwarzwaldmädel«, S. 148–171, S. 154–160; Trimborn, *Heimatfilm*, S. 41–74.
183 Entwurf eines Briefs des Generalsekretärs der katholischen Filmliga an deutsche Filmproduzenten. Archiv des Erzbistums Köln, Aktenbestand der Deutschen Bischofskonferenz, KHBF (Teilbestand Kochs), Ordner 283; zur Gründung, Arbeit und Niedergang der katholischen Filmliga siehe: Kuchler, *Kirche*, S. 175–204.

sche *Filmdienst*, der die populäre Immenhof-Trilogie[184] durchaus positiv besprach, merkte kritisch an, dass die »überflüssige Trauungsszene in der Kirche« unangebracht sei.[185]

Thielickes Kritik wurde von den Illustrierten *Quick* und *Stern* aufgenommen und in eine breite Öffentlichkeit hinein popularisiert.[186] In dem einseitigen Bericht des *Stern* dominieren zwei Fotografien den Zweispalter, der den Leser über die Proteste Thielickes informiert. Die linke der beiden Fotografien zeigt den »Theologieprofessor« vor einem weißen, einem Altar oder auch einem Katheder ähnlichen Tisch.

Abb. 10: »Gottesfrevel vor der Kamera«, in: Stern 37/1956

---

184 »Die Mädels vom Immenhof« (Deutschland 1955), »Hochzeit auf Immenhof« (Deutschland 1956), »Ferien auf Immenhof« (Deutschland 1957).
185 »Hochzeit auf Immenhof«, in: *Filmdienst* 44/1956, S. 375.
186 »Gottesfrevel vor der Filmkamera«, in: *Stern* 37/1956; »Pastorenstreit um Filmhochzeit«, in: *Quick* 38/1956.

Aus deutlicher Untersicht aufgenommen, inszeniert die Fotografie den Theologen als Autorität, die mit geöffnetem Mund und gestikulierenden Händen auf ihr Publikum belehrend einredet. Die rechte Fotografie zeigt besagte Trauszene aus »Hochzeit auf Immenhof«. Der Pfarrer hält die Hände der beiden Brautleute, die sich innig in die Augen schauen. Die Anordnung der beiden Fotografien lässt Thielicke auf die von ihm als »Frevel im Hause Gottes« gebrandmarkte Szenerie herabblicken, als wolle er die Trauung im Augenblick der Segnungsworte stoppen. In der Darstellung des Pfarrers greift das Layout des *Stern* auf den bereits genannten Visiotyp des Geistlichen als kirchlichen Vertreter zurück, der einen Kontakt zwischen Gott und den Menschen herstellt. Daneben lässt sich die Figur des Theologen Thielicke bereits als Beispiel des Protestpfarrers bzw. protestierenden Theologen begreifen, der in den sechziger Jahren vermehrt Einzug in die durch Massenmedien verbreiteten Fotografien fand.

2.3.3 Die Erweiterung des Stereotyps: Der Geistliche im derb-humoristisch gebrochenen Heimatfilm

Neben dem dominierenden Kirchen- und Priesterbild, das die Kirche als Staffage einer ländlichen Lebenswelt sah, und dem Bild des suchenden Geistlichen im *religiösen Film* kam es Ende der fünfziger Jahre innerhalb des sich nun wandelnden Genres des Heimatfilms zu vereinzelten Versuchen, das traditionelle Priesterbild zu hinterfragen und teilweise zu bloßzustellen.[187] Die in Filmen wie »Nackt – wie Gott sie schuf« (Deutschland 1958), »Der Priester und das Mädchen« (Österreich 1958), »Der Pfarrer von Sankt Michael« (Deutschland 1957) oder »Der Orgelbauer von St. Marien« (Österreich 1961) teils possenhaft, teils moralisierend und anklagend artikulierte Kirchen- und Zölibatskritik rief bei einem Großteil der kirchlichen Verantwortungsträger regen Widerspruch hervor.[188] Ohne die Möglichkeit der Thematisierung des Zölibats im Medium Film grundsätzlich in Frage zu stellen, bescheinigte der katholische Filmdienst der Filmwirtschaft, das

---

[187] Zur Verschiebung der Themen und Motive des Heimatfilms in dessen Spätphase siehe: Trimborn, *Heimatfilm*, S. 27.
[188] Parallel zu den Priesterfilmen kamen in den späten fünfziger Jahren auch kritische filmische Auseinandersetzungen mit zölibatär lebenden Ordensleuten auf, die gerade auf Seiten der katholischen Filmarbeit harsche Kritik hervorriefen, so etwa die US-Produktion »Tagebuch einer Nonne« (USA 1959). Siehe hierzu: Kuchler, *Kirche*, S. 225–227.

»heiße Eisen« Zölibat »völlig unangemessen« zu inszenieren.[189] Auch wenn die oben genannten Filme bei weitem nicht an die Publikumsresonanz der frühen Heimatfilme anknüpfen konnten, sahen die kirchlichen Filmstellen in ihnen eine der Autorität des Geistlichenstandes abträgliche Verballhornung kirchlicher Amtsträger.

Die Filme selbst gerieten zu einer eigentümlichen Verbindung von dörflich-katholischer Kulisse, einer hoch emotionalisierten Liebesgeschichte und den daraus resultierenden Konflikten mit den katholischen Normvorstellungen über den Priesterzölibat. Der Heimatfilm »Der Orgelbauer von St. Marien«, der 1961 unter der Regie des Österreichers August Rieder entstand, ist in dieser Hinsicht ein typisches Beispiel, auch wenn seine Handlung nicht damit endet, dass der Protagonist sein Priesteramt niederlegt. Der Benediktinermönch Markus Burgmann meistert vielmehr die von ihm als »Prüfung Gottes« bezeichnete Situation; er entsagt der neu entfachten Hingabe zu seiner Jugendliebe Linda und bleibt seiner Entscheidung für das zölibatäre Leben als Priester treu. Die für ihn als göttliche Anfechtung wahrgenommene Situation der wieder erwachenden Zuneigung zu Linda trägt er seinem Vater und dem Ortspfarrer vor, nicht ohne den Pfarrer darauf hinzuweisen, dass er in naher Zukunft die durchlebte Zeit der Versuchung in der Beichte thematisieren möchte. Aber selbst diese finale Entscheidung des Protagonisten für das Priesteramt stimmte die Kritik der katholischen Filmstellen an Rieders Heimatfilm nicht viel gnädiger. So bilanzierte der *Filmdienst*, der den Film abschließend recht milde als geeignet für Erwachsene und Jugendliche ab 16 Jahren klassifizierte: »Keiner der drei Autoren samt Regisseur hat offenbar gemerkt, daß sich der Film, wimmelnd von sachlichen Widersprüchen und dramaturgischen Unwahrscheinlichkeiten, einer sogen. ›Zölibatsschnulze‹ bedenklich nähert.«[190]

Im Zuge derartiger Filme und Debatten, bei denen die kirchlichen Filmstellen die Verflachung der Charaktere und eine skandalöse Thematisierung der katholischen Zölibatspflicht ausmachten, wurde vor allem ein strikteres Vorgehen der Freiwilligen Selbstkontrolle der Filmwirtschaft (FSK) in Wiesbaden gefordert. Diese, so argumentierte etwa der katholische Filmproduzent Heinz Landwehr, stehe in der Verantwortung, dem blasphemischen Mix von »Religiösem, Kirchlichem mit dem Obszönen«

---

189 »Der Pfarrer von St. Michael«, in: *Filmdienst* 49/1957.
190 »Der Orgelbauer von St. Marien«, in: *Filmdienst* 34/1961.

ein Ende zu bereiten, käme dieser aber in den seltensten Fällen nach.[191] Somit wurde die Diskussion um die filmische Repräsentation des Geistlichen in den späten fünfziger Jahren zum Ausgangspunkt und Katalysator für die nun wieder verstärkt auftretenden Konflikte zwischen konfessionellen Filmstellen und der Arbeit der FSK, in der auch die Kirchen (wenn auch in der Minderheit) vertreten waren.[192] Bei den audiovisuellen Ausdeutungen des Geistlichen zeigten die zölibatskritischen Filme der späten fünfziger Jahre und die kirchlichen Reaktionen darauf, dass der Spielfilm den Priesterzölibat und die Beziehung zwischen priesterlichem Amt und der Gesellschaft bereits vor einer breiten massenmedialen Kritik an den Kirchen verhandelte, die vor allem in den Printmedien offenbar wird. Hier lassen sich im bundesrepublikanischen öffentlichen Bildhaushalt erste Versuche der Wiederaufnahme des Themas Zölibat finden, deren Vorläufer in den liberalen Kulturkampfschriften des 19. Jahrhunderts[193] und auch in der nationalsozialistischen Propaganda gegen katholische Geistliche in den späten dreißiger Jahren zu finden sind.[194] Im Gegensatz zur öffentlichkeitswirksamen Debatte der späten sechziger Jahre wurde in den humoristisch derb gebrochenen Heimatfilmen der Grund für das Scheitern einzelner Priester am zölibatären Leben jedoch nicht im größeren Zusammenhang des gesellschaftlichen Wandels großstädtischen Lebens gesehen, sondern vielmehr in einem quasi zeitlosen Bedürfnis des Mannes nach Zuneigung und Sexualität.

Für das Abflauen der Zölibatsfilme zu Beginn der sechziger Jahre machte der katholische *Filmdienst* nicht restriktive Schnittauflagen der FSK, sondern vornehmlich den Beginn der deutschen Kino- und Filmkrise aus, der eine generelle Abkehr vom Genre Heimatfilm zur Folge hatte. Daneben sahen die Redakteure hierin die erfolgreiche Arbeit der katho-

---

191 Siehe den Brief des Filmschaffenden Heinz Michael Landwehr an Anton Kochs, Leiter der Katholischen Hauptstellen Film und Bild vom 21. April 1959 (Archiv des Erzbistums Köln, Aktenbestand der Deutschen Bischofskonferenz, KHBF (Teilbestand Kochs), Ordner 283. Landwehrs Brief stieß nicht nur eine rege Diskussion unter den Verantwortlichen der katholischen Filmarbeit an, er kann auch als Anstoß für den bereits genannten Brief Heinrich Berresheims an die deutschen Filmproduzenten gelten.
192 Ein erster Konflikt zwischen den kirchlichen Filmbeauftragten und der FSK der Filmwirtschaft folgte bereits 1950, also ein Jahr nach der Einführung der FSK, auf die Diskussion und letztendliche Genehmigung des Willy Forst Klassikers »Die Sünderin« (Deutschland 1950), die zum kurzzeitigen Austritt der kirchlichen Vertreter aus der FSK führte; siehe Kuchler, *Kirche*, S. 147–174; Quaas, *Filmpublizistik*; Kniep, »Kirchen«.
193 Vgl. Jürgensmeier, *Kirche*.
194 Vgl. Hockerts, *Sittlichkeitsprozesse*.

lischen Filmstellen und deren Einwirken auf die führenden Filmproduzenten. Gerade dieser Erklärungsansatz scheint jedoch auf einer Überschätzung des eigenen Einflusses zu beruhen. Die deutsche Filmwirtschaft folgte keineswegs den Forderungen der katholischen Filmarbeit nach einer Abkehr der scheinbar seichten Darstellung des Geistlichen.[195] Auch nach der Blütezeit des Heimatfilms diente die Figur des Pfarrers den Drehbuchautoren als populärer Charakter. Die Filmproduktionen der sechziger Jahre setzten ihn nun aber weniger als Vertreter der traditionellen Kirchlichkeit in Szene. Vielmehr inszenierten sie sein von Kirche und Religion abseitiges Wirken als Detektiv oder Abenteurer, eine Rolle, die bis in die populären TV-Serien der achtziger und frühen neunziger Jahre fortgeschrieben wurde.[196]

Die Figur des durch die Verfilmung der Chesterton-Romane populär gewordenen Pfarrers Pater Brown lässt sich dabei als Bindeglied zwischen dem auf seinen kirchlichen Dienst fixierten Geistlichen in den Bilderwelten der fünfziger Jahre und dem Rebellenpriester der späten sechziger Jahre verstehen.[197] Einerseits findet sich in der filmischen Darstellung des Pfarrers das immer wiederkehrende Motiv seines Dienstes als Sakramentsverwalter. Andererseits fällt Brown in humoristischer Überzeichnung aus dem traditionellen Bild des Geistlichen heraus, wenn er etwa in der Eingangsszene von »Das Schwarze Schaf« (Deutschland 1960) statt seines Breviers gedankenversunken, in fast kontemplativer Entrückung in Thomas Muirs Kriminalroman »War es Mord?« blättert. Der Regisseur spielt gleich zu Beginn des Films anscheinend ganz bewusst mit den Erwartungen, die das Publikum zu Beginn der sechziger Jahre an einen (Film-) Geistlichen stellte und weiß diese zu parodieren: In seinem Pfarrgarten schreitet Brown in schwarzer Soutane und mit Buch in der Hand auf und

---

195 Kuchler, *Kirche*, S. 224.
196 Beispielhaft hierfür die deutsche Verfilmung von Gilbert Keith Chestertons Pater Brown-Reihe: »Das schwarze Schaf« (Deutschland 1960), »Er kann's nicht lassen« (Deutschland 1962), »Die Abenteuer des Kardinal Braun« (Deutschland 1968) oder auch der an die italienische Don Camillo-Reihe angelehnte deutsche Spielfilm »Der Gauner und der liebe Gott« (Deutschland 1960); für die Pfarrergestalt in TV-Serien siehe: Hurth, *Mann Gottes*.
197 Neben der Auszeichnung »Filmband in Gold« für den Hauptdarsteller Heinz Rühmann stach Ashleys Film »Das schwarze Schaf« vor allem durch den Publikumszuspruch hervor, den er 1961 erfuhr. So belegte er in der Liste der 80 aufgeführten deutschen Filmproduktionen in Bezug auf die Zahl der Kinobesucher immerhin Rang 7 und wurde von den Kinobesitzern insgesamt als »guter geschäftlicher Erfolg« bewertet; siehe: Sigl/Schneider/Tornow, *Kohle*, S. 135.

ab. Er bleibt stehen, blickt zum Himmel und dann mit geschlossenen Augen wieder auf sein Buch. Die Kamera folgt seinem Blick und erst jetzt erkennt der Betrachter, dass es sich bei dem Buch keineswegs um geistige Erbauung, sondern um einen Krimi handelt. Browns Lektüre wird indes jäh unterbrochen: Das Glockengeläut ruft ihn zur Messe. So folgt der Eingangszene eine etwa dreiminütige Sequenz, die Pater Brown bei der genuinen Aufgabe des katholischen Geistlichen, der Messfeier, zeigt. Durch die Darstellung des scheinbar Unvereinbaren in diesen beiden ersten Szenen, nämlich des geistigen Amtes und der begeisterten Zuwendung zur profanen Literatur, setzt der Regisseur Helmuth Ashley die Figur des katholischen Pfarrers Brown bereits zu Beginn des Films deutlich von dem in den Medien vorherrschenden Geistlichenbild der direkten Nachkriegszeit ab. Er inszeniert ihn als mitten in der Welt stehenden Priester, der deren Zerstreuung ohne schlechtes Gewissen schätzt.

Abb. 11: »Das schwarze Schaf« (Deutschland 1960)

Auch in seinem Verhältnis zu seinen Vorgesetzen lässt sich zweifelsohne ein gewisses Rebellentum erkennen. Dieses zielt jedoch (anders als bei den Rebellenpriestern der späten sechziger Jahre) nicht auf theologische Fragen ab. In seinem Widerstand gegen die kirchlichen Hierarchien steht er vielmehr als Hüter und Kämpfer der Gerechtigkeit.

2.4 Bildliche Darstellungen religiöser Mythen zwischen visueller Evidenz und historischer Beglaubigung

2.4.1 Die Visualisierung der Historizität religiöser Mythen in den Printmedien

In den von den Massenillustrierten aufgenommen Themen, die sich auf einer visuellen und verbalen Ebene der christlichen Religion näherten, stachen in den fünfziger Jahren allein durch ihre ausladende Aufmachung und bilderreichen Layouts vor allem diejenigen heraus, die sich in einer Darstellung archäologischer Funde mit der historischen Wahrhaftigkeit biblischer Überlieferungen auseinandersetzten. In der populären Aufbereitung archäologischer Entdeckungsreisen und Forschungen zur Rekonstruktion biblischer Geschichten unterbreiteten sie den Lesern die Botschaft, dass die der Religion grundlegenden Mythen historisch rekonstruiert und als wahr bewiesen werden könnten, und zwar unter Rückgriff auf die neuesten Erkenntnisse archäologischer Wissenschaft und die Methoden der Naturwissenschaften. Dabei erwies sich die bildliche Gestaltung für die Artikel als zentrales Element. Bilder visualisierten nicht nur das in den Texten Gesagte, sondern wurden darüber hinaus zum eigentlichen Gegenstand der Artikel, in dem sich die Leistung der archäologischen Forschung und der Entdeckungsreisen bewies. Durch die von den Archäologen, Restauratoren und Abenteurern geleistete und von den Illustrierten popularisierte Rekonstruktion antiker Zeugnisse wurden diese für den Betrachter visuell erfahrbar, ihre Präsenz in den Illustrierten sollte den Betrachtern suggerieren, dass moderne Forschung den Grundlagen der Religion habhaft werden kann. Religion verließ somit die Ebene einer allein auf Glauben angewiesenen metaphysischen Weltdeutung und wurde zur fassbaren (und somit beweisbaren) Wissenschaft, die sich dem Menschen in der visuellen Existenz ihrer Untersuchungsgegenstände offenbart. Somit wurde hier ein Weg eingeschlagen, der Apostrophierung der Religion als naiver Wunderglaube entgegenzuwirken. Anders als die zeitgenössischen modernen theologischen Strömungen um Rudolf Bultmann versuchten die Autoren nicht, die christliche Religion durch eine hermeneutisch exegetische Neuauslegung der Bibel zu entmythologisieren, sondern vielmehr durch eine empirisch anmutende Beweisführung die Historizität biblischer Personen und Geschichten nachzuweisen. Dabei beschränkte sich die Darstellung in den Publikumszeitschriften nicht allein auf die antiken Relikte zur Rekonstruktion religiöser Grundlagen wie Papyri oder Tontafeln.

Darüber hinaus setzten die Illustrierten vielmehr zentrale Personen der christlichen Religion selbst ins Bild, deren Aussehen mit der Technik der Moderne rekonstruiert und präsentiert wurde. Zudem verschoben die Illustrierten die »Agenten« religiösen Wissens. Nicht Geistliche, Kirchenführer oder Theologen vermittelten hier ihre Kenntnisse von Religion, sondern forschende Archäologen und reisende Abenteurer. In dieser Abwendung von den kirchlichen Trägern religiöser Expertise lässt sich in den visuellen Berichterstattungen der Illustrierten ein Gegentrend zu der oftmals konstatierten Renaissance kirchlich gefasster Religiosität und einer neuen Machtposition der Kirchenführer in der frühen Bundesrepublik ausmachen.[198] Das Gegenbild des forschenden Archäologen zum religiösen Glaubensführer lässt sich allein in dessen professioneller Selbstverortung erkennen: Nicht Missionierung oder Repräsentation einer religiösen Gemeinschaft war das Ziel der hier auftretenden Vermittler des Religiösen, sondern die auf weltliche Professionalität fußenden Entdeckungen und Analysen. Ihr Metier war nicht der Glaube, sondern die Wissenschaft.

Innerhalb der Gruppe der auflagenstarken Publikumszeitschriften in der Bundesrepublik der fünfziger Jahre konnte in den breiten Bildberichterstattungen über archäologische Forschungen an religiös konnotierten Orten vor allem die Springer-Illustrierte *Kristall* herausstechen. Als Illustrierte, die ihrem Publikum in Abgrenzung zu den Konkurrenzblättern »unterhaltende Kultur« zu bieten versuchte, passten diese Berichte und Bildstrecken hervorragend in ihr Profil.[199]

Der *Kristall* ging 1948 aus den *Nordwestdeutschen Heften* hervor, in denen Axel Springer mit den Herausgebern Axel Eggebrecht und Peter von Zahn seit 1946 die Sendemanuskripte des Nordwestdeutschen Rundfunks herausgegeben hatte.[200] Da sich dieses Format jedoch schnell überholt und mit der Währungsreform zunehmend an Popularität verloren hatte[201], gestaltete Axel Springer die Zeitschrift nach zwei Jahren komplett um: Der zunehmenden Konzentration auf weniger politisch aufklärende und nunmehr unterhaltende Inhalte stellte er einen verstärkten Einsatz von Zeich-

---

198 Zu den Verkirchlichungstendenzen innerhalb der beiden großen Kirchen in Deutschland in den fünfziger und frühen sechziger Jahren siehe: Gabriel, *Christentum*; ders.: »Katholiken«, insb. S. 423ff.
199 Werbeheft des *Kristall* mit dem Titel: »Eine Illustrierte? Mehr als eine Illustrierte! Kristall«, Hamburg, 1966.
200 Zur Geschichte der *Nordwestdeutschen Hefte* siehe: Haller, *Zeitschriftenpläne*, S. 12–17.
201 Die 1946 erreichte Auflage von immerhin 500.000 sank im Jahr 1948 rapide.

nungen und Fotografien zur Seite. Damit folgte er dem generellen Trend der bundesdeutschen Illustriertenlandschaft nach der Währungsreform: Mit der Aufhebung der Papierkontingentierung orientierten sich die Herausgeber wieder zunehmend an dem Gesetz von Angebot und Nachfrage, sprich nach dem Publikumsgeschmack, der vermehrt unpolitische Lektüre forderte, die auch durch ihre visuelle Gestaltung zu unterhalten wusste.[202] Ihren augenscheinlichen Abschluss fand diese Neukonzeption in der Umbenennung der *Nordwestdeutschen Hefte* in *Kristall* im September 1948. Der *Kristall* positionierte sich auf dem Zeitschriftenmarkt nun als populärwissenschaftliches Magazin für den gehobenen Mittelstand. Springers komplette Neukonzeption des *Kristall* lässt sich somit als Mosaikstein der einschneidenden Verschiebung in der westdeutschen Presselandschaft nach 1949 verorten. Waren es in der Zeit zwischen deutscher Kapitulation und doppelter Staatsgründung im Bereich der Wochenmagazine noch vermehrt die politisch-kulturellen Zeitschriften, die Themen setzten und die Presselandschaft in Westdeutschland prägen konnten, wurden diese in der Zeit nach der Konstituierung der beiden deutschen Staaten zunehmend von den nun florierenden Illustrierten abgelöst. Diese unterschieden sich durch die verstärkte Konzentration auch auf die bildliche Ausgestaltung besonders auf der visuellen Ebene von den Presseerzeugnissen der direkten Nachkriegszeit; in ihrem Selbstverständnis wandten sie sich weniger politisch aufklärend als vielmehr unterhaltend an ihre Leserschaft.[203]

Im Vergleich zu den Marktführern auf dem deutschen Illustriertenmarkt *Stern* und *Quick* setzte der *Kristall* weniger auf Boulevardthemen als vielmehr auf die populäre Aufbereitung wissenschaftlicher Entdeckungen, spektakulärer Reiseberichte und kultureller Entwicklungen.[204] Wissenschaft und Forschung galten als ein bewusst gesetzter Schwerpunkt der Berichterstattung. So warb die Illustrierte im Jahr 1949:

»Quer durch Zeit und Raum erstrecken sich die Themen von *Kristall*. Aus der unendlichen Fülle des menschlichen Lebens schöpfend, schrieb sich *Kristall* in die Herzen seiner Leser hinein: Packend im Rückblick – kühn in der Vorschau – alle Bezirke des menschlichen Wissensdrangs ausleuchtend. Angenehm zu unterhalten und in liebenswerter Weise den Wissensstoff zu vermitteln, das ist die schöne Aufgabe von *Kristall*, der großen Zeitschrift für Unterhaltung und Wissen.«[205]

---

202 Laurien, »Zeitschriftenlandschaft«, S. 78.
203 Ebd., S. 67.
204 Eskildsen, *Fotografie*, S. 9.
205 *Kristall* 22/1949.

Gerade in der bildlichen Aufbereitung lässt sich diese Linie erkennen. So fanden sich im Layout des *Kristall* weniger die für Illustrierte typischen mit Portraitfotos bebilderten Neuigkeiten des Boulevards als vielmehr ausladende Bildstrecken über Themen der modernen Kultur, die dem Betrachter eine möglichst anregende Popularisierung neuer Erkenntnisse der Wissenschaft boten. Flankiert wurden diese Fotostrecken zumeist von Zeichnungen und einem im Vergleich zu anderen Illustrierten exzessiven Einsatz von Kartenmaterial.

Im Hinblick auf die Auflagenhöhe rangierte der *Kristall* weit hinter den großen Illustrierten. Während diese um 1960 Auflagen von über einer Million verbuchen konnten, schaffte der *Kristall* 1957 in der Spitze eine Auflage von knapp 400.000 Exemplaren. Aufgrund der stagnierenden Auflage versuchten Axel Springer und der neue Chefredakteur Horst Mahnke, den Springer 1960 vom *Spiegel* zum *Kristall* holte, mit populären Landsergeschichten neue Leserschichten zu gewinnen. Die erfolgreichen Fortsetzungsgeschichten von Paul Karl Schmidt, alias Paul Carell, die der Autor 1963 im Springer-eigenen Ullstein Verlag als Buch veröffentlichte, fanden im *Kristall* ihren Vorabdruck. Aber auch der Erfolg der Landserserien konnte den *Kristall* nicht aus der Verlustzone retten, laut eines *Spiegel*-Artikels aus dem Jahr 1966 kostete der *Kristall* dem Springerverlag einen jährlichen Zuschuss von 4 Millionen Mark, so dass die Illustrierte im Dezember 1966 ihre letzte Ausgabe publizierte.[206]

Die Leserschaft, die den *Kristall* regelmäßig las, wurde in einer Untersuchung des Allensbacher Instituts für Demoskopie aus dem Jahr 1954 mit immerhin 11 Prozent der Bundesbevölkerung angegeben. Immerhin 15 Prozent lasen die Illustrierte gelegentlich.[207] Das Spektrum der Leserschaft ähnelte – und dies mag bei dem Selbstverständnis als anspruchsvolle Illustrierte durchaus überraschen – dem anderer großer Illustrierten: Bei einem leichten Überhang der weiblichen Leser (52 Prozent zu 48 Prozent männliche Leser) dominierten bezüglich der Berufskreise vor allem Arbeiter und Angestellte. Die in (ausgenommen der konfessionellen) Zeitschriften festzustellende Dominanz der protestantischen Leser lässt sich auch für der Leserschaft des *Kristall* erkennen.[208]

Im Folgenden sollen die durchgehenden visuellen Stereotype, die sich in einer Vielzahl der Berichte über die archäologisch rekonstruierten reli-

---

206 »Schwere Stunde«, in: *Spiegel* 51/1966.
207 Arbeitsgemeinschaft Leseranalyse, *Zeitschriftenleser*, Tabelle 12b.
208 Ebd., Tabelle 12a.

giösen Mythen finden lassen, erörtert werden. Hierbei spielen die Inhalte der einzelnen Berichte eine untergeordnete Rolle, auch wenn sie nicht ganz fallengelassen werden sollen, da sie den Betrachtern der Fotografien und Zeichnungen eine Lesart derselben vorgaben.

Betrachtet man nun die Bilder zu den Illustriertenartikeln, so sticht in ihnen ein neuer Typ von Vermittler religiösen Wissens hervor. Waren es in der klassischen Kirchenberichterstattung der fünfziger Jahre vor allem Vertreter der kirchlichen Hierarchie, also Pfarrer, Bischöfe oder Päpste, welche die Bildzusammenstellungen der Artikel prägten[209], so gelten hier Abenteurer und Archäologen als Vermittler des Religiösen. In dieser Neubestimmung der Träger religiöser Expertise findet sich implizit auch eine Umdeutung religiösen Wissens insgesamt. Geht es in den Artikeln doch nicht mehr um gläubige Frömmigkeit der Protagonisten, sondern vielmehr um deren kritische Wissenschaft und deren Abenteurermut, die religiöse Artefakte sichtbar und deren historischen Hintergrund damit beweisbar machen.

Im Jahr 1949 widmete der *Kristall* dem britischen Abenteurer und Atlantisforscher Egerton Sykes eine dreiteilige Serie über die vermeintlich am Ararat gestrandete Arche Noah. Unter dem Titel »Die sensationellste Expedition unserer Zeit« berichtete Sykes über eine von ihm unternommene Entdeckungsreise nach Ostanatolien. Mit dieser versuchte Sykes das Geheimnis der biblischen Sintflut zu entschlüsseln, für die er in mehreren Kulturen Beweise zu entdecken glaubte. Gleich einem Abenteuerroman berichtet Sykes im *Kristall* über seine Expedition im Wettlauf mit einer zeitgleichen amerikanischen Entdeckungsreise.

In ihrer visuellen Gestaltung lässt sich in der Serie die klare Linie der bildlichen Ausgestaltung des *Kristall* erkennen: Den einzelnen Artikeln werden neben Fotografien oftmals Zeichnungen, Kartenmaterial und kurze in Kästen angeordnete Textteile beiseite gestellt. So umrahmen den ersten Artikel der Serie zwei Fotografien, eine Landkarte, welche die Lage des Ararats in der Grenzregion zwischen Türkei und Sowjetunion angibt, drei kleinere in Kästen angeordnete Texte und eine apokalyptisch anmutende Zeichnung Gerd Klentzes, welche die Arche Noah als Holzbarkasse an

---

[209] Als Paradebeispiel kann hier etwa Konstantin Prinz von Bayerns neunzehnteilige Papstbiografie gelten, die er in der *Revue* vorab veröffentlichte und dann als Monografie vorlegte; *Revue* 21-40/1952.

überfluteten Felsen vorbei durch die peitschenden Wellen gleitend zeigt.[210] Die Redakteure lassen die Zeichnung über den Seitenfalz hinweg die rechte Artikelseite mit der linken Seite verbinden. Zum einen wirkt sie somit allein durch ihre Größe, zum anderen durch ihre dunkle Farbgebung und die im Wellengang angedeutete Dynamik der Szenerie dominant. Klentzes Zeichnungen (im zweiten Teil der Artikelserie zeigt das Bild eine durch einen auf die Erde stürzenden Mond verursachte Naturkatastrophe) vermitteln dem Betrachter eine apokalyptische Brisanz der Thematik, die auch in dem Serientitel »Als die Erde unterging« aufgenommen wird. Egertons Nachforschungen, so die Argumentation der Zeichnungen im Zusammenwirken mit dem Titel, gelten nicht irgendeiner religiösen Legende, sondern einer realhistorischen Situation, welche die Welt am Abgrund sah.

Abb. 12: »Als die Erde unterging«, in: Kristall 19/1949, Fotograf nicht genannt

Diese Situation zu erforschen und mit der erfolgreichen Suche nach den Resten der Arche Noah die historische Wahrhaftigkeit der Bibel zu beweisen, galt als Aufgabe der Expeditionen, die in der Fotografie auf der rechten Seite des ersten Artikels als kompetitiver Wettstreit zwischen Abenteu-

---

210 *Kristall* 19/1949. Neben der Serie Sykes findet sich das Bild des Abenteurers auf der Suche nach den Ursprüngen der Weltreligionen etwa in: Walther Wolf, »Sinai: Heiliger Berg«, in: *Kristall* 21/1956.

rern inszeniert wird: Die vier Männer, die vor einer Moschee stehen, weist die Bildunterschrift als Teilnehmer einer amerikanischen Expedition aus, die sich in Konkurrenz zu Egerton Sykes vier Wochen vor diesem auf die Suche nach den Überresten der Arche auf dem Berg Ararat gemacht hatten. Die Moschee im Bildhintergrund lässt den Schauplatz ihrer Expedition zu einem orientalischen Ort werden, die westlichen Forscher scheinen somit die Ursprünge der Geschichte von Noahs Arche in der religiösen Fremde zu suchen. Hier nimmt die Szenerie eine im Bild des archäologischen Abenteurers oftmals zitierte koloniale Konnotation auf: Die Abenteurer aus der westlichen Welt retten die antiken Kulturschätze im ehemals kolonialisierten Orient.[211] In ihrer Gestik verbinden die dargestellten Personen ferner die verschiedenen bildlichen Elemente des Gesamtartikels: So weist einer der vier Abenteurer mit seiner Hand aus dem Bild heraus. Folgt der Betrachter seiner Geste, so führt sie ihn zur schneebedeckten Spitze des Ararats, die eine zweite Fotografie zeigt. Sie erschließt sich dem Leser als Ziel der Expedition. In dieser gestischen Verbindung präsentiert das Layout die beiden Visiotypen, die die Wahrhaftigkeit des Mythos' bezeugen: Zum einen den realen Ort, auf dem sich der Arbeit der Forscher zufolge biblische Geschichten ereignet haben (hier der Berg Ararat), zum anderen die Person des Forschers und Abenteurers, der die neue Authentizität der Religion erforschen und einer größeren Öffentlichkeit vermitteln möchte. Ganz im Abseits stehen hingegen die eigentlichen Bewohner der erforschten Region: Diese werden zum einen als ahnungslose Statisten inszeniert, die über die Ziele der Expedition aufgeklärt werden. Zum anderen erscheinen sie als Grenzsoldaten, die mit dem Aufbau einer Grenzbefestigung der Arbeit der europäischen und amerikanischen Forscher scheinbar im Wege stehen.

Auch in dem zweiten Artikel von Sykes Serie lassen sich zwei der sieben abgebildeten Fotografien dem Visiotyp des realen Ortes zuordnen (auch sie zeigen die schneebedeckte Spitze des Berges Ararat), die fünf übrigen zeigen die Expeditionskorps auf dem Ararat. Diese Fotografien betonen nun im Gegensatz zu denen des ersten Teils der Serie die Gefahren, die den Abenteurern auf ihrer Suche nach den Ursprüngen der Geschichte des Noah begegnen. So zeigt die erste Fotografie drei Amerikaner, die sich »durstig und enttäuscht« fragend anblicken und nach einer erfolglosen Suche den Ararat hinabsteigen. Auch die anderen Fotografien the-

---

[211] Zu den kolonialen und imperialen Untertönen in der Präsentation des archäologischen Abenteurers siehe: Holtorf, *Archeology*, S. 65f.

matisieren die Unwägbarkeiten, welche die Suche nach der gestrandeten Arche erschweren. Ein Bild von Soldaten am Fuß des Ararats, die die Grenzbefestigung zwischen der Türkei und der Sowjetunion erneuern, zeigt den Berg Ararat als Ort der militärischen Gefahr. Diese Verbindung von Gefahr und Abenteurertum mit der Suche nach den antiken Realien kann in der populären Präsentation archäologischer Forschungen als eine der dominantesten Darstellungsweisen gelten.[212] Der Weg des Abenteurers zu seinem Ziel, also zu den Überresten der Arche Noah, wird voller Hindernisse beschrieben, die ihm begegnen, also die konkurrierende Forschergruppe aus den USA sowie die militärische Bedrohung durch die Grenzsoldaten. Das unwirtliche Gelände der Expedition wird prominent ins Bild gesetzt. Der Versuch Sykes, den biblischen Mythos durch den Fund der Arche aus der Sphäre des Ungewissen herauszulösen, gewinnt einen erhöhten Wert durch die Gefahr, die diese Unternehmung bedeutet.

Die in den Fotografien zu Sykes Artikel nachgezeichnete Rolle der Abenteurer, die mit Hilfe archäologischer Zeugnisse die Ursprünge der Religion aufzuspüren versuchen, sind in den Bildern der Illustrierten in den fünfziger Jahren ein wiederkehrendes Motiv. Dieses wird ergänzt von dem Bild des professionellen Archäologen, der seinen Mitarbeitern und dem Betrachter seine Funde und deren Bedeutung erläutert. In der Person des Mitarbeiters integrieren die Fotografien den Betrachter in die Szenerien, sein Blick folgt dem des aufmerksamen Helfers, der seine Aufmerksamkeit den Ausführungen des dozierenden Forschers widmet.[213]

So zeigt eine Fotografie aus dem *Kristall* in einem Bericht über die Ausgrabungen einer antiken christlichen Kirche den Ausgrabungsleiter Moshe Prossnitz, der seinen Assistenten die archäologischen Funde erläutert.[214] Prossnitz entdeckte im israelisch-jordanischen Grenzgebiet die Außenmauern und Mosaike einer frühchristlichen Kirche, die der Artikel im Un-

---

212 So kommt Cornelius Holtorf in seiner Studie über die populärkulturelle Darstellung der Archäologie zu dem Schluss: »There can be no doubt that throughout popular culture the theme of adventure is the single most important association with archeology. [...] The assosiations of archeology with adventure are as old as archeology istelf.« Holtorf, *Archeology*, S. 63–65.
213 Neben den hier diskutierten Beispielen siehe etwa die Bildberichte: »Wie starb Christus am Kreuz«, in: *Neue Illustrierte* 15/52; Helmuth Holscher: »Das Kloster am Toten Meer«, in: *Kristall* 12/1956; »Bevor die Götter im Nil ertrinken, rettet der Mensch die Tempel im Nil«, in: *Neue Illustrierte* 52/1961; »Marias Antlitz rekonstruiert«, in: *Quick* 33/1955.
214 »Frühchristliche Kirche neu entdeckt. Wo einst die Jünger Jesu predigten, wird sie jetzt ausgegraben«, in: *Kristall* 6/1958.

tertitel in einen direkten Zusammenhang mit Jesus und seinen Jüngern bringt, die an dieser Stelle vorgeblich gepredigt hatten. Der kurze einspaltige Bericht ist umrahmt von drei Fotografien. Eine erste zeigt eine Skulptur als Fundstück Prossnitz, die größte der Fotografien zeigt die Ausgrabungen eines antiken Mosaikbodens als Ort der archäologischen Forschungen. Die Figur des dozierenden Gelehrten nimmt das dritte Foto auf, das Prossnitz mit einem seiner Mitarbeiter unterhalb des Textes zeigt.

Abb. 13: »*Frühchristliche Kirche entdeckt*«, *in: Kristall 6/1958, Fotografen nicht genannt*

Über die Fundstelle gebeugt erläutert der Archäologe diesem die Auslegung seiner Funde, ein weißer Pfeil zeigt dem Betrachter dabei an, dass es sich bei dem Leiter der Ausgrabungen um den eigentlichen Protagonisten des Artikels handelt. Mit seiner rechten Hand weist er gen Boden, seine beiden Helfer knien bei ihm und scheinen seinen Ausführungen gespannt zu folgen.

Ganz ähnlich nutzt der *Stern* die Figur des dozierenden Gelehrten in einem Artikel über die Rekonstruktion bedeutender Zeugnisse des Manichäismus.[215] Unter dem Titel »Mani könnte erzählen« verbindet der Artikel einen Bericht über die Lebens- und Wirkungsgeschichte des persischen Religionsstifters Mani mit Ausführungen über die Arbeit des Restaurators Rolf Ibschers, der in mühevoller Rekonstruktion versucht, gefundene Papyri, auf denen einst die Schriften des Religionsstifters aufgezeichnet wurden, zu lesbaren Stücken zusammenzufügen. Illustriert wird der Text mit drei Aufnahmen der *Stern*-Fotografin Liselotte Orgels, die den Restaurator Ibscher bei der Arbeit zeigen. Während zwei der Bilder Ibscher mit Lupe und Pinzette in der typisch anmutenden Pose des Restaurators darstellen, präsentiert das dritte Bild dem Betrachter einen Blick durch die Lupe des Forschers auf ein Bild im Bild: ein Ausschnitt eines Papyri, das mit einer Pinzette gehalten wird. Der Leser wird hier quasi selbst zum Forscher. Dem Betrachter zur Seite steht der forschende Gelehrte, der in weißem Kittel gleich in einem Labor die haptischen Beweise religiöser Lehren untersucht und deren Grundlagen im Labor rekonstruiert.

Die beiden visuellen Narrative des Abenteurers und des dozierenden Gelehrten, der vor Ort seine Arbeit erläutert, lassen sich in der überwiegenden Mehrheit der Illustriertenartikel über die historisch-archäologische Spurensuche der Geschichte der Weltreligionen finden. Solche Berichte über archäologische Forschungen konnten indes auch über die Grenzen Deutschlands hinaus gerade in den frühen fünfziger Jahren ein großes Publikum erreichen. So zeigte etwa Robert Ascher in einer Auswertung der 34 im US-Fotomagazin *Life* zwischen 1946 und 1955 erschienen Bildessays zum Thema Archäologie, dass gerade die Techniken der Archäologen, mit denen sie etwa antike Fundstücke säubern, diese bestimmen oder die auf ihnen verzeichneten Schriftzeichen lesbar machen, im Vordergrund der Bildberichterstattungen standen.[216] Auch hier werden Archäologen also als Experten inszeniert, welche die meist zufällig von Laien gefundenen anti-

---

215 »Mani könnte erzählen«, in: *Stern* 7/1950.
216 Ascher, »Archeology«.

ken Relikte mit ihrer professionellen Expertise und ihrem wissenschaftlichen Methodenarsenal zuordnen und ausdeuten konnten.

Einen Anknüpfungspunkt fand die so auch in der Religionsbildberichterstattung inszenierte Rolle des Archäologen im ersten Jahrzehnt der Bundesrepublik in dem weit verbreiteten Bedürfnis nach einer »zuverlässigen Aufklärung nach den Anfängen des Menschendaseins.«[217] Dabei sahen zeitgenössische Beobachter in dieser Zuwendung zu den Experten und deren wissenschaftlicher Hinwendung und Ausdeutung der kulturellen Grundlagen menschlicher Vergesellschaftung ein Verlangen »unserer Generation nach einem historischen Kompaß, (einem) entscheidende(n) Wille(n), nach den politischen Katastrophen und den geistigen Zusammenbrüchen uns in einer die ganze Menschheit umfassenden geschichtlichen Welt neu zu orientieren.«[218] Archäologische Wissenschaft selbst wurde hier zum Weltdeutungsmodell, das zu traditionellen religiösen Richtungen in Konkurrenz trat.[219]

Neben Abenteurern auf der Suche nach den Orten religiöser Mythen, archäologischen Forschern und Restauratoren als Träger religiöser Expertise setzten die Illustrierten zudem die aufgefundenen Relikte untergegangener Kulturen ins Bild. Sie wurden dem Betrachter als Zeugnis präsentiert, in dem sich die wahrhaftige Existenz religiöser Geschichten visuell offenbarte. So diente etwa die Darstellung antiker Papyri der Beglaubigung der auf ihnen verzeichneten Geschichten. Im suggestiven Zusammenwirken verschiedener Fotografien wurde mit der Darstellung der medialen Träger religiöser Ursprungsmythen gezeigt, dass es Ausgrabungen gelungen war, die Vergangenheit wieder zurück ins Leben zu rufen. Dabei wirkt die auf den abgedruckten Fotografien schlechte Verfassung der Papyri – es werden ausschließlich stark verwitterte und nur unvollständig erhaltene Zeugnisse abgebildet – als Beweis für ihr biblisches Alter. Hintergrund der Bildberichte bildeten die bedeuteten Funde antiker Schriften in den dreißi-

---

217 Kirchner, »Archäologie«, S. 2.
218 Joseph Vogt: *Geschichte des Altertums und Universalgeschichte* (Vorträge des Instituts für europäische Geschichte Mainz, 24), Mainz, 1957, S. 21; zitiert nach: Kirchner, »Archäologie«, S. 11.
219 So beschrieb etwa die britische Archäologin Jaquetta Hawkes die Faszination in ihrem Land für archäologische Funde 1951 mit den Worten: »This flow of visitors to ancestral monuments is criously reminiscent of that of medevial pilgrims to famous shrines; their fundamental needs and purposes are very much the same.«; in: »A guide to the Prehistoric and Roman Monuments in England an Wales«, London, 1951, S. 87; zitiert nach: Kirchner, »Archäologie,« S. 11.

ger und vierziger Jahren, so zum einen der Fund des Egerton Papyros in Ägypten, der 1935 der Öffentlichkeit vorgestellt wurde, zum anderen die einige Jahre später in einer Höhle nahe Qumran im Westjordanland entdeckten Schriftrollen.[220]

Unter der Überschrift »Die seltsamen Wege des Buches Jesaias« berichtete der *Stern* im Dezember 1951 über die als »größten Bibelfund der Neuzeit« stilisierte Entdeckung der Qumran-Schriftrollen, auf denen zum einen bekannte alttestamentarische Berichte, darüber hinaus aber auch bis zu diesem Zeitpunkt unbekannte Schriften verzeichnet sind.[221]

Abb. 14: »*Die seltsamen Wege des Buches Jesaias*«, in: *Stern 51/1951, Fotograf nicht genannt*

Einen aktuellen Anlass für den Bericht bot die deutsche Übersetzung der Schriftrollen unter Federführung der Württembergischen Bibelgesellschaft, die gerade kurz vor der Veröffentlichung stand. Der Artikel des *Stern* konzentriert sich auf die Geschichte über den abenteuerlichen Fund der so genannten Qumranrollen, der den Auftakt zu einer Odyssee über die USA zurück in den Orient bildete. Die fotografische Visualisierung des doppelseitigen Artikels wird hingegen dominiert von der Frage nach dem recht-

---

220 Neben dem hier diskutierten Bericht im *Stern* siehe etwa: Ivar Lissnar, »Christus hat gelebt«, in: *Kristall* 13/1953; Samuel Noah Kramer, »Erhöre mich«, in: *Kristall* 13/1955; Helmuth Holscher, »Das Kloster am Toten Meer«, in: *Kristall* 12/1956.
221 B. Lindroos, »Die seltsamen Wege des Buches Jesaias«, in: *Stern* 51/1951.

mäßigen Besitzer: Auf sechs der insgesamt neun fotografischen Abbildungen sieht der Betrachter Personen, durch deren Hände der Fund auf seiner Reise ging. Der Topos des Besitzens wird zudem auf der ersten Seite des Artikels aufgenommen, wo es der Betrachter selbst ist, der von den antiken Schriftstücken Besitz ergreift. Zunächst setzt ihn eine Fotografie in die Position des glücklichen Finders der Rollen. Aus einer Höhle heraus geht der Blick in eine karge, steinige Landschaft. Die Bildunterschrift beschreibt den dargestellten Ort als eben die Höhle, in der einst die antiken Texte gefunden wurden.

Überlagert wird die Fotografie von einer Darstellung dreier Lederfetzen, die mit ihren hebräischen Schriftzeichen die Vorstellungen von Zeugnissen einer fremden Kultur, die mit den Funden aus Qumran verbunden werden, erfüllen. Ihre eigentliche Suggestivität erhalten die Fotografien der Schriftstücke jedoch durch ihre auf Dreidimensionalität ausgerichtete Anordnung im Gesamtlayout der Seite. Der mittlere der drei Stofffetzen überragt die Fotografie der Felsengrotte. Somit vermittelt er den visuellen Eindruck, die Fundstücke befänden sich vor dem Ausgang der Höhle, der Betrachter selbst sieht sich in dieser Anordnung im Inneren der Höhle. Vor ihm liegen die Fundstücke, der Blick geht über diese hinweg aus der Höhle heraus. Die hohe Ikonizität zwischen der Abbildung und den originalen Funden wird durch die Größe der Fotografien erreicht, welche die Originale eins zu eins abzubilden scheinen. Die Aussparungen ihrer linken Hälfte vermitteln zudem den Eindruck, sie seien auf die Seite aufgelegt worden. All diese grafischen Anordnungen geben den Funden eine auch im wörtlichen Sinne zu verstehende Fassbarkeit. Die scheinbar haptische Dimension der Darstellung der Lederrollen lässt sich in den medialen Berichten dabei in einem doppelten Sinne fassen: Einerseits sind die realen Quellenfunde selbst haptische Beweise für vergangene Geschehnisse, andererseits wirkt ihre dreidimensional anmutende Abbildung in den Illustrierten auch für den Leser authentisch, fassbar und konkret. Durch sie wird die Vergangenheit wieder ins Leben zurückgerufen, der Leser kann diese erfahren und sich von ihrer Existenz überzeugen.

2.4.2 Der Film im Widerstreit zwischen der »Entkleidung des Wunderbaren« und christlicher Mission

Christliche Filmarbeit und die Diskussionen um das Genre religiöser Film

»Ist denn das Wunderbare überhaupt photographierbar? Es gibt darauf eine Antwort, die kurzerhand sagt: Ja. […] Warum soll ich, wenn ich an die Wirklichkeit des Wunderbaren glaube, das Wirkliche nicht auch photographieren dürfen? Dies ist die Antwort, die das Existente mit dem Wirklichen verwechselt und es damit als photographierbar legitimiert. Wird aber nicht gerade durch das Photographieren das Wunderbare des Wunders entkleidet?«[222]

Auf einer Tagung des Evangelischen Presseverbandes 1948 verwarf der protestantische Filmemacher Harald Braun in seiner Stellungnahme zum religiösen Film die Möglichkeit einer photographischen und filmischen Darstellung des religiösen Wunders. Religiöse Wunder seien zwar existent, ihre bildliche Darstellung in den Massenmedien verkenne aber deren Ort, denn »der Raum des Heiligen, der Raum des Wunderbaren ist ein Raum des Glaubens und damit ein Raum der erhöhten Phantasie, – ein existenter Raum, aber kein wirklicher Raum und damit nicht photographisch erreichbar.«[223] Für Braun bedeutete diese Absage an einen *religiösen Film*, der sich biblischen Wundergeschichten und phantastischen Heiligenviten zuwendet, keineswegs eine Abwendung vom Genre *religiöser Film* insgesamt. Seine Möglichkeiten sah er jedoch vielmehr in der Darstellung des religiösen Menschen in der entchristlichten Gesellschaft der Gegenwart. Dessen Probleme und Scheitern, dessen vertrauensvolles Hoffen auf einen gütigen und allmächtigen Gott gelte es im *religiösen Film* bildlich darzustellen.[224]

Die Wirkmacht von Brauns Überlegungen für die Filmarbeit der evangelischen Landeskirchen in Deutschland kann kaum überschätzt werden. Bildet doch die Konferenz in Bad Salzdetfurth von 1948 gemeinsam mit einer zwei Jahre später stattfindenden Tagung in Bad Schwalbach den organisatorischen und konzeptionellen Beginn der evangelischen Filmarbeit in der Bundesrepublik. Zudem erreichten Brauns Forderungen eine breite innerkirchliche Öffentlichkeit, da sie in verschiedenen Publikationsorganen der evangelischen Kirchen auch überregional veröffentlicht wur-

---

222 Braun, »Möglichkeiten«, S. 43.
223 Ebd., S. 44.
224 Siehe hierzu die Ausführungen über Geistlichendarstellungen und Brauns Film »Nachtwache« von 1949, Kapitel 2.3.

den.[225] Die in Bad Salzdetfurth thesenartig vorgetragenen Gedanken stehen einerseits in der Tradition internationaler evangelischer Filmarbeit, zum anderen wurden sie zwei Jahre später in der Schwalbacher Entschließung, die gemeinsam von der evangelischen und katholischen Filmarbeit und Vertretern der Filmindustrie verabschiedet wurde, quasi zur Grundlage für das Verhältnis zwischen konfessioneller Filmkritik und der Filmwirtschaft. So forderte die konfessionelle Filmarbeit in Schwalbach: »Wir müssen auch bitten, die filmische Darstellung der göttlichen Offenbarung (Christusleben, Vorgang des Wunders, Vollzug der Sakramente) zu vermeiden. Der Film kann die Wirklichkeit des Heiligen Geistes nur im Spiegel eines menschlichen Schicksals sichtbar machen.«[226]

So wurden Brauns Überzeugungen zum *common sense* innerhalb der konfessionellen Medienarbeit des deutschen Protestantismus im ersten Jahrzehnt der Bundesrepublik. Der wohl einflussreichste Theologe innerhalb der evangelischen Filmarbeit war Werner Hess, der ab 1949 als Filmbeauftragter der EKD die evangelische Filmarbeit nach Brauns Prämissen des *religiösen Films* konzipierte.[227] Innerhalb des theologischen Diskurses zeigt sich in den Positionen Brauns und Hess' die noch in den fünfziger Jahren dominierende dialektische Theologie Karl Barths, dessen schwindender Einfluss innerhalb des deutschen Protestantismus in den sechziger Jahren auch in ein Umdenken in der Bewertung der filmischen Repräsentation des göttlichen Wunders mündete.[228]

Ganz ähnliche Vorbehalte gegenüber der filmischen Darstellung des Lebens und der Taten Jesu artikulierte in den frühen fünfziger Jahren auch die katholische Filmarbeit. So veröffentlichte der *Filmdienst* im November 1953 einen Auszug aus einem Vortrag des Dominikanerpaters P. L. Lunders, Mitglied des internationalen Filmbüros in Brüssel. Nach einer harschen Kritik an Bibelfilmen wie »King of Kings« (USA 1927) von Cecil B. DeMille, dem Lunders eine »krankhafte Sentimentalität« vorwarf, schlossen

---

225 Etwa in: Müller, *Kirche*, S. 9–18; auf regionaler Ebene zudem als Sonderbeilage der »Nachrichten für die evangelisch-lutherischen Geistlichen in Bayern«, München, 1948; siehe: Helmke, *Kirche*, S. 81–92.
226 Schwalbacher Entschließung zitiert nach: Helmke, *Kirche*, S. 95.
227 Die Zusammenarbeit nahm ihren Anfang in der von Harald Braun angestoßenen Filmproduktion der »Nachtwache« (Deutschland 1949), in der die kirchliche Filmkritik, aber auch eine Vielzahl von weltlichen Medien Brauns Vorgaben für den religiösen Film zum ersten Mal in Deutschland verwirklicht sahen. Siehe dazu auch die Ausführungen über Geistlichendarstellungen in den fünfziger Jahren, Kapitel 2.3.
228 Quaas, *Filmpublizistik*, S. 273.

die Ausführungen mit der Einschätzung: »Ich persönlich bin überzeugt, daß die filmische Darstellung des Lebens Jesu, in der sein göttliches und sein menschliches Wesen und seine Erlösersendung zugleich ungenügend hervorgehoben werden könnte, eine Unmöglichkeit ist.«[229] Bereits während der Phase der Konstituierung kirchlicher Medienarbeit artikulierte diese also ihre Ablehnung gegenüber jedweder Darstellung des Wunders. Dies schloss die audiovisuelle Inszenierung des Lebens Jesu ebenso ein wie die bildliche Illustration des wunderhaften Lebens Heiliger. Diese Positionierung stand, so wird zu zeigen sein, in einem erstaunlichen Gegensatz zu den dominierenden Bildwelten der audiovisuellen Massenmedien und deren Umgang mit religiösen Narrativen, die in den fünfziger und frühen sechziger Jahren eine hohe Popularität gewinnen konnten. Diese sollen im Folgenden diskutiert und in die Entwicklung ihrer medialen Träger eingeordnet werden. Zunächst geht es aber um die Suche nach deren Ursprüngen in der Frühphase des Films. Darüber hinaus soll ein Abschnitt über die frühe konfessionelle Filmarbeit vor 1945 zeigen, wie sich die Kirchen zum filmischen Umgang mit Bibelgeschichten positionierten.

Bibelfilme in der Frühphase des Films

Bereits in der Frühphase des Films im späten 19. Jahrhundert etablierten sich biblische Stoffe als narrative Grundlage für Filmproduktionen. Um dem Film um die Jahrhundertwende seinen Ruf als Jahrmarktattraktion zu nehmen und ihn für breitere Bevölkerungsschichten attraktiv zu machen, entwickelten Produzenten vor allem in Frankreich das Konzept des *Film d'Art*, der sich in seinen Inszenierungen stark an Theaterproduktionen anlehnte und diese teilweise eins zu eins übernahm. Als bedeutsamstes Thema, das von den Filmregisseuren in dieser Form aufgenommen wurde, kann die biblische Passionsgeschichte gelten, die sich um die Jahrhundertwende zunächst in Frankreich als gängiges Sujet des frühen Monumentalfilms herausbildete.[230] Zumeist in Form der populären Passionsspiele erreichten zahlreiche Filme ein stetig wachsendes Publikum.

So entstanden 1897 gleich vier verschiedene Produktionen, die auf der Grundlage der biblischen Erzählungen die letzten Tage des Lebens Jesu Christi für das neue Medium Film inszenierten. Der Film des französi-

---

229 P. L. Lunders, »Vorsicht vor Christusfilmen«, in: *Filmdienst* 43/1953.
230 Haucke, *Anfänge*, S. 194.

schen Regisseurs Kirchner »Die Passion«, der das Passionsspiel einer Wanderschauspieltruppe verfilmte, ist heute verschollen, genauere Details über Ästhetik und Inhalte des Films sind nicht bekannt. Erhalten hingegen ist der Film »La Vie et La Passion de Jésus Christ« (Frankreich 1897) der Gebrüder Lumière.[231] Deren Stummfilm teilt sich in dreizehn etwa einminütige Szenen aus dem Leben Jesu, in denen Jahrmarktdarsteller die biblischen Erzählungen nachspielen.[232] Unter wessen Regie die Lumière-Produktion entstand, ist indes umstritten, auch wenn sie zumeist dem Franzosen George Hatot zugeschrieben wird.[233] Ebenfalls unklar ist, ob der Verweis auf die Passionsspiele im böhmischen Höritz lediglich dem kommerziellen Erfolg des Films auf dem amerikanischen Markt dienen sollte. Aufgrund der starken puritanischen Tradition in den USA stand man dort einer professionellen Verfilmung und Vermarktung biblischer Geschichten skeptisch gegenüber. Dass der Film als Dokumentation der Passionsspiele in Höritz entstand, wie dies etwa Gottfried Posch behauptet[234], lässt sich nicht nachweisen.[235]

Der Inhalt des Films orientiert sich einerseits an dreizehn den Betrachtern des späten 19. Jahrhunderts wohl weitestgehend bekannten Bibelszenarien. Auch entspricht die Bildsprache dem Standard der ikonographischen Ausdrucksformen im 19. Jahrhundert, teils werden bekannte Ikonen der Kunstgeschichte aufgenommen (so orientiert sich die Darstellung des letzten Abendmahls eindeutig an da Vincis Abendmahlszene), andere Szenen sind den populären volkstümlichen Passionsspielen nachempfunden. Andererseits stellten Produzenten und Regisseur den Erwartungen der Rezipienten ihre eigenen Bilder wohl bewusst entgegen, wenn etwa den biblischen Texten Details hinzugefügt oder auch ganze Narrative in die bekannten Geschichten eingeflochten wurden. So verweilt im Film der Gebrüder Lumière die Heilige Familie bei ihrer Flucht nach Ägypten an der großen Sphinx von Gizeh[236], nach seinem Tod wird der Leichnam Jesu in einen Sarkophag gelegt, aus dem er in der folgenden Szene spektakulär entschwebt. Es kann also keineswegs als Eigenheit der Jesusfilme aus der

---

231 Troeplitz, *Geschichte Band 1*, S. 49f.
232 Den Inhalt der einzelnen Szenen fasst Charles Ford zusammen; Ford, *Film*, S. 70–72.
233 So geht Gottfried Posch davon aus, dass der Film unter der Regie Hatots entstand. Siehe: Posch, »Jesusfilme«. Dies relativiert Reinhold Zwick; siehe: Zwick, »Leben«, S. 303.
234 Posch, »Jesusfilme«, S. 1; Ähnliches sagt Toeplitz, *Geschichte Band 1*, S. 49, FN 4.
235 Zwick, »Leben«, S. 303.
236 Ford, *Film*, S. 70f.

zweiten Hälfte des 20. Jahrhunderts gelten, eigene Vorstellungen über das Leben Jesu mit den Überlieferungen der Evangelien zu ganzen Handlungssträngen der Filme verschmelzen zu lassen. Reinhold Zwick stellt vielmehr zurecht fest, dass es

> »dem Jesusfilm in die Wiege gelegt (ist), seinen Stoff, der [...] eigentlich durch die ausführlichen österlichen Lesungen vertraut sein müßte, mit legendarischen Ausführungen und einiger Phantasie zu variieren und den Zuschauer so durch ein schon damals als attraktiv anerkanntes Wechselbad von Erfüllung und Durchkreuzung seiner Erwartungen zu schicken.«[237]

Als die für das zeitgenössische Publikum wohl spektakulärsten Szenen können die wundersamen Ereignisse im Leben Jesu gelten, die mit der den Pionieren des frühen Kinos zur Verfügung stehenden Tricktechnik auf die Leinwand gebracht werden konnten. So war es in der Verfilmung der Gebrüder Lumière vor allem die Abendmahlszene, in der mithilfe einer basalen Stopp-Trick-Technik Christus »auf Knopfdruck« im Kreise seiner Jünger auftaucht. Diese plötzliche Erscheinung, die weder mit einer biblischen Grundlage noch mit einem Handlungsstrang der Szene erklärt werden kann, legt die Vermutung nahe, dass es hier primär um die spezifischen Möglichkeiten des neuen Mediums Film geht, mit denen die Zuschauer begeistert und für den neuen Typ der medialen Unterhaltung gewonnen werden sollten. Die filmtricktechnische Darstellung der Wundertaten Jesu kann als prägendes Merkmal des frühen Jesusfilms gelten. Sie bestimmen auch den 44-minütigen französischen Film »La Vie et la Passion de Jésus Christ« (Frankreich 1903)[238] der französischen Regisseure Lucien Nunguet und Ferdinand Zecca. Der von der französischen Produktionsfirma Pathé gedrehte Film, die zu den führenden Filmfirmen des Kontinents gehörte, wurde im Mai 1903 in Frankreich uraufgeführt, ein Jahr später folgte der überaus erfolgreiche Vertrieb in den USA. Zu einer der wiederkehrenden Narrative des Films geriet der Auftritt des Engels des Herrn, der den Menschen mit seiner schwertähnlichen Basiliskenzunge Wege weist, römische Soldaten vertreibt und die Botschaft Gottes überbringt. Wie bei seinen Vorgängern ging es in dem Film weniger um eine

---

237 Zwick, »Leben«, S. 307.
238 Die Produzenten von Pathé-Pictures vertrieben den Stummfilm unter verschiedenen Titeln, die auch in der Forschung parallel gebraucht werden. Neben dem Originaltitel lief er in Frankreich unter »Vie et Passion du Christ«, »La Passion« und »La Passion de Notre-Seigneur Jésus Christ«. In den USA firmierte er unter den Titeln »Life and Passion of Christ«, »Life of Our Savior« und »The Passion Play«.

streng an den Berichten der Evangelien orientierten Darstellung als vielmehr um eine möglichst effektvolle Inszenierung der wundersamen Geschehnisse im Leben Jesu. So löst der Film etwa die Szene, in der Jesus über das Wasser geht, aus ihrem biblischen Kontext heraus:

Abb. 15: »La Vie et la Passion de Jésus Christ« (Frankreich 1903)

Anstatt auf das Boot der Jünger zuzugehen, taucht Jesus im wahrsten Sinne des Wortes aus dem Wasser auf, um, Blick und Arme gen Himmel gerichtet, zunächst auf den Zuschauer zuzuschreiten und anschließend links aus dem Bild zu treten. Die biblischen Überlieferungen, die in der Geschichte über Jesu Gang über den See Genezareth die Beziehung zwischen Jesus und seinen Jüngern und die Frage nach Vertrauen herausstellt, können hier nicht als Vorlage gesehen werden. Vielmehr wird die Wundertat Jesu im Film ihrer ursprünglichen Sinnhaftigkeit entzogen und gerät so für den zeitgenössischen Zuschauer zu einem eindrucksvollen Spektakel.

Diese frühen Beispiele der auf biblischer Vorlage produzierten Stummfilme verdeutlichen, dass die Produzenten vor allem zunächst einmal den profitablen Verkauf des Films im Blick hatten und weniger die werkgetreue Umsetzung der Evangelientexte im neuen Medium Film.[239] Gerade in einer Zeit, in der sich in Großbritannien und Frankreich das Kino vom Experimentierfeld einer künstlerischen Avantgarde hin zu einem »auf Maximal-

---

[239] Jesusfilme als Stummfilme wurden bis etwa Mitte der dreißiger Jahre produziert. Ihren Höhepunkt erlebte das Genre zum einen mit Robert Wienes Film »I.N.R.I.« (Deutschland 1923), zum andern mit Cecil DeMilles Klassiker »King of Kings« (USA 1927), dem teuersten Stummfilm aller Zeiten. Von der konfessionellen Filmkritik ob seiner bombastischen aber auch, so die einhellige Meinung, leidlich oberflächlichen Inszenierung zumeist abgelehnt, wurde »King of Kings« gerade im angelsächsischen Raum indes zu einem Publikumserfolg; siehe: Ford, *Film*, S. 76f., zu den Entwicklungslinien der Jesusfilme siehe überblicksartig: Langenhorst, *Jesus*, S. 36–42.

profit ausgerichteten Finanzexport« entwickelt, drängten marktstrategische Überlegungen der Produzenten vermehrt in den Vordergrund.[240] Auch biblische Handlungen bedurften nach Ansicht der Pioniere der Filmwirtschaft der Anreicherung spektakulärer Bilder, welche die Zuschauer in die Kinos locken konnten. Erst die Zusammenstellung von populären und bekannten religiösen Narrativen mit den durch die Möglichkeiten der neuen Tricktechnik generierten Wunderdarstellungen schienen ein Garant für das finanzielle Gelingen einer Kinoproduktion zu sein: So geriet der Jesusfilm der Lumière Brüder zum größten Kinoerfolg des ausgehenden 19. Jahrhunderts.[241] Auch für die 1896 von den Geschwistern Charles, Émile, Théophile und Jacques Pathé gegründete Produktionsgesellschaft *Société Pathé Frères* erwies sich der mit hohem Kostenaufwand produzierte gleichnamige Stummfilm »La Vie et la Passion de Jésus Christ« von 1903 als lohnenswerte Investition. Nicht zuletzt durch die erfolgreiche Vermarktung auch in den USA avancierte er zu einem der populärsten Filme des Unternehmens.[242]

Frühe kirchliche Filmarbeit

Bei seinem freien Umgang mit der biblischen Vorlage mag es zunächst überraschen, dass der Film »La Vie et la Passion de Jésus Christ« von 1903 gerade auch in den katholischen Milieus West- und Südeuropas einen großen Anklang fand: Noch bis Mitte des 20. Jahrhunderts zeigten kleinere Kinos in den Pfarren Frankreichs und Italiens in der Osterzeit diesen Klassiker des Jesusfilms.[243] Dabei steht die Popularität des Stummfilms in einem frappierenden Gegensatz zur zeitgenössischen amtskirchlichen Haltung gegenüber dem Medium Film im Allgemeinen und dessen Darstellung Christi im Besonderen. Orientierte sich diese doch an der bürgerlichen Ablehnung des neuen Mediums, das – so die Kritik – gerade mit der Suggestivkraft seiner Bilder an die niederen Instinkte der Rezipienten appelliere.[244] Erst langsam entstanden um 1915 im Bereich der katholischen Laien- und Verbandsarbeit erste Versuche, sich dem Medium Film gegenüber zu öffnen und die Distribution von Filmen mitzuprägen. Dies be-

---

240 Haucke, »Anfänge«, S. 104.
241 Zwick, »Leben«, S. 302.
242 Toeplitz, *Geschichte Band 1*, S. 49f.
243 Ebd., S. 50.
244 Helmke, *Kirche*, S. 72–77.

deutete, die anfängliche auf Technikskepsis und auch die Verlautbarungen der kirchlichen Hierarchie[245] gestützte Ablehnung des Mediums Film hinter sich zu lassen. Vereinzelten kirchlichen Volksbildungs- und Standesorganisationen gelang es nun, mit dem Aufbau von kirchlichen Filmverleih- und Vorführorganisationen im zweiten Jahrzehnt des 20. Jahrhunderts die an einigen Stellen entstehenden kommunalen Reformkinobewegungen mitzuprägen. Bezeichnend für diesen Wandel lassen sich etwa die Aufrufe der Katholikentage 1912 in Aachen und 1913 in Metz deuten, die die vormalige Ablehnung des Mediums in eine konstruktive Kritik wandelten und die christliche Durchdringung des Films durch die katholische Bildungsarbeit einforderten.[246] In diesem Kontext müssen auch die bereits angesprochenen Aufführungen der frühen Jesusfilme in den katholischen Pfarren betrachtet werden, die zeigen, dass es zumindest im Laienkatholizismus keine grundlegenden Vorbehalte gegen die Darstellung der Wunderhandlungen Jesu als Spektakel gab. Dieses konstruktive Engagement der katholischen Laieninstitutionen konnte zudem einen Teil der kirchlichen Hierarchie in ihrer Stellung gegenüber dem Film beeinflussen, so dass auch hier eine grundlegende Ablehnung des Mediums nach und nach verworfen wurde. Zwar wurde die Filmwirtschaft, so wie sie in Westeuropa und den USA existierte, weiterhin als moralische und sittliche Gefahr für die Gesellschaft angesehen, im Medium Film selbst jedoch die Möglichkeiten für die religiöse Bildungsarbeit erkannt. [247]

Diesen Tendenzen der vorsichtigen Öffnung standen im Protestantismus amtskirchliche Stellen gegenüber, die die wachsende Popularität des Films in den ersten beiden Jahrzehnten des 20. Jahrhunderts teils mit Desinteresse verfolgten, teils für moralisch gefährlich hielten.[248] Die Studie des evangelischen Pfarrers Walther Conrad, die 1910 publiziert wurde und eine der ersten filmsoziologischen Kino- und Filmstudien darstellt, muss

---

245 Hierzu kann etwa das Verbot Pius X. an die italienischen Priester zählen, Lichtspieltheater zu besuchen.
246 Kuchler, *Kirche*, S. 41.
247 Auch die päpstlichen Enzykliken »Divini illius magistri« (1926) und »Vigilanti cura« (1936) stehen in dieser Tradition. Sie lehnen das Medium Film nicht generell ab. Vielmehr weist gerade die Enzyklika von 1936 mit dem Hinweis auf dessen Gefahren für die sittlich moralischen Werte der Menschen den Bischöfen die Aufgabe zu, nach dem Vorbild der 1933 in den USA gegründeten *Legion of Decency* sittlich-moralisch unbedenkliche Filme gerade auch im Hinblick auf die religiöse Bildungsarbeit zu fördern.
248 Schmitt, *Kirche*, S. 23–33.

hier als Ausnahme gelten.[249] Im Gegensatz zu der großen Mehrheit der protestantischen Publizisten sah Conrad das Medium Film nicht per se als sittlich-moralisch verwerflich, sondern (ähnlich wie die katholische Filmarbeit) vielmehr in den Fängen der nach Profit strebenden Produzenten und Kinobesitzer. Durch eine »Christianisierung der Kinematographen«, so Conrad weiter, könne der Film durchaus für eine christliche Bildungsarbeit genutzt werden. Conrads Thesen wurden für die evangelische Filmarbeit jedoch erst in den zwanziger Jahren fruchtbar gemacht, als mit August Hinderer, seit 1916 hauptamtlicher Direktor des 1911 gegründeten Evangelischen Preßverbandes (EPV), ein dem Medium Film aufgeschlossener Theologe einen einflussreichen Posten in der evangelischen Medienarbeit übernahm.[250] Hinderer richtete im EPV 1922 einen eigenen Bereich Filmarbeit, die Evangelische Bildkammer, ein, dessen Leiter Hermann Tombers nun eine breitere Debatte über die Chancen des Films innerhalb der evangelischen Kultur- und Bildungsarbeit anstieß.[251] Zudem stellte Tombers mit der Gründung der Evangelischen Film- und Bild-Arbeitsgemeinschaft im Dezember 1924 die evangelische Filmarbeit auf eine breite organisatorische Basis und wusste somit die einzelnen Landeskirchen in seine Arbeit einzubinden.[252]

Als eine zweite Säule der evangelischen Filmarbeit gründete sich auf eine Initiative des westfälischen Preßverbandes 1930 der Evangelische Bildspielverband, der vor allem in den süd- und westdeutschen Landeskirchen Unterstützung fand. So besaßen die evangelischen Kirchen in Deutschland Ende der zwanziger Jahre für die Zeit bis 1933, als sich der Evangelische Bildspielverband auflöste, zwei, oftmals in Konkurrenz stehende Institutionen, die sich professionell der Filmarbeit widmeten.[253]

Die Zuwendung der beiden großen Kirchen in Deutschland zu einer kritischen Auseinandersetzung und auch einer Nutzung des Films im Bereich der Verkündigung, die auch eigene Filmproduktionen einschloss, bedeutete jedoch keineswegs eine geänderte Haltung gegenüber den Jesus-

---

249 Conrad, *Kirche*; zur Einbettung der Studie in die frühe evangelische Filmarbeit siehe: Schmitt, *Kirche*, S. 31f.
250 Zu August Hinderer siehe: Höckele, *Hinderer*; für die Filmarbeit des EPV unter Hinderer siehe S. 151–169.
251 Die Debatte und vor allem die Beiträge Hermann Tombers sind nachgezeichnet bei: Höckele, *Hinderer*, S. 153–157.
252 Ebd., S. 157.
253 Eine ausführliche Diskussion der Arbeit und der Konkurrenz der beiden Bildstellen findet sich in: Schmitt, *Kirche*, S. 105–150.

filmen: Filme auf der Grundlage biblischer Geschichten blieben zumindest für die überwiegende Mehrheit der kirchlichen Funktionselite weiterhin ein rotes Tuch. So gerieten auch die Verfilmungen der traditionsreichen Passionsspiele immer wieder in den Bannstrahl der kirchlichen Hierarchie, nicht zuletzt, da sich die ungebrochene Popularität der Stoffe weiterhin fortsetzte. Die kirchlichen Stellen argumentierten vornehmlich mit zwei Argumenten, um die öffentlichen Aufführungen der Bibelfilme zu stoppen: Zum einen grenzten die schauspielerischen Darstellungen des Christus an Blasphemie, zum anderen seien diese dem Glauben nicht förderlich, nicht zuletzt, da sich die Handlungen der Bibelfilme seit jeher oftmals von ihrem biblischen Original entfernten. Um die Gläubigen von dem Besuch dieser Filme abzuhalten, reichten von der Kanzel verkündete Verbote nun nicht mehr aus, die Kirchen wandten sich daher an die Staatsmacht mit dem (teils erfolgreich gestellten) Gesuch, die öffentlichen Aufführungen der Bibelfilme zu verbieten.

Trotz des mancherorts zu beobachtenden Einsatzes des Klerus gegen die Aufführung der Jesusfilme kann man auch in der Frühphase des Mediums keineswegs von einer klerikalen Phalanx gegen die Bibelfilme sprechen. Im Gegenteil: In einzelnen Orten sprachen sich die Pfarrer explizit für eine Darbietung derselben aus. Ulrich Lehner konnte einen solchen Fall aus den Jahren 1908/09 aus Straubing rekonstruieren, in dem der Stadtpfarrer Georg Hinterwinkler sich vehement für die Bewilligung einer Kinovorführung des Passionsspiels »La Vie et la Passion de Jésus Christ« während der Fastenzeit einsetzte.[254] Hier war sich Hinterwinkler mit den lokalen Medien einig, die dem Film zugestanden, dass er »der ernsten Fastenzeit angemessen« sei.[255] Die Entscheidung zum Verbot des Films fällte letztendlich das königliche Innenministerium. Grund dafür, so vermutet Lehner, war wohl die recht hohe Anzahl an Passionsfilmen, welche die Staatsmacht als unwürdige Zurschaustellung religiöser Inhalte ansah. Da es damals noch an staatlichen Stellen fehlte, die eine differenzierte Betrachtung der einzelnen Bibelfilme gewährleisten konnten, wurden in Bayern kurzerhand alle Passionsfilme verboten, selbst wenn sich der Klerus für deren Aufführung einsetzte.

Auch wenn die staatlichen Stellen in den Bischöfen zumeist Unterstützung fanden, vermochte es der katholische Episkopat nicht, im deutsch-

---

254 Lehner, »Passionsspiele«; Kuchler, *Kirche*, S. 45f.
255 Zitat aus dem *Straubinger Tagblatt* vom 21. März 1908; zitiert nach: Lehner, »Passionsspiele«, S. 419.

sprachigen Raum eine Einigkeit im Hinblick auf eine Ablehnung der Bibelfilme lange aufrechtzuerhalten. 1927 kam es ob des Jesusfilms »King of Kings« von Cecile DeMille (USA 1927) zu einer Kontroverse zwischen dem Salzburger Erzbischof Ignaz Rieder, der den Katholiken seines Erzbistums den Besuch des Films empfahl, und dem Münchner Erzbischof Michael Kardinal Faulhaber, der vehement gegen DeMilles Epos protestierte und grundsätzlich gegen eine schauspielerische Darstellung Jesu eintrat.[256]

Die Jahre des Nationalsozialismus brachten für die konfessionelle Filmarbeit keine konzeptionelle Weiterentwicklung. Es ging den Kirchen vielmehr um die Erhaltung dessen, was in den Jahren der Weimarer Republik an institutionellen und publizistischen Einrichtungen hatte aufgebaut werden können. Gerade aber die in den zwanziger Jahren erfolgreichen Bestrebungen, die Zusammenarbeit der nationalen Filmarbeit mit internationalen Gremien wie dem katholischen »Office Catholique Internationale de Cinématograph« (OCIC) zu forcieren, konnten in den späten dreißiger Jahren nicht aufrechterhalten werden. Auch das Ziel der direkten Beeinflussung von Produktionen der deutschen Filmwirtschaft musste aufgegeben werden, nachdem die entscheidenden Weichenstellungen der Medienpolitik zentral im Propagandaministerium vorgenommen wurden. Doch trotz der Rückschläge und trotz der Repressalien, denen sich die Kirchen auch im Hinblick auf ihre Filmarbeit ausgesetzt sahen, kamen die Bemühungen der beiden großen Konfessionen zunächst nicht gänzlich zum Erliegen. So lassen sich in der katholischen Filmarbeit weiterhin Versuche beobachten, deutliche Warnungen gegenüber Filmen auszusprechen, welche die Institution Kirche diskreditierten oder deren Wertesystem entgegenstanden.[257] Die evangelische Kirche konzentrierte sich in der zweiten Hälfte der dreißiger Jahre vor allem auf Filmvorführungen evangelischer Dokumentarfilme zumeist über die konfessionelle Wohlfahrtspflege, die in einzelnen Gemeinden weiterhin Anklang fanden, auch wenn nun nur noch stark eingeschränkte Mittel zur Verfügung standen.[258] Trotz vieler, teils schmerzvoller Abstriche in ihrer Arbeit konnten die konfessionellen Film-

---

256 Kuchler, *Kirche*, S. 47.
257 So zeichnet Kuchler den Protest einzelner Bischöfe gegen nationalsozialistische Propagandafilme, wie dem antikatholischen »Jugend« (Deutschland 1938) oder den Euthanasiefilm »Ich klage an« (Deutschland 1941) nach; siehe: Kuchler, *Kirche*, S. 61–68.
258 Zur Situation der evangelischen Filmarbeit im nationalsozialistischen Staat siehe: Schmitt, *Kirche*, S. 205–254.

stellen auf Seiten der evangelischen Kirche bis 1940[259] und katholischerseits bis 1943 arbeiten.[260]

Aufbau der kirchlichen Filmarbeit nach 1945

Die Aufgaben, die sich den beiden Kirchen nach dem Zusammenbruch des Deutschen Reichs in den Jahren der alliierten Besatzung im Hinblick auf eine konfessionelle Filmarbeit stellten, galten zum einen dem organisatorischen Neuaufbau der Strukturen, die die Kirchen in der Zeit Weimars bereits hatten etablieren können. Zum anderen musste wieder Anschluss an die internationale Filmarbeit gefunden werden, nicht zuletzt um die filmische Entwicklung, die gerade in der Endphase der nationalsozialistischen Diktatur nur sehr kursorisch rezipiert wurde, aufzuarbeiten. Dabei trug der organisatorische Neuaufbau schnell Früchte. Zumeist entwickelten sich die Initiativen einzelner Geistlicher so rasch, dass viele von ihnen von den Kirchen als offizielle Stellen der konfessionellen Filmarbeit anerkannt und unterstützt wurden.[261] Vor dem Hintergrund der Flut von audiovisueller Propaganda der Nationalsozialisten, mit der diese in den dreißiger und vierziger Jahren breite Bevölkerungsschichten für sich hatten gewinnen können, sahen sich die Kirchen gerade im Bereich der Medienpolitik nach 1945 noch stärker in einem Wächteramt, in dem es galt, das Publikum vor moralisch anstößigen Filmen zu bewahren und es quasi zum guten Geschmack zu erziehen. Hierfür nutzen die kirchlichen Filmstellen zum einen die Möglichkeiten, die ihnen die Teilnahme an der 1949 institutionalisierten Freiwilligen Selbstkontrolle der deutschen Filmwirtschaft bot. Die Mitarbeit in der anstelle einer staatlichen Zensurbehörde eingerichteten Institution gab den Kirchen die Chance, entscheidenden Einfluss auf die Veröffentlichung von Filmen ausüben zu können oder bestimmte Szenen, die der christlichen Ethik widersprachen, zu beanstanden. Zum anderen gelang es den Kirchen, mit ihrer publizistischen Arbeit wirkmächtige Instrumente zu schaffen, die den Filmdiskurs der Bundesrepublik prägen konnten. Der katholische *Filmdienst* (laut Christian Kuchler das »Flagschiff«

---

259 Schmitt, *Kirche*, S. 209; Schmitt bezieht sich auf die praktische Filmarbeit der Evangelischen Bildkammer in Berlin. Einzelne Aufführungen der durch die evangelische Filmarbeit produzierten Dokumentarfilme lassen sich (wenn auch stetig nachlassend) bis 1943 nachweisen; ebd., S. 215f.
260 Kuchler, *Kirche*, S. 60f.
261 Zahlreiche Beispiele für die katholische Filmarbeit (nicht nur in Bayern) gibt Kuchler; ebd., S. 60–119.

katholischer Filmarbeit in der Bundesrepublik[262]) und die evangelischen Filmzeitschriften *Evangelischer Beobachter* und *Kirche und Film* galten weit über den kirchlichen Kommunikationsraum hinaus als anerkannte Organe bundesdeutscher Filmkritik. Als ein drittes Instrument kirchlicher Filmarbeit können in den späten vierziger und fünfziger Jahren die Aufrufe einzelner Bischöfe gelten, bestimmte Filme nicht anzusehen. So führte etwa der kirchliche Protest gegen Willy Forsts Drama »Die Sünderin« (Deutschland 1950) zu einem der ersten großen Filmskandale der Bundesrepublik, der das Verhältnis zwischen den Kirchen und der Filmwirtschaft so nachhaltig belastete, dass es kurzzeitig zu einem Austritt der kirchlichen Vertreter aus der Freiwilligen Selbstkontrolle kam.[263]

Das Interesse der kirchlichen Filmstellen galt dabei selbstredend nicht nur denjenigen Filmen, deren weltliche Handlung sich nicht in das Normkorsett kirchlicher Filmstellen einfügte. Die kirchliche Filmkritik wandte sich stets mit hohem Interesse auch den Filmen zu, die biblische Themen neu ausdeuteten und eingedenk der hohen Popularität, die das Kino gerade in den fünfziger und sechziger Jahren erfuhr, die Ideen und Bilder der Produzenten und Regisseure über die biblischen Überlieferungen in eine breite massenmediale Öffentlichkeit hinein kommunizieren konnten.

Diese Filme und die Diskussionen, die sie im Spannungsfeld zwischen konfessioneller Filmarbeit und der massenmedialen Öffentlichkeit auslösten, sollen im Folgenden im Mittelpunkt stehen. Dabei soll zum einen aufgezeigt werden, wie sich die filmischen Darstellungen der biblischen Vorlagen in einen größeren Rahmen der bildlichen Darstellung biblischer Motive in visuellen Massenmedien einbetten. Zum anderen geht es um die Reaktionen der konfessionellen Medienarbeit.

Das Genre des Monumentalfilms feierte in den fünfziger Jahren gerade durch US-amerikanische Filmproduktionen eine Renaissance. Seine epischen Geschichten, atemberaubenden Totalen und Heere von Statisten boten im Zusammenspiel mit neuen innovativen Produktionstechniken die Möglichkeit, sich von dem aufkommenden Boom des Fernsehens abzusetzen, der 1953 bereits zwei Drittel der US-Haushalte erfasst hatte. Als eine der einflussreichsten Neuerungen des Kinos konnte sich die zunächst von der Produktionsfirma 20th Century Fox angewandte, bis 1967 die Kinoproduktionen dominierende Cinemascope-Technik etablieren. Mit einer Stauchung der Bilder auf der Filmrolle, die bei der Projektion derselben auf

---

[262] Ebd., S. 77.
[263] Kirchlicher Protest und Diskussion ausgeführt bei: Ders., S. 147–174.

die Leinwand durch ein neuartiges Linsensystem wieder aufgehoben wurde, konnte die Leinwand nun in ihrer Breite gänzlich ausgenutzt werden. Die für die Monumentalfilme stilbildenden Panoramaaufnahmen kamen somit voll zur Geltung.

Als erste Produktion griff der Historienfilm »Das Gewand« (USA 1953) auf diese Technik zurück und wurde zumindest in den USA zum Publikumserfolg.[264] Als herausragende Produktion der Monumentalfilme avancierte jedoch das drei Jahre später produzierte Epos »Die Zehn Gebote« (USA 1956), eine Monumentalinszenierung der alttestamentarischen Geschichte über die Leiden und die Flucht der Israeliten aus Ägypten von Hollywoods führendem Regisseur und Produzenten Cecil B. DeMille. Dessen Film, ein Remake seines gleichnamigen Stummfilms von 1923, gilt ob seines Produktionsaufwands und wirtschaftlichen Erfolgs als einer der bedeutendsten Filme unter den Bibelfilmen der fünfziger Jahre. DeMille hatte sich zu dieser Zeit bereits als stilbildender *Auteur* des US-Kinos etabliert.[265] Wie »Das Gewand« drei Jahre zuvor, nutze auch DeMilles Klassiker eine der neuen Produktionsmöglichkeiten des Breitbandkinos.[266] Gemeinsam mit seinem Kamerateam um den Oscarpreisträger Loyal Grigg erwies sich DeMille als Meister der visuellen Opulenz, gerade die dominierenden Totalaufnahmen faszinierten das Publikum der fünfziger Jahre und ließen »Die Zehn Gebote« zum bedeutendsten Werk des gesamten Genres avancieren. Kein Film der fünfziger Jahre wurde mit ähnlichem finanziellen und logistischen Aufwand produziert. In den USA wurde DeMilles biblisches Epos ein durchschlagender Erfolg an den Kinokassen und rangiert

---

264 Ähnlich wie der Klassiker »Quo Vadis«, der in Deutschland allerdings erst 1954 in die Kinos kam, kann »Das Gewand« als indirekter Jesusfilm gelten, in dem Jesus als Person nicht im Zentrum des Plots steht, die biblische Geschichte aber als Nebenhandlung in die Narration eingebunden ist. Für die Unterscheidung zwischen direkten und indirekten Jesusfilmen in der konfessionellen Filmarbeit siehe: Tiemann, *Bibel*.
265 Zum Einfluss DeMilles auf Generationen von Hollywoodregisseuren siehe Jerzy Toeplitz: *Geschichte Band 5*, S. 172–180. DeMilles Biograf Charles Higham geht davon aus, dass erst DeMilles Erfolg an den Kinokassen in den dreißiger und vierziger Jahren die Produktionsfirma Paramount dazu bewog, dem Regisseur bei der Produktion von »Die Zehn Gebote« freie Hand zu lassen und ihm auch die äußerst kostspieligen Drehs an Originalschauplätzen auf der Sinaihalbinsel zu genehmigen; Higham, *DeMille*, S. 300f. »Die Zehn Gebote« waren dann vor allem im Hinblick auf den Zuschauerzuspruch und die damit verbundenen Einnahmen an den Kinokassen ein durchschlagender Erfolg: Bei Produktionskosten von etwa 13,3 Millionen Dollar spielte der Film bis Juni 1979 90 Millionen Dollar wieder ein; siehe: Borchard, *DeMille's Hollywood*, S. 351.
266 Paramount machte es DeMille zur Auflage, die 1954 von Paramount eingeführte VistaVision Technik zu nutzen; Higham, *DeMille*, S. 300.

mit knapp 128 Millionen Kinobesuchern bis heute unter den Top Ten der bestbesuchten Filme aller Zeiten.[267] Auch in der Bundesrepublik kann die Verfilmung der Exodusgeschichte als der erfolgreichste aller Bibelfilme der fünfziger und sechziger Jahre gelten. Der geschäftliche Erfolg des Films wurde in einer Umfrage unter den Kinobesitzern für das Kinojahr 1958 als »sehr gut« gewertet.[268]

Auch in der Perspektive der kirchlichen Filmarbeit erwies sich die Diskussion um »Die Zehn Gebote« als bedeutende Wegmarke, lassen sich doch an der Reaktion der offiziellen konfessionellen Filmstellen zum ersten Mal Brüche in der über Jahrzehnte aufrechterhaltenden Beurteilung der visuellen Darstellung biblischer Wundergeschichten ausmachen. Zwar blieb die Darstellung der Wundertaten Gottes mit moderner Tricktechnik weiterhin ein rotes Tuch, der Film wurde insgesamt von der konfessionellen Kritik aber deutlich differenzierter betrachtet als von manch säkularer. Zudem warf er in beiden Kirchen die Frage nach dem Einsatz des audiovisuellen Mediums für die Verkündigung auf. Waren bis in die fünfziger Jahre hinein aus der Sicht der offiziellen kirchlichen Filmstellen Bibelfilme in der Katechese noch weitestgehend verpönt, taten sich auch in dieser Frage mit »Die Zehn Gebote« erste Brüche in der konsequenten Ablehnung audiovisueller Bibeldarstellungen auf. Hier erwies sich gerade der Oberkirchenrat Hermann Gerber, ab 1960 Filmbeauftragter der Evangelischen Kirche, als tonangebender Taktgeber einer offenen Debatte innerhalb der konfessionellen Filmarbeit.

Um aber zu verstehen, warum »Die Zehn Gebote« solch prägende Wirkung auf die Bewertung der audiovisuellen Darstellung göttlicher Offenbarung durch die Kirchen entfalten konnte, soll im Folgenden zunächst DeMilles Kinoklassiker genauer untersucht werden. Dabei geht es sowohl um die ihn prägenden visuellen Narrative als auch um die Intentionen der Produzenten, um die Produktionsbedingungen sowie die Marketingstrategien, welche die Uraufführung am 5. Oktober 1956 in den USA und am 17. Februar 1958 in der Bundesrepublik begleiteten. Anschließend soll anhand der Zeugnisse der kirchlichen Filmarbeit und den nichtkirchlichen Reaktionen auf den Film nachgezeichnet werden, wie DeMilles

---

[267] Zahlen nach http://www.insidekino.de/USAJahr/USAAllTimeInflation.htm. (10. Oktober 2008). Nach Ilana Pardes sahen 98,5 Millionen Besucher den Film in den fünfziger Jahren. Die übrigen Zuschauer verteilen sich auf die Wiederaufnahmen des Films in den USA 1966 und 1989; siehe: Pardes, »Moses«, S. 15.
[268] Sigl/Schneider/Tornow, *Kohle*, S. 132.

Epos den kirchlichen Blick auf die filmische Inszenierung biblischer Gestalten und Geschichten neu justieren konnte.

Cecil DeMilles »Die Zehn Gebote« und das biblische Epos

Seine mit herausragendem produktionstechnischen Aufwand inszenierten biblischen Geschichten bescherten dem US-Regisseur und bekennenden Christen Cecil DeMille die größten Publikumserfolge.[269] Aus den rund 80 Filmen, die er zwischen 1914 und 1958 drehte, ragen sowohl in zeitgenössischer als auch in rückblickender Perspektive vor allem das märchenhaft anmutende Epos »Joan the Woman« (USA 1917) über die heilige Johanna und die in ihrer Ästhetik stilbildenden Bibelfilme »The Ten Commandments« (USA 1923), »King of Kings« (USA 1927) und das Remake des Mosesfilms von 1956 heraus. DeMilles Renommee als Vater des Bibelepos verband in den letzten Jahren seines Schaffens die von der Filmindustrie durchaus bewunderte Fähigkeit des Regisseurs, den Publikumsgeschmack zu treffen und auszuprägen mit dem von vielen Filmkritikern artikulierten Missionsdrang DeMilles, der hinter dessen Filmen vermutet wurde.[270] Seinen Ruf als »Hollywood's leading cinematic lay preacher«[271] forcierte der Regisseur als bekennendes Mitglied der Episkopalen Kirche immer wieder selbst, wenn er etwa nicht ohne Stolz im Rückblick auf seine Karriere konstatierte: »My ministry was making religious movies and getting more people to read the Bible than anyone else has.«[272] DeMilles Bibelfilme können als Verschmelzung von DeMilles eigener religiöser Ideenwelt, zeitbedingten Deutungsmustern christlicher Religiosität und den traditionellen Bildern der christlichen Überlieferung gelten. So mag es wenig verwundern, dass die erste Version von »The Ten Commandments« von 1923 noch ganz andere thematische und bildliche Schwerpunkte setzte als der Film von 1956, thematisierte der Regisseur 1923 doch – ganz einer kulturpessimistischen Kunst der frühen zwanziger Jahre verhaftet – die Zehn Gebote als Antwort auf die als Chaos wahrgenommene Welt der Moderne.[273] »The Ten Commandments« aus dem Jahr 1956 lässt sich

---

269 Zur Biografie DeMilles siehe: Higham, *DeMille*.
270 Zu DeMille und seine Bedeutung für den US-amerikanischen Monumentalfilm siehe: Cary, »DeMille«, S. 24–43.
271 Kozlovic, »Construction«.
272 Orisson, *Epic*, S. 108.
273 Tooze, »Moses«.

hingegen als politisiertes Bibelepos des beginnenden Kalten Kriegs verstehen. DeMille inszenierte die Geschichte des Moses als Kampf zwischen dem religionsfernen Volk eines ägyptischen Despoten und den gottesfürchtigen Israeliten, denen Moses den Weg in die Freiheit weist.

Gespeist aus unterschiedlichen Quellen[274] erzählt der Film die Geschichte des Findelkindes Moses, das am Hof des ägyptischen Pharaos aufwächst und ob seiner Erfolge im Krieg gegen die Äthiopier und im Aufbau der Pharaonenstadt Goshen die Gunst des ägyptischen Pharaos Seti gewinnt, der ihn seinem leiblichen Sohn Ramses vorzieht. Im Alter von etwa 20 Jahren erfährt erst der Protagonist selbst, dann auch der Pharao von Moses israelitischer Abstammung. Der Pharao verjagt ihn in die Wüste und rechnet mit seinem Tod. Moses jedoch überlebt die Tage in der Wüste und arbeitet fortan als einfacher Hirte. Erst der Aufruf des Israeliten Joshua, sein Volk aus der Knechtschaft Ägyptens zu führen und die initiatorische Begegnung mit Gottes Stimme im brennenden Dornbusch lassen Moses erkennen, dass er der Auserwählte ist, der das israelitische Volk befreien soll. Gemeinsam mit seinem Bruder Aaron versucht er, den inzwischen seinem Vater als Pharao nachgefolgten Ramses davon zu überzeugen, den Israeliten die Freiheit zu schenken. Nachdem sich Ramses zunächst sträubt, lenkt er schließlich ein, als sein Volk die Zehn Plagen erleiden muss. Moses führt die Israeliten aus Ägypten, leitet sie auf der Flucht vor den Kampftruppen Ramses' durch die Fluten des Roten Meeres und empfängt schließlich auf dem Berg Sinai die von Gott in Stein gebrannten Zehn Gebote. Kurz vor dem Erreichen des Gelobten Landes, nach vierzig Jahren Wanderung durch die Wüste, stirbt Moses und übergibt die Führung des Volkes an seinen Bruder.

Als für die visuelle Repräsentation der biblischen Geschichte auch über den Bereich der Filmgeschichte hinaus bedeutsam sollen im Folgenden zwei Aspekte von DeMilles Epos im Mittelpunkt der Diskussion stehen: Zum einen die geradezu pedantisch artikulierte historisch wahrhaftige Nachzeichnung des Exodus, die DeMille für seinen Film reklamierte, zum anderen dessen Anbindung an die traditionelle christliche Bildwelt und die Einflechtung bedeutender religiöser Bildmotive.

---

274 Neben den biblischen Quellen verweisen die Autoren des Skripts auf die antiken Schriften des Philo und Josephus, auf die jüdischen Midraschsammlungen, auf die Monografie »The Legends of the Jews« des Talmudforschers Louis Ginzberg und auf den in den USA populären historischen Roman »Prince of Egypt« von Dorothy Clarke Wilson; siehe: Pardes, »Moses«, S. 21.

Dem Kinobesucher des Jahres 1956 offenbarte sich auf der Leinwand ein ungewöhnliches Bild. Anstelle der Stars Charlton Heston oder Yul Brunner war es zunächst der Regisseur Cecil DeMille selbst, der in seinem Film auftrat:

Abb. 16: »Die Zehn Gebote« (USA 1956), Prolog

Ein Lichtkegel fällt auf einen dem Theater entlehnten Vorhang, hinter dem nach zehn Sekunden der Regisseur als Conférencier hervortritt, um vor einem Mikrofon das Publikum in die Thematik des Films einzuführen und ihm damit zugleich die von ihm intendierte Lesart der nun folgenden Geschichte vorzugeben. Das Besondere eines solchen Auftritts, in dem der Kritiker der *Frankfurter Allgemeinen Zeitung* Friedrich Wagner einen calvinistischen Pastor zu erblicken glaubte[275], wird von DeMille gleich zu Beginn seiner zweieinhalbminütigen Ansprache thematisiert: »Ladies and gentlemen, young and old, this may seem an unusual procedure, speaking to you before the picture begins, but we have an unusual subject.«[276] Die ungewöhnliche Thematik, die DeMille in »Die zehn Gebote« inszeniert, rechtfertigt in den Augen des Regisseurs seinen außerordentlichen Auftritt vor dem Kinopublikum. Dabei geht es ihm zunächst einmal darum, seinem Publikum die Anbindung der alttestamentarischen Geschichte an die weltpolitische Situation der fünfziger Jahre zu erläutern. DeMille reklamiert für seinen Film, dass es hierbei eben nicht um die Darstellung einer fiktiven Geschichte, sondern um einen zeitlosen Gegenstand gehe, der die

---

275 Friedrich A. Wagner, »Zwischen Passionsspiel und Hollywood–Schau: Der Monster-Film ›Die Zehn Gebote‹«, in: *FAZ* 21.2.1958.
276 Hier wie im Folgenden zitiert nach der DVD-Edition von »Die Zehn Gebote« aus dem Jahr 2001.

Menschheit unaufhörlich umtreibe. Das freiheitliche Leben unter den Gesetzen Gottes, das sich die Israeliten unter der Führung Moses erkämpften, gilt es auch in der heutigen Zeit gegen die Despotie der gottlosen Mächte zu verteidigen. In diesem plakativen Verweis benennt DeMille bereits in seinen einleitenden Worten die politische Botschaft, die sein Film transportiert: Den Kampf der Israeliten gelte es als Vorbild zu nehmen für den Kampf der von den USA geführten westlichen Welt gegen den despotischen Sowjetimperialismus der UdSSR.[277]

Neben der politischen Einbindung geht es dem amerikanischen Starregisseur um die historische Wahrhaftigkeit der im Film dargestellten Geschichte Mose. Als Zeugnisse benennt er neben den biblischen Überlieferungen die Werke der antiken Geschichtsschreiber Philo und Flavius Josephus, die nach DeMille ob ihrer zeitlichen Nähe zu den Geschehnissen im antiken Ägypten als Quellen von besonderem Wert gelten müssen, da sie auf heute verschollene Berichte zurückgreifen konnten.

DeMilles Strategie, seinen Film als historisch verbürgte Geschichte des Mose vorzustellen, lässt sich in einer ganzen Reihe von Werbematerialien erkennen. Die im Prolog des Films nur skizzenhaft angedeuteten Argumente für die aus seiner Sicht historisch gesicherte Darstellung der Geschichte Mose führt der Regisseur in einem Trailer aus, der als Kinowerbung für die Uraufführung des Films produziert wurde. Dieser zehnminütige Trailer kann gerade im Hinblick auf die Konzeption der historisch möglichst genauen Zeichnung der Exodusgeschichte als eine der wohl ergiebigsten Quellen gelten.[278]

Mit einem Stift in der einen Hand, die andere auf eine Bibel im Ledereinband gestützt, sitzt DeMille hinter einer Kopie von Michelangelos Skulptur des Mose. Sein Arbeitsplatz erinnert wenig an den eines Regisseurs. Er bedient vielmehr die Stereotype, die gemeinhin mit dem Büro eines Historikers verbunden werden: Auf dem Schreibtisch stapeln sich Bücher, an den vertäfelten Wänden hängen Bilder und Gemälde, auf die DeMille immer wieder verweist, während er die Zuschauer im dozierenden Gestus in die Thematik seines Films einführt.

---

277 Hierzu siehe: Wright, *Religion*, S.64–67.
278 Der Trailer ist neben zwei weiteren Ankündigungen der Kinowiederaufnahmen des Films von 1966 und 1989 als Bonusmaterial auf der DVD aus dem Jahr 2001 enthalten.

Abb. 17: Trailer zu: »Die Zehn Gebote« (USA 1956), Regisseur Cecil DeMille in seinem Arbeitszimmer

Ähnlich wie im Filmprolog unterstreicht der Regisseur auch im Trailer die Historizität der im Film dargestellten Geschichte des Mose, auch hier fallen die Namen der antiken Historiker Philus und Flavius Josephus, nur legt DeMille den Zuschauern nun ein Buch mit den Werken der beiden Historiker vor. Die Präsenz dieser Werke in DeMilles Büro soll offensichtlich deren Lektüre durch den Regisseur bezeugen, auf deren Grundlage DeMille in die Lage versetzt wurde, seinen auf historischen Tatsachen basierenden Film zu produzieren. Die französische Übersetzung der Werke, die DeMilles präsentiert, unterstreicht indes die gelehrsame Auseinandersetzung mit den Grundlagen historischer Quellenforschung.

Eine ganz ähnliche Wirkung vermittelt die historische Karte, auf der DeMille die Originalschauplätze aufzeigt, an denen der Film gedreht wurde. Indem DeMille seinen Stift über die physische Karte gleiten lässt und den Weg der Filmproduktion über die Sinaihalbinsel nachzeichnet, konstituiert er eine visuelle Verbindung der historischen Stätten mit der Filmproduktion der fünfziger Jahre: Er als Produzent reiste mit seinem Filmteam an einen Ort, der sich ihm als Ort der biblischen Geschehnisse vor rund 3.000 Jahren präsentierte und somit ein authentisches Setting für den Film garantieren konnte. Verbal wird diese Argumentation durch die Erläuterungen DeMilles unterstrichen, der versichert, der Film wurde auf genau dem Boden gedreht, auf dem Moses wandelte: »...on the very ground that Moses trod«.

Ähnlich wie DeMille argumentiert die Publikation »Moses und Ägypten: Die wissenschaftlichen Grundlagen des Films ›Die Zehn Gebote‹«[279], die 1957, also ein Jahr vor der deutschen Premiere von »Die Zehn Gebote«, in der Bundesrepublik erschien. Auf zweihundert Seiten diskutiert der Ägyptologe Henry Simon Noerdlinger, der DeMille als wissenschaftlicher Berater bei der Produktion des Films zur Seite stand, die historische Korrektheit der Darstellung DeMilles. Die breiten Bildstrecken, welche die wissenschaftlich anmutende und mit Fußnoten gespickte Argumentation Noerdlingers visuell zu untermauern suchen, arbeiten mit doppelseitigen Gegenüberstellungen von altägyptischen Ausgrabungen und Screenshots aus DeMilles Filmepos. Hier ist es die Detailgenauigkeit, mit der die Produzenten Requisiten und Filmset errichten ließen, die dem Betrachter als weiterer Beweis für eine authentische Darstellung der alttestamentarischen Welt in DeMilles Epos präsentiert wird. Die abgebildeten Fotografien dienen in ihrer überwiegenden Mehrheit eben dieser Darstellung der visuell korrekten Nachahmung ägyptischer Bauten und Requisiten. Gleich das erste Foto des Buches versucht jedoch, die Grenze zwischen historischer Wirklichkeit und deren filmische Repräsentation gänzlich zu verwischen: Das Bild zeigt den bärtigen Charlton Heston, der eine der beiden Gesetzestafeln fest umklammert. Die Bildunterschrift gibt ihn als »Moses« aus, ohne einen Verweis auf den Film oder den Schauspieler zu geben. Anders, als der Titel des Buches vermuten lässt, geht es dem Autor also weniger um eine kritische wissenschaftliche Auseinandersetzung mit DeMilles Werk. Noerdlinger folgt vielmehr der Suggestion des Films: Historische Realität und deren filmische Darstellung werden durch den stetigen Verweis auf die Authentizität des Dargestellten so nah beieinander verortet, dass die Grenze letztendlich verschwindet und das Foto von Charlton Heston zum wahren Bild des Mose werden kann. Somit versucht der Film, biblische Geschichten unter Verweis auf die archäologische Wissenschaft in die Gegenwart des Kinos zu übertragen. Religiöse Traditionen werden in DeMilles Film aus dem Raum einer metaphysischen, mit den Naturwissenschaften nicht beweisbaren Glaubenswelt herausgelöst und mithilfe archäologischer Wissenschaften und filmtechnischer Möglichkeiten visuell erfahrbar gemacht.

DeMille bedient sich in seinem Film einer Vielzahl populärer Bilder aus der Kunstgeschichte, die sein Werk somit einerseits in die Tradition christ-

---

[279] Das amerikanische Original des Werks publizierte die University of Southern California Press parallel zur amerikanischen Premiere im Jahr 1956; Noerdlinger, *Moses*.

licher Bildwelten einordnet, zum anderen die auf der narrativen Ebene augenscheinliche Verbindung zwischen der Geschichte Moses und dem Erlösungswerk Christi visuell untermauert. DeMille und seine vier Drehbuchschreiber Aeneas MacKenzie, Jesse Lasky Jr., Jack Gariss und Fredric Frank flechten ihre Hinweise auf Parallelen zwischen Moses Leben und dem Leben Jesu zumeist in subtilen Details ein, in einer Art »geistlichem Subtext«[280] in das Skript des Films ein. Hierbei orientieren sie sich keineswegs am biblischen Ursprungstext oder an den von DeMille immer wieder erwähnten Vorlagen der antiken Historiker. Die von DeMille vorgenommene christologische Ausdeutung des Mose kann weder als biblisch noch als historisch gelten. In ihr wird vielmehr eine von DeMille gezielt forcierte Theologie offenbar, die den Exodus der Israeliten aus seinem jüdischen Zusammenhang zu lösen und ihn in der Parallelisierung von Mose und Christus als Gründungsmythos christlicher Freiheit zu konstituieren sucht, die es in der Gegenwart unter der Führung der US-amerikanischen Nation zu verteidigen gelte.[281]

Gleich zu Beginn des Films nimmt das Drehbuch DeMilles die theologische Prämisse einer Christianisierung des Exodus auf und lässt die Ankündigung der Geburt Mose mit derjenigen Jesu verschmelzen: Der Pharao wird von seinen Astronomen vor der Geburt eines Befreiers der Israeliten gewarnt, die sie in einem »schlechten Stern über dem Haus von Ägypten« vorhersehen. Auch unter den Israeliten scheint bekannt zu sein, dass Gott die Geburt des Erlösers Israels mit einem Stern ankündigt. Fast wörtlich wird hier die Ankündigung der Geburt Jesu aus dem Matthäus-Evangelium übernommen. Eingedenk der Popularität der Weihnachtsgeschichte im Neuen Testament kann davon ausgegangen werden, dass ein Großteil des Publikums in den christlich geprägten Ländern der westlichen Welt die von DeMille konstruierte Parallelität zwischen Moses und Christus erkannte.

Dem Großteil des Publikums wohl weniger augenscheinlich, dafür in seiner Visualität stark an der christlichen Kunst der Renaissance angelehnt, inszeniert DeMille die Begegnung Mose mit einem greisen Israeliten namens Simon als Reminiszenz an Jesu Auftauchen in Jerusalem.

---

280 Kozlovic, »Construction«, o. S.
281 Ebd.

Abb. 18: »Die Zehn Gebote« (USA 1956), Moses und Simon

Der Name Simon wird, so ist zu vermuten, dem neutestamentarischen gottesfürchtigen Greis Simeon entlehnt sein, der kurz vor seinem Tod dem Säugling Jesus im Tempel begegnet und in ihm den von Gott geschickten Erlöser Israels erkennt. Denn ganz in Anlehnung an den greisen Simeon des Neuen Testaments wünscht sich Simon in DeMilles Erzählung nichts sehnlicher, als den Erlöser Israels mit eigenen Augen zu sehen, der das Volk aus der Knechtschaft Ägyptens befreit. Ohne es selbst zu wissen, wird ihm sein Wunsch erfüllt, als er in den Armen des kommenden Befreiers der Israeliten stirbt. In eben dieser Szene bedient sich DeMille einer der wohl prägendsten Ikonen abendländischer Christusdarstellungen: Gleich einer Pietà hält der Befreier selbst den sterbenden Simon in den Armen und versucht, ihn vor den Qualen der Ägypter zu schützen.

Eine dritte von DeMille konstruierte Analogie zwischen Moses und Christus präsentiert sich dem Zuschauer in der verhörartigen Begegnung Moses mit dem Pharao und dessen Sohn, nachdem er den ägyptischen Aufseher Baka getötet hat. Ähnlich wie der römische Präfekt Pilatus scheut Pharao Seti zunächst eine Verurteilung Moses, erst sein Sohn Ramses kann ihn von dieser Notwendigkeit überzeugen. Moses Auftritt vor dem ägyptischen Hof, gefangen in Ketten, seine Hände an eine Deichsel gebunden, die er hinter seinem Rücken tragen muss, lässt ihn wiederum in der Ikonographie des Christus auftreten: Seine Pose erinnert an den gekreuzigten Jesu, auch im Verhör bleibt er stumm, obwohl sein Richter (hier der Pharao Seti, bei Jesus der römische Statthalter Pontius Pilatus) ihm fast flehend die Möglichkeit gibt, sich von den Beschuldigungen loszusagen. Der Angeklagte indes schlägt diese Möglichkeit aus, er steht zu seinen Taten und begegnet seinem Richter mit überlegender Kühle. In der tiefen Zuneigung zu seinem Stiefsohn gefangen, bringt es der Pharao nicht über sein Herz, das Urteil zu sprechen und überlässt dies seinem leiblichen Sohn Ramses. Dieser findet aus dem Gefühl selbstgefälliger Überlegenheit heraus seine Freude daran, Moses zu knechten. Seine Schmähungen gipfeln in einer der Passionsgeschichte nachempfundenen Krönung Mose: Der Pharaonensohn schickt seinen Stiefbruder in die Wüste, verhöhnt ihn als »Sklaven, der König werden wollte«. Als »Staatsgewand« reicht er ihm einen roten Umhang mit levitischen Mustern, als Zepter die Deichsel, die er zuvor auf seinem Rücken tragen musste. Gerade der höhnische Titel des »Königs der Juden«, den die Peiniger Mose verleihen, lässt DeMilles christologische Umdeutung des Schicksals Mose in dieser Szene deutlich werden.

Kirchliche Reaktionen und der Wandel der konfessionellen Filmarbeit

Auf der Grundlage der in den vierziger Jahren entwickelten Maßstäbe zum Umgang mit Filmen, die sich eines religiösen Themas bedienten, hätte es gegenüber dem Film »Die Zehn Gebote« nur eine Ausrichtung der Kritiken geben können: Die plakative Darstellung Gottes, die DeMille spektakelhaft mithilfe filmischer Tricktechnik ins Bild setzte, die nichtbiblischen Handlungsstränge, die persönliche theologische Ausdeutungen der alttestamentarischen Geschichte von Drehbuchautoren und Regisseur, dies alles widersprach den in Bad Schwalbach von der konfessionellen Filmarbeit herausgearbeiteten Prämissen des religiösen Films, den es zu fördern galt.

In der Einschätzung der Katholischen Filmkommission lassen sich diese Prämissen durchaus noch erkennen. »Die Zehn Gebote« galt als Kolossalfilm, der nicht dazu geeignet war, das Verständnis des Betrachters für die biblische Sinnwelt zu stärken oder zu mehren. Im Gegenteil: »Sein trickreicher Aufwand an Schauwirkung ist eher geeignet, den Sinngehalt des biblischen Berichts zu verdecken, als seine überzeitliche religiöse Bedeutung sichtbar zu machen.«[282] In dem im *Filmdienst* bis 1968 veröffentlichten Notensystem der Katholischen Filmkommission bewertete die Jury »Die Zehn Gebote« mit 2E, das heißt der Film eignete sich nach dem Dafürhalten der Kommission für Erwachsene, mit Blick auf die Ver-

---

282 »Die Zehn Gebote«, in: *Filmdienst* 8/1958.

schleierung der eigentlichen Botschaft des israelitischen Exodus durch DeMilles Film jedoch unter Vorbehalt. Überraschend hingegen sticht die anschließende Filmbesprechung des *Filmdienst*-Kritikers Klaus Brüne hervor, der DeMilles Epos nicht mit harscher Ablehnung, sondern mit »milder Ironie«[283] begegnet.[284] Brüne zeigt für die Machart des Films durchaus Verständnis, wenn er ihm zugesteht, dass er in den USA »Ergriffenheit und Bibelkenntnis bewirken« konnte.[285] Die oftmals vernichtende Kritik, die der Film im deutschen Feuilleton und in abgeschwächter Form auch von der katholischen Filmkommission erfuhr, erklärt der Autor mit den kulturellen Unterschieden in der Darstellung des Religiösen in den USA und Deutschland. Während die filmische Darstellung der göttlichen Offenbarung in den USA durchaus akzeptiert werde, zeigt die »deutsche Mentalität [...] eine gewisse Reserve gegenüber einer naturalistisch theatralisierenden Wiedergabe biblischer Personen und Ereignisse.«[286] Brünes kühl distanzierte Haltung und die deutlich artikulierten Vorbehalte der Filmkommission spiegeln durchaus die disparaten Annäherungen an »Die Zehn Gebote« innerhalb des deutschen Katholizismus wider, die von einer strikten Ablehnung bis zu einer vorsichtigen Unterstützung reichten. Zwar kam es anders als in den USA nicht zu einer Empfehlung einzelner Bischöfe für »Die Zehn Gebote«[287] – der Kölner Kardinal Frings lehnte eine derartige Bitte der Verleihfirma im Sommer 1957 auf Anraten des Filmbeauftragten der katholischen Kirche Anton Kochs ab[288] – eine geschlossene Phalanx gegen die Aufführung des Bibelepos kann aber mitnichten festgestellt werden. So wandte sich der Passauer Dom-

---

283 Schatten, *filmdienst*, S. 108.
284 Die einzelnen Rezensionen im katholischen *Filmdienst* waren stets in zwei unterschiedliche Kritiken geteilt: zunächst eine knappe Filmkritik der Katholischen Filmkommission, auf die dann eine längere Filmbesprechung eines Redakteurs des *Filmdienstes* folgte.
285 Brüne, »Die Zehn Gebote«, in: *Filmdienst* 8/1958.
286 Ebd.
287 In den USA erkannte Regisseur und Produzent DeMille in der Unterstützung der kirchlichen Eliten einen wesentlichen Faktor für den Erfolg des Films an den Kinokassen. So unternahm er vor der eigentlichen Premiere eine ausgiebige Werbetour durch die USA, auf der er kirchlichen Führern sein Werk vorstellte. Eine Vorpremiere verlegte er in die Mormonenstadt Salt Lake City; Higham, *DeMille*, S. 309.
288 Auch wenn in der Bundesrepublik kirchliche Autoritäten keine Empfehlung für den Film abgaben, setzte sich die Werbetour auch hier fort und mündete in einem Treffen DeMilles mit Bundeskanzler Konrad Adenauer, Bundespräsident Theodor Heuß und dem Regierenden Bürgermeister Berlins Willy Brandt; siehe: Schatten, *filmdienst*, S. 107f.; Higham, *DeMille*, S. 309.

kapitular Emil Janik, Filmreferent des Bistums Passau und Chefredakteur des Passauer Bistumsblatts, an die katholische Filmliga[289], um gegen die seiner Meinung nach zu kritische Bewertung des Films durch die katholische Filmkommission zu protestieren. Er erbat sich, im Passauer Bistumsblatt den Film statt mit dem von der Filmkommission gewählten Zusatz »Für Erwachsene, aber mit Vorbehalten« mit dem milderen Urteil »Für Erwachsene und Jugendliche ab 16 Jahren« auszeichnen zu dürfen. In seiner Begründung gab er zum einen an, dass die Kirche von einem Spielfilm im Hinblick auf die Darstellung christlicher Religion nicht zu viel erwarten dürfe. Zum anderen verwies er auf eine auch innerhalb Deutschlands lokal unterschiedliche Rezeption des Films. In Bayern werde der Film vom Publikum viel positiver angenommen, da die »süddeutsche Mentalität der amerikanischen sehr wohl recht nahe ist.«[290] Anton Kochs, Leiter der Filmkommission, verteidigte in seiner Antwort indes die Kritik der Kommission. Er verwies insbesondere auf die religiösen Umdeutungen DeMilles, die sehr wohl kritikwürdig seien. Auch würde in Rom von der katholischen Kirche in Deutschland erwartet, die Filmbewertung mit einer Stimme zu vertreten. Somit könne Janiks Anfrage nicht stattgegeben werden.[291]

Durchaus vielstimmig gerieten die Reaktionen auf »Die Zehn Gebote« auch innerhalb der protestantischen Filmkritik. Auch wenn hier (ähnlich wie in der katholischen Reaktion) insgesamt eine »Aufweichung des in Bad Schwalbach Festgehaltenen«[292] zu konstatieren ist, so blieb diese Aufweichung innerhalb der protestantischen Filmarbeit keineswegs unumstritten. Vielmehr wurde diese Abkehr von prominent artikulierten Gegenreaktionen begleitet, die auf die in Schwalbach getroffenen Prämissen pochten und auf deren Grundlage »Die Zehn Gebote« als gotteslästerliches Hollywoodprodukt ablehnten. In dem Gegensatz der beiden Positionen offen-

---

289 Die katholische Filmliga wurde 1951 von der deutschen Bischofskonferenz als Reaktion auf die Auseinandersetzung um den Skandalfilm »Die Sünderin« (Deutschland 1951) gegründet. Ihre Aufgabe war es, die Entwicklung der Filmlandschaft zu beobachten und beim katholischen Publikum eine sichere Urteilsbildung bei der Filmrezeption auszuprägen; siehe: Kuchler, *Kirche*, S. 175–204.
290 Brief des Domkapitulars Dr. Emil Janik (Filmreferent des Bistums Passau) an die katholische Filmliga vom 10. Dezember 1958; AEK, DBK, KHBF (Teilbestand Kochs), Ordner 253.
291 Antwortschreiben Anton Kochs an Janik vom 27. Januar 1959. AEK, DBK, KHBF (Teilbestand Kochs), Ordner 253.
292 Quaas, *Filmpublizistik*, S. 297.

barten sich zum einen die immer deutlicher zu Tage tretende Ausdifferenzierung der evangelischen Filmarbeit, die sich in den späten fünfziger Jahren zwischen den Polen der praxisorientierten Handlungsanweisung zur Auseinandersetzung mit aktuellen Filmen in den einzelnen Gemeinden und zum anderen in der regen Teilnahme am öffentlichen Diskurs über das Massenmedium Film erstreckte.[293]

Pfarrer Werner Hess, Filmbeauftragter der Evangelischen Kirche in Deutschland, sprach DeMilles Epos kurz nach dessen Uraufführung in New York 1956 die Qualität eines ernsthaften *religiösen Films* ab. Laut Hess handele es sich nicht um eine aufrichtige Auseinandersetzung mit der biblischen Botschaft, sondern um ein rein auf Profitmaximierung ausgerichtetes Produkt der Unterhaltungsindustrie.[294]

Entwicklung des biblischen Epos und Wandel des kirchlichen Blicks auf die audiovisuelle Darstellung der Bibel

Schon zwei Jahre später schien zumindest für die evangelische Zeitschrift *Kirche und Film* eine Diskussion des Films unter der Prämisse des religiösen Films obsolet. Die eher spärlichen Berichte, die nun zur Deutschlandpremiere von »Die Zehn Gebote« erschienen, orientierten sich zumeist an der Auseinandersetzung mit dem Film als Allegorie auf den Kalten Krieg. Einen für die evangelische Filmpublizistik neuen Weg beschritt Oberkirchenrat Hermann Gerber, seit 1960 Nachfolger von Werner Hess im Amt des Filmbeauftragten der EKD. Im Rahmen der Berliner Filmfestspiele argumentierte er 1962, dass viele Menschen Bibelfilmen wie »Die Zehn Gebote« nicht mit Ablehnung, sondern im Gegenteil mit Interesse gegenüberträten, da sie selbige als Glaubensbereicherung erführen.[295] Somit, so die implizite Aussage Gerbers, könnten sie sehr wohl verkündigend wirken, indem sie die Menschen, die durch die traditionellen Formen kirchlicher Pastoral nicht mehr erreicht würden, religiös ansprächen. Der Dissens innerhalb der protestantischen Medienarbeit, der in der Auseinandersetzung um »Die Zehn Gebote« seinen Anfang nahm und dann in der Diskussion über Gerbers Rede einen ersten Höhepunkt fand, mag verdeutlichen, dass bereits ein Jahrzehnt nach der in Schwalbach vorgenommenen

---

293 Hierzu ausführlich: Quaas, *Filmpublizistik*, S. 118–201.
294 Ebd., S. 298.
295 Ebd., S. 301.

Formulierung der Position gegenüber der filmischen Darstellung der Taten Gottes diese bereits im Begriff war zu erodieren.

Ganz offensichtlich wurde dieser Prozess in einer 1965 in der Evangelischen Akademie in Arnoldshain stattfindenden Tagung, zu der das Filmwerk der EKD führende Vertreter der konfessionellen Filmarbeit und der Filmwirtschaft geladen hatte. Anlass der Tagung war die Schwemme von neuen, prominenten Bibelfilmen, die sich, teils im Monumentalstil DeMilles, teils in Abkehr von diesem in einer tendenziell asketischen Innerlichkeit mit dem Leben Jesu auseinandersetzten. Auch wenn das Genre zunehmend an Popularität unter den Kinobesuchern verlor, können »König der Könige« (USA 1961, deutsche Premiere im selben Jahr) des US-Regisseurs Nicholas Ray und »Die größte Geschichte aller Zeiten« (USA 1965, deutsche Premiere im selben Jahr) von Steven George ob ihres Produktionsaufwandes als finale Höhepunkte des Genres gelten.[296] Diesen Filmen diametral entgegenstehend versuchte etwa zur selben Zeit der italienische Regisseur Pier Paolo Pasolini in seiner Verfilmung des Matthäus-Evangeliums »Das Erste Evangelium nach Matthäus« (Italien 1964, deutsche Erstaufführung 1965) eine deutliche Abgrenzung von den Monumentalfilmen Hollywoods. Seine Absage an jegliche Monumentalität äußerte sich sowohl in dem Verzicht auf die typischen Massenszenen als auch in dem Einsatz von Laiendarstellern. Die von Reinhold Zwick treffend als »politische und subjektive Relecture des Evangeliums« bezeichnete Bibelverfilmung brachte eine neue Qualität der Jesusfilme: Nicht mehr effekthascherische Monumentalszenen, sondern innerliche, ja fast asketisch anmutende Bildwelten prägten das aufrüttelnde Werk des bekennenden Kommunisten Pasolini.[297]

In seinem Einführungsreferat der Tagung in Arnoldshein nahm der Filmbeauftragte der EKD Hermann Gerber Pasolinis Film zum Anlass, die Chancen des Bibelfilms für die katechetische Arbeit innerhalb der evangelischen Kirchen neu auszuloten. Dies bedeutete indes zwangsläufig eine vollständige Neuausrichtung kirchlicher Auseinandersetzung mit der audiovisuellen Darstellung der Bibel im religiösen Film. Der Bibelfilm, so Gerber, trete in die Lücke, welche die oft vergeistigte kirchliche Verkündigung hinterlassen habe. Durch die emotional aufgeladene Präsentation der grundlegenden Geschichten der Bibel erfülle der Film »den religiösen

---

296 Zu der religiösen Ausdeutung der Jesusfilme siehe grundlegend: Zwick, »Evangelienrezeption«.
297 Zwick, »Provokation«, S. 158.

Nachholbedarf des modernen Menschen.«[298] Der Film sollte im Konzept Gerbers also als Korrektiv gegen die säkularisierenden Entwicklungen in der bundesrepublikanischen Gesellschaft genutzt werden, um die Christen, die nun zunehmend den Kirchen den Rücken zuwandten, verstärkt mit biblischer Verkündigung vertraut zu machen.

Gerbers Anstoß zu einer Revision der Prämissen bisheriger konfessioneller Filmarbeit blieb indes nicht unwidersprochen: So betonte der Soziologe und Theologe Gerd Albrecht, der Gerber 1971 im Amt des Filmbeauftragten der EKD nachfolgen sollte, dass sich der Bibelfilm keineswegs für eine Verkündigung im Sinne der evangelischen Kirchen eigne. Durch seine medienspezifische Wirkmacht, die sich gerade in der Identifikation mit den Protagonisten des Films durch den Zuschauer offenbare, komme es in den Jesusfilmen unweigerlich zu einer Identifikation mit Christus selbst: »Wir sind die Christusse dieser Filme (sic)«.[299] Diese »imitatio« aber sei »falsche Verkündigung«.[300] Zudem blieben die Bibelfilme in ihrem Setting verhaftet, einen Transfer der biblischen Botschaft in die Gegenwart, wie sie die Verkündigung der Kirchen leiste, finde in ihnen nicht statt. Daher gelte es, Bibelfilme generell abzulehnen, da es in ihnen – ganz anders als in anderen visuellen Darstellungen wie etwa der Malerei – nicht mehr »um Symbole, die gedeutet werden müssen, geht, sondern um platte Realitäten.«[301]

Die mit DeMilles Mosesfilm beginnende vorsichtige Öffnung der konfessionellen Filmstellen hin zu einer ergebnisoffenen Diskussion über die filmische Darstellung biblischer Gestalten steht in einem frappierenden Gegensatz zu den Besprechungen von »Die Zehn Gebote« in den deutschen Tages- und Wochenzeitungen. Hier erlebte DeMilles Film fast ausnahmslos einen Verriss. Auch wenn es in den Kritiken nicht um eine generelle Verwerfung der audiovisuellen Darstellung biblischer Stoffe ging, zeigten sie doch paradigmatisch, wie fremd DeMilles Umsetzung der Exodusgeschichte der deutschen Öffentlichkeit schien. So warfen die Rezensenten dem Epos zumeist dessen spektakuläre, rein auf bombastische Visualität abzielende Inszenierung und ein äußerst flaches Skript vor. Mit der biblischen Geschichte, so die einhellige Meinung, habe DeMilles Epos

---

298 Gerber, »Worum es geht«.
299 Albrecht, »Kanzel«, S. 56.
300 Ebd., S. 57.
301 Ebd., S. 65.

nur sehr wenig zu tun.[302] Die im Hinblick auf die Visualisierung der Religion wohl grundlegendste Auseinandersetzung legte die Filmkritikerin Karena Niehoff vor. Ihre Kritik, die sowohl im *Berliner Tagesspiegel*, als auch in der seinerzeit auflagenstärksten Wochenzeitung *Christ und Welt*[303] veröffentlicht wurde, thematisierte explizit die vom Film genutzten Darstellungsweisen Gottes und warf ihnen – ganz im Sinne der Überlegungen Harald Brauns zur Entwunderung des Wunders durch deren bildliche Darstellung – vor, »Gott und den Wundern jede Keuschheit zu nehmen.«[304] Der Film versuche laut Niehoff etwas Unmögliches, nämlich die Religion den Menschen näherzubringen, indem er sie aus dem Medium der Schrift herausnehme und in die Bildwelt des Kinos presse. Dabei aber beraube er sie ihres metaphysischen Charakters:

»Wie gewaltig, wie bedrückend, wie wahrhaft des großen Wunders voll klingt das (die Übergabe der Zehn Gebote an Moses) in der Sprache der Bibel – wie krämerhaft pedantisch möbliert das genaue Bild den freien Raum der Phantasie und des Glaubens mit gebrauchsfähiger Gegenständlichkeit, daß man alles anfassen und nichts mehr denken kann.«[305]

2.5 Der Blick auf das Fremde: Außereuropäische Religion zwischen Faszination und Kolonialismus

Neben der Inszenierung von Archäologen und Abenteurern als Agenten religiösen Wissens vermittelten die Bilder der Massenmedien zudem einen ganz bestimmten Ort, an dem die Forscher nach den Ursprüngen der christlichen Religion suchten: Nicht in den europäischen Kirchen, sondern im ehemals kolonialisierten Orient ließen sich die Quellen der Religion finden. In der Verschmelzung von Landschaftsfotografien, scheinbar objektiv argumentierenden Kartenwerken und den Stereotypen des Orients verknüpften die Illustrierten das Bedürfnis der Leser nach dem Blick auf

---

302 Etwa Gunter Groll, »Die größte Schau der Welt. Die Zehn Gebote«, in: *Süddeutsche Zeitung* vom 3. März 1958; Friedrich A. Wagner, »Zwischen Passionsspiel und Hollywood-Schau: Der Monster-Film ›Die Zehn Gebote‹«, in: *FAZ* vom 21. Februar 1958.
303 Zu *Christ und Welt*, die dem Evangelischen Verlagswerk nahe stand, aber keine offizielle Zeitung der Evangelischen Kirche war, siehe: Frank-Planitz, »Zeit«.
304 Karena Niehoff: »Die Zehn Gebote. Moses ist in Cecil DeMilles Film ein Vorläufer Abraham Lincolns«, in: *Christ und Welt* 9/1958 (27. Februar 1958)
305 Ebd.

das Fremde, nach geografischer Orientierung durch die Einbindung des (noch) fremden Ortes in bekannte geografische Entitäten und die Bestätigung des tradierten europäischen Blicks auf den Orient.

Mit dem in der Religionsbildberichterstattung vollzogenen Blick auf das Fremde stellten sich die Illustrierten in die Bildtradition, die bereits in der Frühphase der Fotografie in der zweiten Hälfte des 19. Jahrhunderts eine hohe Popularität verzeichnen konnte. Vor dem Hintergrund der scheinbaren Evidenz der fotografischen Bilder hatten Fotografen und Verleger schnell den Wert der Fotografie für die visuelle Ausformung und damit auch die geistige Besitzergreifung fremder Kulturen erkannt. Fotografien wurden so zu einem der wesentlichen Elemente für die Erfahrbarkeit kolonialer Räume in den europäischen Imperialstaaten.[306] Von der Faszination, welche von den Fotografien aus den Kolonien ausging, konnten neben den auflagenstarken Illustrierten um die Jahrhundertwende zudem die zahlreichen von Kolonievereinen geförderten Buchpublikationen und Bildpostkarten profitieren. Auf diese Weise etablierten sie sich als bedeutendes Medium für die visuelle Zeichnung der Kolonialherrschaft.[307] Stets verbanden sie dabei das exotisch anmutende Fremde mit heimatlichen Visiotypen, also dem heimatlichen Publikum bekannte Genres wie etwa der Landschafts- oder Städtedarstellung. Das Bild einer christlichen Kirche im europäischen Baustil in der afrikanischen Kolonie stellte beispielsweise ein stets wiederkehrendes Motiv dar.[308] So lässt sich auch die visuelle Darstellung der kolonialisierten Fremden nicht nur auf deren Andersartigkeit in Hautfarbe oder Verhalten reduzieren, sie betonte vielmehr zugleich ihre Adaption an die Kultur der europäischen Herrscher. Bilder aus den Kolonien waren immer auch Bilder kolonialer Unterwerfung.[309]

Mit der Projektion des europäischen Alltags auf die Szenerien der kolonisierten Gebiete und mit der Einbindung von europäisch anmutenden Requisiten und Gebäuden kam es zu einer ikonografischen Domestizierung des Fremden. In deren Verbindung mit bekannten Attributen wie eben Kirchen, aber auch europäisch geprägten Verwaltungsgebäuden, Straßenzügen oder Gärten konnten die Fotografien die Kluft zwischen

---

306 Brauchitsch, *Geschichte*; S. 60f.; siehe auch die zahlreichen exemplarischen Studien Jörg Jägers: Jäger, »Afrika«; ders, »Tropenerfahrung«. Für die Erfahrbarkeit von Schwarzen in Europa vor dem Imperialismus siehe: Martin, *Teufel*.
307 Beispiele hierfür gibt: Jäger, »Heimat«.
308 Ebd.
309 Am Beispiel der Werbung für Kolonialwaren zeigt dies: Ciarlo, »Rasse«, insb. S. 140f.; für die Illustrierten in der Zeit nach 1918 siehe auch: Stahr, *Fotojournalismus*.

Kolonien und dem heimatlichen Imperialstaat überbrücken, das Fremde wurde zu einem Bestandeil des eigenen Machtbereichs, der eigenen kulturellen Ordnung. Die Fotografien kolonialisierter Gebiete implizierten somit immer auch deren Adaption an europäische Sehgewohnheiten. Selten lässt sich der Ausspruch Susan Sontags, dass Fotografieren zugleich die Einverleibung des fotografierten Objekts beinhaltet, so deutlich beobachten wie in den Fotografien der Europäer aus den Kolonien.[310]
Dass diese Tendenzen auch den medialen Wandel des 20. Jahrhunderts überdauerten, lässt sich nicht ausschließlich, aber doch sehr prominent in den Religionsbildberichterstattungen der Illustrierten erkennen. Der von ihnen geprägte Blick auf außereuropäische Religiosität bediente sich zu einem erheblichen Teil der bekannten Muster kolonialer Bildsprache. Die Illustrierten der fünfziger Jahre boten hierzu ein passendes Medium, warben sie doch damit, ihren Lesern mit den Bildberichten über außereuropäische Kulturen, einen Einblick in eine vermeintlich fremde Welt zu geben. Am deutlichsten wird die Verbindung zwischen dem Anspruch, den Lesern eine Quelle für die Erfahrung des Fremden zu sein, und einer postimperialen Hybris in dem Werbeslogan der *Quick*, den eine Sonderausgabe zum zehnjährigen Bestehen des Blattes 1958 verkündete und der dann auf einzelnen Titelseiten stetig wieder aufgenommen wurde: »Dem Quick-Leser gehört die Welt«.[311]

Auch wenn im Selbstverständnis der *Quick* der Blick in die fremde Kultur nun zu einem touristischen Blick wurde, der dem Leser weniger die Verbindung zwischen Heimat und Fremde vor Augen führte als vielmehr deren Exotik und Andersartigkeit in den Mittelpunkt stellte, lassen sich auch hier zahlreiche Themen und Motive finden, die in der Tradition der Kolonialfotografie stehen.

2.5.1 Außereuropäische Religion als Religion des Wilden

Ein dominantes Bild, das in der Zeit des Imperialismus Eingang in den Bildhaushalt der europäischen Gesellschaften fand, war das des Wilden, der durch die Unterweisung der europäischen Kolonialherren seine kulturelle Disziplinierung erfuhr. In dieser Erziehung der Eingeborenen und dem Aufbau von geordneten staatlichen Verhältnissen auf dem fremden

---

310 Sontag, *Fotografie*, S. 10.
311 Verlag Th. Martens & Co. GmbH, *1948–1958*.

Kontinent sahen die Kolonialherren ihre primäre Aufgabe. Solche Ziele wurden in der Heimat nicht zuletzt durch eine Vielzahl von Zeichnungen und Fotografien popularisiert. Äußerst prominent geriet dieses Bild auch in den zahlreichen Fotografien von Missionarinnen und Missionaren, die über die Missionsvereine etwa in Lichtbildvorträgen, Missionskalendern und periodischen Zeitschriften ihre Verbreitung in einer zumeist kirchlichen Öffentlichkeit fanden.[312] Auch in diesen Fotografien lassen sich die zwei eng miteinander korrespondierenden Bildmuster erkennen: das des von Unordnung geprägten Naturells der Wilden und das seiner Erziehung durch den europäischen Eroberer.[313]

Die Religionsbildberichterstattung der fünfziger Jahre nahm diese Bildsprache auf, indem sie nichteuropäische Religiosität mit befremdlich wirkender Ekstase, Chaos und Gewalt visualisierte, die oftmals als Kuriositäten einer randständigen außereuropäischen Welt präsentiert wurden. Unter dem Titel »Der ›Heilige Kampf«« präsentierte die *Quick* 1955 vier skurril anmutende Fotografien, die laut Bildunterschrift einen traditionellen religiösen Ritus aus Japan zeigen[314]: Ein Bündel von geweihten Holzstäben, die ihren Besitzern Fruchtbarkeit versprechen, lösen einen archaischen Kampf zwischen den Besuchern der Zeremonie aus, die von roher Gewalt und religiöser Ekstase geprägt ist.

Die erste Fotografie zeigt die religiösen Eiferer lediglich mit einem Lendenschurz bekleidet vor einem japanischen Tempel. Zwei Männer im europäischen Kleidungsstil, in Mantel und mit Schirmmütze, scheinen der Szenerie Einhalt gebieten zu wollen. Ein zweites kleineres Bild zeigt einen Mann mit Stirnband und Lendenschurz vor zwei Holzbottichen; mit einer Kanne scheint er seinen unermesslichen Durst zu stillen. Der Genuss des als Reiswein beschriebenen Getränks dient ihm, so die Bildunterschrift, zur Steigerung seiner Ekstase. Die größte der vier abgebildeten Fotografien zeigt fünf Männer mit verzerrten Gesichtern, die sich im Kampf um die geweihten Holzstäbe auf den Stufen des Tempels aufeinander stürzen. Die Fotografie dominiert die Illustriertenseite zum einen durch ihre Größe – sie füllt knapp die Hälfte der gesamten Artikelseite aus – zum anderen vermittelt sie durch den gewählten Ausschnitt und die perspektivische Nähe zum Geschehen eine gefährlich anmutende Dynamik.

---

312 Eckl, »Missionsfotografien«.
313 Jäger, »Afrika«, S. 141.
314 »Der ›Heilige Kampf‹«, in: *Quick* 8/1955.

Abb. 19: »Der ›Heilige Kampf‹«, in: Quick 8/1955, Fotograf nicht genannt

Das vierte und letzte Bild des Artikels zeigt einen gestürzten Mann, der scheinbar tot auf den Stufen des Tempels liegt. Auch wenn die Bildunterschrift seinen Zustand als »erschöpft« relativiert, endet die Zeremonie, so die Botschaft der Bilder und deren Anordnung, nicht in religiöser Erbauung, sondern in körperlichem Leid. Somit gerät der religiöse Kult zu einem archaisch-rückständigen Gewaltakt, der hier die bildliche Verbindung von außereuropäischer Religiosität und kultureller Rückständigkeit symbolisiert.

Eine ganz ähnliche Verbindung findet sich in einem früheren Bericht der *Quick* über den Voodoo-Kult auf Haiti aus dem Jahre 1949.[315] Hier wird die Botschaft noch deutlicher: »Aller Zivilisation zum Trotz«, so der einleitende Text der zweiseitigen Bildreportage, feiert die »voodoo-gläubige Negerbevölkerung das größte Fest des Jahres« zu Ehren »geheimnisvoll düsterer Götter«. Die aus neun Fotografien bestehende Fotoreportage bildet in dieser Ausgabe der *Quick* einen bewusst gewählten Kontrapunkt zu einer ganzen Reihe von Artikeln religiösen Inhalts: Das Cover der Ausgabe zeigt eine deutsche Familie in einer zutiefst bürgerlich anmutenden Weihnachtsszenerie zwischen Weihnachtsbaum und Adventsschmuck, ein Sonderbericht mit elf Zeichnungen des österreichischen Illustrators Hans Liskas widmet sich Papst Pius XII. und der Eröffnung des Heiligen Jahres 1950. Während also die christliche Welt dem Weihnachtsfest in stiller Erwartung und päpstlicher Würde entgegensieht, wirkt die Darstellung der Feste auf Haiti als exzentrisches Zusammenkommen, das »mit Blut und Schnaps« begangen wird. Das zentrale Bild des Artikels zeigt eine Gruppe von fünf haitianischen Frauen, von denen drei in weißen Kleidern einen polonaiseähnlichen Tanz vollführen. Ihr schwankender Tanz weist in Verbindung mit dem Hinweis auf den Schnaps auf eine alkoholisierte Ekstase hin, steht also in einem deutlichen Gegensatz zu der weihnachtlichen Familienszenerie, die auf der Titelseite der Weihnachtsausgabe die christliche Religiosität zu visualisieren sucht.

Neben der Botschaft der Unvereinbarkeit von (westlich vorgegebener) Zivilisation und den religiösen Riten der einheimischen Bevölkerung Haitis zeigt sich hier ein weiteres Moment der Reisereportage: die mehr oder minder unterschwellige Neugier, die der Exotik und Fremdheit der dargestellten Religiosität entspringt. In dem hier zitierten *Quick*-Bericht aus dem Jahr 1949 kommt diese Neugier allzu deutlich in den Worten »geheimnisvoll-düster« zum Vorschein. Das Wort »geheimnisvoll« kann in solchen und ähnlichen Reportagen als prägendes Adjektiv zur Beschreibung der Abbildung fremder Kultur, respektive Religion gelten: So berichtet wiederum die *Quick* in einem Bildbericht über religiös und politisch motivierte Auswanderung nach Tibet von einem »geheimnisvollen Flüchtling« im Himalaja[316], der *Stern* in einer mehrteiligen Reportage über die Reise Heinrich Harrers in das »verbotene, geheimnisvolle Tibet«.[317]

---

315 *Quick* 52/1949.
316 *Quick* 28/1950.
317 *Stern* 31–35/1952.

Dass die visuelle Konstruktion von Fremdheit der außereuropäischen Kultur als ein von den Illustrierten bewusst inszeniertes Konstrukt gesehen werden muss, zeigt sich in einigen der Arbeitsberichte der Fotografen. So gibt Robert Lebeck, einer der führenden Bildreporter in der Bundesrepublik, der unter anderem für die Illustrierten *Revue*, *Kristall*, *Stern* und dessen Ableger *Geo* arbeitete, in seiner Autobiografie offen zu, solche Szenen teilweise gestellt zu haben. Er berichtet etwa von einem Fotoauftrag, der ihn 1975 nach Bali führte, um dort ein traditionelles Initiationsritual der Eingeborenen zu fotografieren, bei dem einer Jungfrau zur Erhöhung der Fruchtbarkeit die Zähne geschliffen werden. Als er auf Bali in Erfahrung brachte, dass dieses Ritual nur noch äußerst selten und schon gar nicht auf Bestellung stattfände, engagierte er kurzerhand einen Restaurantbesitzer, der von einem solchen Ritus gehört hatte und gegen Bezahlung Lebecks asiatischer Geliebten die Zähne feilte. Die Fotos wirkten auf den Chefredakteur Rolf Gillhausen so überzeugend, dass sie es immerhin auf die Titelseite der GEO schafften.[318]

2.5.2 Die Bekehrung des Wilden durch dessen Europäisierung

Neben der impliziten Brandmarkung der außereuropäischen Naturreligionen boten viele Bilder auch einen Gegenentwurf zu den archaischen Kulten: die Bekehrung der Eingeborenen zum christlichen Glauben. An die Stelle des kolonialen Eroberers, der in den Bildern des Imperialismus den Wilden Ordnung brachte, traten die Vertreter der christlichen Religion. Diese schienen in der Lage, das Leben der Eingeborenen zu kultivieren und auf eine legitime moralische Basis zu stellen. So berichtete ein *Stern*-Bildbericht mit dem bezeichnenden Namen »Flug in die Steinzeit« über die Ureinwohner Australiens, die fernab von jeder Zivilisation lebten. Einem lutherischen Pastor gelang es indes, durch die Bekehrung der Aborigines »wenigstens ihre Seelen in die Neuzeit herüberzuholen.«[319]

---

318 Lebeck, *Rückblenden*, S. 180ff.
319 »Flug in die Steinzeit«, in: *Stern* 3/1960.

Abb. 20: »Flug in die Steinzeit«, in: Stern 3/1960, Fotograf nicht genannt

Ein Foto im Querformat visualisiert diese Botschaft auf der ersten Seite: Eine singende Gemeinde steht mit gesenkten Köpfen und andächtigen Blicken vor einem älteren Herrn mit Hornbrille und schwarzem Talar, der ob seiner Kleidung und weißen Hautfarbe als europäischer Pfarrer oder Missionar zu erkennen ist. Unter dem Bild prangt der geradezu euphorisch wirkende Satz »Australiens Ureinwohner singen deutsche Choräle«. Das Bild ist geprägt von der andächtigen Ordnung der Gemeinde: Ein Großteil der Gläubigen singt nicht einmal, wie es die Bildunterschrift vermuten ließe, sondern blickt still und ernst auf den Boden. Der durch den gewählten Winkel aus dem Bild herausstechende Mann auf der linken Seite wirkt in seinem etwas zu groß ausfallenden Zweireiher wie der Prototyp gelungener Europäisierung: Ein zutiefst europäisierter Modestil, ein demütiger Blick in das Gesangbuch, gekämmte Haare und ein weißes Hemd unterstreichen seine Assimilation an die westliche (das heißt christliche) Kultur. Die statische Ernsthaftigkeit, in der die Gemeinde verharrt, bildet den Gegenpol zu dem Bild des nicht kontrollierbaren Wilden, der sich in den scheinbar traditionellen Riten außereuropäischer Naturreligiosität der Ekstase ausliefert. In der Unterweisung der Ureinwohner in christlicher Religion gelang es dem Pfarrer, so legen die Fotografien nahe, die Wilden zu zähmen.

2.5.3 »Gott in Afrika. Auf der Suche nach dem Paradies«

Eine der wohl am aufwändigsten produzierten Illustriertenreportagen der Nachkriegszeit über außereuropäische Religiosität veröffentlichte der *Stern* im November 1961 unter dem Titel »Gott in Afrika. Auf der Suche nach dem Paradies.«³²⁰ Sie entstand in der Hochphase der westdeutschen Illustriertenlandschaft, für die die stetig steigenden Auflagenzahlen und die damit einhergehenden steigenden Umsätze und Werbeeinnahmen die Möglichkeiten von kostenintensiven Fotografenengagements eröffnete.³²¹ Diese Hochphase dauerte indes nur kurz an: Die zunehmende Popularität des Fernsehens, die nicht zuletzt durch die Programmausweitung der ARD, die Konstituierung des Zweiten Deutschen Fernsehens 1963 und der dritten Programme angeschoben wurde, initiierte einen verschärften Konzentrationsprozess innerhalb der Illustriertenpresse, dem 1966 mit dem *Kristall*, der *Neuen Illustrierten* und der *Revue* gleich drei große Publikumszeitschriften zum Opfer fielen.³²² Statt wie in den späten vierziger und frühen fünfziger Jahre zumeist auf die Angebote der international arbeitenden Fotoagenturen oder auf die preiswerteren Angebote von regionalen Fotografen zurückzugreifen, beschäftigten die Illustrierten nun einen breiten Stab an Fotografen und bezahlten diesen die oftmals kostspieligen Reisen ins Ausland.

So steht der *Stern*-Bericht »Gott in Afrika« in einer langen Reihe von Bildreportagen, mit denen die Blattmacher nun versuchten, trotz der wachsenden Konkurrenz des neuen Mediums Fernsehen traditionelle Leserschichten weiterhin an sich zu binden und ein neues Publikum zu erschließen. Verantwortlich für die *Stern*-Reprotage über Islam, Naturreligionen und Christentum auf dem Schwarzen Kontinent zeichneten der Reporter Joachim Held und der Fotograf Rolf Gillhausen. Gillhausen gehörte zu der aufstrebenden Generation von Illustriertenfotografen, die sich selbst weniger als Fotografen, sondern vielmehr in der Tradition des großen Fotoreporters der zwanziger und frühen dreißiger Jahre Erich Salomon als (Bild-) Journalisten sahen.³²³ Gillhausens Karriere steht paradigmatisch für eine

---

320 *Stern* 46/1961. Die Bildreportage über Religiosität in Afrika war ein Teil einer größeren Serie über den Schwarzen Kontinent, die sich über das Jahr 1961 in mehrere Ausgaben des *Stern* verteilte; hierzu: Esklidsen, *Gillhausen*, S. 66.
321 Die beiden Marktführer auf dem Illustriertenmarkt *Stern* und *Quick* erreichten Ende der fünfziger Jahre eine Auflage von über einer Million Exemplaren. *Quick* konnte 1957 nach Verlagsangaben eine Durchschnittauflage von über 1,2 Millionen Exemplaren erzielen; siehe: Verlag Th. Martens & Co. GmbH, *1948–1959*, S. 206f.; siehe auch: Schildt, *Massenmedien*, S. 639.
322 Der *Kristall* wurde vom Hamburger Springerverlag ganz eingestellt. *Revue* und die *Neue Illustrierte* verloren ihre Eingeständigkeit und verschmolzen zunächst unter dem Titel *Neue Illustrierte Revue*, noch im selben Jahr folgte dann die Umbenennung in *Neue Revue*.
323 Interview von Hans-Michael Koetzle und Horst Moser mit Rolf Gillhausen, in: *Leica World* 2/1998, S. 18–27, S. 22.

ganze Reihe von *Stern*-Fotografen wie Max Scheler, Stefan Moses oder auch Robert Lebeck, deren Fotoreportagen auch weit über Deutschland hinaus an Popularität gewannen.[324] Gillhausen forcierte zudem die wachsende Bedeutung der visuellen Konzeption im Gesamtprodukt Illustrierte: Er gab seinen eigentlichen Beruf als Fotograf bereits 1963 auf und war seitdem innerhalb der *Stern*-Redaktion für die Titelgestaltung und die Gesamtkonzeption von Fotostories zuständig. Ein Engagement als Chefredakteur bei der Illustrierten *Quick* scheiterte zwei Jahre später an der Intervention des *Stern*-Chefredakteurs Henri Nannen, der ihn ein Jahr später zum stellvertretenden Chefredakteur des *Stern* berief. Ab 1976 leitete Gillhausen das von ihm konzipierte, im Hamburger Gruner und Jahr-Verlag erscheinende Reportagemazgin *Geo*, zwischen 1980 und 1984 arbeitete er dann als Chefredakteur des *Stern*.[325]

Die Texte zu Gillhausens Fotoreportage aus dem Jahr 1961 schrieb der Redakteur Joachim Held, der sich innerhalb der Hamburger Redaktion als Spezialist für den Themenbereich Religion etablieren konnte. Mit Held hatte Gillhausen für die Auslandsfotoreportagen des *Stern* seit 1958 bereits mehrmals zusammengearbeitet und viel beachtete Berichte, unter anderem eine zehnteilige Reportage aus China, veröffentlicht.[326] Auch nach Gillhausens Wechsel in die Chefredaktion führte Held die Religionsberichterstattung im *Stern* weiter. Gemeinsam mit Herbert Ludz konzipierte und realisierte er rund anderthalb Jahre später die mehrteilige Serie »Gott in Deutschland«, eine kritische Bestandsaufnahme über Kirchenmitgliedschaften, religiöse Strömungen und die Agonie der Kirchen in der Bundesrepublik.

»Gott in Afrika« von 1961 kann als eine der ersten systematischen Auseinandersetzungen einer Fotoreportage mit dem Thema Religiosität in einer Illustrierten in der Bundesrepublik gelten. Anders als in der bisherigen Kirchenbildberichterstattung konzentrierte sich die Reportage Helds

---

324 Zu internationalem Renommee gelangte Rolf Gillhausen im Vergleich zu anderen Kollegen seiner Generation recht früh mit einer Fotoserie von getöteten Ungarn während des Aufstands 1956, die er sowohl an das britische Fotomagazin *Picture Post* als auch an Life verkaufen konnte; Abdruck in der Sonderausgabe der *Life*: Henry Luce (Hg.), *Hungary's Fight for Freedom. A Special Report in Pictures*, New York, 1956; siehe: Knoch, »Momente«, S. 115.
325 Zur Biografie Gillhausens siehe die Skizze von Ute Elkildsen in: Esklidsen, *Gillhausen*, S. 5–8, S. 68.
326 Eskildsen, »Fotografie«, S. 6. Der Erfolg der gemeinsamen China-Reportage führte zu deren Veröffentlichung in Buchform: Gillhausen/Heldt, *China*.

und Gillhausens nicht mehr auf einzelne Größen der kirchlichen Hierarchie oder einzelne religiöse Ereignisse, sondern versuchte vielmehr, einen möglichst vielseitigen Blick auf religiöse Entwicklungen auf dem Schwarzen Kontinent zu präsentieren. Gillhausens Fotografien changieren dabei zwischen den bekannten Mustern der europäisierten christlichen Religion in Afrika, den scheinbar traditionellen Naturreligionen und dem Aufkommen des Islams als Massenbewegung. Ziel ist es, die Fremdheit zwischen europäisch geprägtem Christentum und dem afrikanischen Kontinent als Grund für den Aufstieg des Islams zur Massenreligion darzustellen. In der antithetischen Gegenüberstellung christlicher Religion und dem Lebensgefühl der Afrikaner versucht Gillhausen zu zeigen, dass es der schwarzen Bevölkerung Afrikas überaus schwer fällt, die Religion der weißen Kolonialherren als ihre eigene anzunehmen. Versinnbildlicht wird diese Botschaft in Gillhausens Fotografie, die zwei afrikanische Männer vor einer Madonnenstatue zeigt.

Während die beiden schwarzen Männer mit fragenden Blicken vor der Statue stehen und diese mit einem Arm berühren, blickt die Madonna von ihrem Sockel gütig an den beiden Männern vorbei. Die weiße Hautfarbe von Jesus- und Marienstatuen verhindern laut Bildunterschrift wegen des »nationalistischen Rassenbewusstseins« der Afrikaner deren Identifikation mit dem Christentum. Gillhausen nimmt genau diese Differenz in den Blick: Einer weißen Madonna stellt die Fotografie die beiden schwarzen Afrikaner gegenüber.

In Gillhausens Darstellung christlicher Religiosität in Afrika lässt sich die Weiterentwicklung der Motive entdecken, die sich in Deutschland seit der Kolonialzeit etablieren konnten: Zwar haben die Afrikaner nun die Regie über die christliche Unterweisung selbst übernommen, unverkennbar bleibt das Christentum aber ein europäischer Import. So wirkt ein schwarzer Priester in Chormantel und breiter Stola seltsam. Auch der neben ihm stehende Bräutigam in schwarzem Anzug, seine Hand in religiöser Emphase auf die Brust gelegt, entspricht fast exakt dem Kolonialbild des zivilisierten Wilden, der sich ganz dem europäischen Vorbild verpflichtet fühlt: Weiße Handschuhe verdecken seine schwarze Hand, seinen Ehering trägt er über den Handschuhen als wolle er seine Hautfarbe verstecken. Auch die Kleidung seiner angetrauten Frau orientiert sich ganz an den Moden des bürgerlichen Europas: In weißem Kleid, mit Haarreif und Brautstrauß blickt sie lächelnd in die Kamera.

Abb. 21: »*Gott in Afrika. Auf der Suche nach dem Paradies*«, in: *Stern* 46/1961; Fotograf: Rolf Gillhausen

In der Bildunterschrift versucht der Autor, das in der Fotografie konstruierte Bild des europäisierten Afrikaners kritisch zu hinterfragen und in ihm einen Grund für den Niedergang des Christentums in Afrika und darüber hinaus für die teils gewaltsamen Freiheitsbestrebungen der afrikanischen Staaten zu sehen: »Der Export der christlichen Zivilisation im christlichen Gewande ist einer der Gründe für die Unruhe im heutigen Afrika, zu lange hat man versucht, aus den Afrikanern Europäer mit schwarzer Hautfarbe zu machen.«[327]

---

327 »Gott in Afrika«, in: *Stern* 46/1961

Auch wenn Helds Text somit versucht, die gängigen Narrative über die christliche Mission des kolonialisierten Kontinents aufzubrechen und in ihnen den Grund für die Ablehnung des Christentums in Afrika sieht, wirken Gillhausens Bilder wie eine Reminiszenz an die Fotografie der Kolonialzeit. Ähnliche Tendenzen lassen sich darüber hinaus in seiner fotografischen Darstellung der Naturreligionen feststellen, die sich ebenfalls an den bildlichen Aussagen der Fotografien der Jahrhundertwende orientiert. So inszeniert Gillhausen einen »ekstatischen Tanz« zweier Afrikaner ganz nach dem Vorbild des Bildes des unzivilisierten Wilden: Aus deutlicher Untersicht aufgenommen zeigt die halbseitige Fotografie zwei Afrikaner, die sich mit erregtem Blick, bemaltem Oberkörper und mit Speeren in der Hand scheinbar rhythmisch bewegen. Während die Fotografie also das Bild der primitiven Religion der Wilden aufnimmt, unternimmt die Bildunterschrift wiederum den Versuch, den missionarisch-kolonialistischen Blick auf dieselbe zu dekonstruieren. Jedoch bleibt es beim Versuch. Der Autor hält in seiner Bildunterschrift an den Unterscheidungsmerkmalen der christlichen Missionare fest, indem er den Afrikanern eine Zuwendung zur Religion nur zugesteht, wenn diese dem Polytheismus abschwören, der als Heidentum deklariert wird: »Inzwischen stellten Forscher fest, daß man die Afrikaner nicht so einfach als Heiden abtun kann (sic.). Die meisten von ihnen glaubten schon vor dem Einzug des Christentums an einen alleinigen Gott.«[328] Einer genuin afrikanischen Religiosität, die mehr ist als Heidentum, gilt es nach den Worten des Autors also Berechtigung zuzusprechen, allerdings nur, so die implizite Prämisse, wenn diese sich in der monotheistischen Tradition des Abendlands einem »alleinigen Gott« zuwende.

Den Naturreligionen Afrikas stellt die Fotoreportage den Kampf zwischen Christentum und Islam entgegen, der quasi im Vorgriff zu den Bildberichten der islamischen Revolution im Iran 1979 den Islam als aufsteigende Bedrohung inszeniert. Die Spannung zwischen der von Europa importierten christlichen Religion und der dynamisch fortschreitenden islamischen Religiosität löst Gillhausens Fotoreportage einleitend, gleich zu Beginn auf: Die Situation Afrikas ist, so legen die Fotografien nahe, von einem Vormarsch des Islams gekennzeichnet, der sich anscheinend besonders gut an die gegebenen Eigenheiten der schwarzen Bevölkerung anpassen kann.

---

328 Ebd.

Abb. 22: »Gott in Afrika. Auf der Suche nach dem Paradies«, in: Stern 46/1961, Fotograf: Rolf Gillhausen

Die antithetische Bildanordnung der ersten Doppelseite stellt dem Christentum als verschwindende Religion der Kolonisten den Erfolg des Islams bildlich gegenüber. Während die linke Bildhälfte komplett von einem Bild einer in weißen Beduinengewändern gekleideten Menschenmenge ausgefüllt wird, begegnet dem Betrachter auf der rechten Doppelseite ein afrikanischer Junge, der mit demütig geneigtem Kopf, gefalteten Händen und geschlossenen Augen tief im Gebet versunken scheint. Die Fotografie der Menschenmenge, die im Werkverzeichnis Gillhausens den Titel »Der Muezzin hat gerufen, Kano, Nigeria« trägt[329], gewinnt ihre Dynamik durch die auf den Betrachter zuschreitenden Gläubigen, die aus einer Verengung der Straße heraus in den Bildvordergrund zu treten scheinen und diesen vollständig ausfüllen. Diese Bewegung, die die Bildunterschrift als »Vormarsch« des Islam deutet, findet ihr Gegenstück in der Statik des alleine betenden Jungen, der in christlicher Pose andächtig seinem Gebet nachgeht. Bereits auf der ersten Doppelseite verweisen die beiden Fotografien auf die Stoßrichtung der Reportage: die Masse der Anhänger des Islams gegen den verwundbaren christlichen Jungen, dynamischer Vormarsch im

---

329 Eskildsen, *Gillhausen*, S. 49f.

Kontrast zu inniger Einkehr und Statik. Hier wird die für Gillhausen typische Art der Fotozusammenstellung, die so genannte »Kombinatorik« deutlich, die dieser in seinen Jahren als Bildredakteur des *Stern* zu einem seiner Markenzeichen machte: In der Kontrastierung zweier Fotos im Layout einer Doppelseite setzt er diese quasi in einen Dialog.[330]

Die mit dem Islam verbundene Dynamik, die scheinbar unaufhaltsamen islamischen Missionserfolge in Afrika werden zudem durch eine Karte Afrikas suggeriert, die den Betrachter über die Verteilung von Christentum, Naturreligionen und Islam informiert.

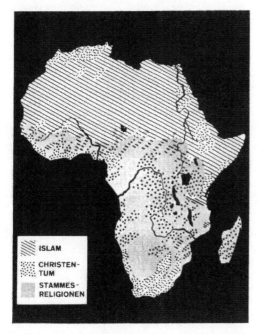

Abb. 23: »Gott in Afrika. Auf der Suche nach dem Paradies«, in: Stern 46/1961, Grafiker nicht genannt.

Als vermeintlich isolierter Kontinent setzen sich die Umrisse Afrikas gegen den schwarzen Hintergrund ab. Verbindungen zu anderen Kontinenten, etwa zu den islamischen Heiligtümern Arabiens, klammert diese Karte vollständig aus. Die Illustration stellt das Christentum mit statischen Punk-

---

330 Zur Kombinatorik und Gillhausens suggestiven Methoden der Bildzusammenstellung siehe: Steinmayr, »Suche«, S. 3–5.

ten dar, die sich vor allem im südlichen Teil Afrikas finden, dort aber von den grau eingefärbten Landstrichen, die eine Dominanz von Stammesreligionen anzeigen, überdeckt werden. Den Islam symbolisieren Striche, die sich quer durch den nördlichen Teil Afrikas ziehen und tief in die gepunkteten Flächen der christlichen Regionen hineinragen. Sie stoßen im wahrsten Sinne des Wortes in die vormals vom Christentum geprägten Teile Afrikas hinein. Von Nordwesten her scheinen sie Afrika zu durchstoßen.

»Gott in Afrika« steht also in vielfältiger Hinsicht an der Schnittstelle verschiedener Trends der Bildberichterstattung über nichteuropäische Religiosität. Zum einen wurde die Bildreportage in der Hochphase der Illustriertenpresse veröffentlicht. Auch in ihrer bildlichen Aufmachung kann Gillhausens Fotozusammenstellung quasi als Wendepunkt zwischen den oftmals anlassorientierten Fotografien gelten, welche die Bildberichterstattungen über fremde Religiosität in den fünfziger Jahren zumeist noch als Blick auf fremde Kuriositäten dominieren konnten[331], und den weiten Fotostrecken, die in den späten sechziger Jahren den Blick auf außereuropäische Religiosität prägten. Diese späteren Reportagen widmeten sich zum einen der Faszination sexuell befreiter und allen Zwängen der europäischen Zivilisation überwundenen Formen asiatischer Religion, zum anderen gerade im Zuge der iranischen Revolution 1979 dem Islam als politisierte Macht.

Gillhausens Fotos orientieren sich noch ganz an den Stereotypen der Kolonialfotografie, wenn sie etwa in der Darstellung der afrikanischen Naturreligionen das Bild des Wilden zeigen bzw. dessen europäische Domestizierung in der Übernahme christlicher Riten stilisieren. Erste Ansätze, das europäische Konstrukt der gezähmten Wilden zu durchbrechen, lassen sich jedoch in den Texten und Bildunterschriften der Reportage erkennen. Ihre vormalige Intention als negative Kontrastfolie zum Christentum als Religion der europäischen Zivilisation hatten die Fotografien außereuropäischer Religiosität somit zu einem großen Teil verloren.

In den Fotografien Gillhausens bestätigt sich zudem der neue Anspruch der Illustrierten, weniger die Skurrilitäten fremder Religiosität in

---

[331] Etwa: »Das Fest des göttlichen Nektars« über religiöse Pilgerfahrten in Indien, in: *Quick* 19/1950; Bildnachricht über eine Amerikanerin, die zum Buddhismus konvertierte, in: *Quick* 9/1951; »Nicht noch einmal Leben« über Pilgerreisen der Hindus«, in: *Quick* 25/1956; »Missionsland Deutschland« über buddhistische Mission in der Bundesrepublik, in: *Quick* 40/1957.

den Mittepunkt der Bilder zu stellen als vielmehr den Versuch zu unternehmen, diese einer möglichst systematisch angegangenen Untersuchung zu unterziehen und den bis dahin dominierenden eurozentrischen Blick hinter sich zu lassen. Hier lässt sich der Übergang auch in der Bildberichterstattung zu einer fundierten Auseinandersetzung mit dem Wandel religiöser Formen erkennen, der in den sechziger Jahren den realen Wandel innerhalb der Kirchen und auch der individuellen Religiosität begleiten und für die Publikumszeitschriften inszenieren konnte.

3. Die visuelle Diskussion um die Vereinbarkeit von kirchlicher Religiosität und einer sich liberalisierenden Gesellschaft

3.1 Geschäftlicher Erfolg und generationeller Wandel: Bundesdeutscher Bildjournalismus auf dem Weg in die sechziger Jahre

Die Entwicklung der fotografischen Darstellung und Inszenierung von Kirche und Religion in den Massenmedien der sechziger Jahre lässt sich vor einem doppelten Hintergrund betrachten: Zum einen führten die sechziger Jahre zu einem verstärkten Wandel christlicher Religiosität, der den Fotografen zahlreiche neuartige Motive bot und in Fotostrecken wie »Gott in Deutschland« im *Stern* oder dem *magnum*-Themenheft »Katholizismus in Deutschland« seinen ersten Ausdruck fand. Diese medialen Blicke auf religiösen Wandel werden im Folgenden ausführlich diskutiert.

Den Wandel in der öffentlichen Visualisierung von Religion und Kirche gilt es aber nicht nur vor den Transformationsprozessen der Religion zu lesen. Vielmehr spielten hier auch Entwicklungen im Fotojournalismus eine entscheidende Rolle. Zunächst einmal soll es daher darum gehen, die grundlegenden Aspekte dieser Entwicklung des Bildjournalismus vorzustellen. Dabei stechen neben dem steigenden geschäftlichen Erfolg der großen Zeitschriften vor allem zwei Punkte heraus: Ein sich vorsichtig abzeichnender generationeller Wechsel innerhalb der Protagonisten des bundesdeutschen Fotojournalismus und eine zunehmende Konzentration auf eine visuelle Ästhetik, die in den USA und auch in Frankreich[1] unter den Labels *human interest photography* und *life photography* bereits erprobt und ausgebildet war.[2]

---

[1] Für den Stil der *humanist photography* in Frankreich siehe: Hamilton, »France«.

[2] In der zeitgenössischen bundesdeutschen Diskussion über neuartige Fotostile gebrauchten die Standesvertreter der Bildjournalisten vermehrt den Begriff der *Live-Photographie*, die hier als deutsche Adaption der amerikanischen *life photography* verstanden wird.

Nachdem die nationalsozialistische Pressepolitik und der Zweite Weltkrieg der blühenden Landschaft der Pressefotografie der Weimarer Republik[3] ein abruptes Ende bereitet hatte und viele der führenden Fotografen und Blattmacher hatten emigrieren müssen oder gar dem Terror der Nationalsozialisten zum Opfer gefallen waren, gestaltete sich der Aufbau eines neuen Netzes von international renommierten Bildjournalisten in den späten vierziger und zu Beginn der fünfziger Jahre zunächst schwierig. Die ersten Illustrierten der Bundesrepublik litten gerade in der Zeit der alliierten Besatzung unter Papiermangel und den fehlenden finanziellen sowie personellen Ressourcen.[4] Auch aufgrund des Mangels an ausgebildeten Fotografen bedienten sie sich oft aus den Angeboten der international agierenden Fotoagenturen aus den USA.

Daneben wurde im ersten Nachkriegsjahrzehnt die bundesdeutsche Illustriertenlandschaft vor allem durch die Generation von Fotografen geprägt, die um 1910 geboren waren und ihre ersten fotografischen Erfahrungen in der Weimarer Republik hatten machen können. Viele von ihnen wie Benno Wundshammer, Hilmar Pabel oder Hanns Hubmann hatten während des Zweiten Weltkriegs in den Propagandakompanien der Wehrmacht gearbeitet, oftmals auch für die NS-Auslandsillustrierte *Signal*.[5] Gerade für die Frühphase der Illustrierten erweisen sich die teils namhaften Fotojournalisten ob ihrer Erfahrungen und teils auch mannigfaltigen Kontakte ins Ausland als wichtige Instanz.[6]

Mit dem beginnenden Erfolg der Illustriertenpresse in der Bundesrepublik, deren Auflagenzahlen und Einnahmen aus Anzeigen bereits ab

---

3 Zur Pressefotografie in der Weimarer Republik, die etwa mit dem renommierten Ullstein Verlag Taktgeber für die internationale Presseszene war und mit »Weltspitzenpreisen« auch international renommierte Fotografen nach Deutschland holen konnte, siehe: Danzer, »Ethnologe«; Kerbs/Uka, *Fotografie*; von Brauchitsch, *Geschichte*, S. 131–141 (hier auch in internationaler Perspektive); ders./Lebeck, *Kiosk*; Ritchin, »Zeitzeugen«; Freund, *Photographie*, S. 122–148.
4 Derenthal, *Bilder*, insb.: S. 174–187.
5 Zur *Signal* siehe: Rutz, *Signal*. Eine kritische Auseinandersetzung mit den Fotografen, deren Karriere in der NS-Propagandapresse nahtlos in die Illustriertenpresse der Bundesrepublik überging, gibt am Beispiel von Hilmar Pabel: Schmidt-Linsenhoff, »Verschlusszeit«. Zu den Biografien der Fotografen siehe hier und im Folgenden die einschlägigen biografischen Skizzen in: Misselbeck, *Prestel-Lexikon*.
6 Als Beispiel für einen hervorragend vernetzten Fotografen kann etwa Wolfgang Weber gelten, der sich bereits vor dem Zweiten Weltkrieg mit seinen Fotoreportagen über Großstädte und als Chefredakteur der *Berliner Illustrirten Zeitung* einen Namen machen konnte. Ab 1949 trug er als Chefredakteur wesentlich zum frühen Erfolg der *Neuen Illustrierten* bei; hierzu: Eskildsen, *Weber*.

Mitte der fünfziger Jahre einen wahren *kick-off* erlebten[7], wurde der Pool an Fotografen in vielen Printmedien erheblich ausgeweitet. So konnte etwa die *Quick* ihren Redaktionsstab an Fotografen, die namentlich im Impressum genannt wurden, allein in der Zeit zwischen 1957 und 1961 von sechs auf dreizehn mehr als verdoppeln.[8] Parallel dazu stiegen die Bildanteile der Illustrierten auf bis zu 50 Prozent an, ein Wert, der auch in der Hochphase des Bildjournalismus der Weimarer Republik nicht erreicht werden konnte.[9] Neben dem geschäftlichen Erfolg der großen Blätter prägte den Zeitschriftenmarkt zeitgleich ein rascher Konzentrationsprozess, der für viele kleinere Illustrierten ein jähes Ende bedeutete, aber auch unter den prominenten Blättern wie der Springer-Illustrierten *Kristall*, die 1966 eingestellt wurde, ihre Opfer forderte.[10] So bot sich für die Pressefotografen einerseits ein eingeschränktes Spektrum an bilderreichen Printmedien, anderseits erhöhten sich aufgrund der Expansion der großen Blätter die Chancen, dort eine der lukrativen Anstellungen zu finden.

Mit der Welle an Neuanstellungen von Fotografen gelangte eine neue Generation von Bildjournalisten in die Redaktionsräume. Stefan Moses, Robert Lebeck, Max Scheler oder auch Thomas Hoepker waren um 1930 geboren und somit zu jung, um wie ihre älteren Kollegen in der Blütezeit des Bildjournalismus der Weimarer Republik ihre Karriere zu beginnen. Auch die Erfahrung als Fotografen der Propagandakompanien während des Zweiten Weltkriegs blieben ihnen erspart. Erste bildjournalistische Gehversuche starteten sie vielmehr in der direkten Nachkriegszeit, zumeist in kleineren Lokalblättern oder als freischaffende Fotografen. Daneben lebten einige von ihnen – wenn auch zumeist nur für eine kurze Zeit – in den USA und machten dort erste Gehversuche als Fotografen.[11] Ihre Affinität zu den US-Fotoreportagen, die seit den dreißiger Jahren stilbil-

---

[7] Genaue Auflagenzahlen bei: Glasenapp, »Titelschwund«, S. 132. Dort auch Hinweise auf die Steigerungen in den Anzeigeneinnahmen. In der Spitze vertrieben *Stern*, *Bunte* und *Neue Revue* 1968 jeweils über eine Million Exemplare wöchentlich. Die *Quick* brachte es im selben Jahr immerhin auf über 1,5 Millionen Exemplare.
[8] Zahlen aus dem Impressum der *Quick* 3/1957 und 10/1961.
[9] Straßner, Text-Bild-Kommunikation, S. 29.
[10] Von 21 Illustrierten im Jahr 1954 existierten 1961 nur noch neun. Siehe: Glasenapp, »Titelschwund«, S. 130.
[11] Robert Lebeck etwa studierte in New York für kurze Zeit Anthropologie (hierzu: Lebeck, *Rückblenden*, S. 49–57). Max Scheler konnte sich recht früh international positionieren und kann als Juniormitglied der bedeutenden US-Fotoagentur *Magnum Photos* seit 1952 als einer der ersten Fotografen in der Bundesrepublik gelten, die mit ihrer Arbeit den Kulturtransfer aus den USA in die Medienlandschaft der Bundesrepublik anstießen.

dend durch das US-Fotomagazin *Life* international geprägt wurden, fand ihren Ausdruck nicht zuletzt in der breiten Rezeption der Fotoausstellung »The Family of Man« von 1955.[12] Die Fotoausstellung des New Yorker Kurators Edward Steichen war gänzlich von einer Fotoästhetik durchdrungen, die in den USA unter den Labels *human interest photography* oder auch *life photography* bereits zuvor große Erfolge hatten feiern können. Ihre Vorgänger hatten die auf den individuellen, zumeist namenlosen Menschen fokussierten Fotoreportagen, die an diesen allgemeine soziale, kulturelle oder politische Entwicklungen aufzuzeigen versuchten, in den Sozialreportagen der ersten Hälfte des 20. Jahrhunderts.[13] Vor allem aber können die breit rezipierten Fotodokumentationen der *Farm Security Administration* als wirkmächtige Promotoren der *life photography* gelten. In dem von der US-Administration ins Leben gerufenen Programm nahmen die Fotoreporter die Verarmung der US-Landbevölkerung des Mittleren Westens im Zuge der Großen Rezession der dreißiger Jahre in den Blick. Grundlegendes ästhetisches Merkmal war hier und in ähnlichen Fotoreportagen der Versuch, mit möglichst emotional aufwühlenden und wirklichkeitsnahen Bildsujets und Perspektiven, die Distanz zwischen dem Betrachter und den abgebildeten Personen aufzubrechen.

Neben Steichens Fotoausstellung und den Fotografien der *Farm Security Administration* entwickelte sich die 1947 in New York gegründete Agentur *Magnum Photos* zum Trendsetter eines modernen Fotojournalismus. Die hier zusammengeschlossenen Bildreporter, die selbst Eigentümer der Agentur waren, verstanden sich als Avantgarde des Fotojournalismus und stellten ihre Arbeit unter die Prämisse, weltpolitische Ereignisse und gesellschaftliche Entwicklungen nicht nur fotografisch abzubilden, sondern zudem mit der emotionalen Wirkmacht ihrer Fotografien öffentliche Meinungen über die dargestellten Szenerien zu beeinflussen.[14] Mit Max Scheler gehörte seit 1952 auch ein deutscher Fotograf als Juniormitglied (»novitiate«) dem elitären Kreis dieser Bildjournalisten an. Bereits ein Jahr zuvor wurde Herbert List als assoziiertes Mitglied der Agentur geführt, trat dort aber selten in Erscheinung. 1964 wurde Thomas Hoepker, der in der Bundesrepublik für die *Münchner Illustrierte*, die *twen*, den *Kristall* und seit 1964

---

12 Siehe hierzu ausführlich das Kapitel über Fotoausstellungen in der Bundesrepublik.
13 Zu den Fotoreportagen bis zum Zweiten Weltkrieg siehe: Gidal, *Chronisten*.
14 Zur Geschichte von *Magnum Photos* siehe die Ausführungen über die Kulturzeitschrift *magnum*, Kapitel 3.3.

als fest angestellter Bildreporter des *Stern* arbeitete, von der New Yorker Fotoagentur aufgenommen.

In dem Generationenwechsel der bundesdeutschen Pressefotografie und den stetig wachsenden Transfers zwischen deutschem Fotojournalismus und den zumeist in den USA ansässigen Protagonisten der neuen Bildreporter-Elite lassen sich also zwei eng miteinander verknüpfte Ausgangspunkte für die Etablierung der *life photography* in der deutschen Pressefotografie ausmachen.

Die verstärkte Rezeption der US-Fotografie traf gegen Ende der fünfziger Jahre auf die neuen Herausforderungen, vor denen die Fotojournalisten und die Verlage standen. Das sich zum Massenmedium entwickelnde Fernsehen hatte gegenüber den wöchentlich erscheinenden Magazinen und Illustrierten gerade im Punkte der Aktualität seiner Bilder einen entscheidenden Vorsprung.[15] In den Nachrichtensendungen und Fernsehmagazinen erreichten das Publikum täglich neue Bilder über aktuelle Ereignisse. Eine der ehemals grundlegenden Ausrichtungen der Illustrierten, nämlich mit aktuellen Bildberichten über die wichtigsten Ereignisse der vergangenen Woche zu berichten, schien nun obsolet: »Die Illustrierten sind zu langsam geworden«, bilanzierte Hilmar Pabel, einer der führenden Bildreporter der Bundesrepublik, 1960.[16] Um neben dem Fernsehen als bildträchtiges Medium bestehen zu können, galt es für Illustrierte und Magazine, neue Perspektiven zu erarbeiten, die eine Antwort darauf geben konnten, warum den Lesern auch dann noch lange Bildstrecken vorzulegen seien, wenn aktuelle Bilder im Fernsehen viel früher veröffentlicht wurden. Mit anderen Worten: Es galt, eine neue Idee von Aktualität für den Bildjournalismus zu finden, die sich nicht allein auf Zeitnähe beschränkte.

Eine Antwort auf diese Fragen legte der Vorsitzende der Bildjournalisten im Verband der deutschen Journalisten Emil Joseph Klinsky 1960 vor, als er nach den Grundlagen des modernen Fotojournalismus suchte:

»Eine gefühls- und interessebedingte Aktualität, die nicht von Neuheitsreizen getragen wird, setzt sich auf allen Gebieten des Bildjournalismus überzeugend durch und ermutigt den Nachrichtenträger zum Vordringen auch in außersichtbare, psychische Bereiche, die bislang unter dem Ausschließlichkeitsrecht des berichtenden Wortes standen.«[17]

---

15 Zum Aufstieg und zur Etablierung des Fernsehens im Medienensemble der Bundesrepublik siehe: Dussel, *Medienumbrüche*; Schildt, *Sozialgeschichte*, S. 47–51.
16 Hilmar Pabel, »Leitartikel – mit der Kamera geschrieben«, in: *Der Journalist* 3 (1960).
17 Emil Joseph Klinsky, »Bildjournalismus auf neuen Wegen«, in: *Der Journalist* 3 (1960).

Nicht auf vordergründige Ereignisse sollte sich also der neue Bildjournalismus in Illustrierten, Magazinen und Zeitungen konzentrieren, sondern auf die »hintergründigen Facts«[18]. In den Worten des Publizisten Karl Pawek, Herausgeber des Fotomagazins *magnum*, hieß dies, dass die moderne Pressefotografie »das Geistige, Psychische, Soziale, das Historische, Künstlerische, Metaphysische, das Wesen der Dinge und die Wirklichkeit selbst in allen ihren Bezügen auf die Platte, auf den Film (bekommen muss).«[19] Hilmar Pabel fand hierfür das Konzept eines mit der »Kamera geschrieben(en)« Leitartikels, der eine Stellungnahme und »Vertiefung in die menschlichen Belange und Probleme« aktueller, aber eben nicht ausschließlich zeitnaher Ereignisse und Entwicklungen liefere.[20] Mit der Fokussierung auf »menschliche Belange und Probleme« umschrieb Pabel genau das, was in den USA unter dem Label der *human interest photography* als ein sozial kritischer Fotoreportagestil firmierte.

In der Umsetzung dieser Ideen boten die florierenden Magazine und Illustrierten *Stern, Quick, Kristall* und *Neue Illustrierte* einer Vielzahl der jungen Fotografen die Möglichkeit zu ausladenden Bildreportagen, die fernab von bestimmten Ereignissen und notwendiger Aktualität weltweit entstanden. Hier können Fotografen wie Robert Lebeck, Stefan Moses oder Max Scheler wohl zu Recht in der Nachfolge der überaus erfolgreichen und weltweit renommierten Bildreporter der zwanziger und dreißiger Jahre wie Erich Salomon und Felix H. Mann gesehen werden. Die Fotoreporter stiegen so gegen Ende der fünfziger Jahre zu populären Stars der Magazine auf. Sie wurden als Garanten eines ansprechenden und visuell packenden Journalismus inszeniert, der die Leser an die einzelnen Titel binden sollten. Nicht nur hinter der Kamera, auch vor ihr begegneten die Fotoreporter dem Leser. So schmückte etwa 1960 ein Portraitfoto des Bildreporters Hanns Hubmann das Cover der *Quick*.[21] Zwischen dem in fetten gelben Lettern gesetzten stolzen Zitat des Fotografen (»Ich fing die ganze Erde ein«) und dem Werbespruch der *Quick* (»Dem Quick-Leser gehört die Welt«) blickt Hubmann den Leser an. An seiner Schulter hängen drei Kameras, in seiner Hand hält er, gleich einer Waffe, einen weiteren Fotoappa-

---

18 Heinz Held, »Die Magie der Banalität«, in: *Der Journalist* 3 (1960).
19 Pawek, »Wandlung des Blickes. Über die kulturpolitische Aufgabe der Photographie«, in: *Der Journalist* 10 (1958). Zur Position Karl Paweks in der Diskussion um die *life photografie* siehe: Szeless, *Kulturzeitschrift*.
20 Hilmar Pabel, »Leitartikel – mit der Kamera geschrieben«, in: *Der Journalist* 3 (1960).
21 *Quick* 28/1960

rat mit einem aufgesteckten Objektiv, dessen Länge wohl die Nähe anzeigen soll, mit der Hubmann seine Motive generell einfangen kann.

Als herausragendes Beispiel für diese sich um 1960 etablierende Art eines kostspieligen und aufwändigen Fotojournalismus mit den Fotoreportern als eigentliche Stars der Illustrierten kann eine Fotografie Robert Lebecks gelten, die er im Auftrag des *Kristall* für eine Fotoreportage aus Leopoldville, der Hauptstadt von Belgisch-Kongo, aufnahm. Lebecks Bild eines Kongolesen, der dem belgischen König Baudouin dessen Degen entwendet, geriet zum Schnappschuss, der letztlich weniger das zeitnahe Ereignis – den Staatsbesuch des belgischen Monarchen in Zentralafrika – repräsentierte, sondern sich ganz allgemein zum Visiotypen der Emanzipation vormaliger Kolonien von den europäischen Kolonialstaaten etablierte.[22] Lebecks Bild und die es umrahmende Fotoreportage weisen die typischen Merkmale der *life photography* auf: Lebeck fokussiert den Blick auf den namenlosen Mann, der (so zeigt die 1960 im *Kristall* veröffentlichte Fotoreportage[23]) nach seiner Tat von einer Gruppe Soldaten unsanft überwältig und abgeführt wird. Der Degendieb gerät dabei zum pars pro toto, zum Sinnbild für die afrikanischen Nationalbewegungen, die den vormaligen Imperialstaaten die Macht über Afrikas Staaten aus den Händen zu nehmen versuchten. Auch international wurde Lebecks Fotostrecke als Sinnbild für die Dekolonisation Afrikas gelesen. Unter dem Titel »King Gives Up A Colony – And His Sword« erschien sie etwa in *Life*[24].

Ähnlich wie Lebecks fotografische Inszenierung der Dekolonisation Afrikas folgten in den Illustrierten viele Fotostrecken über die Entwicklungsprozesse von Religion und Kirchen diesen Vorgaben der *life photography*. Im Folgenden sollen die bedeutenden Fotoreportagen vor dem Hintergrund diskutiert werden, wie die Bildreporter religiösen Wandel in den Blick nahmen, welche Vorbilder sie für neuartige religiöse Ausdrucksformen finden konnten und inwieweit es ihnen gelang, selbst Entwicklungsprozesse anzustoßen. Dabei stets im Blick der Fotoreporter blieben selbstredend auch die beiden Großkirchen, deren Frömmigkeitsformen auch in den sechziger Jahren die Darstellung von Religion prägten.

---

22 Hierzu ausführlich: Glasenapp, »Degendieb«; ders., *Nachkriegsfotografie*, S.13–22; Koetzle, »Lebeck«.
23 »Des Königs Schwert in schwarzer Hand«, in: *Kristall* 16/1960.
24 »King Gives Up A Colony – And His Sword«, in: *Life* (11. Juni 1960). Daneben erfolgte auch ein Abdruck in: *Paris Match* 587 (9. Juli 1960).

3.2 »Gott in Deutschland« – Die visuelle Vermessung des religiösen Spektrums in der Illustriertenpresse

Als der *Stern* im September 1962 die erste Folge der Serie »Gott in Deutschland« vorlegte, veröffentlichte erstmals eine deutsche Illustrierte eine substantielle Thematisierung der zeitgenössischen Religiosität, die sich weder auf eine Auseinandersetzung mit kirchlichen Amtsträgern und deren Wirken beschränkte noch ihren Blick auf die im alten Orient verortete Urgeschichte der Religionen warf. Anders als die vielen Kurzberichte in den Illustrierten der fünfziger Jahre beschränkten sich die für die Serie verantwortlichen *Stern*-Journalisten Joachim Heldt und Herbert Ludz auch nicht auf die Aneinanderreihung einzelner Kurzmitteilungen über lokale Ereignisse rund um Kirche und Religion, sondern strebten nach einer grundlegenden Vermessung des religiösen Spektrums in der Bundesrepublik. Diese sollte weder die innerhalb der beiden Großkirchen sich zumeist von der Basis aus artikulierende Kritik an der Realitätsferne kirchlicher Pastoral aussparen noch die außerhalb der beiden Großkirchen liegenden religiösen Ausdrucksformen verschweigen.

Die *Stern*-Serie fiel Anfang der sechziger Jahre in eine Zeit, die entscheidende Anstöße für die späteren Veränderungen von Religion und Kirchen in der Bundesrepublik erlebte. Zum einen zeigten sich innerhalb des Katholizismus verstärkte Anstrengungen zur Reform von Kirchenstrukturen, Theologie und Pastoral, die teils versuchten, auf die gesellschaftlichen Transformationsprozesse der westlichen Demokratien zu antworten, teils danach strebten, den Ort von Kirche, Religion und Verkündigung in zukünftigen Industriegesellschaften zu antizipieren.[25] Gerade nach der Renaissance der Religion, die sich zu Beginn der fünfziger Jahre in steigenden Kirchenbesuchszahlen[26] und im andauernden Einfluss der Kirchen am gesellschaftlichen Aufbau der Bundesrepublik manifestierte[27], zeigten sich gegen Ende des Jahrzehnts erste deutliche Risse in der scheinbar festen Burg der Kirche.[28] Auf diese galt es zu reagieren, wollte man die Machtstellung innerhalb der Gesellschaft nicht verlieren.

---

25 Siehe hierzu etwa die vergleichende Regionalstudie von Wilhelm Damberg zum Bistum Münster und den Niederlanden: Damberg, *Abschied*.
26 Gabriel, »Katholiken«, S. 421.
27 Gauly, *Katholiken*, S. 127–178.
28 Auch wenn Gabriel eine Standfestigkeit katholischer Lebenswelten bis weit in die sechziger Jahre hinein konstatiert, begann die Auflösung der sich im 19. Jahrhundert konstituierten katholischen Milieus bereits gegen Ende der fünfziger Jahre mit der

Neben dem stetigen Ausbau der kirchlichen Verwaltungsstrukturen[29] und der für die Bundesrepublik bedeutsamen Gründung des Ruhrbistums Essen (1958) ist für die katholische Weltkirche zweifelsohne das Zweite Vatikanische Konzil (1962–1965) als entscheidender Impuls einer Anpassung des Katholizismus an die sich modernisierenden und liberalisierenden westlichen Gesellschaften zu nennen. Schon dessen überraschende Ankündigung durch Papst Johannes XXIII. im Januar 1959 löste weltweit eine spannungsvolle Erwartungshaltung aus[30], die sich nicht zuletzt in westdeutschen Gemeinden vor allem in der Hoffnung auf grundlegende Reformen der katholischen Kirche artikulierte.[31] Die Rezeption des Zweiten Vatikanums während und nach dem Konzil in Rom vermochte die Diskussion innerhalb der katholischen Kirche über deren Modernisierung dann noch einmal ungemein zu dynamisieren, standen sich nun doch die Verfechter eines der liberalen Gesellschaft angepassten Katholizismus und orthodoxe Kräfte, die an der traditionellen Form des katholischen Glaubens festhalten wollten, auch für die Medien sichtbar gegenüber. Ereignisse wie der Katholikentag in Essen 1968 oder auch die Würzburger Synode der bundesdeutschen Bistümer (1971–1975) zeigen, dass auch in der Folgezeit die Spannung zwischen den beiden Richtungen nicht abgebaut werden konnte. Im Gegenteil: Neu hinzukommende Streitthemen wie die Stellung zur Empfängnisverhütung, die Beurteilung konfessionsverschiedener Ehen oder der Umgang mit der aufkommenden Theologie der Befreiung schienen die Gräben noch zu vertiefen.

Auch im deutschen Protestantismus etablierten sich, nachdem die provisorischen Verhältnisse der späten vierziger Jahre überwunden werden konnten, mit dem 1948 gegründeten Zusammenschluss der weiterhin selbstständigen Landeskirchen zur EKD recht schnell feste organisatorische Kirchenstrukturen.[32] Ähnlich wie im Katholizismus gewannen die bereits in den fünfziger Jahren in kleineren Foren wie den Akademien entwickelten Reformansätze zu Kirchenstrukturen und Verkündigung nach

---

Lockerung der Gefolgstreue vieler Katholiken gegenüber ihrer in der kirchlichen Hierarchie eingebundenen Repräsentanten; siehe: Karl Gabriel: »Katholiken in den 50er Jahren«, S. 430. Auch Damberg verortet die Auflösung kirchlicher Bindungen gerade in der jungen Generation der um 1940 Geborenen bereits in den fünfziger Jahren. Damberg, »Pfarrgemeinden«, S. 13ff.

29 Damberg/Oehmen-Vieregge/Tripp, »Kirche«.
30 Albergio, *Johannes XXIII.*, S. 155–162, 172–174, 188–192.
31 Damberg, »Pfarrgemeinden«.
32 Greschat, *Christenheit*.

1960 zumindest in der innerkirchlichen Diskussionen zunehmend an Bedeutung.³³ So konnten sich nach der Phase des strukturellen Neuaufbaus und der Stabilisierung grundlegende Überlegungen über eine Erneuerung von Kirche und Glauben, etwa im Hinblick auf eine stärkere Partizipation der Kirchenmitglieder, die Stellung der evangelischen Kirchen zur bundesrepublikanischen Politik oder eine stärkere Ausrichtung der Gottesdienste am Alltag der Gläubigen, fest etablieren.³⁴ Im Vergleich zur katholischen Kirche traten diese Reformbestrebungen jedoch weniger prominent und öffentlichkeitswirksam hervor.³⁵ So wählt Wolf-Dieter Hauschild das Signum einer »Übergangs- und Inkubationszeit«, um die Situation der evangelischen Kirchen zwischen 1961 und 1979 zu beschreiben.³⁶ Nichtsdestotrotz lassen sich auch in dieser Zeit bedeutende und auch in den Bildberichterstattungen sichtbare Prozesse beobachten, die das Bild des Protestantismus innerhalb der deutschen Gesellschaft neu justierten. Als Beispiel kann hier etwa die Ordination von Theologinnen für das evangelische Pfarramt gelten, die unter anderem als Reaktion auf die gesellschaftlichen Veränderungen seit 1958 innerhalb der Gliedkirchen der EKD stattfand.³⁷

---

33 Kuhlemann, »Nachkriegsprotestantismus«, S. 3; Mittmann, *Akademien*, S. 13–43.
34 Überblicksartig: Besier, *Kirche*, S. 32–45.
35 Die politischen Auftritte einiger protestantischer Theologen, wie etwa Niemöllers Engagement gegen die Wiederbewaffnung und Atomrüstung der Bundeswehr, mögen hier als Ausnahmen gelten. Debatten über innerkirchliche Transformationsprozesse des deutschen Protestantismus können hingegen als Diskussionen gelten, die gerade im Vergleich mit der breiten Konzilsberichterstattung wenig mediale Aufmerksamkeit erfuhren.
36 Wolf-Dieter Hauschild, »Kirche«, insb. S. 52–63; vgl. dazu die Thesen Frank Michael Kuhlemanns, der zwischen dem Ende des Zweiten Weltkriegs und 1960 eine Zeit des Umbruchs sieht, in der mentale Neuorientierungen innerhalb des deutschen Protestantismus bereits unterhalb der Oberfläche gärten, die dann nach 1960 in den Blick der Kirchen und einer breiten Öffentlichkeit gerieten; Kuhlemann, »Nachkriegsprotestantismus«.
37 Seit den zwanziger Jahren des 20. Jahrhunderts wurden in einigen Landeskirchen, etwa in Thüringen, Frauen für seelsorgerische Dienste ordiniert. Personalmangel und Notlagen von Kirchenkampf und Zweitem Weltkrieg forcierten diese Entwicklung. Die Evangelische Landeskirche der Pfalz ordinierte im Jahr 1958 als erste Landeskirche der EKD eine Frau für den Pfarrdienst. Die anderen Landeskirchen folgten diesem Beispiel in den kommenden Jahren und Jahrzehnten, so dass als letzte Landeskirche Schaumburg-Lippe 1991 Frauen den Weg ins evangelische Pfarramt öffnete; Hauschild, »Kirche«, S. 67; Germann, »Ordination«, Sp. 629. Als Beispiel der bildlichen Aufnahme einer evangelischen Pfarrerin im liturgischen Gewand und in der Pose der Segen spendenden Geistlichen siehe etwa: »Das Glaubensbekenntnis ist natürlich Unsinn«, in: *Stern* 26/1967.

All diese sich Anfang der sechziger Jahre konkretisierenden Transformationsprozesse, die oftmals auf Anstöße zurückzuführen sind, die viel weiter zurückzuverfolgen sind, wurden von den Massenmedien aufgenommen, kommentiert und so einer breiten Öffentlichkeit präsentiert. Gerade visuell galt es, neue Formen für die sich verändernden Ausdrucksweisen von Religiosität und Kirchlichkeit zu finden. Die fotografischen Darstellungen der *Stern*-Serie »Gott in Deutschland« sollen im Folgenden als Ausgangspunkt für die Diskussion um die Versuche der massenmedialen Visualisierungen der Transformation von Religion und Kirche in den sechziger Jahren dienen. Die Fotografien werden dabei nicht chronologisch in der Folge ihrer Veröffentlichungen innerhalb der Serie thematisiert, sondern vielmehr in übergreifende Motivgruppen eingeteilt, um so auf der Grundlage des in ihnen verhandelten Aspekts von Religiosität diskutiert werden zu können. Hierbei soll gezeigt werden, auf welche bereits bekannten Motive die Fotografen zurückgriffen und wie sie die sich ihnen bietenden neuen Motive in ihre Berichterstattung integrierten. Des Weiteren gilt es zu fragen, wie sich der *Stern*, der in den frühen sechziger Jahren eine Entwicklung hin zu einem kritischeren und politisierten Magazin nahm und gerade im Bildjournalismus zur unbestrittenen Nummer eins auf dem bundesdeutschen Illustriertenmarkt aufstieg, in den visuellen Berichterstattungen über Religion und Kirche von den anderen großen Illustrierten wie der *Neuen Illustrierten* oder der *Quick* unterschied.

3.2.1 Der Fotograf Stefan Moses

Die *Stern*-Serie »Gott in Deutschland« diskutiert in dreizehn aufeinander folgenden Artikeln verschiedene Aspekte religiösen Lebens in Deutschland.[38] Ein Großteil der insgesamt 65 Fotografien[39] stammt aus der Hand

---

38 Auf den ersten Teil der Serie, in dem die Journalisten in die Thematik »Religion in Deutschland« einführen (*Stern* 38/1962), folgen einzelne Artikel über Sekten in Deutschland (*Stern* 39/1962), eine Gruppe innerhalb der evangelischen Pfarrerschaft, die sich gegen ihre Kirche stellte (*Stern* 40/1962), verschiedene Ansätze der Bibelexegese (*Stern* 41/1962), den Kreuzestod Jesu aus medizinischer Perspektive (Stern 42/1962), konfessionsverschiedene Ehen (*Stern* 43/1962), traditionelle Marienfrömmigkeit (*Stern* 44/1962), Wunderglauben (*Stern* 45/1962), die Kirchen in der DDR (*Stern* 46/1962), das Leben in einem Mönchsorden (*Stern* 47/1962), die Schwierigkeiten der jungen Generation mit dem kirchlich normierten Christentum (*Stern* 48/1962) und zwei Artikel über die Verschränkungen von Kirche und Politik in der Bundesrepublik (*Stern* 49/1962 und *Stern* 50/1962).

des Fotografen Stefan Moses, der zu dieser Zeit fest beim *Stern* angestellt war. Zumeist verteilten sich vier Fotografien auf einen Artikel, eine Ausnahme bilden hierbei die Rahmenartikel der Serie. Für den ersten Artikel wählten Redakteure und Fotograf zehn Fotografien aus, für den elften Teil der Serie (»Die Jugend und der liebe Gott«) neun.[40]

Der 1929 im schlesischen Liegnitz geborene Stefan Moses war unter den Bildreportern der Illustrierten einer der wenigen, der nicht über ein geisteswissenschaftliches Studium, sondern über eine fotografische Ausbildung zur Pressefotografie gekommen war.[41] Noch während des Zweiten Weltkriegs hatte er 1943 bei der Fotografin Grete Bodlée eine Ausbildung begonnen, die er nach einer der Rassenpolitik der Nationalsozialisten geschuldeten einjährigen Internierung in einem Zwangslager 1945 in Erfurt fortsetzte. Nachdem er 1950 nach einem Engagement als Bühnenfotograf am Nationaltheater in Weimar in die Bundesrepublik übersiedelte, gelang es ihm schnell, als freier Bildjournalist bei den großen Publikumsillustrierten Fuß zu fassen. In den fünfziger Jahren arbeitete er unter anderem für die *Neue Zeitung* und die *Revue*. 1960 wurde er von Henri Nannen beim *Stern* fest angestellt und gehörte bis 1967 neben Hilmar Pabel, Max Scheler, Robert Lebeck und Thomas Hoepker zu den Bildautoren mit Exklusivverträgen, das heißt, der *Stern* gab ihm feste Aufträge und hatte das Erstverwertungsrecht seiner Fotos, ihm war aber freigestellt, auch in anderen Medien zu veröffentlichen.

Nach einem Jahr beim *Spiegel* arbeitete Moses ab 1968 als freier Fotograf. Gerade in dieser Zeit erreichte er durch zahlreiche Bildbände und Ausstellungen ein breites, nicht auf die Leser der Illustriertenpresse beschränktes Publikum und machte sich als einer der bedeutendsten Portraitfotografen der Bundesrepublik einen Namen.[42] Dabei lässt sich gerade

---

39 Neben den Fotografien visualisieren eine Karte über Konfessionszugehörigkeit, acht Portraitzeichnungen verschiedener Sektengründer, eine Zeichnung des mittelalterlichen Weltbildes, eine Abbildung von Hieronymus Boschs Darstellung des Fegefeuers und Matthias Grunewalds Kreuzigungsszene des Isenheimer Altars die Artikelserie.
40 »Die Jugend und der liebe Gott« bildet als elfter Teil den Abschluss der Serie »Gott in Deutschland«. Zwei weitere Artikel unter dem Titel »Gott in Bonn« widmen sich in den folgenden Ausgaben der politischen Verflechtungen der Kirchen.
41 Zur Biografie von Stefan Moses siehe: Koch, »Moses«.
42 Zu den bedeutendsten Ausstellungen und Bildbänden seiner Portraitwerke zählen etwa »Manuel« (Bildband 1967, als Ausstellung 2000), ein »fotografisches Tagebuch« über seinen Sohn, »Deutsche. Porträts der sechziger Jahre« (1980), eine Serie von Vorhangportraits, »Abschied und Anfang – Ostdeutsche Porträts« (1991), eine Wiederaufnahme des

Moses' Interesse an Portraitaufnahmen in den Trend der *human interest photography* einordnen, die seine Fotografien in eine Reihe mit Edward Steichen und die von ihm kuratierte Wanderausstellung »The Family of Man« stellt.[43] Zu dessen deutschem Pendant, Karl Paweks »Weltausstellungen der Photographie«, steuerte Moses selbst einige Bilder bei.[44] Moses kann damit als ein typischer Vertreter der bundesdeutschen Pressefotografen gesehen werden, welche die aus den USA kommenden Einflüsse aufnahmen und in der Bundesrepublik im Magazinjournalismus eine steile Karriere machten, nachdem sie in den frühen fünfziger Jahren ihre Lehrjahre zumeist in Lokalzeitungen oder als freie Pressefotografen verbrachten. Dabei konnte sich Moses den Ruf eines besonders feinnervigen Vertreters seiner Zunft erarbeiten, der oftmals ob seines Einfühlungsvermögens in die von ihm portraitierten Personen gelobt wurde.[45] Aus den zeitgenössisch und in der Retrospektive vom Feuilleton gefeierten Bildbänden der sechziger und siebziger Jahre ragt vor allem sein Band »Manuel« heraus, eine sensibel eingefangene visuelle Hommage an die glückliche Kindheit seines Sohnes, die Moses ganz im Gegensatz zu seiner eigenen Jugend in den frühen vierziger Jahren sah.[46]

Moses Einfühlungsvermögen in die von ihm Portraitierten wird in seinen Fotografien zu »Gott in Deutschland« von 1962 offensichtlich. In ihrem Zusammenspiel lassen sich die Bilder Moses gerade in den ersten Teilen der Serie als eine Abkehr von den Eliten begreifen: Nicht mehr Bischöfe, Kardinäle oder Pfarrer stehen im Mittelpunkt seiner Bilder, vielmehr sind es (meist namenlose) Gläubige und Zweifler, die von ihm für die Serie ins Bild gesetzt werden.

Sujets in Ostdeutschland nach dem Fall der Mauer und »Künstler machen Masken« (1994); siehe: Harder, »Bilder«; Engelhard, »Künstler«.

43 Harder, »Bilder«, S. 213f. Harder gibt an, das Steichens Ausstellung 1955 von Moses besucht wurde, als diese in München gastierte und der Fotograf dort als Bildjournalist arbeitete.

44 Pawek, *Weltausstellung*. Von den insgesamt 554 in Ausstellung und Bildband präsentierten Bildern stammen neun Fotografien von Stefan Moses.

45 Siehe etwa: Engelhard, »Künstler«, S. 26f.

46 Am Beispiel des Bildbands »Manuel« über die Kinderjahre seines Sohnes skizziert Harder Moses' einfühlsame Herangehensweise an sein Sujet; siehe: Harder, »Bilder«, S. 14f; siehe auch den *Spiegel*-Artikel zur Neuauflage des Bildbandes 2006: »Seifenblasen der Sechziger«, in: *Spiegel* 20/2006.

3.2.2 Die Titelillustration zu »Gott in Deutschland«

Als der *Stern* am 23. September 1962 den ersten Teil der Serie veröffentlichte, brach er im Hinblick auf die visuelle Gestaltung des Titels mit einer lang etablierten Konvention auf dem deutschen Illustriertenmarkt: Die Blattmacher verzichteten auf das ganzseitige, großflächige Foto als Blick fangendes Titelbild. Nachdem dieses Layout in den zwanziger Jahren für die *Berliner Illustrirte Zeitung* von deren Chefredakteur Kurt Korff[47] und Illustrator Carl Schnebel entworfen worden war, entwickelte es sich auf dem internationalen Illustriertenmarkt zur erfolgreichen Konvention. Zeitschriften wie *Vu, Match, Picture Post* und *Life* entwickelten in den USA, Großbritannien und Frankreich schließlich das Titelblatt ohne weiße Umrandung, das in Deutschland zunächst von der *Arbeiter Illustrierten Zeitung* und später auch von den anderen großen Illustrierten übernommen wurde.[48] Auch nach dem Zweiten Weltkrieg arbeiteten alle großen Illustrierten in der Bundesrepublik nach diesem Schema: Eine großflächige Fotografie dominierte den Titel, einzelne schriftliche Ankündigungen, die oftmals keinen Bezug zu der Fotografie hatten, verwiesen auf einzelne Themen im Heftinneren.[49]

Von dieser Konvention sahen die zuständigen *Stern*-Redakteure nun ab: Auf der Redaktionskonferenz, in der die Entscheidung für das Titelcover fallen sollte, entschied man sich für einen Entwurf des Grafikers K. H. John. Eine Alternative, die auf der Grundlage einer Fotografie des Kölner Doms erstellt worden war und damit auf die konventionelle Covergestaltung mit einer großformatigen, randlosen Fotografie zurückgriff, ließen die Redakteure fallen.[50]

---

[47] Zu Korff und dessen Einfluss auf die Entwicklung der Illustrierten, auch in internationaler Perspektive siehe: Hannig, »Transfer«.

[48] Gidal, *Chronisten*, S. 29.

[49] Auch wenn der Trend zur randlosen Titel-Illustration durchgängig zu erkennen ist, zeigen einzelne Illustrierte immer wieder Ausnahmen: So experimentierte die *Quick* um 1960 etwa kurzzeitig mit einem roten Balken unterhalb der Titelfotografie, der die Farbe des *Quick*-Logos aufnahm. Eine Ausnahme bildet in gewisser Weise auch das Nachrichtenmagazin *Spiegel*. Auch dort arbeiteten die Illustratoren mit einer einzigen, großformatigen Fotografie auf dem Titel, diese ist aber bis heute in einen roten, das *Spiegel*-Logo umfassenden Rahmen eingefasst.

[50] Für diesen Hinweis danke ich dem damaligen *Stern*-Redakteur Herbert Ludz; Gespräch vom 02. Juli 2007.

Abb. 24: »Gott in Deutschland«, Stern-Cover 38/1962, Illustration: K. H. John

Johns Entwurf verzichtet ganz auf Bilder und stellt stattdessen einen nüchtern wirkenden, telegrammähnlichen Text in weißen Lettern auf schwarzem Grund in den Mittelpunkt. Während im oberen Drittel des

Covers das *Stern*-Symbol (ein weißer, sechzackiger Stern auf rotem Grund) für die einzige Farbquelle des Titels sorgt, füllt ein für ein Illustriertencover außerordentlich unüblich langer Neunzeiler das mittlere Drittel der Seite. Dieser spannt bereits den Rahmen für die Grundthematik der gesamten Serie. Es geht dem *Stern* um die Diskussion des scheinbaren Paradoxon, das die religiöse Lage in der Bundesrepublik dominiert: 96,4 Prozent der Bevölkerung bezeichnen sich als Christen, doch ob dieses Bekenntnis für ihr Leben irgendwelche Konsequenzen hat, und ob sie sich dem Glauben der Kirchen, für die sie ihre Kirchensteuern zahlen, unterwerfen, ist fraglich. Im letzten Drittel des Covers prangt in großen Lettern der Titel der Serie »Gott in Deutschland«, in reduzierter Schriftgröße der Untertitel: »Eine Dokumentation über Glaube und Kirche.«

Johns Cover muss als bewusster Gegenentwurf zu den suggestiven Bildern der konventionellen Titelgestaltungen gesehen werden. Der hier kommunizierte Anspruch, den Lesern auf den folgenden Seiten weniger mit opulenten Bildern zu fesseln, sondern mit einem nüchternen, die Schwierigkeiten der Kirchen aufdeckenden Text, mag zudem dem neuen Profil des *Stern* geschuldet sein, das der Illustrierten einen zunehmend politisierend kritischen Anstrich gab.

Den Anspruch, als erste Illustrierte in der Bundesrepublik auf das gängige Titelbild verzichtet zu haben, kann der *Stern* indes nicht halten: Bereits einige Monate zuvor gestaltete die *Quick* einen visuell ganz ähnlichen Titel, der auf einen Artikel über den zu Beginn der sechziger Jahre in den Massenmedien ausgiebig diskutierten »Fall Vera Brühne« verwies. Auch dieser kam ganz ohne Bilder aus und präsentierte stattdessen ungewöhnlich lange Textpassagen.[51] Ob die Redakteure des *Stern* Johns Entwurf als direkten Respons auf den Titel der *Quick* auswählten, muss Spekulation bleiben. Eingedenk der üblichen gegenseitigen Beobachtung der Printmedien muss jedoch davon ausgegangen werden, dass die Verantwortlichen des *Stern* den Entwurf der *Quick* kannten.

Während das *Quick*-Cover offensichtlich den visuellen Eindruck einer Gerichtsakte zu imitieren versuchte, scheint Johns Titel eine Abkehr von der berauschenden Bildwelt gerade des Katholizismus zu sein: Nicht die traditionelle, barocke Pracht der Kirchen, die die Cover der Illustrierten etwa in den Weihnachtsausgaben oder der Papstberichterstattung oftmals

---

51 »Der Prozeß Vera Brühne«, in: *Quick* 20/62. Der Prozess gegen Vera Brühne konnte vor allem durch seine Aufnahme in den Boulevardmedien eine große Öffentlichkeit erreichen.

schmückten[52], möchte die Serie präsentieren, sondern eine nüchterne Bestandsaufnahme der religiösen Strömungen, wie sie in der bundesdeutschen Gesellschaft zu finden sind. In der Visualisierung wird auch hier quasi ein »Blick von unten« präsentiert, der sich von visueller Opulenz nicht blenden lässt und vor allem durch seine Nüchternheit und journalistisch-kritische Herangehensweise dominiert wird. Auch hätte eine Entscheidung für den in der Diskussion stehenden Entwurf, der den Kölner Dom in den Mittelpunkt des Titels stellte, wiederum eine Fokussierung der Serie auf die Religion der Amtskirchen suggeriert, die (sowohl im Titel als auch in den einzelnen Artikeln) wohl ganz bewusst vermieden werden sollte.[53]

3.2.3 Der Blick auf die Tradition: Volksfrömmigkeit als ernsthaftes Erbe fernab idyllischer Verklärung

In der Darstellung traditionell anmutender Volksfrömmigkeit fand Stefan Moses für die Serie »Gott in Deutschland« ein durchgehendes Bildthema, das einerseits an bekannte, in den Illustrierten kursierende Motive anschließt, andererseits Moses' Fähigkeit der einfühlsamen Inszenierung anscheinend persönlicher und teils tief emotionaler Momente unterstreicht und somit die Bilder der *Stern*-Serie von vielen anderen Illustriertenbildern deutlich absetzt.[54] Die Bilder der Serie changieren in ihrer Komposition zwischen der Darstellung einer tiefen Innerlichkeit und der eines in der Gruppe zu erfahrenden religiösen Gemeinschaftserlebnisses, das Prozessionen oder Gottesdienste zu einer Kollektiverfahrung vieler Gläubigen werden lässt. Das Motiv der katholischen Prozessionszüge ist in der bundesdeutschen Illustriertenpresse bei weitem keine Innovation, nur weisen die Fotografien Moses' in ihrer Einbettung in »Gott in Deutschland« in eine ganz andere Richtung als etwa zwei Titelbilder der *Quick* aus den Jah-

---

52 *Quick* 32/1960.
53 Als Ausnahme müssen hier die beiden Reportagen »Gott in Bonn« gelten, die die Serie abschlossen und explizit die Einflussnahme der Amtskirchen in der politischen Landschaft der Bundesrepublik in den Blick nahmen. Die dort verfolgte Diskussion um die Verbindung von Kirche und Religion wird in den folgenden Überlegungen ausgeklammert. Dazu demnächst ausführlich: Jana Ebeling, »Kirche, Politik und Medien. Transformationsprozesse in den ›langen‹ 1970er Jahren« (Dissertationsprojekt Universität Gießen).
54 Der Motivgruppe lassen sich insgesamt 24 Fotografien zuordnen.

ren 1959 und 1960 mit ganz ähnlichen Motiven. Nicht der christliche Ritus, sondern die Verklärung der ländlichen Idylle stehen in diesen Farbfotografien der *Quick* im Vordergrund: Im Frühling schlängelt sich eine Prozession von katholischen Gläubigen über eine im satten Grün stehende Wiese, vorbei an weiß blühenden Apfelbäumen, auf einen Berg hinauf.[55] Ziel des Pilgerzugs ist eine Kirche mit Zwiebelturm, die zwischen vier Bäumen auf der Spitze des Bergs thront. Die Bildunterschrift verbindet die Szenerie mit der anbrechenden Jahreszeit: »Die schönen Feste, Pfingsten und Fronleichnam, sind gekommen. Der Sommer steht vor der Tür«. Anlass der Fotografie ist also augenscheinlich nicht eine journalistische Auseinandersetzung mit religiösen Riten, sondern die visuelle Ankündigung der neuen Jahreszeit.

Eine ganz ähnliche Fotografie setzten die Redakteure der *Quick* ein Jahr später auf die Titelseite.[56] Wiederum dominiert das satte Grün des anbrechenden Frühlings. Diesmal ist der Prozessionszug, der an einem mit Blumen bewachsenen Berghang entlangführt, aus einer starken Aufsicht aufgenommen. Im Bildhintergrund sieht der Betrachter vor der Kulisse eines Waldes das rote Dach eines Hauses, in dessen eingezäuntem Vorgarten einzelne Furchen grün bewachsen sind. Die Bildunterschrift »Fronleichnam im Schwarzwald« unterstreicht den Eindruck des nicht-städtischen Settings, in dem sich das katholische Ritual vollzieht. Beide Cover betten die Darstellung des katholischen Ritus zwischen ländlicher Idylle und anbrechendem Frühling ein. In einer Zeit, in der die meisten Illustrierten und Magazine die bunten Titel-Illustrationen zur Regel werden ließen[57], wirkt die Darstellung der katholischen Frömmigkeitsform als bloße Staffage für den bunten Blickfang einer idyllischen Landschaftsfotografie. Die religiöse Prozession wird hier zur Ausstattung der heilen nichtstädtischen Welt, in der der Lauf der Jahreszeiten in der Natur erlebbar wird.[58]

---

55 *Quick* 20/1959.
56 *Quick* 25/1960.
57 Im Nachrichtenmagazin *Spiegel* etwa erschienen die erste kolorierte Fotografie 1955 mit einem Bild der Schlagersängerin Catarina Valente (*Spiegel* 15/1955). Noch 1960 aber erschienen die Titel überwiegend mit Schwarz-Weiß-Fotografien. Erst 1961 hielten sich kolorierte und Schwarz-Weiß-Fotos auf den Titeln in etwa die Waage und 1963 waren schließlich alle Titelfotografien und -collagen farbig.
58 Ganz ähnlich in seiner Komposition – wenn auch ohne Prozessionszug – wirkt ein Cover der *Quick* aus dem Januar 1963 (*Quick* 3/1963). Vor dem Hintergrund des strahlend blauen Himmels und eines schneebedeckten Bergmassivs blickt der Betrachter auf eine im Bildmittelpunkt thronende barocke Kapelle. Vor ihr fließt ein Bach, in dem sich die Sonnenstrahlen spiegeln. Wiederum hat die idyllische Landschaftsaufnahme keinen

Abb. 25: *Quick*-Cover 20/1959, Fotograf nicht genannt

Bezug zu einem angekündigten Artikel des Hefts, sondern dient wohl auch hier ausschließlich als Blickfang. Dasselbe Motiv im Sommer zeigt eine Fotografie, die die *Quick* im Mai desselben Jahres als Titel-Illustration nutzt (*Quick* 19/1963). Ganz ähnlich setzt der Fotograf eines Bildes ein Kirchengebäude ins Bild, das ein *Quick*-Cover im März 1963 schmückt. Während ein weiß blühender Kirschbaum als Symbol des Frühlings im Bildvordergrund die Fotografie dominiert, finden sich im Bildhintergrund die roten Dächer eines Dorfes und als dessen höchster Punkt ein Kirchturm (*Quick* 9/63). Ähnlich romantisierend ist das Cover der *Quick*-Weihnachtsausgabe aus dem Jahr 1967 konzipiert (*Quick* 53/1967). Hier erblickt der Betrachter auf dem Cover eine stimmungsvolle Fotografie eines pittoresken Dorfes vor einem Bergmassiv. Der angestrahlte Kirchturm ragt aus dem Meer der Häuser und aus der schneebedeckten Landschaft hervor und verweist als Sinnbild christlicher Religiosität auf das Weihnachtsfest.

Gerade diese Bildkomposition, die die kirchlichen Riten in einem verklärenden Blick als idyllischen Bestandteil einer vormalig heilen Welt entwarfen, ließ Moses für seine *Stern*-Fotografien hinter sich. Seine Fotos werden vielmehr von einer sich etwa in den strengen Gesichtszügen der Portraitierten offenbar werdenden Ernsthaftigkeit dominiert.

Abb. 26: »*Fronleichnam im Schwarzwald*«, *Quick*-Cover 27/1960, Fotograf nicht genannt

Bevor nun aber einzelne Bilder Moses' exemplarisch vorgestellt werden, soll zunächst eine Fotografie des *Stern*-Bildreporters Lothar K. Wiedemann diskutiert werden, welche die Serie »Gott in Deutschland« eröffnete.[59]

---

59 *Stern* 38/1962.

Auch Wiedemann inszenierte das Motiv der Fronleichnamsprozession vor einer ländlichen Szenerie, nur fängt seine Fotografie allein durch ihren Schwarz-Weiß-Abdruck eine gänzlich andere Stimmung ein.

Abb. 27: »Gott in Deutschland«, in: Stern 38/1962, Fotograf: Lothar K. Wiedemann

Wiedemanns Foto gerät quasi zum Gegenentwurf der idyllischen Bilder der *Quick*. Zeigen diese die Gläubigen nur von hinten bzw. von der Seite, blickt der Betrachter von Wiedemanns Fotografie frontal auf den Pilgerzug, so dass zumindest die Gesichter der Pilger in den ersten Reihen erkennbar sind. Den Betrachter selbst inszeniert Wiedemann in seinem Bild also nicht als abseitigen Beobachter, der sich an der Idylle der Landschaft berauscht, sondern als Augenzeugen, der den katholischen Ritus und die an ihm teilnehmenden Gläubigen frontal in den Blick nimmt. Die Pilgerschar zieht aus einer Kirche heraus und wandert auf einem staubigen Pfad an dürren Bäumen und abgemähten Feldern vorbei, dem Betrachter entgegen. Auch Wiedemann präsentiert den traditionellen Katholizismus als in der ländlichen Region verhaftet. Der Mähdrescher, der am rechten Bildrand zu sehen ist, verweist gemeinsam mit dem Jungen, der im Gras sitzt und die an ihm vorbeiziehende Prozession betrachtet, auf die vollbrachte landwirtschaftliche Arbeit. Ganz offensichtlich nahm Wiedemann die

Fotografie nicht im Frühling, sondern im späten Sommer auf. Es ist hier also nicht die verklärende Idylle des beginnenden Frühjahrs als vielmehr der Ernst der prozessierenden Gläubigen, den der Fotograf in den Mittelpunkt seines Bildes stellt. Nicht das Grün von blühenden Bäumen und Wiesen dominiert Wiedemanns Bild, sondern die graue, staubige Straße und die abgemähten Felder. Läse man das Bild als Allegorie auf den in ihm gezeigten traditionellen Katholizismus, so stünde dieser nicht wie auf den Titeln der *Quick* im Frühling, sondern im Spätsommer seiner Entwicklung.

Einen ganz anderen Blick auf eine Fronleichnamsprozession wirft Stefan Moses in seiner Fotografie, die laut Bildunterschrift »Betende, auf einer Fronleichnamsprozession in Bonn« einfängt. Das Bild zeigt eine Gruppe von katholischen Gläubigen im Profil, die, teils stehend, teils kniend oder mit geneigtem Haupt, mit ernsten Blicken augenscheinlich den vorbeiziehenden Prozessionszug erwarten oder betrachten.

Deutlich zu erkennen sind die vier, dem Betrachter am nächsten stehenden Frauen. In schwarzer Kleidung ragt eine von ihnen aus der gesamten von Moses eingefangenen Szenerie heraus. Indem der Fotograf sie in den Mittelpunkt des Bildes setzte, umrahmt von drei Begleiterinnen sowie einer unkenntlichen Menge an Prozessionsbesuchern, dominiert ihre schwarze Kleidung auch farblich die dargestellte Szenerie. Anders als die *Quick*-Titel und auch die Fotografie Wiedemanns hebt Moses also eine Gläubige aus der anonymen Menge der Prozessionsbesucher heraus. Ihr ernster, kritischer Blick, ihre deutlichen Falten im Gesicht und ihre Tränensäcke lassen die Teilnahme an der Prozession eher als religiöse Pflicht, die sie mit Ernsthaftigkeit erfüllt, denn als Ausdruck freudiger Ekstase erscheinen, der in den Bildberichten zu modernen Jugendgottesdiensten als religiöse Events zum Vorschein kommt.

Moses' Kompositionsprinzip, einen einzelnen Protagonisten in den Mittelpunkt der jeweiligen Szenerie zu stellen, dominiert die gesamten Bilder des ersten Teils der Serie: Mal ist es ein Mitglied einer studentischen Verbindung, mal ein älterer untersetzter Mann, der ein Holzkreuz auf seinen Schultern trägt.[60]

---

60 Fotografie von Lothar Wiedemann.

Abb. 28: »Gott in Deutschland«, in: Stern 38/1962, Fotograf: Stefan Moses

Bedeutungsschwer gerät auch die Fotografie Stefan Moses', die den Zug eines Bonner Schützenvereins zeigt, der an einer Fronleichnamsprozession teilnimmt. Der Betrachter blickt auf vier Schützen, die als Teil eines größeren Zugs im Gleichschritt rechts an ihm vorbeischreiten. Wiederum kennzeichnet ihr Gesichtsausdruck einen bieder anmutenden strengen Blick, der am Betrachter vorbeigeht. Auf der linken Seite kniet eine Frau in weißer Bluse und schwarzem Rock am Straßenrand.

Da Moses das eigentliche Objekt ihrer Ehrerbietung, die konsekrierte Hostie in der Monstranz, nicht in der Fotografie einfängt, suggeriert der flüchtige Blick, die Frau knie vor den vorbeiziehenden Schützen. Somit kann Moses' Komposition auch als Dokumentation einer derben Form patriarchaler Ehrerbietung gelesen werden.

Abb. 29: »Gott in Deutschland«, in: Stern 38/1962, Fotograf: Stefan Moses

Allerdings beschränkt Stefan Moses in seinen fotografischen Darstellungen traditionell anmutender Volksfrömmigkeit die Rolle der weiblichen Gläubigen keineswegs auf die einer rein passiven Beobachterin der von Männern ausgeführten religiösen Handlungen. Vielmehr werden auch Frauen in seinen Fotografien als Protagonistinnen ins Bild gesetzt, die aktiv an religiösen Riten teilnehmen. So zeigt ein hochformatiges Foto aus dem Artikel »Maria – Himmelskönigin« eine alte Frau, die den Votivgang der Gnadenkapelle in Altötting umrundet.[61]

---

61 Stern 44/1962.

Eine Bäuerin erfüllt, was sie der Madonna von Altötting gelobt hat

Abb. 30: »Gott in Deutschland«, in: Stern 44/1962, Fotograf: Stefan Moses

In alter Tradition trägt sie ein Holzkreuz auf ihren Schultern und vollzieht ihre Prozession nicht gehend, sondern kniend. In ihrer Körperhaltung und ihrem Gesichtsausdruck wirkt die dargestellte Pilgerin wie eine reuige Büßerin, die in der Nachfolge Christi das Kreuz auf sich genommen hat: Als Kontrast zu dem schwarzen Bildhintergrund stechen ihr bleiches Gesicht, das helle Kreuz und ihre weiße Strickjacke aus der Dunkelheit hervor. Mit ihrer linken Hand hebt die kniende Frau ihren Rock leicht vom Boden und scheint sich auf den Betrachter zuzubewegen. Ihre tiefen Augenhöhlen und ihr leerer, auf den Boden gerichteter Blick lassen sie wie eine Suchende wirken, die in aufopfernder Ernsthaftigkeit ihre religiösen Pflichten erfüllt. In Bildern wie diesen zeigt sich paradigmatisch das fotografische Programm Moses': In der Darstellung religiöser Riten setzt er gerade nicht die kirchliche Elite ins Bild, sondern die scheinbar einfachen Gläubigen. So benennt die Bildunterschrift die Pilgerin als »Bäuerin, (die) erfüllt, was sie der Madonna von Altötting gelobt hat.« Zudem richtet sich der Blick fast ausschließlich auf traditionelle religiöse Riten des Katholizismus. Insofern können die Fotografien, die sich thematisch an der Darstellung einer als traditionell wahrgenommenen Religiosität orientieren, als Gegenentwurf zu der visuellen Konzentration auf die hierarchische Spitze des Katholizismus gelesen werden, die etwa zeitgleich die Bildberichte über das Zweite Vatikanische Konzil dominierten. Einen weiteren Gegenpol fanden sie in der fotografischen Präsentation von neuen Formen religiösen Lebens, die den zweiten großen Block der Fotografien in »Gott in Deutschland« darstellen.

3.2.4 Der innovative Blick: Darstellung neuer Formen christlicher Religiosität

Der Versuch, sich mit einer neu ausgerichteten Pastoral und neuen Formen christlicher Verkündigung auch in der sich wandelnden Gesellschaft als Massenorganisation behaupten zu können, ist für die beiden Großkirchen in den fünfziger und sechziger Jahren substantiell keine Neuerung. Dass die Kirchen mit der Zeit gehen und sich veränderten gesellschaftlichen Bedingungen (wenn auch behutsam) anpassen, ist in der Religionsgeschichte ein stetig auftretendes Phänomen, dass, wie Staf Hellemans, Karl Gabriel und andere zeigen konnten, auch in der zweiten Hälfte des 20. Jahrhunderts die konstante Modernisierung der Kirchen von Innen heraus ermöglichte.[62] Der Versuch der Kirchen, sich in ihrer Verkündigung den Formen der modernen Gesellschaft anzunähern, wurde von den Medien aufmerksam verfolgt und kommentiert, auch in Moses' Fotografien

---

62 Siehe dazu etwa die Arbeiten Staf Hellemans', der zur Analyse der Transformation der Religion in der Gesellschaft des 20. Jahrhunderts das Paradigma der religiösen Modernisierung entwickelte: Hellemans, »Transformation«. Gabriel beschreibt das Christentum des 20. Jahrhunderts als »ein Amalgam aus Traditionalität und Moderne«; siehe: Gabriel, *Christentum*, S. 16.

finden die kirchlichen Anstrengungen ihren fotografischen Ausdruck. Dabei knüpfte Moses zum Teil an bereits Ende der fünfziger Jahre in den Illustrierten publizierte Motive an, die zwar die Bildberichte über kirchliche Religiosität nicht dominieren konnten, doch exemplarisch den Versuch vereinzelter Pfarrer zeigten, sich Phänomenen der Jugendkultur zu bedienen und somit die scheinbare Unvereinbarkeit etwa von Rockmusik und dem liturgischen Ort der Kirche auflösten. Die Fotografien in »Gott in Deutschland« können aber auch gerade für den *Stern* als Startschuss für eine ganze Reihe von Bildern gelten, die eine Verbindung der modernen Gesellschaft mit der kirchlichen Religion inszenierten.

Einen gänzlich neuen Blick auf christliche Riten präsentieren diejenigen Bilder, die in ihrer Darstellung liturgischer Neuerungen den Versuch der Kirchen visualisieren, in vermeintlich zeitgemäßer Form gerade jüngere Gläubige für sich zu gewinnen. Die noch in den Kinderschuhen steckenden neuen Gottesdienstformen, die in den deutschen evangelischen Kirchen als Teil der Jugendarbeit selbige zu einem »Experimentierraum der Gemeinden« werden ließen, boten hier eine Vorlage für Moses' Fotografien. Auf der anderen Seite orientieren sich die Motive Moses' an Vorbildern aus dem Ausland, die in Deutschland seit Ende der fünfziger Jahre publiziert wurden und westeuropäische und amerikanische Versuche der Erneuerung des christlichen Gottesdienstes in den Blick nahmen. Diese fanden ihren Niederschlag in den deutschen Illustrierten bereits vor den in der evangelischen Jugendarbeit unternommenen Anstrengungen, die kirchliche Jugendarbeit so als »Vorhut der Gemeinde in der Gesellschaft« zu etablieren.[63]

Die in den Illustrierten veröffentlichen Fotos kreisten zumeist um die Integration von Tanz und modern anmutender Musik in die kirchlichen Gottesdienste. Einen ersten Bildbericht, der die Verbindung von Jugendkultur und kirchlicher Katechese in den Blick nimmt, veröffentlichte der *Stern* 1959 unter dem Titel »Musikbox an der Himmelstür?«.[64]

Ausgangspunkt war das Wirken des französischen Jesuitenpaters und Chansoniers Aimé Duval, der auf einer Missionsreise durch die Bundesrepublik mit seinen religiösen Schlagern versuchte, bei den »skeptischen Menschen des zwanzigsten Jahrhunderts« Begeisterung für die christliche Botschaft zu entfachen.[65] Die religiösen Chansons Duvals, der vormals als

---

63 Affolderbach, »Problemgeschichte«, S. 130.
64 Günther Dahl, »Musikbox an der Himmelstür?«, in: *Stern* 16/1959.
65 Roey, *Duval*, S. 9.

Missionspriester in französischen Arbeitervierteln gewirkt hatte, versuchten sich mit einer »poetischen Atmosphäre (, die) auf keinen Fall durch irgendeinen Predigtton gestört werden sollte«, von der traditionellen Verkündigung abzusetzen.[66] Die im *Stern* publizierte Fotografie zeigt den Jesuitenpater in Soutane. Mit seiner Gitarre und seinen weit geöffneten Augen gerät seine Inszenierung zu der eines Sängers. Vor ihm befinden sich zwei Mikrofone, die an eine Konzertsituation erinnern. Links neben die Fotografie Duvals stellt das Layout das Bild eines jungen Paares im selben Format. Die beiden Fotografien sind so arrangiert, dass der Blick des Paares auf Duval fällt, sie scheinen seinen Konzertauftritt zu beobachten. In ihrer informellen Kleidung repräsentieren die beiden eine unbedarfte Zwanglosigkeit. Ihr Blick auf Duval wirkt kritisch fragend.

In der Zusammenstellung der beiden Bilder gelingt es dem Layout, die drei zentralen Elemente einer fotografischen Darstellung moderner Gottesdienstform ins Bild zu setzen, die auch spätere Fotografien über Versuche einer kirchliche Öffnung hin zur Jugendkultur der sechziger Jahre prägen sollten: eine in der Tradition stehende Kirchlichkeit (repräsentiert durch die Soutane des Paters), eine modern anmutende Form der Verkündigung (repräsentiert durch die Gitarre Duvals und die Mikrofone) und ein junges Publikum (repräsentiert durch das junge Paar).

Das Ziel des Chansoniers, die Begeisterung der bisher von der traditionellen Katechese scheinbar vernachlässigten Schichten, scheint indes nicht erreicht. Der durch die Bildzusammenstellung inszenierte kritische Blick des Paares auf den Sänger legt vielmehr eine Lesart nahe, welche die libertäre Jugend in kritischer Distanz zu Duvals Ansinnen sieht.[67]

Den thematischen Rahmen für die Fotografien Stefan Moses' zur Aufnahme ähnlicher Motive bot der elfte Teil der Serie mit dem Titel »Die Jugend und der liebe Gott«.[68] Zentrale Fotografie des Artikels ist eine doppelseitige Aufnahme aus einer Hamburger Kirche, auf der die Szenerie eines Jazzgottesdienstes zu sehen ist, einem laut Bildunterschrift »ungewöhnliches Experiment« des Hamburger Pastors Heinrich Lange.

---

66 Ebd.
67 In ähnlicher Pose nimmt die *Quick* Duval in den Blick: »Jesuitenpater und Schlagerstar«, in: *Quick* 52/1966; »Schlager für die Ordenskasse«, in: *Quick* 52/1966.
68 Joachim Heldt, »Die Jugend und der liebe Gott«, in: *Stern*, 48/1962.

192   VERWANDELTE BLICKE

Abb. 31: »Musikbox an der Himmelstür?«, in: Stern 16/1959, Fotografen nicht genannt

Die Fotografie von Moses teilt sich in zwei einzelne Bildteile, die durch die Falz getrennt werden. Auf der rechten Bildseite sieht der Betrachter das traditionelle Motiv eines evangelischen Gottesdienstes: Das Bild wird von einem schwarzen Kreuz dominiert, das auf der kargen weißen Kirchenwand prangt. Oberhalb des Kreuzes findet sich ein Zitat aus dem Lukasevangelium »Selig sind, die Gottes Wort hören und bewahren.« Unterhalb des Kreuzes blickt der Betrachter auf einen mit Blumen geschmückten Altar, vor dem ein Tisch und zwei Stühle stehen. Auf der Kanzel in der rechten oberen Bildecke blicken ein Mann und eine Frau auf die Szenerie herab, die sich in der linken Bildhälfte abspielt. Die linke Seite der Fotografie nimmt in Konterkarierung des Kirchenraums eine Tanzszene in den Blick. Drei Tanzpaare scheinen sich teils fest umschlungen, teils Hände haltend zu Tanzmusik zu bewegen. Auch in ihrer informell wirkenden Kleidung – einer der Herren trägt eine Jeans, die Damen knielange Röcke – scheinen sie ganz bewusst als Gegenentwurf zu den formalisierten Normen des traditionellen Gottesdienstbesuchs.

Abb. 32: »Die Jugend und der liebe Gott«, in: Stern 48/1962, Fotograf: Stefan Moses

Durch die kompositorische Zweiteilung des Bildes – auf der einen Seite die tanzenden Jugendlichen, auf der andern Seite der schlichte Altarraum –, die von der Helftfalz noch unterstrichen wird, inszeniert Moses den Jazzgottesdienst als Gegensatzpaar zwischen traditioneller Kirchlichkeit und moderner Jugend, die sich im evangelischen Gotteshaus begegnen. Die Verbindung von Tanz, Musik und dem Ort Kirche konnte sich gerade im *Stern* als prägendes Motiv herausschälen, das den Versuch einzelner Geistlicher oder Gemeinden ins Bild setzte, sich der populären Jugendkultur zu öffnen. Die Bildunterschrift, die sich in die linke obere Bildecke einfügt, nennt diese Begegnung ein »ungewöhnliches Experiment«. Sie betont also die Besonderheit einer solchen Gottesdienstform, deren von den Hamburger Initiatoren erklärtes Ziel es sei, zu zeigen, dass »das Christentum ein lebendiger Bestandteil unseres Lebens zwischen Weltraumflug und Wohlstandsfieber ist«. [69]

Auch in anderen Illustrierten, wie etwa der *Quick*, etablierte sich das Musik, kirchliche Amtsträger und den kirchlichen Raum verbindende Motiv zum gängigen Bild eines kirchlichen Wandels. Dem für »Gott in Deutschland« von Stefan Moses inszenierten Motiv ganz ähnlich zeigen zwei Fotografien, die der *Stern* in seiner Weihnachtsausgabe desselben Jahres publizierte, Ausschnitte aus einem Jazzgottesdienst, der in einem katholischen Gotteshaus nahe Brüssel stattfand.[70] Auf beiden Bildern sieht der Betrachter eine Gruppe von Jugendlichen, die im kirchlichen Altarraum einen Tanz aufführen. Die erste Fotografie, die zentral auf die Seite gesetzt mit ihrer Größe den Artikel dominiert, zeigt drei junge Frauen. Im Bildvordergrund schaut eine von ihnen mit konzentriert angespanntem Blick rechts am Betrachter vorbei. Ihren linken Arm streckt sie nach vorn, ihr rechter Arm ist fest am Körper angelegt. Allen drei Tänzerinnen gemein ist ihre gebeugte Körperhaltung, in der sie sich vor einer dunkel verziegelten Wand und einem großen Kruzifix bewegen. Gerade ihre extravaganten Bewegungen lassen sie innerhalb des Gotteshauses fremd wirken. Der Fotografie gelingt es, eine Spannung zwischen der traditionellen Szenerie eines Gotteshauses und den drei Protagonistinnen herzustellen. Damit kann dieses Foto als typisches Beispiel der Bildkompositionen gelten, die in den sechziger Jahren die Verbindung von modernem Lebensgefühl und traditionellem Kirchenritus als ebenso ungewohntes wie auch spannungsvolles Zusammenspiel darstellten. [71]

Die gerade vom *Stern* aufgenommenen Visualisierungen der kirchlichen Annäherungen an Formen einer populären Jugendkultur mag verdeutlichen, dass es hier nicht um eine wertfreie Darstellung kirchlicher Bemühungen um die Jugend, sondern vielmehr um eine kommentierende Visualisierung derselben ging, die in der Konnotation und Zusammenstellung

---

69 Ebd.
70 »Jazz in der Christmette«, in: *Stern* 51/1962.
71 Weitere Aufnahmen des Motivs etwa in: »Gott ist tot – und im Kirchenschiff wird getanzt«, in: *Stern* 13/1967; des Weiteren in dem Satiremagazin *Pardon* »Zupfen für die Gemeinde«, in: *Pardon* 4/1965 oder in der *Quick*: »Gottesdienst mit heißen Rhythmen. Im Rheinland gelang ein Experiment«, in: *Quick* 18/1965.

der Motive die Kompatibilität von Kirchlichkeit und liberaler Jugendkultur zumeist in Frage stellte. Scheinbar unauflöslich inszenierten viele Fotografien die Dichotomie zwischen der kirchlich normierten Religiosität und modernem Zeitgefühl.

Zu den Fotografien, die über die Grenzen der Bundesrepublik hinaus zum visuellen Symbol einer sich der Jugendkultur öffnenden Kirche wurden, gehört eine Fotografie, welche die *Quick* dem deutschen Schriftsteller und Fotografen Dieter J. Baumgart zuschrieb.[72]

Das Foto zeigt den anglikanischen Bischof von Carlisle, Thomas Bloomer, der mit seiner Einladung zu einer Twist-Party, die er Weihnachten 1962 an die Jugendlichen seiner Diözese aussprach, eine über die Grenzen Großbritanniens hinausgehende Bekanntheit erlangte.[73] Das Bild, das der *Stern* 1963 für einen Bericht mit dem Titel »Was würde Jesus dazu sagen?« in sein Heft aufnahm, nimmt die bereits bekannten Elemente der Illustriertenbildberichterstattung über neue Formen der Jugendkatechese auf.[74]

Die doppelseitige Fotografie zeigt den anglikanischen Bischof in Soutane inmitten einer Gruppe Jugendlicher. Gemeinsam mit drei Mädchen bewegt er sich im typischen Twist-Rhythmus: Seine angewinkelten Beinen wölben seine Soutane, dazu bewegt er Oberköper und Arme und scheint mit seiner rechten Hand den Takt zu schnipsen. Sein deutlich erkennbares Lächeln vermittelt eine kindliche Freude. Vor dem Hintergrund der um 1960 noch am Anfang stehenden Bemühungen des Aufbrechens eines klerikalen Habitus entwirft das Bild des tanzenden Bischofs einen Gegenentwurf des der Welt distanziert entgegentretenden Geistlichen. Dabei unterscheidet es sich dezidiert von dem noch herrschenden Bild des katholischen Priesters, das innerhalb der katholischen Kirche 1960 noch

---

72 Baumgart arbeitete ab 1959 zunächst für einige Monate als Reprofotograf im Springer Verlag, dann als Bildjournalist für die Hamburger PR-Zeitschrift *Springer Post*, einer als Hauspost für die Mitarbeiter des Springerkonzerns konzipierte Illustrierten. Die Zuschreibung der Fotografie in der *Quick* ist nach Aussage Baumgarts indes falsch. Vermutlich war der damals als freier Mitarbeiter für den Springerverlag arbeitende Fotograf Jochen Blume Urheber des Fotos. (E-Mails und Brief von Baumgart an den Autor vom 14., 15. und 16. Februar 2009).

73 In Deutschland berichtete etwa der *Spiegel* (noch ohne Bild) über Bloomers ungewöhnliche Einladung; »Thomas Bloomer«, in: *Spiegel* 51/1962.

74 »Was würde Jesus dazu sagen?« in: *Stern* 18/1963. Neben den Aufnahmen des Bildes in *Stern* und *Kristall* (»Twist, Twist, Twist«, in: *Kristall* 6/1964) wurde Baumgarts Fotografie etwa von der Jury »World Press Photo« für eine Fotoausstellung ausgewählt, welche die besten Pressefotografien der Jahre 1963/1964 vereinte.

einmal seine Bestätigung erfuhr: Johannes XXIII. bekräftigte in der im Januar 1960 einberufenen römischen Diözesansynode die strikten Regeln des priesterlichen Lebens, die den geistlichen Stand von der weltlichen Gesellschaft zu unterscheiden suchten. Eine Annäherung an die Kultur des modernen Italiens sollte explizit ausgeschlossen werden.[75]

Abb. 33: »Was würde Jesus dazu sagen?«, in: Stern 28/1963, Fotograf: Jochen Blume

Das Bild des Bischofs Bloomer kann als visueller Gegenentwurf der sich in den synodalen Beschlüssen artikulierenden Tendenzen einer Hinwendung zum Traditionalismus gelesen werden. Gerade der hier dargestellte Twist verstärkt als Tanz einer sich neu etablierenden Jugendkultur den Eindruck

---

75 So untersagten die synodalen Beschlüsse den Priestern der Diözese Rom etwa den Besuch eines Kinos. In recht eigentümlicher Weise unterschieden sich solche Beschlüsse der römischen Diözesansynode von den durch das Konzil angestoßenen Aufbrüchen in der Weltkirche. In der Forschung über das Wirken Johannes XXIII. und in (auch zeitgenössischen) biografischen Schriften findet die Diözesansynode indes recht wenig Beachtung; siehe etwa: Albergio, *Johannes XXIII.*, S. 164f.; Aradi, *Der XXIII. Johannes*, S. 20.

der Partizipation des Bischofs am gesellschaftlichen Aufbruch.[76] Galt der Twist doch gerade in seiner Blütezeit zwischen 1961 und 1963 als neuer Tanz einer nonkonformistischen Jugend, als Gegenentwurf zu den klassischen Gesellschaftstänzen, deren Unterweisung in Tanzschulen immer auch eine Erziehung zu den traditionellen Normen von Anstand, Benehmen und Geschlechterverhältnissen bedeutete. In dieser Ausrichtung wurde der Twist von Teilen der jungen Generation in den frühen sechziger Jahre als Beginn einer Individualisierung, des Aufbrechens gesellschaftlicher Unterschiede und einer Neudefinition der Geschlechterverhältnisse geschätzt: Man tanzte ihn allein, jeder konnte ihn erlernen und im Unterschied zu den traditionellen Standardtänzen oder auch dem Rock'n'Roll wurden hier die Unterschiede zwischen den Geschlechtern egalisiert. Die Frauen entschieden selbst, wann sie tanzten, sie warteten nicht mehr auf die Tanzaufforderung durch einen Partner. Insofern lässt sich die Tanzszene des Bischofs auch als ein Bekenntnis Bloomers zu eben diesen Neuerungen lesen: Es ist eben nicht nur die Darstellung eines tanzenden Bischofs. Thomas Bloomer tanzt mit drei jungen Damen, die ihre traditionelle Rolle abgelegt haben. Dies lässt sich auch in der Kleidung zumindest eines der Mädchen erkennen: Sie trägt eine enge Hose und einen hochgekrempelten Pulli, also die für den Twist typische, maskulin wirkende Kleidung. Die Fotografie inszeniert hier nicht nur den Versuch der Annäherung eines kirchlichen Repräsentanten an die moderne Gesellschaft, der Bischof ist vielmehr schon einen Schritt weiter. Er nimmt an der Modernisierung der Gesellschaft selbst teil.

An der Fotografie des Twist tanzenden Bischofs lässt sich zudem deutlich zeigen, dass es den Blattmachern des *Stern* bei ihrer Auswahl der Fotografie nicht um die fotografische Illustration eines aktuellen Ereignisses ging, sondern um eine kommentierende Darstellung von äußerst disparaten Aspekten der kirchlichen Neuausrichtung. Verbindet doch der Artikel die Tanzeinlage des Bischofs mit der Debatte über eine grundsätzliche theologisch-dogmatische Modernisierung des Christentums. Die als Frage formulierte moralisierende Überschrift »Was würde Jesus dazu sagen?«, die in weißer Schrift auf schwarzem Hintergrund mahnend in das Bild des tanzenden Bischofs integriert ist, legt zudem eine Wertung der modernen Strömungen in Jugendkatechese und Theologie nahe. Sie stößt den Betrachter auf eine vermutete Divergenz zwischen dem tanzenden Bischof

---

76 Zur Verbindung von Jugendkultur und Twist in der Bundesrepublik siehe: Siegfried, *Time*, S. 121–125.

und den Worten Jesu. Diese Divergenz wird auch im folgenden Artikel, der die Thesen des anglikanischen Bischofs John Robinson vorstellt, hervorgehoben. Robinson verwarf der in seiner Schrift »Honest to God« die theologische Figur eines persönlichen Gottes. Dass eine solch plakative Fotografie zur Illustration der journalistischen Auseinandersetzung mit Robinsons Thesen über eine theologische Neuausrichtung in der modernen Gesellschaft keineswegs den einzigen Weg der Visualisierung darstellt, mag das Cover des amerikanischen *Time Magazine* verdeutlichen, das Robinsons Thesen im April 1966 eine Titelstory widmete.[77] Hier bediente sich die Redaktion nicht einer Fotografie, sondern beschränkte sich auf einen schlichten roten Schriftzug auf schwarzem Grund, der die Frage stellte: »Is God dead?«[78]

3.3 Der fotoästhetische Gegenentwurf: Spuren des Religiösen im Fotomagazin *magnum*

Als einen konzeptionellen und auch fotoästhetischen Gegenentwurf zu den deutschsprachigen Illustrierten der direkten Nachkriegszeit gründet der österreichische Fotograf und Verleger Karl Pawek 1953 in Wien die Fotozeitschrift *magnum. Zeitschrift für das moderne Leben*.[79] In der Abkehr einer Bildberichterstattung, die mehrere aktuelle Ereignisse nebeneinander reiht, verfolgte der redaktionelle Kreis um Pawek das Ziel, Fotografien und Texte zu einem einzigen Themenkomplex in einem Heft zu bündeln und in der Zusammenstellung mehrerer Fotoessays dem geschriebenen Text das fotografierte Bild als gleichberechtigt zur Seite zu stellen. Mit dieser Ausrichtung wurde eine erhebliche Einschränkung des Leserkreises in Kauf genommen, auch im Selbstverständnis verstand sich das Fotomagazin als Magazin für eine intellektuelle Elite.[80]

---

77 *Time Magazine* vom 8. April 1966.
78 In seiner Schlichtheit und dem Verzicht auf eine fotografische Visualisierung war das Cover des *Time Magazine* das erste seiner Art und ähnelt in der Gestaltung dem Titelbild des *Stern* zu Beginn der Serie »Gott in Deutschland«.
79 Für die Geschichte, Konzeption und Protagonisten der *magnum* siehe: Szeless, *magnum*.
80 Die Auflagenhöhe, die 1960 (also zu einer Zeit, als die großen Illustrierten *Quick* und *Stern* über eine Million Exemplare wöchentlich verkauften) mit 33.500 ihren Spitzenwert erreichte, spiegelt diese Ausrichtung wider; siehe: Szeless, *magnum*. S. 60.

Ganz bewusst lehnte Pawek sich mit dem Namen *magnum* an die 1947 von einem Fotografenkollektiv in New York gegründete Fotoagentur *Magnum Photos* an.[81] Zum einen verlor die Fotozeitschrift durch den weltberühmten Namen den Ruch der österreichischen Provinz, zum anderen passte er vorzüglich in das Idealbild eines an US-amerikanischen Fotoreportagen angelehnten fotografischen Stils.[82] Dieser fand in der Arbeit der Agentur *Magnum Photos* seinen prominentesten Ausdruck. Die dort versammelten Fotoreporter wollten eben nicht neutrale Bilder zu weltpolitischen Ereignissen und Entwicklungen liefern, sondern mit ihren Fotografien Partei ergreifen und die Sichtweisen der Rezipienten auf die dargestellten Ereignisse beeinflussen. »The Magnum Archive«, bilanzierte Russel Miller 1997 zum fünfzigsten Jahrestag der Gründung von *Magnum Photos*, »is the antithesis of the bland notion that equates photographic objectivity with dispassionate neutrality.«[83] Nicht mit einer parteilosen Dokumentation, sondern mit der emotionalen Kraft ihrer Bilder erreichten die in *Magnum Photos* zusammengeschlossenen Fotografen ihr weltweites Publikum. Fotografische Aufklärung und Information ging Hand in Hand mit dem Versuch, die visuelle Meinungsführerschaft über Ereignisse und Entwicklungen zu gewinnen. Gerade in diesen Prämissen über den modernen Fotojournalismus überschnitten sich die Arbeiten der Fotografen von *Magnum Photos* mit den noch näher vorzustellenden Ansprüchen Karl Paweks, die er seinem Fotomagazin zugrunde legte.

3.3.1 Karl Pawek und die Geschichte der *magnum*

Der österreichische Publizist und studierte Theologe Karl Pawek engagierte sich in den zwanziger Jahren in der Kulturarbeit der katholischen Laien Wiens. 1935 gründete er die Kulturzeitschrift *Die Pause*, deren Hauptschriftleitung er bis zum Anschluss Österreichs an das Deutsche

---

[81] Zur Geschichte von *Magnum Photos* und deren Relevanz für die Entwicklung des internationalen Fotojournalismus siehe: Miller, *Magnum*.
[82] Von der zunächst in Betracht gezogenen Klage der Fotoagentur gegen die österreichische Fotozeitschrift nahmen die New Yorker Fotografen 1955 Abstand. Sie verlangten von Pawek jedoch eine Klarstellung innerhalb des Hefts, dass die Zeitschrift nicht das Publikationsorgan der Fotoagentur sei. Dieser Forderung kam Pawek dann auch nach; Szeless, *magnum*, S. 48.
[83] Russel Miller: *Magnum*, S. xii.

Reich übernahm.[84] Als glühender Anhänger des neuen Regimes verteidigte er in den späten dreißiger Jahren publizistisch die Politik der Nationalsozialisten und spielte mit dem Gedanken, der NSDAP beizutreten. Noch während der Verteidigung Wiens 1945 erwies sich Pawek als überzeugter Nationalsozialist: Er denunzierte zwei Offiziere, die kurz vor der Eroberung Wiens durch die Rote Armee im April 1945 die kampflose Übergabe der Stadt vorbereitet hatten. Dies brachte ihm 1946 eine dreijährige Kerkerhaft ein.

Seit 1949 arbeitete Pawek dann zunächst unter dem Synonym Karl Heinrich als Redakteur und Herausgeber der Zeitschrift *Austria International*. Die von ausladenden Bildern der österreichischen Fremdenverkehrswerbung geprägte Illustrierte erschien bis 1953, bevor sie von Pawek in *magnum* umbenannt und gemeinsam mit dem Fotografen Franz Hubmann sukzessive umgestaltet wurde.[85] Zwischen 1953 und 1964 erschienen von der *magnum* insgesamt 59 Ausgaben, zunächst mit vier Ausgaben pro Jahr, ab 1958 publizierten die Herausgeber die Zeitschrift dann im zweimonatigen Rhythmus. 1955 verlegten die Verantwortlichen einen Teil der Redaktion von Wien nach Frankfurt am Main mit dem Ziel, von den Frankfurter Redaktionsräumen aus den bundesdeutschen Markt besser erschließen zu können. 1957 wurde die stets an Geldknappheit leidende *magnum* an den Kölner Verlag DuMont Schauburg verkauft, was der Zeitschrift zum einen zu einer breiteren Popularität auch in der Bundesrepublik verhalf, zum anderen den Umzug eines Großteils der Redaktion von Frankfurt nach Köln nach sich zog. Zudem wurde Pawek nun der Verlegersohn Alfred Neven DuMont als Herausgeber zur Seite gestellt. Damit verlor der österreichische Publizist sein bisheriges Monopol über die Ausrichtung und Gestaltung der einzelnen Hefte. 1962 schied schließlich Karl Pawek ganz aus der Redaktion der *magnum* aus und wurde durch den Kölner Schriftsteller Hans Bender ersetzt. Aufgrund des Mangels an Abonnenten stellte der DuMont Verlag Produktion und Vertrieb der *magnum* nach der 59. Ausgabe im November 1966 schließlich ein.[86]

---

84 Zur Biografie Paweks siehe: Starl, »Kehrseite«.
85 Zur Gründungsgeschichte der *magnum* siehe: Szeless, *magnum*, S. 46–49. Zur Rolle Hubmanns siehe: Heimberger, *Bildsprache*.
86 Gegen Ende sank die Auflagenhöhe von *magnum* auf unter 20.000 Exemplare. Die intellektuelle Ausrichtung der Zeitschrift konnte weder eine breite Masse ansprechen, noch einen ausreichenden festen Stamm von Abonnenten binden. Auch sukzessive Preiserhöhungen konnten die Zeitschrift nicht rentabel machen. Ein Jahresabonnement lag zunächst bei 10 Deutsche Mark. Nachdem die Periodizität auf sechs Ausgaben pro

3.3.2 Dialog der Bilder: Die *magnum* als ästhetischer Trendsetter

Pawek selbst etablierte sich innerhalb des deutschsprachigen Fotodiskurses zu einem der vehementesten Vertreter einer verstärkten Rezeption und Aufnahme der aus den USA stammenden *life photography*.[87] So lässt sich die Bedeutung der *magnum* auch weniger in ihrer Verbreitung erfassen als vielmehr in ihrer konzeptionellen Aufmachung und ihrem Umgang mit dem Medium Fotografie. Die Prämissen, die Pawek in seinen programmatischen Schriften entwickelte[88] und in *magnum* umsetzte, galten für viele Redakteure und Medienmacher in Deutschland in ihrer Innovation und praktischen Umsetzung als vorbildhaft und stilbildend.[89]

Als durchgängiges Element der Bildessays etablierte Paweks den »Dialog der Bilder«, in dem die formal ästhetische Gemeinsamkeit zweier Fotografien auf einer Doppelseite den Betrachter zu einer Suche nach Verbindungen auf der inhaltlichen Ebene anregen sollte. Die einzelnen Fotografien lieferten in Paweks journalistischem Umgang mit Bildern somit das Rohmaterial, in ihrer späteren Zusammenstellung formulierte Pawek in suggestiver Visualität seine Thesen. Grundlegende Prämisse dieser Methode bildete die Überlegung, dass das fotografische Bild von einer grundsätzlichen Offenheit geprägt war, erst in der Bezugsetzung zu anderen Fotografien erhielt es eine klare Botschaft. Diese Art der visuellen Argumentation geriet – betrachtet man lediglich die gegenübergestellten Fotografien – in der *magnum* zu einem suggestiven Einsatz der Bilder, die in ihrer Zusammenstellung Paweks Thesen implizit kommunizierten. Zum anderen stießen jedoch oftmals sehr nachdrücklich formulierte Bildunterschriften den Betrachter mit ihren expliziten Erläuterungen auf die von Pawek gedachten inhaltlichen Zusammenhänge.[90] Diese Art der Arbeit mit

---

Jahr gesteigert wurde, erhöhte sich der Preis auf 18 Deutsche Mark. 1966 kostete die *magnum* im Jahresabonnement schließlich 22,20 Deutsche Mark, das Einzelheft immerhin 4,50 Deutsche Mark; siehe: Hummel/Knöfel,»Quantensprung«, S. 75; zum Leserkreis siehe Szeless, *magnum*, S. 59–61.
87 Siehe hierzu die Ausführungen über den Wandel des Bildjournalismus, Kapitel 3.1.
88 Pawek, Photographie; ders., Zeitalter; ders.: Panoptikum.
89 Hummel/Knöfel,»Quantensprung«, S. 75.
90 Mit den oftmals eindeutigen Bildunterschriften fiel Pawek streng genommen hinter seinen eigenen Anspruch zurück, nachdem er in Abgrenzung zu den Illustrierten die Botschaften der Fotografien eben nicht verbal vorgeben wollte.

Fotografien war zwar in den fünfziger Jahren nichts grundlegend Neues[91], in ihrer konsequenten Anwendung und dem Versuch ihrer theoretischen Fundierung konnte Pawek jedoch einen Stil prägen, der in der Folgezeit in der visuellen Gestaltung der bundesdeutschen Printmedien eine steigende Popularität erfuhr.

Paweks Ideal einer Zusammenstellung von thematisch zusammengebundenen Bildessays, deren ästhetische Vorbilder er in dem US-Magazin *Life* fand, prägte die *magnum* auch über das Ausscheiden Paweks aus der Redaktion hinaus. Bis 1966 hielten sich Text und Bild quantitativ die Waage. Im Vergleich mit den auflagenstarken Publikumsillustrierten der Bundesrepublik lassen sich drei deutliche Unterschiede ausmachen: Zum einen wurde den Autoren der *magnum* für einzelne Texte mehr Raum eingeräumt. In typografischer Strenge zogen sich die Artikel in drei bis vier Spalten zumeist über mindestens eine Heftseite. Zum anderen wurden die Fotografien nicht in die Texte integriert, sondern in eigene Bildstrecken ausgelagert. Zumeist betteten recht ausführliche Bildunterschriften die Bilder in einen narrativen Kontext. Eine Überlagerung von einzelnen Bildunterschriften und den Fotografien, wie es in den Illustrierten die Regel war, fand in der *magnum* nicht statt. Ferner wurde ein Heft nicht aus verschiedenen Meldungen, Reportagen und Kommentaren zusammengestellt, vielmehr widmete sich jedes Heft einem spezifischen Thema. Es lag an der Redaktion bzw. den Chefredakteuren, Autoren für die einzelnen Beiträge zu gewinnen und die disparate Auswahl von möglichen Fotografien, die teils aus dem deutschsprachigen Raum, teils von den großen weltweit arbeitenden Bildagenturen kamen, zu optisch argumentierenden Fotoessays zusammenzustellen.

Innerhalb des Themenspektrums der *magnum* lässt sich eine große Breite an Inhalten ausmachen. Grundlegendes Thema aller Ausgaben der »Zeitschrift für das moderne Leben« war »eine Standortbestimmung des jeweils Neuen und Aktuellen in den Bereichen der visuellen Kultur, des Designs und der Kunst und nicht zuletzt [...] eine Erfassung der Mentalität der Gegenwart.«[92] Diese hehren Grundsätze des Blattes verstand die Kunsthistorikerin Szeless in ihrer Studie über die *magnum* und deren Blattmacher Pawek als »verspäteten Modernitätsdiskurs«, der die in Deutsch-

---

91 Als Vorläufer dieser Art der visuellen Kommunikation können sowohl die Avantgarde-Zeitschrift *Der Querschnitt* gelten, die zwischen 1921 und 1936 in Deutschland erschienen war als auch die Filmtheorie Sergej Eisensteins; siehe: Szeless, *magnum*, S. 112f.
92 Szeless, *magnum*, S. 62.

land zwischen 1933 und 1945 ins Abseits geratenen internationalen kulturellen Strömungen nun aufnahm und diskutierte.[93] So fanden sowohl die klassische Moderne wie etwa die Bauhausarchitektur als auch der Nachkriegsmodernismus in der *magnum* ihren Platz. Zugleich wurde die *magnum* gerade in den ersten Jahren unter dem Chefredakteur und Herausgeber Pawek von dessen katholischer und restaurativer Geisteshaltung geprägt, der nach Szeless mit den Begriff eines *reactionary modernism* zu umschreiben ist, der die *magnum* in den fünfziger und Anfang der sechziger Jahre dominierte.[94] Diese Ausrichtung änderte sich, als Pawek das Blatt verließ. Bereits vor dessen Ausstieg war die Auswahl von Autoren und Fotografen recht breit gefächert. So steuerten etwa so unterschiedliche Autoren wie Heinrich Böll, Paul Celan, Hans Magnus Enzensberger, Jürgen Habermas oder Henry Kissinger Beiträge zu einzelnen Heften bei.

3.3.3 Die Visualisierung von Paweks Wertehorizont: Religion in der frühen *magnum*

Fragen nach der Stellung von Religion und den Kirchen in der modernen Gesellschaft fanden regelmäßig Einzug in verschiedene Artikel und Bildessays der *magnum*. Auch in diesem Themenbereich kann für die Frühphase der *magnum* der Einfluss Karl Paweks kaum überschätzt werden. Dies war vor allem seiner dominierenden Stellung innerhalb der Redaktion geschuldet, trat er doch bis zur Übernahme des Fotomagazins durch den DuMont Verlag sowohl als Herausgeber als auch als Redakteur auf. Die konzeptionelle Vorbereitung und bildliche Gestaltung der einzelnen Ausgaben behielt er sich selbst vor, bediente sich dabei oftmals der Ideen und Vorschläge des Fotografen Franz Hubmann und des Dramaturgen und Literaten Friedrich Heer.[95] Paweks Arbeit spiegelt deutlich seine Wurzeln in der katholischen Laienbewegung wider. Prägend für ihn waren das nach seiner Matura begonnene Theologiestudium, das er zunächst mit dem Ziel verfolgte, Priester zu werden, und seine Promotion in Scholastik. Im An-

---

93 Ebd., S. 62–82.
94 Ebd., S. 159–161.
95 Zu den redaktionellen Abläufen in der Wiener Zeit der *magnum* siehe: Ebd., S. 51–53. Neben Pawek konnte vor allem der engagierte Katholik und Kunstkritiker Friedrich Heer die Ausrichtung der *magnum* beeinflussen. Unter seiner Mitarbeit entwickelte sich das Fotomagazin, so seine Biografin Evelyn Adunka, zu einer »katholische(n) illustrierte(n) Zeitschrift«; Adunka, *Heer*, S. 182; siehe auch: Szeless, *magnum*, S. 56.

schluss an seine Studien- und Promotionszeit arbeitete er für verschiedene katholische Organisationen, zunächst als Kulturreferent in der Katholischen Aktion und später, auf Ernennung des Wiener Kardinals Innitzer, als Generalsekretär der katholischen Kulturwoche im Erzbistum Wien.[96] Wie viele Mitarbeiter der *magnum* trat Pawek auch in seiner redaktionellen und journalistischen Arbeit als überzeugter Katholik auf, der seine christliche Weltanschauung zum einen in seinen Artikeln offen formulierte, zum anderen in der suggestiven Zusammenstellung der Fotoessays kundtat.

Am offensichtlichsten offenbarte sich die christliche Durchdringung der in der *magnum* verhandelten Ideengebäude in dem Themenheft »Die Reserven«, in dem Autoren und Fotografen grundlegende Fragen nach der Stellung der Religion in der modernen Gesellschaft diskutierten.[97] Die »kulturellen Reserven«, die Pawek in der Einleitung pathetisch mit dem »geistige(n) Rückhalt, (den) weltanschaulichen Fundamente(n), (dem) persönliche(n) Kapital in unserer Seele« umschrieb, verorteten Herausgeber und Autoren in einer christlichen Fundierung der westlichen Gesellschaften.[98] In den Fotopassagen stellte Pawek den Szenen der modernen Konsumgesellschaft die fotografische Repräsentation christlicher Kulturgüter wie kirchliche Kunstschätze oder auch traditionelle kirchliche Riten zur Seite. Diese Argumentationslinie unterstrich er zudem in seinem Leitartikel mit dem als rhetorische Frage formulierten Titel »Braucht der Mensch Religion?«, der die Stellung des Christentums für die moderne Gesellschaft zu bekräftigen versuchte. Recht unverhofft beginnt er sein Plädoyer mit einem religiösen Bekenntnis: »Ich lege [...] die Karten offen auf den Tisch: ich glaube nicht nur an Gott, ich liebe ihn.«[99]

Typisch für die visuelle Gestaltung der Ausgabe typisch sind zwei Fotografien Franz Hubmanns aus dem niederösterreichischen Zisterzienserkloster in Heiligenkreuz arrangiert. Beide Bilder zeigen als Teil einer Doppelseite die Zisterzienser in kontemplativer Einkehr bei ihrem Gebet. Während die erste der beiden Fotografien neben einem Foto der goldenen Madonna aus dem Bistumsschatz Essen platziert ist, sticht die zweite Fotografie, die sechs Mönche im Chorgestühl zeigt, durch ihre Gegenüberstellung mit dem Bild einer US-amerikanischen Jazzkapelle hervor. Die in weiße, weit geschnittene Habite gekleideten Zisterzienser stehen im

---

96 Starl, »Pawek«, S. 66f.
97 »Die Reserven«, *magnum* 11/1956.
98 »Die Reserven«, in: ebd.
99 Karl Pawek, »Brauchen wir Religion?«, in: ebd.

Chorgestühl einer Kirche, im linken Bildrand erkennt der Betrachter ein Ambo, auf dem ein dickes (vermutlich liturgisches) Buch liegt. Das querformatige Bild teilt sich in zwei horizontale Hälften: Die untere Bildhälfte zeigt die sich verneigenden Mönche, die obere Hälfte der Fotografie wird von einer Heiligenstatue und Bibeldarstellungen über dem Chorgestühl dominiert.

Die hochformatige Fotografie der amerikanischen Jazzkapelle wird hingegen von ihrer vertikalen Strukturierung geprägt. Sie zeigt den aus deutlicher Untersicht aufgenommenen Bandleader und Trompeter Count Basie im Bildvordergrund als Protagonisten. Hinter ihm sitzen auf der rechten Bildseite vier Saxophonisten und ein Bassist. Der hoch aufgeschossene Bandleader und der im rechten Bildhintergrund stehende weiße Pfeiler hinter der Kapelle ziehen zwei vertikale Linien durch die Fotografie.

Abb. 34: »Welche Gründe tun sich auf«, in: magnum 11/1956, Fotograf linkes Foto: Franz Hubmann; rechtes Foto: Fotograf nicht genannt

Eine nahe liegende Interpretation der Bildgegenüberstellung wäre eine Kontrastierung der in ihr Gebet versunkenen Mönche mit den Musikern des Jazzensembles. Hierfür könnte man etwa die Musik der beiden Gruppen oder auch deren Kleidung als Unterscheidungsmerkmale anführen.

Daneben heben sich die beiden Bilder stilistisch in ihrer horizontalen respektive vertikalen Strukturierung voneinander ab.

Der erläuternde Artikel unterhalb der linken Fotografie verwirft jedoch solch eine Interpretation: »Man könnte die Bilder als einfache Kontrastierung auffassen: hier der religiöse Ernst des Lebens – dort all das, was man so unter einem Jazzwirbel versteht. Das wäre eine einfache Sache, aber zu einfach, um der seelischen Erregung gerecht zu werden, die heute aus dem Jazz entsteht.«[100] Es geht Pawek hier eben nicht um die Gegenüberstellung moderner Lebenswelt und christlicher Tradition als zwei hermetische, sich gegenseitig ausschließende Sphären, sondern vielmehr um die Darstellung der Durchdringung der Moderne durch die christlichen Wurzeln. Der erläuternde Text versucht diese Sichtweise mit dem Verweis auf den religiösen Gehalt der *Negro Spirituals* zu verdeutlichen, die als Vorläufer des Jazz vorgestellt werden. Visuell unterstreicht der Gesichtsausdruck des Bandleaders Count Basie die These Paweks. Basie steht mit seiner Trompete in der Hand vor seiner Band, seine meditativ entrückte Pose lässt ihn gerade so versunken erscheinen wie die Zisterzienser bei ihrem Chorgebet. Ebenso lässt sich die ganz in Weiß gehaltene Kleidung in beiden Bildern als Gemeinsamkeit von Mönchen und Musikern anführen.

Ähnlich argumentierend tritt eine religiöse Symbolik in den Mittelpunkt der Bildessays zahlreicher weiterer Ausgaben. Auch hier inszeniert Pawek eine unauflösliche Symbiose von modernem Leben und christlicher Tradition. Dem Anspruch der *magnum* nach einer Vorstellung moderner Strömungen in bildender und darstellender Kunst folgend, wurde die religiöse Durchdringung der Moderne etwa am Beispiel der Architektur aufgezeigt. So gerieten die Bildberichte über Le Corbusiers Wallfahrtskirche von Ronchamp zur visuellen Apotheose einer kategorisch modernen Christlichkeit. In dem 1955 geweihten Sakralbau, den Le Corbusier aus weißem Sichtbeton bauen ließ, sieht die *magnum* schon ein Jahrzehnt vor dem Beginn des nachkonziliaren Kirchbaus die gelungene Verbindung von religiöser Baukunst und fortschrittlicher Kultur.[101]

---

100 »Welche Gründe tun sich auf?«, in: ebd.
101 »Das Gegenteil ist auch wahr«, *magnum* 19/1958; hierzu auch: Szeless, *magnum*, S. 56.

3.3.4 Die fotografische Vermessung von Geschichte und Gegenwart des Katholizismus: Das *magnum*-Themenheft »Katholizismus in Deutschland«

Der allgemeine Wandel von Print- und audiovisuellen Medien, der sich in der Bundesrepublik um 1960 vollzog, hinterließ auch in der *magnum* deutliche Spuren. Er zeigt sich nicht nur in der personellen Umstrukturierung der Redaktion und dem Austritt Paweks 1962, sondern auch in der Konzeption der einzelnen Hefte. Die *magnum* verlor nun ihren vormals dominierenden visuellen Stil. Die von Pawek so konsistent angewandten visuellen Argumentationsstränge eines »Dialogs der Bilder« wurden zunehmend reduziert. Es war nun weniger die Gegenüberstellung zweier formal ähnlicher Fotografien, welche die Bildessays dominierten. Fotografien wurden vielmehr (in einer recht konventionellen Zusammenstellung) aufgrund ihrer offenkundigen inhaltlichen Gemeinsamkeit ausgewählt. Damit verlor das Heftinnere zweifelsohne an visuellem Reiz, die Botschaft indes geriet plakativer und weniger suggestiv.

Diese journalistischen und fotoästhetischen Veränderungen lassen sich deutlich an der vorletzten Ausgabe der *magnum* betrachten, die den Titel »Katholizismus in der Bundesrepublik« trägt.[102] Das Impressum des Heftes gibt nicht wie in den anderen Ausgaben üblich einen Chefredakteur an, sondern nennt Carl Amery als »Verantwortlichen für die Chefredaktion«. Amery hatte sich zu diesem Zeitpunkt bereits als Kopf einer Gruppe von linksintellektuellen Nonkonformisten etabliert, die seit Beginn der sechziger Jahre aus dem katholischen Lager heraus eine deutliche Kritik am Zustand der katholischen Kirche in Westdeutschland formulierten. In seinem breit rezipierten Essay »Die Kapitulation oder Deutscher Katholizismus heute« geißelte Amery das katholische Milieu der Bundesrepublik ob der in ihm vorherrschenden Konzentration auf ein kleinbürgerliches Tugendsystem und der Ausdünnung der christlichen Heilsbotschaft.[103] Die Struktur und geistigen Grundlagen dieses Milieus, so Amery, hätten den Aufstieg des Nationalsozialismus in Deutschland entscheidend begünstigt, da die Katholiken in ihrer politischen Konfliktscheue keine Opposition zu der faschistischen Ideologie der nationalsozialistischen Bewegung ausbilden konnten. Neben Autoren wie Heinrich Böll oder auch Rolf Hochhuth

---

102 »Katholizismus in Deutschland«, *magnum* 58/1966.
103 Carl Amery, *Kapitulation*; Amerys Werk verkaufte sich innerhalb eines halben Jahres in insgesamt sechs Auflagen mit 100.000 Exemplaren; siehe: Schmidtmann, *Studierende*, S. 228.

zählte Amery mit seinen Schriften und Diskussionsbeiträgen zu denjenigen Intellektuellen der Bundesrepublik, die die Problematik des (Nicht-) Handelns und Schweigens der katholischen Kirche während der nationalsozialistischen Herrschaft in Deutschland als erste im kulturellen und politischen Diskurs Westdeutschlands aufbrachten.[104]

Die Wahl Amerys zum Verantwortlichen für die Redaktion des Themenheftes durch den nunmehr alleinigen Herausgeber Alfred Neven DuMont zeigt eine deutliche Abkehr von der Religionsberichterstattung der *magnum*, wie sie sich unter der Verantwortung Karl Paweks darstellte. Amery wählte einen ungleich kritischeren Blickwinkel auf die Rolle des Katholizismus in Westdeutschland und suchte nach neuen Ansatzpunkten in der fotojournalistischen Auseinandersetzung mit Kirche und Religion. Schon in seiner Einleitung erhebt er den Anspruch, nicht nur alte Kritikpunkte, die er und andere in den Jahren zuvor formuliert hatten, nun im Stil der *magnum* aufzugreifen, sondern vielmehr neue Kritiklinien zu formulieren und in den Fotostrecken darzustellen:

»Dieses Heft kann und will nicht nur Zustimmung finden. Daß seit drei bis vier Jahren die Kontroverse über den Katholizismus auch materielle Früchte getragen hat, ist kein Geheimnis. Aber wir glauben, daß dieses Heft anders aussehen würde, wenn es der Redaktion nur um die kritiklose Zustimmung oder um die fetten Abfallprodukte der Kontroverse gegangen wäre.«[105]

Amery teilt das Heft in drei Bildstrecken und zwei Textteile, die jeweils abwechselnd verschiedene Aspekte des katholischen Lebens in der Bundesrepublik vorstellen. Eine erste Bildstrecke, die direkt auf Amerys Einleitung folgt, stellt zwei bis vier Fotografien je Doppelseite unter ein Bibelzitat. Ganz im Gegensatz zu Paweks These einer Symbiose von moderner Kultur und christlicher Religiosität inszeniert Amery in Auswahl und Zusammenstellung der meisten Fotografien die Gegensätzlichkeit zwischen bundesrepublikanischer Gesellschaft und Katholizismus.

Unter dem Titel »Von Angesicht zu Angesicht« stellt er zwei Fotografien nebeneinander, die in ganz unterschiedlicher Wiese katholische Religiosität und die moderne Gesellschaft der Bundesrepublik als zwei unter-

---

104 Heinrich Böll veröffentlichte im selben Jahr seinen Roman »Ansichten eines Clowns«. Die Erstaufführung des Dramas »Der Stellvertreter« des noch jungen Dramatikers Rolf Hochhuth 1963 in West-Berlin kann für die gesellschaftliche Auseinandersetzung über die Rolle der katholischen Kirche während des Nationalsozialismus und die Person Pius XII. gar nicht überschätzt werden; siehe: Berg, *Stellvertreter*; Wiest, »Stellvertreter«.
105 Carl Amery: »Zum Thema«, in: *magnum* 58/1966.

schiedliche Sphären darstellen. Anders als in der visuellen Kommunikation, die Pawek für die *magnum* entwarf, füllt nicht erst das Zusammenspiel die Bilder mit einer Botschaft, die Fotografien kommentieren vielmehr ihren Gegenstand eigenständig.

Ein Bild der Fotografin Renate Bein zeigt eine junge Frau und eine ältere, untersetzte Nonne in schwarzer Ordenstracht im Bildvordergrund. Die beiden überqueren in entgegengesetzter Richtung eine belebte Straße. Die Szenerie wird in der Vertikalen von zwei Schienensträngen durchzogen, im Bildhintergrund lassen sich zwei PKW, zwei Straßenbahnen und mehrere Passanten erkennen.

Die Dominanz der zwei Personen im Bildvordergrund lenkt den Blick des Betrachters auf die zentral im Bild inszenierte Gegensätzlichkeit der beiden Protagonistinnen: Während die in einem hellbraunen Mantel gekleidete Passantin auf die Nonne, die sie in ihrer Körpergröße deutlich überragt, herabblickt, weicht ihr Gegenüber jeglichem Blickkontakt aus und schaut stur auf die vor ihr liegende Straße. Ihr Weg führt sie in die entgegengesetzte Richtung der im Bildhintergrund fahrenden Autos.

Abb. 35: magnum 58/1966, Fotografin: Renate Bein

Die Repräsentantin des Katholizismus scheint ihren Weg teilnahmslos zu gehen, ohne den Verkehr der Kreuzung zu beachten. Die Aufmerksamkeit, die ihr in der Person der Passantin zuteil wird, erwidert sie nicht. Passantin und Ordensfrau stehen nebeneinander, ohne dass ein beidseitiger Kontakt sie verbinden würde. Versteht man die beiden Protagonistinnen als stereotype Vertreter von Kirche und säkularer Welt, so kann von einer gegenseitigen Durchdringung oder einer Annäherung keine Rede sein. Vielmehr ist das Trennende hier Merkmal der fotografischen Inszenierung.

Dies zeigt zudem ein Blick auf Körperbau und Kleidung der Frauen: Die Darstellung der Nonne kontrastiert jegliches zeitgenössische Ideal weiblicher Körperlichkeit, dessen Abbildung gerade gegen Ende der sechziger Jahre in den bildreichen Illustrierten eine hohe Popularität erfuhr. Der mit dem schwarzen Habit bekleidete Köper der Ordensschwester läuft ähnlich einem Dreieck auf den Kopf zu. Der Blick der schlank wirkenden Passantin kann in diesem Sinne als bemitleidender, wenn nicht verachtender Blick auf die den gesellschaftlichen Normen gänzlich entgegengesetzte Körperlichkeit der Ordensschwester verstanden werden. Zumindest unterstreicht er aber die Gegensätzlichkeit der beiden Frauen, die sich in ihren Blickrichtungen, der Farbe und dem Stil ihrer Kleidung und nicht zuletzt in ihrer Physiognomie offenbart.

Eine zweite Fotografie von Stefan Moses wendet den Blick ab von Personen und setzt Gebäude als Repräsentanten von Katholizismus und moderner Industriegesellschaft an deren Stelle. Das Bild zeigt eine Industrieanlage und eine Kirche vor der Kulisse eines wolkenverhangenen Himmels. Während die Kirche in ihrem verwitterten Zustand verlassen wirkt, befindet sich die hinter ihr thronende Fabrik, die das Gotteshaus in ihrer Größe überragt, mit ihren neun rauchenden Schloten in regem Betrieb.

Das Symbol der rationalisierten Industriegesellschaft, die in unaufhaltsamem Fortschritt ihre Güter für die sich etablierende Konsumkultur produziert, lässt die verwahrlost wirkende Kirche wie ein Relikt einer fernen Vergangenheit wirken, das seinem stetigen Untergang entgegenschreitet. So lässt sich der von Moses inszenierte Blick zum einen als Zustandsbeschreibung des Katholizismus in der Bundesrepublik beschreiben: Trotz der Versuche einer Öffnung, der Suche nach Antworten auf die Fragen einer zeitgemäßen Pastoral in der sich wandelnden Gesellschaft der Bundesrepublik bleibt der Kirche nur die Rolle eines Rudiments der Vergangenheit. Zum anderen mag Moses' Motiv aber auch als verklärender Blick in die Vergangenheit gedeutet werden, als romantisierende Rückschau auf eine vorindustrielle Zeit, in der die Kirche noch nicht von den Fabriken überragt wurde und als mächtiger Normgeber Mittelpunkt des gesellschaftlichen Lebens in einer vermeintlich lebenswerteren Zeit war.

VISUELLE DISKUSSION   211

Abb. 36: magnum 58/1966, Fotograf: Stefan Moses

Die Abkehr von Paweks Prinzip eines »Dialogs der Bilder« lässt die von Amery zusammengestellten Fotografien bedeutungsoffener werden. Einzig die Gegenüberstellung von Katholizismus und einer neben ihr stehenden Gesellschaft lassen sich aus den beiden hier vorgestellten Fotografien deutlich herauslesen.

Bei dieser Aussage allein bleibt Amery jedoch nicht stehen. Sie bildet nur einen Aspekt der sich in den Bildern offenbarenden Botschaft. Das zweite Bildessay befasst sich mit der historischen Entwicklung des deutschen Katholizismus seit dem Kulturkampf des 19. Jahrhunderts. Eingeleitet wird die Bildpassage von einer Fotografie des Zweiten Vatikanischen Konzils des Starfotografen und Steinertschülers Lothar Wolleh, die den berühmten Blick in den mit Konzilsbischöfen gefüllten Petersdom zeigt. Zusammen mit dem letzten Bild der Fotostrecke, einem Portrait Johannes XXIII., bilden die synodale Versammlung in St. Peter und der Vater des Konzils den Rahmen für Amerys fotografische Annäherung an die katholische Geschichte. Diese prominente Stellung der beiden Fotografien vermag die Bedeutung der Bischofsversammlung in Rom unterstreichen, die Amery ihr zumisst. Aus den Reformbestrebungen Johannes XXIII. heraus möchte der Schriftsteller den Blick auf die Entwicklung des Katholizismus verstanden wissen. Dabei setzt Amerys Rückblick (nach einer Zeichnung Kaiser Konstantins VI. auf dem Konzil von Nicäa im 8. Jahrhundert) mit der Darstellung der Spannungen zwischen Kirche und Staat im Zuge des Ersten Vatikanums ein. Drei Zeichnungen zeigen Pius IX. im Petersdom mit Bischöfen und theologischen Beratern, ein Portrait des Konzilspapstes und ein Bild des bayerischen Theologen Ignaz von Döllinger, einem der vehementesten Kritiker der ultramontanen Beschlüsse von 1870/71. Das Konzil des 19. Jahrhunderts, das vor allem durch das Dekret über die Infallibilität des Papstes den Zündstoff für spätere Auseinandersetzungen in sich barg, setzt Amery an den Beginn seiner Betrachtung der konfliktreichen Spannungen zwischen Nationalstaat und ultramontan ausgerichteter Kirche. Auf die drei Zeichnungen folgen Fotografien, welche die Konfliktlinien zwischen Kirche und Staat im 19. und 20. Jahrhundert nachzeichnen. Einen Fokus bilden dabei die handelnden Personen, die in ihrer Mehrheit in Portraitfotografien abgebildet werden. Auf jeweils einer Doppelseite widmen sich die Bilder dem Kulturkampf des ausgehenden 19. Jahrhunderts, der Entwicklung des deutschen Katholizismus nach dem Ersten Weltkrieg, dem politischen Katholizismus in der Weimarer Republik, der katholischen Kirche während des Nationalsozialismus, den Verschränkungen von Politik und Katholizismus in der frühen Bundesrepublik und den Auseinandersetzungen um die Reformen innerhalb des Katholizismus seit den späten fünfziger Jahren.

Den Abschluss bildet die bereits erwähnte Fotografie, die Papst Johannes XXIII. an einem schwarzen Tisch in den Vatikanischen Gärten zeigt. Die Rahmung der Bildstrecke erzählt die Geschichte des Katholizismus in Deutschland somit als eine Geschichte der Reform, welche die Zerwürfnisse und Konfliktlinien zwischen Kirche und Staat, die ihren Anfang in den Beschlüssen des Ersten Vatikanischen Konzils nahm, zu überwinden sucht. Dafür stehen der bereits zeitgenössisch immer wieder zitierte Blick in die gefüllten Ränge des Petersdoms, Papst Johannes XXIII. und die Protagonisten eines reformerisch-liberalen Katholizismus in der Bundesrepublik.[106]

Anders als die Fotografien des ersten Bildessays sprechen die Bilder hier nicht für sich selbst, sondern bauen entweder auf Vorkenntnisse des Betrachters oder setzen die Lektüre der Bildunterschriften voraus, welche die dargestellten Protagonisten in die Geschichte des Katholizismus recht kursorisch einbetten. Hier zitiert Amery keine bedeutungsschwangeren

---

106 So finden auf der abschließenden Doppelseite Portraitfotografien von linkskatholischen Protagonisten wie Heinrich Böll, Hans Küng und Walter Dirks ihren Platz.

zeitgenössischen Fotografien, sondern greift auf zumeist bekannte Szenerien und Personen zurück, die etwas Vergangenes aufzeigen sollen.

In einem dritten Bildessay präsentieren die Herausgeber verschiedene Formen katholischer Religiosität im Spannungsfeld zwischen traditioneller Gestalt der Kirchen und den Versuchen einer Erneuerung des kirchlichen Ausdrucks. Thematisch orientieren sich die ausgewählten Fotografien an den kirchlichen Aufgaben der Verkündigung des christlichen Glaubens (hierbei insbesondere der Jugenderziehung und -katechese), der karitativen Dienste, aber auch der kirchlichen Suche nach neuen Ausdrucksformen und der Profanisierung christlicher Symbolik. Auch hier legen die Motive und ihre Anordnung eine stetige Weiterentwicklung des Katholizismus in der Bundesrepublik nahe: Zunächst zeichnen die Fotografien die Entwicklung eines jugendlichen Katholiken nach, der in der Obhut des Katholizismus seinen Weg von der Taufe über den katechetischen Unterricht bis hin zur katholischen Jugendarbeit geht, um schließlich den kirchlichen Prozessionen und sonntäglichen Messen beizuwohnen. Die Darstellungen des Lebens als Priester, einer Eheschließung und der karitativen Arbeit von Ordensangehörigen können als Abschluss dieses Teils des Bildessays gelesen werden, zeigen sie doch die Möglichkeiten der Jugendlichen, als Laie, Ordensangehöriger oder Kleriker auch nach der Jugendzeit im kirchlichen Milieu zu leben.

Die zweite Entwicklungslinie, die Amery in der Zusammenstellung der Fotografien aufzeigt, betrifft die katholische Kirche selbst. Diese Linie steht in ihrer thematischen Ausrichtung und der implizit vertretenen These dem zweiten Bildessay über die historische Dimension des Katholizismus in der Bundesrepublik sehr nahe. Eine Doppelseite zeigt zwei Fotografien der Missionsreisen des Jesuitenpaters Johannes Leppich, welche die Fotografin Abisag Tüllmann beisteuerte. Zum einen zeigt eine Profilaufnahme den Pater mit erhobenen Händen. Sein leichtes Lächeln weist ihn als selbstgewissen Prediger aus, der als talentierter Redner seine Botschaft mit der Gestik seiner Hände unterstreicht. Unter dieser Nahaufnahme Leppichs zeigt eine zweite Fotografie einen Veranstaltungssaal, in dem der Missionspater seine Predigt hält. Im Bildvordergrund sieht der Betrachter den Rücken Leppichs, wiederum hält er beide Hände gestenreich in die Höhe. Er blickt in die gefüllten Saal, in dem seine Zuhörer in drei Blöcken und auf einer Empore sitzen. Die gefüllte Halle, in der Pater Leppich zu seinen Zuhörern spricht, legt die Lesart nahe, dass seine Versuche christlicher Mission ein breites Publikum ansprachen. Die Fotografie steht somit in einem deutlichen Gegensatz zu dem späteren Blick in leere Kirchen, den die Illustriertenfotografen vor allem gegen Ende des Jahrzehnts immer wieder zitierten.[107]

Es ist nicht nur die Darstellung der attraktiv wirkenden Pastoral Pater Leppichs, die dem Katholizismus eine Offenheit zur Moderne zugesteht. Gerade für den Bereich der bildenden Kunst zeigen breite Bildstrecken eine gegenüber der modernen Ästhetik aufgeschlossene Kirche.

Explizit gerät diese Argumentation auf der Doppelseite mit der Überschrift »Die Suche nach der modernen Kirche«, auf der sechzehn Bilder moderner Kirchenarchitektur vereint sind.

Abb. 37: »*Die Suche nach der modernen Kirche*«*, in: magnum 58/1966, Fotoagenturen: Ullstein Bilderdienst und Keystone Pictures*

In der Zusammenstellung der Doppelseite lässt sich nur schwerlich eine stringent aufgebaute Argumentation erkennen, sie zeigt eher eine Aufzählung verschiedener Versuche seitens der Kirche, sich der neuen architektonischen Formsprache zu bedienen. Zudem unterstreichen das Auslassen

---

107 Siehe hierzu die Ausführungen über die Pluralisierung der Gottes- und Kirchenbilder in den späten sechziger Jahren, Kapitel 4.2.

von Bildunterschriften, die den Ort und das Baudatum des abgebildeten Kirchengebäudes angeben, und die große Anzahl von sechzehn dicht gedrängten Fotografien auf einer Doppelseite, dass es den Bildredakteuren hier nicht um die qualitative Darstellung einiger prominenter Beispiele von herausragenden architektonischen Experimenten geht, sondern um die Präsentation eines anscheinend generellen Trends im Kirchenbau. Dass dieser Trend im Titel als »Suche« bezeichnet wird, verdeutlicht indes, dass Amery den Katholizismus in der Bundesrepublik inmitten eines Prozesses der Erneuerung verortet, der sich beispielhaft in der modernen Kirchenarchitektur darstellen lässt.

Nicht weniger nachdrücklich gerät Amerys Sichtweise des Katholizismus im Prozess der Modernisierung auf der letzten Doppelseite des dritten Bildessays, die mit dem Titel »Mit uns zieht die neue Zeit« überschrieben ist. Die linke Seite füllt eine hochformatige Fotografie Rudolf Dietrichs aus, die eine Gruppe von jugendlichen Vertretern katholischer Vereine zeigt. Die Jugendlichen stehen applaudierend mit den Bannern ihrer Vereine vor einem Kirchenportal. Erwartungsvoll blicken sie rechts aus der Fotografie heraus auf eine Person oder einen Prozessionszug, der vor ihnen vorbeizuziehen scheint. Das Personalpronomen »uns« im Titel der Doppelseite lässt sich auf die jungen Gläubigen beziehen, die applaudierend die »neue Zeit« im Katholizismus erwarten.

Abb. 38: »Mit uns zieht die neue Zeit«, in: magnum 58/1966. Fotografen: Rudolf Dietrich, Ullstein Bilderdienst, A. Zabert

Das Layout der Doppelseite fängt diese »neue Zeit«, auf welche die Jugendlichen blicken, auf der rechten Bildseite ein. Hier findet sich zum einen ein Bild des Dominikanerpaters Rochus Spiecker, zum anderen die Abbildung eines Büchertischs, auf dem die Titelcover von sechzehn theologischen Publikationen zu erkennen sind. Spiecker sitzt umringt von zahlreichen Büchern, die weiße Wand im rechten Bildhintergrund schmückt ein schlichtes Holzkreuz. Vor dem Pater steht ein Tonbandgerät. Nicht Paramente und Kirchenschmuck bestimmen also die »neue Zeit« des Katholizismus, sondern schlichte christliche Symbole und die intellektuelle theologische Übung, die sich in den zahlreichen Büchern niederschlägt.

Spiecker galt vor allem durch seine Jugendarbeit in der katholischen Pfadfinderschaft und seine publizistischen Tätigkeiten als einer der Vorreiter in der Entwicklung neuer katechetischer Konzepte und der Begegnung zwischen bundesdeutschem Katholizismus sowie moderner Jugendkultur. Durch das Layout der Doppelseite scheint er der Empfänger des jugendlichen Beifalls zu sein, der Bote der neuen Zeit, welche die Jugend für den Katholizismus begeistern vermag. Neben Spiecker können auch die abgebildeten Publikationen als Ausdruck des Aufbruchs innerhalb des Katholizismus gelten, die in den Diskussionen rund um das Zweite Vatikanische Konzil kumulierten und in den Konzilstexten ihren öffentlichkeitswirksamsten Ausdruck fanden. So zeigt die Fotografie etwa die Buchcover der Veröffentlichungen der Dominikanerpater Yves Congar und Pierre André Liégé, die Protagonisten einer bibelzentrierten theologischen Erneuerung in Frankreich, des Jesuiten und Konzilstheologen Karl Rahner und das Geistliche Tagebuch Johannes XXIII.

Amerys Bildzusammenstellungen im Themenband der *magnum* leisten also viel mehr als eine fotografische Darstellung der Geschichte und der verschiedenen Ausdrucksformen des kirchlichen Lebens in der Bundesrepublik. Während ein erster Bildessay die moderne Gesellschaft und die traditionellen Formen des Katholizismus als Gegensatzpaar inszeniert, das sich hermetisch abgeschlossen gegenübersteht, stellt der zweite Bildessay über die Historizität des katholischen Lebens in Deutschland die Reform der Kirche in den Mittelpunkt. Amerys stark personenzentrierter Blick gerät dabei keineswegs zu einer Abrechnung mit der Institution Kirche. So verweist der Kirchenkritiker Amery zwar mit einem Szenenfoto aus Hochhuts »Stellvertreter« auf die gerade zu Beginn der sechziger Jahre virulente Debatte um die Verstrickungen kirchlicher Würdenträger mit dem Nationalsozialismus. Diese Debatte steht aber keineswegs im Mittelpunkt des

Hefts. Vielmehr geben der bereits zeitgenössisch oft zitierte Blick in die Konzilsaula und das Portrait Johannes XXIII. als Visiotypen kirchlicher Erneuerung der Geschichte des Katholizismus ihren Rahmen.

Ähnlich argumentiert auch die dritte Bildstrecke, die in doppelter Hinsicht eine Entwicklungslinie sichtbar macht. Zum einen zeigen die Fotografien zu Beginn den Weg eines jungen Menschen durch die verschiedenen Institutionen, Sakramente und Festlichkeiten der Kirche. Zum anderen schließt der Bildessay mit einer euphorisch optimistisch anmutenden Collage der Neuausrichtung des kirchlichen Selbstverständnisses.

Die visuelle Auseinandersetzung der *magnum* mit dem Katholizismus ist in Amerys Themenheft also vor allem von der Vielschichtigkeit der Fotografien und Aussagen geprägt. Die Bilder erzählen keine stringente Verlustgeschichte einer vom Niedergang ergriffenen Kirche, sondern inszenieren deren karitatives Wirken in der Gesellschaft ebenso wie ihre Affinität zu neuen Formen der Pastoral und den modernen Strömungen in der bildenden Kunst. Hier präsentiert Amery Bilder für eine Kirche inmitten der Gesellschaft, die auch in Zukunft ihre Anhänger finden wird. Seine Bildzusammenstellungen werden so zu einem Plädoyer für die Fortführung der begonnenen Reform.

In Amerys Themenheft kann zudem ein deutlicher Gegensatz zu der Religionsberichterstattung der *magnum* unter Karl Pawek festgestellt werden. Die für Pawek typische Aussage einer osmotischen Verbindung von christlicher Religion und Moderne findet sich in Amerys Themenheft nicht. Katholizismus und Moderne stehen hier nicht in einem Verhältnis der Durchdringung, sondern eher in einem der vorsichtigen Annäherung.

3.4 Religion als anthropologische Konstante: Die Darstellung religiöser Sujets in den großen Fotoausstellungen

Neben den Illustrierten und der als Fotozeitschrift konzipierten *magnum* konnten Fotografien in den zunehmend populärer werdenden Fotoausstellungen in der Bundesrepublik ein Millionenpublikum erreichen. Fotografische Bilder fanden dabei in ganz unterschiedlichen Kontexten und Ausstellungskonzepten Einzug in die bundesdeutschen Museen. Zum einen etablierte sich eine rege Ausstellungstätigkeit, welche die Fotos als Kunstobjekte einer kulturell interessierten Öffentlichkeit präsentierte. Zum anderen, und dies wurde auch für die fotografische Präsentation von Kirchen und Religion bedeutsam, wurde den Reportagefotografien Mitte der fünfziger Jahre auch ein künstlerischer Wert zugestanden, so dass auch sie Einzug in den musealen Raum halten konnten. In ihrer fotografischen Präsentation der sichtbaren Welt wollten die Kuratoren zumeist in einer kritischen Distanz zu den Entwicklungen der westlichen Industriegesellschaften dem Betrachter Wandel und Zwänge der modernen Gesellschaft vor Augen führen.

Im Folgenden soll der Frage nachgegangen werden, welche Bilder von Religion und Kirche die fünf erfolgreichsten Fotoausstellungen in der Bundesrepublik aufnahmen, in welche Zusammenhänge sie diese setzten und wie die präsentierten Bilder in den Ausstellungskatalogen kommentiert wurden. Hierzu wurden die New Yorker Ausstellung »The Family of Man« und die vier in Deutschland konzipierten »Weltausstellungen der Photographie« gewählt. Diese fünf Ausstellungen können als »phänomenale Publikumsmagneten« gelten und waren in den ersten Jahrzehnten der Bundesrepublik ohne Zweifel die populärsten ihrer Art.[108] Zudem zogen sie ein breites, im Hinblick auf die »Weltausstellungen der Photographie« auch überaus gespaltenes Medienecho auf sich. Die Kataloge der Ausstellungen wurden zu populären Bildbänden, welche die in den einzelnen Museen gezeigten Fotozusammenstellungen weit über den Kreis der Ausstellungsbesucher hinaus bekannt machten. Ganz bewusst soll daher im Folgenden der Fokus auf diese im Hinblick auf den Besucherzuspruch erfolgreichsten Fotoausstellungen gelegt werden und nicht auf diejenigen, die sich explizit mit kirchlicher Kunst beschäftigten oder ausschließlich an kirchlichen Orten gezeigt wurden und ein eher kleines Publikum ansprachen. Denn weniger interessieren die visuelle Repräsentationen von Religion und Kirchen, die auf eine innerkirchliche Öffentlichkeit beschränkt blieben als vielmehr diejenigen, die eine Massenöffentlichkeit erreichten und Fotografien religiösen Wandels und kirchlicher Tradition oftmals konträr zu den Deutungen der Kirchen setzten.

Zunächst soll es aber darum gehen, einen kurzen Überblick über die Anfänge der Fotoausstellungen in der Bundesrepublik, deren Themen, Motive und ausländische Einflüsse zu geben. Hierbei gilt es zu zeigen, dass Orte und Organisatoren fotografischer Ausstellungen entscheidenden Anteil an Aufbau und Etablierung der westdeutschen Fotowirtschaft und

---

108 Glasenapp, »Fördertürme«, S. 83.

-kultur nehmen konnten. Denn neben den Fotozeitschriften und Illustrierten erreichten gerade die großen Fotoausstellungen ein Massenpublikum, das eben nicht nur aus professionellen Besuchern, sondern gerade auch aus einer Vielzahl interessierter Laien bestand.

3.4.1 Zwischen Kunst und Dokumentation: Einzug und Erfolg der Fotografie in die Museen der Bundesrepublik

Grundlegende Voraussetzung für ein Wiedereinsetzen der Ausstellungstätigkeit einzelner Fotografen oder Fotografenkollektive war in den späten vierziger Jahren die Erholung der in der Weimarer Republik florierenden Fotowirtschaft. Es galt, die durch den Krieg entstandenen Hemmnisse für einen Wiederaufbau möglichst schnell zu überwinden. Diese bestanden vor allem im Verlust zahlreicher Produktionsstätten durch Kriegsschäden und Demontage. Daneben erschwerte die Teilung Deutschlands Austausch und Handel mit der für die deutsche Fotoindustrie der Vorkriegszeit wohl wichtigsten Fotometropole Leipzig sowie den Zeiss-Werken in Jena.

Zudem ließen fehlendes qualifiziertes Fachpersonal und die Aberkennung sämtlicher Schutzrechte auf Patente die westdeutsche Fotoindustrie weit hinter die Produktionsleistungen der Konkurrenz aus Großbritannien, der USA, aber auch Osteuropas fallen. Trotz all dieser negativen Vorzeichen konnte sich gerade der Export von Fotogeräten schnell erholen und markierte einen ersten Wegstein auf dem »kurzen Weg zum Fotowirtschaftswunder«.[109]

Die Photokina, die zentrale Messe der westdeutschen Fotowirtschaft, die seit 1950 in Köln stattfand, kann als erster Ausdruck der wirtschaftlichen Erfolgsgeschichte der bundesdeutschen Fotoindustrie gelten. Zugleich kurbelte sie als »Faktor von kaum zu überschätzender Bedeutung« die kulturelle und wirtschaftliche Reorganisation der Fotografie in Westdeutschland entscheidend mit an.[110] Unter dem Mantel der von der Kölner Messegesellschaft ausgerichteten Photokina vereinten sich zwei verschiedene Ausstellungstypen, zum einen eine Wirtschaftsmesse der großen Firmen der Fotografiewirtschaft, zum anderen die als Bilderschauen bezeichneten Fotoausstellungen. Diese wurden zum eigentlichen

---

109 Hierzu ausführlich: Glasenapp, *Nachkriegsfotografie*, S. 137–148.
110 Ebd., S. 148. Für die Anfänge der Photokina und deren Organisation siehe auch: Klemz, *photokina*. Aus historischer Perspektive: Derenthal, »Bilder«, S. 143–148; Pohlmann, »Kultur«.

Publikumsmagneten, erfuhren sie doch nicht nur im bundesdeutschen Feuilleton eine große Beachtung, sondern lockten darüber hinaus ein breit gefächertes Laienpublikum in die Rheinmetropole. Mit der Wirtschaftsmesse im Hintergrund konnten die Macher der Bilderschauen auf eine stabile Form der Finanzierung zurückgreifen, auf der die Fotoausstellungen neben den Eintrittseinnahmen fußten. Bereits in den ersten Jahren ihres Bestehens fanden die beiden in Köln vereinten Ausstellungen weltweite Beachtung.[111] Anders als etwa einzelne Fotoausstellungen, die sich den vom Bombenkrieg zerstörten deutschen Städten zuwandten, blieb die Photokina kein auf den lokalen Raum beschränktes Ereignis, sondern entwickelte früh eine internationale Strahlkraft.

Die Internationalität der Photokina lässt sich dabei in einem doppelten Sinne beschreiben: Zum einen präsentierte die Kölner Ausstellung die technischen Innovationen der deutschen Fotoindustrie für ausländische Messebesucher, zum anderen setzte der Publizist Leo Fritz Gruber, als Mitarbeiter der Photokina und fachlicher Berater der Kölner Messegesellschaft der eigentliche Macher der Bilderschauen, bereits in den ersten Jahren auf eine internationale Ausrichtung der Kölner Fotoausstellungen.[112]

Neben einer anfänglichen Konzentration auf die subjektive Fotografie[113] entwickelte sich die Kölner Fotoschau schnell zu einem der bedeutenden Foren, das in der Bundesrepublik die amerikanische *human interest photography* einem breiten Fach- und Laienpublikum nahebrachte. Als unerlässlicher Motor eines Kulturtransfers von den USA in die Bundesrepublik konnten die Ausstellungen in der Rheinmetropole gerade die Rezeption der US-amerikanischen Reportagefotografien im bundesdeutschen Bildjournalismus entscheidend prägen. Dessen emotionalisierende Fotoästhetik, die bewusst die Distanz zwischen abgebildetem Sujet und Betrachter aufzuheben versuchte und dem Publikum ihre Darstellungen als

---

111 Vgl. hierzu etwa die Grußworte des renommierten New Yorker Kurators Edward Steichens zur Eröffnung der Photokina 1951; siehe: Derenthal, »Bilder«, S. 146; Lohse, *Glanzlichter*, S. 17.
112 Bereits 1951, im zweiten Jahr der Photokina, konnte Gruber die amerikanische Fotoausstellung »In and out of focus« aus dem New Yorker Museum of Modern Art nach Köln holen. Eine Auflistung der internationalen Ausstellungen auf der Photokina bei: Pohlmann, »Kultur«, S. 58f.
113 Glasenapp, »Streifzüge«, S. 168–173; ders.: »Nachkriegsfotografie«, S. 161–188; Koenig, *Subjektive Fotografie*.

äußerst wirklichkeitsnah präsentierte, gewann durch die Kölner Fotoausstellungen einen ersten Popularitätsschub.[114] Als eines der bedeutendsten Konvolute der *human interest photography* fanden die Fotografien der in den USA entstandenen Fotodokumentationen der *Farm Security Administration* (FSA) über die Bilderschauen der Photokina ihren Weg in die Bundesrepublik. Deren Bilder können als erste Beispiele für die Popularisierung der US-Reportagefotografie in Europa gelten. Die über 30 Fotografen der FSA brachten nicht nur ihr Sujet, nämlich die sich in den späten zwanziger und dreißiger Jahre rapide verschärfenden sozialen Missstände in den Landstrichen des Mittleren Westens, sondern darüber hinaus ihren fotografischen Stil der auf das individuelle Schicksal fokussierten Reportagefotografie nach Europa und Deutschland.[115] Unter dem Motto »Introducing America to the Americans« dokumentierten so etablierte Fotografen wie Dorothee Lang, Walker Evans oder Gordon Parks das Elend der landwirtschaftlich geprägten Gegenden der USA. In ihrer Arbeit schufen sie Bilder, die schnell Einzug in das kollektive Gedächtnis der Öffentlichkeit in den USA und auch Europas fanden und die Reportagefotografie für die kommenden Jahrzehnte entscheidend prägen konnten.[116] Darüber hinaus bilden die in der Bundesrepublik publizierten Teile des Konvoluts an über 250.000 Bildern ein Gegenbild der populären Amerikabilder in Westeuropa, zeigten sie doch nicht Szenen der Freizeitkultur einer prosperierenden Nation, die sich mit Swing-Musik oder im Autokino die Zeit vertreibt, sondern Bilder des wirtschaftlichen und vor allem sozialen Niedergangs ganzer Landstriche und Bevölkerungsgruppen.

---

114 Gautrand, »Blick«.
115 Von US-Präsident Roosevelt ins Leben gerufen war die FSA der staatlich verordnete Versuch, die unter den Folgen des wirtschaftlichen Niedergangs leidenden Kleinbauern in kollektivierten, vom Staat mit modernsten Landwirtschaftsgeräten ausgerüsteten Großfarmen in Arbeit zu bringen. Mangelnde Teilnahme der Farmer veranlasste die Regierung, das Programm neu zu konzipieren, so dass schließlich die Unterstützung der Farmer beim Erwerb eigener Landflächen im Fokus der FSA stand. Zur Großen Depression, Roosevelts New Deal und der FSA siehe: Heideking, *Geschichte*, S. 296–316. Die ästhetischen Vorbilder der US-Fotografien lassen sich dabei unter anderem in der Arbeiterfotografie der Weimarer Republik finden, die ebenfalls politisch motiviert die Realitäten proletarischer Arbeit einzufangen und einem größeren Publikum zu präsentieren versuchte; hierzu: Stumberger, *Klassen-Bilder*.
116 In den USA gelten die aus über 250.000 Fotografien bestehenden Reportagen als Meilenstein in der Entwicklung nationaler Identitäten in der Mitte des 20. Jahrhunderts; siehe etwa: Evans, »Photographs«.

Religiöse Praktiken inszenierten die Fotografen dabei einerseits als integralen Bestandteil der ländlichen Bevölkerung der Südstaaten und des Mittleren Westens, die auch in der Zeit des substantiellen Wandels ländlichen Lebens erhalten blieben.[117] Die Fotografen nahmen nicht den Wandel von Religion oder neue Formen religiöser Selbstvergewisserung in Zeiten der Krise in den Blick; Religion geriet vielmehr zu einer Konstanten, die in traditionellen Riten und Ausdruckformen, wie dem gemeinsamen Gebet oder dem sonntäglichen Gang in die Kirche, den gesellschaftlichen und sozialen Wandel überdauerte. Andererseits betonten gerade die Fotostrecken Walker Evans den Verfall der Orte ländlicher Religiosität. Die von Evans dargestellten Kirchen in den Südstaaten offenbaren sich zum Teil als windschiefe Holzbauten, die parallel zu ganzen Landstrichen vom Niedergang erfasst wurden.[118] Somit können die Fotografien der FSA auch im Hinblick auf ihre Darstellung von religiösen Riten und deren institutionalisierten Orten als Vorläufer der populären Fotoausstellungen auch in Europa gelten: Religion offenbart sich in ihnen als in der Tradition der westlichen Gesellschaft verhaftet. Religiöse Riten geben den Menschen als Konstante ihres Lebens gerade in Zeiten von Krisenerfahrungen Halt und Hoffnung.

3.4.2 Religion als anthropologische Konstante: Edward Steichens »The Family of Man«

Für ein breites Publikum erwies sich auch in der Bundesrepublik die weltweit präsentierte Fotoausstellung »The Family of Man« als erste faszinierende Begegnung mit der Reportagefotografie, die in den USA neben der Arbeit der FSA vor allem in dem Fotomagazin *Life* entwickelt und etabliert wurde.[119] »The Family of Man« wurde am New Yorker Museum of Modern Art konzipiert, dessen Leiter der Fotoabteilung, Edward Steichen, die Ausstellung kuratierte. Der 1879 in Luxemburg geborene Steichen stand zunächst dem Piktorialismus nahe und arbeitete neben seiner Tätigkeit als

---

117 Siehe etwa: Evans: »Sunday Singing. Frank Tengle's Family«, in: ders., *Photographs*, Foto Nr. 284 (o. S.).
118 Ebd., Fotografien Nr. 392–408.
119 Steichen, *Family*. Alle Verweise auf Fotografien und die einleitenden Texte beziehen sich auf diesen ersten Katalog der Ausstellung; siehe auch: Back/Schmidt-Linsenhoff, »Humanismus«. Die bisher erschienene Literatur fasst Glasenapp zusammen; Glasenapp, *Nachkriegsfotografie*, S. 214.

Fotograf als Maler. Erst mit seiner Arbeit als Kriegsfotograf während des Ersten Weltkriegs wandte er sich von der Kunstfotografie ab und verfolgte in den zwanziger Jahren eine Karriere als Bildjournalist. Zwischen 1947 und 1962 arbeitete er als Direktor der Fotografieabteilung des Museum of Modern Art und hatte entscheidenden Anteil an der Etablierung des Fotojournalismus als museale Kunst.[120]

Die dort entstandene Fotoausstellung »The Family of Man« gehört zu den populärsten Werken Steichens. Er und sein Team sichteten in ihrer dreijährigen Vorbereitung insgesamt über zwei Millionen Fotografien und stellten schließlich 503 Bilder in 37 Themenblöcken zusammen. Das Spektrum der gezeigten Ausstellungsstücke erwies sich im Hinblick auf die Herkunft der Fotografien als überaus breit und beschränkte sich keineswegs auf die bereits etablierten Fotografen in den USA. Sowohl die Ikonen der sozialkritischen Fotoreportagen der *Farm Security Administration* wie Dorothea Langes »Migrant Mother« fanden in der Ausstellung ihren Platz als auch Aufnahmen bisher wenig bekannter Fotografen. Der überwältigende Erfolg der Ausstellung lässt sich nicht nur an der Einbindung der populären Starfotografen ablesen, sondern vor allem an der bis dato unerreichten Zahl der Besucher, die die Bilderschau sahen: Nach ihrer Präsentation in New York im Januar 1955 tourte Steichens Ausstellung in fünf Versionen durch insgesamt 38 Länder (in der Bundesrepublik war sie in Westberlin und in München zu sehen) und fand neun Millionen Besucher.[121]

Steichens Prämisse bei Auswahl und Zusammenstellung der Fotografien bildete die zutiefst humane Utopie einer geeinten Menschenfamilie, die unter göttlicher Obhut in einer friedvollen Welt zusammenfindet. In der fotografischen Spiegelung der fundamentalen Ereignisse im Leben eines Menschen wie Geburt, Vermählung, Tod und grundlegenden von allen Menschen geteilten Gefühlen skizzierte Steichen eine allumfassende menschliche Harmonie, die die Menschheit als eine große Familie, eben

---

120 Kampe, »Steichen«; Brandow, *Steichen*.
121 Allein in Westberlin zog die Ausstellung 40.000 Besucher an, was im Übrigen mehr waren als bei ihrer ersten Präsentation im New Yorker Museum of Modern Art; siehe: Glasenapp: *Nachkriegsfotografie*, S. 220. Auf Wunsch des Kurators überließ das Museum of Modern Art 1966 die Ausstellung Steichens Geburtsort Luxemburg. Nach einer grundlegenden Restaurierung Ende der achtziger Jahre und einer erneuten Tour ist sie seit 1994 als Dauerausstellung im Schloß Clervaux im Großherzogtum Luxemburg zu sehen. 2003 wurde sie in das Weltdokumentenerbe (»Memory of the World«) der UNESCO aufgenommen.

»the family of man«, erscheinen ließ.[122] In dieser suggestiven visuellen Zusammenstellung der scheinbaren Zeugnisse der Harmonie von Natur und Mensch nivellierte die Ausstellung die real existierenden Unterschiede menschlicher Lebensbedingungen und stellte ganz bewusst soziale und kriegerische Konflikte an den Rand. Gerade unter Zeitgenossen wurde die Ausstellung Steichens daher als blinder Eskapismus gebrandmarkt, der knapp ein Jahrzehnt nach den barbarischen Szenarien von totalem Krieg und Holocaust und der Gefahr eines atomaren Krieges zwischen NATO und Ostblock den Blick vor den Realitäten naiv verstellte.

Am prominentesten formulierte Roland Barthes diese Kritik.[123] Für ihn argumentierte die Bilderschau auf zwei Ebenen: Zunächst bekräftige Steichen die offensichtlichen Unterschiede in Physiognomie und Hautfarbe der Menschen, um dann in einem zweiten Schritt »auf magische Weise aus diesem Pluralismus eine Einheit« zu formen.[124] Diese Einheit in der Vielfalt präsentierte »The Family of Man« (wie zu zeigen sein wird) als Werk Gottes, der als Schöpfer des Menschen den Pluralismus innerhalb der einen menschlichen Familie in die Welt gesetzt hatte. Barthes sieht in diesem religiös-spirituellen Weltbild des New Yorker Kurators den Mythos einer allumfassenden conditio humana, den Steichen einem naiven, klassischen Humanismus entlehnte. In der Enthistorisierung der dargestellten Szenerien hebe die Ausstellung »das deterministische Gewicht der Geschichte«, ohne das die Welt nicht zu verstehen sei, bewusst auf.[125]

Wie Barthes in seiner Kritik fast beiläufig anmerkt, war Steichens Idee von der einen Menschenfamilie in hohem Maße religiös fundiert. In vielen Bildern der Ausstellung griff Steichen auf die Darstellung religiöser Mythen und Riten zurück, die sich zumeist auf eine jüdisch-christliche Tradition zurückführen lassen. Auch wenn Steichen in seinem Vorwort betont, weniger die Religionen als vielmehr das Religiöse des Menschen in den Vordergrund zu rücken, bleiben die teils explizit ins Bild gesetzten christlichen Vorstellungswelten offensichtlich.[126] Der ersten thematischen Abteilung

---

122 Siehe hierzu die Einleitung Steichens im ersten Katalog der Ausstellung: Steichen, *Family*, S. 4f.
123 Barthes, *Mythen*, S. 16–19.
124 Ebd., S. 16.
125 Ebd., S. 17. Die Argumente Steichens greift auch Susan Sontag in ihrer grundlegenden Kritik ausgewählter US-amerikanischer Fotoausstellungen auf; siehe: Sontag, *Fotografie*, S. 37f.
126 »The Photographs (are) concerned with the religious, rather than religions.«; Steichen, *Family*, S. 5.

von Fotografien, die sich mit dem Liebesverhältnis von Mann und Frau beschäftigen, stellt Steichen ein Bild des US-Amerikaners Wynn Bullock voran, das einen tief schwarzen Himmel über einer Strandlandschaft zeigt.

And God said, let there be light Genesis 1:3

Abb. 39: »*And God said, let there be light*«, in: »*The Family of Man*«, S. 1, Fotograf: Wynn Bullock

Aus einem Spalt der dichten Wolkendecke heraus strahlt die Sonne, die einen Priel ähnlichen Wasserlauf in der Bildmitte erleuchtet. Unter das poetische Bild setzt Steichen den Spruch »And God said, let there be light« aus dem biblischen Schöpfungsmythos, der in der Bildunterschrift als Zitat aus dem Buch Genesis gekennzeichnet ist. Ihren Beginn findet Steichens Geschichte der Menschenfamilie somit in der jüdisch-christlichen Schöpfungserzählung. Anders als in seiner Einleitung beschrieben, ist es hier nicht das allgemein zu verstehende »Religiöse des Menschen«, sondern die christliche oder jüdische Religion, die der Kurator an den Anfang der fotografischen Erzählung setzt.

Das Prinzip einer Einleitung der verschiedenen Themenblöcke der Ausstellung mit einem Zitat spannt sich durch die gesamte Ausstellung: Hierbei wählt Steichen häufig Textausschnitte aus dem Alten Testament, daneben auch literarische Sinnsprüche oder Sprichwörter der Sioux-Indianer. Diese offenbar ewig überdauernden Weisheiten[127] scheinen aus dem Lauf der Menschheitsgeschichte herausgetreten zu sein und in der Qualität

---

127 Etwa: »With all Beings and all Things we shall be as relatives«, »Eat Bread and Salt and Speak the Truth«, »The Land is a Mother that never dies«.

einer verbalen Offenbarung Gottes den Rahmen zu umreißen, in der sich menschliches Leben auf der Erde abzuspielen hat.[128]

Die Abteilung der Ausstellung, die die Religion der Menschenfamilie in den Blick nimmt, leitet Steichen mit einem Ausspruch aus dem Buch Genesis ein, das aus der biblischen Geschichte des Josefs stammt. Josef wird bei seiner Begegnung mit seinen Brüdern mit den Worten »Seht, da kommt ja der Meister der Träume« begrüßt.[129]

Abb. 40: »Behold, this dreamer cometh«, in: »The Family of Man«, S. 155, Fotografen: Robert Frank, Nell Dorr, Homer Page

Diesen Ausspruch umrahmt Steichen mit drei Fotografien, die einen walisischen Bergarbeiter, ein Klavier spielendes Kind und einen jungen Mann

---

128 Vgl. hierzu auch Barthes: *Mythen*, S. 17.
129 »Behold, this dreamer cometh«; Steichen, *Family*, S. 155.

aus den USA zeigen. Alle drei Personen blicken verträumt und voller Hoffnung gen Himmel. Das Zusammenspiel von biblischem Text und den drei Fotografien zeichnet Religion zunächst als etwas Schwärmerisches, das dem Menschen nach harter Arbeit und bei der Trauer seines Alltags eine naive Hoffnung auf ein allmächtiges Wesen im Himmel schenkt.

Diesen Eindruck konterkariert Steichen jedoch im Folgenden, wenn er die nächsten Bilder mit dem Ausschnitt eines Zitats von Albert Einstein einleitet: »To know that what is impenetrable to us really exists (manifesting) itself as the highest wisdom and the most radiant beauty.«[130] In den Worten der wissenschaftlichen Autorität Einstein wirkt die Existenz eines höheren Wesens nicht als Naivität, sondern vielmehr als Demut vor der Unerklärlichkeit der Natur. Diese Deutung verleiht der Ausspruch Einsteins auch der ihm zugeordneten Fotografie des französischen Starfotografen Henri Cartier-Bresson.

Abb. 41: »*The Family of Man*«, *S. 157, Fotograf: Henri Cartier-Bresson*

---

130 Ebd., S. 156f. Die Pointe des Zitats (»this knowledge, this feeling is at the center of true religiousness«) lässt Steichen in der Bildüberschrift aus, wohl um der Aussage der folgenden Fotografien nicht vorzugreifen.

Dem Betrachter den Rücken zugewandt, stehen vier Frauen in schwarzer Burka vor einer mit Bäumen bewachsenen Steppe, die im Bildhintergrund in ein Wolken verhangenes Bergmassiv übergeht. Eine der Frauen hebt ihre linke Hand. Die bedeutungsoffene Szenerie gewinnt erst durch ihre Verbindung mit dem Zitat Einsteins eine religiöse Dimension. Erst die Einbettung in Steichens Bildessay über die Religiosität der Menschenfamilie lässt die zum Himmel gehobene Hand der Frau als eine Gebetspose erscheinen, in der einem höheren Wesen für die Wunder und Schönheit der Natur gedankt wird.

Im dritten Teil der Abteilung deutet Steichen die Religion als kulturelles Erbe des Menschen. Hier skizziert die Ausstellung in 15 Fotografien den von den Weltreligionen normierten Glauben als erlernbare Kollektiverfahrung. Alle Bilder greifen auf stereotype Posen und Requisiten der großen Weltreligionen zurück. So portraitiert eine Fotografie einen katholischen Bischof, der als Zeichen der ihm zukommenden Ehrerbietung einem jungen Mann die Hand zum Kuss seines Bischofsringes hinstreckt. In ekstatischer Bewunderung blickt eine Frau im Bildzentrum auf den Geistlichen. Als Darstellung des jüdischen Glaubens zeigt eine Fotografie der amerikanischen Starfotografin Margaret Bourke-White drei Jungen in einer Talmudschule. Konzentriert blickt der älteste der Jungen auf das vor ihm liegende Buch. Sein schwarzer Hut und seine Schläfenlocken zeichnen ihn stereotyp als einen gläubigen Juden. Dieselbe Fotografin steuert mit ihrer Darstellung eines russischen Popen, der mit zwei Kerzen in den Händen ein Gebet spricht, ein Bild des orthodoxen Christentums bei. Mit einer Fotografie des britischen Fotografen Bill Brandt präsentiert Steichen in seiner Ausstellung eine gotische Kirche als den traditionellen Ort westlicher Religiosität.

Die stark symmetrische Bildkomposition zeigt den Blick aus dem Chorgestühl in das Hauptschiff einer Kathedrale. Die eingezogene Chorschranke, die den Chorraum vom Mittelschiff trennt, ziert ein eisernes Kreuz, das Bill Brandt in das Zentrum seines Bildes setzt. Mit der fotografischen Inszenierung des bekanntesten Symbols der Christenheit im zentralen Schnittpunkt zwischen Vertikaler und Horizontaler des Kirchenraums gerät Brandts Bild in Steichens Fotoschau zu *dem* Sinnbild für das kirchlich verfasste Christentum.

VISUELLE DISKUSSION 229

Abb. 42: »The Family of Man«, S. 159, Fotograf: Bill Brandt

Zudem lässt sich Brandts Inszenierung des im Dunkeln liegenden Chorraums vor dem Licht durchfluteten Hauptschiff als zutiefst traditionelle Metapher der christlichen Erlösungshoffnung lesen, welche die Kirche den Gläubigen verspricht: Durch das Kreuz hindurch offenbart sich dem Betrachter ein Weg ins Licht der Erlösung. Das von Brandt stark überbelichtete Hauptschiff der Kathedrale lässt den angedeuteten Ort der Erlösung zudem im Unspezifischen; der Betrachter kann nur erahnen, was hinter der Chorschranke liegt. Der von Brandt dargestellte Weg in die Erlösung ist somit gekennzeichnet von einer unvermeidlichen Unsicherheit, über die letztendlich nicht das Wissen, sondern der Glaube hinweghilft.

Brandts Fotografie steht beispielhaft für die von Steichen ausgewählten Darstellungen von institutionalisierter Religion und persönlicher Religiosität. In klassischen Bildkompositionen zeichnen die Fotografien die über Jahrhunderte tradierten Szenerien der Weltreligionen nach, sei es die protestantische Lektüre in der Bibel, die katholische Ehrerbietung gegenüber einem hohen Geistlichen oder jüdische Studien im Talmud. Steichens Auswahl an Fotografien orientiert sich an bekannten und stereotypen Bildmustern. Nicht eine Transformation religiösen Lebens soll in »The Family of Man« gezeigt werden, sondern die in der Menschheitsgeschichte ausgebildeten und von Generation zu Generation weitergegebenen Muster kirchlicher Unterweisung, religiöser Praktiken sowie der Erlösungsversprechen der Konfessionen.

3.4.3 Religion als emotionale Grenzerfahrung: Karl Paweks »Erste Weltausstellung der Photographie«

In Anlehnung an »The Family of Man« entwickelte der österreichische Publizist und Fotograf Karl Pawek in Zusammenarbeit mit dem Verlagshaus Gruner und Jahr und dem *Stern* deren deutsches Pendant, die »Weltausstellungen der Photographie«, die in vier Ausgaben 1964, 1968, 1973 und 1977 zunächst durch deutsche, später auch ausländische Museen zog.[131] Im Hinblick auf den Besucherzuspruch waren Paweks Ausstellungen nicht minder erfolgreich als ihr New Yorker Vorbild.[132] Im zeitgenössischen Feuilleton fanden die Bilderschauen indes wenig Anhänger.[133] Die zeitliche Nähe der beiden Ausstellungen, die Internationalität der teilnehmenden Fotografen und ihre thematischen Schnittpunkte ließen die »Weltausstellungen der Photographie« als missglücktes Plagiat von Steichens New Yorker Bilderschau erscheinen.[134] Einem Vergleich, so die einhellige Meinung des Feuilletons, hielt Paweks Ausstellung nicht stand:

---

131 Zur Biografie Paweks und vor allem seiner katholischen Prägung siehe die Ausführungen über Paweks Fotomagazin *magnum*, Kapitel 2.3.

132 Die »Erste Weltausstellung der Photographie« wurde in 36 Ländern in 261 Museen gezeigt und erreichte 3,5 Millionen Besucher. Der gesamte Zyklus der Weltausstellungen erreichte die in der europäischen Ausstellungsgeschichte einmalige Zahl von 25 Millionen Besuchern weltweit; siehe: Glasenapp, *Nachkriegsfotografie*, S. 229.

133 Karl Pawek selbst ging mit der teils vernichtenden Kritik des Feuilletons recht offensiv um und verwies auf den großen Publikumszuspruch, den seine Ausstellung erhielt. Anstatt seine Kritiker zu ignorieren, eröffnete er den Bildband zur »Zweiten Weltausstellung der Photographie« von 1968 in seinem Vorwort mit der Kritik des Ehrenmitglieds der Deutschen Fotografischen Akademie Fritz Kempe, der die von Pawek kuratierte Ausstellung einen »leckeren Fraß zur Stimulierung der Aggressionstriebe halbintellektueller Twens« nannte; Karl Pawek: »Wozu eine Weltausstellung der Photographie«, in: ders. (Hg): *2. Weltausstellung*, o. S.

134 Sowohl zeitgenössisch als auch in der Retrospektive betonten Besucher und Historiker vornehmlich die Verwandtschaft der beiden Ausstellungskonzepte. Die zeitgenössische Perspektive diskutiert Glasenapp, *Nachkriegsfotografie*, S. 213.

zu reißerisch, zu europazentriert und zu wenige internationale Starfotografen, lauteten die Vorwürfe.[135]

Auch wenn in der Retrospektive die »Weltausstellungen der Photographie« meist als deutsches Remake der New Yorker Ausstellung in den Blick gerieten[136], lassen sich beim Betrachten des ersten Ausstellungskatalogs von 1964 deutliche Unterschiede ausmachen.[137] Wirkt Steichens »The Family of Man« wie eine humanistische Utopie einer Welt mit menschlichem Antlitz, so dominieren bei Pawek eine Vielzahl aufdringlicher und zugleich anziehender Motive menschlichen Elends, in denen nicht selten die Stimmung eines dystopisch anmutenden Kulturpessimismus mitschwingt, der auch zahlreiche Bildstrecken in Paweks Fotomagazin *magnum* prägt.[138] Auf einleitende Texte und Sinnsprüche, die in »The Family of Man« dem Betrachter einen Hinweis auf das dargestellte Themengebiet geben, verzichtet Pawek vollständig und lässt ganz allein die suggestive Kraft der Fotografien auf den Ausstellungsbesucher wirken.[139] In Anlehnung an Steichen ordnet er die Bilder der »Ersten Weltausstellung der Photographie« in 51 thematisch zusammengefasste Abteilungen, von denen sich zwei explizit der Darstellung religiöser Riten widmen. Während sich die erste von ihnen (Abteilung 33) ganz auf die Präsentation der christlichen Religiosität beschränkt, halten in der zweiten (Abteilung 40) auch Bilder des Judentums, des Buddhismus und des japanischen Schintoismus Einzug in Paweks Fotoschau.

Die 33. Abteilung der Ausstellung, die acht Fotografien umfasst, widmet sich den christlichen Ritualen, die sich dem Betrachter als Anker der Hoffnung für die vom weltlichen Leid erfassten Gläubigen präsentieren. In ihrer Konzentration auf in Europa aufgenommene Fotografien suggeriert die Abteilung dem Betrachter die weltweite Hegemonie christlicher Religi-

---

135 Ausführlich ebd., S. 229–236.
136 Siehe etwa Brink, *Auschwitz*, S. 64.
137 Hierzu ausführlich: Glasenapp, *Nachkriegsfotografie*, S. 218–257.
138 Timm Starl geht in seinen Ausführungen über das Menschenbild hinter den »Weltausstellungen der Photographie« und den Fotoreportagen in *magnum* gar so weit, Pawek eine »menschenverachtende« Einstellung zu unterstellen. Diese zeige sich etwa in der Bildzusammenstellung zweier Fotografien einer Hure und mehrerer Schmeißfliegen, die unter der Überschrift »Momente der Gosse« firmieren; hierzu: Starl, »Pawek«, S. 134. Zu der von Starl herangezogenen Fotozusammenstellung in der *magnum* siehe: »Der neue Blick der Photographie«, in: *magnum* 17/1958.
139 Im Anhang der einzelnen Ausstellungskataloge integrierte Pawek Anmerkungsapparate, die (anders als im Katalog zu »The Family of Man«) eine genaue Beschreibung der Szenerien der einzelnen Fotografien geben.

osität und fällt damit hinter ihren eigentlichen Anspruch, eine »Weltausstellung« zu sein, zurück. Vor allem die Dominanz des Kreuzsymbols, das in fünf der acht Fotografien zentral in die Bildszenerie gesetzt wird, offenbart den eurozentristischen Blick Paweks. Der fotografische Blick auf das Christentum zeigt zudem weniger die Idee einer Erlösung durch den Glauben, wie er noch in »The Family of Man« zentral war, sondern präsentiert in der Darstellung zahlreicher Schmerz verzerrter Gesichter den Glauben als emotionale Grenzerfahrung. In Segnungen, innigen Gebeten und Prozessionszügen scheinen sich die Gläubigen gegen ihr Schicksal aufzulehnen. Es ist weniger die Hoffnung auf Erlösung, die sich in ihren Gesichtern und Posen widerspiegelt, als eine tief bedrückende Schwermut, die den religiösen Riten inhärent scheint. Gerade in diesen Bildern offenbart sich der offenkundige Unterschied zwischen Steichen und Pawek: Nicht die utopische Idee der einen Menschenfamilie wird hier gezeigt, sondern der Schmerz der Gläubigen, in dem diese sich ihrem Gott zuwenden.

Auch die 13 Fotografien der 40. Abteilung zeigen Religion nicht als erhabene Freude, sondern inszenieren sie als tiefe Demut der Gläubigen vor ihrem Gott. In ganz unterschiedlichen Posen stechen in den Fotografien vor allem die Hände der Gläubigen ins Auge. Mit ihnen unterstreichen die Dargestellten ihre religiöse Handlung, sei es die segnende Handbewegung eines Geistlichen, die in den Schoß gelegten Hände einer betenden Buddhistin, die zum Gebet gehobenen Hände eines orthodoxen Priesters, die auf dem Boden liegenden Hände eines chinesischen Mönches oder die vor das Gesicht gelegten Hände eines betenden Christen. Es sind zutiefst traditionelle Gesten von Religiosität, die sich hier in den Darstellungen der Gläubigen manifestieren. Für seine Ausstellung wählte Pawek Fotografien, welche die Betrachter schnell den ihnen bekannten Religionen zuordnen konnten.

Elementares Auswahlkriterium für die Fotografien in der ersten Fotoschau Paweks war also zunächst einmal die Integration über Jahrhunderte tradierter Posen und Requisiten, die ein Großteil der Besucher direkt mit Religiosität verbinden konnte. Während dies für das Christentum priesterliche Bewegungen wie die zum Gebet ausgebreiteten Arme oder die segnende Hand waren, galt für Pawek die Versammlung um die geschmückte Tora-Rolle als typische Szenerie für das Judentum und eine meditative Sitzhaltung mit gekreuzten Beinen als Sinnbild fernöstlicher Religiosität.

3.4.4 Die Frau als passive Empfängerin und die ewige Suche nach dem Paradies: Paweks Zweite und Dritte Weltausstellung der Photographie

Die beiden hier vorgestellten Fotoausstellungen »The Family of Man« und die »Erste Weltausstellung der Photographie« zeigen Religion als dem Leben des Menschen inhärentes Phänomen. In den dargestellten Szenerien zeichnen sie religiöse Riten als tradiertes Kulturgut. Ideen von einer sich verändernden Religion geraten nicht in den Blick. Dies kann einerseits mit der Konzeption beider Ausstellungen erklärt werden. Andererseits stehen die beiden Ausstellungen in der Tradition vorheriger Fotoreportagen wie der FSA, die ebenfalls vornehmlich die traditionellen Formen christlicher Religiosität in den Blick genommen hatten.

Neben der konservativen, die Tradition der althergebrachten Riten betonenden Darstellung der beiden großen Ausstellungen fällt deren eurozentristischer Blick ins Auge. Dieser manifestiert sich bei Pawek noch deutlicher als bei Steichen, der etwa mit der prominent platzierten Fotografie der afghanischen Frauen den muslimischen Glauben zentral in Szene setzt. Paweks Fokussierung auf die christliche Religion ist bei einer Ausstellung, die sich den Namen »Weltausstellung der Photographie« gibt, durchaus bemerkenswert und unterstreicht einmal mehr, dass auch in der frühen Bundesrepublik Religion noch vornehmlich als Christentum gedacht und fotografisch dargestellt wurde. Die fremde Religion als Faszinosum, wie man sie etwa in den siebziger Jahren für die orientalischen Formen von Religiosität erkennen kann, ist zumindest in den großen Fotoausstellungen noch ein Randphänomen.

Dies änderte sich auch in den folgenden Ausstellungen Paweks nicht, die ab 1968 nun unter dem verlegerischen Dach des *Stern* zusammengestellt und in späteren Bildbänden publiziert wurden. Die »Zweite Weltausstellung der Photographie« widmet sich in 522 Fotografien dem Thema »Die Frau«.[140] Darstellungen von religiösen Riten oder Vertreter verschiedener Religionen geraten nur sehr spärlich in den Blick. Die wenigen Fotografien mit explizit religiösem Inhalt, die Pawek mit in die Ausstellung nahm, zeigen einmal mehr das zutiefst konservative Religions- und Kirchenverständnis, das den Kurator auszeichnete. Sie zeichnen die Frau als passive Gläubige, welche die von Männern gespendeten Sakramente still und voller Demut empfängt. Daneben zeichnen sich diese Gegenbilder

---

140 Pawek, *2. Weltausstellung*.

einer sich emanzipierenden Frau durch eine Konzentration auf die bewahrenden Elemente der christlichen Religion aus. Hier lassen sich die von Pawek kuratierten Weltausstellungen als Kontrapunkten zu den Illustriertenberichten der sechziger Jahre deuten. Anders als im *Stern*, für den Pawek selbst als Redakteur arbeitete, fanden in die Fotoausstellungen keine Bilder Einzug, die den Wandel religiöser Formen gerade innerhalb des Christentums, Versuche der Darstellung einer explizit weiblichen Religiosität oder die Veränderungen im Habitus kirchlicher Amtsträger in Szene setzten. Pawek versammelte in seiner Ausstellung vielmehr Bilder traditioneller Posen und Motive, in denen die dargestellten Frauen zu Requisiten tradierter religiöser Zeremonien werden, so etwa ein junges Mädchen, das mit geschlossenen Augen in einer Kommunionbank kniend eine Hostie empfängt oder eine ältere Frau, die in schwarzer Kleidung in ihrer Hand einen Rosenkranz trägt und sich bekreuzigt.

Das junge Mädchen, das voller Demut die Hostie aus den Händen eines anonymen (da außerhalb des Bildes stehenden) Priesters in den Mund geschoben bekommt, lässt sich als Ausdruck eines Frauenbildes verstehen, das die Frau ganz auf den passiven Empfang religiöser Gnadengaben beschränkt. Die aufwändig gestaltete Kleidung des Mädchens, die in ihrer weißen Farbe das Symbol der Unschuld aufnimmt, weist dem Mädchen das Gebot der Reinheit zu, mit der es den religiösen Riten zu begegnen gilt.

Abb. 43: »Zweite Weltausstellung der Photographie: Die Frau«, Bild 154, Fotograf: James Hansen

Anders als etwa in den Fotoreportagen der *Twen*[141] geht es hier eben nicht um die Gestaltung einer individuellen Religiosität, sondern um die Unterordnung in ein striktes religiöses Normengefüge, in dem für das junge Mädchen der Platz einer devoten Empfängerin religiöser Gnadengaben reserviert ist. Nur eine einzige Fotografie der Ausstellung Paweks scheint diese Rolle der Frau aufzubrechen, nämlich die einer schwedischen Pfarrerin während einer Kindstaufe. Aber auch dieses Bild zielt nicht auf eine individuelle oder gar eine von der Tradition emanzipierte Religion ab; vielmehr steht die abgebildete Pastorin laut Kapitelüberschrift im »geistigen Dienst« der Kirche.

Welchen Stellenwert der Kurator der Religion in der modernen Gesellschaft zumaß, sollte schließlich die »Dritte Weltausstellung der Photographie: Unterwegs zum Paradies« von 1973 zeigen.[142] Sie war die erste Ausstellung Paweks, die die Beschränkung auf Schwarz-Weiß-Fotografien aufgab und auch Farbfotografien integrierte. Dabei deutet die Zusammenstellung der Fotografien den Titel der Ausstellung weniger als religiöse Vorbereitung auf ein metaphysisches Jenseits als vielmehr als einen von physischen Grausamkeiten geprägten Weg des Menschen auf der Erde. In der wachsenden zwischenmenschlichen Solidarität, einer verstärkten Kommunikation zwischen den Völkern und dem steigenden Wohlstand breiter Bevölkerungsschichten nährten die Ausstellungsmacher die Hoffnung auf eine Überwindung des Status quo auf Erden und somit die Hoffnung auf ein diesseitiges Paradies.

Diesen Blick unterstreicht auch der Autor Rolf Hochhuth, den Pawek für ein Vorwort gewinnen konnte. Hochhuth verwirft den religiösen Glauben an ein himmlisches Paradies als »Jenseitswahn des menschlichen Herzens«.[143] Die in den Bildern der Ausstellung zu verfolgende Idee des Paradieses sollte nicht diesem religiösen Wunschtraum nachjagen, sondern als Hoffnung auf eine »Vermenschlichung der Konditionen des Einzelnen« gelesen werden, die den Weg in bessere Lebensverhältnisse auf der Erde ebnete. Nur die Gewissheit, dass es kein jenseitiges Paradies gebe, schaffe »jene menschliche Abhängigkeit, ohne die niemand kämpft für die Verbes-

---

141 Siehe hierzu die Ausführungen über die Pluralisierung der Bildwelten in den sechziger Jahren, Kapitel 4.2.
142 Pawek, *3. Weltausstellung*.
143 Rolf Hochhuth, »Unterwegs zum Paradies? Ein Diskussionsbeitrag zu dem Thema der Ausstellung«, in: Pawek, *3. Weltausstellung*, o. S.

serung der Lebensbedingungen auch der Mitmenschen.«[144] Als Replik auf diese Verwerfung des religiösen Jenseitsglaubens sah sich der Katholik Pawek genötigt, den atheistisch anmutenden Gedanken Hochhuths einen eigenen Kommentar folgen zu lassen, indem er die Ideen des Autors revidiert: Seine Ausstellung, so Pawek, wolle weder »ein Ziel bei der Entwicklung der Menschheit noch den Sinn religiöser Erwartung in Frage stellen.«[145] Der wohl ganz bewusst im Unspezifischen verhaftete, nebulös formulierte Beitrag des Kurators träumt von einer »Hominisation«, einer Vermenschlichung der Lebensbedingungen des Einzelnen, die er in dem Zuwachs von Kommunikation und Solidarität sah. Somit verstand auch Pawek das Paradies vornehmlich als Zielvorstellung einer gerechten Welt im Diesseits und weniger als religiöse Erwartung auf das Jenseits, die er aber, wie er zu Beginn seines Textes betont, nicht ausgeschlossen wissen möchte.

Betrachtet man nun die von Pawek für die Ausstellung ausgewählten Fotografien, so lässt sich der »Weg zum Paradies« eindeutig als Weg der Menschen hin zu besseren Lebensbedingungen auf der Erde fassen, also als säkulares Verständnis eines »Paradieses auf Erden«. Den »Weg zum Paradies« zeichnet die überwiegende Mehrheit der Fotografien als Teil des diesseitigen Lebens, wodurch es zu einer Vielzahl von Überschneidungen mit den vorherigen Ausstellungen kam. Ähnlich wie die oftmals reißerischen Fotografien aus der »Ersten Weltausstellung der Photographie« präsentiert Pawek auch hier eine Kompilation von Szenen aus dem menschlichen Alltag, der von Leid, Hunger, Krieg und anonymer Massengesellschaft geprägt ist.

Eine Thematisierung explizit religiöser Vorstellungen von einem Paradies nehmen dabei lediglich die vierte Abteilung der Ausstellung mit dem Titel »Hoffnung auf das Jenseits« und vereinzelt die Abteilung »Das Milieu« vor. Dabei ist gerade in der Abteilung »Hoffnung auf ein Jenseits« die für die Ausstellungen Paweks bereits typisch gewordene Konzentration auf die jüdisch-christliche Tradition zu beobachten. Von den 15 Fotografien visualisieren elf christliche Szenerien, eine zeigt eine Gruppe gläubiger Juden vor der Klagemauer. Von der gerade in den Bildern der Illustrierten sich abzeichnenden Faszination an fernöstlicher Religiosität lässt sich in Paweks Bildzusammenstellung nur wenig erkennen, lediglich drei Fotografien lassen sich fernöstlichen Ritualen zuordnen.

---

144 Ebd.
145 Karl Pawek: »Unterwegs zum Paradies«, in: ders., *3. Weltausstellung*, o. S.

Fast alle Bilder zeichnen ihre Protagonisten als Fragende, deren Blicke weniger Zuversicht auf ihre religiöse Rettung erkennen lassen als vielmehr eine von Zweifeln dominierte vage Hoffnung. So steuerte etwa der polnische Fotograf Adam Bujak eine Portraitfotografie einer Frau bei, welche die Abteilung über religiöse Wege zum Paradies eröffnet. Die Frau blickt mit weit geöffneten Augen und fragendem Blick am Betrachter vorbei. Ihre beiden Hände klammert sie um eine brennende Kerze, die sie dem Betrachter zu reichen scheint. Ihre dunkle Kleidung und ihr schwarzes Kopftuch verleihen der Szenerie eine morbide Stimmung, lediglich die im rechten Bildhintergrund zu erahnende Holzwand und die zentral ins Bild gesetzte weiße Kerze wirken dieser Atmosphäre ansatzweise entgegen.

Nicht die Ausstellung gibt dem Betrachter hier eine Antwort auf die Frage nach dem Paradies, die dargestellte Frau scheint mit ihrem fragenden Blick vom Betrachter selbst eine Antwort einzufordern. In ihrer düsteren Stimmung reiht sich Bujaks Fotografie zudem überaus stimmig in Paweks Gesamtkonzept ein: Nicht die von Hoffnung erfüllte Zuversicht auf etwas Besseres, das sich mit »Paradies« umschreiben ließe, skizzieren die zusammengestellten Bilder, sondern die Idee eines entfernten Traums, dem die Menschen nachjagen.

Abb. 44: »Dritte Weltausstellung der Photographie: Auf dem Weg zum Paradies«, Bild 54, Fotograf: Adam Bujak

Somit lässt sich die Paradies-Ausstellung Paweks als das wohl offensichtlichste Gegenstück zu Steichens euphorischer Feier der Menschenfamilie betrachten. Gerade die Darstellung religiöser Riten kann dies verdeutlichen: Geraten die von Steichen ausgewählten Fotografien noch zu einer ehrwürdigen Inszenierung traditioneller Riten, so nehmen die Bilder Paweks den Gläubigen als gepeinigtes Subjekt in den Blick, das sich in einer Abkehr von den erfahrenen Ungerechtigkeiten im irdischen Leben Gott und den Heiligen zuwendet und dort nach einer Hoffnung sucht, die er im diesseitigen Leben nicht zu finden scheint.

Einen gänzlich neuen Ansatz der fotografischen Auseinandersetzung mit dem Phänomen der Religion verfolgt die Ausstellung in dem Kapitel, das sich dem religiösen Milieu zuwendet. Als Beispiele für Paweks Idee eines katholischen Milieus präsentiert der Kurator hier eine Fotografie der französischen Fotografin Francoise Saur, die Papst Paul VI. mit einer segnenden Handbewegung im Vatikan auf seiner Sänfte zeigt, und ein Bild des *Stern*-Fotografen Robert Lebeck, das eine Gruppe der päpstlichen Ehrenlegion vor den Mauern des Vatikans präsentiert.

Pawek stellt nun die Darstellungen kirchlicher Würdenträger unter den Titel »Fixierungen«. Diese Fixierungen stellt er in seinem Vorwort zwar als »Stützen des Lebens« vor, sieht sie aber andererseits als Teil eines »Käfigs«, der dem Menschen »persönliche und kreative Lösungen« bei der Bewältigungen seines Lebens verwehrt.[146] In diesem Kontext setzt Pawek die Fotografien in die Linie der medial breit artikulierten Kirchenkritik, die gerade die vatikanischen Honoratioren in den Blick nahmen und ihnen die Nähe zu den eigentlichen Problemen der Menschen absprachen.[147] Pawek stellt die Bilder des Katholizismus als Milieu an die Seite von Fotografien des griechischen Militärregimes und der Indoktrinationen der chinesischen Staatsführung. Sie alle, so die Argumentation der Bildstrecke in Verbindung mit dem Vorwort des Kurators, stünden der individuellen Suche nach dem irdischen Paradies im Wege.

---

146 Ebd.
147 Hierzu: Hannig/Städter, »Krise«, S. 164–176.

3.4.5 Die Rückkehr des Milieus: Die »Vierte Weltausstellung der Photographie«

Es mag zu einer der Eigenheiten von Paweks konservativem Blick auf die institutionell verfasste Religiosität gehören, dass er genau dann die Idee des religiösen Milieus in seine Ausstellungen integrierte, als in der religiösen Landschaft der Bundesrepublik ein rasanter Niedergang desselben zu konstatieren war. Denn nicht nur 1973 diente die Überschrift »Milieu« einer Zusammenstellung von Bildern katholischer Honoratioren, auch in der vierten und letzten Fotoausstellung von 1977, die den Titel »Die Kinder dieser Welt« trug, finden sich die Fotografien, die kirchlich gefasste Religiosität zeigen unter dem Titel »Im religiösen Milieu«.[148] Wiederum eröffnen Bilder der christlichen Konfessionen die Abteilung: 23 Fotografien, die Kinder bei der Teilnahme an christlichen Ritualen zeigen, präsentiert Pawek, bevor das Bild eines burmanesischen Kindermönches die nichtchristliche Religiosität in den Blick nimmt. Insgesamt widmen sich acht Bilder am Ende der Abteilung der Darstellung fernöstlicher Religiosität. Pawek präsentiert nichtchristlichen Glauben zum einen also als dem Christentum nachrangige Form der Religion, darüber hinaus als eine dem Christentum quantitativ deutlich unterlegen. Gerade die beiden letzten Fotografien der Ausstellung inszenieren zudem eine atavistisch anmutende Rohheit der Naturreligionen.

In der für Paweks Ausstellungen typischen Integration von Motiven physischer Gewalt zeigen sie eine Nahaufnahme von den bunt bemalten Gesichtern zweier Jugendlicher, denen anscheinend im Zuge eines religiösen Ritus eine Nadel durch die Zunge bzw. Wange gestochen wurden.

In den insgesamt 24 Fotografien, die in ihren Motiven entweder durch christliche Requisiten wie das Kreuz oder durch Kasualien wie Taufe oder Konfirmation deutlich als Darstellung des christlichen Glaubens gezeichnet sind, geraten vornehmlich die Einbindung der Kinder in die traditionellen christlichen Bräuche, in das Milieu eben, in den Vordergrund. Typisch für Paweks Konzentration auf die kirchlich gefasste Form christlichen Glaubens gerät etwa eine Fotografie von Engelbert Reineke.

---

148 Pawek, *4. Weltausstellung*.

240 Verwandelte Blicke

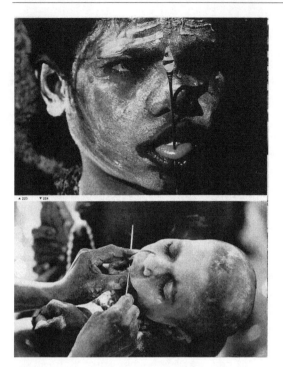

Abb. 45: »Vierte Weltausstellung der Photographie: Die Kinder dieser Welt«, Bilder 223 und 224, Fotografen: Franz Fordinal, Emil Alfter

Sein Bild, das laut Ausstellungskatalog in einer vorarlbergschen Kirche aufgenommen wurde, zeigt eine Gruppe von fünf jungen Mädchen, die auf einer Bank vor drei knienden Frauen sitzen. Die zwei Bildnisse, die leicht verschwommen auf der kargen Wand im Bildhintergrund als Teil eines Kreuzweges zu erkennen sind, geben den Ort als kirchlichen Raum aus. Zentral im Bild sitzen die fünf Kinder in landestypischer Tracht auf einer Holzbank, ihr scheuer Blick richtet sich fragend und verschüchtert nach vorne in den vermuteten Altarraum. Zwei Mädchen blicken gen Boden. In ihren kindgemäßen Trachten wirken die Protagonistinnen wie die folkloristische Requisite eines kirchlichen Fests. Drei Frauen, die der Betrachter als deren Mütter erkennen mag, knien mit gefalteten Händen dicht hinter den Mädchen. Zwei von ihnen blicken ebenso besorgt wie streng auf die fünf Kinder nieder, als wollten sie kontrollieren, dass sich die Mädchen dem kirchlichen Ort gemäß betragen. Das Bild wird somit von einer Atmosphäre der Beobachtung und Kontrolle geprägt; die schüchterne Haltung der Kinder verdeutlicht, dass die drei Mädchen diese ihnen zukommende Aufmerksamkeit erspüren.

Abb. 46: »Vierte Weltausstellung der Photographie: Die Kinder dieser Welt«, Bild 200, Fotograf: Engelbert Reineke

Reinekes Motiv vermittelt dem Betrachter die Idee einer erzwungenen Einordnung in ein religiöses Milieu, in dem ein Kind die Rolle eines zu lenkenden Objekts innehatte. Es zeigt die Erziehung in ein vorgefasstes Normsystem, das sich in der Bundesrepublik zur Zeit der Ausstellung bereits in Auflösung befand. Insofern ließe sich gerade Reinekes Fotografie auch als Kritik lesen, die in Zeiten des gesellschaftlichen Umdenkens in Bezug auf Kindheit die traditionelle kirchliche Unterweisung als obsolete Form einer autoritären Kindererziehung bloßstellt.

Die Darstellungen von Religiosität in den vier »Weltausstellungen der Photographie« Karl Paweks lassen sich sowohl in Anlehnung als auch in Abgrenzung zu Edward Steichens Referenzwerk »The Family of Man« betrachten. Gemein ist allen fünf Fotoschauen ein eurozentrierter Fokus.

Der Blick auf außereuropäische und nichtchristliche Riten steht in den Ausstellungen am Rande, vor allem in Paweks letzter Weltausstellung werden Naturreligionen als vorzivilisatorische Religion von Wilden dargestellt. Diese Fotos inszenieren ein Gegenbild zu den populären Darstellungen orientalischer Mystizismen und der Faszination an indischer Religiosität, die um 1970 die westliche Welt erfasste.[149]

Daneben inszenierten sowohl Steichen als auch Pawek in ihren Fotoausstellungen die traditionellen Riten der Religion, die sich scheinbar unverändert durch die Geschichte der Menschheit ziehen. Alle hier vorgestellten Fotoausstellungen können somit als Gegenstücke zu den von den großen Illustrierten popularisierten Bildern der Religion gelten, die gerade einen oftmals spektakulär inszenierten Wandel religiöser Ausdrucksformen und Würdenträger in den Vordergrund stellten. Diese Differenz lässt sich einerseits mit den unterschiedlichen Formaten erklären: Während die Illustrierten das möglichst aktuelle und außergewöhnliche Spektakel in Fotografien präsentierten, verwarfen gerade die Ausstellungen Steichens und Paweks die Idee der Aktualität und nahmen die Prägekraft von Traditionen in den Blick. Andererseits lässt sich an der Person Paweks zeigen, dass der konservative Blick auf die Religion gerade von der Person des Kurators entscheidend geprägt wird. Ähnlich wie in dem von ihm konzipierten und geleiteten Fotomagazin *magnum* stellte er auch in den »Weltausstellungen der Photographie« die traditionellen Formen der Religion wie kirchliche Sakramente und Kasualien in den Vordergrund, die, so die visuelle Argumentation in der *magnum*, ein unverzichtbarer Teil auch des modernen gesellschaftlichen Lebens darstellen. Sie geben dem Menschen einen Halt in der sie umgebenen anonymen Massengesellschaft. In den Weltausstellungen schimmern religiöse Vorstellungen und Riten in den Fotografien nun als anthropologische Konstante durch: Die Religion ist ein Teil des menschlichen Lebens, die ihren festen Platz, um mit den Worten Steichens zu sprechen, im Leben der »Family of Man« hat. Religiöse Ideen und Institutionen sind aus diesem nicht wegzudenken, ähnlich wie die von Steichen und auch Pawek in den Blick genommenen abstrakten Parameter Geburt, Arbeit, Liebe, Genuss oder Tod.

Erst Paweks Dritte und Vierte Weltausstellung von 1973 und 1977 brechen diese ganz auf eine religionsbestärkende Wirkung abzielenden Bildzusammenstellungen auf. Sie können (wenn auch fraglich, ob vom Kurator

---

149 Pfitsch, *Mythos*, S. 59–68.

so beabsichtigt) als verspäteter Ausdruck der seit etwa Mitte der sechziger Jahre auch in den visuellen Medien in der Bundesrepublik dominierenden Kritik an hohen kirchlichen Amtsträgern und dem institutionellen Beharren auf alte, scheinbar obsolet gewordene religiöse Ausdrucksformen und Unterweisungen betrachtet werden. Gerade die vom Kurator ausgewählten Fotografien der »Vierten Weltausstellung der Photographie« von 1977, welche die religiöse Erziehung von Kindern als deren Einpassung in ein religiöses Milieu mit festen Normen und Riten darstellt, legen eine Lesart nahe, welche die traditionelle Kirchlichkeit als Gegenentwurf zu einem selbst bestimmten Heranwachsen versteht. Die dargestellten Anstrengungen eines kirchlichen Milieus, Kinder zu formen und zu integrieren, stehen hier als Gegenentwurf zu einer Emanzipation des Individuums von den Normen einer religiösen Großorganisation wie der Kirche.

3.5 Kirche als Gegenort der modernen Gesellschaft: Kirche und Religion als Thema im *Neuen Deutschen Film*

Lässt sich in der Illustriertenpresse noch ein recht vielfältiges visuelles Konzept von Kirche und deren Beziehung zu der bundesrepublikanischen Gesellschaft ausmachen, so zeichnet der *Neue Deutsche Film* der sechziger und siebziger Jahre kirchliche Religion viel deutlicher als Relikt der Vergangenheit, das auf die sich liberalisierende Kultur der Bundesrepublik eher hemmend als befruchtend wirkte. Während die Bilder der Illustrierten den Kirchen durchaus eine Öffnung hin zur modernen Gesellschaft und deren Kommunikation zugestanden, galten sie in den vom deutschen Film entworfenen Bildwelten nicht mehr als prägende Instanz, sondern vielmehr als Karikatur ihrer selbst, deren liturgische Formen und moralische Überzeugungen der Gesellschaft nichts mehr zu sagen hatten. Hier fand sich eine gnadenlose Abrechnung mit der prägenden Rolle, welche die Kirchen in dem als restaurativ wahrgenommenen Jahrzehnt der Ära Adenauer spielen konnte. In ihrer konservativen Sittenstrenge und ihren jahrhundertealten Ritualen galt sie den liberalen Protagonisten des *Neuen Deutschen Films* als die Instanz, deren Ideengebäude man mit der angestrebten kulturellen Erneuerung der bundesrepublikanischen Gesellschaft hinter sich lassen wollte. Auch wenn sie in den avantgardistischen Filmen recht selten explizit ins Bild gesetzt wurde, so lassen die wenigen Beispiele doch eine eindeutige Stoßrichtung erkennen. An zwei dieser Beispiele, dem Spielfilm »Alle Jahre wieder« (Deutschland 1967), dessen Handlung die Brüder Peter und Ulrich Schamoni in das erodierende kleinbürgerlich-katholische Milieu ihrer Heimatstadt Münster verlegten, und der Verfilmung des Romans von Heinrich Böll »Ansichten eines Clowns« (Deutschland 1976) soll diese These im Folgenden diskutiert werden.

Der im westfälischen Münster inszenierte Film »Alle Jahre wieder« kann als einer der frühen abendfüllenden Spielfilme der Bewegung junger deutscher Filmemacher gelten, der die Gebrüder Schamoni von Beginn an angehörten. Die unter der Regie von Vojtech Jasny etwa zehn Jahre später entstandene Böllverfilmung steht für eine ganze Reihe von Produktionen des *Neuen Deutschen Films*, die auf der Grundlage von Erzählungen und Romanen der zeitgenössischen deutschen Literatur produziert wurden.

Bevor diese beiden Beispiele vor dem Hintergrund ihres thematischen und visuellen Umgangs mit Kirche und Religion diskutiert werden, soll es zunächst darum gehen, die Bewegung des *Neuen Deutschen Films* als Gegenpol zu den populären deutschen Filmproduktionen der fünfziger Jahre nachzuzeichnen. Gerade in seiner Abgrenzung zu den Themen und Bildern des deutschen Heimatfilms lässt sich der im *Neuen Deutschen Film* eklatante Wandel in der filmischen Darstellung kirchlicher Autoritäten und deren Verortung in der bundesrepublikanischen Gesellschaft erklären.

3.5.1 Die Bewegung des *Neuen Deutschen Films* zwischen Avantgardekino und Publikumszuspruch

Die Geburtsstunde des *Neuen Deutschen Films*, der Bewegung junger Filmschaffender, die dem bundesrepublikanischen Kino eine neue Ästhetik und einen neuen Ernst verleihen wollte, wird gemeinhin auf die Oberhausener Kurzfilmfestspiele des Jahres 1962 datiert. Im so genannten Oberhausener Manifest, das im Zuge des Filmfestivals im Februar 1962 publiziert wurde, skizzierte eine Gruppe von 26 deutschen Filmemachern, Kameramännern und Schauspielern ihre Verdrossenheit über die Mehrheit populärer deutscher Kinofilme der direkten Nachkriegszeit. Der pathetische Abschluss verband in ebenso lapidarer wie aufsässiger Einfachheit den für die Bewegung konstitutiven verachtenden Blick zurück auf die bundesdeutsche Filmwelt der fünfziger Jahre, mit der Hoffnung auf eine neu zu schaffende Filmästhetik der jungen Generation: »Der alte Film ist tot. Wir glauben an den neuen.«¹⁵⁰ Dieses theatralische Bekenntnis für einen Neuanfang stand inmitten der dynamischen kulturellen und gesellschaftlichen Erneuerung in der Bundesrepublik, welche die gesamte Republik erfasste. Mit seinem prononciert formulierten Abschied vom Alten stand die Erklärung von Oberhausen für den Aufbruch im Bereich des Films, der, fasziniert von der Faszination an der französischen *Nouvelle Vague* und vom italienischen Neorealismus, eine an die europäischen Vorbildern angelehnte neue Filmästhetik als Chance zur Wiederbelebung der deutschen Filmwirtschaft begriff. [151]

Der Weg der jungen Filmkünstler wie Rainer Werner Fassbinder, Wim Wenders, Volker Schlöndorff, Werner Herzog oder der Gebrüder Schamoni führte in den sechziger Jahren zunächst in die künstlerisch hoch geachteten, jedoch wenig publikumswirksamen Aufführungen auf diversen Filmfestivals. Die Leinwände der großen Kinos konnten die avantgardistischen Strömungen des *Neuen Deutschen Films* keineswegs dominieren. Die traditionellen Produktionsfirmen straften die jungen Nachwuchskünstler mit Nichtbeachtung und setzten zumeist auf die Filme, die in kommerzieller Hinsicht mehr Erfolg versprachen.

Versucht man die Entwicklungslinien deutscher Filmproduktionen in dieser Zeit zu skizzieren, so wird man diese wohl in einer schwer zu fassenden Vielseitigkeit zwischen den beiden Polen der bewahrenden Fortschreibung erfolgreicher Konzepte und der in Oberhausen geforderten filmästhetischen Neuorientierung ausmachen können, die in puncto Zuschauerzuspruch die Phalanx von Heimatfilmen, Western und Krimis jedoch nicht durchbrechen konnte.[152] So versuchten die großen Produktionsfirmen weiterhin, mit den in den fünfziger Jahren so publikumsträchtigen Heimat-, Musik- und Abenteuerfilmen die sich abzeichnende Krise des Kinos zu bewältigen. Die noch weit bis in die sechziger Jahre hinein reichenden Heimatfilmproduktionen, die Schlagerfilme eines Freddy Quinn oder auch die deutschen Verfilmungen der Edgar-Wallace-Kriminalromane können dabei verdeutlichen, dass Papas Kino keineswegs tot war, wie es die Oberhausener Avantgarde überspitzt formuliert hatte. Der Versuch der 1962 in Oberhausen versammelten Gruppe junger Filmema-

---

150 Der komplette Text des Oberhausener Manifests findet sich in: Hoffmann, *Schamoni*, S. 96.
151 Faulstich/Korte, Film, S. 16–19. Zum *Neuen Deutschen Film* siehe auch: Hake, *Film*, S. 249–290.
152 Hierzu (auch Vergleich mit neuen Filmformaten in der DDR): Wilharm, »Tabubrüche«.

cher, mit einem neuen Stil die als schmerzlich empfundene künstlerische Niveaulosigkeit deutscher Filmproduktionen zu überwinden, konnte zwar künstlerische Akzente setzen, an den Kinokassen fielen deren Filme aber zumeist durch.

In den Filmen der sich am Oberhausener Manifest orientierenden Regisseure und Produzenten ist eine allzu augenscheinliche Abkehr von den Themen, dem Setting und den stereotypen Charakteren der vormals erfolgreichen Filmproduktionen zu beobachten. Die jungen Regisseure wollten eben nicht mehr die schwärmerischen Szenerien der so populären Heimatfilme eines Hans Deppe oder Ernst Marischka inszenieren, die ihre Charaktere in einem nichtsstädtischen Setting deren oftmals als zutiefst banal wahrgenommene Probleme lösen ließen. Das Ideal der jungen deutschen Filmemacher war es vielmehr, die sich wandelnde und liberalisierende städtische Gesellschaft mit filmischen Mitteln auszudeuten, mit all ihren Errungenschaften aber auch zwischenmenschlichen Abgründen. Mit diesem Anspruch griffen die Filme oftmals gesellschaftspolitische Themen auf und bezogen in ihrer Aussage nicht selten pronnonciert Stellung zu diesen. Im Gegensatz zu den ihrer Ansicht nach rein eskapistischen Unterhaltungsfilmen inszenierte die junge Garde der Nachwuchsregisseure politische Filme, die beim Publikum eine Auseinandersetzung mit politischen, gesellschaftskritischen und zeitgeschichtlichen Themen anzustoßen versuchten. Dabei kam es mitunter zu einer Thematisierung von Diskussionen, in die gerade die Kirchen fest eingebunden waren. So setzte sich etwa Ulrich Schamoni in seinem Erstlingswerk »Es« (Deutschland 1966) noch fünf Jahre vor dem kollektiven Bekenntnis in der *Stern*-Titelgeschichte »Wir haben abgetrieben«[153] mit der Diskussion um die moralische Rechtmäßigkeit der Abtreibung auseinander.

Auf ihrer Suche nach politisch streitbaren Sujets stießen die Produzenten und Regisseure nicht selten auf die Literatur der in der »Gruppe 47« lose verbundenen jungen deutschen Schriftsteller. Deren Romane erwiesen sich als überaus ertragreiche Vorlagen für die wohl bedeutendsten Produktionen des *Neuen Deutschen Films*. Jean-Marie Straubs Film »Nicht versöhnt« (Deutschland 1965), der sich an Heinrich Bölls Roman »Billard um halbzehn« orientiert, gilt neben der Verfilmung der Böll-Erzählung »Das Brot der frühen Jahre« (Deutschland 1962) des österreichischen Regisseurs Herbert Vesely als eine der ersten abendfüllenden Produktionen des *Neuen*

---

153 »Wir haben abgetrieben«, in: *Stern* 24/1971.

Deutschen Films. Jedoch fanden beide Filme nur geringen Publikumsanklang.[154] Volker Schlöndorff inszenierte neben seinem bekanntesten Film »Die Blechtrommel« nach Günter Grass (Deutschland 1979) bereits vier Jahre zuvor »Die verlorene Ehre der Katharina Blum« (Deutschland 1975) nach einer gleichnamigen Erzählung von Heinrich Böll und später »Die Fälschung« (Deutschland 1981) nach einem Roman von Nicolas Born. Zu Beginn der siebziger Jahre inszenierte Wim Wenders »Die Angst des Torwarts vor dem Elfmeter« nach einer Erzählung von Peter Handke (Deutschland 1972).

Die Notwendigkeit zur Entwicklung neuer Konzepte für den deutschen Film wurde den verantwortlichen Akteuren nicht zuletzt von der großen Kinokrise vor Augen geführt, die die Filmwirtschaft gegen Ende der fünfziger Jahre erfasst hatte. 1956, auf dem Höhepunkt des Kinobooms, hatten die Kinobetreiber noch 817,5 Millionen Kinotickets absetzen können. Bei einer Bevölkerungszahl von etwa 52 Millionen hieß dies, dass statistisch gesehen jeder Bundesbürger knapp sechzehn Mal im Jahr ins Kino gegangen war. Zwölf Jahre später musste die deutsche Filmwirtschaft einen Rückgang der Kinobesucher um 78 Prozent von diesem Ausgangswert konstatieren. Von ursprünglich 6.438 Kinos konnten nur 4.060 überleben.[155] So vollzog sich der Versuch der paradigmatischen filmästhetischen Erneuerung vor dem Hintergrund eines stetigen Niedergangs der deutschen Kinolandschaft, den auch die Autorenfilme der vom Feuilleton so hoch gelobten jungen Regisseure nicht stoppen konnten. Faktoren wie etwa die Veränderung des Freizeitverhaltens, die Verjüngung des Kinopublikums, die Expansion des Fernsehmarktes mit der Gründung des ZDF 1963 und der Dritten Programme 1964 waren zu stark, um die Kinokrise allein mit einer filmästhetischen Erneuerung aufhalten zu können.[156]

3.5.2 Die Brüder Schamoni und »Alle Jahre Wieder«

Die Brüder Peter und Ulrich Schamoni, die als Produzent bzw. Regisseur den Film »Alle Jahre wieder« federführend drehten, konnten in den sechziger Jahren als Protagonisten der filmischen Avantgarde den deutschen Film entscheidend prägen. Ihre Filme waren dabei ganz den Prämissen des

---

154 Faulstich/Korte, »Film«, S. 18.
155 Alle Zahlen nach: Sigl u.a., *Kohle*.
156 Doering-Manteuffel, »Kultur«.

in Oberhausen ausgerufenen *Neuen Deutschen Films* verpflichtet, thematisierten sie doch in einer dem filmischen Realismus verpflichteten Darstellung des gesellschaftlichen Wandels nicht nur die Errungenschaften der modernen Welt, sondern auch deren Abgründe im menschlichen Miteinander. Schon früh galt Produzent Peter Schamoni, Initiator und Mitunterzeichner des Oberhausener Manifests, als einer der Wegbereiter des *Neuen Deutschen Films*.[157]

Sein jüngerer Bruder Ulrich inszenierte 1966 mit seinem Debüt »Es« einen der ersten beachtenswerten Klassiker der neuen Filmästhetik. Schon hier zeigte er ein Gefühl für religiös moralische Fragen, auch wenn er die Institution Kirche (noch) nicht explizit ins Bild setzte. »Es« (Deutschland 1966) dreht sich um das ungeborene Leben, für das sich die beiden Protagonisten, ein junges, in wilder Ehe lebendes Paar, nicht entscheiden können. Bezeichnend für das Setting des *Neuen Deutschen Films* verlegte Schamoni die Handlung nach Berlin, in die pulsierende Großstadt, in das Zentrum der gesellschaftlichen Modernisierung. In einfühlsamen Bildern und ohne moralisch erhobenen Zeigefinger konzentriert sich der Regisseur hier auf den inneren Konflikt der jungen Hilke Pohlschmidt, die sich der Verantwortung für ein Kind nicht stellen mag, sich für eine Abtreibung entscheidet und an dieser schließlich zerbricht. Ihren Spießroutenlauf bei dem Versuch, einen Arzt zu finden, der den Eingriff vorzunehmen bereit ist, inszeniert Schamoni dokumentarisch: Reale Ärzte zeigen sich schockiert über den Unwillen der jungen Frau, ihr Kind zur Welt zu bringen. Hier sind es also Ärzte (und nicht Geistliche), die die Rolle der »Sittenwächter« übernehmen und sich vehement gegen eine Liberalisierung des herkömmlichen Umgangs mit werdendem menschlichen Leben stellen. Es ist folglich nicht die explizite Darstellung der Institution Kirche und ihrer Vertreter, die Schamonis Erstlingswerk religiös konnotiert; es sind vielmehr Themen wie die Diskussion über den Umgang mit ungeborenem Leben, die Lebensentwürfe einer jungen Generation und die Verarbeitung des Todes, also gesellschaftliche Diskussionen, die traditionell auch von den Kirchen entscheidend geprägt wurden, die dem Film zumindest einen religiösen Subtext geben.

Es mag der in den sechziger Jahren bereits fortgeschrittenen Professionalisierung der konfessionellen Filmarbeit und deren zunehmender Emanzipation von den Amtskirchen geschuldet sein, dass Schamonis Film auf

---

157 Zur Biografie und Filmografie Peter Schamonis siehe: Hoffmann, »Freund«.

ein durchaus positives Echo in der kirchlichen Filmkritik stieß. Die Filmkritiker des katholischen *Filmdienstes* verstanden sich ebenso wie ihre evangelischen Kollegen von *Kirche und Film* und dem *Evangelischen Filmdienst* nun nicht mehr primär als Hüter kirchlicher Normvorstellungen und deren Umsetzung im Film, sondern als professionelle und neutrale Instanz innerhalb der breit gefächerten Filmwirtschaft der Bundesrepublik.[158] So lobte der *Filmdienst* Schamonis Werk ob seiner wirklichkeitsnahen und unkonventionellen Gestaltung, die – gerade weil sich der Film einer direkten Antwort auf die Fragen nach der moralischen Legitimität der Abtreibung versage – der »sorglos dahinlebenden« Generation einen Spiegel vor Augen hielte. Gerade weil der Film in einem »religiös-neutralen Milieu« angesiedelt war und von einer pauschalen Moralisierung des Themas Abstand nahm, könne er, ähnlich einer »Predigt« (sic), die moralische Brüchigkeit aufzeigen, die sich in der Beziehung der beiden jungen Protagonisten offenbare.[159] Hier zeigt sich, dass das kritische Suchen nach ethisch-moralischen Fundamenten, wie dies der *Neue Deutsche Film* vornahm, keineswegs per se auf die Kritik und Ablehnung der Kirchen stoßen musste. Vielmehr war gerade die konfessionelle Filmkritik offen für die oftmals experimentell anmutenden Utopien und Dystopien, welche die grundlegenden gesellschaftlichen Normen in den sich wandelnden westlichen Industriegesellschaften diskutierten.[160]

Weniger subkutan als vielmehr äußerst offensichtlich geriet die Darstellung von Kirche und religiösen Traditionen in Schamonis zweitem Werk »Alle Jahre wieder«, das daher für die Frage nach der filmischen Visualisierung von Religion und Kirche im *Neuen Deutschen Film* als filmhistorisches Dokument ersten Ranges gelten kann. In seltener Offenheit zeigt der Film die Sicht der damals jungen Garde deutscher Filmschaffender auf die tradierten religiösen Formen der als typisch katholisch wahrgenommenen Stadt Münster und die einschneidenden Transformationsprozesse, von denen Religion, kleinbürgerliche Milieus und die Kirchen in den

---

158 Zu dem Wandel der konfessionellen Filmarbeit und deren konfliktreicher Emanzipierung von der amtskirchlichen Bevormundung siehe: Kniep, »Märtyrern«, S. 132–141; Quaas, *Filmpublizistik*, S. 88–117.
159 »Es«, in: *Filmdienst* 12/1966.
160 Als treffendes Beispiel kann hier die innerkirchliche Diskussion über Ingmar Bergmanns Klassiker »Das Schweigen« (Schweden 1963) gelten, in der sich der Wandel konfessioneller Filmkritik vom vormaligen kirchlichen Sittenwächter hin zur professionalisierten und breit akzeptierten Instanz innerhalb der bundesdeutschen Filmwirtschaft verdichtete; hierzu ausführlich: Quaas, *Filmpublizistik*, S. 477–515.

sechziger Jahren erfasst wurden.[161] Hierbei schöpften die Brüder Schamoni aus ihren persönlich gemachten Erfahrungen: Beide besuchten in den frühen fünfziger Jahren das Münsteraner Gymnasium Paulinum und waren mit dem Münsteraner Milieu bestens vertraut.

Vielleicht ist es diese Vertrautheit, gepaart mit den eingestreuten dokumentarisch anmutenden Szenen aus Münster, die Schamonis Werk so alltäglich und authentisch, zuweilen aber auch etwas unspektakulär wirken lassen. Der Film erzählt die Geschichte des Werbetexters Hannes Lücke, der über die Weihnachtsfeiertage zu seinem alljährlichen Besuch aus Frankfurt in seine Heimatstadt Münster kommt. Dort erwarten ihn seine Mutter und seine in Trennung lebende Frau mit den beiden gemeinsamen Kindern. Lücke aber möchte sich während der Weihnachtstage nicht von seiner bedeutend jüngeren Freundin Inge trennen und quartiert diese kurzerhand in der Münsteraner Pension seines alten Schulfreundes Spezie ein. Während er über die Weihnachtsfeiertage seinen familiären Verpflichtungen nachgeht, erkundet Inge das kleinbürgerliche Münster. Ohne sich für oder gegen die von Inge geforderte Scheidung entschieden zu haben, reist Lücke gemeinsam mit seiner Freundin nach den Feiertagen und einem ausufernden Herrenabend mit seinen alten Freunden wieder zurück nach Frankfurt.

Die für den *Neuen Deutschen Film* so typische Thematisierung des konfliktreichen Abschieds von traditionellen Normen und der Liberalisierung der Gesellschaft offenbart sich in Schamonis Film weniger auf der narrativen Oberfläche oder im Handlungsablauf des Films. Vielmehr inszeniert der Regisseur den Prozess der Sinnentleerung religiöser Riten und den schleichenden Untergang des kleinbürgerlich katholischen Milieus als direkte Folge des gesellschaftlichen Wandels auf einer visuellen Ebene. Die dokumentarisch anmutenden Bilder und Einstellungen des Münsteraner Lebens, welche die sinnentleerte Fassade des Milieus einfangen, kontrastiert er mit den modernen Lebensentwürfen einer mobilen Generation. So prallen in Schamonis Film zwei (Bild-) Welten aufeinander: Zum einen die traditionsverhafteten Münsteraner, heimatverbunden und katholisch, wie der Regisseur sie in den Kameraschwenken über den Domplatz oder den idyllischen Szenerien des ländlichen Münsterlandes inszeniert. Zum anderen zeichnet Schamoni das Bild der Generation des Werbetexters Hannes

---

161 Zur Thematisierung des Zerfalls der katholischen Milieus in Schamonis Film siehe einführend: Damberg, »Film«. Alle folgenden Zitate aus dem Film sind der DVD-Veröffentlichung von 2007 entnommen.

Lücke, welche die Verbindung zu Heimat und Religion oberflächig noch aufrechterhält, sich innerlich aber schon lange von den traditionellen Konventionen verabschiedet hat. Für diese Generation sind die alten Gepflogenheiten nur noch Schein, den es alle Jahre wieder zu ertragen gilt. Bereits in der Eingangsszene stellt Schamoni diese zwei dichotomen Kulturen gegeneinander. Auf die Dokumentarszenen aus Münster und den Männerchor, der unter dem leicht untersetzten Dirigenten sein »Heilig Heimatland« erhaben besingt, folgt ein abrupter Schnitt zum Werbetexter Hannes Lücke, der bei moderner Jazzmusik mit seiner Geliebten über die Autobahn, dem Sinnbild einer neuen Mobilität, nach Münster fährt, um dort seinen alljährlichen Besuch abzustatten. Der Charakter des Hannes Lücke ist der stereotype Vertreter einer neuen, anpassungsfähigen Generation, die es geschafft hat, ohne genau zu wissen, wohin sie der scheinbare berufliche Erfolg getrieben hat und wie darauf zu reagieren ist: Der als einengend wahrgenommenen Provinz in Münster konnte er entfliehen, nicht ohne mit dem Bruch seiner Ehe und dem Verlust der Familie zu bezahlen. Aber auch in Frankfurt, der Metropole des wirtschaftlichen und finanziellen Erfolgs schlechthin, verdient er nach eigener Aussage als Werbetexter nicht mehr als seine Exfrau mit ihrer Münsteraner Tanzschule. Immerhin, den Erfolg einer jungen Frau an seiner Seite kann er für sich verbuchen, ohne sich sicher zu sein, ob es sich dafür den finalen Schritt aus Münster hinaus, die Scheidung von seiner Frau, zu machen lohnt. Allein die vollzogene Trennung von seiner Frau verdeutlicht, dass er die kirchlicherseits eingeforderten Verhaltensregeln des Zusammenlebens einer Familie und die Unauflöslichkeit einer Ehe hinter sich gelassen hat und sich gerade in seiner Abkehr von den kirchlichen Normen als äußerst mobil und flexibel erweist.

Lückes Skrupel vor einer Scheidung und seine innere Verpflichtung, zu Weihnachten bei seiner Familie in Münster zu sein, zeigen darüber hinaus, dass die vor sich gehenden Veränderungen in der Lebensweise des Münsteraners nicht ganz vollzogen sind, noch werden zumindest die vertrauten Formen der althergebrachten Lebensweise aufrechterhalten: Der Messbesuch am Heiligen Abend, der lateinische Weihnachtsgesang »Puer natus est nobis« und eben der Besuch bei der Familie am Ersten Weihnachtstag. Aber das alles ist nicht viel mehr als eine brüchige Fassade.

Prägnant stellt Schamoni dies in der Szene des Messbesuchs seines Protagonisten dar, die er zum größten Teil dokumentarisch (mit einer Dreherlaubnis, die Produzent und Regisseur ihren persönlichen Kontakten zum damaligen Münsteraner Domklerus verdankten[162]) in der realen Weihnachtsmesse 1966 drehen konnte.

Abb. 47: Stadtdechant Valhaus während der Weihnachtspredigt; »Alle Jahre wieder« (Deutschland 1967)

Während Stadtdechant Arnold Vahlhaus von seinen Predigtworten über den göttlichen Frieden der Weihnachtsbotschaft selbst ergriffen zu sein scheint, kreisen Hannes Lückes Gedanken um vergangene Tage mit seiner damals noch jungen Frau. Valhaus indes geht ganz in der traditionellen Zeichnung eines Geistlichen auf, wie der Betrachter sie etwa aus den populären Heimatfilmen kennt. Dies zeigt sich sowohl visuell als auch im Hinblick auf seine staffagenartige Rolle innerhalb der Story und seine frommen Worte. Schamoni persifliert diesen Charakter geradezu. Der Stadtdechant trägt eine lange weiße Kasel, die ihn sofort als Priester erkennen lässt. Seine im Unspezifischen bleibende Predigt und sein verschroben burlesker Blick in die Gemeinde verdeutlichen eindrucksvoll, dass der Dechant von Schamoni als ein austauschbarer Vertreter eines in der Tradition verharrenden Katholizismus gezeichnet wird, der jegliche individuelle Persönlichkeit vermissen lässt. Während seiner Predigt gerät der Dechant zum Teil des kirchlichen Interieurs. Die hinter ihm in ihrer Größe von links nach rechts ähnlich einer Reihe von Orgelpfeifen aufsteigenden Kerzen laufen auf seinen Kopf zu und integrieren ihn auf geradezu komödian-

---

162 Für diesen Hinweis danke ich Volker Jacobs und Wilhelm Damberg. Für die Gebrüder Schamoni geriet der Dreh des realen Weihnachtsgottesdienstes zu einem produktionstechnischen Coup, den sie genüsslich auskosteten: Im Vorspann zählen sie »Dechant A. Valhaus« in der Gruppe der mitwirkenden Schauspieler auf.

tische Weise in die Staffage des Gotteshauses. Valhaus selbst wird zur Ausstattung der geschmückten Kirche, er verschmilzt mit seiner Umgebung zur Zierde der weihnachtlichen Szenerie. Dem Protagonisten Lücke und seiner Generation hat der Dechant indes nichts mehr zu sagen hat. Für sie gehört die Weihnachtspredigt zum lästigen Pflichtprogramm der Weihnachtstage, bei der man zwar physisch anwesend ist, mit seinen Gedanken jedoch keineswegs den Worten des Predigers folgt.

Der Regisseur inszeniert dies mit dem Ineinandergreifen von zwei unterschiedlichen Handlungssträngen. Zum einen zeichnet er den Weihnachtsgottesdienst im Münsteraner Dom nach. Zwischen die einzelnen Gottesdienstszenen integriert er die Bilder des jungen Protagonisten auf seinen Rudertouren auf dem Aasee, während die weihnachtlichen Gesänge des Münsteraner Domchors diese Szenen akustisch überlagern. Diese filmische Verknüpfung von traditioneller Liturgie und den Erinnerungen Lückes zeigen zweierlei: Zum einen scheinen die kirchlichen Riten dem rationalen Werbetexter nichts mehr zu sagen, so dass er sich langweilt und mit seinen Gedanken in der Erinnerung schwelgt. Zum anderen wirken sie bei Lücke wie eine Reminiszenz an seine Jugendtage, als seine Kirchbesuche noch häufiger stattfanden. Somit wirkt die im Münsteraner Dom dargestellte Kirchlichkeit für den Protagonisten ihrerseits wie ein Vehikel für die Erinnerung an etwas Vergangenes.

In der innerlichen Distanz Lückes und seiner Kameraden zu eben dieser ritualisierten Form der Vergangenheit zeichnet Schamoni die Veränderungen nach, die der Katholizismus in den sechziger Jahren erfuhr. Dabei vollzieht sich der Wandel des Lebens in Münster nicht ohne Bedauern: Während Lücke den ersten Weihnachtstag mit seiner Familie verbringt, vertreibt sich seine Freundin Inge die Zeit im städtischen Museum. Die heimatkundlichen Erklärungen, mit denen der Museumswärter Lückes halbwegs interessierter Lebensgefährtin die Geschichte Westfalens näherzubringen versucht, klingen fast wie ein Wehklagen über die Veränderungen in Münster: »Und wenn die früher gesagt haben, Münster wär so schwarz, das stimmt alles nicht mehr. So jetzt nach'm Konzil ist man so weltoffen geworden.« In den parodistisch anmutenden Erklärungen des Museumswärters über Mentalität und Wesen der Westfalen treibt Schamoni die vormalige Identifizierung des konservativen Münsters mit der katholischen Kirche auf die Spitze. Nicht »Pestepidemien« oder »Weltkriege« haben die Westfalen verändert, so der redselige Mann, es sei vielmehr das Zweite Vatikanische Konzil gewesen, das als fundamentaler

Bruch in der Geschichte Münsters die politischen Einstellungen und Mentalitäten der Münsteraner entscheidend hatte wandeln können. Als Museumswärter, also als Wächter über die Traditionen, die einstmals das gesellschaftliche Leben in Münster prägten und nun als Relikte der Vergangenheit museal ausgestellt werden, ist dieser Mann zudem geradezu prädestiniert, über die Mentalitäten zu dozieren, die auch in Münster im Verschwinden begriffen sind.

Schamonis Film endet mit einem breit inszenierten säkularen Ritus, dem Lücke und seine ehemaligen Kameraden alljährlich am Abend des zweiten Weihnachtstags nachgehen: Nach ausgiebigem Alkoholkonsum lassen sich die betrunkenen Mitvierziger von ihren Frauen zu der ehemaligen Flakstellung fahren, an der sie im Zweiten Weltkrieg versucht hatten, die nächtlichen Bombenattacken auf Münster abzuwehren. Im lallenden Gesang alter Fahrtenlieder führen sie sich ihre Jugendzeit vor Augen. Schamoni stellt hier der Erinnerung an eine religiöse Vergangenheit, die er mit dem Weihnachtsgottesdienst zu Beginn des Films inszenierte, eine explizit weltliche Erinnerung entgegen. Auch diese begegnet dem Zuschauer als inhaltloses Ritual, dessen eigentlichen Sinn auch die Protagonisten selbst nicht recht erklären können. Seiner ob der Kindlichkeit des Brauchs irritierten Freundin entgegnet der wieder nüchterne Lücke auf der Rückfahrt: »Du bist eben einfach zu jung, um das zu begreifen.« Ähnlich sparsam fallen seine Erklärungen über die eigentlichen Bedeutungen der anderen im Film vorgestellten Riten wie dem Messbesuch oder der Kaffeetafel der Familie an den Weihnachtstagen aus. Den eigentlichen Inhalt der christlich geprägten Tradition kann die Generation der Flakhelfer nicht mehr erklären.

Die in »Alle Jahre wieder« inszenierte Transformation von vormals katholisch geprägten Mentalitäten offenbart sich weniger in dem vom Museumswärter konstatierten einschneidenden Bruch, mit dem der traditionelle Milieukatholizismus in Münster erodierte, als vielmehr in einer sukzessiven Sinnentleerung und Aushöhlung des kleinbürgerlich-katholischen Milieus und seiner Bräuche. Dies gilt für den Besuch der Weihnachtsmesse, das Weihnachtsfest im Wohnzimmer der Familie wie auch für das rituelle Betrinken und den gemeinsamen Besuch der Schulkameraden bei der ehemaligen Flakstellung. Der Titel des Films »Alle Jahre wieder« verweist darauf, dass die weihnachtlichen Riten eben nicht verlorengehen, sondern in ihrer sinnentleerten Form Jahr für Jahr weiter fortbestehen. Den Abschied von deren Inhalt stellt Schamoni als das Werk der Flakhelfergeneration dar.

Zwar haben die Mitvierziger von Eltern und Lehrern die christlichen Riten und deren Sinn vermittelt bekommen, im Zuge ihrer eigenen Lebensentwürfe ist deren Fortführung jedoch vornehmlich von Missmut geprägt. Dabei inszeniert Schamoni die Weitergabe des Wissens in Verfremdungseffekten ähnlichen Einschüben, die als kurze Rückblenden auf die Schulzeit der Protagonisten in den Film eingebunden werden. Die karikierten Pädagogen geben in ihnen ihren Schülern sinnspruchartige Weisheiten mit auf den Weg, die Lücke und seine Schulkameraden noch Jahre später in Erinnerung haben. Aber auch hier wirken die Relikte aus der Vergangenheit wie belanglose Floskeln. Ein geschlossenes Weltbild, wie es die Generation ihrer Väter noch besaß, hat die Generation der Flakhelfer nicht mehr.

Anders als Schamonis Erstlingswerk »Es« fiel »Alle Jahre wieder« bei der konfessionellen Filmkritik durch. Gerade die Darstellung des Münsteraner Katholizismus erzürnte den Redakteur des katholischen *Filmdienstes*. Der Versuch, eine »bigotte Frömmigkeit katholischer Provenienz«, eine »provinziell verengte Katholizität« in Szene zu setzen, so der *Filmdienst*, ende in der Trivialität von Schamonis Zusammenschnitten der scheinbar dokumentarischen Szenen aus dem Münsteraner Dom.[163] Die Zurschaustellung von Klischees (hier wäre wohl am eindrucksvollsten die Zeichnung des Stadtdechanten Valhaus zu nennen) nehme gerade die Art des filmischen Erzählens wieder auf, gegen die sich die junge Generation der deutschen Filmschaffenden im Oberhausener Manifest aufgelehnt habe. Auch der *Evangelische Filmbeobachter* warf Schamoni eine klischeehafte Verzeichnung der Realität vor, welche die nötige Ernsthaftigkeit vermissen lasse und sich stattdessen an seiner kabarettistischen Pointierung ergötze.[164] Die Anmerkung, dass »Alle Jahre wieder« weniger den Prämissen des *Neuen Deutschen Films* folgte, sondern dem Unterhaltungsgenre zuzurechnen sei, lässt sich in vielen medialen Reaktionen auf das Werk Schamonis finden. So betonte der *Spiegel*, dass die Schamoni-Brüder nach eigenem Bekunden einen Film produzieren wollten, der »heiter und unterhaltsam« sei. Dieses »biedermännische Vorhaben, auch formal nach Vatersippe produziert, gelang vollkommen.«[165] Noch derber geriet die Kritik der *Westfälischen Rundschau*. Der Rezensent sprach Schamoni jegliche Verwirklichung des Anspruchs des *Neuen Deutschen Films* ab:

---

163 »Alle Jahre wieder«, in: *Filmdienst* 29/1967.
164 »Alle Jahre wieder«, in: *Evangelischer Filmbeobachter* 19/1967.
165 »Westfälischer Friede«, in: *Spiegel* 29/1967.

»Ein Pfarrer, der bei der Christmesse ›Fietnam‹ sagt, ein Museumsführer, der dummes Zeug redet [...] – das alles weist über die Tatsache, daß es so ist, weil es so gefilmt wurde, nicht hinaus. Das ist weder unser noch Papas Kino, noch Großpapas Kintopp, das ist die Darbietung eines verschmockten jungen Mannes, der sein Publikum verhöhnt.«[166]

3.5.3 Heinrich Bölls »Ansichten eines Clowns« auf der Leinwand: Der bittere Blick zurück auf die Ära Adenauer

Heinrich Bölls Roman »Ansichten eines Clowns« wurde nach einem Vorabdruck in der *Süddeutschen Zeitung* 1963 in Buchform veröffentlicht. Die Kontroversen, die Bölls Abrechnung mit dem rheinischen Katholizismus und dem protestantischen Großbürgertum auslöste, können zu einem großen Teil auf die Rezeption des Romans als Gegenwartsanalyse zurückgeführt werden. Neben der Frage nach dem literarischen Wert des Romans wurde vor allem Bölls vermeintlicher »antiklerikale Affekt«[167] diskutiert und damit implizit auch die Intention des Autors, mit »Ansichten eines Clowns« den selbstgefälligen Habitus der rheinischen Elite und deren als heuchlerisch angeprangerte Wandlung von überzeugten Faschisten zu humanistischen Demokraten zu entlarven.[168]

Jasnys Verfilmung des Stoffes, dessen Drehbuch er gemeinsam mit Böll selbst verfasste, lehnt sich eng an die Romanvorlage an. Bis auf einzelne Elemente des Romans, die den Filmemachern als nicht umsetzbar erschienen, lassen sich die im Film inszenierten Szenen zumeist eins zu eins auf den Roman zurückführen. Der offensichtlichen Nähe zwischen Romanvorlage und Verfilmung und der im Hinblick auf den Handlungsverlauf eher begrenzten eigenen Kreativität, mit der Jasny den Stoff inszenierte, mag es geschuldet sein, dass ein Großteil der Rezensenten in der Aussage des Filmes nichts Neues entdecken konnte und ihn so nicht mehr als Gegenwartsanalyse rezipierte, sondern als missmutigen und verspäteten Blick auf etwas Vergangenes.

Dies scheint auch für die Frage nach den visuellen Darstellungen von der im Milieu verorteten (katholischen) Kirche und der Zeichnung ihrer Vertreter relevant zu sein. Jasnys Verfilmung konnte in den siebziger Jahren eben nicht mehr neue Bilder schaffen, sondern speiste sich im Hinblick

---

166 »Film-Mist«, in: *Westfälische Rundschau* vom 20. November 1967.
167 Günter Blöcker: »Der letzte Mensch«, in: *Frankfurter Allgemeine Zeitung* vom 11. Mai 1963.
168 Zur Rezeption des Romans siehe: Bernáth, *Böll*, S. 351–379.

auf die visuelle Gestaltung der kirchlichen Charaktere und der Diskussion über das Verhältnis von Kirche und bundesrepublikanischer Gesellschaft aus den bereits in den sechziger Jahren geschaffenen Visiotypen, wie sie etwa in Schamonis Auseinandersetzung mit dem kleinbürgerlichen Milieukatholizismus in Münster zu finden sind.

Diese These soll im Folgenden als Ausgangspunkt dienen. Zunächst gilt es, einige Szenen sowie die visuelle Darstellungen einzelner Charaktere zu diskutieren, um dann vor dem Hintergrund der Reaktion von kirchlicher und weltlicher Presse der Frage nach den Innovationen der von Jasny geschaffenen Bilder nachzugehen.

Heinrich Bölls Roman erzählt in seiner nur etwa einige Stunden dauernden Rahmenhandlung sowie in breiten Rückblenden in die Zeit der vierziger und fünfziger Jahre die Geschichte von Hans Schnier, der mühsam versucht, seinen Lebensunterhalt als Unterhaltungskünstler zu verdienen. Grundlegendes Thema von Erzählung und Film ist Schniers Unfähigkeit, das Scheitern seiner Beziehung zu seiner Jugendliebe Marie Derkum zu verarbeiten. Bereits vor Jahren hatte sich Schnier von seinen Eltern, einem wohlhabenden Unternehmerehepaar, losgesagt. Er konnte ihnen nicht verzeihen, dass sie sich im Zweiten Weltkrieg kompromisslos der Naziideologie verschrieben und ihre Tochter zum Flakeinsatz gedrängt hatten, bei dem sie später gestorben war. Darüber hinaus erlebte Schnier gerade seine Mutter, die sich nach der Katastrophe des Zweiten Weltkriegs ganz und gar der Völkerverständigung verschrieb, als heuchlerischen Wendehals. Auch in der Zeit der finanziellen Not findet er nicht zu seinen Eltern. Das Angebot seines Vaters, ihn jeden Monat mit 600 Deutsche Mark zu unterstützen, empfindet er als Brüskierung und lehnt es ab. Auch sein Bruder, der zum katholischen Glauben konvertiert ist und nun in einem Priesterseminar lebt, kann Hans weder verstehen noch ihm helfen. Dessen emotionale Krise steht ganz im Zeichen seiner unerfüllten Liebe zu seiner Jugendfreundin Marie.

Das konfessionsverschiedene Liebespaar scheitert letztendlich an den Einsprüchen der Kirche, deren Vertreter das »Konkubinat« zwischen dem protestantisch getauften Agnostiker Schnier und der Katholikin Derkum nicht akzeptieren. In Schniers defätistischer Verbitterung gegen seine Eltern und die Vertreter der Kirche skizzieren Böll und Jasny ihren Protagonisten als nonkonformistischen Antihelden, der die Scherben seiner Existenz vor sich sieht. Er wird zum Gegenbild des wirtschaftlichen Erfolgs und moralischen Verdrängens der Ära Adenauer. Nicht nur finanziell liegt er am Boden, auch psychisch wirkt der alkoholabhängige Schnier eben wegen seines Unwillens zur Anpassung an die Normen der Mehrheitsgesellschaft stark angeschlagen. Die Vertreter der Kirche geraten in ihrer normativen Arroganz zu den Gegenspielern Schniers, die ihm in der enormen moralischen Autorität, die ihnen zugestanden wird, in der gesellschaftlichen Realität überlegen scheinen.

Gleich die Eingangssequenz stellt den emotional angeschlagenen Schnier der Leistungs- und Erfolgsgesellschaft der Ära Adenauer gegenüber: In einem Zugabteil sitzt der gefallene Held und blickt in skeptischer Verbitterung auf die rauchenden Schlote, die Symbole des als rasant wahrgenommenen wirtschaftlichen Aufstiegs. Nach einer kurzen rückblickenden Sequenz eines Auftritts Schniers als Clown, in der dieser mit einem überdimensionalen Sandsack ringt und zu Boden geht, führt die Erinnerung den Protagonisten in ein Hotelzimmer, in dem Schnier und seine Lebensgefährtin einen letzten Versuch unternehmen, ihre Beziehung dauerhaft zu sichern. In ihrem Gespräch werden bereits die grundlegenden Fixpunkte der Auseinandersetzung mit den normativen Prämissen des Katholizismus umrissen: Marie drängt Schnier auf eine baldige Heirat und verlangt von ihm die Einwilligung zu einer katholischen Erziehung der zukünftigen Kinder. Der lethargische Schnier kann Maries emotionale Bindung an die »abstrakten Ordnungsprinzipien« des Katholizismus nicht nachvollziehen, willigt eher widerwillig in Maries Forderungen ein, die ihrerseits an der von Schnier zur Schau getragenen Gleichgültigkeit gegenüber Fragen von Kirche und Religion zu verzweifeln scheint.

Die von Marie genannten »abstrakten Ordnungsprinzipien«, die sie in ihrer Beziehung zu Schnier verwirklicht sehen möchte, personifizieren sich im Charakter des Prälaten Sommerwild. Auch ihm sei daran gelegen, so betont er in seinem Gespräch mit Schnier, »Ordnungen durchzusetzen«. Dies veranlasste ihn einst, so wirft er Schnier entgegen, Marie von der Unschicklichkeit ihrer Beziehung zu Schnier zu überzeugen.

In der Inszenierung des Prälaten geht Jasny über den von Böll entworfenen Charakter hinaus und zeichnet Sommerwild mit den Textilien eines Bischofs: Über seiner Soutane, die von einem violetten Zingulum umspannt wird, trägt er eine violette Mozetta, seinen Kopf bedeckt ein violettes Pileolus. Die Tracht eines Bischofs gibt dem Charakter die visuelle Zeichnung eines in der kirchlichen Hierarchie eingebundenen Geistlichen.

Abb. 48: Prälat Sommerwild mit Hans Schnier, »Ansichten eines Clowns« (Deutschland 1976)

Seine zutiefst auf die Normen und Gesetze der Kirche fixierte Argumentation, die das persönliche Schicksal Schniers vollkommen ausblendet und die neue Beziehung Maries allein aufgrund ihrer Übereinstimmung mit dem Kirchenrecht beurteilt, lassen ihn herzlos und unpersönlich erscheinen. Auch seine Beteuerung, er könne Schnier durchaus gut leiden, wirkt wie eine distanzierte Heuchelei und entbehrt nicht einer gewissen Arroganz. Seine väterlich anmutenden Posen (er nimmt Schnier am Arm, um mit ihm in ein anderes Zimmer zu gehen) und seine Ratschläge an ihn wirken dozierend und unterkühlt.

Sommerwild ist ganz der erfolgreiche Vertreter einer satten Nachkriegsgesellschaft, der mit seinem eng gestrickten Korsett von kirchlichen Normen und Vorschriften selbstgewiss auf den Nonkonformisten Schnier herabblickt und von der Überlegenheit seines eigenen Weltbildes überzeugt ist. Der kirchliche Repräsentant geht hier ganz in seinem gesellschaftlichen Umfeld auf. Ganz anders als in den dichotomischen Gegenüberstellungen der sechziger Jahre, wie sie etwa in den Illustriertenbildern oder auch in Schamonis »Alle Jahre wieder« zu erkennen sind, sind in Jasnys Inszenierung der fünfziger Jahre Kirche und Mehrheitsgesellschaft noch untrennbar miteinander verwoben. Jasnys Blick zurück auf die Ära Adenauer betont mit der Person des Prälaten somit die prägende Kraft des (rheinischen) Katholizismus auf die prosperierende Bundesrepublik. Der Zweifler Schnier versucht vergebens, die von ihm als heuchlerisch empfundenen Werte dieser Verbindung von katholischem Normgefüge und der exemplarisch im Charakter seiner Mutter angelegten Verdrängungsmechanismen zu entlarven. Trotz seiner scharfzüngigen Eloquenz bleibt er mit seiner Kritik allein und findet kein Gehör.

So gerät Bölls Gesellschaftsanalyse gemeinsam mit Jasnys Zeichnung derselben zu einer anklagenden Melange von hierarchischem Standesbewusstsein der Kirchenvertreter, der Unfähigkeit der Eliten, sich ihrer Verantwortung für die nationalsozialistischen Vergangenheit zu stellen, und der Enge des katholischen Normensystems.

Die in der Person Sommerwilds präsentierte kalte, lediglich auf Form, theologische Pose und kirchliche Gesetze fixierte Oberflächlichkeit des Katholizismus setzt sich auch in Schniers Besuch bei seinem Bruder fort, den er im Bonner Priesterkonvikt zu sprechen versucht. Die Eingangshalle des Konvikts wirkt steril, der Empfang, hinter dem ein junger Theologe sitzt, ist der einer Amtstube nachempfunden: Den Besucher Schnier und den jungen Geistlichen trennt eine Glasscheibe. Der junge Theologe wirft in seinem Gespräch mit dem Protagonisten mit theologischen Phrasen um sich, die wegen der launig geistvollen Repliken Schniers eine gewisse Komik erlangen. Seinen Bruder kann Schnier indes nicht treffen, da dieser, so der junge Mann an der Pforte, während des gemeinsamen Essens und Betens der Konviktualen unabkömmlich sei. Auch in der letztendlichen Begegnung zwischen Schnier und seinem Bruder am Ende des Films zeigt sich das Unverständnis der kirchlichen Vertreter gegenüber dem Rebellen Schnier, der die kirchlich vorgegebenen Normen nicht einfach akzeptieren möchte, sondern diese stets zu hinterfragen versucht. Vor der Kulisse eines Friedhofs unterstreicht Jasny in Wort und Bild, wie wenig sich die beiden Brüder verstehen. Die familiäre Nähe, die ihr Verhältnis in der gemeinsamen Kindheit prägte, ist ganz der weltanschaulichen Distanz gewichen, die nun die Beziehung des rebellischen Clowns mit dem Konviktualen prägt.

Schniers weiß geschminktes Gesicht, sein hellbrauner Parker und die Gitarre stehen im Kontrast zu dem ganz in Schwarz gekleideten Bruder, der sein Gegenüber ungläubig schockiert mit den Worten: »Du? Bist Du Hans? Wirklich?« grüßt. Sowohl in Kleidung und Auftritt als auch in ihrer Geisteshaltung sind die beiden Brüder von starker Gegensätzlichkeit bestimmt. Der in Shirt und Parker gekleidete Hans, der in seinem ganzen Auftreteb seinen Nonkonformismus unterstreicht, wirkt wie ein rebellischer Gegenentwurf seines Bruders, der sich als Priesteramtskandidat ganz dem Kleidungsstil, den Normen und Gesetzen der katholischen Kirche unterwirft. An einem Gespräch über Hans' Probleme ist er nicht interessiert und verweist auf die strenge Tagesordnung im Konvikt, die ihm wenig Zeit für eine Aussprache lasse. So prägt die Aussprache der beiden Brüder vor allem das Unverständnis gegenüber dem Anderen. Als Schnier erkennt, dass er von seinem Bruder keine sofortige finanzielle Hilfe erwarten kann, weist er ihn brüskiert zurück, nicht ohne ihm pikiert und allzu deutlich mit auf den Weg zu geben, dass zwischen der katholischen Lehre von christlicher Barmherzigkeit und dem Handeln von Katholiken eine tiefe Lücke klaffe.

Abb. 49: *Clown Hans Schnier mit seinem Bruder, dem Konviktualen Leo, »Ansichten eines Clowns« (Deutschland 1976)*

Wohl wenige Filme haben ein so einhelliges Echo in der Filmkritik gefunden wie Jasnys »Ansichten eines Clowns«. Durchweg wurde der Literaturverfilmung vorgehalten, durch ihre sklavische Nähe zur Romanvorlage dem Publikum keine Botschaft mehr vermitteln zu können. Die Aspekte des Romans, die 1963 noch als notwendige Kritik an der bundesrepublikanischen Gesellschaft und vor allem an der katholischen Kirche aufgenommen wurden, wirkten im Film gekünstelt, überholt und unfreiwillig komisch.

Als »verspätete(n) Böll« bezeichnete Ulrich Greiner Jasnys Film in der *FAZ*.[169] Da der Katholizismus schon lange nicht mehr die Leitbilder der bundesrepublikanischen Gesellschaft präge, so führte der Literaturkritiker aus, gerieten Figuren wie etwa der Prälat Sommerwild zum Interieur eines »Kabarett(s) der fünfziger Jahre«. Die von Greiner artikulierte Kritik fasst

---

169 Ulrich Greiner, »Verspäteter Böll«, in: *Frankfurter Allgemeine Zeitung* vom 3. Februar 1976.

vortrefflich die Inszenierung Sommerwilds als Visiotypen des versteinerten, in seinem theologischen Intellekt gefangenen Geistlichen zusammen. Nachdem bereits Illustrierte und auch Filme wie »Alle Jahre wieder« den theologisierenden Geistlichen, der einer jüngeren Generation nichts mehr zu sagen hat, kritisch in den Blick und teilweise persifliert hatten, mussten Jasnys Bilder des in Bischofstracht auftretenden Sommerwilds wie eine bemühte Wiederaufnahme erscheinen. Ganz ähnlich verdeutlichte der katholische *Filmdienst* grundlegende Vorbehalte gegen Jasnys Nähe zu Bölls Vorlage: Die »überholten gesellschaftskritischen Teile« des Spielfilms würden den »Zeitnerv nicht mehr treffen«.[170] Für die katholische Filmarbeit schien die Gesellschafts- und Kirchenkritik Bölls, die Jasny eins zu eins übernommen hatte, überholt. Der Wandel, den Gesellschaft und Kirche gerade in den sechziger Jahren durchliefen und der sich gerade in der visuellen Selbst- und auch Fremddarstellung erkennen lässt, lasse einzelne Teile des Films als »stumpf gewordene Polemik-Poesie« erscheinen.[171]

Folgt man Wolf Donners Kritik aus der *Zeit*, die Jasnys Film eine stellenweise einfältige Repetierung des »Böll(s) von damals« vorwarf, die den Film »hoffnungslos veraltet« erscheinen ließe[172], so kann man ergänzen, dass die von Jasny geschaffenen Bilder nicht nur Bölls kritischen Ansatz repetierten, sondern auch die Bildwelten der sechziger Jahre. So lässt sich die Verfilmung von »Ansichten eines Clowns« als eine Zusammenfassung der Bilder fassen, die vor allem die Illustrierten zeichneten: Das Ineinandergreifen von Kirche und Gesellschaft in den fünfziger Jahren mündete in die Dichotomie zwischen Klerikern und einer skeptischen Generation. Nicht in der Partizipation an traditionellen Riten und in der Erfüllung von Glaubensnormen sah diese Generation das wahre Christentum, sondern in persönlicher Aufrichtigkeit und im humanistischen Handeln der Nächstenliebe. Die für die fünfziger Jahre noch typischen Bilder des einen traditionellen Ritus erfüllenden Geistlichen standen nun dem Verständnis eines aufrichtigen Christentums entgegen, wie es sowohl die Medien als auch

---

170 Günther Bastian, »Ansichten eines Clowns«, in: *Filmdienst* 3/1976.
171 Ebd.
172 Wolf Donner, »Die Leiden des jungen Schnier«, in: *Die Zeit* vom 23. Januar 1976. Ganz ähnlich argumentieren: Sven Hansen, »Die offene Tür eingerannt«, in: *Die Welt* vom 9. Januar 1976; Jörg Ulrich, »Viel zu deutsch«, in: *Münchner Merkur* vom 15. Januar 1976; Thomas Petz, »Ganz wie das Buch«, in: *Stuttgarter Zeitung* vom 20. Januar 1976; Gabriele Nicol, »Eindruck macht nur die Liebesgeschichte«; in: *Frankfurter Neue Presse* vom 31. Januar 1976; »Den Zeitnerv nicht mehr getroffen«, in: *Süddeutsche Zeitung* vom 22. November 1978 (zur Erstausstrahlung des Films in der ARD).

fiktionale Charaktere wie Hans Schnier formulierten. Die Desavouierung dieses traditionellen Priesterbilds war bereits in den sechziger Jahren vollzogen worden, nicht zuletzt durch Szenen wie den Weihnachtgottesdienst in »Alle Jahre wieder«. Jasnys Literaturverfilmung sprengte im Jahr 1976 also keine Tabus mehr, sondern repetierte das fest etablierte Bild eines Geistlichen der vorkonziliaren, der modernen bundesrepublikanischen Gesellschaft fremd gegenüberstehenden katholischen Kirche.

In dieser Inszenierung klerikaler Charaktere unterscheiden sich die Beispiele des *Neuen Deutschen Films* eindeutig von Hollywoodproduktionen wie »Der Kardinal« (USA 1963) oder auch »In den Schuhen des Fischers« (USA 1968). Diese verzichten zwar nicht darauf, Geistliche in der Umgebung katholischer Tradition (wie etwa in den pompösen Kulissen des Vatikans) zu zeigen und ihre Fixierung auf die katholischen Riten darzustellen, trotzdem geraten sie zu individuellen Charakteren, die kirchliche Lehren hinterfragen und teils aus ihnen ausscheren. Papst Kiril I. legt in »In den Schuhen des Fischers« gar seine päpstliche Soutane ab und tritt im weltlichen Anzug auf, unterstreicht seine Emanzipation von einer allein in der Tradition verhafteten Kirche somit visuell. Ganz anders als die Vertreter der Kirche im *Neuen Deutschen Film* werden die Geistlichen Stephen Fermoyle und Kiril Lakota als sympathische Helden gezeichnet, denen es gelingt, auch der Kirche kritisch gegenüberstehende Charaktere für sich zu gewinnen.

Im deutschen Film lässt sich solch eine Zeichnung von kirchlichen Vertretern vornehmlich in den fünfziger Jahre beobachten, also noch vor der intensiven medialen Auseinandersetzung über kirchliche Reformbemühungen. Als Beispiele lassen sich hier die beiden Geistlichen Heger und von Imhoff in »Nachtwache« (Deutschland 1949), Kaplan Seydel, der zurückhaltende Held in der Werfel-Verfilmung »Der veruntreute Himmel« (Deutschland 1958), und der Pfarrer Steiner in der Komödie »Der Gauner und der liebe Gott« (Deutschland 1960) nennen.[173] Auch wenn die Auftritte der drei katholischen Geistlichen hinsichtlich ihrer priesterlichen Kleidung noch ganz der vorkonziliaren Zeit verpflichtet sind, so haben sie doch zumindest den klerikalen Habitus abgelegt, den die Geistlichendarstellungen im *Neuen Deutschen Film* prägen. Sie begegnen den Laien nicht mit einem engen Korsett kirchlicher Gesetze und theologischen (Schein-)

---

173 Siehe hierzu die Ausführungen über den *religiösen Film* in der Bundesrepublik, Kapitel 2.3.1.

Tröstungen, sondern mit menschlicher Herzlichkeit und Verständnis für die Notsituationen ihres Gegenübers.

3.6 Bruch oder Kontinuität? Die Bilder von Johannes XXIII. und dem Zweiten Vatikanischen Konzil

Von den Reaktionen der vielen tausend Zeugen auf dem Petersplatz, die dem neuen Papst Johannes XXIII. alias Angelo Giuseppe Roncalli am 28. Oktober 1958 zujubelten, ist vor allem der Ausspruch einer perplexen älteren Frau in Erinnerung geblieben: »Oh, un grasso« (»Oh, ein Dicker«).[174] Diese anekdotische Begebenheit, die in den zahlreichen Aufsätzen und biografischen Skizzen über den Konzilspapst selten fehlt, zeigt bereits einen wichtigen Aspekt für eine Betrachtung der visuellen Zeichnung Johannes XXIII. auch in den bundesdeutschen Medien auf: Viel zentraler als bei seinen Vorgängern stand bei Johannes XXIII. dessen Körperlichkeit im Mittelpunkt des Interesses. Der beleibte Pontifex wurde in medial kursierenden Bildern als gemütlicher Menschenfreund gezeichnet, ganz im Gegensatz zu seinem asketischen Vorgänger, der allein in seiner hageren Physiognomie distanziert gewirkt hatte. In der Retrospektive schärfte gerade der Kontrast zum bodenständig wirkenden italienischen Bauernsohn aus Bergamo[175] das Bild des Vorgängers Pius XII. als herrschaftlich-distanzierte Papstgestalt.

Die mediale Thematisierung des Herrscherkörpers ist im 20. Jahrhundert bei weitem kein neues Phänomen. Ausgehend von Ernst Kantorowicz' Studie über die zwei Körper des Königs konnten eine Vielzahl von Untersuchungen zeigen, welche auch staatsrechtliche Bedeutsamkeit die Inszenierung des herrschaftlichen Körpers teils schon in antiken Gesellschaften einnahm.[176] Kantorowicz und andere betonten, dass traditionelle Herrschaftstheorien im Körper eines Fürsten zwei verschiedene Personen verbanden: Zum einen wurde er in einer personalen Dimension gedacht,

---

174 Maier, »Umwelt«.
175 Der Verweis auf die bäuerliche Herkunft Roncallis findet sich in zahlreichen biografischen Abhandlungen; siehe etwa: Aradi: *XXIII. Johannes*, S. 25. In Giuseppe Alberigos letzter biografischer Studie über Johannes XXIII. geht die Papstphysiognomie ganz in seiner bäuerlichen Herkunft auf: Alberigo, *Johannes XXIII.*, S. 228f.
176 Kantorowicz, *Körper des Königs*; für den Untersuchungsgegenstand des Herrschaftskörpers in der neuen Kulturgeschichte siehe etwa: Schulte, *Körper*.

daneben bildete er ein unsterbliches, staatsrechtlich relevantes Subjekt. Die Differenzierung zwischen diesen beiden Dimensionen der einen Person lassen sich bereits in der Antike finden, im Mittelalter gewannen sie dann ihre von Kantorowicz herausgearbeitete staatsrechtliche Bedeutung. Bereits in ihrer Entwicklungs- und Formierungsphase im 19. Jahrhundert schrieben die modernen Massenmedien diese beiden Dimensionen auch der Gestalt des Papstes zu und spielten mit der Beziehung von päpstlichem Körper und dem Amt des Pontifex. So konnte Jörg Seiler zeigen, wie in deutschen Bistumsblättern während des Kulturkampfs die gesundheitliche Gebrechlichkeit Pius IX. mit dem Druck in Beziehung gesetzt wurde, der am Ende seines Pontifikats auf dem Kirchenstaat lastete.[177] War die von Seiler untersuchte Verbindung von Papstkörper und Institution im 19. Jahrhundert noch vornehmlich eine verbale Kommunikation, so nahmen sie die bundesdeutschen Illustrierten in den sechziger Jahren in einer visuellen Kommunikation auf und verbanden die Gebrechlichkeit des über 80-jährigen Pontifex Johannes XXIII. mit den Schwierigkeiten und hohen Erwartungshaltungen, denen die katholische Kirche nach der ersten Sitzungsperiode des Konzils in Rom gegenüberstand.

Zudem bot die Darstellung des Körpers des Roncalli-Papstes den Medien die Gelegenheit, die Frage nach Kontinuität oder Bruch im Pontifikat Johannes XXIII. zu stellen: Einerseits stand gerade sein »natürlicher Körper« im Gegensatz zu der hageren Gestalt seines Vorgängers Pius XII. Szenen, in denen Johannes XXIII. mit dem aristokratischen Habitus Pacellis brach, hielten schnell Einzug in die breiten Bildberichte und schufen das Bild eines neuen Typus von Papst. Andererseits bot aber gerade die visuelle Fixierung auf den Papstkörper in der Kirchenbildberichterstattung die Chance, die Kontinuität auch des Pontifikats Johannes XXIII. in der Kirchengeschichte zu inszenieren. Liturgische Requisiten und päpstliche Kleidung umhüllten den Körper des Papstes und ließen ihn ganz in der Tradition seiner Vorgänger aufgehen.

Parallel zur der Person Johannes XXIII. stellt sich auch bei dem von ihm einberufenen Zweiten Vatikanischen Konzil die Frage nach dessen Stellung innerhalb der Kirchengeschichte. Oftmals wird das Konzil als tief greifender Bruch in der Kirchenhistorie gedeutet, obgleich konziliare Erneuerung und substantielle Veränderungen in der theologischen Ausrichtung und dem Selbstverständnis der Kirche gerade im Katholizismus keine

---

177 Seiler, »Solidarität«.

Seltenheit waren.[178] Vor diesem Horizont bleibt die Frage, ob das Konzilsereignis der sechziger Jahre im Hinblick auf die Transformation des katholischen Glaubens und die mit ihm verbundenen Sozialformen, wie etwa Gottesdiensten, als Bruch oder Kontinuität angesehen werden muss, auch unter Theologen umstritten.

Gerade unter dem Pontifikat des Konzilstheologen Joseph Ratzinger gewann die Diskussion über das Verhältnis von Tradition und Erneuerung wieder an Bedeutung und konnte in den letzten Jahren eine kaum zu überschätzende kirchenpolitische Brisanz entwickeln.[179] Diese erreichte indes nicht nur den engeren Zirkel theologischer Wissenschaft, sondern darüber hinaus eine weltweite massenmediale Öffentlichkeit: Zeigen doch nicht zuletzt die Diskussionen um die Stellung der Amtskirche zu der »Priesterbruderschaft St. Pius X.«, deren Mitglieder einen Großteil der Beschlüsse des Zweiten Vatikanums ablehnen, oder auch die päpstlichen Verlautbarungen zu der tridentinischen Messordnung die Aktualität einer Auseinandersetzung mit dem Konzil.

Das folgende Kapitel möchte der Einordnung des Zweiten Vatikanums und der Person Johannes XXIII. im zeitgenössischen visuellen Diskurs nachspüren. Auf der Grundlage der Bildberichterstattungen über Papst und Konzil soll gefragt werden, ob sie visuell als Bruch mit kirchlichen Traditionen oder vielmehr als Fortschreibung der Kirchengeschichte gedeutet und präsentiert wurden. Damit gebe ich keine theologische Antwort auf die Frage nach der Positionierung des Konzils in der Kirchengeschichte. Vielmehr geht es um die medial präsentierte Ausdeutung von II. Vatikanum und Pontifikat. Anhand von Bildberichten aus den großen Illustrierten und Bildbänden sowohl kirchlicher Provenienz als auch säkularer Medien soll rekonstruiert werden, welche Motive und Themen vor, während und nach dem Konzil im Vordergrund standen und welche Veröffentlichungen Standards für die spätere visuelle Aufarbeitung der Bischofsversammlung in Rom etablieren konnten.

---

178 Die Ausdeutung des Zweiten Vatikanums als Bruch gerät in der innertheologischen Diskussion am schärfsten in den Forschungen der so genannten Bologna-Schule. Dessen prominentester Vertreter Giuseppe Alberigo legte neben der fünfbändigen Geschichte des Konzils (Alberigo, *Geschichte*) zahlreiche Studien über den Konzilspapst Johannes XXIII. vor, in denen er die Erneuerungsschübe der katholischen Kirche zu Beginn der sechziger Jahre ganz vor dem Hintergrund von dessen Persönlichkeit liest; siehe etwa: Alberigo, *Johannes XXIII.*, insbesondere S. 7–12.

179 Zur innertheologischen Diskussion siehe etwa: Wassilowsky, »II. Vatikanum«.

3.6.1 Darstellungen Johannes XXIII. zwischen visueller Tradition und päpstlichem Sympathieträger

In der Nachfolge Petri: Traditionelle Papstdarstellungen Johannes XXIII.

Der entsetzte Ausruf der älteren Frau auf dem Petersplatz blieb zu Beginn des Pontifikats Johannes XXIII. eine Randbemerkung. Erst im Laufe seines Amtes und vor allem posthum wurde dieser Kommentar zum sinnbildlichen Ausspruch über die Person und Gestalt des Roncalli-Papstes. Die von den deutschen Medien bildreich inszenierte Berichterstattung zur Wahl Roncallis zeichnete Johannes XXIII. noch vornehmlich als in der Tradition des Amtes verhaftete Person. Hier geriet zuallererst die päpstliche Institution und nicht das markante Äußere des lombardischen Bauernsohns in den Blick.

Gerade die *Quick* integrierte die teils opulent wirkenden Fotografien der Amtseinführung Johannes XXIII. in ihre breit angelegten Bildstrecken.[180] In ihrem Bericht über die Krönung des neuen Pontifex greift die *Quick* eine bisher unbekannte Art der Medienberichterstattung auf, indem sie die Krönungszeremonie als Fernsehspektakel ins Bild setzt, das live von der öffentlich-rechtlichen Rundfunkanstalt Italiens RAI inszeniert und übertragen wurde. Die drei Bilder, die die *Quick* in den Artikel setzt, scheinen mit ihrer ovalen schwarzen Rahmung direkt dem Bildschirm eines Fernsehers entnommen. Die Unschärfe der Bilder verstärkt diesen Eindruck noch, zeigt sie doch den Versuch, das typische Flimmern eines Fernsehapparates zu imitieren. Die Bildunterschrift erhebt die Krönung zu einem Fernseh-Erlebnis, dem zum ersten Mal »Millionen Zuschauer« vor den Bildschirmen live beiwohnen konnten.[181] Die sensationsheischenden Kommentierungen der Bilder in der *Quick* verschweigen indes, dass der Vatikan bereits seit Beginn der fünfziger Jahre, zunächst mithilfe schweizerischer TV-Produzenten, ab 1954 dann mithilfe der RAI ausgewählte kirchliche Ereignisse wie etwa die Osterfeierlichkeiten im Heiligen Jahres 1950 filmen ließ. Auch die Beerdigung Pius XII. am 13. Oktober 1958 wurde live im italienischen Fernsehen übertragen.[182]

In seiner Konzentration auf das Papstamt folgen die Bilder der *Quick* den gängigen Darstellungsweisen Johannes XXIII. bei seiner Wahl und

---

180 »Die Krönung«, in: *Quick* 46/1958.
181 Siehe: Way, »Politics«, S. 41.
182 Schlott, »Requiems«, S. 606–609; zu der TV-Übertragung der Beerdigung Pius XII. siehe auch: Cornwall, *Pius XII.*, S. 414.

Krönung. Bezeichnend nennt der kurze Artikel in seiner Überschrift nicht den Namen des Pontifex, sondern spricht von der »Krönung des Papstes«. Auch die Bilder lassen die Person und den Körper Roncallis meist nur erahnen. Die ob ihrer Größe herausstechende Fotografie im Zentrum des Artikels zeigt den Oberkörper des Papstes im Profil, hinter ihm stehen acht Geistliche. Der Papst ist gänzlich in die Insignien seiner Macht eingehüllt: Seinen Kopf schmückt die verzierte Tiara, über seinen Armen trägt er die päpstliche Dalmatik, selbst sein Hals wird von dem Pallium und seiner wallenden Kasel überdeckt. Auf dem Fernsehbildschirm wird so der Körper Roncallis ganz in die textilen Erkennungszeichen seines Amtes gehüllt. Die private Person Roncalli geht ganz im institutionellen Körper Johannes XXIII. auf. Die Darstellung folgt damit einer jahrhundertealten Tradition, die bis auf die Zeichnung antiker Herrscher zurückreicht.[183] Die *Quick* verbindet diesen in der Tradition verhafteten Blick mit dessen Popularisierung durch das moderne Medium des Fernsehens. Hier zeigt sich, dass die traditionellen Bildinhalte, welche die jahrhundertealten Riten, Textilien und Requisiten zeigen, auch durch modernste mediale Vermittlungsformen wie das sich in Europa zum Massenmedium entwickelnde Fernsehen ihren Weg zu den Rezipienten fanden. Die Modernisierung der Transferwege bedeutete also nicht eine automatische Erneuerung der Inhalte. Am Beispiel der päpstlichen Amtseinführung lässt sich vielmehr das Gegenteil feststellen: Gerade in den Bildern des überlieferten Ritus schien für die modernen Medien ein besonderer Reiz zu liegen.

Die Papstkrönung 1958 bot den Medien eben dieses Motiv der ganz in ihrem Amt aufgehenden Person Johannes XXIII. Die an diesem Tag produzierten Bilder und Motive wurden immer wieder zitiert, sei es in den Berichten während seines Pontifikats oder auch in den posthumen Würdigungen.[184] Auch hier umhüllen die liturgischen Textilien, also Tiara, Dal-

---

183 Kantorowicz, *Körper*, S. 487–496.
184 Beispielhaft hierfür etwa ein Sonderheft der Burda-Illustrierten *Die Bunte*, das kurz nach dem Tod Johannes XXIII. 1963 erschien. Dessen Titelbild zeigt ein Portrait Johannes' auf der Loggia des Petersdoms, auf der er – gekleidet in den päpstlichen Messgewändern, der Tiara und Pontifikalhandschuhen – den Segen Urbi et Orbi spendet. Auch hier geht Johannes sowohl in seiner Kleidung als auch in seiner Gestik ganz im Papstamt auf. Dieses Motiv bildet des Weiteren den Abschluss des Bildbands von von Matt, *Sedisvakanz*, S. 79; ebenso in: Pecher, *Johannes XXIII.*, S. 122f. Für die posthume Wiederkehr der Fotografien von der Papstkrönung siehe auch: Guerriero, *Johannes XXIII.*, S. 90. Typisch für den heutigen Blick auf Johannes XXIII. fällt die Anzahl der Fotografien, die

matik, Kasel, Pallium und Pontifikalhandschuhe den Körper Johannes XXIII. und lassen lediglich dessen Gesicht erkennen. Die Fotografien des ersten Segens, den Johannes auf der Loggia des Petersdoms spendete, blenden die in der Rückschau als zutiefst menschlich beschriebene Korpulenz gänzlich aus, so dass Roncalli im päpstlichen Gewand ganz in der Tradition seiner Vorgänger verortet werden kann.

»Ein Dicker« im Körper des Papstes

Die Charakteristika, die den fotografischen Darstellungen Johannes XXIII. die Möglichkeit der Portraitierung einer zutiefst menschlichen Persönlichkeit gaben, lassen sich zum einen in der Kommunikation des Papstes mit Medien und Laien, zum andern in seiner Physis finden, nämlich in seiner Korpulenz und später in der Gebrechlichkeit. Die Versuche einer »Vermenschlichung des Papstes«, die auf einen scheinbaren Abbau von hierarchischen Schranken zwischen Papst und Laien abzielten, gehen zu einem großen Teil auch auf das Amts- und Selbstverständnis Roncallis und auf die vom Vatikan gesteuerte Inszenierung zurück. Die Massenmedien nahmen diese vom Vatikan gemachten Angebote zum Neuentwurf eines Papstes dankbar auf, reihten sie sich doch in die Darstellung anderer prominenter Persönlichkeiten wie Schauspieler oder Politiker nahtlos ein. Hier konnten gerade die Illustrierten auf bekannte mediale Formate und Szenen wie etwa die *Homestories* oder das Gespräch mit anderen prominenten Persönlichkeiten zurückgreifen und den Papst als populären Star des Katholizismus präsentieren, der in Habitus und Lebensweise viele Gemeinsamkeiten mit anderen VIPs offenbarte.

Typisch für die neue Art der Selbstinszenierung des Papstes, welche die vormals betonten Unterschiede zwischen päpstlichem Amt und bürgerlichem Leben einzuebnen versuchten, geriet eine Fotostrecke aus der *Quick*

---

den Papst im formalen Umfeld der kirchlichen Zeremonien zeigen, quantitativ gering aus. Es dominieren vielmehr die Bilder, die einen lächelnden Pontifex auf Empfängen oder im informell wirkenden Gespräch mit anderen Geistlichen, aber auch mit Laien zeigen. Gerade in katholischen Medien dominiert diese Sicht auf Johannes XXIII. Als beispielhaft können hier etwa die Veröffentlichungen des katholischen Fe-Medienverlags gelten. Unter dem Titel »Der gütige Papst. Johannes XXIII.« veröffentlichte die kirchliche Schriftenreihe »Pur spezial« (in der Selbstbeschreibung ein »German Catholic Youth Magazine«) ein Heft zum Roncalli-Papst, das ganz in den Bildern des gutherzigen Hirten aufgeht. Fotografien von dessen prunkvoll inszenierter Amtseinführung fehlen dabei völlig; Fe-Medienverlag, *Johannes XXIII.*

im ersten Jahr seines Pontifikats.[185] 14 Fotografien zeigen die scheinbar charakteristischen Szenen aus seinem Arbeitsalltag. In der Aufnahme einer öffentlichen Privatheit des Papstes formten die Medien den Papst zu einer bürgerlichen Person, dessen Tagesablauf dem der Leser glich. So erfuhren die Leser, dass auch der Tag des Papstes von Schreibtischarbeit und Gesprächen mit Mitarbeitern geprägt sei. Die spärliche Freizeit vertreibe sich der Papst mit Haustieren. Den ein Tabu brechenden neuen Blick auf den Papst umschrieb die *Quick* in den Bildunterschriften indes selbst: Der Gesamtartikel könne als Sensation gelten, die »es noch nie gab«. Hier sähen die Leser Bilder aus dem Alltag des Papstes, »die noch niemand sah«.

Als Eintauchen in die Intimsphäre gerät insbesondere der Blick in das Schlafzimmer des Papstes. Hier scheinen die von Theologie und Kirchenrecht gesetzten Schranken zwischen Papst und Laien vollends zu verschwinden: In Bett, Wecker, einem persönlichen Fotoalbum und Verwandtenfotos auf dem päpstlichen Nachttisch konnten die Betrachter Ähnlichkeiten mit ihrem eigenen Haushalt erkennen. Der Raum, in dem der Papst laut Bildunterschrift »wirklich für sich allein sein kann«, gerät zum öffentlichen Schauplatz, der den Pontifex zum biederen Nachbarn von Nebenan werden lässt.

Zwar publizierten die Illustrierten bereits von seinem Vorgänger Pius XII. vermeintliche Schnappschüsse aus dessen Privatleben.[186] Der Blick in das Schlafzimmer des Pontifex als genuinen Ort des päpstlichen Privatlebens findet sich jedoch bei Johannes XXIII. zum ersten Mal. Fotografien wie diese stellten den Papst in eine Reihe mit weltlichen Persönlichkeiten wie Politiker und Schauspieler. Gerade die in der *Quick* publizierten Bilder des Papstalltags lassen sich deutlich mit Fotografien parallelisieren, die in der Bundesrepublik Spitzenpolitiker in ihrem beruflichen und privaten Alltag inszenierten.[187] Die Veröffentlichung der vermeintlichen Privatsphäre

---

185 »Immer ein wenig Harun al–Rashid«, in: *Quick* 20/1959.
186 Als äußerst beliebt können etwa die Fotografien gelten, die Pius XII. angelehnt an Franz von Assisi (auch posthum) als Tierfreund in Szene setzen (etwa mit Vögeln: *Stern* 3/1953, *Stern* 49/1955, *Stern* 10/1957, *Stern* 43/1958, *Kristall* 2/1962) oder auch in Aufnahme der Metapher des Agnus Dei mit Lämmern: *Stern* 49/1955, *Neue* Illustrierte 52/1961; siehe auch: Schlott, »Papst«.
187 Die Analyse medialer Inszenierungen hoher Politiker in der Bundesrepublik kann inzwischen als ein anerkanntes Feld der neuen Politikgeschichte gelten. Für die Selbstinszenierung Adenauers, etwa während seines Wahlkampfes 1957, als er sich über mehrere Tage von ausgewählten Journalisten begleiten ließ siehe: Münkel, »Medienpolitik«, S. 302f.; zu Adenauers *Homestories* beim Rosenzüchten und Boulespielen siehe: Bösch, *Adenauer-CDU*, S. 153f.

Abb. 50: »Immer ein wenig Harun al-Rashid«, in: Quick 20/1959, Fotografen nicht genannt

erfasste nun auch das Leben am Heiligen Stuhl; die vormalige Unantastbarkeit des religiösen Herrschers wurde durch die neue Medienpolitik des Vatikans aufgegeben, die es den Fotografen erlaubte, Einblick in die scheinbare Privatsphäre des Papstes zu nehmen.

Dem Trend, hochrangige Persönlichkeiten in ihrer täglichen Arbeit und auch privaten Umgebung abzubilden, folgt auch die dreiteilige Serie »Das Tagebuch des Papstes«, welche die *Quick* ein Jahr nach dessen Tod veröffentlichte. Die *Münchner Illustrierte* beteiligte sich hier an der posthumen Zeichnung des Roncalli-Papstes als menschenfreundlichen Ponifex, der in seiner Kirche vor allem die barmherzige Menschlichkeit vor Augen hatte.[188] Die *Quick*-Serie fokussiert den Blick zunächst auf die Herkunft des Papstes und nimmt damit eines der beliebtesten Narrative der posthumen Würdigungen Roncallis vorweg: Der Lombarde auf dem Stuhl Petri blieb auch während seiner Regentschaft der urtümliche Bauernsohn, der seinem Gegenüber mit Herzlichkeit entgegentrat. Somit geraten die ausladenden Bilder über die Herkunft des Papstes, die seine Mutter, sein karges Geburtszimmer und einen Blick auf seine Geburtsstadt zeigen, nicht nur zur Visualisierung der Vergangenheit, sie sollen darüber hinaus auch etwas über das Pontifikat Roncallis aussagen: Die herzlich lächelnde Bäuerin vererbte ihrem Sohn die Menschlichkeit, das karge Zimmer im Bauernhaus zeigt seine Bescheidenheit, die den Pontifex noch im hohen Alter auszeichnete, der Blick auf die Kirchenruine seiner Geburtsstadt, die Papst Johannes in seinem Wappen führte, steht für dessen Heimatverbundenheit.

Die letzte Fotografie der Serie »Das Tagebuch des Papstes«, die auf einer Doppelseite den Pontifex als zutiefst verwundbaren und gesundheitlich angeschlagenen Mann zeichnet, nimmt ein weiteres visuelles Narrativ auf, das gerade das Ende des Pontifikats dominierte: Das Bild des leidenden Papstes, der dem Beispiel Christi nachfolgt und im Anblick des Todes sich ganz seiner Aufgabe als Führer der Kirche hingibt.

Die von der *Quick* publizierte Fotografie zeigt Johannes XXIII. bei dem Versuch, sich mit schmerzverzerrtem Gesicht von seinem Thron zu erheben.

Nur mit der Hilfe seines Kammerdieners und seines Zeremonienmeisters kann er diese Anstrengung vollbringen. Sein von tiefen Furchen durchsetztes Gesicht richtet er schmerzverzerrt gen Boden. Der zutiefst verwundbare Körper des Papstes bildet hier den Gegenpol zu der glorifi-

---

188 »Das Tagebuch des Papstes«, in: *Quick* 20–22/1964.

zierenden Inszenierung des Papstamtes, die in den Bildberichten über die Papstkrönung und über die Zeremonien des Zweiten Vatikanums im Vordergrund stand. Johannes XXIII. begegnet dem Betrachter hier nicht in der Pose des religiösen Herrschers, sondern als hilfloser alter Mann, der seine basalen Aufgaben nicht ohne die ihm zur Seite stehende Umgebung erfüllen könnte.

Abb. 51: »*Das Tagebuch des Papstes*«, *in: Quick 22/1964, Fotograf nicht genannt*

Zudem erzählt die Fotografie das Ende des Pontifikats als eine Leidensgeschichte, in der der beliebte Pontifex gegen den körperlichen Niedergang ankämpft und gleich Christus für sein Wirken in der Kirche, für dessen Erneuerung die körperlichen Qualen in Kauf nimmt.

In der Geschichte der visuellen Inszenierung des Papstes sind Motive des leidenden und auch sterbenden Pontifex keineswegs eine Seltenheit. Nur zeigte sich nun in der zweiten Hälfte des 20. Jahrhunderts ein Kontrollverlust der Kirche über die Deutung der Szenerien und ansatzweise auch den Vertrieb der Bilder. Die säkularen Medien kreierten zunehmend ihr eigenes Papstbild und beschränkten sich nicht mehr darauf, das von der katholischen Kirche gezeichnete Bild zu übernehmen.

Während die Berichte über den gesundheitlich angeschlagenen Pius IX. vor allem in der katholischen Publizistik noch ganz die Lesart der vatikanischen Stellen übernommen hatten und den kranken Körper des Papstes mit der Krise des von den italienischen Truppen bedrohten Kirchenstaats parallelisiert hatten,[189] geriet etwa das weltweit verbreitete Foto des sterbenden Pacelli-Papstes 1958 zum handfesten Skandal. Das Bild kann als das erste bedeutende Foto eines Papstes gelten, das an der Kurie vorbei in die weltweite Massenpresse geschleust wurde und die Idee eines in Würde sterbenden Papstes konterkarierte. Ähnlich wie bei der berühmten Fotografie des Leichnams Bismarcks war es einem geschäftstüchtigen Hobbyfotografen, nämlich dem päpstlichen Leibarzt Riccardo Galeazzi-Lisi, gelungen, vor dem Sterbebett Pius XII. eine Kamera zu zücken und unter Missachtung der Regeln des Vatikans seinen Schnappschuss vom Todeskampf Pacellis an zahlreiche Illustrierte in der ganzen Welt zu verkaufen.[190] Bereits hier brachen die Eigenlogiken der Massenmedien die Hermetik des Vatikans auf: Der hohe Verkaufswert der sensationellen Aufnahme schien dem Leibarzt so verlockend, dass er die Skrupel, welche die Achtung vor seinem Patienten hervorgerufen haben mögen, ignorieren konnte. Die Medien indes bewiesen sich wie erhofft als dankbare Abnehmer des Bildes, das als Tabubruch hervorragend in die Blattlinie der Illustrierten hineinpasste und das Verlangen vieler Leser nach möglichst authentischen Bildern aus den Machtzentren der Welt stillen konnte.

Auch wenn die Darstellungen Johannes XXIII. in den letzten Monaten seines Pontifikats weniger spektakulär gerieten, so lassen sich auch hier Anzeichen eines Kontrollverlusts der Kirche im Hinblick auf die Deutungen des sterbenden Oberhaupts beobachten.[191] Dreizehn Tage nach dem Tod Johannes XXIII. widmete sich eine Fotoreihe im *Stern* den sichtbaren Leiden des Papstes.[192] Auch hier lässt sich eine deutliche Abgren-

---

189 Siehe hierzu die Ausführungen über die massenmedialen Papstdarstellungen vor 1945, Kapitel 2.2.1.
190 In Deutschland druckte der *Stern* das Skandalfoto; »Der Abschied«, in: *Stern* 43/1958; siehe hierzu auch: Cornwell, *Pius XII.*, S. 415.
191 Auf beeindruckende Weise gelang es der katholischen Kirche etwa vierzig Jahre nach dem Tod Johannes XXIII., diesen Kontrollverlust in sein Gegenteil umzukehren. Die zahlreichen Bilder des kranken Johannes Paul II. verbanden sich auf eindringliche Weise mit einer Philosophie des Leidens und der katholischen Lehre über den Wert des menschlichen Lebens und dessen von Gott zu bestimmenden Endes. Die Fotografien des alternden Papstes aus Polen, die sich in den Massenmedien zum visuellen Erkennungszeichen für die Endphase seines Pontifikats etablierten, können somit als herausragendes Beispiel für eine überaus erfolgreiche Medienpolitik des Vatikans gelten. Dieser gelang es, über das Visuelle die Botschaften der Kirche in eine breite, oftmals kirchenferne Öffentlichkeit zu kommunizieren; dazu ausführlich: Dorsch-Jungsberger, »Johannes Paul II.«
192 »Verdienst und Tragik eines großen Papstes«, in: *Stern* 24/1963.

zung zu den Papstdarstellungen des 19. Jahrhunderts konstatieren. Nicht eine von den vatikanischen Stellen festgestellte Gefahr von außen bedrohte nun laut *Stern* die Verfassung von Papst und Kirche, sondern die von den Medien ausgemachten Parteiungen innerhalb des Episkopats. Unter den Titel »Verdienst und Tragik eines großen Papstes« stellt die Illustrierte zwei doppelseitige Fotografien des Papstes, die beide das körperliche Gebrechen Johannes XXIII. in den Blick nehmen. Die erste von ihnen zeigt den Papst in einer Zeremonie im Petersdom zur Verleihung des Friedenspreises der internationalen Balzan-Stiftung.

Abb. 52: »Johannes XXIII. Verdienst und Tragik eines großen Papstes«, in: Stern 24/1963. Fotograf nicht genannt

Mit beiden Händen verdeckt der Pontifex sein Gesicht. Er sitzt zusammengekauert auf seinem Bischofsstuhl, seine wallende Albe und vor allem die breit geschnittene Stola verdecken seinen Körper. Trotz seiner Geste der Erschöpfung steht er im Mittelpunkt der im Bild generierten Aufmerksamkeit, sein weißes Gewand sticht aus der dunkel gekleideten Gruppe von Menschen heraus. Dabei blickt ein Teil der um den Papst postierten Personen auf den Pontifex und lenkt damit den Blick des Betrachters. Ein anderer Teil der abgelichteten Personen blickt ratlos umher, als wisse er nicht mit der Situation umzugehen.

Die bereits zeitgenössisch oftmals konstatierte Parteiung innerhalb der katholischen Kirche, welche die Medien als Konstante der einzelnen Konzilsperioden sahen, nimmt eine zweite Fotografie am Ende des Artikels auf. Der Betrachter sieht im Bildvordergrund Johannes XXIII., der seinen Kopf in einer resignativ wirkenden Geste gen Boden senkt.

Abb. 53: »Johannes XXIII. Verdienst und Tragik eines großen Papstes«, in: Stern 24/1963, Fotograf nicht genannt

Mit seiner rechten Hand greift er sich an seine geschlossenen Augen. Das Bild präsentiert den Papst als erschöpften Amtsträger, die tiefen Furchen, die sich durch sein Gesicht ziehen, betonen das bisher Durchlebte und hohe Alter des 82-Jährigen. Als Gegenspieler des Papstes zeigt das Bild im Hintergrund den Oberkörper des Kurienkardinals Alfredo Ottaviani, der ebenfalls mit geschlossenen Augen neben dem Papst sitzt. Sein Gesichtsausdruck verrät eine bedächtige Gelassenheit, die dem Betrachter den Eindruck vermittelt, der Kardinal verfolge die Szenerie mit Gleichmut.

Die Kontrastierung der beiden Kirchenführer, die sich in der schmerzvollen Hingabe des Papstes und der gelassenen Haltung seines kirchenpolitischen Gegenspielers widerspiegelt, reflektiert einerseits die von den säkularen Medien konstatierten Parteiungen, die sich innerhalb der katholischen Kirche zwischen vermeintlich fortschrittlichen Modernisierern und rückwärts gewandten Reaktionären formierten. Dabei kann die Person Ottavianis als von den Massenmedien ausgemachter Antiheld des Konzils gelten: Sein Gesicht prägte in Portraitaufnahmen zahlreiche Berichte, in denen er als Gegenspieler der fortschrittlichen Kardinäle wie dem Kölner Erzbischof Joseph Frings oder auch dem Münchner Erzbischof Döpfner gezeichnet wurde. Gerade im *Spiegel* geriet der kuriale Strippenzieher Ottaviani zum prominenten Gesicht der Fortschrittsgegner.[193]

In der Hommage an Kardinal Frings, der zum unumstrittenen Kopf der deutschen Bischöfe auf dem Konzil für den *Spiegel* zum »Symbol für den Erneuerungswillen der Kirche« wurde, macht das Hamburger Magazin Ottaviani als dessen schärfsten Widersacher aus. Ein Brustportraitfoto zeigt ihn als selbstsicheren Würdenträger im Bischofsgewand, sein gebieterisch anmutender Blick scheint Ausdruck einer kurialen Selbstherrlichkeit zu sein.[194] Gerade im Vergleich zum Kölner Kardinal Frings, der auf derselben Seite als Begleiter des Papstes in drei Fotografien mit leicht verschmitztem Lächeln präsentiert wird, schärft sich das Bild des knorrigen, gebieterischen Technokraten, der sich ob seiner Aufgaben in der Kurie als Vorsitzender der vorbereitenden Kommission des Vatikanischen Konzils in überlegener Stellung zu den Ortsbischöfen wähnt.[195]

Allzu deutlich zeigen die Gegenüberstellungen von Frings und Ottaviani im *Spiegel* respektive Roncalli und Ottaviani in der *Quick* die klare Haltung der deutschen Massenmedien, die diese während des Zweiten Vatikanums einnahmen: Während die Reformer an der Seite Johannes XXIII. als aufrichtige, sympathische Persönlichkeiten gezeichnet wurden, die sich nah an den Problemen der Menschen aufopferungsvoll für die Modernisierung der Kirche hingaben, gerieten deren Gegenspieler zumeist zu finster dreinblickenden und unterkühlt wirkenden Technokraten, deren Beharren auf den traditionellen Lehren der Kirche an den Wünschen eines Großteils der (deutschen) Katholiken vorbeiging und zum politischen Ränkespiel während des Konzils führte.

Gerade in der Person Johannes XXIII. verdichten sich die Motive eines sich der Gesellschaft öffnenden und zu tiefer Menschlichkeit verpflichteten Katholizismus. Der Pontifex pflegte in diesen Motiven nicht den enthobenen Habitus seiner Vorgänger, sondern schlüpfte in die Rolle des bäuerlichen Sympathieträgers. Sowohl in kirchlichen Medien als auch in

---

193 Etwa: »Deutsche Welle«, in: *Spiegel* 50/1963.
194 Ganz ähnliche Portraitfotografie in: »Wer reformiert den Papst?«, in: *Stern* 7/1965.
195 »Deutsche Welle«, in: *Spiegel* 50/1963.

den auflagenstarken Illustrierten wurden seine Auftritte von Bildern geprägt, auf denen er sich etwa während einer Messfeier die Nase schnäuzt[196], publikumswirksam in Begleitung mit römischen Fotografen das Kinderkrankenhaus »Bambin Gesú« besucht und Geschenke verteilt[197] oder ein Gefängnis in Rom aufsucht und mit den Gefangenen scherzt.[198]

3.6.2 Bruch oder Fortführung der Tradition? Das Zweite Vatikanum im Bild

Als das bedeutsamste Ereignis des Pontifikats machten die Medien zweifellos das von Johannes XXIII. einberufene Zweite Vatikanische Konzil aus, dessen insgesamt vier Sitzungsperioden zwischen 1962 und 1965 stattfanden.[199] Die Ankündigung eines neuen Konzils 1959 überraschte viele Theologen und rief zeitgenössisch Verwunderung hervor, auch wenn im Rückblick konstatiert werden kann, dass auch die beiden direkten Vorgänger Johannes XXIII. mit dem Gedanken eines Konzils gespielt hatten.[200] Mit der Dogmatisierung der Infallibität, der Unfehlbarkeit des Papstes in Glaubensfragen, im 19. Jahrhundert schien einigen Theologen die Einberufung weiterer Konzile obsolet, lag die theologisch-dogmatische Ausrichtung der katholischen Kirche doch nun ganz in den Händen des

---

196 »Reformation in Rom«, in: *Kristall* 8/1962.
197 Hierzu: Victor Conzemius, »Konzilspäpste«, S. 552. Fotografien des römischen Fotografen Giordani, die den Papst als Kinder liebenden Pastor im römischen Kinderkrankenhaus zeigen, finden sich etwa in der zeitgenössischen Papstbiografie Aradi, *XXIII. Johannes*, S. 177 bzw. auch in der posthumen Bildbiografie: Guerriero, *Johannes XXIII.*, S. 120.
198 Die Szenen, die Johannes XXII. auf pastoralen Reisen im Gefängnis und im Kinderkrankenhaus zeigen, prägen noch heute die populären Vorstellungen über das Pontifikat des Roncalli-Papstes. So geraten diese Ausdrücke der Volksnähe des »guten Papstes« in den Mittelpunkt der jüngst produzierten italienischen Filmbiografie von Ricky Tognazzi: »Johannes XXIII. – Für eine Welt im Frieden« (»Il Papa Buono«), (Italien 2003). Auch in der populären ZDF-Geschichtsdokumentation »Vatikan: Die Macht der Päpste« stehen die Aufnahmen des italienischen Fernsehens, die den Papst als menschenfreundlichen Pontifex in Krankenhaus und Gefängnis zeigen, an zentraler Stelle. »Vatikan – Die Macht der Päpste 2: Papst Johannes XXIII. und der Aufbruch« (Deutschland 1997). Für das in der Rückschau auf das Pontifikat überaus populäre Bild des gütigen Papstes als Besucher eines Gefängnisses siehe etwa: Lescott, *50er Jahre*, S. 225.
199 Alberigo, *Geschichte*.
200 Schatz, *Konzilien*, S. 270–272.

römischen Pontifex und seines Beraterstabs.[201] Andererseits hatte das Erste Vatikanische Konzil im Zuge der politischen Wirren und der Auflösung des Kirchenstaats durch die italienische Nationalbewegung keinen offiziellen Abschluss gefunden und galt nach der fristlosen Vertagung durch Papst Pius IX. im Oktober 1870 als unvollendet.

Die Pläne Johannes XXIII. zielten jedoch weniger auf eine Fortführung des Ersten Vatikanischen Konzils als vielmehr auf eine Neubestimmung des Verhältnisses von Kirche und säkularer Welt. Der Papst prägte hierfür den Begriff des *Aggiornamento*, mit dem er die Anpassung kirchlicher Lehren, Pastoral und Strukturen an die zeitgenössische Welt umschrieb. In vier Sitzungsperioden erarbeiteten die bis zu 2.500 teilnehmenden Bischöfe gemeinsam mit rund 500 theologischen Beratern insgesamt vier Konstitutionen, neun Dekrete und drei Deklarationen, in denen sie das Bild einer Kirche umrissen, die auch in der Moderne als mysterischer Leib Christi und zugleich als »wanderndes Volk Gottes« wirke.[202]

Bis heute streiten Theologen und Historiker über die Einordnung des Konzils in die Kirchengeschichte im Allgemeinen und in die Entwicklung der katholischen Kirche im 20. Jahrhundert im Besonderen. Die Frage, ob das Konzil als Bruch zu verstehen sei, der mit grundlegenden Traditionen des Katholizismus brach und die Kirche in die Moderne zu integrieren vermochte, oder in der Tradition der Kirchengeschichte zu sehen sei und ähnlich wie andere Konzile in vorherigen Jahrhunderten die katholische Kirche behutsam reformierte, gilt bis zum heutigen Tage als offen und hat mit dem Verlauf des Pontifikats Benedikt XVI. an neuer Brisanz gewonnen.

Der 2005 inthronisierte Papst, der als Berater des deutschen Konzilstheologen Kardinal Frings selbst am Zweiten Vatikanischen Konzil teilnahm, kann als einer der treibenden Wortführer innerhalb dieser Debatte gelten. In seinen Veröffentlichungen und theologischen Ansprachen mahnt er eindringlich, die theologische Auslegung des Konzils müsse einer »korrekten Hermeneutik« folgen.[203] Vierzig Jahre nach Abschluss der römi-

---

201 Ebd., S. 263.
202 So die Wortwahl der Konzilskonstitution »Lumen gentium«.
203 Hier und im Folgenden folge ich der Argumentation des Papstes, die er am 22. Dezember 2005 vor dem Kardinalskollegium und den Mitgliedern der Kurie entwarf; siehe: Acta Apostolicae Sedis 98 (2006), S. 40–53. Die deutsche Übersetzung der Ansprache ist als Online-Dokument publiziert worden; siehe: http://www.vatican.va/holy_father/benedict_xvi/speeches/2005/december/documents/hf_ben_xvi_spe_20051222_roman-curia_ge.html (Zugriff am 5.8.2009).

schen Bischofsversammlung sieht der Papst zwei konkurrierende Deutungsmodelle nebeneinanderstehen: Zum einen habe sich eine »Hermeneutik der Diskontinuität« herausgebildet, die das Konzil als einschneidenden Bruch innerhalb der Kirchengeschichte interpretiert, und sich »nicht selten durch das Wohlwollen der Massenmedien und auch eines Teiles der modernen Theologie« ausbreiten könne.[204] Ihr gegenüber stehe eine »Hermeneutik der Reform«, die die konziliaren Texte als Fortschreibung einer andauernden theologischen Kontinuität auslege. Ihre Brisanz erfährt die innertheologische Diskussion nun durch die Tatsache, dass sich der Papst in unverhohlener Parteinahme für das zweite Modell ausspricht. Er sieht die Arbeit der Konzilstheologen gerade im Hinblick auf die Bestimmung des Verhältnisses von Kirche und der modernen Welt als Ergänzung immerwährender katholischer Prinzipien und betont in seiner Argumentation eine quasi metaphysische Kontinuität in der Geschichte des Katholizismus.[205]

Welchen Beitrag vermag nun eine Betrachtung der Bilder des Konzils, die in Bildbänden und den Massenmedien der deutschen Öffentlichkeit präsentiert wurden, innerhalb der Diskussion um die Rezeption des Konzils leisten? Anders als der retrospektive theologische Streit über die Auslegung oder, wie es Papst Benedikt XVI. nennt, die Hermeneutik des Konzils, kann sie zeigen, wie das Konzil in den frühen sechziger Jahren visuell gedeutet wurde. Hierbei befreit sie die Idee einer »Rezeption des Konzils« aus den engen Schranken des innertheologischen Diskurses und betrachtet die Wahrnehmung der römischen Bischofsversammlung in einer breiteren Öffentlichkeit, die sich über das Konzil in den Massenmedien oder auch in populären katholisch geprägten Schriften informierte. Neben einer Antwort auf die Frage nach der visuellen Zeichnung seiner Protagonisten können die folgenden Betrachtungen zeigen, welchen Rahmen die Fotografen und Redakteure der Kirchenversammlung in Rom gaben, in welche Zusammenhänge sie sie stellten und ob sie das Konzil in eine visuelle Verbindung mit vorhergehenden Konzilien und theologischen Streitthemen der Kirchengeschichte setzten.

Während sich die zeitgenössischen Textberichte über das Konzil durch ihre schier unübersehbare thematische Vielfalt auszeichnen, lassen sich in den Bildberichten vier deutlich hervorstechende visuelle Topoi ausmachen, die den folgenden Ausführungen ihre Struktur geben. Sie umfassen die

---

204 Ebd.
205 Ebd.

Einbettung des Konzils in die Geschichte vorheriger Konzilien, die Konzentration auf die klerikalen Eliten als Entscheidungsträger und Protagonisten des Katholizismus, das Hervorheben des die Bischofsversammlung umrahmenden kirchlichen Zeremoniells und den zur visuellen Ikone gewordenen Blick in die Konzilsaula als Ausdruck einer einem Parlament ähnlichen Diskussionssituation.

Das Zweite Vatikanische Konzil als Fortführung der konziliaren Tradition

Blickt man auf die in unterschiedlichen medialen Formaten publizierten Bildberichte über das Zweite Vatikanum, so erkennt man deutlich das Bemühen der Herausgeber, das Konzil in Rom in die Tradition der Konzilien einzuordnen. Ähnlich wie in Carl Amerys Sonderheft der *magnum* über den »Katholizismus in Deutschland« von 1966 nehmen auch hier die Redakteure eine visuelle Ausdeutung des Katholizismus vor dem Hintergrund seiner Historizität vor. Diese gezielte Hinwendung zur Geschichtlichkeit der katholischen Kirche lässt sich in den öffentlich kursierenden Bildern über die Kirche zu Beginn der sechziger Jahre als neues Phänomen fassen, welches in den Berichten über die Eröffnung des Zweiten Vatikanums 1962 seinen ersten Ausdruck fand. Anders als die einzelnen Bilder, die bereits vor 1960 historische Begebenheiten der Kirchengeschichte präsentiert und mit zeitgenössischen Ereignissen in Bezug gesetzt hatten, kam es nun zu einer grundlegenden Darstellung historischer Vorbilder der Bischofsversammlung in Rom. In aller Deutlichkeit formulierte diese visuelle Auseinandersetzung Anton Kochs, der Leiter der katholischen Hauptstelle für Bild und Film in Köln, der 1963 nach Abschluss der ersten Sitzungsperiode im Petersdom unter der Imprimatur des Bistums Essen einen »dokumentarischen Bildband« herausgab.[206] Kochs' Bildband richtete sich mit bischöflicher Druckerlaubnis wohl vornehmlich an ein katholisches Publikum von interessierten Laien. Nicht zuletzt das zweiseitige Vorwort des Konzilskardinals Augustin Bea und der Erfahrungsbericht des Limburger Weihbischofs und Konzilsteilnehmers Walther Kampe sollten dem Leser einen möglichst authentisch wirkenden Eindruck der Konzilsarbeit in Rom vermitteln. Die Bilder zu Kochs' Band steuerte der Fotograf Josef Albert Slominski bei, der als offizieller Konzilsfotograf eng mit dem Essener Bischof Franz Hengsbach zusammenarbeitete.

---

206 Kochs, *21. Konzil.*

Im Titel seines Bandes übernahm Koch die fortlaufende Nummerierung der vorhergehenden Konzilien seit der Spätantike. Indem er seinen Band »Das 21. Konzil« nannte, wies er der Bischofsversammlung in Rom ihren Platz in der Kirchenhistorie zu. Er stellte seinen Lesern das Zweite Vatikanische Konzil eben nicht als singuläres Ereignis vor, sondern als Fortführung einer jahrhundertealten Tradition. Diese im Titel angedeutete Argumentation verstärkt sich in der Anordnung der Bildstrecken. Nachdem drei Bildseiten zum einen eine Gruppe von Bischöfen in der Konzilsaula und dann sechs Bilder über die Ankündigung des Konzils in der Basilika »Sankt Paul vor den Mauern« im Januar 1959 zeigen, präsentieren die zwölf darauf folgenden Bilder die Orte und einzelne Szenen bisheriger Konzilen.

Eröffnet wird diese Bildgruppe mit einer Fotografie Slominskis, die einen Blick in einen mit prunkvollen Wandgemälden ausgestatteten Salon der vatikanischen Bibliothek zeigt. In diesem Teil der Bibliothek, so erfährt der Betrachter aus der Bildunterschrift, werden sämtliche Konzile der Kirchengeschichte bis zum Trienter Konzil der Gegenreformation in Gemälden dargestellt. Der von Slominski in den Blick genommene Ort führt somit den Betrachter in das Sujet und den Ausstellungsort der folgenden Bilder ein. Der Ausschnitt, den der Fotograf wählt, gibt dem Bildkapitel zugleich einen Anfang: Aus der Perspektive eines am Bibliothekstisch sitzenden Besuchers blickt der Betrachter auf ein Gemälde des ersten ökumenischen Konzils von Nicaea, das im 4. Jahrhundert das katholische Verständnis der Dreifaltigkeit festlegte. Aus den Archiven des Vatikanischen Museums wählten Kochs und Slominski für die folgenden Betrachtungen Abbildungen der allegorischen Zeichnungen über die verschiedenen Konzilien, die von Slominskis Fotografien des Lateranpalasts und einer Gedenktaftel in Konstanz umrahmt werden. Die Bilderschau mündet in einer Fotografie des Essener Fotografen, die Papst Johannes XXIII. bei dessen erster Pfingstansprache zeigt. Die Person des Papstes Johannes stellen die Herausgeber somit in die Traditionslinie der bisherigen Konzile und deuten das Zweite Vatikanum folglich nicht als einen revolutionären Bruch.

Diese Auslegung Kochs' lässt sich in zahlreichen Bildberichten sowohl kirchlicher aber auch säkularer Provenienz finden. So veröffentlichte der Schweizer Fotograf Leonard von Matt ein Jahr nach Ankündigung des Konzils in seiner Bildbandreihe »Sammlung Roma« einen Themenband mit dem

Titel »Das Konzil«.²⁰⁷ Auch dieser erschien mit bischöflicher Imprimatur und erhielt eine Einleitung des Jesuitenpaters Burkhart Schneider. Ähnlich wie in Kochs' Bildband orientiert sich auch von Matts Publikation an einer chronologischen Abfolge bisheriger Konzile. Der Herausgeber präsentiert dem Publikum eine Melange aus eigenen Fotografien vergangener Konzilsorte und Malereien einzelner Konzilsszenerien. Gleich einem Reiseführer vereint er die Bilder der typischen Ziele einer touristischen Bildungsreise: Kunstschätze, Ruinen und verklärende Landschaften des Mittelmeerraums. Indem seine Bildreihe mit einer Portraitfotografie Johannes XXIII. schließt, stellt auch von Matts den Roncalli-Papst und das Zweite Vaticanum visuell in eine historische Reihe.

Drei Jahre nach von Matts Bildwerk erschien im Borromäus-Verlag, dem hauseigenen Verlag der gleichnamigen katholischen Medieneinrichtung, ein opulenter Konzilsbildband mit dem bedeutungsschwangeren Untertitel »Die Welt aber soll erkennen«.²⁰⁸ Als Herausgeber war Bertram Otto für die Konzeption des Bands verantwortlich. Auch in Ottos Band stößt der Leser nach einer kurzen recht reißerisch konzipierten Bildeinleitung, die den hektischen Visiotypen der modernen Welt den erhabenen Blick auf die in den Petersdom einziehenden Konzilstheologen gegenüberstellt, zunächst auf eine visuelle Heranführung an das Sujet des Konzils, die den Titel »Die zwanzig Konzile der Vergangenheit« trägt.

Paradigmatisch gerät eine doppelseitige Gegenüberstellung zweier Konzilsbilder, die zum einen eine mittelalterliche Buchmalerei einer Bischofsversammlung zeigt, zum anderen eine Fotografie eines der mit Konzilsteilnehmern gefüllten Ränge im Petersdom. Hierbei korrespondiert das Fehlen der Zentralperspektive in der Darstellung des mittelalterlichen Konzils mit den steil aufsteigenden Rängen im Petersdom. Beide Bilder vermitteln dem Betrachter den Eindruck, als säßen die Theologen nicht hinter-, sondern übereinander. Die Parallelisierung des Blicks auf die Konzilsränge in Mittelalter und Moderne folgt ganz der Intention der Einbettung des Zweiten Vatikanums in die Geschichte der Konzilien: Die Bischofsversammlung im Petersdom steht im Aufbau des Plenums ganz in der Tradition vorheriger Konzile. Auch die Bildunterschrift »Gestern wie heute« unterstreicht diese Verbindung.

---

207 Matt, *Konzil*.
208 Otto, II. Vatikanum.

Abb. 54: »Gestern wie heute«, in: Bertram Otto, Die Welt aber soll erkennen, Bonn 1963, S. 20f., Fotografie rechts: Fotoagentur Ullstein Berlin

Die von Anton Kochs, Leonard von Matt und Bertram Otto herausgegebenen Bildwerke haben einen katholischen Publikationshintergrund und erschienen alle mit bischöflicher Druckerlaubnis. Aber nicht nur diese katholischen Veröffentlichungen betonten die Tradition kirchlicher Konzile, auch die säkularen Massenmedien begaben sich in ihren Versuchen der visuellen Annäherung an das Zweite Vatikanum zunächst auf die Suche nach dessen kirchengeschichtlichen Vorgängern. So zeigen die Bilder der breit angelegten vierteiligen *Spiegel*-Serie »Gottes eigenes Konzil«, die das Hamburger Magazin zur Eröffnung des zweiten Vatikanums 1962 publizierte, Szenen und Protagonisten aus 2.000 Jahren Kirchengeschichte, beginnend bei Petrus, Paulus und dem so genannten »Apostelkonzil« der Urkirche.[209] Der letzte Teil der Serie, der Portraitdarstellungen der widerstreitenden Protagonisten und einzelne szenische Darstellungen des Ersten Vatikanischen Konzils aufnimmt, schließt ebenfalls mit einer Fotografie Johannes XXIII., der aus starker Untersicht aufgenommen auf dem päpstlichen Thron in stiller Andacht seine Hände gefaltet hat. Auch wenn der *Spiegel* mit dieser Fotografie den gerade von der *Quick* geprägten Visiotypen des menschenfreundlichen und offenen Papstes konterkariert und Johannes als in sich gekehrten, von der Welt abgeschiedenen frommen Beter stilisiert, folgt der visuelle Aufbau der *Spiegel*-Serie doch ganz den Narrati-

---

209 »Gottes eigenes Konzil«, in: *Spiegel* 40–43/1962.

ven, welche die kirchlichen Veröffentlichungen vorgaben: Das Zweite Vatikanische Konzil folgt in einer fast teleologisch wirkenden Zwangsläufigkeit den Wirren von 2.000 Jahren Kirchengeschichte. Die Zerwürfnisse zwischen Moderne und Katholizismus, die das Erste Vatikanische Konzil im 19. Jahrhundert verstärkte statt sie einzuebnen, warten in der vom Roncalli-Papst einberufenen Bischofsversammlung auf ihre Lösung.

Auch die *Quick* inszenierte in dem Bericht »Konzil im Fegefeuer« des Kölner Journalisten Rolf Palm das Zweite Vatikanum als Fortführung und zugleich als Antwort auf die kirchengeschichtliche Tradition.[210] Neben einer Zeichnung des einzigen je in Deutschland stattgefundenen Konzils in Konstanz (1418) fokussieren die Bilder vornehmlich auf die Zölibatsfrage, welche die *Quick* in ihren historischen Kontext einordnet. Ausgehend von einer Zeichnung einer romantisierten Szene der Familie Martin Luthers, präsentiert der Bericht ein Fresko Innozenz III., der laut Bildunterschrift in der Kirchengeschichte »für eiserne Sittengesetze« stand. Daneben zeigen zwei fotografische Abbildungen jeweils einen Protagonisten der zeitgenössischen Zölibatsdiskussion im deutschen Sprachraum. Außergewöhnlich war hier die Abbildung eines Laien innerhalb einer Fotostrecke zum Konzil. Der österreichische Thronfolger Otto von Habsburg steht dabei für die Forderungen katholischer Basisbewegungen, den Priesterzölibat im Katholizismus abzuschaffen. Dabei inszeniert die Portraitfotografie den Adeligen als jung-dynamischen Visionär, dessen verwegener Blick rechts am Betrachter vorbeigeht und die zukünftige Entwicklung der Kirche fest im Fokus hat. Quasi als Gegenspieler des weltfeindlichen Innozenz III. portraitiert die *Quick* den Kölner Kardinal Frings, der laut Bildunterschrift als »Fürsprecher der Frauen« von deutschen Katholikinnen eine Denkschrift für die Lockerungen kirchlicher Sittengesetze entgegennahm. Frings, der in den deutschen Medien als Symbol für kirchliche Reformbestrebungen gezeichnet wurde[211] erscheint in der *Quick* als aufgeschlossener, verschmitzt lächelnder Kirchenführer. Der Kölner Erzbischof und Konzilsteilnehmer wird so in Abgrenzung zu der Sittenstrenge kirchlicher Gesetze präsentiert und zumindest indirekt in einen Bezug mit historischen Entscheidungen in der 2.000-jährigen Kirchengeschichte gesetzt.

Einen ähnlich ausschnitthaft-exemplarischen Ansatz der Bildberichterstattung über die Ereignisse in Rom verfolgte auch die Springer-Illustrierte *Kristall*. Während die *Quick* von dem Konzil eine Lockerung der Sittenge-

---

210 Rolf Palm, »Das Konzil im Fegefeuer«, in: *Quick* 41/1962.
211 Siehe hierzu etwa das Portrait im *Spiegel* 50/1963.

setze und die Abschaffung des Priesterzölibats einforderte, richtete die groß angelegte Reportage im *Kristall* mit dem Titel »Die zweite Reformation« das Augenmerk auf die Chancen einer Annäherung zwischen den beiden großen Konfessionen.[212] Auch hier eröffnet eine doppelseitige Zeichnung den Artikel, die das Plenum des Ersten Vatikanischen Konzils zeigt. Anders als im *Spiegel* und der *Quick* fokussiert die Visualisierung des *Kristall* ganz auf eine aufschauende Präsentation der zeitgenössischen kirchlichen Führer. Diese verbindet sich mit dem thematischen Schwerpunkt der Trennung der Konfessionen, dessen Überwindung, so die Argumentation, durch die Arbeit des Konzils anzustoßen sei.

Das Konzil als Forum der kirchlichen Eliten

Sowohl inhaltlich als auch in der visuellen Konzeption ähneln sich dieser Artikel und eine spätere Reportage des *Kristall*:[213] Der mit »Die Stunde der Einheit?« überschriebene Artikel ist als biografische Reportage über den Kurienkardinal Augustin Bea konzipiert, der dem von Johannes XXIII. 1960 neu eingerichteten Sekretariat für die Einheit der Christen vorstand. Zudem kann dieser Artikel als typisches Beispiel für einen zweiten Schwerpunkt in den Bildberichterstattungen über das Zweite Vatikanische Konzil gelten: die Konzentration auf kirchliche Eliten. Dem *Kristall* gelang es, ganz nach dem Prinzip eines *human interest journalism*, das Problem der Trennung der christlichen Konfessionen und zugleich dessen Lösung in der Person des deutschen Kurienkardinals zu personalisieren. Ähnlich wie der *Spiegel*, der dem Kölner Kardinal Frings im zweiten Jahr des Konzils einen Titel widmete[214], zeichnet der *Kristall* von Kardinal Bea das Bild eines deutschen Helden des Konzils, der die als notwendig erachteten Reformen innerhalb der Kirche anzustoßen vermöge. Beide Reportagen über die Kirchenführer werden visuell als chronologisch angeordnete biografische Aufrisse konzipiert, zu Beginn steht jeweils eine Fotografie aus den Studienjahren der Protagonisten bzw. von deren ersten seelsorgerischen Erfahrungen als Kaplan. Daneben präsentieren die Fotografien die Kardinäle in einem scheinbar privaten Umfeld: Kardinal Frings mit seiner Schwester, Kardinal Bea in der rustikal anmutenden Umgebung der elterlichen Stube. Bea wird dem Betrachter hier als Mann aus einfachen Verhältnissen prä-

---

212 »Die zweite Reformation«, in: *Kristall* 8/1962.
213 »Die Stunde der Einheit?«, in: *Kristall* 21/1962.
214 »Deutsche Welle«; in: *Spiegel* 50/1963.

sentiert, der sich aus der Bauernstube im Schwarzwald bis in die Verwaltungsstellen des Vatikan emporarbeiten konnte.

Hinzu kommt bei Bea eine deutliche Zeichnung als Kommunikator, der sich mit Hanns Lillje, dem evangelischen Landesbischof von Hannover, austauscht oder seine Bemühungen um eine Annäherung der Konfessionen vor dem Mikrofon einer Radiostation, den modernen Medien also durchaus affin, in eine große Öffentlichkeit leidenschaftlich kommuniziert. Die gerade im Rückblick propagierte Öffnung des Katholizismus findet hier in der Person und Persönlichkeit Augustin Kardinal Beas seinen augenscheinlichen Ausdruck. Sowohl durch sein Amt als Präsident des Päpstlichen Rats zur Förderung der Einheit der Christen als auch durch den in den Bilder gezeichneten Habitus gerät er zur Personifikation der Hoffnungen, die auch die Medien mit der Bischofsversammlung in Rom verbanden. Hier artikuliert sich eine kommunizierende Kirche, deren sympathisch wirkende hohe Repräsentanten mitten aus dem Volk kommen, sich aufgeschlossen gegenüber den neuen Medien der Massenöffentlichkeit zeigen und den Kontakt auch zu anderen Konfessionen suchen. Zudem inszenierten die deutschen Medien einen spezifisch deutschen Blick auf den Weltkatholizismus. Es sind gerade die deutschen Kardinäle, die der Öffentlichkeit in scharfer Abgrenzung zu den italienischen Kurienkardinälen als Hoffnungsträger der Kirche vorgestellt werden.

Die Darstellungen der Kardinäle Bea und Frings in den Magazinen *Kristall* und *Spiegel* sind durchaus typisch für die in den deutschen Illustrierten publizierten Bildberichte über das Konzil. Kaum ein anderer Anlass in der Nachkriegszeit bot den Massenmedien und auch den kirchlichen Publikationsorganen die Möglichkeit, die kirchliche Hierarchie so ausgiebig zu inszenieren. So interessierten in den visuellen Berichterstattungen weniger der eigentlich Gegenstand der Diskussionen in Rom als vielmehr das Ereignis und deren Teilnehmer. Die Laien, die ihre Hoffnungen auf einen grundlegenden Anstoß zur Modernisierung der Kirche mit dem Konzil verbanden und deren Rolle im Rückblick tatsächlich durch die in Rom angestoßenen Reformen gestärkt wurde, blieben in den Bildberichten hingegen außen vor. Die Bischofsversammlung wurde in den medial vertriebenen Bildern zu einem Ereignis der Eliten, die zumeist hohe Kleriker, in seltenen Fällen auch weltliche Honoratioren waren.

In den fotografischen Darstellungen der Konzilsteilnehmer und -beobachter lassen sich vornehmlich zwei motivische Schwerpunkte ausmachen. Zum einen zeichneten die Bilder das Konzil als Ort der Kommunikation, zum anderen als Versammlung der Bischöfe als anonyme kirchliche Körperschaft. Hier geriet nicht der einzelne Bischof in den Fokus der Kameras, wie dies bei den genannten biografischen Reportagen in *Stern* und *Spiegel* der Fall war, sondern die anonymisierte Masse der in Rom zusammenkommenden Kirchenführer.

Der Meinungsaustausch, das Gespräch über die Zukunft der Kirche blieb in den Bildberichten des Konzils auf einen *inner circle* beschränkt. So gerieten Fotografien von sich unterhaltenden Bischöfen, die scheinbar unbeobachtet Gedanken austauschen, Streitfragen diskutieren und Allianzen für Abstimmungen schmieden, zum oft zitierten Schnappschuss, der dem Betrachter Einblicke in die scheinbar intime Arbeit des Konzils fernab von den Plenarsitzungen präsentiert. Diese Fotografien zeigen das Zweite Vatikanische Konzil als politische Arena, in der eine gewiefte Taktik der vertraulichen Allianzen und Einflussnahme auf Mandatsträger zur entscheidenden Taktik für die Durchsetzung der eigenen Pläne und Zukunftsentwürfe für die katholische Kirche geriet.[215]

Die durchaus vorhandenen Diskussionen, die Laien über die Vorstellungen an ein Konzil führten, gerieten in der fotografischen Darstellung hingegen in den Hintergrund. Dieser Befund geht mit dem vielfach festgestellten schleppenden Interesse der Laien an den Entscheidungsprozessen in Rom einher. Die Rezeption des Konzils auf der Ebene der Pfarrgemeinde, so konnte etwa Wilhelm Damberg zeigen, verlief in der Zeit zwischen dessen Ankündigung und Eröffnung eher spärlich.[216] Initiativen von »einfachen Laien« blieben die Ausnahme.[217] Die Abfassung von Erwartungen blieb die Sache von Honoratioren und ausgewiesenen Ex-

---

215 Dieser »Blick des Insiders« auf die scheinbar vertraulichen Gesprächen blieb den akkreditierten Konzilsfotografen vorbehalten. Vor allem die katholischen Publikationen prägten diesen Blick auf das Konzil. Siehe: Otto, *II. Vatikanum*, S. 108, S. 124, S. 148, S. 152, S. 163, S. 165, S. 166f., S. 168, S. 182f.; Kochs *21. Konzil*, S. 142f.
216 Damberg, »Pfarrgemeinden«, S. 23–28.
217 Allein im Zentralverband der katholischen Frauen- und Müttervereine lässt sich ein breites Interesse an der Mitgestaltung einer vom Konzil getragenen Erneuerung der Kirche ausmachen. So wurde ein Aufruf an die Mitglieder des Verbandes gestartet, die eigenen Erwartungen und Hoffnungen an das Konzil zu formulieren. Die gesammelten Stellungnahmen übergab die Präsidentin des Verbands Marianne Dirks noch vor der Konzilseröffnung an den Kölner Kardinal Frings. Die Entgegennahme wurde indes von der Massenpresse aufgegriffen und trug zur Zeichnung des Kardinals als Motor kirchlicher Erneuerung in den Medien bei. Sie brachte ihm überdies den von der *Quick* kolportierten Titel des »Fürsprechers der Frauen« ein; siehe: »Kirche im Fegefeuer«, in: *Quick* 41/1961.

perten. So findet sich unter den 77 Laien, deren Erwartungen an die Bischofsversammlung in Rom die theologische Zeitschrift *Wort und Wahrheit* publizierte, ausschließlich die Elite des deutschsprachigen Katholizismus, unter ihnen Franz-Josef Strauß und Otto von Habsburg, ältester Sohn des letzten Kaisers von Österreich.[218] Der einfache Katholik, der weder in Verbänden organisiert noch beruflich in die Arbeit der Kirche eingebunden war, schien sich weder an den Diskussionen vor dem Konzil zu beteiligen, noch geriet er in die Bilder über das Konzil. Er verharrte vielmehr im übertragenen wie im wörtlichen Sinne vor den Toren St. Peters: Wenn er überhaupt von den Konzilsfotografen präsentiert wurde, dann als außen stehender Statist, der vor dem Petersdom geduldig wartete, um den Einzug oder Auszug der Bischöfe miterleben zu können.[219]

Die in der Retrospektive so deutlich umrissene Aufwertung des Laien, die dieser etwa im Zuge der Liturgiereformen innerhalb des Katholizismus erfuhr, konnte der Betrachter in den zeitgenössischen Bildern des Konzils somit keinesfalls erkennen. Der Laie blieb in der Rolle des Empfangenden verhaftet, die Rolle des Handelnden und damit auch die des Transformators religiösen Lebens blieb den Klerikern reserviert. Somit lassen sich die Bildberichte über das Konzil auch als Ausdruck eines überdauernden Blicks auf die streng hierarchisierten Entscheidungsprozesse innerhalb religiöser Gemeinschaften deuten. Als Gegenbilder zu den Szenerien einer persönlichen religiösen Innerlichkeit, wie sie etwa Stefan Moses für den *Stern* fotografisch einfangen und inszenieren konnte, stellten sie klerikale Autoritäten in den Mittelpunkt einer sich reformierenden Religionsgemeinschaft. In ihrer Ausfaltung liturgischer Pracht und den überwältigen Weitwinkelaufnahmen klerikaler Prozessionen schufen die Fotografen des Konzils ein Panorama von hierarchischer Ordnung und kirchlicher Geschlossenheit, die in Ansätzen auch während der Israelreise Paul VI. und dann wieder in den breiten Bildberichten über die Inthronisation Johannes Paul II. und vor allem über dessen umjubelten Reisen in sein Heimatland Polen ab 1978 eine breite Öffentlichkeit erreichten. Auch hier gerieten Laien zumeist zu Statisten, die zum einen als Teil der anonymen Masse

---

218 Mauer/Schulmeister/Schmidthüs (Hg.), »Was erwarten sie vom Konzil? Eine Rundfrage unter Katholiken Deutschlands, der Schweiz und Österreichs«, in: *Wort und Wahrheit* 16 (1961), S. 571–718. Zur Diskussion innerhalb des deutschen Laienkatholizismus siehe auch: Schnell, *Verhältnis*, S. 104f.
219 Der Blick auf anonyme Menschenmassen auf dem Petersplatz findet sich hauptsächlich in den mit bischöflicher Imprimatur gedruckten Bildbänden, etwa in: Otto, *II. Vatikanum*, S. 73f., S. 104, S. 155; Kochs, *21. Konzil*, S. 106f., S. 151.

dem charismatischen Führer in verzückter Entrückung zujubelten, ihm zum anderen stellvertretend für viele ihre Ehrerbietung in persönlichen Geschenken darbrachten.

Das Konzil als Bühne des feierlichen Ritus

Abseits ihrer Rolle innerhalb der vermeintlich informellen Kommunikationsforen des Konzils traten die klerikalen Amtsträger in den öffentlichen Bildern des Vatikanums zumeist als Teil einer großen Gruppe auf. Dies mag nicht zuletzt mit dem visuellen Reiz der Versammlung katholischer Honoratioren in Rom erklärt werden: Die Bilder aus Rom boten den Fotografen den erbaulichen Blick auf schier unzählige katholische Bischöfe in vollem Ornat. Ihre visuelle Darstellung konnte die Einzeldarstellungen der deutschen Konzilsteilnehmer, die in den Vorberichten der großen Illustrierten noch im Zentrum gestanden hatten und als Helden kirchlicher Erneuerung gefeiert worden waren, gerade in den großen Bildbänden katholischer Verlage in den Hintergrund drängen. Während Bilder von sonntäglichen Messfeiern und ähnlichen kirchlichen Zeremonien als gängiges Sujet der Kirchenbildberichterstattung bereits sehr früh Einzug in die Medien fanden und ihren Status als Besonderheit schnell verloren, bot der Einzug der Bischöfe in die Konzilsaula den anwesenden Bildreportern einen der breiten Öffentlichkeit unbekannten Ritus. Vor den Linsen der Fotografen entspann sich eine schier einzigartige Szenerie, die sowohl für die Fotografen als auch für die Rezipienten der Bilder ein beeindruckendes Ereignis war: Das letzte Konzil lag 1962 bereits über 90 Jahre zurück, und auch wenn eine Versammlung von Bischöfen etwa bei Trauerfeiern für einen Papst beobachtet werden konnte, erreichten die entsprechenden Fotografien nicht den einzigartigen symbolischen Charakter des gemeinschaftlichen Konzilseinzugs in den Petersdom.

Der Blick der Fotografen auf die Gesamtheit der Konzilsteilnehmer geriet zu einer bedeutungsschwangeren Szenerie, die als Allegorie auf die Universalität der Weltkirche gelesen werden kann. So brechen gerade afrikanische und asiatische Geistliche die Homogenität der in den Petersdom ziehenden Bischöfe immer wieder auf. Als großer Menschenschwarm ähneln die Konzilsteilnehmer einer Armee, die in strikter Reihung in eine Schlacht zieht. Der beobachtende Fotograf vor Ort geriet wie auch der Medienrezipient, der sich im Nachhinein die Fotografien des Spektakels anschaute, zum beobachtenden Zeitzeugen, der als Außenstehender ein

Ereignis bezeugen konnte, das er selbst als erhabenen Moment der Weltgeschichte betrachtete.

Abb. 55: »Einzug der Konzilsväter in den Petersdom«, in: Bertram Otto, Die Welt aber soll erkennen, Schutzumschlag Rückseite, Fotograf nicht genannt

Viele Aufnahmen des Einzugs der Konzilsteilnehmer in den Petersdom zeigen den Zug der Bischöfe aus der Vogelperspektive. Ähnlich den Aufnahmen der subjektiven Fotografie erinnern sie mehr an Bilder geometrischer Figuren, denn an Fotos einer historischen Begebenheit.[220] Gerade die symmetrischen Formen des Petersplatzes und der streng geordnete Zug der in weiß gekleideten Konzilsbischöfe, der sich in einer vorgegebenen Bahn durch den Pulk der dunkel gekleideten Schaulustigen auf dem Petersplatz in die Konzilsaula bewegt, vermögen diesen Eindruck zu suggerieren. Somit wirkt der Blick auf den Zug der Bischöfe dem eigentlichen Ereignischarakter der Zeremonie entgegen und gerät zu einem zeitlosschematischen Fotogramm. Die Fotografen enthoben die Szenerie somit ihrer historischen Wirklichkeit und visualisierten den Einzug der Bischöfe in den Petersdom als grafisches Abstraktum, das sich dem Betrachter als scheinbar frei von Ort und Zeit präsentierte.

Den Bischöfen wird in diesem Blick gerade durch ihre Uniformität und ihre Vielzahl die Individualität genommen, sie geraten zum austauschbaren Teil eines aus zwei Seiten des Bildes herausragenden Zuges. Somit lässt sich diese Fotografie als Gegenbild der gerade in den Illustrierten und Magazinen bevorzugten Bilder der einzelnen deutschen Konzilsteilnehmer lesen, die im Zuge der *human interest photography* als herausragende Vertreter des Konzils einzeln in den Blick genommen wurden. Nicht einzelne großartige Theologen scheinen hier das Ereignis Konzil zu prägen, sondern die pompöse Masse von Kirchenführern, die als uniforme Körperschaft der Kirche den Weg durch die moderne Welt weist.

Der Blick in die Konzilsaula als Schlüsselbild des Konzils

Ähnlich wie dieser Blick auf den feierlichen Einzug der Konzilsteilnehmer arbeiteten auch die zahlreichen Fotografien, welche die gefüllte Konzilsaula zeigen, mit einer Fokussierung auf das Konzil als eine gleichförmige Körperschaft von Bischöfen. Das Bild der im Hauptschiff des Petersdoms aufgebauten Sitzränge kann als eigentliches Schlüsselbild des Zweiten Vatikanischen Konzils gelten.[221]

---

220 Ganz deutlich wird dies etwa auf der Rückseite des Schutzumschlags von Ottos Bildband. Auch die Fotografien von Josef Slominski, die den Einzug der Bischöfe in die Konzilsaula zeigen, wirken ähnlich; siehe etwa: Kochs, *21. Konzil*, S. 93, S. 94f.
221 In der theologischen Literatur über das Konzil wurde der Blick auf die gefüllte Konzilsaula lange Zeit durch das Cover von Karl Rahners Zusammenstellung der Konzilsdekrete geprägt: Rahner, *Konzilskompendium*. Auch die Massenillustrierten zitieren den Blick in den Petersdom immer wieder. Siehe etwa: »Gottes eigenes Konzil«, in: *Spiegel* 40/1962; »Kirche im Fegefeuer«, in: *Quick* 41/1962; »Ein ›Schuss‹ auf seine Heiligkeit«, in:

VISUELLE DISKUSSION 293

Abb. 56: »Blick in die Konzilsaula«, in: Bertram Otto, Die Welt aber soll erkennen, S. 13, Fotograf: Del Priore, Rom

Gleich einer Parlamentssituation sitzen sich im unteren Drittel der rechten und linken Bildseite zwei Gruppen von weiß gekleideten Bischöfen auf den je elf Sitzreihen der lang gezogenen Tribünenreihen gegenüber. Fluchtpunkt des Bildes bilden der hoch aufgeschossene, einem Torbogen ähnelnde Papstaltar Berninis und die hinter ihm liegende Apsis, auf die der Mittelgang zwischen den Tribünen, die unterhalb des Deckengewölbes angebrachte Reihe von grell leuchtenden Scheinwerfern und das Deckengewölbe des Hauptschiffs zulaufen. Über den Tribünen ragen die mächtigen Pfeiler des Hauptschiffs von St. Peter hervor. Die strenge Symmetrie der Fotografie und die uniform wirkenden Bischöfe auf den Tribünen geben ähnlich wie bei den Panoramaaufnahmen des feierlichen Einzugs der Kon-

---

Quick 43/1962; »Rom: Das Konzil beginnt«, in: Stern 41/1962; »Wer reformiert den Papst?«, in: Stern 7/1965, »Katholizismus in Deutschland«, in: magnum 58/1966. Auch in den herangezogenen Schriften katholischer Provinienz über das Konzil fehlt die Fotografie der Aula Concilii nicht: Otto, II. Vatikanum, S. 13; Kochs, 21. Konzil, S. 64, S. 76, S. 94f., S. 134f.

zilsteilnehmer in den Tagungsort dem Bild den Charakter eines Fotogramms. Dieser trägt wesentlich zum Wiedererkennungswert und der symbolischen Aufladung der Fotografie bei; er kann also als eigentlicher Grund dafür genannt werden, dass der Blick auf die Konzilstribünen des gefüllten Petersdoms zum oft zitierten Schlüsselbild des Konzils wurde.

In der symmetrischen Gegenüberstellung der zwei Tribünen erinnert die Szenerie der tagenden Bischöfe auffallend an die Sitzanordnung im englischen Unterhaus. Der im 19. Jahrhundert nach einem Brand wieder errichtete Palast von Westminster, der das britische *House of Commons* beherbergt, gilt gemeinhin als Ort eines der ältesten Parlamente der Welt, dessen Grundlagen bis auf die Unterzeichnung der Magna Carta im Jahr 1215 zurückzuführen sind. Auch wenn vor den Wahlrechtsreformen des 19. und 20. Jahrhunderts schwerlich von einer demokratisch gewählten Körperschaft zu sprechen ist, so bildet das britische Parlament doch zumindest den Ausgangspunkt eines politischen Austausches der Interessen von verschiedenen im Parlament repräsentierten Bevölkerungsgruppen und gilt als Mutter der sich auf die Repräsentanz ihrer Mitglieder berufenen parlamentarischen Körperschaften.

Die Gemeinsamkeit in der Anordnung von britischem Unterhaus und römischer Konzilsaula bilden die zwei gegenüberliegenden Sitzreihen der Sitzungsteilnehmer, die durch einen schmalen Gang voneinander getrennt sind. Die frontale Anordnung der Ränge legt dabei den kommunikativen Austausch der sich gegenübersitzenden Teilnehmer nahe. Am Ende des Ganges liegt in einem rechten Winkel das Podium des Sitzungsvorsitzenden, der – den divergierenden Interessen der Sitzungsteilnehmer enthoben – die Sessionen vermittelnd zu moderieren scheint.

Die Assoziation zu verschiedenen Fraktionen, deren Sitzanordnung etwas über ihre divergierenden politischen und weltanschaulichen Interessen verrät, trifft im Vatikan faktisch nicht zu. Die Sitzordnung der Konzilsteilnehmer richtete sich nicht nach deren verschiedenen theologischen oder kirchenpolitischen Standpunkten, sondern folgte ihrem kirchlichen Rang (auf die Kardinäle folgten die Erzbischöfe, Bischöfe und Weihbischöfe) und dem Ernennungstag der einzelnen Bischöfe.[222] Nichtsdestotrotz entsteht der visuelle Eindruck einer parlaments-ähnlichen Situation, in der die zu verschiedenen Fraktionen zusammengeschlossenen Parlamentarier unterschied-

---

222 Volk, »Ablauf«, S. 132.

liche Meinungen austauschen, über die Ränge hinweg diskutieren und abschließend über die aus ihren Reihen eingereichten Vorlagen abstimmen. In dieser Nachahmung einer Parlamentssituation unterscheidet sich der Blick in die Konzilsaula des 20. Jahrhunderts von seinen historischen Vorbildern. Für die Konzilien vor dem 19. Jahrhundert fanden die Bildbände und auch die Illustrierten zu Beginn der Konzilsbildberichterstattung der sechziger Jahre Bilder, die ganz auf die Frontalität abzielten, mit welcher der Papst als oberste Instanz den Bischöfen oder auch weltlichen Vertretern gegenübertrat. Die Idee eines Austauschs unter den Teilnehmern ging hier gänzlich verloren. Erste Andeutungen einer den Parlamenten ähnlichen Situation finden sich in der Wiederaufnahme der Darstellungen des Ersten Vatikanischen Konzils von 1869/70, das anders als das Zweite Vatikanum nicht im Hauptschiff des Petersdoms, sondern im nördlichen Querschiff der Kathedrale tagte. Während aber die Fotografien der sechziger Jahre die Szenerie des kommunikativen Austauschs zwischen den Bischöfen in den Mittelpunkt stellten und zumeist beide Sitzreihen zeigten, gerieten die Tribünen in den Bildern des Ersten Vatikanums entweder zur Staffage des Bildhintergrunds[223], oder der Blick fiel von einer der Tribünen selbst in die Konzilsaula, so dass die symmetrische Anordnung der gegeneinander stehenden Ränge verloren ging.[224]

So korreliert die häufige Wahl der Redakteure auf die so oft zitierte Fotografie der Konzilsaula durchaus mit den Erwartungen, die sowohl kirchliche Journalisten als auch die Vertreter der großen Magazine mit dem Konzil verbanden: Die überkommenen hierarchisch geprägten Entscheidungsprozesse innerhalb des Katholizismus sollten in der Versammlung der Bischöfe überwunden werden. Als Vertreter ihrer Diözesen sollten die Bischöfe stellvertretend für die katholischen Laien deren Wünsche vortragen und diese diskutieren, um so gemeinsam die Erneuerung des katholischen Glaubens, kirchlicher Strukturen und des Verhältnisses zu anderen Konfessionen und Religionen voranzutreiben. Das Konzil blieb auch in dem Blick auf die gefüllten Ränge im Petersdom ein Forum kirchlicher Eliten, die visuelle Verbindung von Konzilsaula und Parlament ergänzte dieses Forum jedoch um den für viele Katholiken wichtigen Aspekt der Repräsentanz, die er dem europäischem Parlamentarismus im Visiotyp entlehnte.

---

[223] Zeitgenössischer Stich des Einzugs der Konzilsväter in den Petersdom am 8.12.1869 in: Otto: Die Welt aber soll erkennen, S. 30.
[224] Zeitgenössisches Bild von der Schlusssitzung am 18. Juli 1870 in: »Gottes eigenes Konzil«, in: *Spiegel* 43/1962; Matt: *Konzil*, S. 88f.

3.7 Vom austauschbaren Verwalter kirchlicher Sakramente zum entformalisierten Individuum: Visuelle Fremd- und Selbstinszenierungen des Geistlichen in den sechziger Jahren

Vor dem Hintergrund der in den Foren des bundesdeutschen Bildjournalismus geführten Diskussionen über die Etablierung der *life photography*[225] lässt sich in den auflagenstarken Massenillustrierten in den frühen sechziger Jahren ein allgemeiner Wandel erkennen, der auch das Bild des Geistlichen betraf. Neben die in den fünfziger Jahren dominierenden Bilder über das Wirken des Geistlichen als Funktionsträger der Kirchen trat nun eine Visualisierungsform, die das individuelle Schicksal des einzelnen Geistlichen und seinen Kampf um seine persönlichen Überzeugungen aufzeigte. Die Veränderungen der in den Massenillustrierten popularisierten visuellen Stereotypen des Geistlichen lassen sich dabei einerseits mit den Entwicklungen der Pressefotografie erklären, andererseits zweifelsohne auch mit den medial kommunizierten Konflikten zwischen den Kirchen und der sich liberalisierenden Gesellschaft. In den massenmedial vertriebenen Geistlichendarstellungen der sechziger Jahre zeigten sich dabei sowohl die für den deutschen Protestantismus ausgemachte Pluralisierung religiöser Deutungsmuster[226] als auch die zeitgenössisch massenmedial und innerkirchlich artikulierte Kirchen- und Priesterkrise, die vor allem, aber nicht ausschließlich die katholische Kirche betraf.

Allerdings ist der Wandel in der Portraitierung der Geistlichen nicht nur in der Fremddarstellung, sondern darüber hinaus auch in den Selbstinszenierungen von Priestern und Pastoren zu beobachten. Im Folgenden sollen zunächst die medialen Fremdzuschreibungen im Mittelpunkt der Betrachtungen stehen. Es folgt dann ein Abschnitt, der am Beispiel der Selbstdarstellung junger Priester des Erzbistums Paderborn fragt, ob und wie sich diese in der fotografischen Selbstinszenierung in die Tradition älterer Priestergenerationen stellten und sich in der sich zunehmend informalisierenden Gesellschaft neu verorteten.

---

225 Siehe hierzu die Ausführungen über den Wandel des bundesdeutschen Fotojournalismus seit den späten fünfziger Jahren, Kapitel 3.1.
226 Hauschild, »Kirche«.

3.7.1 Die Hinwendung zum persönlichen Schicksal des Geistlichen

Das Bild des diskutierenden und streitbaren Gottesmanns, der seine persönlichen, politischen Standpunkte im öffentlichen Raum vertritt und verteidigt, kann für den öffentlichen Bildhaushalt der Bundesrepublik als ein qualitativ neues gelten. Diese Darstellungsform etablierte sich erst in den sechziger Jahren, nachdem sie in der direkten Nachkriegszeit (etwa in der Diskussion um die Wiederbewaffnung) noch keine dominante Rolle gespielt hatte. Erst der Beginn einer substantiellen journalistischen Auseinandersetzung mit den Themen Religion und Kirche ließ den Pfarrer als Gesprächspartner über den Wandel der Religion in der modernen Gesellschaft für die Medien relevant werden. Dabei hielten Geistliche einerseits Einzug in die Spalten der Lebensberatung, in denen sie ihre Gedanken und Meinungen über religiöse, aber auch scheinbar profane Themen äußerten.[227] Daneben wurden sie zum Sprachrohr einer medial formulierten Kirchen-, Religions- und Gesellschaftskritik. In Diskussionsforen vertrat der Geistliche seine Meinungen in Bezug auf theologische, kirchliche, aber auch gesellschaftliche Streitthemen wie etwa den Umgang mit Deutschlands nationalsozialistischer Vergangenheit[228], die biblische Fundierung der Kindertaufe[229], die Reformierung des Papsttums[230] oder die Auslegung des biblischen Schöpfungsmythos.[231] Das Bild des diskutierenden und streitenden Geistlichen sorgte darüber hinaus für eine konfessionelle Verschiebung in der Darstellung des Gottesmanns: Waren es in den fünfziger Jahren vornehmlich katholische Priester, die den öffentlichen Bildhaushalt prägten, traten nun vermehrt protestantische Pfarrer hinzu, die oftmals in Zivilkleidung visualisiert wurden und für den Betrachter erst durch die Bildunterschriften als Geistliche erkennbar waren. Die Medien zeichneten

---

[227] Regelmäßig gab etwa die *Neue Illustrierte* zwischen 1965 und 1970 einzelnen Geistlichen beider Kirchen Raum für eine Kolumne zur Lebens- und Eheberatung. Die einzelnen Pfarrer blieben dabei keine anonymen Autoren, sondern wurden mit Bild und biografischem Abriss vorgestellt. Für den Beginn der Kolumne siehe: »Was der Pfarrer sagt«, in: *Neue Illustrierte* 43/1965.

[228] Etwa: »De Paster ward da schon moken«, in: *Stern* 5/1965, »Der kalte Kamerad«, in: *Stern* 16/1967.

[229] Etwa: »Der Pastor lässt sein Kind nicht taufen«, in: *Stern* 27/1968.

[230] Etwa: »Fragen an den Rebellenpriester: Wollen Sie den Papst abschaffen?«, in: *Stern* 45/1969; »Splittern und Spalten« in: *Spiegel* 18/1969; »Papst künftig nur noch auf Zeit?« in: *Spiegel* 45/1969; sehr pointiert in: »Vorsicht! Christen von links! Hat die Kirchen-APO eine Chance?«, in: *Pardon* 12/1969.

[231] Etwa: »Der Mann, der Adam und Eva abschafft.« in: *Quick* 29/1962.

die Geistlichen in dieser Rolle als Träger religiöser und gesellschaftlicher Erneuerung, der grundlegende Fragen zu den Perspektiven der Religion in der modernen Gesellschaft aufwarf. Sie wurden hier zu Vermittlern neuer theologischer Strömungen, die gegenüber ihren Amtskirchen oftmals konträre Positionen vertraten und für diese warben. Während die in der massenmedialen Öffentlichkeit kursierenden Bildwelten so bereits schon Mitte der sechziger Jahre diese Figur des rebellierenden Geistlichen prägten, kristallisierte sie sich in den innerkirchlichen Debatten verstärkt in den Jahren nach 1968 heraus. Auf der Seite der evangelischen Kirche können hier vor allem die überaus vielfältigen Ansätze einer genuin protestantischen Rezeption der sich in der Studentenrevolte artikulierenden Thesen zur völligen Neuformierung der westlichen Industriegesellschaften angeführt werden.[232]

Besonders die junge Generation linkspolitisierter Pfarrer und Universitätstheologen vermittelte die revolutionären Ideengebäude der Studierenden innerhalb der evangelischen Kirche. Anders als in vorherigen theologischen Debatten innerhalb des deutschen Protestantismus wurden die Forderungen nach revolutionärer Umgestaltung von Religion und Kirche nun vornehmlich in einer Diskussion über ihre Trägerschicht, eben die linkspolitisierten Pfarrer und Theologen, kommuniziert. Zwar betrachteten Kritiker wie Helmut Thielicke die rebellierenden Geistlichen innerhalb des protestantischen Diskurses auch in der Zeit um 1968 stets als Minderheit, die Relevanz der von ihnen artikulierten Ansätze zum Wandel der evangelischen Landeskirchen wurde jedoch keineswegs negiert.[233] So glaubte etwa Karl-Werner Bühler in seinem Kommentar zur zweiten Celler Konferenz, in den in Celle und später in Bochum versammelten Diskutanten eine »kleine Gruppe von Studenten und Pfarrern ohne Macht und Ansehen« zu erkennen, die trotz allem eine »starke kirchliche Resonanz« für sich verbuchen konnte und unter Umständen nur die »Spitze eines Eisberges« darstellte.[234] Die drei Celler Konferenzen 1968 und 1969 sind neben den von Dorothee Sölle und Fulbert Steffensky initiierten Politischen Nachtgebeten

---

232 Hager, »Protestantismus«.
233 Zur Position Thielickes und der protestantischen Kritik an den sozialen Bewegungen der späten sechziger Jahre siehe: Friedrich, »Thielicke«.
234 Karl-Werner Bühler: »Sozialistische Opposition in der Kirche? Über die zweite ›Celler Konferenz‹«, in: *Lutherische Monatshefte* 8 (1969), S. 284-287, Zitate S. 284f. Zu den Celler Konferenzen und deren fundamentale Kritik an Theologie und Kirchlichkeit des deutschen Protestantismus siehe: Przybylski, »Studentenbewegung«, S. 101–105. Jähnichen/Friedrich, »Krisen«, S. 130ff.

eines der wohl augenscheinlichsten Foren, auf denen sich der Typus des rebellierenden Geistlichen profilieren konnte. Auch wenn es den Organisatoren nicht gelang, mit den Konferenzen einen beständigen Diskussionsraum zu etablieren, bildeten sie doch einen der Höhepunkte des innerprotestantischen Konflikts um Pfarrer, Vikare und Theologen, die sich offen gegen die Positionen ihrer Landeskirchen stellten.

Zugleich zeichneten die massenmedialen Bildberichte die Pfarrer und Theologen der Celler Konferenz schon nicht mehr als rebellische Vertreter ihrer Kirche, sondern vielmehr als Stellvertreter des antibürgerlichen Studentenprotests: Vor einem Mao-Portrait skandierend ging ihre bildliche Darstellung ganz in den typischen Motiven der 68er Studentenrevolte auf, ohne auf eine wie auch immer geartete Form der Kirchlichkeit oder auch nur Kirchenzugehörigkeit zu verweisen.[235]

Abb. 57: »Rote Bibeln: Linkstheologentagung in Bochum«, in: Spiegel 14/1969, Fotograf nicht genannt

In seiner Bildkomposition kann diese Fotografie des *Spiegel* sicher als ein Extrem der Darstellung des innerkirchlichen Protests betrachtet werden. Nicht eine Kirche, sondern eine »Antikirche«, wie die Bildunterschrift betont, soll hier gezeigt werden. Die fotografischen Darstellungen der zweiten medial breit diskutierten Veranstaltungsreihe innerhalb des linken Spektrums der evangelischen Kirche, der Politischen Nachtgebete, changieren hingegen zwischen dem traditionellen Ort kirchlicher Begegnungen und einer neuen Form der christlichen Zusammenkunft.[236] So lassen etwa die fünf Fotografien des *Stern*-Bildjournalisten Herbert Peterhofen, die einen Artikel über das Politische Nachtgebet in der Kölner Antoniterkirche visualisieren, den Ort des Geschehens deutlich als kirchlichen Raum er-

---

235 »Rote Bibeln«, in: *Spiegel* 14 /1969.
236 Zu den Politischen Nachtgebeten siehe: Cornehl, »Sölle«; Kaminsky, *Kirche*, S. 230–234.

kennen, indem der Fotograf dessen Requisiten, wie etwa die Kanzel oder ein Kreuz, mit in den Blick nimmt.[237] Innovativ und deutlich in Abgrenzung zu den Bildern einer traditionellen Gottesdienstgestaltung inszeniert Peterhofen hingegen das Nachtgebet als Diskussionsforum, in dem sich Theologen und Laien ähnlich einer Parlamentssituation austauschen. Von den von Sölle zusammengestellten Bestandteilen eines Nachtgebets (politische Information, dessen Konfrontation mit biblischen Texten, Ansprache, einzelne Aufrufe zur Aktion und Diskussion[238]) findet somit vor allem letzterer Einzug in den *Stern*: Die protestierenden Theologen werden in einem größeren Kreis von diskutierenden Kirchenbesuchern dargestellt. Ihr Protest offenbart sich in der von ihnen angestoßenen Debatte.

Das katholische Gegenstück zum dezidiert anti(amts-)kirchlichen Protest von Theologen bildete die Ablehnung des Priesterzölibats durch die liberalen Kreise der katholischen Kirche Ende der sechziger Jahre. In der Problematisierung der scheinbaren Unmöglichkeit zölibatären Lebens in der modernen städtischen Gesellschaft gewann das Bild des an den Anforderungen seiner Kirche scheiternden Geistlichen auch in den Illustrierten zunehmend an Bedeutung. Die Massenmedien popularisierten hiermit das wohl dominanteste Priesterbild der späten sechziger Jahre, auf dessen Grundlage sich die breit geführten Diskussionen um kirchliche Ideale und gesellschaftliche Vorstellungen über das Wirken des Geistlichen in der modernen Gesellschaft entwickelten. Auch dynamisierten sich hier das massenmedial entworfene Priesterbild und die innerkirchlichen Diskussionen über Sinn und theologische Fundierung zölibatären Lebens und die Aufgaben des Priesters in der Gesellschaft[239]: Nachdem in der deutschsprachigen katholischen Publizistik eine erste intensive Auseinandersetzung mit dem Priesterzölibat mit dem Ende des Konzils 1965 begonnen hatte, setzte 1968, ein Jahr nach der Bestätigung des Priesterzölibats durch die Enzyklika »Sacerdotalis Coelibatus« vom Juni 1967, noch einmal eine verstärkte publizistische Debatte ein, die somit etwa zeitgleich mit der

---

237 »Das Politische Nachtgebet«, in: *Stern* 14/1969.
238 Zum Aufbau und Ablauf der Gottesdienste siehe: Seidel/Zils, *Aktion*; Sölle/Steffensky, *Nachtgebet*.
239 Für die innerkirchliche Diskussion über den Zölibat in zeitgenössischer Perspektive siehe etwa: Wulf, »Zölibatskrise«. Einen Überblick über den Verlauf der innerkatholischen Debatte in Deutschland gibt: Hohmann, »Streitfall«.

Aufnahme des Bildes des am Zölibat scheiternden Priesters in den Massenmedien verlief.[240]

Das in den Medien entworfene Bild gab also nicht den grundsätzlichen Anstoß für die Debatte innerhalb des Katholizismus, kommunizierte diese jedoch über das Stereotyp des scheiternden Geistlichen in eine breite massenmediale Öffentlichkeit. Eine Vorreiterrolle innerhalb des Spektrums der Magazine und Illustrierten nahm hierbei das Hamburger Nachrichtenmagazin *Spiegel* ein, welches das Thema Zölibat bereits zu Beginn des Zweiten Vatikanischen Konzils 1962 auf die Agenda gesetzt hatte und sich dann wieder ab 1967 parallel zum innerkirchlichen Diskurs und den Berichten in den Illustrierten intensiv mit der Problematik auseinandersetzte.[241]

In der Visualisierung der am Zölibat scheiternden Priester griffen die Bildredakteure und nun auch Karikaturisten Bildmuster auf, die sich bereits in den nationalliberalen Visualia des Kulturkampfs im 19. Jahrhundert finden. Deren hämische Parodien lassen sich jedoch weniger in den großen Illustrierten ausmachen, die mit ihren Auflagen mehrere Millionen Leser erreichten, als vielmehr in den damals aufkommenden Jugend- und Satiremagazinen, die meist auf einen engeren Leserkreis beschränkt blieben. Während diese in ihren humoristisch-derben Karikaturen die Stoßrichtung der gängigen Darstellung des Kulturkampfs aufnahmen, die den einzelnen Priester als »besessen von (seinen) Begierden« visualisierte, der in bigotter Doppelmoral Enthaltsamkeit predigte und selbst ein ausschweifendes (Sexual-)leben führte[242], suggerieren die Bilder in den Massenillustrierten der späten sechziger Jahre die Idee des gefallenen Helden, den die rigide Sexualmoral und die Zölibatsvorschrift der Amtskirche in einen tiefen inneren Konflikt trieben. Folgt man der Argumentation der Illustrationen, so lag die Chance zur ehrlichen Überwindung dieses Konflikts in einer Entscheidung für die Lebenspartnerin und somit gegen die Kirche.

---

240 Einen Literaturüberblick über die katholischen Schriften, die sich mit dem Priesterzölibat beschäftigten, gibt (auch in internationaler Perspektive) Wulf, »Situation«. Von den von Wulf zusammengefassten 18 deutschsprachigen Publikationen erschien die große Mehrheit (zwölf) 1968.
241 Eine quantitative Auszählung der Artikel im *Spiegel*, die den Zölibat thematisierten, zeigt einen sprunghaften Anstieg im Jahr 1962: von zwei Artikeln 1961 auf elf Artikel 1962. Nachdem die Anzahl der Berichte zwischen 1963 und 1966 nie mehr als fünf pro Jahr erreichte, setzte 1967 wieder eine verstärkte Auseinandersetzung ein (elf Artikel), die ihren Höhepunkt 1969 mit 19 Artikeln erzielte.
242 Borutta, *Antikatholizismus*, S. 191–200, Zitat S. 197.

Somit zeigen die Bilder sowohl das scheinbare Problem priesterlichen Lebens in der modernen Gesellschaft als auch dessen Lösung: Zum einen konstatieren die Bildzusammenstellungen eine Unvereinbarkeit von zölibatärem Priesterleben und Männlichkeitsvorstellungen (Priester wurden etwa in den typischen Posen der Unterwerfung dargestellt[243]), zum anderen visualisieren sie den gefallenen (und damit seinen Konflikt überwindenden) Geistlichen auf Hochzeitsfotos oder an der Seite von Frauen in typischen Familienszenen wie beim gemeinsamen Einkaufen oder der Pflege des gemeinsamen Kindes.[244] Diese Bilder dominierten die Visualisierungen erst nach 1968, nachdem sie in der Debatte um den Zölibat in den frühen sechziger Jahren, die fast ausschließlich vom *Spiegel* im Zuge der Konzilsberichte geführt worden war, keine Rolle gespielt hatten. Hier waren es nicht die Darstellungen von am Zölibat scheiternden Geistlichen, sondern Abbildungen der kirchlichen Entscheidungsträger, welche die einzelnen Artikel visualisierten. Somit repräsentierten die Visualia die Zölibatsdiskussion als theologischen Streit zwischen Gelehrten, einen Bezug der Diskussion zu den Berufs- und Lebenskrisen einzelner Priester stellten die Bilder nicht her. Erst das Jahr 1968 brachte dann die Hinwendung zum individuellen Schicksal des einzelnen Geistlichen: Ein erstes Bild eines verheirateten Priesters veröffentlichte der *Spiegel* im April 1968.[245] Auch die anderen Illustrierten nahmen dieses Bild erst ab 1968 auf.[246] Anlass boten zum einen neue Buchpublikationen (wie im Fall des *Spiegel*-Artikels vom April 1968), zum anderen scheinbar spektakuläre Fälle wie die Eheschließung des ehemaligen geistlichen Betreuers der deutschen Olympiamannschaft 1968.[247] Die verheirateten Priester wurden so als Sinnbild und als Argu-

---

243 Etwa: »Sind Priester keine Männer?«, in: *Stern* 6/1969; »Papst künftig nur noch auf Zeit?«, in: *Spiegel* 45/1969.
244 Etwa: »Wenn Priester Hochzeit machen«, *Stern* 10/1970.
245 »Warum war Jesus nicht verheiratet?«, in: *Spiegel* 13/1968.
246 Etwa: »Die Priester und die Frauen«, in: *Stern* 22/1969; »Rebellion gegen den Papst«, in: *Stern* 6/1970; »Priester schickt dem Bischof seine Verlobungsanzeige«, in: *Neue Illustrierte Revue* 48/1968; »Ein Ex-Priester trat vor den Traualtar«, in: *Neue Illustrierte Revue* 24/1969; »Katholischer Priester wurde kirchlich getraut«, in: *Neue Illustrierte Revue* 28/1969. Die *Neue Illustrierte*, die bereits 1964 und im Folgejahr zwei Berichte über katholische Geistliche veröffentlichte, die ihr Priesteramt aufgeben und heiraten wollten, bebilderte diese Artikel noch mit den Visiotypen des »klassischen« Priesters, der auf einer Prozession oder der Messfeier seinen Aufgaben nachging: »Die Liebe war stärker«, in: *Neue Illustrierte* 17/1964; »Des Bischofs schwache Söhne«, in: *Neue Illustrierte* 9/1965.
247 »Kaplan Leberts große Liebe«, in: *Stern* 37/1968; »Olympia-Priester will lieber heiraten«, in: *Neue Illustrierte* 37/1968.

ment für die Überholtheit katholischer Normvorstellungen inszeniert. Anders als in der Zölibatskritik des Kulturkampfs wurden die einzelnen Priester also nicht als Täter, sondern vielmehr als Opfer der Institution Kirche gezeichnet, welche die Geistlichen in eine scheinbar nicht mehr zeitgemäße Lebensform zwängte.

Die Visualisierungen der Zölibatsproblematik lassen sich zwei grundlegenden medialen Entwicklungen zuordnen: Einerseits kann die Darstellung des Geistlichen in einen größeren Zusammenhang des von den Massenmedien aufgenommenen antiinstitutionellen Protests eingeordnet werden. Andererseits steht auf der Folie dieser generellen Anklage der Institution wiederum ein persönliches Schicksal im Fokus des Interesses. So lassen sich auch in dieser Hinwendung zum persönlichen, inneren Konflikt des einzelnen Geistlichen, der vor die Wahl zwischen Verzicht auf eine Lebenspartnerin oder Aufgabe des Lebensentwurfs gestellt wird, die Prämissen der *life photography* erkennen.

3.7.2 Informalisierungsprozesse in der Selbstinszenierung junger Priester

Wie aber inszenierten sich Geistliche in der Zeit des verstärkten gesellschaftlichen und kirchlichen Wandels selbst? Auch in der kirchlichen Visualisierung von Geistlichen setzten in den sechziger Jahren einschneidende Veränderungsprozesse ein, die sich mit dem Begriff der *Informalisierung* fassen lassen. Diese Veränderungen klerikaler Selbstbilder und deren visuelle Präsentation vollzogen sich jedoch erst, als in den populären Medien die traditionellen Visiotypen von katholischen Priestern bereits in Frage gestellt und durchbrochen worden waren. Die Veränderungen priesterlicher Selbstinszenierungen sollen im Folgenden an den Fotografien der Neupriester des westfälischen Erzbistums Paderborn abgelesen werden, die jeweils am Tag der Priesterweihe als Gruppenportraits fotografiert wurden.

Als eine seit Ende des 19. Jahrhunderts bestehende Tradition stellten die Fotografien der Neupriester die Gruppe der jungen Geistlichen der Öffentlichkeit vor und dienten den jungen Priestern selbst zudem als Erinnerungsstück. Die ersten bis heute überlieferten Fotografien dieser Art stammen aus dem Jahr 1892. Dabei sind sämtliche Fotografien bis heute erhalten und werden auf dem Internetauftritt des Paderborner Priesterseminars präsentiert.[248] Seit dem Jahr 1914 können die Fotografien der Neupriester mit dem Begriff »Weihefotos« gefasst werden, sie wurden kurz vor oder im Anschluss an die Priesterweihe fotografiert.

Für die Diskussion um den innerkirchlichen Wandel des Geistlichenbildes sollen diese Gruppenportraits in der Folge als kirchlicher Versuch einer »Objektivierung des (priesterlichen) Selbstbildes«[249] verstanden werden. In ihnen präsentierte das Erzbistum nicht nur die Personen der Neupriester, sondern entwarf und popularisierte auch zeitspezifische Priesterbilder, die parallel zum allgemeinen Wandel der Portraitfotografie, aber auch vor allem der Veränderung von Kirche und Religion und deren Verhältnis zur bzw. innerhalb der Gesellschaft tief greifenden Veränderungsprozessen unterlagen.

In den Weihefotos der Paderborner Neupriester wird die für Portraitfotos typische Verbindung zwischen Funktionalität und Ästhetik deutlich: Weil sie einen bestimmten Zweck erfüllen sollten, folgten sie einer spezifischen zeitgenössischen Ästhetik.[250] In ihnen setzten sich die jungen Geistlichen selbst in Szene und stellten sich in die Traditionslinie der Priesterschaft des Erzbistums. Gerade die Tatsache, dass das Portrait ein Gruppenportrait ist und nicht eine Aneinanderreihung von Einzelportraits, mag diese Traditionslinie verdeutlichen: Das Individuum geht hier ganz im Kollektiv der Priesterschaft auf. Zudem unterstreicht die bis in die sechziger Jahre übliche Soutane, die von allen Neupriestern getragen wurde, die Kollektivität der abgebildeten Priester. Die Uniformität der für den Priesterstand reservierten Kleidung konstituiert die Neupriester als Gruppe. Darüber hinaus soll die Tradition der Weihefotos den Neupriestern verdeutlichen, dass jeder von ihnen »in eine über ihn hinwegreichende Bistumsgeschichte eingebunden ist«.[251]

---

248 Die Weihefotos liegen im Archiv des Erzbischöflichen Priesterseminars Paderborn. In den achtziger Jahren begannen Seminaristen, die über Jahre hinweg lose gesammelten Fotografien zu datieren und zu ordnen. Bei den Fotografien aus dem 19. Jahrhundert kann es dabei bei der genauen Datierung vereinzelt zu Ungenauigkeiten gekommen sein. Für die hier zu verfolgende Argumentation sind diese möglichen Ungenauigkeiten indes nicht relevant. Für wertvolle Hinweise zur Einordnung der Fotografien danke ich Herrn Monsignore Uwe Wischkony, Herrn Prälat Peter Klasvogt und Herrn Prälat Heribert Schmitz.
249 Bourdieu, »Definition«, S. 94.
250 Ebd., S. 97–105.
251 So die Aussage von Monsignore Uwe Wischkony, seit 2005 Regens des Paderborner Priesterseminars; E-Mail an den Autor vom 11. Mai 2009.

Diese funktionale Ästhetik mag erklären, warum recht statische Bildkompositionen die Weihefotos über einen so langen Zeitraum zwischen 1930 und den sechziger Jahren prägen konnten. Fotograf und Auftraggeber orientierten sich in ihnen an der gängigen Ästhetik des Gruppenportraits, da die Fotografien ursprünglich für einen ganz bestimmten Verwendungszusammenhang, nämlich der Vorstellung der Neupriester und der Erinnerung an den Tag ihrer Weihe, und für eine ganz bestimmte Zielgruppe, nämlich für die Neupriester selbst und die interessierte katholische Bevölkerung, produziert wurden. Für viele Priester wird diese Fotografie (ähnlich einem Hochzeitsfoto eines Laien) zum lebenslangen Begleiter, der den Schreibtisch oder die häusliche Wohnung ziert. Umso bedeutsamer mag vor diesem Hintergrund der Wandel der Weihefotos Mitte der sechziger Jahren zu beurteilen sein, den es im Folgenden nachzuzeichnen und einzuordnen gilt. Dieser visuelle Wandel zeigt, so die Hypothese, eine grundlegende Veränderung des priesterlichen Selbstbilds, die sich zu diesem Zeitpunkt vollzog. Es ist davon auszugehen, dass es sich gerade bei den Selbstbildern von Priestern um äußerst wirkmächtige Ansichten über die Person des Geistlichen innerhalb der katholischen Teilöffentlichkeit handelte. Dessen Vorstellungen über den Priesterstand wurden eben nicht nur im erzbischöflichen Priesterseminar ausgebildet, sondern konnten anschließend auch in einer viel größeren Öffentlichkeit innerhalb der katholischen Pfarrgemeinden ihre Wirkung entfalten konnten.

Im Folgenden soll es zunächst um die Genese der Portraitfotografie mit einem Fokus auf die Stadt Paderborn und die Region Westfalen gehen, um zu verdeutlichen, dass die Entstehung des Genres »Weihefotografie« gegen Ende des 19. Jahrhunderts ganz im Zeichen der Entstehung von Portraitfotografien verortet ist, die in der oberen Mittelschicht vieler europäischer Staaten einen Boom erlebten.

Aufkommen und Entwicklung der Portraitfotografie im Raum Paderborn und die ersten Weihefotografien

Der Beginn der Tradition des Weihefotos ist unverkennbar mit der Etablierung der Portraitfotografie in Deutschland als bürgerliches Statussymbol im 19. Jahrhundert verbunden. Diese trug zu einem enormen Aufschwung des neuen Mediums und zu dessen Ökonomisierung in Produktion und Vertrieb bei.²⁵² Nachdem der Pariser Fotograf André Adolphe-Eugène Disdéri in den fünfziger Jahren des 19. Jahrhunderts ein fotografisches Verfahren entwickelt hatte, das die Herstellungskosten von Papierfotografien entscheidend senkte, war es nun auch einer breiteren bürgerlichen Schicht möglich, individuelle Portraitaufnahmen anfertigen zu lassen.²⁵³ Disdéri revolutionierte nicht nur die Produktion der Fotografien, sondern vor allem deren Format. Er entwickelte seine Fotografien auf kleinen Karten, den so genannten *carte-de-visite*, die in beliebiger Anzahl nachgedruckt werden konnten und sich schnell zu einem beliebten Handelsprodukt entwickelten.

Auch in der Region Westfalen konnten sich diese neuartigen Verfahren der Portraitfotografie in der zweiten Hälfte des 19. Jahrhunderts etablieren. Schnell wurden die Produktion und der Handel mit den Fotos zu einem »glänzenden Geschäft« für eine Vielzahl lokaler Fotografen.²⁵⁴ Während bis in die fünfziger Jahre Fotoateliers zumeist nur in Großstädten entstanden waren, eröffneten nun auch in kleineren und mittleren Städten wie Paderborn zahlreiche Ateliers, deren Inhaber ihre Dienstleistung und Produkte der begüterten Ober- und oberen Mittelschicht anboten. Waren es vorher im gesamten westfälischen Bereich fast ausschließlich Wanderfotografen, so genannte Wanderdaguerreotypisten, die Fotografien zumeist auf Märkten anboten hatten, konnte 1863 in Paderborn ein erstes Fotoatelier gegründet werden, in dem der Fotograf Wilhelm Koppelmann vor allem die beliebten Portraitfotografien im Visitenkartenformat produzierte und vertrieb.²⁵⁵

Bis 1882 kam es jedoch lediglich zu einer einzigen weiteren Neugründung. Erst danach wurde die Fotografiewirtschaft für Gewerbetreibende finanziell so ertragreich, dass es innerhalb kürzester Zeit zu einer Vielzahl von Neueröffnungen kam.²⁵⁶ Auch der Handel mit Fotografien erlebte in der zweiten Hälfte des 19. Jahrhunderts einen enormen Boom. Da die Zeitungen und Zeitschriften noch keine Bilder druckten, wurde der Hunger nach Fotografien zumeist mit kleinen Bildern gestillt, wie sie etwa der Paderborner Schöningh-Verlag seit Mitte des Jahrhunderts vertrieb. Unter den beliebten Sujets fanden sich bereits zu dieser Zeit kirchliche Amtsträ-

---

252 Für den Aufstieg der Portraitfotografie in Frankreich siehe: Freund, *Photographie*, S. 103f.
253 Jacob, »Fotografie«, S. 119.
254 Ebd., S. 121.
255 Für die Geschichte der Fotografie in Paderborn siehe: Gaidt, »Anfänge«.
256 Dazu ausführlich: Ebd.

ger und religiöse Szenerien. So bewarb die Paderborner Buch- und Kunsthandlung Schöningh, aus der sich der Verlag Ferdinand Schöningh entwickelte, 1863 Portraitfotografien von Papst Pius IX. und des Paderborner Bischofs Konrad Martin.[257] Auch die Überführung des Leichnams des Bischofs, der 1879 im belgischen Exil starb, wurde von Carl Schade, einem örtlichen Fotografen, fotografisch festgehalten.[258] Gerade in der katholisch geprägten Region um die ostwestfälische Bischofsstadt konnten Bilder wie diese in Zeiten des Kulturkampfs die Verbundenheit der Einwohner zum katholischen Klerus stärken.[259] Während seiner von der Staatsmacht erzwungenen Abwesenheit ließen die Fotografien den Paderborner Bischof in seiner Bischofsstadt präsent sein und zwar nicht nur in Portraits, die das erzbischöfliche Palais zierten, sondern auch in den Häusern gläubiger Katholiken, die in politischer Solidarität und katholischer Ehrfurcht die Portraitfotografien ihres Bischofs erwarben. Der Erfolg der Fotografien mit dem bischöflichen Konterfei ist Ausdruck eben dieser Verbundenheit, die auch in anderen Regionen Deutschlands zu beobachten ist.

Die Produktion und Verbreitung von fotografischen Portraits als medialer Ausdruck klerikaler Selbstinszenierung und Indikator der Verbindung zwischen katholischer Bevölkerung und dem Klerus lassen sich also bis in das 19. Jahrhundert zurückverfolgen. Sie entstammen zudem einer Zeit, in der die priesterliche Seminarausbildung des Bistums Paderborn einen rasanten Aufschwung erlebte, der sich nach der Beendigung des Kulturkampfs in einem sprunghaften Anstieg der Priesteramtskandidaten und Weihen äußerte.[260] Das erste Weihefoto, das überliefert ist, stammt vermutlich aus dem August 1892.[261] Es kann als typisches Beispiel für eine Portraitfotografie gelten, die sich in der zweiten Hälfte des 19. Jahrhunderts von ihrem Vorbild, der Portraitmalerei, emanzipierte und eigene ästhetische Grundsätze ausbilden konnte. Dabei stießen die ersten Foto-

---

257 Ebd., S. 353.
258 Für weitere Beispiele, etwa ein Foto, das den Besuch des Nuntius Eugenio Pacelli auf dem Paderborner Liborifest zeigt, siehe: Ebd., S. 338.
259 Naarmann, »Bischofsstadt«.
260 Ernesti, »Priesterseminar«, insbesondere S. 31–33.
261 Der Fotograf dieses Fotos oder die genaueren Umstände von dessen Produktion lassen sich leider nicht mehr rekonstruieren. Es ist jedoch davon auszugehen, dass es sich gerade in den ersten Jahren um professionelle Fotografen handelte. Seit einigen Jahren liegt die Produktion der Weihefotos in den Händen des Fotografen des Paderborner Bistumsblatt »Der Dom«; E-Mail von Monsignore Uwe Wischkony an den Autor vom 10. Mai 2009.

grafen, die sich in ihren Gruppenportraits noch stark an die gemalten Vorbilder anlehnten, zunächst auf Probleme bei der Ausleuchtung der Gruppenszenerien. Auch suchten die Fotografen noch nach Formen, wie eine Einheit stiftende Handlung fotografisch zu inszenieren sei, um die Gruppe als zusammengehörende Einheit darzustellen und die Darstellung nicht als Addition von Einzelportraits erscheinen zu lassen. Gerade wegen der langen Belichtungszeiten, welche die Fotoproduktion im 19. Jahrhundert noch erforderte, ließ sich die Einbindung von typischen Posen und Handlungen, welche die Dargestellten als Gruppe erkennbar machen sollten, äußerst schwer realisieren. So lässt sich in der Fotografie des 19. Jahrhunderts eine Entwicklung beobachten, die ihren Ausgangspunkt in den an der Malerei orientierten und szenisch inszenierten Gruppenportraits nahm, um dann in einer auf die szenische Inszenierung verzichtenden, spezifisch fotografischen Ästhetik des Gruppenportraits aufzugehen.[262] Somit wurde das fotografische Gruppenportrait im ausgehenden 19. Jahrhundert und auch darüber hinaus von einer gewissen Statik dominiert, die sich nicht zuletzt in den festen, oftmals starr wirkenden Blicken der Portraitierten in die Linse des Fotografen offenbarte.

Dieser für die fotografischen Gruppenportraits typische starre Blick fällt dem Betrachter auch in der ersten Portraitfotografie der Paderborner Neupriester ins Auge. Das Bild zeigt eine Reihe von Neupriestern sowie Geistliche, die für deren Ausbildung zuständig waren.[263]

Drei der Geistlichen sitzen auf einem Stuhl. Ort der Szenerie, so zumindest die Vermutung, ist der Eingangsbereich des bischöflichen Priesterseminars. Alle Priester blicken ernst in die Kamera und tragen die priesterliche Soutane, also das für ihren Stand typische Kleidungsstück. Zwei Geistliche schieben ihre rechte Hand in die Soutane, eine Geste, die zumeist Napoleon zugeschrieben wird, in der Portraitmalerei jedoch bereits im 18. Jahrhundert auftrat.[264] Sie kann hier als stolze Pose der gehobenen Bildung gelten, durch die der abgebildete Priester dem Betrachter seine würdevolle Herkunft anzeigt. Das Bild orientiert sich an der klassischen

---

262 Schumacher, »Gruppenportrait«, S. 23–26.
263 Es liegt die Vermutung nahe, dass es sich bei den älteren Personen um den Regens, den Subregens und eventuell die Spiritualen des Priesterseminars handelt. Der Bischof von Paderborn ist noch nicht auf dem Foto zu sehen. Diese Tradition hielt zum ersten Mal 1946 Einzug und wurde ab 1974 zur Regel. Seitdem lassen sich die Paderborner Erzbischöfe mit den Neupriestern ablichten. Eine genaue Zuordnung der Personen auf den Weihefotos des ausgehenden 19. Jahrhunderts ist kaum möglich.
264 Meyer, »Statuary«.

Anordnung eines Gruppenportraits des ausgehenden 19. Jahrhunderts: Die portraitierten Personen sind von vorn abgebildet, in achtungsgebietender Distanz zum Betrachter und mit ernstem Blick harren sie unbeweglich in würdevoller Pose.[265] Lediglich ihre Kleidung (neben der Soutane erkennt der Betrachter auf dem Schoß eines Geistlichen das priesterliche Birett) gibt die Dargestellten zweifelsfrei als Priester aus. Haltung und Pose reflektieren ganz allgemein den ständischen Stolz einer gehobenen Mittelschicht, wie er im ausgehenden 19. Jahrhundert auch in anderen Berufsgruppen, etwa bei Gymnasiallehrern, zu finden war.

Abb. 58: Paderborner Weihefoto des Jahres 1892, Archiv des Erzbischöflichen Priesterseminars Paderborn

Die zehn weiteren überlieferten Weihefotografien bis zum Zweiten Weltkrieg belegen ein überraschendes Experimentieren mit dem Genre. Noch scheinen weder ein fester Ort noch eine feste Komposition für das Weihefoto gefunden zu sein. So posieren die Geistlichen 1900 lächelnd in einem Paderborner Garten. Die statische Anordnung der abgebildeten Personen, die 1892 noch das Foto prägte, findet sich hier nicht. Scheinbar zwanglos stehen die Priester vor einer Gartenlaube. Ein Laie, den sein Zylinder, sein Cutaway und sein gut erkennbarer Orden am Revers als lokale Autorität zu erkennen geben, findet sich in zentraler Position. Die Szenerie vermittelt die Idee einer vermeintlich spontanen Zusammenkunft und steht atmosphärisch in einem deutlichen Gegensatz zu der statischen Komposition von 1892.

1914 posieren die Neupriester in ihrer Studierstube vor Tischen mit einem aufgeschlagenen Buch. Hier wiederum ordnet sich die Gruppe in zwei Reihen, ihre ernsten, aufschauenden Blicke gehen zumeist direkt in die

---

265 Vgl. hierzu Bourdieu, »Photographie«, S. 92–94.

Kamera, nur einige wenige Priester blicken am Betrachter vorbei. Die scheinbare Spontaneität, die das Weihefoto von 1900 zeigte, geht hier gänzlich im Ernst der Gesichter verloren.

Das Weihefoto von 1920 zeigt die Jungpriester auf einer Bergwanderung in freier Natur. Hier scheint es kein professioneller Fotograf gewesen zu sein, der die Priester ablichtete, lässt die Fotografie doch gänzlich die gängige Ästhetik der Portraitfotografie vermissen, welche die bisherigen Weihefotos prägte. Mit seiner Missachtung der fotografischen Konventionen (keiner der vier abgebildeten Priester schaut in die Kamera, einer von ihnen blickt gar auf den Boden) erinnert das Foto in freier Natur eher an den spontanen Schnappschuss eines Hobbyfotografen. Vor dem Hintergrund der in den zwanziger Jahren rapide ansteigenden Zahl von privaten Amateurfotografen, die sich an den sinkenden Preisen der Kameras und den hohen Auflagen der einschlägigen Magazine und Zeitschriften für Amateurfotografen ablesen lässt, liegt die Vermutung nahe, dass für das Weihefoto ein Knipser gewonnen werden konnte, der die vier Priester ablichtete.[266] Auch die Szenerie des Fotos, eine wild bewachsene Wiese und ein Bergmassiv im Bildhintergrund, spricht für diese Annahme, entwickelte sich die touristisch erschlossene Natur doch bereits im ausgehenden 19. Jahrhundert zum beliebten Setting der Amateurfotografie.[267]

Diese vier Beispiele zeigen, dass sich die Weihefotografien bis etwa 1930 durch eine motivische und ästhetische Offenheit im Hinblick auf ihre Inszenierung auszeichneten. Auch scheint zumindest ein Teil von ihnen nicht von professionellen Fotografen produziert worden, sondern vielmehr in Eigenregie entstanden zu sein. Erst nach 1930 etablierten sich die professionell wirkenden Fotografien, welche die Gruppe der Neupriester vor dem mächtigen Eingangstor des Leokonvikts, der Ausbildungsstätte der Paderborner Priesteramtskandidaten, zeigen. Dieses Motiv blieb bis Mitte der sechziger Jahre relativ unberührt: Eine Gruppe von wechselnder Größe blickt in fester Ordnung in die Kamera, lediglich der Blickwinkel auf die Geistlichen ist gewissen Konjunkturen unterworfen. Zumeist dominiert in den Fotografien dabei eine gestaffelte Anordnung der Priester: Im Vordergrund ist eine kleinere Gruppe von Geistlichen zu sehen, die auf einem Stuhl Platz genommen hat. Hinter ihr stehen – je nach Anzahl der neu geweihten Priester – eine oder mehrere Reihen mit weiteren Neu-

---

266 Zur Entwicklung der privaten Fotografie und der Ästhetik der Amateurfotografie siehe: Starl, *Bildgeschichte*, insbesondere S. 95–98.
267 Ebd., S. 57–70.

priestern. Zentral sitzen zumeist die klerikalen Würdenträger, selten der Erzbischof, öfters hingegen die Priester der Hausleitung. Diese Konvention unterstreicht die hierarchische Ordnung innerhalb des Klerus, die in den Fotografien aufgenommen und visuell bestätigt wurde: Um den Erzbischof bzw. die älteren Geistlichen herum versammeln sich die jungen Kleriker. Die zentrale Stellung des vor den Neupriestern stehenden Erzbischofs, die seit 1973 Jahre die Regel ist, konnte sich bis heute erhalten. Der Erzbischof von Paderborn nimmt seitdem die Rolle des wiederkehrenden Präsentators ein, der die neu geweihten jungen Herren um sich scharrt und der Öffentlichkeit präsentiert, um sie somit quasi in die Welt zu entsenden.

Das Foto des Jahres 1960 kann als typisches Beispiel für diese strikte Ordnung des dominierenden Portraittyps der vierziger, fünfziger und beginnenden sechziger Jahre gelten. Auf ihm ist die relativ große Anzahl von 42 Priestern in fünf Reihen abgebildet. Sie präsentieren sich vor der Kulisse des Eingangsportals des zwischen 1929 und 1931 neu erbauten Priesterseminars.

Abb. 59: Paderborner Weihefoto des Jahres 1960, Archiv des Erzbischöflichen Priesterseminars Paderborn

Die beiden zentral ins Bild gesetzten Geistlichen gehören augenscheinlich nicht zu der Gruppe von Neupriestern. Sowohl ihr Alter als auch ihre Pose unterscheiden sie deutlich von den übrigen Personen auf dem Bild, ihre übereinander geschlagenen Arme und ihr strenger Blick mögen als kühle Distanz der älteren Priester der Seminarleitung gedeutet werden. Lassen sich also in Pose und Blick Unterschiede zwischen den Geistlichen der Hausleitung und den Jungpriestern ausmachen, so tragen doch alle abgebildeten Priester ihre schwarze Soutane. Die überwiegende Mehrzahl von ihnen hat zudem die Haare streng gescheitelt und blickt den Betrachter direkt an. Gerade unter den Neupriestern dominiert hier also noch die Uniformität der Abgebildeten. Die Gruppe tritt nicht als Gemeinschaft individueller Persönlichkeiten auf, sondern als geschlossene Einheit, die sich durch Studium und Weihe im Priesterstand gefunden hat. Geradezu stereotyp wirken nicht nur Haltung, Anordnung, Kleidung und Frisur, sondern ebenso die in den Schoß gelegten Hände der jungen Priester in der ersten Reihe, die wohl als Pose der Demut und der Zurückhaltung gelesen werden kann.

Zudem unterstreichen die symmetrische Kulisse und die feste Ordnung der Gruppe die strenge Komposition der Gruppenfotografie. Der Hintergrund wird von zwei mächtigen Pfeilern in drei etwa gleich große Teile getrennt, die wiederum von den schwarzen Gittern der Eingangspforten ausgefüllt werden. Diese strenge Symmetrie wird in der Anordnung der in fünf Reihen versammelten Personen aufgegriffen. Die Inszenierung verzichtet auf jeglichen Anschein von Spontaneität, die formalisierten Posen (insbesondere die in den Schoß gelegten Hände der Priester in der ersten Reihe) wirken eingeübt und angelernt.

Die Inszenierung des informalisierten Geistlichen: Abrupter Wandel in der Ästhetik der Weihefotos in den sechziger Jahren

Diese strengen Szenerien wie auch Posen der Uniformität verlieren sich Mitte der sechziger Jahre. Der abrupte Wandel der klerikalen Selbstinszenierung offenbart sich dabei nicht als schleichender Prozess, er lässt sich in den Weihefotos vielmehr ziemlich genau auf das Jahr 1965 datieren, also genau dem Jahr, indem das Zweite Vatikanische Konzil seinen Abschluss fand. Das Weihefoto des Jahrgangs 1965 bricht radikal mit den in den vorhergehenden 20 Jahren eingeübten Posen, der priesterlichen Kleidung und dem abgebildeten Ort. Das Weihefoto wurde diesmal nicht vor dem Eingangsbereich des Leokonvikts aufgenommen, sondern in dessen Garten. Auch haben die Neupriester diesmal auf Stühle verzichtet, auf der die Geistlichen in der ersten Reihe sitzen.

Die vier Jungpriester, die sich vor der Gruppe postiert haben, hocken in legerer Pose vor ihren Standesgenossen. Ihre Arme haben sie lässig über die Knie gelegt. Hinter ihnen stehen in lockerer Anordnung zwölf weitere Geistliche. Alle Gesichter zeigen ein breites Lächeln, einige Geistliche lachen herzlich. Nur wenige von ihnen schauen direkt in die Kamera, die meisten Blicke gehen am Betrachter vorbei. Neben der informellen Haltung, welche die bewegungslose Stellung und die starren Blicke der vorherigen Weihefotos ablöst, unterscheiden sich die jungen Geistlichen vor allem durch ihre Kleidung von ihren Vorgängern. Während 1964 noch alle Neupriester in Soutane fotografiert wurden, trägt nun kein einziger von ihnen mehr das traditionelle priesterliche Gewand. Stattdessen tragen die Jungpriester einen schwarzen Anzug, lediglich der weiße Kollarkragen ist als textiles Standessymbol geblieben. Auch die älteren Geistlichen der Hausleitung haben ihre Soutane abgelegt und tragen einen schwarzen Anzug. Mit dem Wegfall der einheitlichen Kleidung geht die Idee der Uniformität gänzlich verloren. Auch in den Posen unterschieden sich die jungen Geistlichen deutlich voneinander. Während einer von ihnen fast verträumt in den Himmel blickt, lächeln andere den Betrachter an. Zudem dominieren nun nicht mehr die gescheitelten Haare, sondern modische Fönfrisuren. So entsteht das Bild einer inkohärenten Gruppe von Individuen, die sich durchaus an der Mode ihrer Zeit orientiert und einen beträchtlichen Teil ihrer äußerlichen Standesmerkmale abgelegt hat.

Abb. 60: Paderborner Weihefoto des Jahres 1965, Archiv des Erzbischöflichen Priesterseminars Paderborn

Auch wenn spätere Jahrgänge wieder die Frontfassade des Leokonvikts als Ort für das Weihefoto wählten und die Fotografie im Garten somit nur als kurzes Intermezzo gelten kann, scheint sich die Kleidung und die Mimik der Priester auf den Fotografien mit dem Jahre 1965 doch unwiderruflich verändert zu haben. Die Soutane gerät (mit Ausnahme des Bischofs) zu einem äußerst seltenen Kleidungsstück: Auf den Bildern von 1968 und 1976 ist jeweils noch ein Neupriester in seiner Soutane zu sehen, in den achtziger Jahren verschwindet sie ganz. Erst 1998 findet sich wieder ein junger Geistlicher, der sich im traditionellen priesterlichen Rock ablichten lässt, seitdem tritt dieser vereinzelt wieder auf.

Mit dem Ablegen der Soutane beginnen die Neupriester zudem, mit den Farben ihrer Kleidung zu experimentieren. Nachdem in den siebziger Jahren graue Anzüge durchaus keine Seltenheit waren, stechen 1994 zwei junge Geistliche gar mit einer strahlend blauen bzw. knallroten Anzugjacke hervor. Auch die Uniformität der Frisuren verschwindet seit den späten sechziger Jahren vollends. So scheint heutzutage das Repertoire an möglichen Selbstdarstellungen unbegrenzt: Ob in traditioneller Soutane, in farbigem Anzug, mit Kollarkragen oder auch mit blondierten Haaren, die Möglichkeiten der Inszenierung von jungen Priestern scheinen zahllos und spiegeln in ihrer Breite die gesellschaftlich akzeptierten Normen für die formale Kleidung und das Auftreten junger Männer wider. Somit verloren die genuinen Standesmerkmale des Priesters an Bedeutung. Als offenkundigstes Beispiel gilt hierfür die Soutane. In ihren Weihefotos ging es den jungen Geistlichen nun nicht mehr um die augenscheinliche Abgrenzung von der säkularen Welt. Gerade die Fotografien der zweiten Hälfte der sechziger Jahren vermitteln vielmehr das Bild eines Geistlichen, der sich mitten in der Welt verortet und in dieser wirken kann. Die in den sechziger Jahre in breiten Gesellschaftsteilen der Bundesrepublik um sich greifende Welle der Informalisierung, die sich nicht nur in einem Wandel von Kleidung und Auftreten, sondern auch im täglichen Miteinander von Vorgesetzten und Untergebenen, in dem Verhältnis von Eltern und Kindern oder auch im gesellschaftlichen Umgang mit Sexualität äußerte, erreichte also auch die jungen Priester, die – in Einklang mit den Ausbildungsleitern des Priesterseminars – diesen Prozess in die Inszenierung der Weihefotos einbrachten.[268]

Diese Beobachtungen lassen sich bei weitem nicht nur für Westdeutschland machen, sondern können als westeuropäisches Phänomen gedeutet werden, das den Katholizismus in der Mitte der sechziger Jahre erfasste. Patrick Pasture bringt diese Entwicklung mit einem allgemeinen nachkonziliaren Trend des »bringing the church to the people« in Verbindung.[269] Während sich dieser liturgisch etwa in der Messzelebration in der Landessprache oder der Einbindung zeitgenössischer Lieder und Gebetstexte äußerte, offenbarte er sich außerhalb der Gottesdienste im alltäglichen Umgang der Priester mit den Laien der Gemeinde. Als visuelles Kennzeichen dieser Entwicklung macht Pastures in vielen Ländern Euro-

---

268 Zu den verschiedenen Bereichen der Informalisierung in der bundesdeutschen Gesellschaft siehe: Korte, *Gesellschaft*, S. 94–102.
269 Pasture, »Christendom«, S. 105f.

pas das Ablegen des traditionellen Priesterrocks durch eine Vielzahl von Priestern aus.[270] Hiermit versuchten die Geistlichen, die vormals hermetisch erscheinenden Schranken zwischen dem geistlichen Stand und den Laien abzubauen und den Gemeindemitgliedern »auf Augenhöhe« zu begegnen. So offenbart sich ein Priesterbild, das den Geistlichen als ein Glied inmitten seiner Gemeinde versteht.

---

270 Ebd., S. 106; Pasture will seine nicht näher spezifizierte Aussage über das Abgelegen des traditionellen Priesterrocks als Phänomen verstanden wissen, das in ganz Nordwesteuropa zu beobachten ist.

4. Auf der Suche nach der Alternative zur traditionellen Kirchlichkeit

4.1 Paul VI. als Persiflage: Die satirische Desavouierung des Kirchenoberhaupts

Kaum ein Ereignis prägte die bundesdeutsche Diskussion über den Stellenwert von Religion und Kirchen in der Bundesrepublik so wie die päpstliche Enzyklika »Humanae Vitae«, in der Papst Paul VI. 1968 das Nein der katholischen Kirche zur künstlichen Empfängnisverhütung zementierte. Gerade für die visuelle Darstellung des Papstes, aber auch für die Inszenierung von Priestern und rebellierenden Laien kann die Diskussion um die umstrittene Enzyklika als einschneidendes Ereignis gelten. Sie brachte den Redakteuren mit ihrer Diskussion über das Verhältnis von Kirche, Religion und Sexualität nicht nur ein neues thematisches Umfeld, sondern sorgte zudem für ein neues Genre der Visualisierung von Kirche und Religion in der Bundesrepublik: dem parodistischen Spottbild.

4.1.1 Das karikaturistische Spottbild des Papstes vor dem 20. Jahrhundert

Die visuelle Verspottung eines Papstes ist in den späten sechziger Jahren des 20. Jahrhunderts bei weitem kein neues Phänomen. Seit der Erfindung des Buchdrucks und der damit einhergehenden Möglichkeit, gedruckte Bildträger in großen Mengen zu vervielfältigen, konnten visuelle Satiren über das Kirchenoberhaupt eine breite Öffentlichkeit erreichen. Spottbilder wurden seither als Mittel der religiösen und politischen Propaganda genutzt und avancierten bereits im 16. Jahrhundert zu deren primärem Ausdruck. Die verstärkte, sich an eine breite Öffentlichkeit richtende visuelle Auseinandersetzung mit den Kirchen, deren religiösen Glaubensaussagen und hierarchischen Vertretern kann als ein bedeutender Pfeiler des reformatorischen Kommunikationsprozesses gelten.¹ Bilder gaben ihren Zeichnern bzw. den Distributoren der Flugblätter die Möglichkeit, eine verdichtete Botschaft so zu kommunizieren, dass sie auch für die Teile der Bevölkerung decodierbar war, die als Analphabeten an einer schriftlichen Form der Kommunikation nicht teilnehmen konnten. Die Karikaturen konnten so einen erheblichen Einfluss auf die Deutungen von Reformation und Gegenreformation ausüben und ihre »für viele Generationen Identität stiftende Wirkung« entfalten.²

Um ihre Botschaften über die jeweils andere Konfession zu übermitteln, griffen die Produzenten der Bilder zumeist auf die durch die Verkündigung der Kirchen allgemein bekannten christlichen Glaubenswahrheiten und auf grundlegende biblische Narrative und Bilder zurück. Im Zentrum der protestantischen Bildpropaganda können dabei drei visuelle Narrative ausgemacht werden, die die Person Martin Luthers, das Papsttum und die in der Predigt über biblische Texte fußenden Grundzüge einer evangelischen Identität umfassten.³ Das äußerst populäre antipapistische Motiv arbeitete dabei zum einen mit der visuellen Gleichsetzung des Papstes mit dem apokalyptischen Antichristen, zum anderen mit der antithetischen Gegenüberstellung des katholischen Oberhaupts mit Christus selbst. Die katholische Geistlichkeit zeichneten die Karikaturisten als geldgierige Kaufmänner, deren religiöser Dienst an Ablässe und Almosen geknüpft ist. Gerade in der Figur des lasterhaften Geistlichen und Ordensmannes konnte die religiöse Bildpolemik einen Visiotypen prägen, den die liberale Karikatur in den Kulturkämpfen des 19. Jahrhunderts aufnahm und weiter fortschrieb.

So lassen sich in der antikirchlichen Bildpropaganda des 19. Jahrhunderts eine Vielzahl von visuellen Überschneidungen mit den Bildern der Reformationszeit erkennen. Neben den antikatholischen Historiengemälden und Genrebildern konnten hier vor allem Karikaturen als seriell produzierte und massenmedial vertriebene Visualia eine breite Öffentlichkeit erreichen.⁴ Doch zeigte sich in der ihnen zugrunde liegenden Produktionsabsicht und nicht zuletzt in der Rezeption eine grundlegende Veränderung gegenüber den Bildern der Reformationszeit. Während diese noch nicht als Metaphern oder rhetorische Wendungen verstanden, sondern »ernst ge-

---

1 Kohler, »Bildpropaganda«.
2 Ebd., S. 35.
3 Ebd., S. 36.
4 Hierzu, auch in internationaler Perspektive: Borutta, *Antikatolizismus*, S. 191f.

nommen wurden«, das heißt als Abbildung religiöser Wahrheiten verstanden wurden,[5] können die Bilder im 19. Jahrhundert weniger als Teil einer religiösen, sondern vielmehr als Teil einer (kirchen-)politischen Kommunikation gelten. Der Papst als Antichrist war in der reformatorischen Bildpropaganda eben nicht nur ein spöttischer visueller Kommentar, sondern eine Glaubensaussage, die der religiösen Demaskierung des Katholizismus dienen sollte. Vor dem Hintergrund der Volksfrömmigkeit und der mittelalterlichen Rezeption religiöser Bilder stellte solch eine visuelle Verbindung an den Betrachter die Angst erfüllte Frage, ob das von der katholischen Kirche versprochene Heil nicht eine Arglist der raffgierigen Theologen und Geistlichen war, die unter dem Vorwand, die Kirche Gottes zu führen, diese als Hort des Antichristen etablierten.[6] Die Bilder bedeuteten für Gläubige also viel mehr als eine Schmähung: Es ging um die existenzielle Infragestellung der katholischen Kirche als Heilsinstanz zwischen Gott und den Menschen.

Die Karikaturen des Kulturkampfs hatten hingegen eine ganz andere Qualität, die vor allem in ihrer Verbreitung deutlich wird. Gerade in den massenmedial vertriebenen visuellen Ausdeutungen des Konflikts zwischen ultramontanem Katholizismus und dem Nationalstaat lässt sich die Modernität dieses Streits zwischen religiöser und weltlicher Macht erkennen: Erweiterten sie doch die Arena des Konflikts von der Ebene des staatlichen und kirchlichen Establishments auf eine nationale Öffentlichkeit, zu der neben den Parlamenten und Parteien auch die breiten Bevölkerungsschichten zu zählen sind, welche die Massenmedien konsumierten und so Zugang zu den visuellen Angriffen der zumeist liberalen Presse auf den Katholizismus hatten.[7] Den Karikaturen der Liberalen gelang es so bereits seit der Revolution 1848, die Visiotypen einer antimodernen Kirche zu prägen, die neben deren prominentesten Vertretern wie Papst und Bischöfen auch die Ordensleute (hier vor allem die Jesuiten) und Diözesangeistlichen in den Blick nahmen.[8] Die Prägekraft der Bilder kann kaum überschätzt werden. In ihrer visuellen Melange aus tagespolitischen Protagonisten, germanischer Mystik und christlichen Narrativen konnten sie weit über die Zeit des Kaiserreichs hinaus etwa das stereotype Bild des

---

5 Scribner, »Bildpropaganda«, S. 85.
6 Hierzu ausführlich: Ebd., S. 87–97.
7 Zu der neuen Dimension des Konflikts zwischen Staat und Kirche siehe: Thomas Nipperdey, *Geschichte*, S. 364.
8 Jürgensmeier, *Kirche*; Gross, *Malereigeschichte*, S. 38–60.

doppelzüngigen und bigotten Geistlichen ausformen, der vor dem Hintergrund christlicher Moralvorstellungen sexuelle Enthaltsamkeit predigte, sich selbst aber in freizügigen Posen mit Frauen vergnügte. Daneben geriet der katholische Geistliche vor allem in der Zeit um 1848 zum Vertreter des Konservatismus, der mit den adligen Eliten der deutschen Staaten gegen die Belange und Interessen breiter Bevölkerungsschichten paktierte.[9] Die antiklerikalen Motive des Kulturkampfs konnten bis in die Propaganda des Nationalsozialismus überdauern. Neben den bereits genannten Stereotypen des katholischen Geistlichen und der als »dunkle Jesuitenpartei« verfemten Zentrumspartei[10] gelangte auch hier die Person des Papstes in den Mittelpunkt der visuellen Auseinandersetzung. Die Mehrzahl der Karikaturen repräsentierte ihn als die zentral handelnde Instanz des Katholizismus. Als das auch im Rückblick augenscheinlichste und in zahlreichen Auseinandersetzungen mit dem Kulturkampf präsenteste Beispiel hierfür kann die Karikatur von Wilhelm Scholz aus dem liberalen Berliner Satiremagazin *Kladderadatsch* mit dem Titel »Zwischen Berlin und Rom« gelten, die Papst Pius IX. beim Schachspiel mit Reichskanzler Bismarck zeigt.[11] Sie erschien im Mai 1875 auf dem Höhepunkt des Kulturkampfs. Dieser wird hier zum Kampf zwischen zwei Strategen, welche die von ihnen befehligten Milieus, Politiker, Orden und Gesellschaftsgruppen in den Kampf schicken und selbst über den Dingen stehend nach einer zukünftigen Taktik suchen, um den Gegner entscheidend zu schlagen.[12]

Es ist bezeichnend für den medialen Blick auf die katholische Kirche und deren Stellung innerhalb der Gesellschaft, dass sich dieses Bild des taktierenden und handelnden Papstes, der Klerus und Laienkatholizismus als Streitmacht in den Kampf schicken kann, zur Mitte der sechziger Jahre in den satirischen Darstellungen des Papstes völlig umkehrt. Die im 19. Jahrhundert von den liberalen Medien noch als Gefahr konstatierte Autorität des päpstlichen Wortes wandelte sich nun in ihr Gegenteil. Weite Teile des Laienkatholizismus wandten sich von den päpstlichen Lehren ab und trugen ihren Protest öffentlichkeitswirksam in die Gesellschaft. Aus dem handelnden Papst wurde nun ein Getriebener, der mit dem Tempo

---

9 Hierzu mit zahlreichen Beispielen: Jürgensmeier, *Kirche*; zur Figur des Geistlichen um 1848 insbesondere S. 107–116.

10 Ebd., S. 141.

11 »Zwischen Rom und Berlin«; in: *Kladderadatsch* 22/1875; zur Wirkmacht der Karikatur auch über das 19. Jahrhundert hinaus siehe: Borutta, »Gefühle«, S. 120.

12 Hierzu: Borutta, »Gefühle«, S. 119–123.

des Wandels der Gesellschaft und seiner Kirche nicht mehr Schritt halten konnte und den Erwartungen breiter Schichten des Laienkatholizismus nicht mehr gerecht wurde. Um im Folgenden die Relevanz des Jahres 1968 für diese visuelle Umdeutung des Papstes genauer zu betrachten, soll es zunächst um die Bilder Paul VI. gehen, die seine Darstellung in der ersten Hälfte seines Pontifikats vor der Enzyklika »Humanae Vitae« in den Massenmedien prägten. Besondere Aufmerksamkeit wird dabei seiner Reise in den Nahen Osten im Januar 1964 geschenkt, da diese erste Auslandsreise eines Papstes im 20. Jahrhundert sowohl für die Produktion von Fotografien als auch für die Wahl und Ausprägung neuer Motive und Szenerien von entscheidender Bedeutung war. Das Motiv des reisenden Kirchenoberhaupts, das 1964 zum ersten Mal eine weltweite Öffentlichkeit erreichte und dann während des Pontifikats Johannes Paul II. vor dem Hintergrund einer sich zunehmend professionalisierenden vatikanischen Medienarbeit weiter entwickelt wurde, kann bis heute zu den weltweit prägendsten Bildern päpstlicher Herrschaft gelten.

In einem Zwischenschritt soll es dann um den Rückblick auf das Pontifikat Pius XII. gehen, das etwa zeitgleich mit dem Amtsantritt Paul VI. eine visuelle Umdeutung erfuhr und den in der Bundesrepublik bis dahin durchaus beliebten Pacelli-Papst zum Sinnbild des katholischen Versagens während des Nationalsozialismus machte. Dies geschah vor dem Hintergrund der vermehrten Aufnahme visueller Zeugnisse des Holocausts gegen Ende der fünfziger Jahre als visuelles Pendant der massenmedialen Thematisierung von deutscher Schuld und vor allem in der öffentlichen Debatte um das Drama »Der Stellvertreter« von Rolf Hochhuth. Der in den fünfziger Jahren in Bildern noch als aristokratische Autorität visualisierte Pius XII. geriet nun in das Zentrum der Kritik an einem moralisch schuldigen Katholizismus. Insbesondere die Fotografien der Konkordatsunterzeichnung von 1933, die nun ihren Weg in die Berichterstattungen vor allem des *Spiegel* fanden, konnten eine vermeintliche politische Kollaboration zwischen den Repräsentanten der nationalsozialistischen Herrschaft und dem kirchlichen Diplomaten Eugenio Pacelli scheinbar beweisen.

In einem dritten Kapitel wird dann die visuelle Umdeutung Paul VI. diskutiert, die ihren Ausgangspunkt im Jahr 1968 hatte und mit dem Bild des scheiternden Papstes dessen gesamte Regentschaft bis 1978 prägte. Nachdem seine Person in der Debatte um das Versagen der katholischen Kirche im nationalsozialistischen Deutschland von wenigen Ausnahmen ausgenommen fast unberührt blieb, setzte nun bereits während seines Pontifikats die Desavouierung ein, welche die Regentschaft Pius XII. posthum erfuhr.

4.1.2 Paul VI. als Ikone der katholischen Reform und Aussöhnung

Blickt man in der Retrospektive auf das öffentliche Bild Paul VI., so scheint sein Pontifikat gerade in Westeuropa durch die Abkehr breiter Teile der katholischen Bevölkerung von der Kirche, eine im Verhältnis zu seinen Vorgängern und Nachfolgern enorme Zahl an Laisierungen von Priestern und – gerade in den Fragen der Sexualmoral – sein Festhalten an den traditionellen Lehren des Katholizismus bestimmt gewesen zu sein.[13] In weiten Teilen der visuellen Inszenierung Paul VI. würde solch eine Engführung jedoch an der Verbildlichung des Papstes vorbeigehen. Denn bis zum Ende der sechziger Jahre dominierte keineswegs das Bild eines scheiternden Papstes, der die in ihn gesteckten öffentlichen Erwartungen auf eine Fortführung der Reform des Katholizismus nicht erfüllen konnte. Vielmehr lässt sich die visuelle Zeichnung Paul VI. gerade in den ersten Jahren seines Pontifikats als Fortführung einer traditionellen Sicht auf das Oberhaupt des Katholizismus fassen. Der Montini-Papst steht in der überwiegenden Mehrzahl der Bildberichte in der Tradition seiner direkten Vorgänger. Während die aufkommende gerade auch visuell kommunizierte Kirchenkritik, wie etwa in der *Stern*-Serie »Gott in Deutschland« oder in der anklagenden Anfrage an das Pontifikat Pius XII. und des vermeintlichen päpstlichen Schweigens gegenüber dem Holocaust bereits zu Beginn der sechziger Jahre zu beobachten ist, setzte der eklatante Wandel in der Darstellung Paul VI. erst 1968 ein.

Bereits die Entscheidung der Kardinäle, den Mailänder Kardinal Montini zum neuen Oberhaupt der katholischen Kirche zu wählen, begleiteten die Medien mit einer Vielzahl von äußerst traditionellen Fotografien, die den über Jahrhunderte tradierten Blick auf den auf seinem päpstlichen Thron sitzenden kirchlichen Monarchen fortschrieben.[14] Dabei steht diese

---

13 Faber, *Paul VI*; ein knapper zeitgenössischer Blick auf die Breite des Pontifikats Paul VI. findet sich bei: Stasiewski, »Pontifikat«.
14 Bildberichte zur Krönung Paul VI. etwa in: *Quick* 28/1963; *Stern* 27/1963. Auch in internationaler Perspektive dominiert zur Wahl des neuen Papstes das traditionelle Bild des auf dem Thron sitzenden Pontifex; siehe etwa: *Time Magazine* vom 28. Juni 1963 (Paul VI. trägt hier noch das Ornat des Kardinals). Auch in der zur Wahl Paul VI. vom

traditionelle Zeichnung des Papstes keineswegs im Gegensatz zu der in den deutschen Massenmedien dominanten Hoffnung, Paul VI. möge die Anstöße, die das Pontifikat seines Vorgängers gab, fortführen. Die visuell konstruierte Traditionslinie, in welche die zahlreichen zu seiner Wahl und Krönung publizierten Brustportraits den neuen Papst einbetteten, kann vielmehr als Ausdruck eben dieser Hoffnung gelesen werden, denn die unter Johannes XXIII. angestoßene Öffnung der Kirche zur Welt wurde zeitgenössisch weniger als Bruch mit der Kirchengeschichte erfahren, sondern vielmehr als Ausdruck ihrer Kontinuität.[15]

Zu Beginn der Regentschaft Paul VI. boten einzelne, teils als revolutionär wahrgenommene Ereignisse den Medien die Möglichkeit, das Bild eines neuen Pontifex zu zeichnen, welcher sich gegenüber der modernen Welt und deren Problemen aufgeschlossenen zeigte. Gerade in diesen Jahren lässt sich in den visuellen Quellen ein Papstbild erkennen, das die Idee des ersten »modernen Papstes« der Kirchengeschichte aufwirft.[16] Modern geriet in der Zeichnung des Papstes vor allem dessen Hinwendung zur zeitgenössischen Weltpolitik, die sich etwa in seinem Engagement für den Weltfrieden und vor allem in seiner viel beachteten Friedensrede vor der UNO-Vollversammlung am 4. Oktober 1965 offenbart.[17] Als modern

---

katholischen Paulus Verlag in Recklinghausen publizierten (und mit der bischöflichen Druckerlaubnis des Bistums Münster erschienenen) Bildbiografie des italienischen Autors Leone Scampi und des unter anderem für das Bistum Essen tätigen Fotografen Josef Slominski dominiert dieser traditionelle Blick auf den neuen Pontifex. Neben den klassischen Szenerien, die den Papst auf dem Papstthron oder inmitten der Gruppe von Kardinälen zeigen, stechen vor allem die Bilder ins Auge, die ihn in den typischen Posen und Szenerien seines Vorgängers Johannes XXIII. inszenieren, also im Gespräch mit Kindern oder beim Empfang von Staatsmännern. Allein der Untertitel der Publikation »Aus der Schule dreier Päpste« verdeutlicht, dass es dem Autor und Fotograf vornehmlich darum ging, Paul VI. in die Traditionslinie des Konzilspapstes Johannes XXIII. und des zu dieser Zeit unter den Katholiken der Bundesrepublik noch überaus beliebten Pius XII. zu stellen; siehe: Scampi/Slominski, *Paul VI*. Eine ganz ähnliche Argumentation, die vor allem die Verbindung von Paul VI. mit seinen Vorgängern Pius XII. und Johannes XXIII. visuell in Szene setzt, verfolgt Wilhelm Sandfuchs, der Leiter der Abteilung Kirchenfunk beim Bayerischen Rundfunk, in seinem »Bildtaschenbuch« über den neuen Papst; siehe: Sandfuchs, *Paul VI*.

15 Siehe hierzu die Ausführungen über das Zweite Vatikanische Konzil und Johannes XXIII., Kapitel 3.6.
16 Zu dieser Lesart des Pontifikats Paul VI. siehe: Hebblethwaite, *Paul VI*.
17 Hier wiederum lässt sich die Politik Paul VI. auf das Engagement seines direkten Vorgängers Johannes XXIII. zurückführen, wie sie sich etwa in der kurz vor dessen Tod veröffentlichten Friedensenzyklika »Pacem in terris« (1963) zeigte. Die nun vermehrt in den Fokus genommene päpstliche Friedenspolitik kann als Gegenbild zu den in der

empfanden die Medien neben der Fortführung des Zweiten Vatikanischen Konzils zudem die Reisen des Papstes, die nicht nur als Pilgerfahrten des Pontifex gedeutet wurden, sondern immer auch als Ausdruck der Versöhnung der Kirche mit anderen Konfessionen.

Als eines der im Hinblick auf den fotografischen Blick auf den Papst wohl prägendsten Ereignisse kann die Reise Paul VI. nach Israel und Jordanien gelten, die der Pontifex im Januar 1964, also noch im ersten Jahr seines Pontifikats, unternahm.[18] Diese erste Auslandsreise eines Papstes seit 150 Jahren, seit der Rückkehr Pius VII. aus der napoleonischen Gefangenschaft 1814, bot Journalisten und vor allem den Fotoreportern ganz neue Möglichkeiten, sich aus den engen Grenzen der Restriktionen, die für die fotografische Arbeit innerhalb des Vatikanstaats galten, zu lösen.[19] Sie schuf zudem das neue Motiv des reisenden Papstes, das später vor allem in der fotografischen Inszenierung Johannes Paul II. prägend wurde und in der Ikone des Papstes, der als Reisender die Erde seines Reiseziels küsst, ihren wohl eindringlichsten Niederschlag fand.[20]

Als erster Vorläufer dieses Motivs können die Fotografien Paul VI. gelten, die ihn am ersten Tag seiner Reise in den Nahen Osten in der Kirche im Garten Getsemani zeigen. Paul kniet sich auf den steinernen Boden, auf den nach christlicher Überlieferung das Blut Christi fiel, und berührt ihn mit seinem Mund.

Bundesrepublik seit Hochhuths Drama »Der Stellvertreter« (1963) vehement (besonders auch in den säkularen Medien) artikulierten Vorwürfe an das Pontifikat Pius XII. gelten, dieser habe sein Engagement gegen die Kriegs- und Vernichtungspolitik der Nationalsozialisten nur halbherzig betrieben.

18 Darüber ausführlich aus zeitgenössischer Perspektive: »Papstreise: Kurzschluss in der Kirche«, in: *Spiegel* 3/1964. Der *Spiegel* berichtet von 1.600 Journalisten, die den Papst auf seiner Reise begleiteten. Die führenden internationalen Magazine *Paris Match* und das US-Magazin *Life* widmeten dem Papstbesuch Sonderausgaben. Auch der Papst selbst verzichtete nicht auf seinen Hoffotografen Felici; siehe: Holzapfel, *Sonderflug*, S. 11; zum historischen Kontext der Papstreise siehe: Brechenmacher/Ostry, *Paul VI.*, S. 11–114.

19 Bereits Johannes XXIII. hatte als erster Papst seit dem Verlust des Kirchenstaats 1870 Rom verlassen und eine erste Reise innerhalb Italiens in die Wallfahrtsorte Assisi und Loretto unternommen. Paul VI. verließ dann als erster Pontifex des 20. Jahrhunderts die Grenzen Italiens.

20 In den achtziger Jahren gewann dieses Bild, auch vor dem Hintergrund der verstärkten Professionalisierung der Pressearbeit während der päpstlichen Auslandsreisen, für die weltweite Wahrnehmung des Papstes zunehmend an Bedeutung. In überschwänglicher Begeisterung für die Person Johannes Paul II. und dessen Umgang mit den Medien während der Auslandsreisen berichtet etwa der *Bild*-Kolumnist Andreas Englisch über seine Zeit als Vatikankorrespondent: Englisch, *Johannes Paul II.*

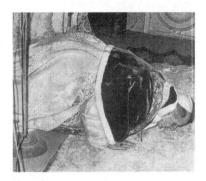

Abb. 61: Helmut Holzapfel, Sonderflug AZ 1820. Das Bildbuch von der Pilgerreise des Papstes, Würzburg 1964, S. 52, Fotoagentur: Associated Press

Das Motiv des sich demütig zu Boden werfenden Papstes, das zahlreiche Bildreportagen über den Papstbesuch im Heiligen Land zitierten, verstieß zu Beginn der sechziger Jahre noch gegen die gängigen Erwartungen an die Posen und symbolischen Handlungen eines Papstes. Helmut Holzapfel unterschrieb die Fotografie mit der emotional wirkenden Erläuterung: »Erschütternd war es, wie der Heilige Vater sich niederwarf und den Felsen küsste, auf den der Blutschweiß Jesu gefallen war.«[21] Erst mit den zahlreichen Auslandsreisen Johannes Paul II. wurde die Szene zum gängigen Bild eines reisenden Papstes, der als Zeichen der Erfurcht die Erde seines Pilgerziels küsst.

Kurz nach der Reise Paul VI. in den Nahen Osten erreichten in der Bundesrepublik zahlreiche Fotografien der Pilgerfahrt in den Bildreportagen der auflagenstarken Magazine eine breite Öffentlichkeit.[22] Daneben publizierte die *Bunte-Illustrierte* aus dem Burda-Verlag einen Sonderdruck über die Reise Paul VI. Auf knapp 200 Bildseiten versammelte die Sonderausgabe zahlreiche farbige und Schwarz-Weiß-Fotografien, die teils während der Papstreise selbst entstanden, teils ähnlich einem Reiseführer die Sehenswürdigkeiten und Landstriche des Vorderen Orients präsentieren. Vornehmlich an die katholische Öffentlichkeit richteten sich die bilderreichen Publikationen von Helmut Holzapfel[23] und Reinhard Raffalt[24]. Der

---

21 Holzapfel, *Sonderflug*, S. 52; weitere Aufnahmen der Szene in: Raffalt, *Papst*, o. S.; »Der Papst im Heiligen Land«, in: *Quick* 3/1964; »Ein Pilger namens Paulus«, in: *Stern* 3/1964.
22 Etwa: »Ein Pilger namens Paulus«, in: *Stern* 3/1964; »Der Papst im Heiligen Land«, in: *Quick* 3/1964; »Papst-Reise: Herab auf den Gipfel«, in: *Spiegel* 3/1964.
23 Holzapfel, *Sonderflug*.

promovierte Theologe und Priester Holzapfel war zwischen 1946 und 1978 Chefredakteur des *Würzburger katholischen Sonntagsblatts*.[25] Mit seiner journalistischen Arbeit für die katholische Kirche zählte er in Bayern zu den einflussreichsten katholischen Journalisten seiner Zeit. Sein Bildband »Sonderflug AZ 1820« versammelte neben den ausladenden Bildstrecken kurze, mit Zeitzeugenberichten gespickte Schlaglichter auf die einzelnen Stationen der Pilgerreise. Der katholische Kulturjournalist und Schriftsteller Reinhard Raffalt arbeitete unter anderem als vom Auswärtigen Amt bestellter Direktor der Biblioteca Germanica, einem deutschen Kulturinstitut in Rom.[26] Parallel dazu unterrichtete er am Collegium Germanicum et Hungaricum, dem deutsch-ungarischen Priesterseminar in Rom. Seit 1948 Jahren trat er gelegentlich als Produzent diverser Auslandsreportagen für den bayerischen Rundfunk in Erscheinung. Seine Monografie »Der Papst in Jerusalem« unterscheidet sich in seiner Konzeption von ähnlichen Publikationen aus dem Jahr 1964, hat sie doch den Anspruch »ein aktuelles Ereignis (den Papstbesuch im Heiligen Land) unter seinen möglichen weltgeschichtlichen Perspektiven zu interpretieren.«[27] Bei den Fotografien griff auch Raffalt auf die durch internationale Fotoagenturen und die Katholische Nachrichtenagentur vertriebenen Bilder zurück, so dass Raffalts Bildband sich im Hinblick auf die visuelle Ausdeutung der Papstreise wenig von Holzapfels Publikation und auch den Bildberichten der Illustrierten unterscheidet.

Die Fotografien des Papstes belichten in allen Bildberichten den Pontifex aus oftmals eigentümlicher Perspektive. Sie wirken zum Teil wie spontane Schnappschüsse. Anders als bei den offiziellen Empfängen und Messen im Vatikan hatten die Fotografen selten einen ihnen fest zugewiesenen Platz. So zeigen die Fotografien den Papst häufig nicht im Zentrum der Szenerie, sondern versteckt inmitten eines Pulks von Schaulustigen, anderen Geistlichen und Fotografen, die sich dicht gedrängt um den Pontifex scharen. Die »fotojournalistische Anarchie«, der physisch ausgetragene Kampf um das beste Bild vom Papst, zeigt die Tendenz hin zu einer Demokratisierung der Papstbilder: Die vatikanischen Stellen konnten nun keinen entscheidenden Einfluss auf die Produktion der Bilder und damit vor allem die Wahl der Perspektive und den äußeren Rahmen nehmen. Es

---

24 Raffalt, *Papst*.
25 Zur Biografie Holzapfels siehe: Hillenbrand/Schneider, *Kirche*.
26 Zur Biografie Raffalts siehe: Tekolf, »Raffalt«.
27 Klappentext zu Raffalt, *Papst*.

waren vielmehr die Fotografen selbst, die sich in Position brachten, um den Lesern der Bildbände, Zeitungen und Illustrierten den Papst möglichst nahezubringen. Besonders augenfällig wurde diese neu gewonnene Freiheit der Journalisten bei Pauls Gang über die Via Dolorosa in der Jerusalemer Altstadt. Da es den anwesenden Sicherheitskräften nicht gelang, die begeisterten Beobachter hinter den Absperrungen am Damaskustor zu halten, musste der Papst seinen Weg durch die Jerusalemer Gassen im Menschenpulk durchschreiten. In der Erinnerung der anwesenden Journalisten und Bildreporter war es vornehmlich der physische Kampf um einen möglichst außergewöhnlichen Blick auf den Papst, der diese Momente bestimmte. So berichtete Luitpold A. Dorn, langjähriger Korrespondent der Katholischen Nachrichtenagentur, dass er sich seinen Weg »mit den Ellebogen bahnte, um doch noch vor dem Papst durch das Damaskustor zu kommen.«[28] Dem Korrespondenten der evangelischen Wochenzeitung *Christ und Welt*, Joachim Schilling, drohte die rasende Menge »den Brustkorb zu zerquetschen.«[29] Die Fotografen produzierten von dieser Szenerie zahlreiche Bilder, die fernab eines diplomatischen oder kirchlichen Protokolls Paul als Pilger unter Pilgern, als Teil der religiös verzückten Masse zeigen. Somit lässt sich die Tendenz einer Demokratisierung der Papstbilder nicht nur in der Produktion konstatieren, sie wird ebenso in den Motiven der Papstreise erkennbar.[30]

Als für die Erinnerung an die päpstliche Reise nach Jerusalem bedeutendste Ikone etablierte sich dessen Begegnung mit dem orthodoxen Patriarchen von Konstantinopel.[31]

---

28 Zitiert nach: Holzapfel, *Sonderflug*, S. 40f.
29 Ebd.
30 Beispiele hierfür etwa: Sonderdruck der *Bunten Illustrierten* »Paul VI. im Heiligen Land«, S. 27–33; Holzapfel, *Sonderflug*, S. 27–30; siehe hierzu auch: Brechenmacher/Ostry, *Paul VI.*, S. 31f.
31 Der Sonderdruck der *Bunten Illustrierten* »Papst Paul VI. im Heiligen Land« widmet der Begegnung drei szenisch angeordnete Fotografien, auf denen die beiden Kirchenführer zunächst im Gespräch vertieft sind, sich die Hand schütteln und schließlich umarmen. Der *Spiegel* druckte in seinem Artikel über die Papstreise in den Nahen Osten ebenfalls eine Fotografie, welche die Umarmung der beiden Kirchenführer zeigt (»Herab auf den Gipfel«, in: *Spiegel* 3/1964). Auch der *Stern* publizierte unter dem Titel »Die Kirchen sind sicher näher gekommen« eine Fotografie, auf der die beiden mit weit geöffneten Armen aufeinander zugehen (»Ein Pilger namens Paulus«, in: *Stern* 3/1964). Die *Quick* schließlich brachte in ihrem »Tagebuch der Pilgerfahrt« das Foto des Bruderkusses zwischen Paul VI. und Athenagoras I., der als »ein Höhepunkt des Papst-Besuches im Heiligen

Abb. 62: Helmut Holzapfel, Sonderflug AZ 1820. Das Bildbuch von der Pilgerreise des Papstes, Würzburg 1964, S. 69, Fotoagentur: Katholische Nachrichtenagentur

Deren brüderliche Umarmung als Bild der sich in den sechziger Jahren (gerade im Zuge des Zweiten Vatikanischen Konzils) zur Aussöhnung bereiten Kirchenführer greift hier auf die bereits 1960 auch visuell inszenierte Begegnung zwischen Johannes XXIII. und dem anglikanischen Erzbischof von Canterbury Geoffrey Fisher zurück.[32] Während Johannes XXIII. durch seine Begegnung mit dem obersten Repräsentanten der Church of England die Versöhnung mit dem Protestantismus anzustoßen versuchte, gelang es Paul VI., mit den Bildern seiner Umarmung mit dem orthodoxen Kirchenführer der Annäherung zwischen Katholizismus und Orthodoxie ein Motiv zu geben. Offenkundig illustrieren die Bilder dieser Begegnungen zudem, dass die während des Pontifikats Johannes XXIII. auch medial verstärkt beachtete Annäherung zwischen den christlichen Konfessionen in den Medien fast ausnahmslos als Begegnung ihrer Repräsentanten inszeniert wurde.

Land« unterschrieben ist (»Der Papst im Heiligen Land«, in: *Quick* 3/1964). Auch Helmut Holzapfel und Reinhard Raffalt übernahmen das Foto der beiden sich umarmenden Kirchenführer (Holzapfel, *Sonderflug*, S. 69; Raffalt, *Papst*, o. S.). Das Treffen Pauls mit Athenagoras wird heute gemeinhin als eigentlicher Grund für die Pilgerreise Paul VI. gedeutet; siehe hierzu auch: Brechenmacher/Ostry, *Paul VI.*, S. 80–94.

32 Zur Begegnung zwischen Fisher und Johannes XXIII. siehe etwa: »Anglikaner: Sogar mit Römischen«, in: *Spiegel* 49/1960; »Des Bischofs wundersame Reise«, in: *Stern* 52/1960.

Die Reise Paul VI. stellt in der fotografischen Darstellung des Papstes im 20. Jahrhundert einen tiefen Einschnitt dar, und zwar sowohl im Hinblick auf die Produktion der Fotografien als auch im Hinblick auf neue Motive und Szenerien. Diese wurden in den Berichten über die folgenden Reisen des Montini-Papstes zwar selten wieder aufgegriffen oder weiterentwickelt, entfalteten sich aber zu Beginn des Pontifikats Johannes Paul II. Dessen Reisen in sein Heimatland Polen und in die Bundesrepublik begleitete eine breite Bildberichterstattung, die das Bild eines die Massen begeisternden Papstes wieder aufnahm.[33]

4.1.3 Die Wiederkehr Pius XII.: Visuelle Verbindungslinien zwischen römischem Pontifikat und nationalsozialistischer Herrschaft

Die These eines tiefen Schnitts in der visuellen Repräsentation Paul VI. um 1968, also etwa in der Mitte seines Pontifikats, kann als genuines Phänomen des Montini-Papstes gelten. Dass der Blick zurück auf einen verstorbenen römischen Pontifex einem Wandel unterliegen kann, lässt sich indes für einige Päpste feststellen. Das prägnanteste Beispiel für solch eine Umcodierung der visuellen Repräsentation geben die massenmedialen Darstellungen Pius XII., der in den sechziger Jahren posthum mit ganz anderen Bildern verbunden wurde als noch während seiner Regentschaft.

Einen Rahmen für die visuelle Umdeutung des Pontifikats Pius XII. bot zum einen eine vermehrte, auch visuelle Auseinandersetzung mit dem Nationalsozialismus, in der sich um 1960 die fotografische Darstellung des Holocausts zum Leitmedium der bundesrepublikanischen Erinnerungskultur etablieren konnte.[34] Diese »kommemorative Bildwerdung der Tat«[35] beendete das visuelle Primat der imaginierten deutschen Opfergemeinschaft, das in den fünfziger Jahren in Kriegsopfer-, Heimkehrer- und Landserdiskursen das öffentliche Erinnern an den Nationalsozialismus prägte.[36] Die visuelle Rückkehr der Bilder aus den Konzentrationslagern (nachdem sie in den Jahren nach der Befreiung der Vernichtungslager

---

33 Siehe hierzu etwa die Publikationen der katholischen Publizisten: Holzapfel, *Papst*; Neisinger, *Papst*. Für die Bildberichte in den Illustrierten siehe etwa: »Gottes Ellbogen im Vatikan«, in: *Stern* 5/1979; »Der Kreuzritter. Papst Johannes Paul II. erobert seine Heimat Polen«, in: *Stern* 25/1979.
34 Knoch, »Grenzen«.
35 Ebd., S. 88.
36 Knoch, »Kriegserinnerungen«.

durch alliierte Fotografen zwecks Dokumentation und Vergegenwärtigung der nationalsozialistischen Schreckensherrschaft nach Deutschland gelangten[37]) hatte dabei keinen spezifischen Anlass, sondern vollzog sich schubweise, beginnend mit dem sich ab 1953 institutionalisierenden Erinnern an die Reichskristallnacht, über einzelne lokale Ausstellungen Ende der fünfziger Jahre, bis hin zur Aufnahme der Fotografien der Gräueltaten in die auflagenstarken Illustrierten um 1960.[38]

Daneben war das für die bundesdeutsche Rezeption des Pontifikats Pius XII. kaum zu überschätzende Papstdrama »Der Stellvertreter« von Rolf Hochhuth zugleich Ausdruck als auch ein entscheidender Ansatzpunkt dieser intensivierten öffentlichen Beschäftigung mit dem Holocaust.[39] Neben anderen literarischen Auseinandersetzungen über das bundesdeutsche Erinnern an den Nationalsozialismus wie etwa Heinrich Bölls elegische Familiensaga »Billard und halb zehn« oder Günter Grass' Welterfolg »Die Blechtrommel« kann »Der Stellvertreter« als das wohl prominenteste und in der bundesdeutschen Öffentlichkeit umstrittenste Werk eines deutschen Literaten der frühen Bundesrepublik gelten, das zudem nicht wie »Die Blechtrommel« oder »Billard um halb zehn« fiktive Charaktere entwarf, sondern die reale Figur des Papstes in den Mittelpunkt seines Angriffs stellte.[40]

Hochhuths Anklage brachte mit der katholischen Kirche darüber hinaus einen neuen Akteur in die Debatte um die deutsche Vergangenheit. Mit seiner Fokussierung auf die Person Pius XII. entwarf Hochhuth einen Papst als personifizierten schweigenden Katholizismus, der den Verbrechen des Nationalsozialismus gleichgültig gegenübergestanden hatte. Damit unterschied sich der Autor innerhalb des deutschen Diskurses um die katholische Schuld deutlich von den etwa zeitgleich publizierten nichtfiktionalen Schriften über die Schuld der katholischen Kirche wie etwa in Ernst-Wolfgang Böckenfördes Essay über den katholischen Widerstand[41] oder auch Carl Amerys Streitschrift über die Relevanz der Milieustrukturen

---

37 Hierzu etwa: Derenthal, *Bilder*, S. 16–28.
38 Knoch, »Grenzen«, S. 96f.; zur Aufnahme der Holocaustfotografien in die auflagenstarken Illustrierten siehe auch: Knoch, »Schuld«.
39 Zu Hochhuths Drama siehe: Berg, *Hochhuths ›Stellvertreter‹*.
40 Zur literarischen Auseinandersetzung mit dem Nationalsozialismus in den späten fünfziger und sechziger Jahren und dessen Bedeutung für den Vergangenheitsdiskurs in der Bundesrepublik siehe: Knoch, *Tat*, S. 614–618.
41 Ernst-Wolfgang Böckenförde, »Der Deutsche Katholizismus im Jahre 1933. Eine kritische Auseinandersetzung«, in: *Hochland* 53/1960/61, S. 215–239.

innerhalb des deutschen Katholizismus für den Aufstieg der nationalsozialistischen Bewegung.[42] Während Böckenförde und Amery ihren Fokus der Kritik auf die strukturellen Gegebenheiten des Katholizismus legten, personalisierte Hochhuth die Debatte und schuf so mit dem schweigenden Papst eine archetypische Person des katholischen Versagens, welche die moralische Autorität der Institution, die sie anführte, desavouierte.

Die visuelle Zeichnung der den Diskurs um katholische Schuld umrahmenden Bildberichterstattung ging nun noch einen Schritt weiter: Sie übernahm Hochhuths Personalisierung, zeichnete Pius XII. aber weniger als schweigenden Pontifex[43], sondern vielmehr als einen mit den Nationalsozialisten kooperierenden Kirchenführer. Zur Ikone geriet dabei das Bild des Kardinalstaatssekretärs Eugenio Pacelli, der mit führenden Vertretern der deutschen Reichsregierung 1933 das Reichskonkordat zwischen dem Deutschen Reich und dem Kirchenstaat unterzeichnet.

Die Fotografie zeigt einen Blick auf den Verhandlungstisch, um den als Vertreter der Reichsregierung Vizekanzler Franz von Papen, Ministerialdirektor Rudolf Hermann Buttmann und Botschaftsrat Eugen Klee und als Vertreter des Kirchenstaats Prälat Ludwig Kaas, Unterstaatssekretär Giuseppe Pizzardo sowie Substitut Giovanni Battista Montini postiert sind. Am Kopf des Tisches sitzt zentral der Kardinalstaatssekretär, der, wie auch die anderen abgebildeten Personen, den Betrachter anblickt. Vor allem im *Spiegel* erfreute sich diese Fotografie einer außerordentlichen Beliebtheit, innerhalb von fünf Jahren wählten die Redakteure das Foto für vier mehrseitige Artikel zur Illustration des Verhältnisses von katholischer Kirche und nationalsozialistischem Herrschaftssystem aus.[44] In der Aufnahme des Themas »Kirche und Nationalsozialismus« kann der *Spiegel* insgesamt als Taktgeber einer forcierten Auseinandersetzung gelten. Vor allem der Vor-

---

42 Amery, *Kapitulation*.
43 Auch in den wenigen fotografischen Abbildungen der Theaterinszenierungen von Hochhuths Drama sieht der Betrachter keinen schweigenden Papst, sondern einen derb gestikulierenden Pontifex. Der *Stern* brachte 1964 in einem Artikel über den Kurienkardinal Tisserant eine Fotografie der New Yorker Aufführung (»Kardinal Tisserant: »Die Schande der Kurie««, in: *Stern* 19/1964), in dem Pius XII. auf seinen dramatischen Gegenspieler Pater Fontana mit erhobenem Zeigefinger vehement einredet.
44 »Hitler klatschte«, in: *Spiegel* 50/1960, »Papst der Deutschen«, in: *Spiegel* 47/1964, »Mit festem Schritt ins neue Reich II«, in: *Spiegel* 10/1965, »Konfessionsschulen: Heiliger Atem«, in: *Spiegel* 20/1965 (hier nur ein Ausschnitt, der Pacelli zeigt). Zudem druckte der *Stern* in einem Artikel Carl Amerys über Katholizismus und Drittes Reich die Fotografie; Carl Amery: »Gezählt, gewogen. Hitler und der Katholizismus aus der Sicht der Wissenschaft«, in: *Stern* 41/1964.

abdruck von Günter Lewys einflussreicher Analyse über das Verhältnis von Katholizismus und Nationalsozialismus[45], welcher der *Spiegel* in acht aufeinanderfolgenden Ausgaben mehrseitige Artikel widmete, kann als die wohl substantiellste Auseinandersetzung der Massenmedien mit dem Themenkomplex in den sechziger Jahren gelten.[46] Das Motiv der Reichskonkordatsunterzeichnung konnte sich durch stetigen Wiederabdruck zur Ikone für das in der öffentlichen Diskussion seit Beginn der sechziger Jahre stets umstrittene Verhältnis Pacellis zum Nationalsozialismus entwickeln, für das es bis heute steht.[47] Es steht als Gegenmotiv für die visuelle Inszenierung Pius XII. als Friedenspapst, die in den fünfziger Jahren sowohl in Marischkas Spielfilm »Der veruntreute Himmel« (Deutschland 1958), in den zahlreichen in katholischen Verlagen und zumeist mit kirchlicher Druckerlaubnis publizierten Bildbänden als auch in zahlreichen Fotografien der auflagenstarken Illustrierten die öffentliche Wahrnehmung dominierte.[48] Die fotografische Darstellung des Papstes zeigt hier einen grundlegenden Wandel des bundesdeutschen Blicks auf dessen Regentschaft und eine Umdeutung der Jahre 1933 bis 1945 insgesamt an. Wurde Pius XII. zu Lebzeiten noch ob seiner strikten Neutralitätspolitik während des Zweiten Weltkriegs als weltpolitische Instanz von der imaginierten deutschen Opfergemeinschaft geschätzt, so thematisierten die Medien seit den späten fünfziger Jahren auch visuell weniger die deutschen Opfer des Weltkriegs als vielmehr die Opfer des nationalsozialistischen Völkermords. Den Blick auf das Pontifikat Pius XII. dominierte nun eine Anklage, die visuell weniger auf das von Hochhuth kolportierte Schweigen des Papstes abzielte als vielmehr auf eine sich in den Fotografien äußernde offensichtliche Kollaboration mit den nationalsozialistischen Machthabern zumindest in der ersten Hälfte der dreißiger Jahre. Zu dessen bildlichem Ausdruck etablierte sich die Fotografie der Unterzeichnung des Reichskonkordats durch Pacelli, die dessen diplomatische Übereinkunft mit der nationalsozialistisch dominierten Regierung visuell beglaubigte.

Daneben fanden zahlreiche weitere Motive Einzug in die Berichterstattung, die eine scheinbare Nähe zwischen den Visiotypen des national-

---

45 Lewy, *Kirche*.
46 Günter Lewy, »Mit festem Schritt ins neue Reich« (8 Teile), in: *Spiegel* 8–15/1964.
47 Noch heute greifen zahlreiche Publikationen, die das Verhältnis von Katholizismus und Nationalsozialismus diskutieren auf die Fotografie zurück; etwa: Bendel, *Katholizismus*.
48 Siehe hierzu die Ausführungen über Pius XII., Kapitel 2.2.

sozialistischen Staats und denen der katholischen Kirche suggerierten. Neben den führenden Politikern wie Hitler, Göring oder Frick konnten dies auch Hakenkreuzflaggen oder Gesten wie der Hitlergruß sein. Die Argumentation der Visualia arbeitete mit der scheinbar objektivierten Evidenzkraft des Mediums Fotografie: Hier soll die fotografische Abbildung der physischen Nähe von Symbolen und Personen des Nationalsozialismus mit den Vertretern der katholischen Kirche die in den Texten diskutierte historische Nähe beweisen.[49]

Eine ähnliche Argumentation findet sich auch in der Fotografie, die Pacelli als Nuntius beim Verlassen eines Empfangs bei Reichspräsident Hindenburg im Jahr 1927 zeigt.[50] Auch wenn die dargestellte Szenerie keineswegs auf eine Verbindung zwischen Pacelli und nationalsozialistischem Deutschland verweist, geriet das Bild zu einem bis heute gebräuchlichen Motiv, das ein vermeintlich inniges Verhältnis zwischen päpstlichem Nuntius und nationalsozialistischem Machtstaat anzeigt.[51] Während Pacelli im formellen Ornat des Nuntius würdevoll das präsidiale Palais verlässt, blicken zwei Soldaten der Reichswehr auf den über einen ausgelegten Teppich schreitenden Diplomaten.[52] Anders als ein retrospektiver Blick vermuten lässt, handelt es sich bei den beiden Soldaten nicht um Vertreter

---

49 Etwa: Nuntius Cesare Orsenigo, päpstlicher Nuntius im Deutschen Reich während einer Prozession inmitten eines Meers aus Hakenkreuzfahnen (Lewy: »Mit festem Schritt ins neue Reich I«, in: *Spiegel* 8/1965), Hitler mit Orsenigo (Lewy: »Mit festem Schritt ins neue Reich I«, in: *Spiegel* 9/1965, ebenso in: ders.: »Mit festem Schritt ins neue Reich IV«, in: *Spiegel* 12/1965), Göring bei einer Papstaudienz (Lewy: »Mit festem Schritt ins neue Reich I«, in: *Spiegel* 9/1965), katholische Bischöfe beim Hitlergruß (Lewy: »Mit festem Schritt ins neue Reich III«, in: *Spiegel* 10/1965), Abt Albanus Schachleiter, Abt der Prager Benediktinerabtei Emmaus, schreitet mit Hitlergruß eine Garde von SA-Männern ab (Lewy: »Mit festem Schritt ins neue Reich VIII«, in: *Spiegel* 15/1965). Allein mit Requisiten arbeitet eine Fotografie, die einen Artikel über Hochhuths Stellvertreter eröffnet. Auf ihr blickt der Betrachter auf eine Hutablage, auf der ein Priesterhut und eine Schirmmütze der SS zu sehen sind. (»Ein Kampf um Rom«, in: *Spiegel* 17/1963).
50 Etwa in: »Ein Kampf um Rom«, in: *Spiegel* 17/1963. Auf dem *Spiegel*-Titel als visueller Aufmacher des Artikels »Papst Pius XII. und die Deutschen«, in: *Spiegel* 47/1964.
51 So jüngst etwa als Coverillustration in der Veröffentlichung mit dem recht reißerischen Titel »Der Vatikan und Hitler: Die geheimen Archive«; Godman, *Vatikan*. Das Bild auf dem Cover zeigt einen Ausschnitt, der den Blick ganz auf die Person des Nuntius und einen der beiden Reichswehrsoldaten fokussiert.
52 Bei den im *Spiegel* abgedruckten Fotografien handelt es sich um einen Ausschnitt des Originalfotos, auf dem in der rechten Bildhälfte ein schwarz uniformierter Fahrer zu sehen ist, der vor der geöffneten Tür eines PKW steht und vor dem heranschreitenden Nuntius salutiert.

der Wehrmacht oder einer nationalsozialistischen Gardeeinheit, sondern um Mitglieder der Reichswehr. Auch Pacellis Ornat ist nicht das Gewand eines Kardinals oder gar Papstes, sondern das wallende bischöfliche Gewand eines Nuntius. Dass das Motiv durch seine stetige Wiederaufnahme in Artikeln, welche die Politik der katholischen Kirche im Dritten Reich aufgriffen, trotzdem bis heute zu einem visuellen Symbol der kirchlichen Nähe zum Nationalsozialismus werden konnte, zeigt nicht zuletzt auch seine zeitgenössische Verwendung: Die deutlichste Umwidmung erfuhr die Fotografie in der Monografie des britischen Autors John Cornwell, die in Großbritannien und den USA unter dem Titel »Hitler's Pope: The Secret History of Pius XII« vertrieben wurde.[53] Cornwells Cover schreibt den Gebrauch des Motivs als Symbol der Verstrickungen zwischen Pius XII. und dem nationalsozialistischen Regime fort.

Die britische Ausgabe beschrieb das Coverfoto im Klappentext gar mit dem Hinweis, es handele sich um eine Fotografie aus dem Jahr 1939, die Pacelli beim Verlassen einer Audienz bei Adolf Hitler zeige.[54] Somit kann die Fotografie des zukünftigen Papstes wohl als eines der eindringlichsten Beispiele für die »Macht der Bilder« gelten, die in ihrer scheinbaren Evidenz eine verbal geäußerte These objektivieren.

Auch wenn sich die Diskussion im Nachgang zu Hochhuths Skandaldrama vornehmlich auf die Person Pacellis und einige wenige deutsche Repräsentanten der kirchlichen Hierarchie fokussierte, so verwiesen doch *Stern* und *Spiegel* neben Pacelli auch auf Giovanni Battista Montini, den späteren Papst Paul VI., auf der Fotografie der Konkordatsunterzeichnung rechts hinter dem Kardinalstaatssekretär zu sehen ist.[55] Eine substantielle Auseinandersetzung über der Rolle Montinis bei der Aushandlung des Reichskonkordats konnte die visuelle Gegenwart des damaligen Mitarbeiters des Kardinalstaatssekretärs aber nicht anstoßen. Somit erwies sich die erste grundsätzliche Kritik an der vatikanischen Politik als eine Kritik an deren Versagen in der jüngsten Vergangenheit. Die gegenwärtige Kirchenpolitik des Vatikans wurde innerhalb der Bildberichterstattung erst im Jahr 1968 einer substantiellen Kritik unterzogen, die letztendlich das Bild

---

[53] John Cornwell: *Hitler's Pope*, [dt.: *Pius XII.*].
[54] Zu Cornwells Thesen und seinem Umgang mit besagter Fotografie siehe: Joachim Volkmann, »Warum der Papst keine Palmzweige hatte«, in: *Kirchliche Umschau* 6/1999, o. S.
[55] Carl Amery: »Gezählt, gewogen. Hitler und der Katholizismus aus der Sicht der Wissenschaft«, in: *Stern* 41/1964; »Papst der Deutschen«, in: *Spiegel* 47/1964.

des scheiternden Papstes entwarf, das die letzten Jahre des Pontifikats Paul VI. dominieren sollte.

4.1.4 »Der Papst und die Pille«: Visueller Ausgangspunkt für das karikierte Bild eines gescheiterten Papstes

Bevor im Folgenden die Karikierung des Papstes als gescheitertes Oberhaupt der Kirche diskutiert wird, soll es zunächst um die Gründe für dieses visuell konstatierte Scheitern Pauls VI. gehen. Wie keiner seiner Vorgänger geriet Paul VI. nicht nur in das Zentrum der Kritik einer visuellen Berichterstattung, ihm wurde darüber hinaus das Image des geschlagenen Verlierers angeheftet. Dieses Image entwickelte sich mit den Protesten gegen seine Enzyklika »Humanae Vitae« und begleitete den Papst bis zu seinem Tod 1978. Erst die mediale Faszination an dem polnischen Papst Johannes Paul II. konnte ein neues Papstbild etablieren. Dessen Inszenierung inmitten der Massen schuf für die achtziger Jahre das Motiv des bewunderten Papstes, der in seiner visuellen Darstellung noch viel deutlicher als etwa Johannes XXIII. weite Teile des Katholizismus mobilisieren konnte.

Die breit rezipierten Reformbemühungen der Kirchen und die hohen Erwartungen, die gerade Katholiken von den Anstößen des Zweiten Vatikanischen Konzils erwarteten, kumulierten in den breit gefächerten Protesten des Laienkatholizismus während des Katholikentags 1968 in Essen. Für die massenmediale Öffentlichkeit boten die innerkatholischen Proteste gegen die amtskirchliche Hierarchie zahlreiche Motive eines zutiefst gespaltenen Katholizismus, in denen die hierarchischen Führer die Rolle einer rigide vorgehenden, aber letztendlich vergeblich kämpfenden Instanz einnahmen.

Die päpstliche Enzyklika »Humanae Vitae«, welche die kirchliche Lehrmeinung über den Wert der Sexualität als Weitergabe des menschlichen Lebens formulierte und das kirchliche Verbot der künstlichen Empfängnisverhütung festschrieb, kann als Zentrum dieser Auseinandersetzungen zwischen der reformeuphorischen Mehrheit des Laienkatholizismus und den zögernden Vertretern der Amtskirche gedeutet werden. Der Vatikan veröffentlichte die Enzyklika im Juli 1968, nachdem verschiedene päpstliche Kommissionen über mehrere Jahre hinweg über das Thema debattiert und sich teils für die künstliche Empfängnisverhütung ausgesprochen hatten.⁵⁶ Zwei Monate später stand die Enzyklika im Mittelpunkt weit reichender Diskussionen auf dem Essener Katholikentag. Die dort geführten Auseinandersetzungen beschränkten sich aber keineswegs auf die Konflikte im Bereich der Sexualität. Das prägnante Schlagwort »Der Papst und die Pille«⁵⁷ entwickelte sich vielmehr zum Ausgangspunkt für eine Vielzahl von Konfliktthemen, die neben der Frage nach Sexualität und Empfängnisverhütung unter anderem eine verstärkte Partizipation der Laien in den Entscheidungsprozessen innerhalb des Katholizismus oder auch die Diskussion über die Notwendigkeit des priesterlichen Zölibats umfassten.

Zusammen mit der Schlagzeile »Der Papst und die Pille« gelang es dem *Spiegel* kurz vor dem Katholikentag in Essen mit seiner Titelillustration eine visuelle Ikone zu entwerfen, die auch posthum das Bild Paul VI. in der Öffentlichkeit prägen sollte.⁵⁸

Vor schwarzem Hintergrund sieht der Betrachter auf der oberen Hälfte des Bildes in grüner Schrift den Titel »Nein zur Pille«. Farblich abgesetzt hebt in der unteren Hälfte Papst Paul VI. in weißer Soutane seine rechte Hand zur Segenspose. Sein strenger Gesichtsausdruck lässt jedoch ebenso eine Deutung seiner Pose zu, die den Papst als gestrengen Mahner präsentiert, der in paternalistischer Selbstgewissheit resolut seinen Einspruch gegen die künstliche Empfängnisverhütung erhebt. Die eigentliche Pointe des Titels ist die eingefügte Pille, die über dem »i« des Wortes »Pille« prangt. Zudem suggeriert das Bild eine Verbindung zwischen der leicht geöffneten Hand des Papstes und der über ihm frei schwebenden Pille, sodass Papst und Pille zu den zwei antagonistischen Ikonen der Konflikte zwischen kirchlichem Lehramt und reformfreudigen Laien werden. In

---

56 Zur zeitgenössischen Rezeption der Enzyklika siehe etwa: Böckle, *Enzyklika*; Hildebrand, *Enzyklika*; Grenner, *Humanae Vitae*; Häring, *Krise*; Oertel u.a., *Echo*; Sartory, *Strukturkrise*; Böckle u.a, *Naturgesetz*.
57 So der Titel einer zeitgenössischen Dokumentation des Konfliktes: Hunold, *Papst und Pille*.
58 *Spiegel* 32/1968; die Diskussionen über die Stellung der Kirche zur künstlichen Empfängnisverhütung, die vor allem im Zuge des Konzils die innerkirchliche Reformdebatte anreicherten, wurden bereits Mitte der sechziger Jahre in den Medien aufgenommen; siehe etwa: »Empfängnisverhütung: Liebe nach Kalender«, in: *Spiegel* 27/1966; »Sexualität: Freude im Haus«, in: *Spiegel* 35/1966. Auch hier wurden einzelne Karikaturen abgedruckt, die zumeist den Takt gebenden Satiremagazinen wie dem *Simplicissimus* oder der *Pardon* entnommen waren. Noch prägten die auflagenstarken Magazine und Illustrierten aber keine eigenen Bilder, die Karikaturen standen nur vereinzelt zur Illustration der Artikel.

ihnen verdichten sich die zahlreichen Auseinandersetzungen, die nach der Reformeuphorie des Konzils innerkirchlich, aber auch in der massenmedialen Öffentlichkeit entbrannten.

Abb. 63: »Papst Paul VI. Nein zur Pille«, Spiegel-Cover 32/1968, Illustrator nicht genannt

Die Leistung dieses visuellen Entwurfs liegt gerade in dieser Zuspitzung, die es den Medien im Folgenden ermöglichte, andere Aspekte des Pontifikats Paul VI. auszublenden und seine Regentschaft als Misserfolg zu brandmarken, da ihm die Mehrheit der Katholiken in der Bundesrepublik in der vermeintlich entscheidenden Frage seines Pontifikats die Gefolgschaft versagte. So lassen sich in den folgenden Jahren vor allem zwei visuelle Stränge erkennen, welche die Situation der katholischen Kirche in der bundesdeutschen Gesellschaft pointiert inszenierten und die Konflikte innerhalb des Protestantismus fast gänzlich in den Hintergrund drängen konnten. Zum einen prägten die großen Illustrierten das Bild des geschlagenen Papstes, der seinem Auftrag, ein Hirte aller Katholiken zu sein, nicht gerecht werden konnte. Zum anderen schufen die Massenmedien in ihren visuellen Kommentierungen verschiedene Visiotypen des innerkirchlichen Protests, die neben den Bildern des Essener Katholikentags zumeist in Karikaturen ihre Öffentlichkeit fanden.

Die fotografischen Bilder des innerkirchlichen Protests korrespondierten in ihren Motiven mit den Visiotypen des politischen Protests um 1968. In Übernahme der Motive einer rebellierenden Jugend gelang es durch die Fotografien, den Widerspruch gegen die Lehrentscheidungen des Papstes zu einem generationellen Konflikt zuzuspitzen. Die Überschrift eines Berichts im *Stern* »Opas Kirche ist tot«, in dem über die Konfliktthemen des Essener Katholikentags berichtet wurde, weist bereits in diese Richtung.[59] Die Bilder des Artikels inszenieren in ihrer Gänze die Gegenüberstellung einer alten, verknöcherten kirchlichen Elite mit einer protestwilligen Jugend, die den vom kirchlichen Lehramt vorgegebenen Normen nicht mehr zu folgen bereit ist.

Das Titelbild des Artikels »Opas Kirche ist tot« besteht aus zwei Fotografien des *Stern*-Fotografen Max Scheler, die durch den Falz voneinander getrennt sind.[60] In ihnen offenbart sich die bereits zu Beginn der sechziger Jahre oftmals visuell inszenierte Gegenüberstellung zwischen kritischer Jugend und alternder Kirche.

Die linke Fotografie dominiert der zentral ins Bild gesetzte Kardinal Döpfner, der als einfacher Geistlicher im schwarzen Anzug und Kollarkragen auftritt. Seinen Verzicht auf das bischöfliche Ornat erklärt die Bildunterschrift als »Zugeständnis an das neue, rebellische Kirchenvolk, das keinen Sinn mehr hat für die alten prunkvollen Zeichen klerikaler Herrschaft.« Auch ohne das bischöfliche Gewand geht der Münchner Kardinal hier ganz in seiner Rolle als Vertreter von »Opas Kirche« auf. Mit verschränkten Armen und leicht geneigtem Kopf verfolgt er grimmig die sich vor ihm abspielende Szenerie.

---

59 »Opas Kirche ist tot«, in: *Stern* 38/1968; zur Bedeutung des Essener Katholikentags für die »Selbstmodernisierung« des deutschen Katholizismus siehe: Mittman, »Akademien und Katholikentage«.

60 Neben Stefan Moses, Robert Lebeck und Thomas Hoepker kann Max Scheler als einer der bedeutendsten *Stern*-Fotografen der sechziger und siebziger Jahre gelten. Beeinflusst von der US-amerikanischen Reportagefotografie zählt er zu den einflussreichsten Vertretern der *human interest photography* in der Bundesrepublik, die das visuelle Bild des *Stern* in den sechziger Jahren prägten und zum bedeutendsten Magazin der Bundesrepublik werden ließen; zur Biografie Schelers siehe: Harder, »Scheler«.

Abb. 64: »Opas Kirche ist tot«, in: Stern 38/1968, Fotograf: Max Scheler

Die rechte Bildseite offenbart sich erst bei genauerem Hinsehen als eigenes Bild, denn auch hier werden die auf den Rängen sitzenden Zuschauer einer Veranstaltung des Katholikentags gezeigt. Zentral im Bild inszeniert der Fotograf zwei junge Mädchen, die in ärmellosen Shirts und Miniröcken seitlich aus dem Bild herausblicken, als richtete sich ihr fragender Blick direkt auf den mürrischen Kardinal. Vor ihnen sitzt eine Ordensschwester in ihrem schwarzen Habit. In ihrer kubisch anmutenden Gestalt entfaltet sie eine asexuelle, fast androgyne Erscheinung, die sich in den zwanglos gekleideten jungen Mädchen bricht. Auch ihr Blick geht aus dem Bild heraus auf den Kardinal im linken Bild. Auch wenn in Schelers Bildzusammenstellung keine Konflikt*themen* innerhalb der Kirche dargestellt werden, so zeigt sie dem Betrachter doch die Konflikt*parteien* deutlich auf. Nicht nur das Alter, auch die Kleidungsstile und Erscheinungen verdeutlichen die Gegensätzlichkeit der beiden Parteien.

Den Protest der jungen Generation nimmt eine zweite Fotografie Schelers in den Blick, die etwa zwei Drittel der zweiten Doppelseite des Artikels ausfüllt. In der Rolle eines Besuchers eines Informationsstandes blickt der Betrachter auf einen Tisch, hinter dem ein Junge und eine junge Frau stehen. Im Hintergrund lässt sich eine Posterwand mit mehreren Zeitungsausschnitten, Cartoons und Parolen erkennen. Das provokant pointierte Bekenntnis der jungen Generation »Alle reden über die Pille, wir nehmen sie« formuliert auf einem Plakat die Dissonanz zwischen päpstlicher Lehre und libertärem Lebensgefühl (auch) der jungen Katholiken. Als Bild im Bild prangt zudem ein Cartoon auf der Stellwand im Bildhintergrund, der ein sich in einem Bett vergnügendes Paar andeutet. Hinter dem Bett ragt ein Kopf mit einer tief ins Gesicht gedrückten Mitra hervor. Der Titel »Paul is watching you« unterstreicht als Anleihe aus George Orwells Roman »1984« die im Cartoon angedeutete und als Ausdruck einer paternalistisch-klerikalen Arroganz wahrgenommene Kontrollwut des Papstes über das Sexualleben der Katholiken. Diese recht einfache Zeichnung konnte sich als humoristisches Symbol des Aufbegehrens einer kritischen jungen Generation von Katholiken gegen den Papst etablieren: Auch der *Spiegel* zitierte den Cartoon als Sinnbild des Protests einer »katholischen außerparlamentarischen Opposition« gegen das kirchliche Lehramt.[61]

Zu einem zweiten visuellen Ausdruck des Protests etablierte sich eine Fotografie, die eine Diskussionsveranstaltung auf dem Essener Katholikentag zeigt, deren Teilnehmer mit einem Spruchband ihr tiefes Unverständnis gegen die päpstliche Enzyklika zum Ausdruck bringen. Schelers Fotografie vereint die grundlegenden visuellen Narrative der Debatte: In Anlehnung an die Bilder der Studentenproteste artikulieren auch die protestierenden Katholiken ihren Unmut mit einer prägnanten, nicht ohne Ironie formulierten Botschaft auf einem Spruchband (»sich beugen und zeugen«[62]).

Zudem unterstreicht der Blick auf die dichten Sitzreihen des prall gefüllten Veranstaltungssaals die zahlenmäßige Größe der Katholiken, die sich dem Primat des Papstes nicht beugen wollen. Schließlich weist die Fotografie Schelers die Protestler als kritische und gebildete Laien aus. In ihrer Mehrheit tragen die abgebildeten Personen einen Anzug oder ein Kostüm, ein Paar in der ersten Reihe widmet sich zudem einer Lektüre.

---

61 »Katholikentag: Sich beugen und zeugen«, in: *Spiegel* 37/1968.
62 Die auf dem Spruchband verzeichnete Protestbotschaft übernahm der *Spiegel* als Überschrift für seinen Artikel über den Katholikentag, der ebenfalls Schelers Fotografie aus der Veranstaltungshalle aufnahm; »Katholikentag: Beugen und zeugen«, in: *Spiegel* 37/1968.

Abb. 65: »Opas Kirche ist tot«, in: Stern 38/1968, Fotograf: Max Scheler

Die von *Stern* und *Spiegel* aufgenommenen Bilder des Protests gegen die päpstliche Enzyklika, die später in dem Bild des scheiternden und geschlagenen Papstes münden sollten, finden ihre Brechung in der Bildberichterstattung der Springer-Illustrierten *Quick*. In den Berichten der *Quick* offenbart sich zudem eine offensichtliche Diskrepanz zwischen den im Text vermittelten Botschaften und den Aussagen der den Text umrahmenden Fotografien. Denn während der Text die Situation des »einsamen Papst(es)« diskutiert, der von Laien und auch den katholischen Bischöfen ob seiner Entscheidung gegen die künstliche Empfängnisverhütung kritisiert wurde, findet die öffentliche Kritik an der »Pillen-Enzyklika« ihren augenscheinlichen Gegensatz in der Visualisierung des Artikels.[63] So zeigt eine einseitige Fotografie zu Beginn des Artikels einen sympathisch lächelnden Papst im Profil, der auf dem päpstlichen Thron sitzt und seine rechte Hand zum Segen erhoben hat. Die farbige Fotografie lehnt sich stark an die großformatigen Einzelportraitfotografien der Päpste an, welche die großen Illustrierten in Übernahme der vom Vatikan vertriebenen Bilder zu historischen Anlässen wie dem Papsttod, der Konzilseröffnung oder einer Papstwahl auf die Titelseiten nahmen.[64] Entgegen der These

---

63 Thilo von Uslar, »Der einsame Papst«, in: *Quick* 43/1969.
64 Auf dem Titel: *Quick* 20/1957 (zum 25-jährigen Bischofsjubiläum Pius XII.); *Quick* 32/1960 (zum eucharistischen Kongress in München), *Quick* 41/1962 (zur Eröffnung des Konzils); *Quick* 20/1963; *Quick* 24/1963 (zum Tod von Johannes XXIII.), *Spiegel* 24/1963 (zum Tod von Johannes XXIII.); *Spiegel* 52/1965. Im Heft: *Quick* 52/1950 (zur

eines einsamen Papstes und quasi als Gegenbild zu den Protesten katholischer Laien präsentiert die *Quick* eine Fotografie, die in leichter Aufsicht den Papst inmitten einer großen Menschenmenge auf dem Petersplatz zeigt. Auch dieses Motiv des bejubelten Papstes kann als Reminiszenz an die Zeit vor und während des Konzils gelten. Während des Pontifikats Paul VI. fand es zu seiner Krönung und vor allem in den Bildberichten zu seiner Reise in den Nahen Osten 1964 Einzug in die deutschen Medien.[65] Ende der sechziger Jahre sind solche Motive nur in der *Quick* zu finden. Somit lassen sich die Bildberichterstattungen der Springer-Illustrierten als Rückzug auf die Papstbilder fassen, welche die aufschauenden Blicke auf die Person des Pontifex vor und nach dem Konzil prägten.

4.1.5 Das Bild des gescheiterten Papstes

Stern und *Spiegel* hingegen fanden um 1968 ein ganz neues Motiv: Das Bild des angeschlagenen Papstes stand dabei in direkter Verbindung mit dem innerkatholischen Protest gegen »Humanae Vitae«, stellte dieser doch sowohl den Ausgangspunkt als auch den medial sichtbarsten Ausdruck für das Scheitern Paul VI. dar.

Das wohl eindringlichste Bild dieses Motivs veröffentlichte der *Spiegel* auf einem Cover aus dem Frühjahr 1969.[66] Der Illustrator Hermann Degkwitz inszenierte den Papst nach Vorlage von Matthias Grünewalds »Versuchung des Antonius« als gefallenen Pontifex, der von den Gefahren der Moderne angegangen wird.

Eröffnung des Heiligen Jahres durch Pius XII.); *Quick* 28/1963; *Stern* 27/1963 (zur Krönung Paul VI.). Ein ähnliches Motiv findet sich noch im Dezember 1965 auf dem *Spiegel*-Titel: *Spiegel* 52/1965. Auch die kritischen Reportagen über die undemokratisch-hierarchischen Strukturen des Vatikans schrieben das Bild des thronenden Papstes als Symbol des von Rom aus gelenkten Katholizismus fort; siehe etwa den *Quick*-Titel zur Serie »Revolution im Vatikan«. (*Quick* 21/1967).

65 Ausführliche Bildberichte über den Besuch Paul VI. in Jordanien und Israel etwa in: »Der Papst im Heiligen Land«; hier auch zahlreiche Bilder, die den (auch physischen) Kontakt zwischen Papst und den Einwohnern der von ihm besuchten Region zeigen, in: *Quick* 3/1964.

66 *Spiegel* 18/1969.

Abb. 66: »Papst in Bedrängnis«, Spiegel-Cover 18/1969, Illustrator: Hermann Degkwitz

In defensiver Pose liegt Paul VI. auf dem Boden, seine Hand schützend vor seiner Tiara, dem Zeichen der Macht. Er ist umringt von den von der Kirche ausgerufenen Dämonen der Moderne. Den »päpstlichen Schlüssel zum Himmelreich« hält Paul VI. mit der rechten Hand fest umschlossen, als wolle er die Schlüsselgewalt, die nach biblischer Überlieferung und kirchlicher Tradition Christus selbst dem Petrus anvertraute, unter allen Umständen gegen die Angreifer verteidigen.

Degkwitz übernimmt Grünewalds mystische Fabelwesen als aggressive Gefahrenquellen, verbindet diese aber mit den Ikonen der modernen Welt. So attackiert das vogelähnliche Monster im Zentrum der Illustration den am Boden liegenden Papst nicht wie bei Grünewald mit einem Stock, sondern mit einer Rakete. Mit seiner linken Kralle tritt es auf ein Radiogerät, das neben einem Fernseher steht. Im Bildhintergrund sieht der Betrachter die Ruinen einer Stadt vor der Kulisse zweier Industrieanlagen, eines

Funkturms und eines frei schwebenden Atommodells. Als deutlichste Pointe auf die zeitgenössischen Diskussionen um das Pontifikat Paul VI. erkennt der Betrachter im linken unteren Bildrand eine ausgemergelte gebärende Farbige, die mit schmerzverzerrtem Gesicht versucht, nach einer Pillenschachtel zu greifen. Hier nimmt Degkwitz eine der wohl prominentesten visuellen Bezüge der Pillendiskussion auf, nämlich die Frage, ob das päpstliche Pillenverbot vor dem Hintergrund der Hungersnöte und der Überbevölkerung in der Dritten Welt unter humanitären Gesichtspunkten vertretbar ist.

Die breiten Bildberichte über Hungerkatastrophen in der Dritten Welt, für die etwa der *Stern* eigene Fotoreporter nach Afrika schickte, um dort eindringliche Bilder für Reisereportagen zu produzieren, begannen etwa zeitgleich mit der Diskussion um die päpstliche Enzyklika. Als Ausgangspunkt für solche Reportagen kann der Sezessionskrieg in Biafra zwischen 1967 und 1970 gelten. Besonders deutlich brachte der *Spiegel* das päpstliche Pillenverbot mit dem Problem Überbevölkerung bzw. Hungerkatastrophen in einen visuellen Zusammenhang. Die Titelstory »Nein zur Pille«[67] prägen drei eindringliche Fotografien aus Lateinamerika, Indien und Afrika, welche die dort hungernde Bevölkerung zeigen. Gerade die Fotografie aus Afrika weist die typischen Merkmale der fotografischen Inszenierung des afrikanischen Kontinents in den späten sechziger Jahren auf: Eine Gruppe von acht schwarzen Kindern blickt den Betrachter an. Auf ihren nackten Oberkörpern sind deutlich die Wölbungen ihre Rippen zu erkennen. Mit ihren hervorquellenden Bäuchen sind sie dem Betrachter ein sichtbares Zeichen ihrer Unterernährung. Die emotionale Botschaft des Bildes wirkt zugleich als Anklage gegen die Entscheidung des Papstes, der die Not der hungernden Bevölkerung bei seiner Entscheidung für das Pillenverbot scheinbar unberücksichtigt ließ.

Neben der Idee des geschlagenen Papstes inszeniert Degkwitz in seiner Illustration die dem Grünewaldbild entlehnten mittelalterlichen Dämonen als Unruhestifter in der modernen Welt. Im Blickfeld des Papstes attackieren die furchterregenden Figuren eine Welt, deren Ikonen des wissenschaftlichen, medizinischen und technischen Fortschritts im Chaos versinken. Somit reflektiert der Illustrator durchaus den medial verhandelten Wertehorizont Paul VI.: Hinter den Unwägbarkeiten und Gefahren des modernen Fortschritts entdeckt der Papst eine bis in das Mittelalter zu-

---

67 *Spiegel* 32/1968.

rückzuverfolgende diabolische Machtinstanz, die Kirche und Welt seit jeher feindlich gegenübersteht. Mit der Verdammung dieser mythischen Mächte geht bei Paul VI. indes eine Verdammung einzelner Aspekte des menschlichen, medizinischen und technischen Fortschritts, wie eben der Pille, einher. In dieser Frage lässt ihn gerade die visuelle Verbindung zwischen Pillendiskussion und Dritter Welt zu einem inhumanen Patriarchen werden, der sich den möglichen Lösungen zur Bekämpfung von Überbevölkerung und Hungersnöten in theologischer Selbstgewissheit verschließt.

Weniger komplex, aber ähnlich pointiert präsentierte das Satiremagazin *Pardon* einen gescheiterten Pontifex, dessen Kirche inmitten der innerkirchlichen Proteste in Trümmern liegt. Die *Pardon* wurde 1962 von dem Journalisten Hans A. Nikel gegründet und etablierte sich schnell zu einem der führenden Satiremagazine in der Bundesrepublik. 1972 erreichte es eine Auflage von 300.000 Exemplaren.[68] Zudem wurde die *Pardon* neben dem *Simplicissimus* zum oft zitierten Magazin im Bereich der visuellen Parodie, wie etwa die Übernahme einiger Karikaturen im *Spiegel* zeigen. Die zahlreichen Prozesse, die gegen das Magazin ob seiner politischen und auch religiösen Parodien angezettelt wurden, trugen gerade bei dem nonkonformistischen jungen Publikum der Zeitschrift zu deren Popularität bei. Letztendlich können die hohen Gerichtskosten neben den um 1980 auftretenden redaktionsinternen Spannungen jedoch als ein Grund dafür gelten, dass die *Pardon* 1982 eingestellt wurde.[69]

Im Dezember 1969 veröffentlichte die *Pardon* unter dem Titel »Rebellion in der Kirche« eine ausgiebige Auseinandersetzung mit den Laienprotesten gegen die kirchliche Hierarchie. Bereits die Titel-Illustration unterstreicht den respektlos scharfzüngigen Umgang des Satiremagazins mit den traditionellen Eliten der Bundesrepublik: Eine junge Frau in Ordensgewand entblößt ihren Oberkörper, auf dem ein Che-Guevara-Tattoo zu sehen ist.[70] Der herausfordernde Blick der jungen Frau, ihr locker gebundenes Kopftuch und ihr breiter blauer Lidschatten konterkarieren das traditionelle Bild einer enthaltsam lebenden Ordensfrau.[71] In der

---

68 Prokein, »Pardon«.
69 Ebd., S. 105–107.
70 »Rebellion in der Kirche«, in: *Pardon* 12/1969.
71 Auch wenn gerade in den Illustrierten das Bild der enthaltsam lebenden und jeglichem modernen Freizeitdenken entsagenden Nonne mit Beginn der sechziger Jahren oftmals konterkariert wurde, kann das *Pardon*-Motiv der sich entblößenden Nonne auch 1969 noch als Normverstoß gelten; siehe etwa: »Sie tanzt für die Stummen«, in: *Stern* 23/1959

Person des Che Guevaras nimmt die Fotografie zudem die Ikone des antikapitalistischen Protests der späten sechziger Jahre auf und verbindet sie auf der Brust der verbrämten Nonne mit der katholischen Kirche. Die Ordensfrau soll zudem für die Basis des Katholizismus stehen, die, angesteckt vom libertären Lebensgefühl einer jungen Generation, gegen die kirchliche Hierarchie mit dem Papst an deren Spitze aufbegehrte.

Ähnlich wie Degkwitz' Titel-Illustration des *Spiegel* orientiert sich die doppelseitige Zeichnung, die den Artikel über die »Rebellion in der Kirche« eröffnet, an einem bekannten Gemälde. Angelehnt an Delacroix' »Die Freiheit führt das Volk« von 1830 präsentiert die *Pardon* im Zentrum der Karikatur eine barbusige Nonne, die mit einer roten Fahne in der Hand den Aufstand der Katholiken gegen den Vatikan anführt. Zu ihrer rechten steht ein junger Ministrant, der in der linken Hand mit einem Weihrauchfass »bewaffnet« die rechte Faust gen Himmel streckt. Links von der Ordensfrau sieht der Betrachter auf einen Geistlichen mit Priesterhut und einem Kreuz gleich einer Waffe in der Hand. Hinter ihm steht ein Ordensmann mit angedeuteter Tonsur, der seine rechte Faust in den Himmel schwingt. Im Bildhintergrund lassen sich die Schatten zweier weiterer Priester erkennen, die in ähnlicher Pose ihre Kampfbereitschaft demonstrieren.

Abb. 67: »Rebellion in der Kirche«, in: Pardon 12/1969, Illustrator nicht genannt

---

(Bild einer tanzenden Ordensfrau); »Nonnen auf Urlaub«, in: *Stern* 46/1960 (Bild von zwei im Wasser umhertollenden Ordensschwestern); »Nonnen sind gar nicht so«, in: *Quick* 4/1962 (mehrere Fotografien von Nonnen auf dem Rummelplatz).

Vor den vier Rebellen liegen drei Personen, die der höheren Geistlichkeit zuzuordnen sind: Ein Bischof liegt regungslos am Boden, seine vom Kopf gefallene Mitra liegt an seiner Seite. Der zurückgeworfene Kopf und seine ausgestreckten Arme weisen ihn als gefallenen Kämpfer für die Kirche aus. Ein durch seinen Pileolus ebenfalls als Bischof erkennbarer Geistlicher hockt unterwürfig vor der Freiheitsgöttin. Mit seinem aufschauenden Blick auf die Anführerin der Rebellion scheint er um Gnade zu flehen. Ein dritter Priester mit geschlossenen Augen ist dem Kampf um die Kirche zum Opfer gefallen. Zu seinen Füßen liegt die päpstliche Tiara. Zudem lässt die hermelinverbrämte Mozzetta als Schulterumhang ihn als Pontifex erkennen. Aus der Kuppel der Basilika, die im rechten Bildhintergrund mit dichten Rauchschwaden umhüllt ist, steigen Flammen auf. Der Obelisk, der vor dem Kirchbau angedeutet ist, und die Umrisse des Gebäudes weisen die Kirche unverkennbar als Petersdom aus, den die von der Freiheitsgöttin angeführte Rebellion erreicht hat.

In satirischer Überzeichnung weist die Karikatur der *Pardon* den Kampf um die Kirche als einen innerkirchlichen Konflikt aus. Der spöttische Blick in die Zukunft sieht den Papst als einen gefallenen Pontifex, der mit seinen Anhängern den Rebellen im Kampf um die Macht innerhalb der katholischen Kirche unterlegen ist. Anders als die Degkwitz-Zeichnung im *Spiegel* sind es in der *Pardon* also nicht die äußeren Gefahren, die Paul VI. attackieren, sondern die innere Opposition gegen ihn. Somit führt die *Pardon* die Diskussion über das vermeintliche Scheitern des Papstes auf ihren Ursprung zurück, den die Medien im Anschluss an die Verkündigung von »Humanae Vitae« schnell gefunden hatten: Die Katholiken selbst sind es, die gegen ihren Pontifex rebellieren. In der Person der barbusigen Nonne als rebellierende Freiheitsgöttin deutet die Zeichnung zudem den Themenkomplex Sexualität an, an dem sich diese Diskussion entzündet hatte.[72]

Die visuelle Darstellung Paul VI. lässt, wie die beiden Beispiele aus dem *Spiegel* und der *Pardon* markant zeigen, eine deutliche Wandlung erkennen,

---

72 Die spöttische Betrachtung von kirchlicher Lehre und Sexualität kann in den Jahren 1968 und 1969 als das gängigste Motiv in der Diskussion von Kirche und Religion in der *Pardon* gelten. Dabei ist die nackte Frau das beliebteste Motiv der Karikaturisten und Fotografen. Zumeist wird sie dem entrüsteten Geistlichen gegenübergestellt. In ihrer Schlagrichtung kritisierten die Redakteure und Zeichner der *Pardon* die Verlautbarungen der Kirche als anmaßende Einmischung in die Intimsphäre des Individuums; siehe etwa: »Vorsicht Kontrolle im Schlafzimmer«, in: *Pardon* 4/1968; »Pauls Wille: Keine Pille«, in: *Pardon* 9/1968 oder eben »Rebellion in der Kirche«, in: *Pardon* 12/1969.

die sich in den späten sechziger Jahren vollzog. Waren es zuvor noch die motivischen Anbindungen an seinen Vorgänger Johannes XXIII., die auch die massenmedialen Bildberichte über Paul VI. dominieren konnten, so erhielt er nun das Image des gescheiterten Papstes. Die neuartigen Bilder des reisenden Pontifex, der in aller Welt die Ovationen und Respektbezeugungen breiter Massen entgegennimmt, blieben in der Darstellung des Montini-Papstes eine Episode und fanden erst Ende der siebziger Jahre eine erneute Aufnahme in den Massenmedien. Nun waren es die breit rezipierten Auslandsreisen Johannes Paul II., die gemeinsam mit einer gezielten Medienpolitik des Vatikans das Bild des reisenden und völkerverbindenden Pontifex in eine weltweite Öffentlichkeit kommunizieren konnten.

Noch zu Beginn des Pontifikats Paul VI. führte darüber hinaus die Wiederaufnahme einzelner Fotografien Pius XII. zu einer verstärkten Personalisierung der Debatte um die Schuldhaftigkeit der Kirche in der Zeit des Nationalsozialismus. Dies führte zum einen dazu, dass die protestantischen Kirchenführer in der visuellen Darstellung dieser Debatte keine bedeutende Rolle spielten, zum anderen verband sich die Frage nach dem Schweigen oder gar der Kollaboration Pius XII. mit den Nationalsozialisten nicht mit einer kritischen Auseinandersetzung mit dem Pontifikat Paul VI. Diese fand ihren Anfang und zugleich ihren Höhepunkt erst in der Debatte um die Enzyklika »Humanae Vitae«, die den Fortgang der visuellen Papstberichterstattung entscheidend prägen konnte.

4.2 Die Pluralisierung von Gottes- und Religionsbildern in den sechziger Jahren

Religion offenbarte sich in der visuellen Repräsentation durch die Massenmedien oftmals, aber nicht ausschließlich über die Darstellung der hochrangigen Vertreter religiöser Institutionen. Lokale kirchliche Autoritäten, der Dalai Lama, Bischöfe und vor allem Päpste standen im Mittelpunkt einer personalisierten Bildberichterstattung über aktuelle Nachrichten der institutionalisierten Religion.

Neben diesem Blick auf christliche und nichtchristliche Autoritäten zeigen bereits die breiten Bildberichte der fünfziger Jahre über die Suche nach den Ursprungsmythen der Weltreligionen, dass Religion in ihrer visuellen Darstellung und Ausdeutung über den personalen Rahmen hinaus auch mit anderen Bildern in Verbindung gebracht wurde. Religion wurde hier nicht vor dem Hintergrund von Kirchenbindung und Glaubensführern in den Blick genommen, sondern als ein über Jahrhunderte tradierter Glaubenshorizont breiter Bevölkerungsschichten. Neben der traditionellen christlichen Symbolik, welche die bildende Kunst über Jahrhunderte hinweg etwa in Gestalt des Kreuzes, des kirchlichen Raumes oder biblischer Gestalten prägte, gelang es den Medien hier, eigene Bilder und Motive zu prägen, die sie mit Religion verknüpften. Das Bild des die Ursprünge der Weltreligionen erforschenden Archäologen, der mit dem Mut des Abenteurers und der präzisen Arbeitsweise der strengen Wissenschaft die Historizität biblischer Mythen zu beweisen sucht und sie damit aus dem Raum der Transzendenz in den Raum der wissenschaftlichen Evidenz trägt, kann hierfür als Beispiel stehen.[73]

Andere Versuche, Religion fernab von ihren führenden Repräsentanten ins Bild zu setzen, wurden von diesem grundlegenden Narrativ überlagert. So spielte etwa der persiflierende Umgang mit religiösen Bildern, der versuchte, Religion als Teil kabarettistischer Unterhaltung zu inszenieren, in den auflagenstarken Massenmedien der fünfziger Jahre eine äußerst untergeordnete Rolle. Einzelne Versuche, die Bildwelten religiöser Stoffe zu nutzen, um auf ihrer Grundlage derbe Unterhaltungsstoffe zu erzählen, stießen auf ein sehr geringes Interesse beim Publikum. Als Beispiel kann hierfür etwa der Filmklassiker »Der Apfel ist ab« (Deutschland 1948) gelten. Helmut Käutners Inszenierung des kabarettistischen Erzählstoffs aus den zwanziger Jahren war in der frühen Bundesrepublik derart erfolglos, dass die kirchlichen Filmstellen ihre anfänglichen Proteste kurz nach der Uraufführung des Streifens einstellten, um dem vom Publikum fast vollends ignorierten und von der Filmkritik mit Häme überhäuftem Film nicht zu einer vermehrten Aufmerksamkeit zu verhelfen.[74]

In den sechziger Jahren fanden die Fotografen und Redakteure neue Anknüpfungspunkte für eine innovative visuelle Darstellung der Religion als Glaubenshorizont breiter Bevölkerungsschichten. Vielfach ließen diese Darstellungen nun die in den fünfziger Jahren präsenten christlichen Religions- und Gottesbilder hinter sich. In bebilderten Reportagen mit Titeln wie »Wie sieht der liebe Gott aus?« (*Stern* 52/1968) wird eine Pluralität von

---

73 Siehe die Ausführungen über Abenteurer und ihre Suche nach den Ursprungsmythen der Weltreligionen, Kapitel 2.4.1.
74 Kuchler, *Kirche,* S. 134f.

neuen Bildern sichtbar, die das fest gefügte Arsenal von traditionellen Motiven abzulösen schien. Diese Pluralisierung der visuellen Vorstellungen von Gott und Religion soll im Folgenden diskutiert werden. Trotz der innovativen Neuerungen vor allem in den Bildreportagen der Illustrierten blieben die traditionellen Symbole und Motive der christlichen Symbolik jedoch weiterhin präsent. Wie am Beispiel der gerade in den sechziger Jahren populären Fotoausstellungen gezeigt werden konnte, verbanden die der Kirche nahestehenden Ausstellungskuratoren wie Karl Pawek Religion vornehmlich mit den Motiven der christlichen Symbolik, Liturgie und Architektur.[75] Neben den Fotoausstellungen fanden traditionelle christliche Szenerien in den Weihnachtsausgaben der Illustrierten ein großes Publikum. Diese Statik, welche die Darstellung christlichen Glaubens alljährlich prägte, soll in einem zweiten Abschnitt genauer untersucht werden.

4.2.1 Religion als individuelles Suchen im Jugendmagazin *twen*

Nachdem bereits die Produzenten der *Stern*-Serie »Gott in Deutschland« 1962 in ihrer fotografischen Vermessung der religiösen Landschaft der Bundesrepublik den Bildhaushalt der Illustrierten in Bezug auf die Darstellung religiöser Ausdrucksformen erheblich erweitert hatten, diese aber größtenteils noch dem kirchlichen Raum zuordneten, koppelten die auflagenstarken Illustrierten in den folgenden Jahren die visuelle Darstellung von Religion von deren Anbindung an kirchliche Riten und theologische Normvorstellungen ab. Ansatzpunkt dieser Bilder bildete eine zunehmend entkirchlichte und individualisierte Form der Religiosität, die nicht nur in der Bundesrepublik zu beobachten ist, sondern als ein über die nationalstaatlichen Grenzen hinausreichendes Phänomen der westeuropäischen Industriestaaten zu verstehen ist.[76] Bereits zwischen 1954 und 1960 präsen-

---

[75] Siehe die Ausführungen zu den Fotoausstellungen in den fünfziger und sechziger Jahren, Kapitel 3.4.

[76] Zur individualisierten Religiosität siehe grundlegend: Luckmann, *Religion*; siehe auch: Hellemans, »Transformation«, insbesondere S. 17f. Pasture, »Christendom«, insbesondere S. 111ff. Zum Niedergang der kirchlich verfassten Religion in Westeuropa als Ausnahme einer weltweiten Entwicklung der zunehmenden Bedeutung von Religion siehe: Berger, »Desecularization«; ebenso Grace Davie mit ihrer These des »Believing without belonging«; siehe: Davie, »Europe,« S. 68. Auch Michael N. Ebertz versteht das Phänomen (aus katholischer Sicht) als eine »Intimisierung« und »Privatisierung« der Religion; siehe: Ebertz, *Kirche*, S. 102.

tierte die Springer-Illustrierte *Kristall* die Serie »Woran ich glaube«, in der prominente Persönlichkeiten aus der bundesrepublikanischen Geisteswelt wöchentlich ihre persönlichen Glaubensüberzeugungen kundtaten. In ihrer visuellen Aufmachung konnten die zumeist zweispaltigen Artikel die Idee einer Pluralität von religiösen Überzeugungen nur bedingt vermitteln; lediglich ein Portraitfoto des Autors und gelegentlich auch dessen Signatur waren auf einer bildlichen Ebene Ausdruck einer Individualität von Glaubensprämissen.

Nachdem die breiten Bildberichterstattungen über das Zweite Vatikanische Konzil, die Neuwahl Pauls VI. 1963 und dessen Reise in den Nahen Osten der christlichen Liturgie und kirchlichen Symbolik zu einer kurzzeitigen Renaissance verhalfen, geriet die in Artikeln wie der *Kristall*-Serie verbal bereits angekündigte Pluralisierung der Gottes- und Religionsbilder Mitte der sechziger Jahre auch visuell vermehrt in den Fokus der massenmedialen Bildberichterstattung.

Bereits 1961 nahm das Jugend- und Szenemagazin *twen* die Frage nach pluralen Gottesvorstellungen in einer Serie auf, in der junge Erwachsene ihre Vorstellungen über Gott diskutierten.[77] Motivisch orientierte sich die Serie, für die der *twen*-Chefgrafiker Willy Fleckhaus den schwedischen Fotografen Anders Holmquist gewinnen konnte, an den Fotografien, die bereits im *Kristall* die Auseinandersetzung mit individueller Religiosität bebildert hatten: Nicht individuelle, von den Kirchen unabhängige Vorstellungen von Religion an sich wurden ins Bild genommen, sondern deren Träger. Ästhetisch unterschieden sich die Fotografien der jungen Damen, die im Text ihre persönlichen Gottes- und Religionsbilder präsentieren, jedoch deutlich von den formalisiert wirkenden Portraitaufnahmen im *Kristall*. Sie können als Beispiel für den innovativen Umgang mit ungewöhnlichen Fotoeinstellungen und auch künstlerisch anspruchsvollen Fotografien gelten, welche die Macher der *twen*, allen voran Willy Fleckhaus als verantwortlich für die visuelle Gestaltung der Zeitschrift, ins Zentrum der visuellen Aufmachung der *twen* stellten. Dabei prägte vor allem Fleckhaus' Vertrauen auf »visuelle Kraft des großen, plakativen Bildes« die Ausgaben der *twen*.[78]

---

77 »Acht Mädchen über Gott« in: *twen* 3/1961; »Flüchtige Anmerkungen eines Moralisten«; »Notizen zu Herrn Kestens Zorn«, in: *twen* 4/1961, »Ich glaube an Gott«, in: *twen* 5/1961.
78 Koetzle, *Fleckhaus*, S. 14.

Holmquists Schwarz-Weiß-Fotografien dominieren ganze Bildseiten, die einzelnen klar symmetrisch strukturierten Textblöcke sind ihnen im Gesamtlayout untergeordnet. In der starken Präsenz von großformatigen Fotografien kann die *twen* zu Recht als einer der bedeutendsten Schrittmacher auf dem bundesdeutschen Zeitschriftenmarkt gelten, der auch international als innovatives Produkt des deutschen Zeitschriftenmarkts anerkannt wurde.[79] Gerade im Hinblick auf die Bildkraft, die das Magazin Ende der sechziger Jahre entwickelte, kann *twen* als eines der einflussreichsten Blätter der Bundesrepublik gelten, auch wenn dessen Auflagenzahlen stets weit hinter denen von *Stern* oder *Quick* zurückblieben. Über ein Jahrzehnt hinweg gelang es den Fotografen und Grafikern der *twen*, mit recht abstrakten Bildern von Händen und Berührungen, Umarmungen und Körperbildern eine fotografische Ikonografie von Liebe, Beziehungsleben und Sexualität zu entwerfen, die den bundesdeutschen Fotodiskurs noch weit über die Einstellung der *twen* im Jahr 1971 hinaus prägen sollte.[80]

Der knapp 50 Prozent hohe Bildanteil der *twen* und die großformatigen Fotografien prägten die visuelle Gestaltung der Zeitschrift, die als »großformatiges Bilderheft für den jugendlichen Zeitgeist« vor allem ein Publikum von jungen Erwachsenen mit höherer Bildung ansprach.[81] Fotografien als »Träger der Ideen und Impulse«, welche die *twen* seiner jungen Leserschaft zu vermitteln versuchte, sollten nach dem Konzept Fleckhaus' möglichst plakative einfache Botschaften kommunizieren.[82]

In der Diskussion der individualisierten Gottesbilder sorgte die fotografische Darstellung ihrer Träger für die in der *twen* typische emotionalisierende Aufladung der Artikel. Der Fotograf Holmquist wählte für die acht Portraitaufnahmen des ersten Teils der Serie zwei unterschiedliche Einstellungen für die Aufnahmen der Frauen[83]: zum einen einen extremen *close-shot*, der sich dem Gesicht der Portraitierten nähert und deren Umgebung gänzlich ausblendet; zum anderen präsentiert Holmquist in drei Fotografien eine Aufnahme, die ein alltägliches Setting in das Portrait integriert und die Abgebildeten als Teil ihrer gewöhnlichen Arbeitsumgebung inszeniert.

---

79 Koetzle, *Zeitschrift*.
80 Koenig, »Substanz«.
81 Eine Leseranalyse von 1968 ermittelte, dass die Hälfte der Leser unter 20 Jahre alt war. Etwa 70 Prozent der Leser gehörten höheren Schichten an und 53 Prozent besuchten höhere Schulen oder eine Universität; siehe: Kogel, »Twen«, S. 90–94.
82 Koenig, »Substanz«, S. 77.
83 »Acht Mädchen über Gott«, in: *twen* 3/1961.

In der Auswahl der Portraitierten schufen die Blattmacher die für die *twen* typische Identifikationsfläche der Leser mit der Zeitschrift[84]: Die jungen Damen sind etwa zwanzig Jahre alt, ihr Alter entspricht also dem des Zielpublikums. Hierin lässt sich der augenscheinlichste Unterschied zwischen der *Kristall*-Serie und dem Umgang mit persönlicher Religiosität in der *twen* ausmachen. Es sind eben nicht prominente Persönlichkeiten, die portraitiert werden und mit der Autorität ihrer Bekanntheit Thesen zur Religion vertreten, sondern dem Leser unbekannte junge Frauen, mit denen die Identifikation indes leichter fällt. Zudem wirken die Posen, in denen Holmquist die Portraitierten einfängt, authentisch. Die Fotografien vermitteln weniger den Eindruck von formalisierten Portraits, wie sie noch in der *Kristall*-Serie zu beobachten sind, als vielmehr von spontan produzierten Momentaufnahmen des Alltaglebens.

Die zwei Einstellungstypen *close-shot* und Integration der Arbeitsumgebung in die Fotografie präsentieren dem Betrachter das Nachsinnen über eine individualisierte Form der Religion einerseits als innere Kontemplation an einem sphärenhaften, nicht genauer zu identifizierenden Ort. Andererseits wirkt das Bekenntnis zu einer individuellen religiösen Überzeugung in den Fotografien, welche die soziale Umgebung der Portraitierten mit in den Blick nimmt, als eine alltägliche Übung, die aus dem Alltag der Frauen erwächst und am Arbeitsplatz eine Öffentlichkeit findet. Somit bleibt es auch bei der individualisierten Religion nicht bei einer persönlichen Überzeugung. Vielmehr wird diese in die Außenwelt kommuniziert, wie es die Integration der Arbeitswelt der Frauen auf den Portraits anzeigt. Individualisierte Religion heißt somit keinesfalls private Religion. Sie lebt in der Spannung zwischen persönlicher Betrachtung und der Veröffentlichung der dort gewonnenen religiösen Überzeugungen. Holmquists Portraitstudien fangen genau diese Spannung ein, indem der Fotograf die visuelle Konzentration auf das Individuum neben dessen Einbindung in das öffentliche Leben stellt.

Die visuelle Rückbindung der Diskussion über religiöse und kirchliche Entwicklungen an die Generation der Twens kann als durchgehendes und

---

84 Der *twen* gelang es, sich ihren Lesern nicht nur als Zeitschrift, sondern darüber hinaus auch als Ausdruck eines Lebensgefühls zu präsentieren. Die Bindung zwischen Illustrierter und Leserschaft wurde durch Produktion und Vertrieb von *twen*-Kleidung oder auch *twen*-Schallplatten verstärkt. Daneben bot die *twen* sich ihren Lesern als Partnervermittler an. Durch die einzureichenden Fragebogen erhielt die Redaktion detaillierte Informationen über die Interessen und Vorlieben eines Teils der Leser, hierzu: Kogel, »Revue«, S. 96.

auch einzigartiges Merkmal der *twen*-Berichterstattung gelten. Fast sämtliche Artikel, die den Kontext kritischer Auseinandersetzungen mit Religion und den Kirchen tangieren, arbeiteten mit einer Melange aus naiv anmutenden Zeichnungen und Portraitfotografien junger Frauen.[85] Das Bild der jungen, sich für gesellschaftliche Liberalisierungen und eigene Emanzipationsbestrebungen engagierenden Frau ging dabei im Religionsjournalismus der *twen* als prägendes Element in die Bildberichte ein. Dies mag zweifelsohne mit dem im Vergleich zu anderen bundesdeutschen Magazinen hohen Anteil von jungen Journalistinnen in der hauseigenen Redaktion zusammenhängen.[86] Ihre Leser verstanden die *twen*-Redakteure als gesellschaftliche Avantgarde von Individualisten, die auch in der Lektüre der *twen* eine eigenständige Weltsicht ausbildeten und diese im gesellschaftlichen Diskurs vertraten.[87] Im stetigen Wechselspiel von Selbstentwürfen einer jungen Generation in authentisch anmutenden Erfahrungsberichten[88], den fotografischen Entwürfen einer modernen, emanzipierten Frau und den öffentlich wirksamen Artikelserien über Tabuthemen wie Abtreibung und Homosexualität[89] wurde bereits zu Beginn der sechziger Jahre das Recht auf weibliche Selbstverwirklichung eingefordert und mit den traditionellen Lebenskonzepten früherer Generationen gebrochen.[90] Mit den visuellen und verbalen Entwürfen dieses Frauenbildes forcierten Redakteure und Fotografen der *twen* zweifellos die Identitätssuche gerade auch ihrer weiblichen Leserschaft.

---

85 »Abtreibung«, in: *twen* 11/1962; »So leben wir mit der Moral. Was drei katholische Ehepaare berichten«, in: *twen* 11/1966; »Die Pille. Jetzt erst recht«, in: *twen* 10/1968.
86 Beckmann, »Frauenbild«, S. 199.
87 So definierten die Redakteure in einer ihrer ersten Ausgaben den Begriff »twen«: »Twen heißt – auf deutsch – schlicht zwanzig. Aber nicht alles, was da um die zwanzig ist, ist ein Twen.«, in: *twen* 1/1959 (Zitiert nach: Beckmann, Frauenbild, S. 88).
88 Etwa: »Sechs Mädchen über Sex«, in: *twen* 1/1959; »Acht Mädchen über Gott«, in: *twen* 3/1961; »Meine Erfahrungen mit Männern über fünfzig«, in: *twen* 1/1962.
89 »Abtreibung«, in: *twen* 11/1962; »Wir diskutieren Paragraph 175«, in: *twen* 4/1963; »Paragraph 175 – Diskussion«, in: *twen* 7/1963. Dabei konnte gerade die visuelle Rahmung der verbalen Diskussion der Tabuthemen diesen einiges an Brisanz nehmen. Zeigten sie doch – ähnlich wie die Berichte über individuelle Gottesentwürfe – unverfängliche Portraitfotografien von scheinbar Betroffenen.
90 Beckmann, »Frauenbild«, S. 187.

Die These einer Feminisierung religiöser Reflexion[91], verstanden als eine öffentliche Präsentation von Frauen, die sich religiösen Fragestellungen zuwenden, lässt sich somit am ehesten in den Bildberichten der *twen* nachweisen. Anders als etwa in den Fotografien von Stefan Moses im *Stern*, in denen Frauen bei der Ausübung traditioneller religiöser Frömmigkeitsformen wie Pilgerfahrten oder Prozessionen gezeigt werden[92], geraten die Fotografien der *twen* jedoch erst durch ihre Einbindung in die (verbale) Diskussion zu visuellen Zeugnissen einer religiösen Übung. In der Ausklammerung kirchlicher Praxis und ihrer normierten Frömmigkeitsübungen scheint der Zugang zu religiösen Fragestellungen auch für die junge Leserschaft der *twen* möglich gemacht. Ihr Suchen nach Gott ist ein privates Nachsinnen, das sich zwar einem öffentlichen Bekenntnis in der sozialen Umgebung nicht verschließt, von den kirchlichen Institutionen jedoch gänzlich unabhängig ist.

Eine pastorale und theologische Zuwendung zu Fragestellungen, die eine spezifisch weibliche Religiosität und einen adäquaten kirchlichen Umgang mit dieser weiblichen Religiosität aufwerfen, lässt sich in der Bundesrepublik verstärkt erst nach der oben vorgestellten medialen Inszenierung religiöser Kontemplation junger Frauen erkennen. Nachdem in den USA und den Niederlanden um 1970 erste Ansätze einer feministischen Theologie zu beobachten sind, entwickelte diese sich im deutschen Sprachraum erst Ende des Jahrzehnts.[93] Neben dem vehementen Versuch, die gerade innerhalb des Katholizismus noch vorherrschende »sexistisch patriarchiale« Anthropologie[94] aufzubrechen, ging es den Theologinnen und Theologen um die Erweiterung kirchlicher Gottesbilder. Der maskulinen Idee des Gottvaters wurden hier die in der Bibel verorteten »mütterlichen Bilder«

---

91 Siehe hierzu etwa die Arbeiten von Callum Brown, der am Beispiel Großbritanniens den Bedeutungsverlust der Kirchen vor allem mit einem veränderten Verhältnis von Frauen zur kirchlich verfassten Religion erklärt. Brown sieht die zunehmenden sexuellen Freiheiten, welche die kulturelle Entwicklung der sechziger Jahre in den westlichen Industrienationen den Frauen offerierte, als wesentliche Ursache dafür, dass sich Frauen immer häufiger von der Kirche und deren eng gestricktem Normensystem abwandten. Mit ihnen verloren die Kirchen zudem die wichtigste christliche Sozialisationsinstanz, deren traditionelle Rolle die Integration der Kinder in den kirchlichen Raum darstellte; Brown, »Secularisation«, insbesondere S. 400ff.; ders., *Religion*, S. 240–252.

92 Siehe hierzu die Ausführungen über die *Stern*-Reportage »Gott in Deutschland« von 1962, Kapitel 3.2.

93 Beinert, *Frauenbefreiung*, S. 41–50.

94 Ebd., S. 80.

Gottes entgegengestellt.[95] Somit lassen sich die Fotografien Holmquists, der die Religiosität der jungen Frauen als private Reflexion über individuelle Gottesbilder ausdeutet, durchaus in ihrer Nähe zu den Prämissen der feministischen Theologie betrachten. Nicht nur die offensichtliche Gemeinsamkeit der weiblichen Protagonisten verbinden Holmquists Bilder mit der feministischen Theologie. Beide beziehen sich darüber hinaus auf die individuelle Reflexion und die kritische Auseinandersetzung und vor allem Infragestellung der normierten Religions- und Gottesbilder.

In den pastoralen Konzepten der Kirchen dauerte es bis zum Beginn der achtziger Jahre, bis man sich explizit zu den Fragen von Religiosität und Geschlecht öffentlich äußerte. Nachdem das Thema »Frauen und Religion« auf der Würzburger Patoralsynode (1971–1975) nur am Rande aufgegriffen worden war, veröffentlichte die Deutsche Bischofskonferenz 1981 ein Hirtenwort zu Fragen der Stellung der Frau in Kirche und Gesellschaft.[96] Den beobachteten fundamentalen Wandel der Frauenrolle in der bundesrepublikanischen Gesellschaft verknüpften die Bischöfe mit den anzustrebenden Entwicklungen innerhalb der Kirche. Innerhalb der Bereiche Verkündigung und Liturgie sowie den sozial-karitativen Diensten forderten sie daher eine verstärkte Anteilnahme von Frauen.

4.2.2 Die Pluralisierung von Gottesbildern: *Spiegel* und *Stern*

Einem ganz anderen Ansatz in ihrer Diskussion über eine Gesellschaft, deren religiöse Überzeugungen einem rapiden Wandel hin zu einer auseinanderstrebenden Melange von Gottes- und Religionsbildern unterworfen waren, folgten die großen Titelgeschichten der beiden auflagenstärksten bundesdeutschen Magazine. Die visuelle Aufmachung des *Spiegel*-Titelberichts »Was glauben die Deutschen«[97] lässt sich ebenso als ein Abarbeiten an der schwindenden Unterstützung der beiden Großkirchen verstehen wie auch der *Stern*-Bericht »Wie sieht Gott aus?«.[98] die visuelle Gestaltung der beiden Artikel betonte nicht die Individualität von religiösen Bekenntnissen, sondern vielmehr deren Differenz zu der von den Kirchen entworfenen und verkündeten Religiosität. Als Kontrastfolie zu dem

---

95 Eine Skizze der theologischen Felder der feministischen Theologie gibt: Halkes, »Theologie«; zur Debatte über Gottesbilder siehe insbesondere S. 296.
96 Sekretariat der Deutschen Bischofskonferenz, *Fragen*.
97 »Was glauben die Deutschen«, in: *Spiegel* 52/1967.
98 Ulrich Schipke, »Wie sieht Gott aus«, in: *Stern* 52/1968.

»Glauben der Deutschen« integrierten die Journalisten in ihre Artikel die traditionellen Bilder und Symbole christlicher Religiosität. Augenfällig wird dies etwa auf dem Titelbild des *Spiegel*, der den Artikel »Was glauben die Deutschen?« ankündigt. Aus leichter Aufsicht blickt der Betrachter in einen Kirchenraum, der durch ein Lesepult, einen Altar und ein weißes Kreuz deutlich als solcher zu erkennen ist. Die schlichte weiße Rückwand und der einfach gestaltete Altar weisen die Kirche als ein evangelisches Gotteshaus aus. Vor dem Altar steht ein protestantischer Geistlicher in schwarzem Talar und weißem Beffchen. Zu seiner linken Seite steht eine schlichte Holzkanzel, zu seiner rechten ein Blumenschmuck und ein kleines Podest. Die steil zusammenlaufenden Seiten des Zeltdachs geben dem Altarraum die Form eines Dreiecks in dessen Mitte ein hell illuminiertes Kreuz angebracht ist. In dieser Anordnung nimmt die Fotografie in einem doppelten Sinne die traditionelle Symbolik des Christentums auf: Zum einen im Zeichen des Kreuzes, zum anderen in der Symbolik des Dreiecks als visuelles Zeichen der Dreieinigkeit Gottes.

Diese Aufnahme christlicher Symbolik verbindet die Fotografie mit einer kritischen Aussage zu der konstatierten Kirchenkrise: Die Sitzreihen in der Kirche sind nur spärlich gefüllt. Traditionelle christliche Symbolik und Gottesdienstformen scheinen nur noch wenige in der Bundesrepublik anzusprechen. Die auf dem Titel gestellte Frage: »Was glauben die Deutschen?« beantwortet die visuelle Argumentation quasi von selbst: Sie scheinen in ihrer Mehrheit zumindest nicht mehr den Lehren der Kirchen zu folgen.

In genau dieser Spannung zwischen der über Jahrhunderte tradierten christlichen Symbolik und Liturgie einerseits und den Glaubenshorizonten weiter Teile der bundesrepublikanischen Gesellschaft andererseits stehen auch die Visualisierungen innerhalb des Artikels. Die ausgewählten Bilder arbeiten mit dem Prinzip der Kontrastierung dieser beiden Pole. So greift die Visualisierung des Artikels zum einen auf die gängige Verbildlichung kirchlicher Riten zurück, wenn etwa auf den ersten zwei Seiten vier Fotografien der kirchlichen Kasualien bzw. Sakramente Taufe, Erstkommunion, Trauung und Beerdigung in den Blick genommen werden, die in den Bildunterschriften als »kirchliche Restbestände« klassifiziert werden. In drei der vier Fotografien steht jeweils ein Geistlicher als Ausführender des kirchlichen Ritus im Mittelpunkt des Geschehens und bindet somit die religiöse Handlung an die kirchliche Institution. Den Szenen traditioneller

Abb. 68: »Was glauben die Deutschen?«, Spiegel-Cover 52/1967, Fotograf nicht genannt

Kirchlichkeit wird eine Grafik entgegengestellt, die den Verlust des Glaubens an die kirchlich normierte Religion als Atavismus einer vormals konfessionell geprägten Gesellschaft zu desavouieren sucht. Die Grafik listet eine Reihe von äußeren und inneren religiösen Merkmalen auf, die der *Spiegel* auf der Grundlage einer repräsentativen Umfrage des Meinungsforschungsinstituts Emnid präsentiert. Vor der Illustration eines Kirchenfensters sind die einzelnen Zustimmungsraten in absteigender Reihenfolge von links nach rechts angeordnet. Somit vermittelt ein erster Blick eine absteigende Tendenz in den Antworten über den »Glauben der Bundesbürger«. Erst ein zweiter Blick verrät das eigentliche Argument der Grafik: Während die äußere Kirchlichkeit, also die Teilnahme an Kasualien und Sakramenten wie etwa kirchliche Taufe, Besuch der Erstkommunion, Konfirmation oder kirchliche Trauung, eine teils überwältigende Zustimmungsrate von über 90 Prozent erfährt, teilt nur ein geringer Prozentsatz der Befragten die in Katechismen formulierten Glaubensaussagen der Kirchen.

In der von Emnid und dem *Spiegel* zur Wahl gestellten Ausschnitten kirchlicher Religiosität rangieren gerade katholische Glaubenslehren und Dogmen wie die Jungfrauengeburt, die Existenz eines Fegefeuers oder die päpstliche Unfehlbarkeit mit weit unter 40 Prozent am Ende der Skala. Das Schaubild stellt also keinen in einer stetigen Entwicklung stehenden Abstieg einer kirchlichen Religiosität dar, sondern fokussiert ganz auf die Zustandsbeschreibung kirchlichen Glaubens in der Bundesrepublik.

Die Konfliktlinie, der die nebeneinander gestellten Fotografien folgen, verläuft zwischen der Mehrheit der kirchlichen Mitglieder und den Vertretern der kirchlichen Hierarchien und deren Lehren. So stellt der Artikel die Aufnahme von sechs Bischöfen in vollem Ornat der Abbildung einer Gruppe von jungen Frauen gegenüber, die laut Bildunterschrift den Evangelischen Kirchentag in Hannover 1967 besuchen. In knielangen Röcken gehen sie lächelnd auf den Betrachter zu. Während die Bischöfe statisch und ausdruckslos auf ihren Stühlen sitzen, repräsentieren die jungen Kirchentagsbesucherinnen die fortschreitende Bewegung, die sie in ihrer Kirche anstoßen wollen. Die knappe Bildunterschrift »Beifall für Ketzer« nimmt wiederum die antagonistischen Positionen auf, die der *Spiegel* zwischen hierarchischer Amtskirche und einem Großteil der Kirchenmitglieder konstatiert.

Ähnlich verläuft die Argumentation in der Gegenüberstellung von biblischer Malerei und den in den Fließtext eingebetteten tabellarischen Skizzen, die Auskunft über die in der Meinungsumfrage erhaltenen repräsentativen Antworten geben. Während die biblischen Szenen von Adam und Eva, der Geburt Jesu, der Brotvermehrung, dem über das Wasser schreitenden Jesu, der Auferstehung und des Fegefeuers an Vorstellungswelten einer fernen Vergangenheit zu verweisen scheinen, sollen die eingefügten Tabellenausschnitte dem Leser in ihrer Schlichtheit und rational argumentierenden Evidenz den Abfall breiter Bevölkerungsschichten von eben diesen Glaubensinhalten vor Augen führen. Das letzte Bildpaar des Artikels zeichnet diese Abkehr von der traditionellen Religion der Kirchen als ein generationelles Phänomen: Während ein Bild von tanzenden Jugendlichen in einer Diskothek die neuen Möglichkeiten der Freizeitkultur fernab von den Sozialisationsinstanzen vorhergehender Generationen aufzeigt, verweist der Blick auf eine ältere Dame, die in einem leeren Kirchenschiff auf einer Kniebank betet, auf das vermeintliche Aussterben traditioneller Religiosität.

Mit der Zuspitzung der medial konstatierten Kirchenkrise auf die Frage nach den Generationen und ihrer Nähe bzw. Distanz zum kirchlichen

Glaubensangebot greifen die Redakteure eine in den sechziger Jahren überaus beliebte Motivzusammenstellung auf. Bereits 1962 hatte Stefan Moses in seiner *Stern*-Reportage »Gott in Deutschland« die Gegenüberstellung zwischen uniform anmutenden Kirchgängern und einer liberal individualistisch geprägten Jugendkultur, die sich von kirchlichem Engagement abgewendet hatte, präsentiert. Auch in der Diskussion um die kirchlichen Lehren zur künstlichen Empfängnisverhütung geriet ein Jahr später vor allem die Generation der unter Dreißigjährigen ins Zentrum der Bildberichterstattungen über Kirchenkritik und Laienproteste gegen die kirchliche Hierarchie.[99]

Ähnlich in seiner Präsentation der Zahlen einer repräsentativen Meinungsumfrage, darüber hinaus aber mit einem deutlichen Schwerpunkt auf die Visualität diverser Gottesvorstellungen, präsentierte Ulrich Schipke ein Jahr später im *Stern* die Pluralisierung religiöser Überzeugungen. Schon in seinem Titel verriet der *Stern*-Artikel »Wie sieht Gott aus?« eine Fokussierung auf die Bildlichkeit pluralisierter Gottesvorstellungen.[100] Anders als in der *twen* werden nun nicht ausschließlich die Träger der neuen Gottesentwürfe in den Blick genommen, sondern auch die neuen Vorstellungen selbst. In der Präsentation seiner Thesen gibt Schipke allerdings die Idee der gleichberechtigt nebeneinander stehenden Gottesbilder auf. In der visuellen Argumentation des Artikels presst der Autor die disparaten Vorstellungen von Gott in das Korsett einer repräsentativen Umfrage und gibt ihnen somit einen normierenden Rahmen. Die einzelnen Bekenntnisse werden nun zwar nicht mehr traditionell auf der Grundlage kirchlicher Lehre beurteilt, dafür aber mit dem Prinzip der Mehrheits-/ Minderheitsmeinung klassifiziert. Nicht um die Darstellung der Pluralität der Gottesbilder geht es dem Autor primär, sondern um die These, dass sich die vorherrschenden Vorstellungen von Gott von den theologischen Prämissen der Kirche unterscheiden.

Die Fotografien, die Autor Ulrich Schipke und der Fotograf Ulrich Mack für den Artikel zusammentrugen, lassen sich in zwei motivische Gruppen teilen: Neben den Abbildungen der Träger verschiedener Gottesbilder zeigen mehrere Bilder diese Gottesbilder selbst. Bei der visuellen Vorstellung der Träger der disparaten Vorstellungen von Gott lässt sich eine Nähe zu der *Kristall*-Serie »Woran ich glaube« feststellen.

---

[99] Siehe hierzu die Ausführungen über Paul VI. und das Bild des scheiternden Papstes, Kapitel 4.1.4 und 4.1.5.
[100] Ulrich Schipke, »Wie sieht der liebe Gott aus«, in: *Stern* 52/1968.

Abb. 69: »Was glauben die Deutschen?«, in: Stern 52/1968, Fotograf nicht genannt

Im *Stern* sind es (mit einer Ausnahme) Prominente aus der Politik und der Kirche, die dem Leser in kurzen Statements ihre persönlichen Vorstellungen über Gott nahebringen. Kleine Portraitaufnahmen verbinden dabei die religiösen Überzeugungen mit den Persönlichkeiten. Kern der Argumentation ist die Gegenüberstellung dieser kurzen Statements mit den Glaubensvorstellungen breiter Bevölkerungsschichten. Diese werden zum einen in der Darstellung mehrer Schüler deutlich, die zuvor ihre Vorstellungen von Gott in verschiedenen Zeichnungen artikuliert hatten und zudem in der Darstellung einer aufwändigen Umfrage, mit welcher der *Stern* das Institut für Demoskopie Allensbach beauftragt hatte.

Während die Gottesbilder der Jugendlichen als gleichwertig nebeneinander präsentiert werden, lässt sich die Darstellung der Allensbachumfrage als eine Hierarchisierung der disparaten Vorstellungen eines Gottes verstehen. Die tabellarisch aufgeführten sechs Fragen und Antwortmöglichkeiten über Gottes Aussehen, seinen Aufenthaltsort und die persönliche Beziehung zu Gott füllen zwei Drittel einer Halbseite des Artikels. Die Antworten sind übereinander aufgelistet, beginnend mit derjenigen mit der höchsten Zustimmungsrate.

Die Idee einer Pluralität und Individualität von Gottesvorstellungen wird in der tabellarischen Auflistung von Bekenntnissen gänzlich fallengelassen. Stattdessen präsentieren die Tabellen eine kleine Anzahl von

Glaubensprämissen, die sich von den traditionellen, von den Kirchen diktierten Überzeugungen unterscheiden, nun aber ausgestattet mit einem prozentualen Wert der Zustimmung in ein hierarchisches Verhältnis gebracht werden.

4.2.3 Die Wiederaufnahme traditioneller Bildwelten in den Weihnachtsausgaben der großen Illustrierten

In ihren Veröffentlichungen der repräsentativen Meinungsumfragen über die Glaubenshorizonte der Bundesbürger in der zweiten Dezemberhälfte 1967 und 1968 folgten *Spiegel* und *Stern* einem Trend, der sich seit der Konsolidierung des Zeitschriftenmarkts in Deutschland Ende der vierziger Jahre beobachten lässt: Die Zeit um das Weihnachtsfest wurde von den auflagenstarken Illustrierten gezielt genutzt, um vermehrt Fotografien, Zeichnungen und Malereien aufzunehmen, die in einer direkten Verbindung mit christlicher Religiosität standen. Sie repräsentierten auch in Zeiten der vermehrten Kirchenkritik, deren Beginn auf visueller Ebene etwa mit der *Stern*-Serie »Gott in Deutschland« von 1962 anzusetzen ist, die Strahlkraft traditioneller religiöser Bildwelten: Während die Glaubensinhalte der Kirchen und deren institutioneller Aufbau zunehmend hinterfragt wurden, verschwanden die Bilder christlichen Glaubens keineswegs aus den großen Illustrierten. Gerade in der Zeit um Weihnachten schien bis zu der Präsentation der großen *Spiegel-* und *Stern*-Umfragen die Kritik an den Kirchen ausgeklammert zu werden und in einer kulturellen Rückbesinnung die kleinbürgerlichen Traditionen des Weihnachtsfestes in den Vordergrund zu rücken. Der kritische Blick auf Kirche und Religion wurde in den sechziger Jahren somit von eskapistischen Bildern begleitet, die einen sentimentalen Blick auf die christliche Prägung der eigenen Kultur transportierten.

Ihre besondere Relevanz gewannen die Bilder dabei nicht nur durch ihre alljährliche Wiederkehr in den Illustrierten, sondern ebenso durch ihre prominente Aufnahme auf die Titelseiten der Zeitschriften. Die einzelnen Motive der Weihnachtsausgaben lassen sich drei Gruppen zuordnen: Neben der Aufnahme christlicher Malereien schmückten zeitgenössische Fotografien aus Bethlehem und die Darstellung deutscher Weihnachtsbräuche die Cover und Innenseiten der Weihnachtsausgaben. Hierbei lassen sich in den einzelnen Illustrierten Trends der motivischen Gestaltung der Weihnachtsausgaben erkennen, die im Folgenden an den Ausgaben des *Stern*, der *Quick* und des *Kristall* aufgezeigt werden sollen.

Abb. 70: »Stille Nacht Heilige Nacht«, Quick-Cover 51/1961, Fotograf nicht genannt

Eine durchgehenden Aufnahme christlicher Motive lässt sich zwischen 1955 und der Mitte der sechziger Jahre auf den Titeln der Dezemberausgaben der *Quick* beobachten. Dabei setzte die *Münchner Illustrierte* fast ausschließlich auf die bildliche Darstellung christlicher Traditionen in der Bundesrepublik. Zwischen 1955 und 1967 (also ein Jahr nach der Übernahme durch den Hamburger Bauer-Verlag) schmückte fast ausnahmslos jeweils am Jahresende eine Krippenszene das Cover der Illustrierten.[101] Die Darstellungen der biblischen Szenerie der Heiligen Familie im Stall richten sich ganz ähnlich den *Quick*-Titeln der in romantischer Landschaft stehenden Kirchengebäude auf die sentimentale Visualisierung christlichen Kulturguts.

Das Krippenmotiv verlegen die Titelillustrationen der *Quick* dabei zum einen in eine karge Wüstenlandschaft, die wohl dem realen Ort Bethlehem nachempfunden sein soll[102], zum anderen in die Gegenwart der Bundesrepublik. Hier finden sich neben romantischen Schneelandschaften mit Alpenmassiv im Bildhintergrund[103] auch direkte Anspielungen auf reale Orte in der Bundesrepublik: Vor dem Hintergrund der sowjetischen Umklammerung Berlins und dem Schicksal der geteilten Stadt verlegte die *Quick* etwa im Dezember 1957 ihre Krippendarstellung nach Westberlin.[104] Vor der Kulisse der Gedächtniskirchenruine blicken Maria und Josef mit besorgtem Blick und erhobenen Armen auf das in der Krippe liegende Jesuskind.

Somit besticht die Illustration vor allem durch ihre Zusammenführung von drei dargestellten Ebenen: der biblischen Erzählung über die Geburt Christi, der Erinnerung an die Zerstörung durch den Zweiten Weltkrieg und dem aktuellen Bedrohungsszenario, in dem sich die Westberliner Bevölkerung wähnte. Die in einem geschwungenen Banner ins Bild gesetzte Bildunterschrift »Frohe Weihnachten wünscht *Quick* seinen Lesern – ganz besonders herzlich denen in Berlin!« unterstreicht mit ihrer pathetischen Dringlichkeit die mitfühlende Solidarisierung Westdeutschlands mit der Zivilbevölkerung Westberlins, welche die *Quick* zum Ausdruck bringen möchte.

---

101 1955 brachte die *Quick* das Foto eines kleinen Mädchens vor einem Tannenbaum (*Quick* 52/1955), 1958 eine Madonnenstatue mit Christus und Putten (*Quick* 52/1958) und 1960 eine Fotografie singender Kinder vor einer Madonnenstatue (*Quick* 52/1963).
102 *Quick* 51/1956; *Quick* 52/1963; *Quick* 52/1964; *Quick* 52/1965.
103 *Quick* 52/1959; *Quick* 51/1962; *Quick* 52/1961.
104 *Quick* 52/1957.

Abb. 71: »Frohe Weihnachten«, Quick-Cover 51/1957, Fotograf nicht genannt

Die visuelle Zusammenführung des Schicksals der Heiligen Familie mit dem der Berliner Zivilbevölkerung, die einerseits durch das Bild der zerstörten Gedächtniskirche, andererseits durch den aktuellen Bezug zur Berlin-Krise in die Illustration einfließt, inszeniert Josef und Maria quasi als Schutzheilige der Stadt. Eine imaginierte christliche Identität der Stadt Berlin steht hier nicht nur als Trost, sondern darüber hinaus als Schutz gegen die drohende Einnahme Westberlins durch die Sowjetunion.

Die Verlegung der Krippenszenerie in die Bundesrepublik, wie sie sich hier und auch in den Darstellungen der Heiligen Familie in den Alpen zeigt, lässt sich bis weit in die sechziger Jahre feststellen. Mit der Übernahme der *Quick* durch den Bauer-Verlag in Hamburg wurde diese Tradition beendet. Durch eine Neuausrichtung der Illustrierten insgesamt, die sich in einer zunehmend politischen Berichterstattung gegen die sozialliberale Koalition ab 1969 oder vermehrten Berichten über Sexualität (so gewann die *Quick* Oswald Kolle für einen Vorabdruck seiner Aufklärungsbücher) äußerte, schien der romantisierende Blick auf das christliche Kulturgut ab 1966 obsolet geworden zu sein.

Während die *Quick* also in ihrer visuellen Verbindung des Krippenmotivs mit den Landschaften Deutschlands die Bedeutsamkeit der Weihnachtsgeschichte in der bundesrepublikanischen Kultur betonte, setzte die Springer-Illustrierte *Kristall* auf ihren Weihnachtstiteln zwischen 1958 und 1963 auf die fotografische Abbildung bildender Kunst. In der Positionierung des *Kristall* auf dem Zeitschriftenmarkt als gehobene Illustrierte, die sich neben den populären Landserfortsetzungsromanen hauptsächlich Themen der Kulturlandschaft in der Bundesrepublik, der technischen Forschung und exotischen Reiseberichten zuwandte, erhielten auch die Weihnachtstitel den Anschein, sich vornehmlich an ein kulturell interessiertes Publikum zu richten. Weniger die pittoresk romantische Landschaft als vielmehr der ästhetische Anspruch der Titel stand daher im Vordergrund. So fanden etwa die Abbildungen eines Marienbildes des Renaissancekünstlers Lorenzo di Credi[105], einer Marienstatue aus Holz, einer mittelalterlichen Madonnenskulptur[106] oder einer barocken Putte aus dem Bendiktinerkloster Ottobeuren[107] ihren Platz auf der Titelseite des *Kristall*.

Ganz dem Anspruch folgend, nicht nur ein ästhetisch ansprechendes, sondern ein ebenso kulturell bildendes Magazin zu produzieren, stellten die Redakteure den Abbildungen einige erläuternde Sätze anbei, die Herkunft und Bedeutung der dargestellten Kunstwerke erläuterten. Einen Bruch erfuhr diese Praxis in den letzten beiden Jahren des *Kristall*, in denen ein letztes Mal versucht wurde, die Illustrierte durch eine Neuausrichtung auf die Gewinnstraße zurückzuführen. Nun zeigten die Titel der Weihnachtsausgaben ähnlich wie die *Quick* die in der Bundesrepublik verorteten Traditionen des Weihnachtsfests: Zum einen in einer Fotografie einer Gruppe von drei Kindern, die als Sternsinger durch eine Schneelandschaft stapfen, zum anderen in einem Foto eines jungen Mädchens in Engelkostüm.[108]

---

105 *Kristall* 26/1955.
106 *Kristall* 26/1958.
107 Kristall 26/1961.
108 *Kristall* 26 /1963, *Kristall* 26/1964.

Abb. 72: *Kristall-Cover 26/1958, Fotograf nicht genannt*

Eine ähnliche Konzentration auf die Darstellung christlicher Kulturgüter lassen auch die Weihnachtstitel des *Stern* erkennen. Eine Ausnahme bildete der Titel aus dem Jahr 1959, der ganz dem am Beispiel der *Quick* vorgestellten Prinzip der Relokalisierung der Krippenszenerie in die Landschaft der Bundesrepublik folgt: Auf dem *Stern*-Cover kniet Maria mit Kind vor der Kulisse des Münchner Marienplatzes.[109]

In den Jahren 1960, 1962, 1965 und 1967 wählten die *Stern*-Redakteure Ausschnitte aus christlicher Malerei und verzichteten zumeist auf Hinweise auf weitere Heftinhalte. Die Aufnahme klassischer christlicher Kunst mag hier als Rückbesinnung auf die abendländische Tradition stehen. Ihre Intention lässt sich weniger mit der aufklärend-belehrenden Absicht des *Kristall* vergleichen, der den Abbildungen kurze kunsthistorische Erklä-

---

109 *Stern* 52/1959.

rungen anbeistellte. Die auf den Titeln des *Stern* abgebildeten verniedlichten Engelgestalten scheinen vielmehr ihre Betrachter vor allem emotional ansprechen zu wollen.[110]

Abb. 73: Stern-Cover 52/1959, Fotograf nicht genannt

Die Tradition der Weihnachtstitel verliert sich Ende der sechziger Jahre. Als Abschluss können die beiden großen Berichte über die sich zunehmend von kirchlichen Normen absetzende Religiosität der bundesdeutschen Bevölkerung gelten.[111] Beide Titel rekurrieren nicht auf eine Weihnachtstradition oder Motive, die mit der Weihnachtsgeschichte in Verbindung gebracht werden können. Während der *Spiegel* in seiner Fotografie des Innenraums einer schlecht besuchten evangelischen Kirche noch den Bezug zur Kirchlichkeit visuell herstellt, mutet das Cover des *Stern* wie ein Abschied von Bildern traditioneller Religiosität an: Eine junge blonde

---

110 *Stern* 52/1960, *Stern* 52/1962.
111 Siehe hierzu die Ausführungen über die Pluralisierung von Gottesbildern, Kapitel 4.2.2

Frau in Nahaufnahme blickt den Betrachter mit einem fragend herausfordernden Blick an. Links neben ihr prangt in schwarzen Lettern der Hinweis auf den Bericht: »Fragen an die Deutschen: Wie sieht Gott aus?«. Ähnlich wie Holmquists Fotografien in der *twen* wird auch hier auf jegliche religiöse Symbolik verzichtet und die Frage nach der individuellen Gottesvorstellung mit einem Portraitfoto visualisiert. In der Abkehr von alten religiösen Motiven, wie sie noch bis Mitte der sechziger Jahre auf den Titeln der Weihnachtsausgaben von *Quick*, *Kristall* und *Stern* zu sehen waren, und der Zuwendung zur Person der religiösen Reflexion finden *Stern* und *twen* ihren visuellen Ausdruck einer zunehmend auf das Individuum fokussierten Religiosität.

4.3 Charismatische Religiosität als Alternative zur traditionellen Kirchlichkeit

Während Mitte der sechziger Jahre in den auflagenstarken Illustrierten eine Abkehr von der visuellen Darstellung großer religiöser Führer zu beobachten ist, finden diese in neuer Gestalt mit den siebziger Jahren wieder Einzug in breite Bildstrecken der Boulevardzeitschriften. Weniger gerieten nun aber bedeutsame Kirchenführer in den Blick als vielmehr deren alternative Gegenspieler, die außerhalb oder auch innerhalb der Kirchen nun nicht mehr ob ihres kirchenpolitischen Einflusses das Interesse der Medien weckten, sondern vielmehr durch ihren vom persönlichen Charisma geprägten Auftritt bestachen. Religiöse Erleuchtung, ein in der eigenen Religion gefundener Antrieb für das karitative Handeln und die ekstatische Begeisterung religiöser Sinnsucher bildeten von nun an ein Faszinosum, das sich gerade in der visuellen Auseinandersetzung mit dem Religiösen offenbarte und bis zu den begeisterten Empfängen Papst Johannes Paul II. während seiner zahlreichen Auslandsreisen zu beobachten ist. Somit umfassen die Darstellungen der von ihrem Charisma getragenen Religionsführer sowohl die alternativen Gurus der neuen religiösen Bewegungen als eben auch den neuen römischen Pontifex aus Polen.

Auch wenn sich die ästhetische Aufmachung der nüchternen Berichte in *Stern* und *Spiegel* über die Abkehr breiter Bevölkerungsschichten von der kirchlich normierten Religion in ihrer visuellen Ästhetik allzu deutlich von den Bildberichten über die alternativen religiösen Führer unterschieden, so lassen sich auf thematischer Ebene doch Gemeinsamkeiten finden: Während die Umfragen von *Stern* und *Spiegel* die Existenz der sich neben den Kirchen etablierenden religiösen Ideengebäude mit Ziffern und Zahlen vor allem in ihrer Quantität visualisierten, nahmen die in den siebziger Jahren zahlreich produzierten Bildreportagen neureligiöse Bewegungen nun qualitativ in den Blick. Diese qualitative Visualisierung einer als neuartig und oftmals fremd dargestellten Religiosität soll im Folgenden vor dem Hintergrund der religionssoziologischen Definitionsansätze diskutiert werden, die versuchen, das diffuse Phänomen der sich in den sechziger Jahren neu konstituierenden religiösen Gruppierungen als charismatische Religiosität zu fassen. Im Gegensatz zu den Kirchen gründeten sich diese nicht auf dem göttlich offenbarten Wort oder den von der Tradition vorgegebenen Kirchengesetzen, sondern in einer von göttlicher Inspiration geschenkten charismatischen Begabung einzelner religiöser Führer.

In der Religionssoziologie stehen vor allem die Originalität, Unmittelbarkeit, Spontaneität und Dynamik im Fokus der Betrachtung der religiöscharismatischen Bewegungen des 20. Jahrhunderts.[112] Gerade das »antialltägliche Element«[113] einer auf das Charisma ihrer Führer bauenden Religionsgemeinschaft, das die traditionelle Routine kirchlicher Liturgie hinter sich lässt und nach neuen Formen des Kultes sucht, lässt sich als visuelles Gegenbild zu den Aufnahmen kirchlicher Religiosität fassen, die in den fünfziger Jahren und auch in den Bildern des Zweiten Vatikanischen Konzils einen breiten Raum in den auflagenstarken Illustrierten, aber auch in Spielfilmen und Fotoausstellungen fanden. Im Folgenden sollen die Bildberichte über diese neuartigen religiösen Gemeinschaftsformen in den auflagenstarken Illustrierten näher betrachtet werden.

Dabei stehen die beiden großen Serien in *Stern* und *Quick* »Die geheimen Religionen in Deutschland« und »Auf der Suche nach dem verlorenen Glück« im Vordergrund. Sie werden zudem von der Diskussion der Bilder einzelner kleinerer Reportagen aus den siebziger Jahren ergänzt. Während sich die *Quick*-Serie »Die geheimen Religionen in Deutschland« von 1972 vornehmlich vor dem Hintergrund der speziell von Illustrierten und dem deutschen Film angestoßenen Sex-Welle der sechziger und siebziger Jahre verstehen lässt[114], versuchte der *Stern* mit »Auf der Suche nach dem

---

112 Ebertz, »Charisma«, Spalte 112.
113 Ebd.
114 Unter dem Begriff »Sex-Welle« subsumieren sich drei unterschiedliche Phänomene, die in den sechziger und siebziger Jahren parallel durch die Massenmedien ihre Öffentlich-

verlorenen Glück« 1978/1979 weniger reißerisch eine warnende Vermessung des alternativreligiösen Spektrums in einer internationalen Perspektive zu geben. Die Bedeutung der massenmedial verbreiteten Bilder ist für die öffentliche Wahrnehmung der neuen religiösen Bewegungen kaum zu überschätzen, denn ein Großteil der bundesdeutschen Bevölkerung kannte Sekten und Gurus nicht aus eigenen Anschauungen, sondern erblickten sie erst in ihrer visuellen Repräsentation durch die Medien. Somit gelangten auch marginale und kurzlebige religiöse Gruppen in die Öffentlichkeit und konnten den neuen Blick auf die nun zunehmend plural wahrgenommene religiöse Landschaft in der Bundesrepublik prägen.[115]

4.3.1 Die Fokussierung auf charismatische Führer

Die Darstellung einer vom persönlichen Charisma ihres Führers getragenen Religion, deren Bilder Ende der sechziger Jahre Einzug in die Medien fanden, lässt sich jedoch nicht auf diese Formen neuer, oftmals asiatischer Religiosität beschränken. Vielmehr wurde nun auch vermehrt christliche Religion auf der Folie charismatischer Talente und der charismatischen Tat Einzelner dargestellt. Neue Helden fanden die Fotografen dabei etwa in der Ordensgründerin Mutter Teresa und ihren Mitschwestern, die theologisch gesprochen das Charisma ihres karitativen Dienstes in ihrem Glauben als Geschenk Gottes erfuhren.[116] Hier überlagerte sich die Darstellung christlicher Religiosität als Antrieb für die barmherzige Tat mit den breiten Berichten über die Armutsproblematik in der Dritten Welt, die vor allem vor dem Hintergrund des Sezessionskriegs in Biafra 1967–1970 einen enormen Schub erfuhren und mit dem Motiv des sprichwörtlichen »Biafra-Kindes« schnell das visuelle Stereotyp für eine dahinsiechende Generation auf dem afrikanischen Kontinent etablierten. Als Taktgeber für die Bildberichte konnte sich schnell der *Stern* etablieren, der die Publikumswirksamkeit gerade der visuellen Zeugnisse über das Leid der Dritten Welt er-

---

keit fanden: zum einen die Bemühungen einer scheinbar bürgerlichen Aufklärung, die etwa mit dem Namen Oswald Kolle verbunden ist, daneben die seit Mitte der sechziger Jahre offensichtliche Zunahme von Nackfotografien in Illustrierten und der erfolgreichen Produktion pornografischer Filme und schließlich die diversen im Milieu der Studentenproteste anzusiedelnden sexualrevolutionären Projekte; hierzu: Schulz, »Lesarten«, S. 132; siehe auch: Weißler, »Sixties«; Glasenapp, *Nachkriegsfotografie*, S. 284–308.
115 Ringshausen, »Religion«, insbesondere S. 30–35.
116 Zur theologischen Deutung von Charisma siehe: Baumert/Gerosa/Stenger, »Charisma«.

kannte und mit eigenen Spendenaufrufen seine Leserschaft an sich zu binden versuchte.[117] Anders als in den fünfziger und frühen sechziger Jahren, als ein vom göttlichen Geist geschenktes religiöses Charisma vor allem in der Gabe der Missionierung gesehen wurde, sahen die visuellen Darstellungen der Vertreter christlicher Religion deren achtenswerte Talente nun vornehmlich in der barmherzigen Karitas. Somit können die neuen Helden zugleich in der Nachfolge, aber auch in Abgrenzung zu den Missionspriestern gesehen werden, die in den fünfziger und frühen sechziger Jahren etwa in den Bildberichten über Missionsreisen des Jesuitenpaters Johannes Leppich[118], des Prämonstratenserpaters Werenfried von Straaten[119] oder auf evangelischer Seite Billy Graham[120] Einzug in die Öffentlichkeit fanden.

Da die moralische Legitimität der kirchlichen Missionierung, verstanden als eine aufgezwungene Bekehrung zum christlichen Glauben, nun kritisch hinterfragt und zunehmend als gewaltsame Oktroyierung europäischer Lebensmuster verstanden wurde, gelangte die christlich motivierte Nächstenliebe als Ausdruck der eigentlichen Nachfolge Christi in den Fokus der visuellen Berichterstattungen. Figuren wie die Ordensfrauen Mutter Teresa und Mutter Huberta Roggendorf oder der Franziskanerpater Salvador Steinbrunner gerieten in der exotischen Umgebung Ostasiens und Lateinamerikas zu herausragenden Vorbildern einer beispielhaften Religiosität, die sich in den Berichten nicht primär in der Weitergabe des Glaubens offenbarte, sondern eben in der Sorge für die Not leidende Bevölkerung in den Ländern der Dritten Welt. Ihre oft ins Bild gesetzte physische Nähe zu den Umsorgten[121] stand nun anstelle der Gesten des predigenden Geistlichen, einfache Ordensgewänder und bunte Freizeithemden ersetzten kirchliche Paramente.

---

117 Hierzu exemplarisch der *Stern*-Titel: »Hilfe: Hunderttausende verhungern, wenn wir nichts tun!«, in: *Stern* 48/1973. Die von Henri Nannen ins Leben gerufene Spendenaktion musste indes schnell wieder abgebrochen werden, da der Redaktion das Know-How fehlte.
118 »Jesuitenpater Leppich fordert: Das Weib muss weg!«, in: *Quick* 11/1959; »Braucht Gott Pater Leppich?«, in: *Quick* 41/1959; »Schwarzer Agent Gottes«, in: *Kristall* 24/1961.
119 Siehe etwa den *Spiegel*-Titel samt Reportage »Glaubensburgen an der Zonengrenze«, in: *Spiegel* 32/1954.
120 »Seelenwäsche in Berlin«, in: *Stern* 28/1954.
121 Etwa: »Das Abenteuer der guten Tat«, in: *Stern* 16/1972; »Ein Platz zum Sterben«, in: *Stern* 21/1972; »Die Einzelkämpfer Gottes«, in: *Stern* 35/1978.

Während also für das Christentum die barmherzige Karitas als neue Art der charismatischen Religiosität in den Blick genommen wurde, verbanden sich die auf einzelne charismatische Führer zugeschnittenen Missionierungsversuche gerade junger Menschen nun zumeist mit neuen alternativreligiösen Gemeinschaften. Als der *Stern* im Dezember 1978 eine Serie über alternativreligiöse Sekten startete, wählte die Redaktion für das Cover einen der zentralen Visiotypen, der sich in den siebziger Jahren für die Darstellung alternativreligiöser Gemeinschaftsformen herausgeschält hatte: Die Zeichnung präsentiert den Oberkörper eines Mannes in formeller Kleidung.[122]

Neben seiner braunen Anzugjacke und seiner streng gebundenen Krawatte sieht der Betrachter die rechte Hand des Mannes, die er nach vorn streckt. Sein Gesicht verdeckt ein heller Lichtschein. In dieser Anonymität spricht der Dargestellte den Betrachter direkt an: »Folge mir« prangt mit großen gelben Lettern vom Titel. Der das Gesicht verdeckende Lichtschein als Verweis auf eine in der Selbstbeschreibung der Sektengurus konstitutive religiöse Erleuchtung versinnbildlicht die charismatische Führerschaft des einzelnen Gurus, die auch die Bildberichte über seine Gemeinschaft dominierte.

Augenfällig wirkt zudem die Kleidung der dargestellten Person: Der religiöse Führer wird nicht als indischer Guru portraitiert, sondern durch seinen formellen europäischen Kleidungsstil als alltäglich anzutreffenden Geschäftsmann. Alternativreligiöse Führer werden hier also nicht auf die orientalischen Sektenführer beschränkt, sondern in einem breiteren Feld von erfolgreichen Selbstvermarktern verortet. Das unkenntlich gemachte Gesicht als Ausdruck von Anonymität muss darüber hinaus als Verweis auf die vermeintliche Austauschbarkeit der Person gelesen werden. Bereits im Titel geben die Redakteure zudem eine Wertung der alternativreligiösen Szene ab: Durch seine Anonymität und seine ausgestreckte Hand wirkt der dargestellte Religionsführer bedrohlich. Seine pejorative Bezeichnung als »falscher Prophet« auf dem Titel weist ihn darüber hinaus als Lügner aus, der die Probleme junger Menschen für eigene Zwecke ausnutzt.

---

122 *Stern* 50/1978.

Abb. 74: »Folge mir«, Stern-Cover 50/1978, Illustrator nicht genannt

Zudem deutet der Titel der Serie den sich in der Bundesrepublik entwickelten alternativreligiösen Markt als Folge der Abkehr breiter Bevölkerungsteile von der kirchlich geprägten Religiosität. »Auf der Suche nach dem verlorenen Glück« betont nicht nur den Prozesscharakter des Suchens, welcher der neuen Religiosität inhärent ist, sondern vermittelt zudem die Idee, dass religiöses Glück gerade für viele junge Menschen als ein verlorenes Gut verstanden wird. Die Sektenführer werden somit zur Alternative zu den Kirchen, die ihre Attraktivität gerade bei einem jungen Publikum eingebüßt haben.

Die Fokussierung auf den religiösen Führer einer Sekte, der aufgrund seiner charismatischen Gestalt eine Jüngerschar um sich sammelt, lässt sich gerade gegen Ende der siebziger Jahre als dominierendes Motiv in der bildlichen Darstellung alternativreligiöser Gemeinschaften erkennen. Sie erklärt sich zum einen aus der in den Bildberichterstattungen der großen Illustrierten prägenden starken Zentrierung auf maßgebliche und einflussreiche Protagonisten, die auch die Berichte über Religion dominierten. Zum anderen können sie als ein Gegenbild zum Motiv des einfachen Gläubigen verstanden werden, der in den sechziger Jahren etwa in Stefan Moses' Fotografien zu »Gott in Deutschland« von 1962 oder auch den Fotoreportagen der *twen* portraitiert wurde. Während die Darstellung christlicher Religiosität in Abkehr einer reinen Papstberichterstattung nun vermehrt auf die Visualisierung des Individuums und dessen persönlicher Frömmigkeit abzielte, verbildlichten die Fotojournalisten die alternativen Religionen und Sekten über deren exzentrisch anmutende Führer.

Dabei scheinen gerade die Fotografien deren extravagante, teils bizarr anmutende Erscheinung und ihr äußerliches Charisma sichtbar zu machen. In dieser Inszenierung treffen sich die Darstellungen so unterschiedlicher Religionsführer wie dem zehnjährigen US-amerikanischen Kinderprediger Michael Lord und dem indischen »Sektenchef« Baghwan Shree Rajneesh.

Den Bericht über den Kinderprediger eröffnet eine Fotografie, die den in einem blütenweißen Anzug gekleideten Jungen im Profil vor einer Frau zeigt.[123] Während er in seiner linken Hand ein Mikrofon hält greift er mit seiner rechten an den Kopf der Frau. Bei dieser Segensgeste verschließt er die Augen und öffnet seinen Mund als wolle er die Gestik mit Worten unterstreichen.

Abb. 75: »Gott ist Elektrizität und ich bin der Lichtschalter«, in: Stern 42/1977, Fotograf nicht genannt

---

123 »Gott ist Elektrizität und ich bin der Lichtschalter«, in: *Stern* 42/1977.

Sein verzerrtes Gesicht findet seinen Widerhall in der Frau vor ihm, die, ebenfalls in blütenweißer Kleidung, mit weit erhobenen Armen und zurückgelegtem Kopf die Segnung des jungen Religionsführers ekstatisch entgegennimmt. Auch das Portraitfoto des indischen Sektengurus Baghwan, das einen Erfahrungsbericht über dessen Sekte visualisiert, bedient das Stereotyp des exzentrisch-charismatischen Gurus.[124] Während sein langer Bart die Idee eines Eremiten reflektiert, wirken seine weit geöffneten Augen ebenso suggestiv wie bedrohlich. Durch den am Betrachter vorbeigehenden Blick etabliert die Fotografie zum anderen eine beruhigende Distanz zwischen Betrachter und Portraitiertem. Anders als etwa auf der Zeichnung des *Stern*-Covers, das im Dezember 1978 die Serie über die »falschen Propheten« neureligiöser Bewegungen einleitete, wird der Betrachter hier nicht direkt einbezogen, sondern blickt als unbeteiligter Beobachter auf den indischen Guru. Fotografien eines ostasiatischen Gurus als Wegbereiter neuer religiöser Erweckung, der vor allem durch seine Kleidung, teils auch durch einen langen Bart als orientalischer Mentor kenntlich gemacht wurde, konnten sich in den Illustrierten als prägende Bilder alternativer Religiosität etablieren.[125] Fernöstliche Gurus, so bleibt jedoch einschränkend zu konstatieren, können in der visuellen Darstellung einer neuartigen Religiosität nicht als einzige Mittler einer Alternative zu der kirchlich verfassten Religion gelten. Auch die karitativ wirkenden Missionspriester und -schwestern gerieten in ihrer visuellen Zeichnung durch die Massenmedien zu Gegenbildern der erstarrten Kirchlichkeit, indem vor allem ihre physische Nähe, Empathie und Nächstenliebe zu den Bedürftigen der Dritten Welt in den Vordergrund ihrer Portraits gestellt wurden.

4.3.2 Alternativreligiöse Jünger zwischen Nudität und ekstatischer Suche

Die Darstellung der Gefolgschaft der neuen religiösen Führer lässt zwei dominierende visuelle Stränge erkennen: zum einen die ekstatischen Ausbrüche, denen sich die Jünger hingeben, zum anderen eine Melange aus

---

124 »Lasst mich los, ich will hier raus«, in: *Stern* 35/1978.
125 Siehe etwa: »Sie leben für einen fremden Gott«, in: *Quick* 43/1973; »Ein Buchhalter wird von Millionen als Gott verehrt«, in: *Stern* 1/1979; »Komm, flieh mit mir«, in: *Stern* 51/1978; »Krishnas närrische Mönche«, in: *Stern* 52/1978; »Gauner oder Gottessohn?«, in: *Stern* 2/1979; »Lächelnd macht der Gott Millionen«, in: *Stern* 3/1979; »Guru, Guru«, in: *Stern* 6/1979.

Nudität, Weiblichkeit und Gewalt. Letztere entfaltete sich zweifelsohne aus der Welle von Abbildungen nackter junger Frauen, mit der gerade die Illustrierten ihre Auflage zu stimulieren versuchten.[126] Die Ausläufer der Sex-Welle in den Massenmedien, die in der zweiten Hälfte der sechziger Jahre mit den Bikini-Girls auf zahlreichen Covern der Illustrierten begann und dann in den siebziger Jahren mit den überaus erfolgreichen Softpornos wie der Schulmädchen-Reportreihe oder den aus Frankreich importierten Emanuelle-Filmen ihren expliziten Höhepunkt fand, lässt sich deutlich auch in der visuellen Darstellung alternativreligiöser Zirkel erkennen.

Die penetrante Fokussierung auf die Gespielinnen der Sektengründer und deren willenlose sexuelle Hingabe bildet vor allem in der *Quick*-Serie »Die geheimen Religionen in Deutschland« (1972) ein durchgehendes visuelles Narrativ. Oftmals verbinden die ganz offensichtlich nachgestellten Fotografien aus den okkult-perversen Sitzungen der »geheimen Religionen« den entblößten Frauenkörper mit den Spuren sexueller Gewalt. So verweist etwa eine halbseitige Fotografie auf das Motiv der geopferten Jungfrau. Auch wenn die Bildunterschrift in fetten Lettern die entblößte Frau als »Opferschale« beschreibt, so vermittelt die Fotografie ohne Zweifel den Eindruck, sie selbst werde im religiösen Ritus geopfert.[127] Mit ausgestreckten Armen liegt sie auf einem mit einem schwarzen Tuch bedeckten Tisch. Hinter ihrem Kopf sieht der Betrachter ein aufgeschlagenes dickes Buch, dessen Seiten neben einem in zwei Spalten angeordneten Text graphische Verzierungen aufweisen und somit an Schmuckausgaben der Bibel erinnern. Umrandet von zwei Kerzen, die am Tischende aufgestellt sind, blickt der Betrachter im Bildhintergrund auf ein auf die Wand gezeichnetes schwarzes Dreieck. Der schwarze Punkt, der im rechten unteren Bereich des Dreiecks aufgemalt ist, verleiht der Wandzeichnung eine frappierende Ähnlichkeit mit dem dreieckigen Symbol des Auges der Vorsehung. Auch wenn die Zeichnung die Idee eines allwissendes Gottes nur anreißt und hier nicht als Referenz an den dreieinigen christlichen Gott gelesen werden kann, weist sie den Raum zweifelsohne als einen religiös-okkulten aus. Zentraler Blickpunkt der Fotografie ist die auf dem Tisch in aufreizender Pose inszenierte nackte Frau. Ihre Beine sind in vulgärer Pose weit auseinander gestreckt, ihr Schambereich ist (noch) mit einem schwarzen Tuch

---

126 Eine Auflagensteigerung der Illustriertenhefte, die auf ihrem Cover das sprichwörtliche Bikini-Girl abbildeten lässt sich auf der Grundlage von Verkaufsstatistiken tatsächlich nachweisen; hierzu: Glasenapp, »Titelschwund«, S. 138f.
127 »Eine Frau war Opferschale«, in: *Quick* 27/1972.

verdeckt. Während die Bildunterschrift die Frage nach der erwarteten sexuellen Handlung nur andeutet, indem sie lediglich darauf verweist, dass die Frau »als Opferschale« »auf das Opfer wartet«, muss die Fotografie in ihrer posenhaften Deutlichkeit als Vorspiel zum sexuellen Akt gelesen werden, der als Teil der okkulten Handlung der »geheimen Religion« vorgestellt wird.

In dieser und ähnlichen Fotografien von okkult-religiösen Gemeinschaften in der Bundesrepublik lässt sich somit weit mehr erblicken als in den lasziven Fotos der Bikini-Girls auf den Illustrierten-Covern.[128] Während diese die Sex-Welle mit einer mehr oder weniger offen gezeigten Nudität einläuteten, gerieten die scheinbar authentischen Bilder der okkulten Riten zu einer expliziten Andeutung des Geschlechtsakts selbst. Ähnlich wie die in der *Neuen Revue* publizierte Aufklärungsserie »Das Wunder der Liebe« Oswald Kolles (1967)[129] oder dessen gleichnamiger Aufklärungsfilm ergänzten sie die aufreizende Darstellung der Nudität attraktiver Frauen um die Darstellung sexuellen Verhaltens.[130]

In dieser sexualisierten Darstellung des religiösen Kults änderte sich der Blick auf eine spezifische weibliche Religiosität. Während gerade die Bilder der sechziger Jahre die Frau als eigenständige Gläubige präsentierten, die entweder in tiefer Ernsthaftigkeit den traditionellen Riten des Christentums nachging (etwa die Portraitfotografien Stefan Moses' in »Gott in Deutschland«) oder als junge Sinnsucherinnen ihre individuellen Gottesentwürfe präsentierten (etwa in Helmquists Portraitfotos der jungen Frauen in der *twen* von 1961), gerieten junge Frauen in den Bildern der *Quick* zu willenlosen Gespielinnen obskurer Sekten. Das junge Mädchen präsentierten diese Bilder als lenkbares Objekt, das nicht eine eigene Religiosität entwirft, sondern sich unter der Führung des Mannes der bereits existenten Form einer obskur anmutenden Sex-Spiritualität unterwirft. Ähnlich wie bereits zeitgenössisch die Sex-Welle nicht als Vehikel für die

---

128 Ganz ähnliche Szenerien etwa in: »Die nackten Schwestern im Isis-Tempel«, in: *Quick* 24/1972; »Auf der Suche nach Gott dem Sex verfallen«, in: *Quick* 25/1972; »Erotische Strahlen schenken mir den Höhepunkt in der Liebe«, in: *Quick* 26/1972; »Das gemischte Kloster von Appenzell«, in: *Quick* 29/1972; »Der neue Weg zur veredelten Sinneslust«, in: *Quick* 30/1972; »Der Teufelsritt der Missionarin«, in: *Quick* 31/1972; »Das begehrte Wunderwasser des falschen Antonius«, in: *Quick* 32/1972; »Die Satansmörder«, in: *Quick* 11/1973; »Du darfst töten«, in: *Quick* 13/1973; »Lasst mich los, ich will hier raus«, in: *Stern* 35/1978.
129 Glasenapp, »Titelschwund«, S. 141.
130 Hierzu auch: Korte, *Gesellschaft*, S. 87f.

sexuellen Freiheiten von Frauen gedeutet, sondern mit Blick auf die explizite Darstellung weiblicher Nudität als Umkehrung weiblicher Emanzipationsbestrebungen verstanden wurde[131], lässt sich auch die Darstellung von Frauen in den Bildreportagen über die obskuren Sekten als eine auf ein männliches Publikum abzielende Ausstellung nackter Körperlichkeit lesen, die der Etablierung eines visuellen Narrativs einer spezifisch weiblichen Suche nach Gott entgegenlief.

Dieses Bild der willenlosen Gespielin lässt sich in der Fotografie erkennen, die einen weiteren Artikel der *Quick*-Serie einleitet.[132] Eine blonde nackte Frau mit ausgestreckten Armen und Beinen liegt in einem in den Boden gezeichneten Kreis. Drei Männer knien vor ihr. Während die junge Frau ihre Augen fest geschlossen hat und passiv auf dem Boden liegt, blicken die drei Männer erwartungsfroh auf einen kleinen Kelch, den einer von ihnen in die Höhe streckt. Der Älteste ist in ein helles Gewand gekleidet. Er kniet zwischen den weit auseinandergestreckten Schenkeln der Frau.

Abb. 76: »*Wie Spiritisten-Pfarrer lieben*«, in: *Quick* 28/1972, *Fotograf nicht genannt*

---

131 Schulz, »1968«, S. 131.
132 »Wie sich der Spiritisten-Pfarrer das Liebesleben vorstellt«, in: *Quick* 28/1972.

Wiederum scheint die Szenerie eine Vorstufe des sexuellen Akts selbst darzustellen. Die Widerstandslosigkeit und Passivität der Liegenden verbindet sich mit der freudigen Erwartung der vor ihr knienden Männer zu dem Bild einer willenlosen Gespielin, die in religiöser Hörigkeit das zu vollziehende Ritual über sich ergehen lässt.

Neben diesen Darstellungen von Nudität und den sexuell aufreizenden Posen von scheinbar willfährigen blonden Frauen bildet die Inszenierung einer ekstatisch am alternativreligiösen Ritus teilnehmenden Jüngerschar eine zweite Reihe von Visiotypen der fotografischen Darstellung charismatisch-religiöser Bewegungen. Die scheinbar unmittelbar emotionalen Reaktionen, welche die Bilder der jungen Teilnehmer neureligiöser Events zeigen, verweisen dabei auf die charismatische Authentizität der neuen Sinnsucher. Im Gegensatz zu der Darstellung christlicher Religiosität, die sich in der fotografischen Inszenierung von Laien zumeist in den bedächtigen Posen der stillen Teilnahme an Gebet und Andacht erschöpfte[133], können die Darstellungen der neuartigen Religiosität für sich reklamieren, religiöse Praxis aus ihrer regungslosen Innerlichkeit herausgetragen und mit einer in rauschhafter Ekstase kulminierenden Exzentrik verbunden zu haben. Die hiermit gezeigte »affektuelle Hingabe an die Person des Herrn und ihre Gnadengaben«[134], welche die Jünger ihrem Guru entgegenbringen, unterstreicht zudem die Idee des religiösen charismatischen Herrschers als konstitutives Merkmal alternativreligiöser Gemeinschaften in ihrer visuellen Repräsentation in den Illustrierten.

Eine direkte Verbindung zu der US-amerikanischen Hippiekultur zieht ein Bericht des *Stern* aus dem Januar 1970.[135] Während die als »bekehrte Hippies« bezeichneten Protagonisten der Fotostrecke ihre innerliche Konversion zu einem diffus synkretistischen Christentum vollzogen haben, verharrt ihre äußerliche Erscheinung noch ganz im Habitus der Hippiekultur. Neben der breit geschnittenen Kleidung, die die Protestkultur der späten sechziger Jahre reflektiert, stechen vor allem die gen Himmel gestreckten Arme der konvertierten Hippies ins Auge. Diese lehnen sich zum einen an die traditionelle christliche Gebetshandlung an, wie sie etwa auch

---

133 Die exzentrisch anmutende Begeisterung, die Gläubige etwa bei der Begegnung mit hierarchischen Führern wie dem Papst an den Tag legen, klammere ich hier bewusst aus, da mit ihrer fotografischen Darstellung weniger eine religiöse Handlung als vielmehr eine innerweltliche Begeisterung für die kirchliche Autorität gezeigt werden sollte.
134 Weber, *Aufsätze*, S. 475–488, S. 481.
135 »Der Hexenwahn von Kalifornien«, in: *Stern* 3/1970.

für die Darstellung des betenden (christlichen) Geistlichen typisch ist, zum anderen verweisen sie auf den Wunsch einer auch haptisch zu etablierenden Beziehung zu Gott.

Die Melange zwischen christlich geprägten Frömmigkeitsposen und den der Hippiekultur entlehnten Posen des ekstatischen Rausches präsentiert geradezu archetypisch die Bildzusammenstellung einer Fotostrecke im *Stern*, die eine Deutschlandreise des 15-jährigen indischen Kindergurus Maharaj Ji in den Blick nimmt.[136] Eingeleitet wird der Bericht mit einer halbseitigen Fotografie, die den jungen Guru und seine Entourage beim Verlassen des Frankfurter Flughafens zeigt. Vor dem Guru, der formell in Anzug und Krawatte auftritt, kniet ein halbes Dutzend seiner Anhänger auf dem Boden. Während einige lächelnd die Szenerie als ein kurioses Schauspiel wahrzunehmen scheinen, schaut ein junger Mann mit ehrfürchtigem Blick auf den heranschreitenden Religionsführer. Seine Hände hält er wie zum Gebet gefaltet.

Abb. 77: »*Der große Reibach mit den Ausgeflippten*«, in: Stern 46/1973, *Fotograf nicht genannt*

---

136 »Der große Reibach mit den Ausgeflippten«, in: *Stern* 46/1973.

Die dargestellte Szenerie lässt also zwei Möglichkeiten der Begegnung junger Deutscher mit dem Kinderguru zu: zum einen die Übernahme bekannter Frömmigkeitsgesten, die durchaus an die Ernsthaftigkeit kirchlicher Riten erinnern, zum anderen ein quasi spielerischer Umgang mit den Formen religiöser Ehrerbietung, die in ihrer informellen Ausführung eher an gemeinsame *Sit-ins* einer nonkonformistischen Jugend erinnern.[137] Ähnlich lässt sich eine Fotografie der exzentrisch absurden Verehrung des Gurus interpretieren, auf der eine Reihe grinsender Jünger ihrem Meister die Füße küsst. Auch dieses Motiv mag beim Betrachter die Frage nach der Ernsthaftigkeit ihres religiösen Tuns aufwerfen.

Im Gegensatz zu der verbalen Argumentation vieler Berichte über neue religiöse Führer, die in aller Deutlichkeit auf eine warnende Entlarvung der Gurus als falsche Propheten hinarbeiten[138], geraten die visuellen Deutungen also viel offener. Nachdem die *Quick*-Serie von 1972 in ihrer Darstellung sexueller Gewalt die Ablehnung gegenüber den Sekten noch deutlich kommunizierte, fehlt in vielen Bildreportagen der Folgezeit dieser eindeutig moralisch verurteilende Blick. Die oben skizzierten Fotografien, welche die Jüngerschar des jugendlichen Gurus Maharaj Ji präsentieren, lassen auch eine Lesart zu, welche die Bewegung als Spielwiese für eine entformalisierte Gefolgschaft von jungen Nonkonformisten deutet, die der ernsthaften Religiosität ihrer Eltern eine nun vornehmlich auf Spaß basierende Alternative entgegenstellt.

Die Verschmelzung ekstatischer religiöser Praxis mit einem synkretistischen Glauben, der sich in seinen Anleihen aus dem Christentum immer wieder an traditionelle europäische Frömmigkeit rückbinden lässt, ist dabei in der Populärkultur der Bundesrepublik bei weitem kein alleiniges Phänomen der fotografischen Ausdeutung in den Illustrierten. Vielmehr können hier gerade auch in der Bundesrepublik erfolgreiche Filmproduktionen wie die US-Produktion »Easy Rider« (USA 1969) oder auch Milos Foremans Verfilmung des Hippiemusicals »Hair« (USA 1979) zeigen, wie sehr

---

137 So etwa auch die Fotografie einer Studentin aus Hamburg, die auf einer der Veranstaltungen des indischen Religionsführers gezeigt wird. Während ihre verschränkten Beine als Ausdruck einer kontemplativen Innerlichkeit asiatischer Meditationstechniken gelesen werden kann, erinnern ihre im Schoß verschränkten Hände an die gefalteten Hände christlicher Gebetshandlungen. »Der große Reibach mit den Ausgeflippten«, in: *Stern* 46/1973.
138 Am deutlichsten gelingt dies wohl in der *Stern*-Serie »Auf der Suche nach dem verlorenen Glück« von 1978/1979.

sich alternative Religiosität mit den visuellen Stereotypen christlicher Glaubenspraxis verband.[139] Auch in Teile der kirchlichen Presse fanden die Bilder der neuen Religiosität Einzug. Am prägnantesten ist dies etwa in der katholischen Zeitschrift *Kontraste* zu beobachten, die sich seit 1960 an ein Publikum junger Erwachsener wandte. In ihrer visuellen Gestaltung lehnte sich diese katholische Illustrierte ganz bewusst an die Aufmachung der *twen* an, was sich nicht zuletzt darin zeigt, dass viele Fotografen für beide Blätter parallel arbeiteten.[140] Das katholische Blatt präsentierte nun die alternative, charismatisch-exzentrische Form des Glaubens als Option innerhalb der christlichen Kirche. Die neuen Ausdrucksformen einer fluiden Religiosität, die sich in ihrer Ästhetik bei der Hippiekultur bedienten, wurden nicht nur aufgenommen, sondern in den Raum der Kirchen übertragen. Somit überwand die *Kontraste* die in Illustrierten wie der *Quick* oder auch dem *Stern* konstatierte Trennung zwischen neuer charismatisch-exzentrischen Religiosität und traditionellen Formen der Frömmigkeit als Unterscheidungsmerkmal zwischen außerkirchlicher und kirchlicher Religion. Die *Kontraste* präsentierte ihren Lesern eine jugendgemäße Ausdrucksform religiöser Ergriffenheit nicht als Gegenbild des traditionellen kirchlichen Kultus, sondern als dessen Ergänzung, als eine innerkirchliche Option.

In einem Bericht des prominenten Konzilstheologen Karl Rahner über die »Kirche der kleinen Herde« zeigt eine Fotografie die typische informalisierte Ästhetik alternativer Jugendreligiosität[141]: Ein bärtiger junger Mann in einem wallenden weißen Gewand streckt beide Arme von sich. In seiner weißen Kleidung, seinem schulterlangen Haar und seinem Bart weist der Protagonist der Szenerie zweifelsohne deutliche Ähnlichkeiten mit der populären Jesusfigur auf, wie sie etwa die US-amerikanischen Jesusfilme ausprägte.[142] Um den Protagonisten schart sich eine Gruppe knieender junger Frauen, deren lange ärmellose Kleider an die Textilien der alterna-

---

139 Zwick, »Provokation«, S. 161–176.
140 Siegfried, *Time*, S. 315.
141 Karl Rahner, »Kirche der kleinen Herde«, in: *Kontraste* 3/1972.
142 Hier müssen vor allem die Inszenierungen der Jesusfigur in »König der Könige« (USA 1961) und »Die größte Geschichte aller Zeiten« (USA 1965) genannt werden. Die Bildunterschrift stellt diesen Bezug explizit her, indem sie auf die Vermischung von »Religiosität und Showgeschäft« hinweist, die Jesus zum Superstar werden lässt. Dies mag als direkte Anspielung auf das erfolgreiche Webber-Musical »Jesus Christ Superstar« verstanden werden, das 1971 eine überaus erfolgreiche Premiere feierte und bereits zwei Jahre später auch als Filmversion die Bundesrepublik erreichte.

tiven Jugendbewegung erinnern. Die visuelle Verbindung von Christusgestalt und Hippiekultur findet ihre verbale Entsprechung in der Bildunterschrift, die eine Öffnung der Kirche gegenüber den alternativen zeitgenössischen Sinnsuchern konstatiert: »Ein freieres Lebensgefühl zieht auch in die Kirchen ein«[143]. Quasi als Kontrastfolie zu dieser neuen Art christlicher Glaubensästhetik stellen die Redakteure der *Kontraste* dem Bild eine Fotografie gegenüber, die sechs sich bekreuzigende Jungen vor einer Kirchbank zeigt. Ihr ernster, aber unsicher wirkender Blick und ihre etwas zu weit ausgefallenen Anzüge lassen sie als unfreiwillige Vertreter eines bürgerlich und äußerst formalisierten Katholizismus erscheinen, der den Werten und Hoffnungen einer jungen Generation, die Selbstbestimmung in der Wahl ihres religiösen Ausdrucks einfordert, entgegensteht. Die kommentierende Bildunterschrift »erstarrte religiöse Formen wandeln sich« deutet die beiden Fotografien nicht vor dem Gegensatzpaar kirchlich – nicht kirchlich, sondern vielmehr als Entwicklung innerhalb des Katholizismus, der sich von den vormals formalisierten Formen der Glaubensäußerung verabschiedet und die entformalisierten Formen der jungen Generation in das Repertoire ihrer legitimen Frömmigkeitsformen aufnimmt.[144]

Die Aufnahme neuer religiöser Bewegungen und vor allem deren visuelle Ausdeutung in den Medien lässt sich also nicht nur in den auflagenstarken Illustrierten beobachten. Vielmehr zeigen die Beispiele aus der *Kontraste* ebenso wie etwa der Einsatz von Filmen wie »Jesus Christ Superstar« in der konfessionellen Jugendarbeit, dass sich auch kirchliche Medienarbeit der Bilder und Szenerien der alternativen Religiosität bediente, um ihre eigenen religiösen Ausdrucksformen zu erweitern. Darüber hinaus können die gerade in der katholischen Kirche überaus populären Missionare wie Mutter Teresa zeigen, dass die Umdeutung der kirchlichen Missionsarbeit hin zu einer sich auf die Empathie und das Charisma einzelner Menschen stützenden Nächstenliebe nun als Wesensmerkmal einer modernen christlichen Religiosität in den Mittelpunkt gestellt wurde. Auch die kirchliche Inszenierung Papst Johannes Paul II. verstand es gerade zu Beginn der achtziger Jahre, die Berichte über dessen Pontifikat ganz auf sein

---

[143] Karl Rahner, »Kirche der kleinen Herde«, in: *Kontraste* 3/1972.
[144] Ganz ähnliche Versuche der Verbindung von alternativreligiöser Ästhetik und kirchlichem Raum in: »Auf der Suche nach Kirche«, »Jesus und die Partygäste« beide in: *Kontraste* 3/1972; »Die Sanften kommen: Neue Gruppen in der Kirche«, in: *Kontraste* 3/1975; »Geschäft mit der Religion?«, in: *Kontraste* 4/1976.

charismatisches Auftreten bei seinen Auslandsreisen nach Polen oder in die Bundesrepublik und weniger auf die strukturellen und theologischen kirchlichen Probleme zu lenken.

5. Fazit

5.1 Felder des visuellen Wandels

Die Wandlungsprozesse in der Medienlandschaft ließen den Blick auf die Religion in den ersten drei Jahrzehnten der Bundesrepublik stetig changieren. Die Themenkonjunkturen der fotografischen und filmischen Szenerien und Motive entwickelten sich neben den medialen Wandlungsprozessen aus einer mehrschichtigen Melange von einzelnen Akteuren in Bildjournalismus und Filmwirtschaft, den Transformationsprozessen innerhalb der von den Medien beobachteten und visualisierten Religionsgemeinschaften, aber auch aus aktuellen kirchlichen Ereignissen wie Kirchentagen, Papstreisen oder Konzilen heraus.

In den ersten Jahren nach dem Zweiten Weltkrieg stand die Trümmerfotografie als prägendes fotografisches Sujet am Anfang der visuellen Ausdeutung von Kirche und Religion. Hier wurden Religion und Kirche als konstitutives Merkmal der aufzubauenden demokratischen Gesellschaft gezeichnet. Oftmals wurden die die Trümmerlandschaften überragenden Kirchen und Kathedralen als mahnende Instanzen inszeniert, die den durch den Nationalsozialismus hervorgerufenen Zerstörungen eine Sinnhaftigkeit verleihen sollten. Ihre zutiefst religiöse Konnotation verloren die Trümmerfotos dann in ihrer Wiederaufnahme in den sechziger Jahren. Nun kommunizierten sie weniger die Botschaft der »Kirchen als Siegerinnen in Trümmern« als vielmehr die Erfolgsgeschichte des wirtschaftlichen Wiederaufbaus im westdeutschen Teilstaat.

Neben den Trümmerfotografien etablierten sich in den auflagenstarken Illustrierten bereits sehr früh die Fotoreportagen über die Suche nach den historischen Wurzeln religiöser Ursprungsmythen. Hier schufen die visuellen Zeugnisse der Historizität religiöser Geschichten und Mythen wie etwa der Arche Noah eine von den Kirchen losgelöste Vorstellungswelt von Religion: Es ging nun nicht mehr um den Glauben an metaphysische

Weltdeutungsmuster, sondern um das naturwissenschaftlich beweisbare und visuell darstellbare Wissen über historische Wahrheiten. In das Zentrum der Suche nach den Ursprüngen der Religion gerieten nicht Priester und Theologen, sondern Archäologen, Abenteurer und Restauratoren. Ähnlich wie die Bildberichte über die archäologische Beweisbarkeit religiöser Mythen und Protagonisten orientierten sich auch die populären, in den USA produzierten Bibelfilme an den Ergebnissen archäologischer Forschung. Ihre Trailer und Begleitpublikationen warben vor allem mit der Genauigkeit und Akribie, mit der die historischen Rekonstruktionsversuche zunächst zusammengetragen und dann filmisch umgesetzt wurden. Somit müssen auch die Bibelfilme der fünfziger Jahre als individuelle religiöse Ausdeutungen der Regisseure und Produzenten gelten. Trotz der durchaus festzustellenden Nähe dieser filmischen Inszenierungen christlicher Religion zu den kirchlichen Lehren begegneten die konfessionellen Filmstellen den Bibelfilmen zunächst mit harscher Kritik. Gerade in den tricktechnisch dargestellten Wundern fanden die Kirchen Ansatzpunkte für Kritik, bezweifelten sie doch, dass religiöse Wundertaten in der filmischen Darstellung in ihrer religiösen Sinnhaftigkeit angemessen erfasst werden können. Erst mit der Professionalisierung der konfessionellen Filmkritik in den sechziger Jahren kam es hier auf Seiten der Kirchen zu einer vorsichtigen Revision vormaliger Grundsätze.

Die filmischen Ausdeutungen der Bibel zeichnete indes spätestens seit Mitte der sechziger Jahre eine enorme Bandbreite an individuellen Entwürfen christlicher Religion aus. Neben die mit großem Produktionsaufwand gedrehten und immer unrentabler werdenden Hollywood-Epen gesellten sich Anleihen aus der US-amerikanischen Hippiekultur (»Jesus Christ Superstar«, USA 1971), sozialkritischen Ausdeutungen des Evangeliums (»Das erste Evangelium – Matthäus«, Italien/Frankreich 1964) oder auch Spottdarstellungen wie Herbert Achternbuschs »Das Gespenst« (Deutschland 1983).

Eine ähnliche Erweiterung an möglichen visuellen Darstellungen erhielten neben biblischen Figuren auch kirchliche Würdenträger. Dies kann am deutlichsten an der Figur des Papstes gesehen werden, gerade weil sie so dominant im Mittelpunkt der Bildberichterstattungen der großen Illustrierten stand. Während des Pontifikats Pius XII. wurde das starre Spektrum von Motiven in den Bildberichterstattungen über den Papst, das sich seit der Etablierung der Illustriertenpresse im 19. Jahrhundert herausgebildet hatte, aufgelöst. Während im ausgehenden 19. Jahrhundert und in der ersten Hälfte des 20. Jahrhunderts fast ausschließlich Papstzeichnungen und -fotografien abgedruckt worden waren, die den Pontifex bei liturgischen Handlungen, mit kirchlichen Würdenträgern oder seltener auch im Kreise seiner Familie zeigten, kam es nun zu einer vermehrten Darstellung des Kirchenführers mit den Betrachtern unbekannten Laien.

Neben diesem visuell ausgiebig inszenierten Kontakt mit den der Öffentlichkeit unbekannten Pilgern, aber auch berühmten *VIPs*, dominierte in den kirchlichen Publikationen und Massenillustrierten der fünfziger Jahre vor allem das Bild Pius XII. als Friedenspapst. Hier konnten die Bilder gerade in der Bundesrepublik an den staatlich verordneten Antikommunismus, aber auch an die Konstituierung des Mythos der bundesrepublikanischen Gesellschaft als Opfergemeinschaft anknüpfen, etwa wenn Pius XII. in der allegorischen Darstellung des guten Hirten die Bombenangriffe auf deutsche Städte verurteilte.

Die konsequente Erweiterung in der visuellen Darstellung des Papstes lässt sich auch während des Pontifikats Johannes XXIII. erkennen. Hier fällt etwa die Zeichnung des Papstes als Privatmann ins Auge: Während vorherige Bildberichte scheinbar private Stunden des Papstes hauptsächlich bei dessen Spaziergängen in den Vatikanischen Gärten zeigten, wurden während des Pontifikats des Roncalli-Papstes Fotografien als Sensation präsentiert, welche die Privatgemächer des Pontifex zeigten und dessen Schlafzimmer ins Bild setzten. Gleich den Berichten über Politiker oder Schauspieler inszenierten die Illustrierten den Papst als bieder anmutenden Nachbarn von nebenan.

Gerade in den Bildern des von seinem hohen Alter und von Krankheit gezeichneten Kirchenoberhaupts lässt sich zudem erkennen, dass der Kirche die Distribution und vor allem die Deutungsmacht über die Bilder des Papstes mehr und mehr aus den Händen glitten. Bei Johannes XXIII. deuteten die großen Illustrierten die Fotografien des geschwächten und von Krankheit gezeichneten Pontifex als Folge der mutmaßlichen Querelen innerhalb des Vatikans über die Frage nach der zukünftigen Ausrichtung der Kirche. Die Verfechter der konservativen Linie, von denen *Stern* und *Spiegel* vor allem den italienischen Kurienkardinal Ottaviani ins Bild setzten, gerieten in den Bildberichten über das Zweite Vatikanische Konzil zu den Gegenspielern des reformorientierten Papstes, der, so die Argumentation, von den deutschen Kardinälen Frings und Döpfner in seinen Versuchen einer vorsichtigen Öffnung der Kirche unterstützt wurde.

Die zunehmende Eigenständigkeit der Fotografen und Bildredakteure bei der Produktion und Ausdeutung von Fotografien, die das katholische Kirchenoberhaupt zeigen, lässt sich in der Folge auch im Pontifikat Pauls VI. erkennen. Insbesondere dessen erste Auslandsreise in den Nahen Osten zeigt, dass eine kaum zu überschauende Pluralität der Bildmotive durchaus entstand. Diese Pluralität brach mit der visuellen Statik und der strengen Choreographie der liturgischen Veranstaltungen und Empfänge im Vatikan.

Das Jahr 1968 brachte eine einschneidende Wende in der visuellen Präsentation des Papstes durch die Massenmedien: Parallel zu der nun verstärkt aufkommenden Kirchenkritik in den Medien wurde Paul VI. als gescheiterter Pontifex gezeichnet, dessen Entscheidungen besonders in der Frage der künstlichen Empfängnisverhütung auch von gläubigen Katholiken nun nicht mehr akzeptiert wurden. Die zunehmend satirischen Darstellungen des Papstes zeigten ihn als Opfer nicht nur der externen Kritiker, sondern vermehrt auch einer vermeintlichen internen Rebellion der Laien und niederen Kleriker gegen die hierarchische Spitze des Katholizismus.

Dieser Prozess der verstärkten Abkopplung der Bilder des Papstes von den kirchlichen Botschaften, der sich am deutlichsten in den auflagenstarken Illustrierten in der zweiten Hälfte des Pontifikats Paul VI. erkennen lässt, stellte jedoch keinen irreversiblen Bedeutungsverlust der Kirchen dar. Gerade der katholischen Kirche gelang es während des Pontifikats Johannes Paul II. mit einer konsequent forcierten Medienpolitik, den Pontifex aus Polen als charismatischen Kirchenführer zu inszenieren, der die Massen an Pilgern, vor denen er während seiner Auslandsreisen Messen zelebrierte, erreichen konnte. Nicht zuletzt die letzten Jahre seines Pontifikats zeigen, wie mit den Bildern des sterbenden Papstes eine kirchliche Philosophie von Leben und Sterben verbunden werden konnte, die über die Massenmedien eine weltweite Öffentlichkeit erreichte.

Die mediale Zeichnung Johannes Paul II. als charismatischen Führer einer Weltkirche verweist auf eine der auffälligsten Themenverschiebungen in der massenmedialen Bildberichterstattung über Kirche und Religion, die sich Ende der sechziger Jahre etablieren konnte. Waren es vormals allein die allgemein bekannten Kirchenführer wie die Päpste oder der aus den USA stammende protestantische Prediger Billy Graham, die mit ihrem Charisma Gläubige in Verzückung brachten, gerieten nun auch bisher unbekannte Gläubige verschiedenster Religionsgemeinschaften allein auf-

FAZIT

grund ihres charismatischen Auftretens in den Fokus der Bildberichte. Die Fotostrecken über christliche Missionare, wie etwa über die Ordensgründerin Mutter Teresa, gingen dabei Hand in Hand mit einem neuen Verständnis von Mission. Als eine positiv konnotierte Mission galt nun eben nicht mehr die Weitergabe des christlichen Glaubens, sondern die praktizierte Nächstenliebe, welche die Bildberichte zumeist in dem selbstlosen Einsatz christlicher Missionare in den Ländern der Dritten Welt erblickten. Oftmals setzten die Fotografen die physische Nähe zwischen den helfenden Europäern und den Not leidenden Kindern anderer Kontinente in Szene und konnten so zu einer verstärkten Emotionalisierung dieser neuen Art der Mission beitragen.

Neben diesen »neuen Helden« des Christentums lassen sich unter dem Typus des charismatischen Religionsführers auch alternativreligiöse Gurus fassen, die ob ihrer Auftritte eine ekstatisch begeisterte Jüngerschar um sich sammeln konnten. Diese neuen religiösen Mittler waren bei weitem nicht auf asiatische Religionsführer beschränkt, die über das Stereotyp des fernöstlichen Gurus ihren Weg in die Bildberichterstattungen in die auflagenstarken Illustrierten fanden. Vielmehr präsentierten die Bildberichte auch alternative Religionsführer aus der westlichen Welt. Gerade in ihrer alltäglich wirkenden Kleidung und ihrer äußerlichen Unscheinbarkeit gerieten die Religionsführer zu vermeintlich gefährlichen Verführern einer nach neuen Sinnangeboten suchenden jungen Generation. Die visuelle Darstellung alternativreligiöser Zirkel als Gefahr für die bürgerliche Gesellschaft stellte die *Quick* bereits Anfang der siebziger Jahre in den Vordergrund ihrer Bildberichte. In einer kruden Zusammenstellung von Nudität, Sexualität und Gewalt zeichneten die Redakteure und Fotografen alternative Religiosität als ekstatische Phantasie eines erotischen Wahns, der sexuelle Praktiken mit scheinbar religiösen Riten verband. Zweifelsohne lassen sich diese Bildberichte als Teil der massenmedial konstruierten Sex-Welle gegen Ende der sechziger Jahre ausmachen, die sich nicht zuletzt in den äußerst publikumswirksamen erotischen Aufnahmen auf den Covern der großen Illustrierten und Magazinen niederschlug. In ihrer Fokussierung auf weibliche Nudität, die von den männlichen Jüngern der neureligiösen Gemeinschaften konsumiert wurde, konterkarieren die Fotografien der so genannten »Sex-Sekten« die auch in religiösen Bereichen langsam fortschreitende Emanzipation der Frauen. Diese Berichte lassen sich als Gegenbilder zu den Fotografien über die individuelle Sinnsuche gerade von Frauen verstehen, wie sie etwa die Jugendzeitschrift *twen* Mitte der sechziger Jahre veröffentlichte. Es lässt sich allgemeiner folgern, dass die Bilder der alternativreligiösen Zirkel in einem starken Kontrast zu den in den sechziger Jahren aufkommenden Bildern der religiösen Individualisierung stehen; denn nicht als individuelle Glaubenshorizonte visualisierten Fotografen und Redakteure die Berichte über die neureligiösen Strömungen, sondern als zutiefst normierte Vorstellungswelten, die der Anhängerschaft von ihren Glaubensführern vorgegeben wurden. In den Bildberichten über individuell entworfene Religiosität, wie sie etwa der *twen* vorlegte, stand dagegen ganz allein das Individuum im Fokus des Interesses, das fernab von vorgegebenen Glaubensnormen eigene Vorstellungen über Gott und Religion artikuliert. Dabei verlagerte *twen* das Interesse von bekannten Persönlichkeiten hin zu unbekannten Personen, mit denen sich die Leser identifizieren konnten und deren Alter und Lebenssituation mit denen der *twen*-Leser übereinstimmten.

5.2 Öffentliche Bilder von Kirche und Religion im Spannungsfeld von religiöser Transformation und den Veränderungen in der bundesdeutschen Medienlandschaft

Diese tief greifenden Veränderungen in den massenmedialen Zeichnungen von Religion und Kirche lassen sich zum einen über die Transformationen verstehen, denen die Kirchen als Institutionen und Religion als individueller Glaubenshorizont unterworfen waren. Andererseits schufen aber auch der mediale Wandel, wie etwa die sich verändernden Arbeitsprozesse und -bedingungen der Bildreporter, sowie Anstöße aus dem Ausland neue ästhetische Normen des Bildjournalismus. Beides hatte erheblichen Einfluss auf die visuelle Darstellung von Kirche und Religion, so dass die öffentlich kursierenden Bilder bei weitem nicht nur von kirchlichen Transformationsprozessen und religiösen Entwicklungen abhängig waren.

Hannigs These über das Aufkommen eines »Religionsjournalismus« in den sechziger Jahren, der im Gegensatz zu der traditionellen Kirchenberichterstattung eigenständig Themen setzte und professionelle »Religionsjournalisten« wie Werner Harenberg (*Spiegel*) oder Joachim Heldt (*Stern*) hervorbrachte, lässt sich für den Bildjournalismus nur eingeschränkt konstatieren.[1] Zwar konnten Bildjournalisten im Bereich der visuellen Deutungen von Religion neue Sichtweisen auf dieselbe prägen, es waren jedoch keine genuinen »Religionsbildjournalisten«, die neue visuelle Repräsentationen von Religion und Kirche fanden. Die professionellen Bildreporter folgten vielmehr internationalen Trends wie der *life photography*, die seit den ausgehenden fünfziger Jahren die bildliche Inszenierung des Themenfelds ›Religion‹ wie auch anderer Topoi prägen konnte. Entscheidend für diese Entwicklungslinien waren vor allem Bildjournalisten, die in den fünfziger Jahren teils durch Aufenthalte in den USA, teils durch die Rezeption der in der Bundesrepublik gezeigten US-Fotoausstellungen die Einflüsse aus den USA in die Redaktionsräume der Illustrierten und Fotomagazine einbrachten. Neben Stefan Moses können zu dieser Gruppe vor allem Robert Lebeck, Max Scheler und Thomas Hoepker, aber auch der österreichische Publizist Karl Pawek gezählt werden. Auch wenn sich deren jeweilige religiösen Überzeugungen erheblich unterschieden und Pawek als überzeugter Katholik mit fast missionarischem Eifer eher einen Außenseiter in der Riege der bedeutenden Kuratoren, Fotografen und Publizisten darstellte, trafen diese sich doch in der Faszination an der sich dem namenlosen Individuum zuwendenden *life photography*.

Ausgehend von dieser fotoästhetischen Hinwendung zum individuellen Gläubigen lässt sich in den visuellen Ausdeutungen von Religion jedoch keineswegs ein stringenter Weg vom kirchlich geprägten Normengefüge hin zu pluralen, ganz auf das Individuum fokussierten Glaubenshorizonten konstatieren. Vielmehr ist festzustellen, dass auch in den siebziger Jahren und darüber hinaus kirchlich gebundene Glaubensvorstellungen ihren Weg in die massenmedial konstituierten Bildwelten der Bundesrepublik fanden. Die Bilder in den Weihnachtsausgaben der auflagenstarken Illustrierten wie *Stern*, *Quick* oder auch *Kristall* zeigen, dass bis Ende der sechziger Jahre gerade das Weihnachtsfest für die bildaffinen Massenmedien einen Anlass für die vermehrte Aufnahme der von den christlichen Kirchen tradierten Bildwelten darstellte. Zudem boten kirchliche Großereignisse wie Kirchenoder Katholikentage oder auch das Zweite Vatikanische Konzil den Bildreportern die Möglichkeit, eine ganz an die Institution Kirche gebundene Religiosität und deren teils opulent inszenierten Rituale immer wieder neu

---

1 Vgl. Hannig, Religion, S. 389f.

in Szene zu setzen und in zunehmendem Maße nun auch gegen die Lesarten der Kirchen eigenständig auszudeuten.

Als eine bedeutende Grundlage für diese nun verstärkt vorgenommene eigenständige Deutung religiöser Ausdrucksformen kann die steigende Anerkennung und materielle Ausstattung des Berufsstands des Illustriertenfotografen herangezogen werden. Mit den höheren Auflagenzahlen und finanziellen Gewinnen der publikumsträchtigen Illustrierten vergrößerten die Redaktionen ihren Pool an fest angestellten Bildreportern und konnten diesen zugestehen, aufwändige Bildberichte zu produzieren, für welche die Fotografen oft mehrwöchige Auslandsreisen unternahmen. Auch innerhalb der Inlandsreportagen über Religion ist dieser Trend zu Beginn der sechziger Jahre unübersehbar, wie etwa die breite Fotoreportage »Gott in Deutschland« (*Stern* 1962) zeigt. Somit kam es gerade zu Beginn der sechziger Jahre zu einem Anstieg in den visuellen Zeugnissen von Kirche und Religion, der sich auch in den siebziger Jahren fortschrieb. Eine als Verlustgeschichte gedeutete Säkularisierung, die einen Niedergang des Religiösen in westlichen Gesellschaften konstatiert, lässt sich in den öffentlichen Bildwelten vor diesem Hintergrund nicht feststellen. Die von Pollack und anderen vorgebrachte Verfallsthese lässt sich somit allenfalls auf individuelle Glaubenshorizonte beschränken; in der Öffentlichkeit kursierten Bilder religiöser Vorstellungswelten, Institutionen und Protagonisten dagegen mit uneingeschränktem Erfolg.[2]

Eng verbunden mit der Interpretation einer Säkularisierung ist die von der Religionssoziologie und -geschichte aufgeworfene Frage nach der Exklusion und/oder Inklusion von Kirchen in der bundesdeutschen Gesellschaft, welche die Bildquellen wenig eindeutig beantworten können.[3]

Zum einen zeichneten die Bildstrecken in den Illustrierten und Magazinen wie *Stern* oder *Spiegel* ähnlich wie die Bildentwürfe des *Neuen Deutschen Films* recht eindeutig eine zunehmende Entfremdung kirchlicher Religiosität und liberaler Gesellschaft. Gerade in der Bewegung des *Neuen Deutschen Films* kam es zu einer Abrechnung mit dem als restaurativ wahrgenommenen Normensystem insbesondere der katholischen Kirche. Hier inszenierten die Filmemacher etwa den Visiotypen des verstockten Priesters, welcher der sich liberalisierenden Gesellschaft keine Antworten auf drängende Fragen mehr geben konnte. Er blieb ganz in der Welt der kirchlichen Liturgie und Paramente verhaftet, ohne sich gegenüber breiten Schichten der

---

2 Vgl. Pollack, Säkularisierung, insbesondere S. 77–94.
3 Hannig, »Inklusion«.

Gesellschaft zu öffnen. Die realen Versuche der Öffnung, die beide Kirchen in den sechziger Jahren vollzogen, blieben hier zumeist unberücksichtigt.

Dem gegenüberstehend inszenierten die großen Bildausstellungen »The Family of Man« und die »Weltausstellungen der Photographie« eine andere Antwort auf die Frage nach der Stellung kirchlicher Religiosität in der Gesellschaft: Hier wurde Religion zumeist zur anthropologischen Konstante, die ihren Platz auch in den modernen westlichen Gesellschaften fand. Auch die visuelle Selbstinszenierung von Priestern deutet auf eine Einebnung der vormaligen visuellen Unterscheidungsmerkmale von geistlichem Stand und Laien hin. Deutlich wird bei den Weihefotos der Paderborner Neupriester, dass sich der visuelle Wandel mit dem Zweiten Vatikanischen Konzil überlagert. So scheint dessen Zielperspektive, durch ein *Aggiornamento* die Frontstellung von kirchlicher Religiosität und moderner Welt zu überwinden, in diesem Ausschnitt der priesterlichen Selbstinszenierung eingelöst.

Im Gegensatz zu diesen mehrdeutigen Antworten auf die Frage nach der Stellung der Kirchen in der Gesellschaft lässt sich eine zunehmende Pluralität in der Darstellungsweise religiöser Ausdrucksformen sehr eindeutig beobachten. Diese umfasste etwa die Darstellung individualisierter Gottesentwürfe oder alternativreligiöse Sinnsucher und lässt sich zu einem großen Teil durch das Aufkommen neuer medialer Formate wie der *twen* erklären. Des Weiteren müssen aber auch die neuen Ausrichtungen und Möglichkeiten der großen Illustrierten herangezogen werden: Der *Stern* publizierte bereits Anfang der sechziger Jahre Ausgaben mit weit über einhundert Seiten, zudem konnte er durch die bereits genannte konsequente Erweiterung der Redaktionen mit jungen Fotografen auf mehr selbst produzierte Fotografien zurückgreifen. Den somit geschaffenen Raum füllten die auflagenstarken Magazine weniger mit Boulevardthemen über Stars und Sternchen als vielmehr mit aufwändig recherchierten und visuell in Szene gesetzten Reportagen auch über die religiösen Entwicklungen in der Bundesrepublik.

Dank

Am Ende einer Dissertationsschrift stehen – zurecht – Worte des Dankes. Der Blick zurück auf die Jahre der intensiven Forschung ist stets ein Blick auf viele Begegnungen, ohne welche die vorliegende Studie nicht hätte geschrieben werde können.

Im Jahr 2010 nahm das Historische Institut der Justus-Liebig Universität in Gießen diese (hier in leicht gekürzter Form vorliegende) Arbeit als Dissertationsschrift an. Dass das Dissertationsverfahren somit zu einem guten Abschluss gebracht werden konnte, ist nicht zuletzt der Verdienst meines Doktorvaters Frank Bösch. 2006 gab er mir die Chance, innerhalb seiner Sektion der DFG-Forschergruppe 621 an der Ruhr-Universität Bochum vier Jahre lang einen Beitrag zur Erforschung der Transformation von Religion und Kirche in der Bundesrepublik zu leisten. Stets stand er meinem Dissertationsprojekt mit unzähligen Ratschlägen, Ideen und manchmal auch aufmunternden Worten hilfreich zu Seite.

Einen großen Teil meiner wissenschaftlichen Ausbildung an der Ruhr-Universität Bochum erfuhr ich bei Lucian Hölscher. Von frühen Tagen als studentische Hilfskraft im Forschungsprojekt »Konfessionspolitik in Deutschland« an nahm er mich in den Kreis seiner Eleven auf und hat so meine wissenschaftliche Arbeit seit nunmehr einem Jahrzehnt begleitet, unterstützt und zweifelsohne auch geprägt. Dass er meine Promotion als Zweitgutachter betreute, wurde zu einem großen Gewinn.

Während meiner Arbeit innerhalb unserer DFG-Forschergruppe hatte ich das große Glück und Vergnügen, auf Nicolai Hannig als Büro- und Arbeitskollegen zu treffen. Der stetige Gedankenaustausch hat ebenso wie seine wichtigen Hinweise zu einem bedeutsamen Teil zu einem guten Gelingen meiner Dissertation beigetragen. Nicht minder gedankt sei den weiteren Mitgliedern der DFG-Forschergruppe. Mit Thomas Mittmann, Sven-Daniel Gettys, Andreas Henkelmann, Uwe Kaminsky, Sebastian Tripp, Rosel Oehmen-Vieregge, Markus Hero und vielen anderen habe ich meine

Thesen ausgiebig und gewinnbringend diskutieren können. Ein ganz besonderer Dank für die stets anregende Kritik geht an die Forschungsbereichleiter unseres Projekts Wim Damberg, Traugott Jähnichen, Klaus Tenfelde (†) und Volkhardt Krech.

Während meiner Zeit als Promovend hatte ich vielfältige Möglichkeiten, Konzept und Thesen meiner Arbeit in den unterschiedlichsten wissenschaftlichen Kontexten zur Diskussion zu stellen. Für vielfältige Anregungen und Kritik sei den Teilnehmern des 2007 im Deutsch-Italienischen Zentrum der Villa Vigoni stattgefundenen Kolloquiums »Macht der Bilder – Bilder der Macht« und des Schwerter Arbeitskreises für Katholizismusforschung gedankt. Daneben erhielt ich die Möglichkeit, meine Arbeit in den Lehrstuhlkolloquien von Lucian Hölscher, Frank Bösch und Ute Daniel (TU Braunschweig) vorzustellen. Auch deren Teilnehmern sei für vielfache Ideen gedankt.

Ohne die wertvollen Hinweise und die Unterstützung der Mitarbeiter verschiedener Archive wäre die Materialzusammenstellung für diese Studie nicht möglich gewesen. In ganz besonderem Maße danke ich daher den Mitarbeitern des Instituts für Zeitungsforschung (Dortmund), des Evangelischen Zentralarchivs (Berlin), des Historischen Archivs des Erzbistums Köln, des Archivs des Jugendhauses Düsseldorf e.V. und schließlich den Mitarbeitern der Bildagentur des Katholischen Nachrichtendienstes (Bonn).

Eine Dissertation zieht sich zumeist (und so auch hier) weit über den Zeitraum der eigentlichen Forschung hinaus. Ich danke daher meinen Kollegen und Ausbildungsleitern im Studienseminar Gelsenkirchen und dem Gymnasium St. Ursula in Dorsten. Sie haben stets Verständnis dafür gezeigt, dass ich die letzten Schritte der Ausarbeitung des Skripts neben meinem Alltag als Studienreferendar vorgenommen habe. Ein ganz besonderer Dank geht dabei an Reinhard Kappenberg, der mich nach zehn Jahren der universitären Ausbildung und Forschung für die Didaktik der Geschichte in Theorie und Praxis begeistern konnte. Er hat mich stets ermutigt, das während der Dissertation verfolgte Konzept der Verschränkung von Historie und Visualität auch in den Schulalltag einzubringen. Weiterer Dank geht an Stephanie Vatter, Martina Peters, Marina Mertens, Arnold Erwig, Kai Vogler, Thomas Biegel, Gerhard Handschuh, Hans-Jürgen Karolak und Brigitte Verheyen.

Bei der Erstellung des Skripts für den Campus Verlag zeigten schließlich Tanja Hommen, Eik Welker und Julia Flechtner viel Geduld und gaben mir wichtige Unterstützung. Hierfür danke ich ihnen herzlich.

Neben der wissenschaftlichen Unterstützung habe ich im privaten Bereich vielfältige Hilfe bei der Abfassung der Dissertation erfahren dürfen. An erster Stelle sei mein Bruder Christian Städter genannt, der nicht nur gemeinsam mit seinen Mitbrüdern aus dem Collegium Germanicum et Hungaricum (Rom) bei der Bestimmung mancher päpstlicher Gewänder und Paramente eine große Hilfe war. Meine Mutter ist seit den ersten Studienjahren meine verlässlichste und kritischste Korrekturleserin. Sie hat auch die vorliegende Studie Korrektur gelesen. Mit ihr sei meiner ganzen Familie gedankt.

Neben Eltern und Bruder gaben mir viele Weggefährten die an den entscheidenden Momenten nötige Erdung. Stellvertretend für viele seien Friedhelm Pogorzelski, Bernd Volkhausen, Thomas Sikos, Marina Arendt, Clemens Bombeck und Stephan Prophet genannt.

Die meiste Unterstützung erhielt ich zweifelsohne von meiner Frau Daniela Städter, die viel Verständnis für die Tücken und das manchmal recht unstete Leben eines Promovenden aufbringen musste. Nicht nur hierfür sei ihr dieses Buch gewidmet.

Quellen und Literatur

Quellen

Zeitschriften

Berliner Illustrirte Zeitung (Jahrgänge 1892–1944)
Kristall (Jahrgänge 1946–1966)
Der Journalist (Jahrgänge 1951–1976)
Illustrirte Zeitung (Jahrgänge 1878, 1903, 1914, 1922, 1933)
Katholischer Filmdienst / filmdienst (Jahrgänge 1947–1980)
Kontraste (1962–1980)
Neue Illustrierte (Jahrgänge 1946–1966)
Quick (Jahrgänge 1948–1980)
Pardon (Jahrgänge 1962–1980)
Der Spiegel (Jahrgänge 1947–1980)
Stern (Jahrgänge 1948–1980)
Twen (Jahrgänge 1959–1971)

Filmquellen

»Alle Jahre wieder« (Bundesrepublik Deutschland 1967)
»Ansichten eines Clowns« (Bundesrepublik Deutschland 1976)
»Es« (Bundesrepublik Deutschland 1963)
»Die größte Geschichte aller Zeiten« (USA 1965)
»Hochzeit auf Immenhof« (Deutschland 1956)
»König der Könige« (USA 1961)
»Der Orgelbauer von St. Marien« (Österreich 1961)
»Pastor Angelicus« (Italien 1942)
»Pope Leo XIII. Passing Through Upper Loggia« (USA 1903)
»Pope Leo in His Carriage« (1903)
»Das schwarze Schaf« (Deutschland 1960)
»Tagebuch eines Landpfarrers« (Frankreich 1950)
»Der veruntreute Himmel« (Bundesrepublik Deutschland 1958)

»La Vie et la Passion de Jésus Christ« (Frankreich 1903)
»Die Zehn Gebote« (USA 1956)

Archivalien

Archiv des Erzbistums Köln, Aktenbestand der Deutschen Bischofskonferenz, KHBF (Teilbestand Kochs, Ordner 253, 283, 373).
Archiv des Erzbischöflichen Priesterseminars Paderborn, Weihefotos 1892–2009.
Archiv der Katholischen Nachrichtenagentur (Bonn), Findbücher der Tickermeldungen.
Bundesarchiv Koblenz, Bestand »Bild 183, Allgemeiner Deutscher Nachrichtendienst«, Teilbestand M IX »Religionen und Kultur«.
Evangelisches Zentralarchiv, Ordner 2/310 (Filmbeauftragte der EKD).

Gedruckte Quellen

Acta Apostolicae Sedis 98 (2006).
Albrecht, Gerd, »Kanzel im Kino?", in: Hermann Gerber/Dietmar Schmidt (Hg.), *Christus im Film*, S. 50–67.
Amery, Carl *Die Kapitulation oder Deutscher Katholizismus heute*, Reinbeck 1963.
Böckenförde, Ernst-Wolfgang, »Der Deutsche Katholizismus im Jahre 1933. Eine kritische Auseinandersetzung«, *Hochland* 53 (1960/61), S. 215–239.
Böckle, Franz (Hg.), *Die Enzyklika in der Diskussion. Eine orientierende Dokumentation zu ›Humanae Vitae‹*, Zürich 1968.
— u.a. (Hg.), *Naturgesetz und christliche Ethik. Zur wissenschaftlichen Diskussion nach Humanae Vita*e, München 1970.
Braun, Harald, »Möglichkeiten und Grenzen des religiösen Film«, in: Kurt Ihlenfeld u.a. (Hg.), *Harald Braun. Ein Buch des Gedenkens*, Witten 1963, S. 38–50
Bühler, Karl–Werner, »Sozialistische Opposition in der Kirche? Über die zweite ›Celler Konferenz‹«, *Lutherische Monatshefte* 8 (1969), S. 284–287.
Conrad, Walther, *Kirche und Kinematograph. Eine Frage*, Berlin 1910.
Ford, Charles, *Der Film und der Glaube*, Nürnberg 1955.
Gerber, Hermann, »Worum es geht«, in: ders./Dietmar Schmidt (Hg.), *Christus im Film. Beiträge zu einer umstrittenen Frage*, München 1967, S. 7–23.
Greinert, Hellmuth, »Der Weg des Wiederaufbaus«, in: Stadt Essen (Hg.), *Essen. Aus Trümmern und Schutt wächst eine neue Stadt. 10 Jahre Planung und Aufbau der Metropole an der Ruhr*, Essen 1956.
Grenner, Karl Heinz, *Humanae Vitae oder die Freiheit des Gewissens. Materialien zur Auseinandersetzung mit der Enzyklika Papst Pauls VI. über die Geburtenregelung*, Olten 1968.
Häring, Bernhard, *Krise um »Humanae Vitae«*, Bergen-Enkheim 1968.

Literatur und Quellen

Hildebrand, Dietrich von, *Die Enzyklika »Humanae vitae«. Ein Zeichen des Widerspruchs*, Regensburg 1968.

Hunold, Günther, *Papst und Pille. Empfängnisregelung im Spiegel von Kirche und Welt, Eine Dokumentation. Mit den Gutachten der Päpstlichen Ehekommission und dem vollständigen Wortlaut der Enzyklika »Humanae Vitae«*, München 1969.

Lewy, Günther, *Kirche und das Dritte Reich*, München 1965.

Müller, Helmut (Hg.), *Kirche und Film. Ein Zeitproblem. Sondernummer des Filmpost Archivs*, Frankfurt am Main 1948.

Noerdlinger, Henry S., *Moses and Egypt. The Documentation to the Motion Picture «The Ten Commandments«*, Los Angeles 1956.

Oertel, Ferdinand u.a. (Hg.), *Erstes Echo auf Humanae Vitae. Dokumentation wichtiger Stellungnahmen zur umstrittenen Enzyklika über die Geburtenkontrolle*, Essen 1968.

Pawek, Karl, *Totale Photographie. Die Optik des neuen Realismus*, Freiburg u.a. 1960.

—, *Das optische Zeitalter. Grundzüge einer neuen Epoche*, Freiburg u.a. 1963.

—, *Panoptikum oder Wirklichkeit. Der Streit um die Photographie*, Hamburg 1965.

Rahner, Karl (Hg.), *Kleines Konzilskompendium*, 35. Aufl., Freiburg 2008.

Sartory, Thomas, *Strukturkrise einer Kirche vor und nach der Enzyklika »Humanae Vitae«*, München 1969.

Schmidt, Dietmar (Hg.), *Christus im Film. Beiträge zu einer umstrittenen Frage*, München 1967.

Schulmeister, Otto/Karlheinz Schmidthüs (Hg.), *»Was erwarten sie vom Konzil? Eine Rundfrage unter Katholiken Deutschlands, der Schweiz und Österreichs«*, Wort und Wahrheit 16 (1961), S. 571–718.

Seidel, Uwe/Diethard Zils (Hg.), *Aktion politisches Nachtgebet*, Düsseldorf 1971.

Sekretariat der Deutschen Bischofskonferenz (Hg.), *Zu Fragen der Stellung der Frau in Kirche und Gesellschaft*, Bonn 1981.

Sölle, Dorothee/Fulbert Steffensky (Hg.), *Politisches Nachtgebet in Köln, Stuttgart, Berlin*, 2. Aufl., Mainz 1969.

Verlag Axel Springer (Hg.), *Eine Illustrierte? Mehr als eine Illustrierte! Kristall*, Hamburg 1966.

Verlag Th. Martens & Co. GmbH (Hg.), *1948–1958. Die ersten zehn Jahre*, München 1958.

Volk, Hermann, *»Der Ablauf einer Sitzung des Konzils«*, in: Anton Kochs (Hg.), *Das 21. Konzil*, Essen 1963, S. 132–137.

Wulf, Friedrich, *»Die heutige Zölibatskrise und ihre Bewältigung. Analysen und Vorschläge«*, Geist und Leben 42 (1969), S. 137–145.

—, *»Die gegenwärtige Situation um den Weltpriesterzölibat im französischen, niederländischen und deutschen Sprachraum«*, Concilium 5 (1969), S. 223–226.

Bildbände und andere visuelle Quellen

Aradi, Zsolt, *Der XXIII. Johannes 1881 – 1958 – 1963. Werden und Wirken des Konzil-Papstes Angelo Roncalli*, München 1963.

Buekschmitt, Justus (Hg.), *Essen. Soziale Grosstadt von morgen*, Hamburg 1962.

Claasen, Hermann, *Gesang im Feuerofen. Köln – Überreste einer alten deutschen Stadt*, Düsseldorf 1949.

—/Josef Rick (Hg.), *Gesang im Feuerofen. Köln – Überreste einer alten deutschen Stadt*, 3. Aufl., Düsseldorf 1979.

D'Addario, Ray (Hg.), *Nürnberg. Damals – heute. 100 Bilder zum Nachdenken*, Nürnberg 1970.

Dahm, Paul, *Pius XII. Ein Leben für Gerechtigkeit und Frieden*, Mönchengladbach 1952.

Evans, Walker (Hg), *Photographs for the Farm Security Administration 1935–1938. A catalog of photographic prints available from the Farm Security Administration Collection in the Library of Congress*, New York 1973.

Fe-Medienverlag (Hg.), *Der gütige Papst. Johannes XXIII.*, Pur spezial 4/2000, Kisslegg 2000.

Gillhausen, Rolf/Joachim Heldt, *Unheimliches China. Eine Reise durch den Roten Kontinent*, Hamburg 1959.

Grundmann Günther/Renate Klee Gobert (Hg.), *Hamburgs Baudenkmäler. Eine zerstörte Vergangenheit*, Hamburg 1951.

Guerriero, Elio (Hg.), *Johannes XXIII. Bilder eines Lebens*, München/Zürich/Wien 2001.

Holzapfel, Helmut, *Sonderflug AZ 1820. Das Bildbuch von der Pilgerreise des Papstes*, Würzburg 1964.

—, *Mit dem Papst durch Polen. Begegnungen im Glauben*, Würzburg 1979.

Hülskamp, Franz, *Piusbuch. Papst Pius IX. in seinem Leben und Wirken*, Münster 1870.

Klausener, Erich, *Von Pius XII. zu Johannes XXIII. Erinnerungen an die letzten Tage von Pius XII.*, Berlin 1958.

Klinsky, Emil J./Hanns Reich (Hg.), *Bilder schreiben Geschichte. Deutschland 1945 bis heute*, München 1962.

Kochs, Anton (Hg.), *Das 21. Konzil*, Essen 1963.

Lill, Georg, *Zerstörte Kunst in Bayern*, München 1948.

Luce, Henry (Hg.), *Hungary's Fight for Freedom. A Special Report in Pictures*, New York 1956.

Matt, Leonard von, *Sedisvakanz*, Würzburg 1959.

—, *Das Konzil*, Würzburg 1960.

Neisinger, Oskar, *Mit dem Papst durch Deutschland*, Würzburg 1980.

Otto, Bertram (Hg.), *II. Vatikanum. Die Welt aber soll erkennen*, Bonn 1963.

Pawek, Karl, *Weltausstellung der Photographie*, Hamburg 1964.

—, *2. Weltausstellung der Photographie*, Hamburg 1968.

—, *3. Weltausstellung der Photographie*, Hamburg 1973.

—, *4. Weltausstellung der Photographie*, Hamburg 1977.

Pecher, Erich, *Johannes XXIII. Eine Bildbiographie*, München 1958.
Peter, Richard sen., *Dresden – eine Kamera klagt an*, Dresden 1949.
Pfister, Pierre, *Unsterbliches Rom. Pius XII. Heiliges Jahr 1953*, Stuttgart 1954.
Prinz von Bayern, Konstantin, *Der Papst Pius XII – ein Lebensbild*, Bad Wörishofen 1952.
Raffalt, Reinhard, *Der Papst in Jerusalem*, München 1964.
Rathgeber, Alphons Maria, *Pastor Angelicus. Ein Lebensbild des Papstes Pius XII.*, Kempten im Allgäu 1958.
Rütjes, Heinrich Gisbert, *Leben, Wirken und Leiden Seiner Heiligkeit des Papstkönigs Pius des Neunten. Von seinen fruehesten Jugendjahren bis zur Gegenwart. Im Zusammenhang mit den gleichzeitigen Weltbegebenheiten dargestellt*, Oberhausen 1872.
Sandfuchs, Wilhelm, *Papst Pius XII. Ein Lebensbild*, 2. Aufl., Karlsruhe 1956.
—, *Papst Paul VI. In nomine Domini*, Würzburg 1963.
Scampi Leone/Josef Slominski, *Paul VI. Aus der Schule dreier Päpste*, Recklinghausen 1963.
Schmidt-Pauli, Elisabeth von, *Papst Pius XII. Die Hoffnung der Welt*, Kevelaer 1952.
Stadt Essen (Hg.), *Essen. Aus Trümmern und Schutt wächst eine neue Stadt. 10 Jahre Planung und Aufbau der Metropole an der Ruhr*, Essen 1956.
Steichen, Edward (Hg), *The Family of Man*, New York 1955.
Vervoort, C., *Pius XII.*, Bonn 1949.
Walter, Otto, *Pius XII. Leben und Persönlichkeit*, Gütersloh 1955.
Winkelkemper, Anton, *Der Großangriff auf Köln. Ein Beispiel*, Berlin 1942.

Sekundärliteratur

Adunka, Evelyn, *Friedrich Heer (1916–1983). Eine intellektuelle Biographie*, Innsbruck u.a. 1995.
Affolderbach, Martin, »Problemgeschichte der evangelischen Jugendarbeit nach 1945 – unter besonderer Berücksichtigung der Entwicklung in der rheinischen Landeskirche«, *Monatshefte für evangelische Kirchengeschichte des Rheinlandes* 27 (1978), S.113–180.
Alberigo, Giuseppe, *Johannes XXIII. Leben und Wirken des Konzilpapstes*, Mainz 2000.
—, *Geschichte des Zweiten Vatikanischen Konzils (1959–1965)*, 5 Bände, Mainz 2000–2007.
Altmann, Hugo, Artikel »Pius XII«, in: *Biographisch–Bibliographisches Kirchenlexikon*, Band VII (1994), Spalten 682–699
Arbeitsgemeinschaft Leseranalyse (Hg.), *Die Zeitschriftenleser 1954. Eine Untersuchung der Leserkreise von 48 deutschen Publikumszeitschriften*, Frankfurt am Main 1954.
Aretz, Erich/Michael Embach/Martin Persch/Franz Ronig (Hg.), *Der Heilige Rock zu Trier. Studien zur Geschichte und Verehrung der Tunika Christi*, 2. Aufl., Trier 1996.

Ascher, Robert, »Archeology and the Public Image«, *American Antiquity* 25 (1960), S. 402–403.
Assmann, Aleida, *Erinnerungsräume. Formen und Wandlungen des kulturellen Gedächtnisses*, München 1999.
—, *Der lange Schatten der Vergangenheit. Erinnerungskultur und Geschichtspolitik*, München 2006.
Assmann, Jan, »Kollektives Gedächtnis und kulturelle Identität«, in: ders./Tonio Hölscher (Hg.), *Kultur und Gedächtnis*, Frankfurt am Main 1988, S. 9–19.
—, *Das kulturelle Gedächtnis. Schrift, Erinnerung und politische Identität in frühen Hochkulturen*, München 1995.
Aurich, Rolf, »Die Nachtwache. Einführung zum Film«, http://www.politische-bildung-brandenburg.de/themen/ernstfall-demokratie/themen/das-scheiternder-geschichte-der-gegenwart/geschichte-und-film-os#nachtwache (31.6.2011).
Back, Jean/Viktoria Schmidt-Linsenhoff (Hg.), *The Family of Man 1955–2001. Humanismus und Postmoderne, Eine Revision von Edward Steichens Fotoausstellung*, Marburg 2004.
Bamberger, Stefan/Franz Escherschor, *Religion im Film. Ein Beitrag zur Geschichte, Funktion und Gestaltung des »religiösen Films«*, Düsseldorf 1963.
Barthes, Roland, *Mythen des Alltags*, 3. Aufl., Frankfurt am Main 1974.
—, »Die Fotografie als Botschaft«, in: ders. (Hg.), *Der entgegenkommende und der stumpfe Sinn*, Frankfurt am Main 1990, S. 11–27.
Bathrick, David/Brad Prager/Michael D. Richardson (Hg.), *Visualizing the Holocaust. Documents, Aesthetics, Memory*, Rochester 2008.
Baumert, Norbert/Libero Gerosa/Hermann Stenger, Artikel »Charisma«, in: *Lexikon für Theologie und Kirche*, Band 2, 3. Aufl., 1994, Spalten 1014–1018.
Bawdan, Liz-Anne/Wolfram Tichy (Hg.), *rororo Filmlexikon*, Band 5, Reinbeck 1995.
Beckmann, Angelika, »Ganz der moderne, junge Typ. Zum Frauenbild in twen«, in: Hans-Michael Koetzle (Hg.), *Die Zeitschrift twen. Revision einer Legende*, München, Berlin 1997, S. 186–199.
Beinert, Wolfgang (Hg.), *Frauenbefreiung und Kirche. Darstellung – Analyse – Dokumentation*, Regensburg 1987.
Belting, Hans, *Bild-Anthropologie. Entwürfe für eine Bildwissenschaft*, München 2001.
—, *Bildfragen, Die Bildwissenschaften im Aufbruch*, München 2007.
—, »Ein Plädoyer und eine Einführung«, in: ders., *Bilderfragen. Bildwissenschaft im Aufbruch*, München 2007, S. 11–26.
Bendel, Rainer (Hg.), *Die katholische Schuld? Katholizismus im Dritten Reich zwischen Arrangement und Widerstand*, Münster 2002.
Berg, Jan, *Hochhuths »Stellvertreter« und die »Stellvertreter«-Debatte. »Vergangenheitsbewältigung« in Theater und Presse der sechziger Jahre*, Kronberg/Ts. 1977.
Berger, Peter L., »The Desecularization of the World, A Global Overview«, in: ders. (Hg.), *The Desecularization of the World*, Washington 1999, S. 1–18.

Bernáth, Árpád (Hg.), *Heinrich Böll. Werke. Kölner Ausgabe*, Band 13: *Ansichten eines Clowns*, Köln 2004.

Besier, Gerhard, *Kirche, Politik und Gesellschaft im 20. Jahrhundert*, München 2000.

—, »Eugenio Pacelli, die Römisch-Katholische Kirche und das Christentum (1933–1945) in historisch-religiöser Kritik«, in: Rainer Bendel (Hg.), *Die katholische Schuld?, Katholizismus im Dritten Reich zwischen Arrangement und Widerstand*, Münster 2002, S. 200–220.

Bettecken, Wilhelm, »Spiegel der Zeit – Spiegel der Zeitgeschichte«, http://www.medienzentrale-koeln.de/wochenschau/download/nachrichtenfilm_artikel_bettecken.pdf (31.06.2011).

Blet, Pierre, *Papst Pius XII. und der Zweite Weltkrieg. Aus den Akten des Vatikans*, Paderborn/München/Wien/Zürich 2000.

Bliersbach, Gerhard, *So grün war die Heide... die gar nicht so heile Welt im Nachkriegsfilm*, Weinheim 1989.

Boehm, Gottfried, »Die Wiederkehr der Bilder«, in: ders. (Hg.), *Was ist ein Bild?*, München 1994, S. 11–38.

Bohrmann, Thomas/Werner Veith/Stephan Zöller (Hg.), *Handbuch Theologie und Populärer Film*, Band 1, Paderborn 2007.

—/Werner Veith/Stephan Zöller (Hg.), *Handbuch Theologie und Populärer Film*, Band 2, Paderborn 2009.

Bollinger, Ernst, *Pressegeschichte II. 1840–1930, Die goldenen Jahre der Massenpresse*, 3. Aufl., Freiburg (Schweiz) 2002.

Borutta, Manuel, »Geistliche Gefühle. Medien und Emotionen im Kulturkampf« in: Frank Bösch/ders. (Hg.), *Die Massen bewegen. Medien und Emotionen in der Moderne*, Frankfurt am Main/New York 2006. S. 119–141

—, *Antikatholizismus. Deutschland und Italien im Zeitalter der europäischen Kulturkämpfe*, Göttingen 2009.

Bösch, Frank, *Die Adenauer-CDU, Gründung, Aufstieg und Krise einer Erfolgspartei 1945–1969*, München 2001.

—/Norbert Frei, »Die Ambivalenz der Medialisierung. Eine Einführung«, in: dies. (Hg.), *Medialisierung und Demokratie im 20. Jahrhundert*, Göttingen 2006, S. 7–23.

Bourdieu, Pierre, »Die gesellschaftliche Definition der Photographie«, in: ders. (Hg.), *Eine illegitime Kunst. Die sozialen Gebrauchsweisen der Fotografie*, Hamburg 2006, S. 85–109.

Braham, Randolf L., »Remebering and Forgetting. The Vatican, the Catholic Hierarchy and the Holocaust«, *Holocaust and genocide studies*, 1999, S. 222–251.

Brauchitsch, Boris von/Robert Lebeck (Hg.), *Kiosk, Eine Geschichte der Fotoreportage 1839–1973*, Göttingen 2001.

—, *Kleine Geschichte der Fotografie*, Stuttgart 2002.

Brechenmacher, Thomas/Hardy Ostry, *Paul VI. Rom und Jerusalem. Konzil, Pilgerfahrt, Dialog der Religionen*, Trier 2000.

Bredekamp, Horst, »Bildakte als Zeugnis und Urteil«, in: Monika Flacke (Hg.), *Mythen der Nation. 1945 – Arena der Erinnerungen*, Band 1, Mainz 2004, S. 29–66.

Brandow, Todd (Hg.), *Edward Steichen – ein Leben für die Fotografie*, Ostfildern 2007.
Braun, Joseph, *Die liturgische Gewandung im Occident und Orient. Nach Ursprung und Entwicklung, Verwendung und Symbolik*, Freiburg 1907.
Brink, Cornelia, *Ikonen der Vernichtung. Öffentlicher Gebrauch von Fotografien aus nationalsozialistischen Konzentrationslagern nach 1945*, Freiburg 1998.
—, »*Auschwitz in der Paulskirche*«. *Erinnerungspolitik in Fotoausstellungen der sechziger Jahre*, Marburg 2000.
Brown, Callum G., »The secularisation decade, what the 1960s have done to the study of religious history«, in: Hugh McLeod (Hg.), *The Decline of Christendom in Western Europe 1750–2000*, Cambridge 2003, S. 29–46.
—, *Religion and Society in Twentieth-Century Britain*, London 2006.
—, »Secularisation, the growth of militancy and the spiritual revolution, religious change and gender power in Britain 1901–2001«, *Historical Research* 209 (2007), S. 393–418.
Bruce, Steve, *God is Dead, Secularization in the West*, Oxford 2002.
Brüne, Gerd, »30 Jahre Geo, vom Monoprodukt zur internationalen Medienmarke«, *Der neue Vertrieb* 59 (2007), S. 68–70.
Burke, Peter, *Augenzeugenschaft. Bilder als historische Quellen*, Berlin 2003.
Cameron, Ardis (Hg), *Looking for America. The Visual Production of Nation and People*, Malden u.a. 2005.
Cary, John, »Birth of the Epic«, in: John Kobal (Hg.), *Spectacular! The Story of Epic Films*, London u.a. 1974, S. 6–15.
—, »DeMille and his Rivals«, in: John Kobal (Hg.), *Spectacular! The Story of the Epic Film*, London u.a. 1974, S. 24–43.
Casanova, José, *Public Religions in the Modern World*, London/Chicago 1994.
Ciarlo, David, »Rasse konsumieren. Von der exotischen zur kolonialen Imagination in der Bildreklame des Wilhelminischen Kaiserreichs«, in: Birte Kundrus (Hg.), *Phantasiereiche. Zur Kulturgeschichte des deutschen Kolonialismus*, Frankfurt am Main/New York 2003, S. 135-179.
Confoy, Maryanne/Morris West, *Literary Maverick*, Milton 2005.
Conzemius, Victor, »Die Konzilspäpste Johannes XXIII. und Paul VI.«, *Communio* 34 (2005), S. 551–558.
Cornehl, Peter, »Dorothee Sölle, das ›Politische Nachtgebet‹ und die Folgen«, in: Siegfried Hermle/Claudia Lepp/Harry Oelke (Hg.), *Umbrüche. Der deutsche Protestantismus und die sozialen Bewegungen in den 1960er und 70er Jahren*, Göttingen 2006, S. 265–284.
Cornwall, John, *Pius XII. Der Papst, der geschwiegen hat*, München 1999.
Damberg, Wilhelm, *Abschied vom Milieu? Katholizismus im Bistum Münster und in den Niederlanden 194 –1980*, Paderborn/München/Wien 1997.
—, »Pfarrgemeinden und katholische Verbände vor dem Konzil«, in: Günther Wassilowsky (Hg.), *Zweites Vatikanum – vergessene Anstöße, gegenwärtige Fortschreibungen*, Freiburg/Basel/Wien 2003, S. 9–30.

—, »Alle Jahre wieder – Ein Film und ›sein‹ Milieu«, in: Volker Jacob (Hg.), *Booklet zur DVD »Alle Jahre wieder«*, Münster 2007, o. S.

— (Hg.), *Soziale Strukturen und Semantiken des Religiösen im Wandel. Transformationen in der Bundesrepublik Deutschland 1949–1989*, Essen 2011.

Daniel, Ute, »Der Krimkrieg 1853–1856 und die Entstehungskontexte medialer Kriegsberichterstattung«, in: dies., *Augenzeugen. Kriegsberichterstattung vom 18. zum 21. Jahrhundert*, Göttingen 2006, S. 40–67.

Danzer, Kristina, »Vom Ethnologen zum Bildjournalisten«, in: Ute Eskildsen (Hg.), *»Fliegen sie sofort nach...«, Wolfgang Weber – Reportagen, Fotografie und Film 1925–1977*, Essen 2004, S. 14–17

Davie, Grace, »Europe, The Exception that proves the Rule?«, in: Peter L. Berger (Hg.), *The Desecularization of the World*, Washington 1999, S. 65–83.

Denzinger, Heinrich/Peter Hünermann (Hg.), *Kompendium der Glaubensbekenntnisse und kirchlichen Lehrentscheidungen*, 40. Aufl., Freiburg u.a. 2005.

Derenthal, Ludger, »Die magischen Reste«, in: ders./Ulrich Pohlmann (Hg.), *Herbert List, Memento 1945, Münchener Ruinen. Anlässlich der Ausstellung vom 3. Mai bis zum 26. Juni 1995 im Fotomuseum im Münchener Stadtmuseum*, München 1995, S. 9–21.

—, *Bilder der Trümmer und Aufbaujahre*, Marburg 1999.

Deres, Thomas, »Zum Umgang mit den Fotos«, in: ders./Rolf Sachsse (Hg.), *Fotografieren verboten!, Heimliche Aufnahmen von der Zerstörung Kölns (anläßlich der gleichnamigen Ausstellung in der Alten Wache des Kölnischen Stadtmuseums)*, Köln 1995, S. 120–136.

Derix, Simone, *Bebilderte Politik. Staatsbesuche in der Bundesrepublik Deutschland*, Göttingen 2009.

Doering-Manteuffel, Anselm, »Eine neue Stufe der Verwestlichung? Kultur und Öffentlichkeit in den 60er Jahren«, in: Axel Schildt/Detlef Siegfried/Karl Christian Lammers (Hg.), *Dynamische Zeiten, Die sechziger Jahre in den beiden deutschen Gesellschaften*, Hamburg 2000, S. 661–672.

Dorsch-Jungsberger, Petra, »Johannes Paul II. Der Schmerzensmann«, in: Gerhard Paul (Hg.), *Das Jahrhundert der Bilder. Teil II, 1949 bis heute*, Göttingen 2008, S. 662–669.

Dussel, Konrad, »Vom Radio- zum Fernsehalter. Medienumbrüche aus sozialgeschichtlicher Perspektive«, in: Axel Schildt/Detlef Siegfried/Karl Christian Lammers (Hg.), *Dynamische Zeiten, Die sechziger Jahre in den beiden deutschen Gesellschaften*, Hamburg 2000, S. 673–694.

Ebertz, Michael N., *Kirche im Gegenwind. Zum Umbruch der religiösen Landschaft*, Freiburg 1997.

—, Artikel »Charisma. Religionswissenschaftlich«, *Religion und Geschichte und Gesellschaft*, 4. Aufl., 1999, Spalten 112–113.

Eckl, Andrea, »Ora et labora, katholische Missionsfotografien aus den afrikanischen Kolonien«, in: Marianne Bechhaus-Gerst (Hg.), *Afrika und Europa. Koloniale und postkoloniale Begegnungen*, Frankfurt am Main 2006, S. 231–250.

Elfferding, Wieland, »Von der proletarischen Masse zum Kriegsvolk. Massenaufmärsche und Öffentlichkeit im deutschen Faschismus am Beispiel des 1.Mais 1933«, in: Neue Gesellschaft für Bildende Kunst e.V. (Hg.), *Inszenierung der Macht. Ästhetische Faszination des Faschismus,* Berlin 1987, S. 17–50.

Eisermann, Thilo, »Wahrheit oder Pflicht? – Der Erste Weltkrieg in der deutschen Pressephotographie«, in: ders. (Hg.), *Propaganda. Von der Macht des Wortes zur Macht der Bilder,* Band 2, Hamburg 1998, S. 147–184.

Engelhard, Günter, »Künstler zeigen ihr wahres Gesicht. Stefan Moses. Von Dix bis Baselitz – der große Fotograf zeigt Künstler hinter Masken«, art, *Das Kunstmagazin* 10 (2001), S. 14–27.

Englisch, Andreas, *Johannes Paul II. – Das Geheimnis des Karol Wojtyla,* Berlin 2004.

Eskildsen, Ute , *Fotografie in deutschen Zeitschriften 1964–1984,* Stuttgart 1985.

— (Hg.), *Rolf Gillhausen. Film und Fotoreportagen,* Essen 1986.

—, »Ich habe die Fotografie immer nach ihrer Verwendung beurteilt«, in: dies. (Hg.), *Rolf Gillhausen, Film und Fotoreportagen,* Essen 1986, S. 5–8.

Ernesti, Jörg, »225 Jahre Priesterseminar Paderborn. Ein historischer Überblick«, in: Peter Klasvogt/Christoph Stiegman (Hg.), *Priesterbilder. Zwischen Tradition und Innovation. 225 Jahre Priesterseminar Paderborn,* Paderborn 2002, S. 27–40.

Everschor, Franz, »Darstellung religiöser Inhalte im Film«, *Stimmen der Zeit* (193) 1975, S. 388–396.

Faber, Stefanie, »Paul VI. in der Wahrnehmung und Beurteilung der deutschen Presse (1963–1978)«, in: Hermann J. Pottmeyer (Hg.), *Paul VI. und Deutschland. Studientag Bochum, 24 bis 26.10.2003,* Brescia 2006, S. 223–240.

Faulstich, Werner/Helmut Korte (Hg.), *Fischer Filmgeschichte,* 5 Bände, Frankfurt am Main 1994–1999.

—/Helmut Korte (Hg.), »Der Film zwischen 1961 und 1976, Ein Überblick«, in: dies. (Hg.), *Fischer Filmgeschichte,* Band 4, 1961–1976, Frankfurt am Main 1992, S. 11–39.

Feldkamp, Michael F., *Pius XII. und Deutschland,* Göttingen 2000.

Förster, Karl, »Deutscher Katholizismus in der Adenauer-Ära«, in: Dieter Blumenwitz e.a. (Hg.), *Konrad Adenauer und seine Zeit. Politik und Persönlichkeit des ersten Bundeskanzlers,* Band II, *Beiträge der Wissenschaft,* Stuttgart 1976, S. 488–522.

Frank-Planitz, Ulrich, »Die Zeit, die wir beschrieben haben. Zur Geschichte der Wochenzeitung ›Christ und Welt‹«, in: Bruno Heck (Hg.), *Widerstand, Kirche, Staat. Eugen Gerstenmaier zum 70. Geburtstag,* Frankfurt am Main 1976, S. 146–169.

Frei, Norbert/Johannes Schmitz, *Journalismus im Dritten Reich,* München 1999.

Friedrich, Norbert, »Helmut Thielicke als Antipode der sozialen Bewegungen«, in: Siegfried Hermle/Claudia Lepp/Harry Oelke (Hg.), *Umbrüche. Der deutsche Protestantismus und die sozialen Bewegungen in den 1960er und 70er Jahren,* Göttingen 2006, S. 245–261.

Jürgensmeier, Friedhelm, *Die katholische Kirche im Spiegel der Karikatur der deutschen satirischen Tendenzzeitschriften von 1848 bis 1900,* Trier 1969.

Freund, Gisèle, *Photographie und Gesellschaft*, München 1974.
Frizot, Michel (Hg.), *Neue Geschichte der Fotografie*, Köln 1998.
Gabriel, Karl, *Christentum zwischen Tradition und Postmoderne*, Freiburg/Basel/Wien 1992.
—, »Die Katholiken in den 50er Jahren, Restauration, Modernisierung und beginnende Auflösung eines konfessionellen Milieus«, in: Axel Schildt (Hg.), *Modernisierung im Wiederaufbau, die westdeutsche Gesellschaft der 50er Jahre*, Bonn 1998, S. 418–430.
Gaidt, Andreas, »Die Anfänge der Photographie in Paderborn«, *Westfälische Forschungen* 156 (2006), S. 319–361.
Gauly, Thomas M., *Katholiken. Machtanspruch und Machtverlust*, Bonn 1990.
Gautrand, Jean-Claude , »Der Blick der anderen, Humanismus und Neorealismus«, in: Michel Frizot (Hg.), *Neue Geschichte der Fotografie*, Köln 1998, S. 612–631.
Geißler, Rainer, »Die Massenmedien in der DDR im Überblick«, *medium* 2 (1986), S. 18–23.
Germann, Michael, Artikel »Ordination. Rechtsgeschichtlich und rechtlich«, in: *Religion in Geschichte und Gegenwart*, Band 6, 4. Aufl., 2003, Spalten 628–631.
Gersdorff, Mathias von, *Der Einfluss von Film und Fernsehen auf den Menschen, Die Lehre der Päpste von Pius XI. bis Johannes Paul II.*, Frankfurt am Main 1997.
Gidal, Tim N., *Chronisten des Lebens. Die moderne Fotoreportage*, Berlin 1993.
Glasenapp, Jörn, »Zwischen Trümmern, Reiselust und ›subjektiver fotografie‹. Streifzüge durch die fotografische Bildwelt des Wiederaufbaujahrzehnts«, in: Werner Faulstich (Hg.), *Die Kultur der 50er Jahre*, München 2002, S. 159–180.
Glasenapp, Jörn, »Fördertürme, Degendiebe und schwangere Frauen. Sechs kurze Kapitel zur Fotografie der sechziger Jahre«, in: Werner Faulstich (Hg.), *Die Kultur der 60er Jahre*, München 2003, S. 75–94.
—, »Titelschwund und Politisierung. Zur Illustriertenlandschaft der sechziger Jahre«, in: Werner Faulstich, *Die Kultur der 60er Jahre*, München 2003, S. 129–143.
—, »Nach dem Brand. Überlegungen zur deutschen Trümmerfotografie«, *Fotogeschichte* 24 (2004), Heft 91, S. 47–64.
—, *Die deutsche Nachkriegsfotografie. Eine Mentalitätsgeschichte in Bildern*, München 2008.
—, »Der Degendieb von Léopoldville. Robert Lebecks Schlüsselbild der Dekolonisation Afrikas«, in: Gerhard Paul (Hg.), *Das Jahrhundert der Bilder. Bildatlas 1949 bis heute*, Göttingen 2008, S. 242–249.
Godman, Peter, *Der Vatikan und Hitler. Die geheimen Archive*, München 2004.
Graf, Wilhelm, »Dechristianisierung«, in: ders., *Die Wiederkehr der Götter. Religion in der modernen Kultur*, München 2004, S. 69–101.
—, »Religiöse Letzthorizonte – Risiko oder Chance für kulturelle Identitäten?«, in: ders., *Die Wiederkehr der Götter. Religion in der modernen Kultur*, München 2004, S. 203–225.
Greschat, Martin, *Die evangelische Christenheit und die deutsche Geschichte nach 1945. Weichenstellungen in der Nachkriegszeit*, Stuttgart 2002.

Gross, Friedrich, *Jesus, Luther und der Papst im Bilderkampf 1871 bis 1918. Zur Malereigeschichte der Kaiserzeit*, Marburg 1989.

Grossklaus, Götz, *Medien-Bilder. Inszenierung der Sichtbarkeit*, Frankfurt am Main 2004.

Gugerli, David/Barbara Orland, »Einleitung«, in: dies., *Ganz normale Bilder. Historische Beiträge zur visuellen Herstellung von Selbstverständlichkeit*, Zürich 2002, S. 9–16.

Haas, Stefan, »Vom Schreiben in Bildern. Visualität und Narrativität und die digitalen Medien in den historischen Wissenschaften«, *zeitenblicke* 5 (2006), Nr.3., http://www.zeitenblicke.de/2006/3/Haas, 31.6.2011.

Hager, Angela, »Westdeutscher Protestantismus und Studentenbewegung«, in: Siegfried Hermle/Claudia Lepp/Harry Oelke (Hg.), *Umbrüche. Der deutsche Protestantismus und die sozialen Bewegungen in den 1960er und 70er Jahren*, Göttingen 2006, S.111–131.

Haggenmüller, Martina, *Als Pilger nach Rom. Studien zur Romwallfahrt aus der Diözese Augsburg von den Anfängen bis 1900*, Augsburg 1992.

Hake, Sabine, *Film in Deutschland. Geschichte und Geschichten seit 1895*, Reinbeck bei Hamburg 2004.

Halkes, Catharina J. M., »Feministische Theologie. Eine Zwischenbilanz«, *Concilium* 16 (1980), S. 293–300.

Stuart Hall, »Encoding, Decoding«, in: Simon During (Hg.), *The Cultural Studies Reader*, London/New York 1993, S. 90–103.

Haller, Benjamin, *Die Zeitschriftenpläne des Nordwestdeutschen Rundfunks*, Hamburg 2005.

Hamilton, Peter, »Representing the Social, France and Frenchness in post–war humanist photography«, in: Stuart Hall (Hg.), *Representation, Cultural Representation and signifying Practices*, London 2000.

Hannig, Nicolai/Benjamin Städter, »Die kommunizierte Krise. Kirche und Religion in der Medienöffentlichkeit der 1950er und 60er Jahre«, *Schweizerische Zeitschrift für Religions- und Kulturgeschichte* 101 (2007), S. 152–183.

—, »Von der Inklusion zur Exklusion? Medialisierung und Verortung des Religiösen in der Bundesrepublik Deutschland seit 1945«, in: Frank Bösch/Lucian Hölscher (Hg.), *Kirche – Medien – Öffentlichkeit. Transformationen kirchlicher Selbst– und Fremddeutungen seit 1945*, Göttingen 2009, S. 32–65.

—, *Die Religion der Öffentlichkeit. Medien, Religion und Kirche in der Bundesrepublik 1945-1980*, Göttingen 2010.

—, »Zwischen Transfer und Innovation. Transnationale Verflechtungen der deutschen und französischen Massen- und Illustriertenpresse 1870–1970«, in: Dietmar Hüser (Hg.), *Medien – Debatten – Öffentlichkeiten in Deutschland und Frankreich im 19. und 20. Jahrhundert*, im Erscheinen.

Harder, Matthias, »Bilder einer deutschen Gesellschaft. Das fotografisch-epische Theater des Stefan Moses, in: ders./Ulrich Pohlmann (Hg.), *Stefan Moses. Die Monographie*, München 2002, S. 13–25.

—, Artikel »Max Scheler«, in: Reinhold Misselbeck (Hg.), *Prestel-Lexikon der Fotografen. Von den Anfängen 1839 bis zur Gegenwart*, München/Berlin/London/ New York 2002, S. 213.

Hartewig, Karin, »Fotografien«, in: Michael Maurer (Hg.), *Aufriss der Historischen Wissenschaften*, Band 4, *Quellen*, Stuttgart 2002, S. 427–448.

Hasenberg, Peter, *Spuren des Religiösen im Film. Meilensteine aus hundert Jahren Filmgeschichte*, Mainz 1995.

Haucke, Lutz, »Kulturspezifische Anfänge, Kulturkreise – Länder – Pioniere«, in: Werner Faulstich, Helmut Korte (Hg.), *Fischer Filmgeschichte*, Band 1, *Von den Anfängen bis zum etablierten Medium 1895–1924*, Frankfurt am Main 1994, S. 99–115.

Haus der Geschichte Bonn (Hg.), *Bilder im Kopf. Ikonen der Zeitgeschichte*, Köln 2009.

Hauschild, Wolf-Dieter, »Evangelische Kirche in der BRD zwischen 1961–1979«, in: Siegfried Hermle/Claudia Lepp/Harry Oelke (Hg.), *Umbrüche. Der deutsche Protestantismus und die sozialen Bewegungen in den 1960er und 70er Jahren*, Göttingen 2006, S. 51–90.

Hebblethwaite, Peter, *Paul VI. The first modern Pope*, New York 1993.

Hediger, Vinzenz, »Gefühlte Distanz. Zur Modellierung von Emotionen in der Film- und Medientheorie«, in: Frank Bösch/Manuel Borutta (Hg.), *Die Massen bewegen. Medien und Emotionen in der Moderne*, Frankfurt am Main/New York 2006, S. 42–62.

Heideking, Jürgen, *Geschichte der USA*, 3. Aufl., Tübingen/Basel 2003.

Heimberger, Verena, *Die Bildsprache im journalistischen Werk Franz Hubmanns*, Frankfurt am Main u.a. 2003.

Hellemans, Staf, »From ›Catholicis Against Modernity‹ to the Problematic ›Modernity of Catholicism‹«, *Ethical Perspectives* 8 (2002), S. 117–127.

—, »Transformation der Religion und der Großkirchen in der zweiten Moderne aus der Sicht des religiösen Modernisierungsparadigmas«, *Schweizerische Zeitschrift für Religions- und Kulturgeschichte* 99 (2005), S. 11–35.

Helmke, Julia, *Kirche, Film und Festivals. Geschichte sowie Bewertungskriterien evangelischer und ökumenischer Juryarbeit in den Jahren 1948 bis 1988*, Erlangen 2005.

Herrmann, Jörg, *Sinnmaschine Kino. Sinndeutung und Religion im populären Film*, Gütersloh 2001.

Hesemann, Michael, *Der Papst, der Hitler trotzte. Die Wahrheit über Pius XII*, Augsburg 2008.

Heßler, Martina, »Bilder zwischen Kunst und Wissenschaft. Neue Herausforderungen für die Forschung«, *Geschichte und Gesellschaft* 31 (2005), S. 266–292.

Hermle, Siegfried/Claudia Lepp/Harry Oelke (Hg.), *Umbrüche. Der deutsche Protestantismus und die sozialen Bewegungen in den 1960er und 70er Jahren*, Göttingen 2006.

Higham, Charles, *Cecil B. DeMille*, New York 1973.

Hillenbrand, Karl/Siegfried H. Schneider (Hg.), *Mit der Kirche auf dem Weg durch die Zeit, Freundesgabe zum 65. Geburtstag von Helmut Holzapfel*, Würzburg 1980.

Hockerts, Hans Günter, *Die Sittlichkeitsprozesse gegen katholische Ordensangehörige und Priester 1936/1937. Eine Studie zur nationalsozialistischen Herrschaftstechnik und zum Kirchenkampf*, Mainz 1971.

Höckele, Simone, *August Hinderer. Weg und Wirken eines Pioniers evangelischer Publizistik*, Erlangen 2001.

Höfig, Willi, *Der deutsche Heimatfilm 1947–1960*, Stuttgart 1973.

Hoffmann, Detlef, »Deutsche Ruinenfotos. Bearbeitung oder Verdrängung eines unvermeidlichen Endes?«, *Der Kairos der Fotografie, Mitteilungen des Österreichischen Fotoarchivs* 3 (1988), S. 26–32.

Hoffmann, Hilmar (Hg.), *Schamoni – Filmstücke*, Stuttgart 2003.

—, »Mein Freund, der Filmemacher Peter Schamoni«, in: ders (Hg.), *Schamoni – Filmstücke*, Stuttgart 2003, S. 85–95.

Hohmann, Joachim, »Der immerwährende Streitfall. Standpunkte über den priesterlichen Zölibat seit den 60er Jahren«, *Kirchliche Zeitgeschichte* 8 (1995), S. 142–159.

Hollmann, Michael, »Das Bildarchiv des Bundesarchivs. Ein Überblick«, in: Gisela Müller (Hg.), *Ein Jahrhundert wird besichtigt. Momentaufnahmen aus Deutschland*, Koblenz 2004, S. 8–26.

Hölscher, Lucian, »Die historisch Semantik religiöser Erfahrungen. Eine kulturgeschichtliche Analyse des religiösen Wandels in der Neuzeit«, in: Thomas K. Kuhn/Martin Sallmann (Hg.), *Das »Fromme Basel«, Religion in einer Stadt des 19. Jahrhunderts*, Basel 2002, S. 189–198.

—, »Semantic Structures of Religious Change in Modern Germany«, in: Hugh McLeod/Werner Usdorf (Hg.), *The Decline of Christendom in Western Europe 1750–2000*, Cambridge 2003, S. 184–200.

Holtorf, Cornelius, *Archeology is a brand. The Meaning of Archeology in Contemporary Popular Culture*, Oxford 2007.

Holzweißig, Gunter, »Massenmedien in der DDR«, in: Jürgen Wilke (Hg.), *Mediengeschichte der Bundesrepublik Deutschland*, Köln/Weimar/Wien 1999, S. 573–601.

Hoover, Stewart M., »Visual Religion in Media Culture«, in: David Morgan/Sally M. Promey (Hg.), *The Visual Culture of American Religions*, Berkeley 2001, S. 146–159.

Hummel, Nathalie/Ulrike Knöfel, »Quantensprung in die Moderne – magnum«, in: Patrick Rössler (Hg.), *Moderne Illustrierte – Illustrierte Moderne. Zeitschriftenkonzepte im 20. Jahrhundert*, Stuttgart 1998, S. 69–78.

Hurth, Elisabeth, *Mann Gottes. Priesterbild in Literatur und Medien*, Mainz 2003.

Jacob, Volker, »Fotografie in Westfalen, Das 19. Jahrhundert«, *Westfälische Forschungen* 58 (2008), S. 109–130.

Jäger, Jens, »Unter Javas Sonne. Photografie und europäische Tropenerfahrung im 19. Jahrhundert«, *Historische Anthropologie* 4 (1996), S. 78–100.

—, *Photographie. Bilder der Neuzeit. Einführung in die Historische Bildforschung* (Historische Einführungen, Band 7), Tübingen 2000.

—, »Fotografie – Erinnerung – Identität. Die Trümmeraufnahmen aus deutschen Städten 1945«, in: Jörg Hillmann (Hg.), *Kriegsende 1945 in Deutschland*, München 2002, S. 287–300.

—, »Bilder aus Afrika vor 1918. Zur visuellen Konstruktion Afrikas im europäischen Kolonialismus«, in: Gerhard Paul (Hg.), *Visual History. Ein Studienbuch*, Göttingen 2006, S. 134–148.

—, »Heimat Afrika«. Oder, Die mediale Aneignung der Kolonien um 1900«, *zeitenblicke* 7, Nr. 2 (2008), o.S.

—/Martin Knauer, »Bilder als historische Quellen? Ein Problemaufriss«, in: dies. (Hg.), *Bilder als historische Quellen? Dimension der Debatten um historische Bildforschung*, München 2009, S. 7-26.

—, »Zwischen Bildkunde und historischer Bildforschung – Historiker und visuelle Quellen 1880–1930«, in: ders./Martin Knauer (Hg.), *Bilder als historische Quellen? Dimension der Debatten um historische Bildforschung*, München 2009, S. 45–70.

Jähnichen, Traugott/Norbert Friedrich, »Krisen, Konflikte und Konsequenzen – Die ›68er Bewegung‹ und der Protestantismus an der Ruhr-Universität Bochum«, *Westfälische Forschungen* 48 (1998), S. 127–155.

Kaminsky, Uwe, *Kirche in der Öffentlichkeit – Die Transformation der Evangelischen Kirche im Rheinland (1948–1989)*, Bonn 2008.

Kampe, Ines, »Der Moralist. Hermann Claasen 1899–1987«, in: Klaus Honnef/Ursula Breymayer (Hg.), *Ende und Anfang. Photographien in Deutschland um 1945. Katalog zur Ausstellung des deutschen Historischen Museums vom 19. Mai bis 19. August 1995*, Berlin 1995, S. 178–181.

—/Reinhold Mißelbeck, Artikel »Chargesheimer«, in: Reinhold Misselbeck (Hg.), *Prestel-Lexikon der Fotografen. Von den Anfängen 1839 bis zur Gegenwart*, München/Berlin/London/New York 2002, S. 58f.

—, Artikel »Steichen, Edward«, in: Reinhold Misselbeck (Hg.), *Prestel-Lexikon der Fotografen. Von den Anfängen 1839 bis zur Gegenwart*, München/Berlin/London/New York 2002, S. 225.

Kann, Hans-Joachim, »Heiligrock-Postkarten – Probleme und Möglichkeiten einer Materialauswertung«, in: Erich Aretz/Michael Embach/Martin Persch/Franz Ronig (Hg.), *Der Heilige Rock zu Trier. Studien zur Geschichte und Verehrung der Tunika Christi*, 2. Aufl., Trier 1996, S. 625–669.

Kantorowicz, Ernst H., *Die zwei Körper des Königs. Eine Studie zur politischen Theologie des Mittelalters*, München 1990.

Karow, Yvonne, *Deutsches Opfer, kultische Selbstauslöschung auf den Reichsparteitagen der NSDAP*, Berlin 1997.

Katholisches Institut für Medieninformation (Hg.), *Religion im Film. Lexikon mit Kurzkritiken und Stichworten zu 1200 Kinofilmen*, 2. Aufl., Köln 1993.

Kerbs, Diethart/Walter Uka (Hg.), *Fotografie und Bildpublizistik in der Weimarer Republik*, Bönen 2004.

Kinkel, Lutz, *Die Scheinwerferin: Leni Riefenstahl und das »Dritte Reich«*, Hamburg 2002

Kirchner, Horst, »Die Archäologie im Geschichtsbild der Gegenwart. Gedanken zu repräsentativen Stimmen der Zeit«, *Jahrbuch des römisch-germanischen Zentralmuseums Mainz* 11 (1964), S. 1–14.

Klemz, Willy, *photokina. Gründung, Entwicklung, Erfolg. Eine Dokumentation*, Hannover/Berlin 1980.

Klühmann, Klaus, *Warum der Papst schwieg, Pius XII. und der Holocaust*, Düsseldorf 2008.

Knauer, Martin, »Drei Einzelgänge(r), Bildbegriff und Bildpraxis der deutschen Historiker Percy Ernst Schramm, Hartmut Boockmann und Rainer Wohlfeil (1945–1990)«, in: Jens Jäger/Martin Knauer (Hg.), *Bilder als historische Quellen? Dimension der Debatten um historische Bildforschung*, München 2009, S.97–124.

Kniep, Jürgen, »Von den ›unblutigen Märtyrern unserer Zeit‹. Die Kirchen und die Filmzensur in Westdeutschland zwischen der Nachkriegszeit und den siebziger Jahren«, in: Frank Bösch/Lucian Hölscher (Hg.), *Kirche – Medien – Öffentlichkeit. Transformationen kirchlicher Selbst- und Fremddeutungen seit 1945*, Göttingen 2009, S. 115–143.

Knoblauch, Hubert, *Populäre Religion. Auf dem Weg in eine spirituelle Gesellschaft*, Frankfurt am Main/New York 2009.

Knoch, Habbo, *Die Tat als Bild. Fotografien des Holocaust in der deutschen Erinnerungskultur*, Hamburg 2001.

—, »Bewegende Momente. Dokumentarfotografie und Politisierung der westdeutschen Öffentlichkeit vor 1968«, in: Bernd Weisbrod (Hg.), *Die Politik der Öffentlichkeit – Die Öffentlichkeit der Politik. Politische Medialisierung der Bundesrepublik*, Göttingen 2003, S. 97–124.

—, »Die Grenzen des Zeigbaren. Fotografien der NS-Verbrechen und die westdeutsche Gesellschaft 1955–1965«, in: Sven Kramer (Hg.), *Die Shoah im Bild*, München 2003, S. 87–116.

—, »Der späte Sieg des Landsers. Populäre Kriegserinnerungen der fünfziger Jahre als visuelle Geschichtspolitik«, in: Arbeitskreis Historische Bildforschung (Hg.), *Der Krieg im Bild – Bilder vom Krieg*, Frankfurt am Main/New York 2003, S. 163–186.

—, »Renaissance der Bildanalyse in der Neuen Kulturgeschichte« *Historisches Fo-rum* 5 (2005), S.49–62.

—, »Verschobene Schuld. Täterbild und historische Fotografien in einem Illustriertenbericht zum Eichmann-Prozess«, in: Gerhard Paul (Hg.), *Visual History. Ein Studienbuch*, Göttingen 2006, S. 303–315.

Koch, Sven, »Moses, Stefan«, in: *Reinhold Misselbeck, Prestel–Lexikon der Fotografen. Von den Anfängen 1839 bis zur Gegenwart*, München/Berlin/London/New York 2002, S. 173f.

Koenig, Thilo , »*Subjektive Fotografie« in den fünfziger Jahren*, Berlin 1988.

Koenig, Thilo, »Die Substanz des Heftes. Fotografien in twen«, in: Hans-Michael Koetzle (Hg.), *Die Zeitschrift twen. Revision einer Legende*, München/Berlin 1997, S. 74–115.

Köhler, Joachim/Damian van Melis (Hg.), *Siegerin in Trümmern. Die Rolle der katholischen Kirche in der deutschen Nachkriegsgesellschaft*, Stuttgart/Berlin/Köln 1998.

—/Damian van Melis, »Einleitung der Herausgeber«, in: dies. (Hg.), *Siegerin in Trümmern. Die Rolle der katholischen Kirche in der deutschen Nachkriegsgesellschaft*, Stuttgart/Berlin/Köln 1998, S. 11–17.

Koetzle, Hans-Michael, *Fleckhaus. Deutschlands erster Art Director*, München/Berlin 1997.

— (Hg.), *Die Zeitschrift twen. Revision einer Legende*, München/Berlin 1997.

—, *Photo–Icon. The Story Behind the Pictures. Volume 2, 1928–1991*, Köln u.a. 2002.

—, »Richard Peter sen. View from the Dresden City Hall Tower Toward the South«, in: ders., *Photo–Icon. The Story Behind the Pictures. Volume 2, 1928–1991*, Köln u.a. 2002, S. 58–63.

—, »Robert Lebeck Léopoldville, 1960«, in: ders., *Photo–Icon. The Story Behind the Pictures. Volume 2, 1928–1991*, Köln u.a. 2002, S. 90–99.

—, *Photo–Icons. The Story Behind the Pictures. Volume 1, 1827–1926*, Köln u.a. 2008

Kogel, Hubert, »Twen. Revue der Zwanzigjährigen?«, in: Patrick Rössler (Hg.), *Moderne Illustrierte – Illustrierte Moderne. Zeitschriftenkonzepte im 20. Jahrhundert*, Stuttgart 1998, S. 88–99.

Kohler, Alfred, »Reformatorische Bildpropaganda«, *Wiener Zeitschrift zur Geschichte der Neuzeit* 6 (2006), S. 35–48.

Korte, Hermann, *Eine Gesellschaft im Aufbruch. Die Bundesrepublik Deutschland in den sechziger Jahren*, Frankfurt am Main 1997.

Kozlovic, Anton Carl, »The Construction of a Christ-figure within the 1956 and 1923 Versions of Cecil B. DeMille's The Ten Commandments«, *Journal of Religion and Film* 10 (1) (2006), o. S.

Kuchler, Christian, *Kirche und Kino. Katholische Filmarbeit in Bayern (1945–1965)*, Paderborn u.a. 2006.

Kuhlemann, Frank-Michael, »Nachkriegsprotestantismus in Westdeutschland«, *Mitteilungen der evangelischen Arbeitsgemeinschaft für Zeitgeschichte* 19 (2001), S. 1–29.

Laurien, Ingrid, »Zeitschriftenlandschaft Nachkriegszeit. Zur Struktur und Funktion politisch–kultureller Zeitschriften 1945–1949«, *Publizistik* 47 (2002), S. 57–82.

Lebeck, Robert, *Rückblenden*, München/Düsseldorf 1999.

Lehmann, Hartmut, *Säkularisierung*, Göttingen 2004.

Lehner, Ulrich, »Die verfilmten Passionsspiele als ›Stein des Anstoßes‹. Ein Zensurstreit in Straubing im Jahre 1909«, *Jahresbericht des Historischen Vereins für Straubing und Umgebung* 96 (1995), S. 419–424.

Lenk, Kurt, »Zum westdeutschen Konservatismus«, in: Axel Schildt/Arnold Sywottek (Hg.), *Modernisierung im Wiederaufbau. Die westdeutsche Gesellschaft der 50er Jahre*, Bonn 1998, S. 636–645.

Lenssen, Claudia, »Unterworfene Gefühle. Nationalsozialistische Mobilisierung und emotionale Manipulation der Massen in den Parteitagsfilmen Leni Riefenstahls«, in: Claudia Benthien (Hg.), *Emotionalität. Zur Geschichte der Gefühle*, Weimar/Wien 2000, S. 198–212.

Lescott, James, *Die 40er Jahre. Das Jahrzehnt der Bilder*, Bath u.a. 2008.

—, *Die 50er Jahre. Das Jahrzehnt der Bilder*, Bath u.a. 2008.

—, *Die 60er Jahre. Das Jahrzehnt der Bilder*, Bath u.a. 2008.

—, *Die 70er Jahre. Das Jahrzehnt der Bilder*, Bath u.a. 2008.

Bernd Lindner, »Ein Land – Zwei Bilderwelten. Fotografie und Öffentlichkeit in der DDR«, in: Alf Lüdtke/Karin Hartewig (Hg.), *Die DDR im Bild – zum Gebrauch der Fotografie im anderen deutschen Staat*, Göttingen 2004, S. 189–206.

Martin Loiperdinger, *Der Parteitagsfilm »Triumph des Willens« von Leni Riefenstahl. Rituale der Mobilmachung*, Opladen 1987.

Lohse, Bernd (Hg.), *Glanzlichter der Photographie, 30 Jahre photokina Bilderschauen*, Köln 1980.

Lübbe, Hermann, *Säkularisierung. Geschichte eines ideenpolitischen Begriffs*, Freiburg 1965.

Luckmann, Thomas, *Die unsichtbare Religion*, 5. Aufl., Frankfurt am Main 2005.

Maier, Hans, »Die Umwelt des Konzils«, *Communio* 6 (2005), S. 546–550.

Marcias, José, *Die Entwicklung des Bildjournalismus*, München/New York/London/Paris 1990.

Martin, Peter, *Schwarze Teufel, edle Mohren*, Hamburg 1993.

Meyer, Arline, »Re-dressing Classical Statuary, The Eighteenth-Century ›Hand-in-Waistcoat‹ Portrait«, *Art Bulletin* 71 (1995), S. 45–64.

McLeod, Hugh, »The Religious Crisis of the 1960s«, *Journal of Modern European History* 3, Heft 2 (2005), S. 205–230.

Miller, Russel, *Magnum, Fifty Years at the front Line of History. The Story of the Legendary Photo Agency*, New York 1997.

Reinhold Misselbeck, *Prestel-Lexikon der Fotografen. Von den Anfängen 1839 bis zur Gegenwart*, München/Berlin/London/New York 2002.

Mitchell, William J. T., »The Pictorial Turn«, *Artforum* (1992), S. 89–94.

—, *The Pictorial Turn – Essays on Verbal and Visual Representation*, Chicago 1994.

Mittmann, Thomas, »Katholische, Akademien und Katholikentage als Agenturen kirchlicher ›Selbstmodernisierung‹ in der Bundesrepublik in den ›langen 1960er Jahren‹«, *Schweizerische Zeitschrift für Religions- und Kulturgeschichte* 194 (2010), S. 79–99.

—, *Kirchliche Akademien in der Bundesrepublik. Gesellschaftliche, politische und religiöse Selbstverortungen*, Göttingen 2011.

Morgan, David/Sally M. Promey, »Introduction«, in: dies. (Hg.), *The Visual Culture of American Religions*, Berkeley 2001.

Münkel, Daniela, »Die Medienpolitik von Konrad Adenauer und Willy Brandt«, *Archiv für Sozialgeschichte* 41 (2001), S. 297–316.

Nagel, Ernst J., »Pius XII. und die Entwicklung der kirchlichen Friedenslehre«, in: Johannes Horstmann (Hg.), *Pius XII. Theologische Linien seines Pontifikates. Bibelwissenschaft, Liturgie, Friedensethik*, Schwerte 1991, S. 75–92.

Naarmann, Margit, *Die Bischofsstadt Paderborn im Kulturkampf 1871–1882*, Paderborn 1992.

Naumann, Michael, »Genealogie einer Geste, ›...eingebrannt in das Bewusstsein der modernen Menschheit.‹ Ikone Ritual und Gedächtnis«, in: Walter Schmitz (Hg.), *Die Zerstörung Dresdens. Antworten der Künste*, Dresden 2005, S. 159–169.

Nipperdey, Thomas, *Deutsche Geschichte 1866–1918. Machtstaat vor der Demokratie*, München 1992.

Nolting, Winfried, *Jargon der Bilder. Die Photos in der Illustrierten »Stern« 40 (1976)*, Osnabrück 1981.

Orisson, Katherine, *Written in Stone, Making Cecil DeMille's Epic »The Ten Commandments«*, Lanham 1999.

Panofsky, Erwin, »Ikonographie und Ikonologie (1955)«, in: Ekkehard Kaemmerling (Hg.), *Ikonographie und Ikonologie. Theorien – Entwicklung – Probleme, Bildende Kunst als Zeichensystem*, Band 1, Köln 1979, S. 207–224.

Pardes, Ilana, »Moses goes down Hollywood, Miracles and Spectacle«, *Semeia, An experimental Journal for Biblical Criticism* 74 (1996), S. 15–31.

Pasture, Patrick, »Christendom and the Legacy of the Sixties, Between the Secular City and the Age of Aquarius«, *Revue d'Histoire Ecclésistique* 99 (2004), S. 82–117.

Paul, Gerhard, *Bilder des Krieges. Krieg der Bilder*, Paderborn/München/Wien/Zürich 2004

—, »Die aktuelle historische Bildforschung in Deutschland. Themen–Methoden–Probleme–Perspektiven, in: Jens Jäger/Martin Knauer (Hg.), *Bilder als historische Quellen? Dimensionen der Debatten um historische Bildforschung*, München 2009, S. 125–148.

—, *Das Jahrhundert der Bilder, Band 2, Bildatlas 1949 bis heute*, Göttingen 2008.

—, *Das Jahrhundert der Bilder, Band 1, Bildatlas 1900–1949*, Göttingen 2009.

—, *Visual History. Ein Studienbuch*, Göttingen 2006.

—, »Von der Historischen Bildkunde zur Visual History. Eine Einführung«, in: ders. (Hg.), *Visual History. Ein Studienbuch*, Göttingen 2006, S. 7–36.

Pawek, Karl, »Boulevardblätter und Illustrierte«, in: Harry Pross (Hg.), *Deutsche Presse seit 1945*, Bern/München/Wien 1965, S. 135–158.

Phayer, Michael, »The Priority of Diplomacy, Pius XII. an the Holocaust during the Second World War«, in: Donald D. Dietrich (Hg.), *Christian responses to the Holocaust. Moral and Ethical Issues*, New York 2003, S. 87–98.

Pohlmann, Ulrich, *Kultur, Technik und Kommerz. Die photokina Bilderschauen 1950–1980*, Köln 1990.

Polaschegg, Andrea, »Die Regeln der Imagination, Faszinationsgeschichte des deutschen Orientalismus zwischen 1770 und 1850«, in: Charis Goer/Michael Hofmann (Hg.), *Der Deutschen Morgenland. Bilder des Orients in der deutschen Literatur und Kultur von 1770 bis 1850*, München 2008, S. 13–36.

Pollack, Detlef, *Säkularisierung – ein moderner Mythos*, Tübingen 2003.

Pörksen, Uwe, *Weltmarkt der Bilder, Eine Philosophie der Visiotype*, Stuttgart 1997.

Posch, Gottfried, »Jesusfilme im Spiegel der Zeit«. Referat anlässlich einer Tagung der Bibelaktion des ev.-luth. Kreisdezernats München am 15.6.2002«, *muk–Publikation* 8, S. 1–9.

Prokein, Dieter, »Pardon wird nicht gegeben«, in: Patrick Rössler (Hg.), *Moderne Illustrierte – Illustrierte Moderne. Zeitschriftenkonzepte im 20. Jahrhundert*, Stuttgart 1998, S. 101–108.

Przybylski, Hartmut, *Von der Studentenbewegung ins Gemeindepfarramt. Eine historisch-empirische Längsschnittstudie zur Sozialisation evangelischer Theologen im Beruf*, Frankfurt am Main/Bern/New York 1985.

Quaas, Anne Kathrin, *Evangelische Filmpublizistik 1948–1968. Beispiel für das kulturpolitische Engagement der evangelischen Kirche in der Nachkriegszeit*, Erlangen 2007.

Rahner, Stefan/Sandra Schürmann, »Turban und Friedenspfeife. Werbefotografien in den Reemtsma-Archiven im Museum der Arbeit«, *Zeithistorische Forschungen* 3 (2007), o. S.

Reichel, Peter, *Vergangenheitsbewältigung in Deutschland, Die Auseinandersetzung mit der NS–Diktatur in Politik und Justiz*, 2. Aufl., München 2007.

Requate, Jörg, »Medien und Öffentlichkeit als Gegenstände historischer Analyse«, *Geschichte und Gesellschaft* 25 (1999), S. 5–32.

Richter, Dieter, »Der weltliche Rompilger. Zur Erfahrung der Heiligen Stadt im Zeitalter der Aufklärung«, in: Wolfgang Griep (Hg.), *Sehen & Beschreiben. Europäische Reisen im 18. und frühen 19. Jahrhundert*, Heide in Holstein 1991, S. 86–95.

Riederer, Günter, »Den Bilderschatz heben – Vom schwierigen Verhältnis zwischen Geschichtswissenschaft und Film«, *Tel Aviver Jahrbuch für deutsche Geschichte* 31 (2003), S. 15–39.

Ringshausen, Gerhard, »Religion in den siebziger Jahren«, in: Werner Faulstich (Hg.), *Die Kultur der 70er Jahre*, München 2004, S. 19–36.

Ritchin, Fred, »Zeitzeugen. Das Engagement des Fotojournalisten«, in: Michel Frizot (Hg.), *Neue Geschichte der Fotografie*, Köln 1998.

Roeber, Georg/Gerhard Jacoby, *Handbuch der filmwirtschaftlichen Medienbereiche. Die wirtschaftlichen Erscheinungsformen des Films auf den Gebieten der Unterhaltung, der Werbung, der Bildung und des Fernsehens*, Pullach bei München 1973.

Roeck, Bernd, »Visual Turn? Kulturgeschichte und die Bilder«, *Geschichte und Gesellschaft* 29 (2003), S. 294–315.

Roey, Johann de, *Pater Duval und das religiöse Chanson*, München 1961.

Rother, Rainer, *Leni Riefenstahl, die Verführung des Talents*, 2. Aufl., Berlin 2001.

Rüther, Martin, »Fotografieren verboten!-? Möglichkeiten und Grenzen privater Fotografien im Zweiten Weltkrieg«, in: Thomas Deres/Rolf Sachsse (Hg.), *Fotografieren verboten!, Heimliche Aufnahmen von der Zerstörung Kölns (anläßlich der gleichnamigen Ausstellung in der Alten Wache des Kölnischen Stadtmuseums)*, Köln 1995, S. 63–92.

Rutz, Rainer, *Signal. Eine deutsche Auslandsillustrierte als Propagandainstrument im Zweiten Weltkrieg*, Essen 2007.

Sachsse, Rolf, »Das Machen der Erinnerung«, in: Klaus Honnef (Hg.), *Trümmer. Werkverzeichnis von Hermann Claasen,* Band 2, Köln 1996, S. 15–76.

Said, Edward, *Orientalism,* London 1978.

Scharf, Wilfried, »Unterhaltsam, erzieherisch, staatstragend. Die Publikumszeitschriften der DDR«, *medium* 16 (1986), S. 29–33.

Schatten, Thomas, *50 Jahre filmdienst. Ein Beispiel für das Verhältnis von Kirche und Kultur in der Bundesrepublik Deutschland,* Düsseldorf 1997.

Schatz, Klaus, *Vaticanum I,* Band 1, *Vor der Eröffnung,* Paderborn u.a. 1992.

—, *Allgemeine Konzilien – Brennpunkte der Kirchengeschichte,* Paderborn u.a. 1997.

Schildt, Axel, »Der Umgang mit der NS-Vergangenheit in der Öffentlichkeit der Nachkriegszeit«, in: Wilfried Loth/Bernd-A. Rusinek (Hg.), *Verwandlungspolitik. NS-Eliten in der westdeutschen Nachkriegsgesellschaft,* Frankfurt am Main/New York 1998, S. 19–54.

—, »Massenmedien im Umbruch der fünfziger Jahre«, in: Jürgen Wilke (Hg.), *Mediengeschichte der Bundesrepublik Deutschland,* Köln/Weimar/Wien 1999, S. 633–648.

—, *Sozialgeschichte der Bundesrepublik Deutschland bis 1989/90,* München 2007.

Schlott, René, »Der Papst als Medienstar«, *Aus Politik und Zeitgeschichte* 52 (2008), S. 16–21.

—, »Papal Requiems as political Events since the End of the Papal State«, *European Review of History, Revue européenne d'histoire* 15 (2008), Heft 6, S. 603–614.

Schmidt-Linsenhoff, Viktoria, »Die Verschlusszeit des Herzens. Zu Hilmar Pabels Fotobuch ›Jahre unseres Lebens‹ (1954), *Fotogeschichte* 12 (1992), S. 53–68.

Schmidtmann, Christian, *Katholische Studierende 1945–1973,* Paderborn 2005.

Schmitt, Heiner, *Kirche und Film. Kirchliche Filmarbeit in Deutschland von ihren Anfängen bis 1945,* Boppard am Rhein 1979.

Schnell, Ursula, *Das Verhältnis von Amt und Gemeinde im neueren Katholizismus,* Berlin/New York 1977.

Schramm, Matthias, *Der unterhaltsame Gott. Theologie populärer Filme,* Paderborn 2008.

Schulte, Regina (Hg.), *Der Körper der Königin. Geschlecht und Herrschaft in der höfischen Welt,* Frankfurt am Main/New York 2002.

Schulz, Kristina, »1968, Lesarten der sexuellen Revolution«, in: Matthias Frese/Julia Paulus/Karl Teppe (Hg.), *Demokratisierung und gesellschaftlicher Aufbruch. Die sechziger Jahre als Wendezeit der Bundesrepublik,* Paderborn 2003, S. 121–133.

Schumacher, Ulrich, *Gruppenportrait und Genrebild. Zur Bedeutung der Photographie für die französische Malerei des 19. Jahrhunderts,* Gießen 1979.

Schwarz, Hans-Peter (Hg.), *Konrad Adenauer. Reden 1917–1967. Eine Auswahl,* Stuttgart 1975.

—, *Adenauer. Der Staatsmann. 1952–1967,* Stuttgart 1991.

Scribner, Robert W., »Reformatorische Bildpropaganda«, in: Brigitte Tolkemitt/Rainer Wohlfeil (Hg.), *Historische Bildkunde. Probleme – Wege – Beispiele,* Berlin 1991, S. 83–106.

Seiler, Jörg, »Somatische Solidarität als Moment ultramontaner Kommunikation. Die Inszenierung der Körperlichkeit Pius' IX. in der Rottenburger Bistumszeitung«, *Schweizerische Zeitschrift für Religions- und Kulturgeschichte* 101 (2007), S. 77–106.

Siegfried, Detlef, *Time is on My Side. Konsum und Politik in der westdeutschen Jugendkultur der 60er Jahre*, Göttingen 2006.

Sigl, Klaus/Werner Schneider/Ingo Tornow, *Jede Menge Kohle? Kunst und Kommerz auf dem deutschen Filmmarkt der Nachkriegszeit*, München 1986.

Sobotka, Jens U., *Die Filmwunderkinder. Hans Abich und die Filmaufbau GmbH Göttingen*, Düsseldorf 1999

Sontag, Susan, *Über Fotografie*, 18. Aufl., Franfurt am Main 2008.

Stahr, Henrick, *Fotojournalismus zwischen Exotismus und Rassismus. Darstellungen von Schwarzen und Indianern in Foto-Text-Artikeln deutscher Wochenillustrierter 1919–1939*, Hamburg 2004.

Starl, Timm, *Die Bildgeschichte der privaten Fotografie in Deutschland und Österreich von 1880 bis 1980*, München 1995.

—, »Die Kehrseite der Geschichte. Karl Pawek, Priesterzögling, Zeitschriftengründer, NSDAP-Anwärter, Kriegsverbrecher, Psychopath, Ausstellungsmacher, Kulturpreisträger«, *Fotogeschichte* 87 (2003), S. 65–69.

—, »Der ewige Mensch«. Karl Pawek und die ›Weltausstellung der Photographie‹«, in: Jean Back (Hg.), *The Family of Man 1955–2001. Humanismus und Postmoderne, Eine Revision von Edward Steichens Fotoausstellung*, Marburg 2004, S. 122–139.

Stasiewski, Bernhard, »Zum Pontifikat Papst Paul VI.«, in: Reimund Haas/Karl Rivinius/Herman Scheidgen (Hg.), *Im Gedächtnis der Kirche neu erwachen. Studien zur Geschichte des Christentums in Mittel- und Osteuropa. Festgabe für Gabriel Adriányi zum 65. Geburtstag*, Köln u.a. 2000, S. 665–672.

Stehle, Hansjakob, *Die Ostpolitik des Vatikans 1917–1975*, Bergisch Gladbach 1983.

Steiner, Peter B., »Zerstörung und Wiederaufbau der Kirchen Münchens«, *Münchener Theologische Zeitschrift* 57 (2006), S. 291–304.

Steinmayr, Jochen, »Auf der Suche nach der zweiten Wirklichkeit«, in: Ute Esklidsen (Hg.), *Rolf Gillhausen. Film und Fotoreportagen*, Essen 1986, S. 3–5.

Straßner, Erich, *Text-Bild-Kommunikation*, Tübingen 2002.

Strobel, Ricarda, »Heimat, Liebe, Glück, Schwarzwaldmädel (1950)«, in: Werner Faulstich/Helmut Korte (Hg.), *Fischer Filmgeschichte Band 3, Auf der Suche nach neuen Werten 1945–1960*, Frankfurt am Main 1990, S. 148–171.

Stumberger, Rudolf, *Klassen – Bilder, Sozialdokumentarische Fotografie 1900–1945*, Konstanz 2007.

Sturken, Marita/Lisa Cartwright, *Practices of Looking. An Introduction to Visual Culture*, Oxford 2001.

Sweeney, James, »Das Ende des soziologischen Atheismus. Neufassungen der Säkularisierungstheorie«, *Fuge. Journal für Religion und Moderne* 1 (2007), S. 37–60.

Szeless, Margarethe, *Die Kulturzeitschrift magnum. Photographische Befunde der Moderne*, Marburg 2007.

Tekolf, Oliver, »Reinhard Raffalt«, in: *Biographisch-Bibliographisches Kirchenlexikon*, Band XXV. (2005), Spalten 1.115–1.118.

Thamer, Hans–Ulrich, »Vom Tabubruch zur Historisierung? Die Auseinandersetzung um die Wehrmachtsausstellung«, in: Martin Sabrow (Hg.), *Zeitgeschichte als Streitgeschichte, Große Kontroversen nach 1945*, München, 2003, S. 171–186.

Thießen, Malte, *Eingebrannt ins Gedächtnis. Hamburgs Gedenken an Luftkrieg und Kriegsende 1943–2005*, München, Hamburg 2007.

Thränhardt, Dietrich, *Geschichte der Bundesrepublik Deutschland*, 2. Aufl., Frankfurt am Main 1996.

Tiemann, Manfred, *Bibel im Film. Ein Handbuch für Religionsunterricht, Gemeindearbeit und Erwachsenenbildung*, Stuttgart 1995.

Trimborn, Jürgen, *Der deutsche Heimatfilm der fünfziger Jahre. Motive, Symbole und Handlungsmuster*, Köln 1998.

Tooze, G. Andrew, »Moses and the Reel Exodus«, *Journal of Religion and Film* 7, Heft 1 (2003), o. S.

Troeplitz, Jerzy, *Geschichte des Films, Band 1, 1895–1928*, Frankfurt am Main 1975.

Veiel, Andres/Gerd Koenen, *1968, Bildspur eines Jahres*, Köln 2008.

Viaene, Vincent, »A Brilliant Failure, Wladimir Czacki, the Legacy of the Geneva Committee and the Origins of Vatican Press Policy from Pius IX to Leo XIII.«, in: Emiel Lamberts (Hg.), *The Black International 1870–1878, The Holy See and Militant Catholicism in Europe*, Leuven 2002, S. 231–255.

— (Hg.), *The Papcy and the New World Order. Vatican Diplomacy, Catholic Opinion and international Politics at the Time of Leo XIII.*, Brüssel/Rom 2005.

—, »Wagging the Dog. An Introduction to Vatican Press Policy in an Age of Democracy and Imperialism«, in: ders. (Hg.), *The Papcy and the New World Order. Vatican Diplomacy, Catholic Opinion and international Politics at the Time of Leo XIII.*, Brüssel/Rom 200, S. 323–348.

Volk, Ludwig, »Der Heilige Stuhl und Deutschland 1945–1949«, in: Anton Rauscher (Hg.), *Kirche und Katholizismus 1945–1949*, Paderborn/München/Wien 1977, S. 53–87.

Volkmann, Joachim, »Warum der Papst keine Palmzweige hatte«, *Kirchliche Umschau* 6 (1999), o. S

Wehler, Hans-Ulrich, *Deutsche Gesellschaftsgeschichte. Fünfter Band, 1949–1990*, München 2008.

Wassilowsky, Günther, »Das II. Vatikanum – Kontinuität oder Diskontinuität? Zu einigen Werken der neuesten Konzilsliteratur«, *Communio* 630 (2005), S. 630–640.

Way, Maria, »Politics, the Papacy and the Media«, in: Joss Hands/Eugenia Siapera (Hg.), *At the Interface. Continuity and Transformations in Culture and Politics*, Amsterdam, New York 2004, S. 39–58.

Weber, Max, *Gesammelte Aufsätze zur Wissenschaftslehre. Hrsg. von Johannes Winckelmann*, 6. Aufl., Tübingen 1985.

Weißler, Sabine, »Sexy Sixties«, in: Eckhard Siepmann (Hg.), *Che Schah Shit. Die sechziger Jahre zwischen Cocktail und Molotow. Ein BilderLesebuch*, Reinbeck 1986, S. 138–147.

Welzer, Harald, *Das Gedächtnis der Bilder. Ästhetik und Nationalsozialismus*, Tübingen 1995.

Wiest, Karl-Heinz, »Der Stellvertreter« – Ein Stück und seine Wirkung«, *Rottenburger Jahrbuch für Kirchengeschichte* 2 (1983), S. 203–248.

Wilharm, Irmgard, »Tabubrüche in Ost und West – Filme der 60er Jahre in der Bundesrepublik und der DDR«, in: Axel Schildt/Detlef Siegfried/Karl Christian Lammers (Hg.), *Dynamische Zeiten, Die Sechziger Jahre in den beiden deutschen Gesellschaften*, Hamburg 2000, S. 735–751.

Wohlfeil, Rainer, »Das Bild als Geschichtsquelle«, in: *Historische Zeitschrift* 243 (1986), S. 91–100.

—, »Methodische Reflexionen zur historischen Bildkunde«. in: ders./Brigitte Tolkemitt (Hg.), *Historische Bildkunde. Probleme – Wege – Beispiele*, Zeitschrift für Historische Forschung, Beiheft 12, Berlin 1991, S. 17–35.

Wolfrum, Edgar, *Die geglückte Demokratie. Geschichte der Bundesrepublik Deutschland von ihren Anfängen bis zur Gegenwart*, Stuttgart 2006.

—, *Die 50er Jahre. Kalter Krieg und Wirtschaftswunder*, Darmstadt 2006.

—, *Die 60er Jahre. Eine dynamische Gesellschaft*, Darmstadt 2006.

—, *Die 70er Jahre. Republik im Aufbruch*, Darmstadt 2007.

—, *Die 80er Jahre. Globalisierung und Postmoderne*, Darmstadt 2007.

Wright, Melanie J., *Religion and Film. An Introduction*, New York 2007.

Zambarbieri, Annibale, »Forms, Impulses and Iconographie in Devotion to Pope Leo XIII«, in: Vincent Vianae (Hg.), *The Papacy and the New World Order. Vatican Diplomacy, Catholic Opinion and international Politics at the Time of Leo XIII.*, Brüssel/Rom 2005, S. 249–288.

Ziemann, Benjamin, »Meinungsumfragen und die Dynamik der Öffentlichkeit. Die katholische Kirche in der Bundesrepublik nach 1968«, *Historisches Jahrbuch* 26 (2006), S. 493–520.

Zitzlsperger, Philipp, *Gianlorenzo Bernini. Die Papst- und Herrscherporträts. Zum Verhältnis von Bildnis und Macht*, München 2002.

Zwick, Reinhold, »›Das Leben und die Passion Jesu Christi‹ nach den Gebrüdern Lumière«. Zur Geburt des Erzählkinos aus der religiösen Populärkultur des 19. Jahrhunderts«, *Das Münster* 4 (1995), S. 302–307.

—, *Evangelienrezeption im Jesusfilm. Ein Beitrag zur intermedialen Wirkungsgeschichte des Neuen Testaments*, Würzburg 1997.

—, »Provokation und Neuorientierung, Zur Transformation religiöser Vorstellungen im Kino der langen sechziger Jahre«, in: Frank Bösch/Lucian Hölscher (Hg.), *Kirche – Medien – Öffentlichkeit. Transformationen kirchlicher Selbst- und Fremddeutungen seit 1945*, Göttingen 2009, S. 144–17.

Abbildungen

1 Hermann Claasen, *Gesang im Feuerofen*, S. 12..43
2 Hermann Claasen, *Gesang im Feuerofen*, S. 30f...44
3 Günther Grundmann/Renate Klee Gobert (Hg.), *Hamburgs Baudenkmäler. Eine zerstörte Vergangenheit*, Abbildungen 11 und 12 ... 49
4 »Papst und König. Pius IX.«, Franz Hülskamp, *Piusbuch, Papst Pius IX. in seinem Leben und Wirken*, o. S..59
5 Paul Dahm, *Pius XII. Ein Leben für Gerechtigkeit und Frieden*, S. 52f.......73
6 »Eine Sonderaudienz«, in: *Stern* 31/1954..80
7 »Der erste Tag«, in: *Stern* 24/1952..81
8 »Der Papst erkannte ihn«, in: *Quick* 28/1953...83
9 »Nachtwache« (Deutschland 1949), Pfarrer Hegener und Kaplan von Imhoff..91
10 »Gottesfrevel vor der Kamera«, in: *Stern* 37/1956..99
11 »Das schwarze Schaf« (Deutschland 1960)..104
12 »Als die Erde unterging«, in: *Kristall* 19/1949..110
13 »Frühchristliche Kirche entdeckt«, in: *Kristall* 6/1958..................................113
14 »Die seltsamen Wege des Buches Jesaias«, in: *Stern* 51/1951.........................116
15 »La Vie et la Passion de Jésus Christ« (Frankreich 1903)................................123
16 »Die Zehn Gebote« (USA 1956), Prolog..135
17 Trailer zu: »Die Zehn Gebote« (USA 1956), Regisseur Cecil DeMille in seinem Arbeitszimmer..137

18 »Die Zehn Gebote« (USA 1956), Moses und Simon 140

19 »Der ›Heilige Kampf‹«, in: *Quick* 8/1955 151

20 »Flug in die Steinzeit«, in: *Stern* 3/1960 154

21 »Gott in Afrika. Auf der Suche nach dem Paradies«, in: *Stern* 46/1961 158

22 »Gott in Afrika. Auf der Suche nach dem Paradies«, in: *Stern* 46/1961 160

23 »Gott in Afrika. Auf der Suche nach dem Paradies«, in: *Stern* 46/1961 161

24 »Gott in Deutschland«, *Stern*-Cover 38/1962 178

25 *Quick*-Cover 20/1959 182

26 »Fronleichnam im Schwarzwald«, *Quick*-Cover 27/1960 183

27 »Gott in Deutschland«, in: *Stern* 38/1962 184

28 »Gott in Deutschland«, in: *Stern* 38/1962 186

29 »Gott in Deutschland«, in: *Stern* 38/1962 187

30 »Gott in Deutschland«, in: *Stern* 44/1962 188

31 »Musikbox an der Himmelstür?«, in: *Stern* 16/1959 192

32 »Die Jugend und der liebe Gott«, in: *Stern* 48/1962 193

33 »Was würde Jesus dazu sagen?«, in: *Stern* 28/1963 196

34 »Welche Gründe tun sich auf«, in: *magnum* 11/1956 205

35 *magnum* 58/1966 209

36 *magnum* 58/1966 211

37 »Die Suche nach der modernen Kirche«, in: *magnum* 58/1966 214

38 »Mit uns zieht die neue Zeit«, in: *magnum* 58/1966. 215

39 »And God said, let there be light«, in: »The Family of Man«, S. 1 225

Abbildungen

40 »Behold, this dreamer cometh«, in: »The Family of Man«,
S. 155 226

41 »The Family of Man«, S. 157 227

42 »The Family of Man«, S. 159 229

43 »Zweite Weltausstellung der Photographie: Die Frau«, Bild 154 ... 234

44 »Dritte Weltausstellung der Photographie: Auf dem Weg zum
Paradies«, Bild 54 237

45 »Vierte Weltausstellung der Photographie: Die Kinder
dieser Welt«, Bilder 223 und 224 240

46 »Vierte Weltausstellung der Photographie: Die Kinder
dieser Welt«, Bild 200 241

47 Stadtdechant Valhaus während der Weihnachtspredigt,
»Alle Jahre wieder« (Deutschland 1967) 252

48 Prälat Sommerwild mit Hans Schnier, »Ansichten eines Clowns«
(Deutschland 1976) 259

49 Clown Hans Schnier mit seinem Bruder, dem Konviktualen
Leo, »Ansichten eines Clowns« (Deutschland 1976) 261

50 »Immer ein wenig Harun al-Rashid«, in: *Quick* 20/1959 271

51 »Das Tagebuch des Papstes«, in: *Quick* 22/1964 273

52 »Johannes XXIII. Verdienst und Tragik eines großen Papstes«,
in: *Stern* 24/1963 275

53 »Johannes XXIII. Verdienst und Tragik eines großen Papstes«,
in: *Stern* 24/1963 276

54 »Gestern wie heute«, in: Bertram Otto, *Die Welt aber soll
erkennen*, S. 20f. 284

55 »Einzug der Konzilsväter in den Petersdom«, in: Bertram Otto,
Die Welt aber soll erkennen, Schutzumschlag Rückseite 291

56 »Blick in die Konzilsaula«, in: Bertram Otto, *Die Welt aber soll
erkennen*, S. 13 293

57 »Rote Bibeln: Linkstheologentagung in Bochum«, in: *Spiegel* 14/1969 299

58 Paderborner Weihefoto des Jahres 1892, Archiv des Erzbischöflichen Priesterseminars Paderborn 309

59 Paderborner Weihefoto des Jahres 1960, Archiv des Erzbischöflichen Priesterseminars Paderborn 311

60 Paderborner Weihefoto des Jahres 1965, Archiv des Erzbischöflichen Priesterseminars Paderborn 313

61 Helmut Holzapfel, *Sonderflug AZ 1820. Das Bildbuch von der Pilgerreise des Papstes*, Würzburg 1964, S. 52 324

62 Helmut Holzapfel, *Sonderflug AZ 1820. Das Bildbuch von der Pilgerreise des Papstes*, Würzburg 1964, S. 69 327

63 »Papst Paul VI. Nein zur Pille«, *Spiegel*-Cover 32/1968 336

64 »Opas Kirche ist tot«, in: *Stern* 38/1968 338

65 »Opas Kirche ist tot«, in: *Stern* 38/1968 340

66 »Papst in Bedrängnis«, *Spiegel*-Cover 18/1969 342

67 »Rebellion in der Kirche«, in: *Pardon* 12/1969 345

68 »Was glauben die Deutschen?«, *Spiegel*-Cover 52/1967 357

69 »Was glauben die Deutschen?«, in: *Stern* 52/1968 360

70 »Stille Nacht Heilige Nacht«, *Quick*-Cover 51/1961 362

71 »Frohe Weihnachten«, *Quick*-Cover 51/1957 364

72 *Kristall*-Cover 26/1958 366

73 *Stern*-Cover 52/1959 367

74 »Folge mir«, *Stern*-Cover 50/1978 373

75 »Gott ist Elektrizität und ich bin der Lichtschalter«, in: *Stern* 42/1977 374

76 »Wie Spiritisten-Pfarrer lieben«, in: *Quick* 28/1972 378

77 »Der große Reibach mit den Ausgeflippten«, in: *Stern* 46/1973 380

Personen- und Sachregister

20th Century Fox 130

Abich, Hans 88f.
Ablass, Ablässe 317
Abtreibung 246, 248, 353
Adenauer, Konrad 20, 51f., 142f.,
    256–259, 270,
Afrika 147–162, 170, 343, 370,
–Belgisch-Kongo 170
–Biafra 343, 370
–Nigeria 160
Aggiornamento 279
Albrecht, Gerd 146
Altötting 187–189
Amery, Carl 21, 64, 207–217, 281,
    329f., 333,
Antichrist 317f.
Ararat 109–112
Archäologie, Archäologen 105–115,
    138, 147, 348, 386,
Arche Noah 109–112, 385
ARD 155, 262
Ashley, Helmuth 194
Asien 153, 162, 290, 370f., 375, 381,
    389
–Afghanistan 233
–fernöstlicher Religiosität,
    asiatischer Guru 162, 232–239,
    370, 375, 389,
–Bali 153
–Naher Osten 320, 323–326, 341,
    350, 388
–Iran 159, 162

–Japan 150, 231
–Tibet 152
Auschwitz-Prozesse 37,
Australien, Aborigines 153f.

Baghwan Shree Rajneesh 374f.
Barth, Karl 119
Barthes, Roland 13–15, 224–226
Basie, Count 205f.
Bauer-Verlag 23, 362–364,
Baumgart, Dieter J. 195
Bea, Augustin Kardinal 281, 286f.
Bein, Renate 209
Bender, Hans 200
Benedikt XVI. 67, 279f.
Berlin 46f., 62, 208, 223, 248, 363f.
Bernano, Georges 86, 90
Berresheim, Heinrich 98, 102
Bethlehem 361–262
Bibelfim, biblical epos,
    Monumentalfilm 86, 118–147,
    386
Bildpostkarten 148
Bloomer, Thomas 195–197
Blume, Jochen 195f.
Bodlée, Grete 175
Böhm, Karl 97
Böll, Heinrich 21, 203, 207f., 212,
    244–247, 256–264, 329
Bourke-White, Margaret 228
Brandt, Bill 228f.
Braun, Harald 87–89, 118f., 147
Bresson, Robert 86–90

Buddhismus 162, 231
Bühler, Karl-Werner 298
Bujak, Adam 237
Bullock, Wynn 225
Buttmann, Rudolf Hermann 330

Cartier-Bresson, Henri 227
Celan, Paul 203
Celler Konferenzen 298f.
Charisma, charismatischen
 Bewegungen 290, 368–284
Cinemascope-Technik 130
Claasen, Hermann 34–45
Collegium Germanicum et
 Hungaricum 325
Congar, Yves 216
Conrad, Walther 125f.
Cooper, Gary 82–84
di Credi, Lorenzo 365
Czacki, Wladimir 60f.

Dahm, Paul 71–73
Dalai Lama 347
DDR 46f.,
Degkwitz, Hermann 242–246
Delacroix, Eugène 345
DeMille, Cecil B. 119, 128, 131–147
Deppe, Hans 94, 246
Dickson, William Kennedy Laurie 66
Dietrich, Rudolf 215
Disdéri, André Adolphe-Eugène 306
Döllinger, Ignaz von 212
Döpfner, Julius Kardinal 277, 337, 387
Dorn, Luitpold A. 326
Dorr, Nell 226
Dresden 45, 54
DuMont, Alfred Neven 200, 203
Duval, Aimé 190f.

Egerton Papyros 116

Eggebrecht, Axel 106
Ehescheidung 29, 250f.
Einstein, Albert 227f.
EKD 119, 144–146, 172f.,
Empfängnisverhütung, Pille 172, 316, 334–336, 339–346, 359, 388
Entmythologisierung biblischer
 Schriften 105
Enzensberger, Hans Magnus 203
Enzykliken
 –Divini illius magistri 125
 –Humanae Vitae 316, 320, 334f., 341, 346f.,
 –Miranda Prorsus 67
 –Quanta cura 57
 –Pacem in Terris 75, 322
 –Sacerdotalis Coelibatus 300
 –Vigilanti cura 67, 125
Evangelischen Presseverband 89, 118
Evans, Walker 221f.
Everschor, Franz 92

Farm Security Administration (FSA) 167, 221, 224
Fassbinder, Rainer Werner 245
Felici, Familie von Papstfotografen 62, 323
Filmaufbau GmbH Göttingen 88–90
Fisher, Geoffrey 327
Flakhelfer 254f.
Fleckhaus, Willy 350f.
Foreman, Milos 381
Forst, Willy 102, 130
Frank, Robert 226
Freiwillige Selbstkontrolle der
 Filmwirtschaft (FSK) 101, 129
Frick, Wilhelm 332
Friedhof 53, 260
Frings, Joseph Kardinal 68, 142, 277, 279, 285–288, 387
Fronleichnam 44, 181–186

Personen- und Sachregister

Galeazzi-Lisi, Riccardo 274
Geistliche, Kleriker (Kaplan,
 Pastor(in), Pfarrer, Priester)
 29, 71, 80, 82, 85–104, 109, 127,
 129, 153, 157, 173f., 190–196,
 213, 228f., 232, 234f., 252, 256f.,
 258–266, 268f., 290, 296–319,
 321, 325, 337, 345f., 356, 371,
 375, 378, 386, 392f.
George, Steven 145
Gerber, Hermann 132, 144–146,
Gerhardt, Paul 93
Gillhausen, Rolf 153–162
Giro d'Italia (Radrennen) 81
Göring, Hermann 332
Graham, Billy 371, 388
Grass, Günter 247, 329
Greinert, Hellmuth 53
Grigg, Loyal 131
Gruber, Leo Fritz 220
Grünewald, Matthias 342

Habermas, Jürgen 203
Habsburg, Otto von 285, 289
Haiti 152
Hamburger Amt für Denkmalschutz
 48f.
Handke, Peter 247
Harenberg, Werner 390
Hatot, George 121
Heer, Friedrich 203
Heidentum 159
Heimatfilm 8 7f., 94–103, 244f., 252
Heldt, Joachim 171, 390
Herzog, Werner 245
Hess, Werner 90, 119, 144
Heston, Charlton 135, 138
Heuss, Theodor 52f., 142
Heyden, Carl 50
Hindenburg, Paul von 332
Hinderer, August 126
Hinterwinkler, Georg 127
Hippiekultur 29, 379, 379–383, 386

Hitler, Adolf 72f., 78, 332f.,
Hochhuth, Rolf 64, 207f., 235f.,
 320, 323, 329–333
Hoepker, Thomas 166f., 175, 337,
 391
Holmquist, Anders 350–355, 368
Holocaust, Konzentrationslager,
 Auschwitz,
 nationalsozialistischer
 Völkermord 54, 64, 224, 320f.,
 328f., 331
Holzapfel, Helmut 324–328
Homosexualität 353
House of Commons 294
Hoyer, Franz A. 39–42, 51, 54
Hubmann, Hanns 165, 169
Hubmann, Franz 200, 203–205
human interest photography,
 humanist photography 164,
 167, 169, 176, 220f., 286, 292,
 227

Imperialismus, Imperialstaaten,
 Kolonien 33, 111, 148f., 153,
 170
Individualisierung, individuelle
 Religiosität 16f., 79, 197,
 349–355, 359f., 390, 393
Informalisierung 303–315
Innozenz III. 285
Islam 155–162, 233

Janik, Emil 143
Jasny, Vojtech 244, 256–264
Jenseitsglauben, Paradies 233–238
Jerusalem 139, 325f.
Jesuiten 190f., 213, 216, 283, 318f.,
 371
Jesus Christus 41, 113, 121–128,
 131, 140, 145f., 157, 195–197,
 363, 382f., 386,

Johannes Paul II. 56, 274, 289, 320, 323f., 328, 334, 347, 368, 383, 388
Johannes XXIII. 29, 75, 172, 196, 211f., 216f., 264–295
John, K. H. 177–179,
Josephus, Flavius 134–137
Judentum, jüdisch 27, 41, 134, 139, 224, 225, 228f., 231f., 236
Jugendgottesdienst 185, 193

Kaas, Ludwig 330
Karitas, Nächstenliebe 370–375, 383, 389
Kasualien, Sakramente 85, 96, 103, 119, 217, 233, 239, 242, 296, 356f.,
Katechese 132, 145, 189–198, 213, 216
Katholikentage 172, 334–142, 391
Katholische Filmliga 97f., 143
Käutner, Helmut 348
Keteleer, Desire 82
Kindertaufe 297
Kinokrise 102, 245–247
Kirchenkrise 28, 238, 296, 356–358
Kirchentage 358
Kirchliche/konfessionelle Filmarbeit 67, 87, 90, 98, 101–103, 129–132, 146, 348, 386
Kirchliche Bauten in Deutschland
–Berliner Dom 46f.
–Hauptkirche St. Michaelis, Hamburg 48f.,
–Kaiser-Wilhelm-Gedächtniskirche, Berlin 363f.
–Kölner Dom 42, 48, 177
–Pfarrkirche St. Kolumba, Köln 41–44
–Stadtkirche Groß St. Martin, Köln 45
Kissinger, Henry 203
Klee, Eugen 330

Klentze, Gerd 109f.
Klerikale/Liturgische Kleidung
–Albe 275
–Beffchen 356
–Dalmatik 268
–Kasel 252, 268f.
–Mitra 339, 346
–Mozetta 58, 258
–Ornat 62f., 290, 321, 332f., 337, 358
–Pallium 268f.
–Pileolus 58, 61, 82, 258, 346
–Pontifikalhandschuhe 268f.
–Soutane 58, 61, 79, 82f., 95, 103, 191, 195, 258, 263, 304, 308f., 311–314, 333
–Talar 154, 356
–Tiara 58, 63, 268, 342, 346
Klinsky, Emil Joseph 53, 168,
Kochs, Anton 50, 67, 90, 102, 142f., 175, 281–284,
Kolle, Oswald 364, 370, 377
Konfessionelle Milieus 21, 56, 77, 89, 124, 171, 207, 213, 238–244, 249f., 254–257, 319, 329
konfessionsverschiedene Ehe 257
Konzile,
–Konzil von Konstanz 282, 285
–Konzil von Trient, Gegenreformation 55, 282, 317
–Erstes Vatikanisches Konzil 57, 212, 279
–Zweites Vatikanisches Konzil 24, 29, 75, 172f., 189, 196, 211, 216f., 253f., 264–295, 300, 393
Koppelmann, Wilhelm 306
Korff, Kurt 177
Körper, Körperlichkeit 57, 80, 82, 151, 194, 210, 264–275, 376–378
Krippe 363–366
Kulturkampf 55, 60, 62, 102, 211f., 265, 301–303, 307, 317–319

Laien, Laienkatholizismus 29, 60,
    81, 84, 114, 124f., 199, 203, 263,
    269–281, 285–289, 295, 300,
    314–320, 334f., 339–341, 344,
    359, 379, 387, 388, 393
Landwehr, Heinz Michael 201f.
Lang, Dorothee 221
Lange, Heinrich 191
Lateinamerika 343, 371
Le Corbusier 206
Lebeck, Robert 153, 156, 166,
    169f., 175, 238, 337, 391,
Leo XIII. 59–66, 76, 80
Leppich, Johannes 213f., 371
Liégé, Pierre André 216
Life photography, Live-
    Photographie 164, 167–170,
    201f., 296, 303, 391
Lill, Georg 49f.
Lillje, Hanns 287
Liska, Hans 152
List, Herbert 35, 167
Lord, Michael 374
Ludz, Herbert 156, 171, 177
Lumière, Auguste Marie Louis
    Nicolas & Louis Jean 121–124
Luther, Martin 285, 317

Mack, Ulrich 359
Madonna, Pietà,
    Mariendarstellungen 41–44,
    140, 157, 189, 204, 365
Magnum Photos, Fotoagentur
    166f., 199
Maharaj Ji 380
Manichäismus 114
Mann, Felix H. 169
Marischka, Ernst 65, 68f., 76–80,
    246, 331
Martin, Konrad 307
von Matt, Leonard 268, 282–284
Mission, Missionierung Missionar,
    Missionarin 67, 106, 118, 133,
    150, 154, 159–162, 190f., 213,
    371–377, 389, 391
Moderne 9, 12, 18–21, 33, 40,
    106–108, 133, 146, 189–199,
    203–208, 214–218, 235, 242–
    264, 279–285, 292, 297–302,
    322, 341–344, 393
Mogge, Wilhelm 86
Mondi, Bruno 68f.
Moses 133–147
Moses, Stefan 156, 166, 169, 174–
    176, 180, 183, 185–194, 210f.,
    289, 337, 354, 359, 374, 377, 391
Müller-Debus, Wilhelm 92
München 74, 223, 366
Museum of Modern Art, New York
    220–223
Mussolini, Benito 72f.
Mutter Huberta Roggendorf 371
Mutter Teresa 370f., 383, 389

Nannen, Henri 156, 175, 371
Napoleon Bonaparte 308, 323
Nationalsozialismus, NSDAP 11f.,
    30, 35, 37, 40, 54, 63–65, 69–71,
    78–94, 102, 128f., 165, 175, 200,
    207f., 212, 260, 297, 319–323,
    328–333, 347, 385
Naturreligionen 155–162, 239, 242
Nebukadnezar 40f.
Neue Deutsche Filmgesellschaft,
    München 90
Neuer Deutscher Film 243–264,
    392
Neureligiöse Bewegungen,
    Alternativreligiöse Bewegungen
    13, 17, 368–384
Niehoff, Karena 147
Noerdlinger, Henry Simon 138
Nouvelle Vague 245
Nunguet, Lucien 122

Oberhausener Kurzfilmfestspiele, Oberhausener Manifest 1962 244–248, 255
Office Catholique Internationale de Cinématograph 128
Ordensangehörige, Ordensleute 44, 97, 100f., 191f, 204f., 209f., 213, 217f., 338, 344–346, 370f., 389
Orgels, Liselotte 114
Orient 111, 116, 147f., 171, 233, 242, 324, 372, 375
Orthodoxe Kirche 228, 232, 326f.
Ottaviani, Alfredo 276f., 387
Otto, Bertram 283f., 291–293

Pabel, Hilmar 165, 168f., 175
Page, Homer 226
Papen, Franz von 330
Papstaudienz 65–69, 76–84, 332f.
Parks, Gordon 221
Pasolini, Pier Paolo 145
Passionsgeschichte, Passionsfilme 120–124, 127, 141
Paul VI., Giovanni Battista Montini 84, 238, 289, 316–347, 388
Pawek, Karl 169, 176, 198–243, 349, 391
Peter, Richard senior 35, 45–47
Peterhofen, Herbert 299f.
Petersdom 63, 68, 74, 76–78, 211f., 269, 275, 281, 283, 289–295, 346
Petrus 267, 284, 342
Pfingsten 66, 181
Philo 134–136
Photokina 219–221
Piktorialismus 22
Pilger, Pilgerreise 61, 68, 76–84, 162, 181, 184, 188f., 323–327, 354, 387f.
Pius IX. 56–61, 212, 265, 273, 279, 307, 319
Pius X. 62f., 125,

Pius XII., Eugenio Pacelli 28, 55–85, 152, 208, 264–267, 270, 274, 307, 320–323, 328–334, 347, 386f.
Pizzardo, Giuseppe 330
Pluralisierung 84, 296, 347–368, 388, 393
Polen 274, 289, 328, 368, 384, 388
Politisches Nachtgebet 298–300
Prack, Rudolf 97
Preußische Einigungskriege 33
Priesterbruderschaft St. Pius X. 266
Privatisierung des Religiösen 18, 349
Prossnitz, Moshe 112
Prozession 31, 44f., 77, 180–188, 213, 215, 289, 302, 332, 354

Quinn, Freddy 245
Qumran 116f.

Raffalt, Reinhard 324–327
Rahner, Karl 216, 292, 382f.
RAI, italienische Rundfunkanstalt 267
Ray, Nicholas 145
Reformation 55, 317
Reich, Hanns 53
Reichskonkordat 1933 65, 320, 330–333
Reichsparteitage der NSDAP 78f.
Reichspropagandaministerium 34, 128
Reineke, Engelbert 239–241
Religiöser Film 88f., 118–120
Renker, Armin 38
Rick, Josef 41, 45, 50f.
Rieder, August 101
Riefenstahl, Leni 78f.
Robinson, John 198
Roeber, Georg 67
Säkularisierung 16–19, 39f., 73, 77, 146, 392

Personen- und Sachregister

Salomon, Erich 155, 169
Saur, Francoise 238
Schade, Carl 307
Schamoni, Peter & Ulrich 244–259
Scheler, Max 156, 166–169, 175, 337–340, 391
Schilling, Joachim 326
Schintoismus 231
Schipke, Ulrich 355–359
Schlöndorff, Volker 245–247
Schmidt, Karl alias Paul Carell 108
Schnebel, Carl 177
Schöpfungsmythos 225, 297
Schorcht Film GmbH 90
SED 47
Sekte 174f., 370–381, 389
Sex-Welle 369, 376f., 389
Sexualität, Sexualmoral, Nudität 102, 314, 316, 334f., 346, 351, 353, 364, 375–384, 389
Sioux 225
Slominski, Josef Albert 281f., 292, 322
Société Pathé Frères 122–124
Sölle, Dorothee 298–300
Sontag, Susan 149, 224
Spiecker, Rochus 216
Spottbilder 316–318, 386
Springer, Axel, Springerverlag 106–108, 155, 166, 195, 285, 340f., 350, 365
Steffensky, Fulbert 298–300
Steichen, Edward 167, 176, 220, 222–233, 238, 241f.
Steinert, Otto 211
von Straaten, Werenfried 371
Straub, Jean-Marie 246
Strauß, Franz-Josef 289
Studentenrevolte 1968 298f., 339
Stunde Null 30, 36
Subjektive Fotografie 220, 292
Sykes, Egerton 109–112

The Family of Man 167, 176, 218, 220–233, 241f., 393
Theologie der Befreiung 172
Thiele, Rolf 89f.
Thielicke, Helmut 98–100, 298
Tischendorf, Herbert 66
Transzendenz 18, 348
Tüllmann, Abisag 213

UdSSR 136
Ulmer Einsatzgruppen-Prozess 37
Unfehlbarkeitsdogma, Infallibilität 278, 358, 212, 278
UNO 322
USA 66, 86, 88, 95, 112, 116, 121–125, 131–136, 142, 164–169, 176f., 201, 219–223, 227, 333, 354, 386, 388, 391

Vahlhaus, Arnold 252–255
Verlag DuMont Schauburg, Köln 200, 203
Vesely, Herbert 246
Vianney, Johannes Maria, Pfarrer von Ars 86

Wagner, Friedrich 135
Wallace, Edgar 245
Weibliche Religiosität, feministische Theologie 234, 349–355, 377
Weihnachten 139, 152, 182, 195, 250–254, 263, 361–368, 391
Weltausstellungen der Photographie 176, 218, 230–243, 393
Wenders, Wim 245, 247
Werfel, Franz 66–68, 87, 90, 263
Wiedemann, Lothar K. 183–185
Wolleh, Lothar 211
Wundshammer, Benno 165
Würzburger Synode 172, 355

Zahn, Peter von 106
ZDF 247, 278

Zecca, Ferdinand 122
Zentrumspartei 319
Ziemann, Sonja 97
Zölibat, Zölibatskritik 100–102,
　285f., 300–303, 335

Zweiter Weltkrieg 8, 28, 30–39,
　64f., 69–72, 84, 91, 94, 165–167,
　173–177, 254, 257, 331, 363, 385